民法学における
伝統と変革

金山直樹先生古稀記念論集

吉井啓子　馬場圭太
山城一真　石尾智久
編

日本評論社

金山直樹 先生

古稀をお祝いし、謹んで本書を金山直樹先生に捧げます

執筆者一同

金山直樹先生

（1954年11月18日生）

経歴と作品

【経歴】

1．学 歴

同志社大学法学部法律学科 　卒業	1973年4月～1977年3月
ノックス・カレッジ（IL, USA） 　BA（cum laude）	1976年3月～1977年6月・ 1982年1月～1982年3月
同志社大学大学院法学研究科博士前期課程私法学専攻 　修士論文「ポティエの時効理論」	1979年4月～1981年3月
京都大学法学大学院研究科博士後期課程民刑事専攻 　単位取得退学	1981年4月～1984年3月
パリ第1大学博士課程私法専攻 　（フランス政府給費留学生）DEA de Droit privé	1985年10月～1988年9月
京都大学博士（法学）	1996年3月

博士論文『時効理論展開の軌跡──民法学における伝統と変革』（「内容の要旨及び審査の結果の要旨」京都大学事務局庶務部研究協力課［編集］第38集（平成7年度）1232-1236頁、1996年）

2．職 歴

京都大学法学部助手	1984年4月～1985年3月
日本学術振興会奨励研究員	1985年4月～1985年9月
財団法人比較法研究センター研究員	1985年10月～1988年9月
姫路獨協大学法学部助教授	1988年10月～1996年3月
姫路獨協大学法学部教授	1996年4月～1997年3月
法政大学法学部教授	1997年4月～2003年3月
慶應義塾大学法科大学院準備室教授	2003年4月～2004年3月

慶應義塾大学法科大学院教授	2004年4月〜2020年3月[1]
弁護士登録（法律事務所虎ノ門法学舎所属）	2018年3月〜
慶應義塾大学名誉教授	2020年4月〜
パリ国際大学都市・日本館館長	2023年4月〜

3．国内非常勤講師

名古屋大学大学院法学研究科「西洋法制史」集中講義	1989年、2010年、2015年
東京都立大学大学院法学研究科「民法」集中講義	1996年
大阪市立大学法学部「フランス法」集中講義	1996年、1999年
立教大学法学部「フランス法」	1997年
東京都立大学法学部「法律学特殊講義・契約法」	1998年、1999年
早稲田大学大学院法学研究科「フランス法特殊研究」	2002年〜2023年
早稲田大学大学法学部「主専攻法学演習・民法」	2003年〜2023年
慶應義塾法科大学院 LLM コース	2020年〜2023年

4．国外客員教授

エコール・ノルマル・スペリウール（パリ）	2006年
パリ第2大学	2008年、2017年、2018年
ダウニング・コレッジ（ケンブリッジ大学）Keio Fellow	2017年
パリ政治学院	2018年、2020年
クレルモン・フェラン大学	2018年
アンジェ大学	2019年
サンクトペテルブルク大学	2022年〜

---

(1) 慶應法学44号（金山直樹教授退職記念号、2020年）参照。

iv

【作品】

1．単行本[(2)]

『時効理論展開の軌跡——民法学における伝統と変革』（信山社、1994年）

Droit japonais et droit français au miroir de la modernité, avec Jean-Louis Halpérin, Dalloz, 2007

『時効における理論と解釈』（有斐閣、2009年）

『法典という近代——装置としての法』（勁草書房、2011年）

『現代における契約と給付』（有斐閣、2013年）

『ポルタリス・民法典序論』（訳・解説、日本評論社、2024年）

2．編 著

『新判例マニュアル民法Ⅲ債権総論』（24-45頁、川井健、鎌田薫と共編著、三省堂、2000年）

『法における歴史と解釈』（討論、233-265頁）（法政大学出版局、2003年）

『消滅時効法の現状と改正提言』別冊 NBL122号（「時効法の課題」4-12頁、「フランスの新時効法——混沌からの脱却の試み」（香川崇と共著）165-173頁）（2008年）

『判例にみるフランス民法の軌跡』（伊藤昌司先生古稀祝賀判例集、松川正毅、横山美夏、森山浩江、香川崇と共編、法律文化社、2012年）

Les notions fondamentales de droit civil : Regards croisés franco-japonais (dir. avec Denis Mazeaud, Mustapha Mekki et Katsumi Yoshida), LGDJ, Lextenso éditions, 2014.

『社会の変容と民法の課題（上・下）』（瀬川信久先生・吉田克己先生古稀記念論文集、松久三四彦、後藤巻則、水野謙、池田雅則、新堂明子、大島梨沙と共編、成文堂、2018年）

Droit japonais des affaires (dir. avec Pascale Bloch, Ayano Kanezuka et Isabelle Giraudou), (« Introduction générale au droit japonais », p. 17-26). Éditions Larcier, Bruxelles, 2019

---

(2) 単行本収録の論文には、＊を付する。

3．注釈民法

「債権の目的・前注、399条〜401条」（金山正信と共著）奥田昌道編『新版注釈民法
　　(10) Ⅰ』44-323頁（有斐閣、2003年）

「126条、条件及び期限・前注、127条〜138条」（金山正信と共著）奥田昌道編『新
　　版注釈民法 (4)』532-841頁（有斐閣、2015年）

Ⅰ　フランス法

(1)　普通法学〜19世紀民法学

「フランス普通法学研究の手引き」京都大学大学院法学研究科院生論集13号1-31頁
　　（1984年）

「ポティエの法律学」姫路法学3号117-43頁（1989年）*

「フランス普通法学研究の手引き（第2版）」姫路法学4号1-39頁（1989年）

"The Influence of the French Revolution on the Notion of Law : the Idea of Civil
　　Legislation and the Birth of Modern Law", *in* : Michel Vovelle （dir.）, L'image
　　de la Révolution française, t. 4, p. 2694, Pergamon Press, Paris, 4 vols, 1990

「フランス革命と近代法観念の誕生——革命期における民事立法論と自然法」法制
　　史研究40号397-398頁（1991年）*

「A・ビュルゲ『19世紀フランス法学に対するパンデクテン法学の影響』——比較
　　法史学会中部地区講演会からの報告」比較法史学会会報第2号25-29頁（1992
　　年）

« Suppléments à Fenet, ou mieux comprendre le Code civil français de 1804 （Ⅰ） »,
　　Himeji International Forum of Law and Politics, no. 1, p. 85-204, 1993

「フランス民法という世界——革命と近代法の誕生」石井三記ほか編『近代法の再
　　定位』37-62頁、「問題と考察」同256-261頁（創文社、2001年）*

「言語と法——続・フランス革命と近代法の誕生」法政論集（名古屋大学、大久保
　　泰甫教授退職記念論集）186号123-145頁（2001年）*

« Qu'est-ce que le « civil » ? De la Révolution française au Code civil », *in* : Libres
　　propos sur les sources du droit, Mélanges en l'honneur de Philippe Jestaz,
　　p. 273-292, Dalloz, 2006

「ポルタリスにおける立法とは何か」法制史研究74号（2025年刊行予定）

vi

(2) 民法典の改正

「フランス民法典改正の動向」ジュリスト1294号92-98頁（2005年）

「フランス民法典改正の動向」石井三記編『コード・シヴィルの200年——法制史と
　民法からのまなざし』289-307頁（創文社、2007年）

「民法改正の動向（2）フランス・ケベック」民法の争点33-34頁（2007年）

「フランス物権法改正の動向」民商法雑誌141巻1号134-175頁（フランス物権法研
　究会・吉田克己、小柳春一郎、平野裕之、片山直也、吉井啓子と共訳）（2009
　年）

(3) 時 効

「フランス民法典制定前の時効理論——17・18世紀におけるフランス普通法学の展
　開（上・中・下）」判例タイムズ543号51-82頁、551号186-221頁、558号136-
　190頁（1985年）*

« Les civilistes français et le droit naturel au XIXème siècle : à propos de la
　prescription », Revue d'histoire des facultés de droit et de la science
　juridique, n° 8, p. 129-154, 1989

「19世紀フランスにおける民法学と自然法——時効理論を手がかりとして」日仏法
　学17号18-50頁（1991年）*

「フランス民法典制定と時効理論——フランス革命から民法典成立に至る立法論の
　展開」奥田昌道先生還暦記念『民事法理論の諸問題・上』135-234頁（成文堂、
　1993年）*

「時効」北村一郎編『フランス民法典の200年』457-515頁（有斐閣、2006年）*

「フランス時効法改正の動向——混沌からの脱却の試み」（香川崇と共著）NBL881
　号71-81頁（2007年）

« Regards d'un civiliste étranger sur le nouveau droit français de la prescription »,
　Revue des contrats, 2008, p. 1445-1449, 2008

「フランス時効法改正の動向——混沌からの脱却の試み」比較法研究70号185-188
　頁（2009年）

(4) 既判力

« On ne peut que présumer la vérité : l'autorité de la chose jugée », in : Joël

Monéger et *al.*（dir.), Robert-Joseph Pothier, d'hier à aujourd'hui, p. 143-157, Economica, 2001

「真実の推定と既判力——ポティエ、ボワソナード、そして……」法学志林（須永醇教授定年退職記念号）98巻2号1-31頁（2001年)*

« Vérités, droits substantiels et autorité de la chose jugée », *in* : Justices et droit du procès, Du légalisme procédural à l'humanisme processuel, Mélanges en l'honneur de Serge Guinchard, p. 759-770, Dalloz, 2010

« Preuve et vérité au Japon », avec Kazushi Sugimoto, Travaux de l'Association Henri Capitant, t. 63 : La preuve, Journées Pays-Bas/Belgique, 2013, p. 875-881, 2015

(5)　契　約

「フランス革命・民法典における契約自由の原則——婚姻と離婚も踏まえて（1）（2・完)」民商法雑誌131巻2号183-224頁、3号372-417頁（2004年)*

« La liberté contractuelle, un droit de l'homme ? » *in* : Jean-Luc Chabot et *al.* (textes réunis par), Le Code civil et les Droits de l'homme, Actes du Colloque international de Grenoble, 3 et 4 décembre 2003, l'Harmattan, p. 131-159, 2005

「フランス契約法の最前線——連帯主義の動向をめぐって」判例タイムズ1183号99-119頁（2005年）（後に、野村豊弘先生還暦記念論文集『21世紀判例契約法の最前線』547-599頁、判例タイムズ社、2006年)*

Ⅱ　日本法
(1)　法学史

「装置としての法典と法学——梅謙次郎という神話」法律時報70巻7号6-11頁（1998年)*

「法典の〈形式〉をめぐる諸問題——旧民法と明治民法」法律時報70巻9号57-62頁（1998年)*

「『プロジェ新版』について」*in* : G. Boissonade, Projet de Code civil pour l'Empire du Japon, nouv. éd., 4 vols, 1890-1891, réimprimé par Yushodo, t. 1, p. vii-xx, 1998* viii

「法典という近代——権力・構造・言語」法律時報71巻4号11-16頁（1999年）*

「法典調査規程と民法典の編纂——透明性の高い立法プロセス」ジュリスト1331号
　86-94頁（2007年）*

(2)　時　効

"Japan", *in* : Ewoud H. Hondius（ed.）, Extinctive Prescription / On the Limitation
　of Actions : Reports of the XIVth Congress, International Academy of
　Comparative Law（Athens, 31 July - 7 August 1994, Kluwer Law Inter-
　national, p. 229-248, 1995（後に修正の上、Recent Developments in Extinctive
　Prescription in Japan, Japanese Reports for the XIVth International Congress
　of Comparative Law（Athens, July 31st - August 6th 1994）, Publication of the
　International Center for Comparative Law and Politics, No. 4, p. 51-72, 1995.
　さらに補正の上、Recent Developments Regarding Extinctive Prescription in
　Japan, Himeji International Forum of Law and Politics, no. 2, p. 301-329,
　1995[(3)]）

「主たる債務の時効と保証人による弁済」金融法務事情1398号50-55頁（1994年）*

「根抵当権の実行と時効中断」金融法務事情1483号30-36頁（1997年）*

「権利の時間的制限」（特集「民法100年・新時代の民法を展望する」）ジュリスト
　1126号 225-239頁（1998年）*

「時効における民法と訴訟法の交錯」法学教室219号16-20頁（1998年）*

「民法154条をめぐる解釈上の諸問題——差押等の取消をめぐって」銀行法務21・
　565号12-17頁（1999年）*

「破産免責と民法理論——債務と責任・附従性・時効」倒産手続と民事実体法・別
　冊NBL60号182-199頁（2000年）（後に、國井和郎先生還暦記念論文集『民法
　学の軌跡と展望』501-538頁、日本評論社、2002年）*

「除斥期間と消滅時効の将来像」法律時報72巻11号57-67頁（2000年）（後に、椿寿
　夫＝三林宏編著『権利消滅期間の研究』274-298頁、信山社、2006年）*

「消滅時効法の改正に向けて」、「時効法の現状と改正の必要性」NBL887号38-48頁
　（2007年）

---

(3) 実際の刊行は1996年。

「過払い金の消滅時効の起算点」金融・商事判例1306号1頁（2009年）*

「虚偽表示と取得時効——占有の性質と変更の可能性をめぐって」須永醇先生傘寿記念論文集『高齢社会における法的諸問題』371-395頁（酒井書店、2010年）

« La prescription extinctive au Japon : Délai de droit commun et proposition de réforme », *in* : Patrice Jourdain et Patric Wéry (dir.), La prescription extinctive, Etudes de droit comparé, p. 973-982, Shulthess et Bruylant, Bruxelles, 2010

「床下事件を考える——民法724条後段論」淡路剛久先生古稀祝賀『社会の発展と権利の創造——民法・環境法学の最前線』487-518頁（有斐閣、2012年）

「民法724条後段の定める除斥期間の柔軟化とその限界」法学研究（池田真朗教授退職記念号）88巻1号57-87頁（2015年）

「B型肝炎訴訟における20年の除斥期間の起算点——最高裁判所に提出した意見書」松久三四彦先生古稀記念『時効・民事法制度の新展開』169-199頁（信山社、2022年）

「オプション権の時効の起算点について」潮見佳男先生追悼論文集『財産法学の現在と未来』167-185頁（有斐閣、2024年）

「除斥期間概念の崩壊（優生手術判決）——判例変更と最高裁の責任」吉田克己＝平野裕之＝山城一真編『超高齢社会と民法学』（成文堂、2025年刊行予定）

(3) 契 約

「サブリース契約の法的性質（1）〜（4・完）」民事研修508号25-38頁、510号14-25頁、511号12-22頁、512号40-57頁（1999年）*

「民法判例レビュー・契約」判例タイムズ1009号54-61頁（1999年）

「民法判例レビュー・契約」判例タイムズ1060号77-85頁（2001年）

「民法判例レビュー・契約」判例タイムズ1144号46-54頁（2004年）

「民法判例レビュー・契約」判例タイムズ1234号4-18頁（2007年）

「運送契約における定刻性遵守の問題——航空旅客運送をめぐって」民事研修583号3-18頁（2005年）*

« Evolutions récentes du droit des contrats au Japon », *in* : Études offertes au Doyen Philippe Simler, p. 577-585, Litec et Dalloz, 2006

「債務不履行における慰謝料の賠償」同志社法学（佐藤義彦教授古稀記念論集）60

巻7号53-77頁（2009年）＊

「ネット販売におけるサイト運営者の責任」L&T42号43-45頁（2009年）＊

「取引裁判例の動向・2013年前期」民事判例7号3-21頁（2013年）

「契約の終了——契約の相互依存関係の問題（契約の消滅と裁判官・日本側報告）」

（特集「日仏民法セミナー・契約と裁判官」）法律時報87巻7号77-79頁（2015
年）

« Contrat et immatériel au Japon » avec Tsukasa Aso et Kazuma Yamashiro,
Travaux de l'Association Henri Capitant, t. 64 : L'immatériel, Journées
espagnoles, 2014, p. 491-513, 2015

「約款論・企画趣旨——シカゴ大学＝慶應義塾大学・ロースクール共同セミナー」
法律時報89巻3号54-57頁（2017年）

「約款規制のための基本的手法」（オムリ・ベンシャハーと共著）同前58-62頁（2017
年）

« Le juge et l'extinction du contrat au Japon », *in* : Droit civil japonais : Quelle(s)
réforme(s)à la lumière du droit français, p. 33-42, sous la coordination de
Keita Baba et *al.*, Lextenso, LGDJ, 2020

"Japan", with Takashi Ogura, Naoki Iguchi and Kaori Sugimoto, *in* : Compendium
of Construction Contracts, ed. by Phillip Greenham and the Society of
Construction Law Australia, p. 520-549, De Gruyter, 2021

（4） 給 付

« De l'obligation de "couverture" à la prestation de "garantir" - donner, faire, ne
pas faire ... et garantir ? - », *in* : Mélanges Christian Mouly, 2 vols, t. 2, p. 375-
399, Litec, 1998

「与える給付と担保する給付——それから100年、もう一つの歴史」西村重雄＝児玉
寛編『日本民法典と西欧法伝統——日本民法典百年記念国際シンポジウム』
337-370頁（九州大学出版会、2000年）＊

« Donner et garantir - un siècle après ou une autre histoire », *in* : Études offertes
à Jacques Ghestin, Le contrat au début du XXIᵉ siècle, p. 473-487, LGDJ, 2001

« Donner et garantir - 100 ans après, ou une autre histoire - », *in* : Rolf Knütel u.
Shigeo Nishimura（hg. von）, Hundert Jahre japanisches Zivilgesetzbuch, S.

117-129, Carl Heymanns Verlag KG, 2004[4]

「担保する給付──論争の行方（日仏民法セミナー・担保法）」法律時報88巻7号54-56頁（2016年）

« Obligation de garantir, notion controversée », *in* : Droit civil japonais : Quelle(s) réforme(s)à la lumière du droit français, p. 191-200, sous la coordination de Keita Baba et *al.*, Lextenso, LGDJ, 2020

(5) 契約締結補助者

「契約締結補助者の理論」法学研究88巻7号1-40頁（2015年）

「契約締結補助者の理論の概要と可能性」消費者法ニュース109号102-104頁（2016年）

「契約締結補助者の理論──その2（ロイズ＝スルガ銀行事件に寄せて）」同志社法学（田井義信教授等退職記念論集）68巻7号141-179頁（2017年）

(6) 保 証

「保証人の錯誤問題──諸判決の個別的検討」法学研究（犬伏由子教授退職記念号）91巻2号201-222頁（2018年）

「保証人の錯誤問題──判断基準の探究」瀬川信久先生・吉田克己先生古稀記念論文集『社会の変容と民法の課題・上』491-508頁（成文堂、2018年）

「保証契約締結前の義務と契約締結補助者の理論」法曹時報70巻4号1-43頁（2018年）

(7) 利 息

「不法原因給付法理の柔軟化に向けて──暴利の消費貸借に対処するために」慶應法学1号377-409頁（2004年）＊

「明治10年──旧利息制限法の制定」金融・商事判例1243号1頁（2006年）＊

「明治29年──利息制限法の危機（その1）」金融・商事判例1249号1頁（2006年）＊

「明治29年──利息制限法の危機（その2）」金融・商事判例1254号1頁（2006年）＊

「明治29年から昭和29年へ──『超過部分を任意に支払ったとき』」金融・商事判例

---

(4) これが « Donner et garantir » 論文の初稿。

1260号1頁（2007年）*

「昭和29年から平成18年へ──『任意支払い』をめぐる立法と判例」金融・商事判例1264号1頁（2007年）*

「利息制限立法のあり方」銀行法務21・669号12-16頁（2007年）*

"Struggles against Usurious Loans in Japan", Sogang Journal of Law and Business, vol. 2, number 2, p. 53-72（ハングル語訳──p. 73-91）, 2012

「利息制限法の適用と法人格否認の法理──東京高判平成26年6月4日（判時2162号54頁）をめぐって」法学研究87巻9号109-141頁（2014年）

(8) 物 権

「第100条」（金山正信の補訂）幾代通＝浦野雄幸編『新編不動産登記法4』52-82頁（三省堂、1999年）

「日仏物権法セミナー・開催の経緯」、「比較法的視角から」法律時報83巻8号76-79頁（2011年）

« Chose et bien », *in* : Le patrimoine au XXIe siècle : Regards croisés franco-japonais（dir. par Michel Grimaldi, Naoki Kanayama, Naoya Katayama, et Mustapha Mekki）, p. 89-99, Société de Législation Comparée, 2012

« La possession », *in* : Le patrimoine au XXIe siècle（同前）, p. 415-427, suivi d'un débat, p. 457-463, 2012

「日仏物権法セミナー・はじめに（第2回・21世紀における物権法の改正に向けて──《日仏比較研究》）」法律時報84巻11号78頁、「有体物と無体物の占有」同91-93頁（2012年）

「無体物の占有──民法85条・163条・205条論」吉田克己＝片山直也編『財の多様化と民法学』620-647頁（商事法務、2014年）

「日仏民法セミナー・担保法──序論」法律時報88巻7号46-47頁（2016年）

(9) 不法行為

「日仏民法セミナー・損害論──伝統と現代・はじめに」法律時報86巻5号54頁（2014年）

« Préface », *in* : Le préjudice : entre tradition et modernité, Journées franco-japonaises, co-organisées par l'Association Henri Capitant, IRDA et ARIDA,

2013, Éditeurs Bruylant, p. 5, 2015

「性行為と同意——格差構造下における自由と強制」法学研究92巻9号1-47頁（2019年）

「性行為と損害賠償——慰謝料の再構成に向けて（1）（2・完）」法学研究93巻2号1-54頁、3号33-73頁（2020年）

(10) 家 族

「解題」『於保不二雄・民法著作集Ⅱ家族法』395-399頁（新青出版、2005年）

「公正証書遺言における方式と遺言者の意思」野田愛子ほか編『新家族法実務体系第4巻相続Ⅱ遺言・遺留分』101-118頁（新日本法規出版、2008年）*

「未成年後見から成年後見への移行」水野紀子＝窪田充見編『財産管理の理論と実務』213-253頁（松川正毅先生還暦記念論文集への寄稿として執筆）（日本加除出版、2015年）

Ⅲ アジア法と国際法

(1) アジア法・PACL

「PACL（アジア共通法原則）の意義と課題」ジュリスト1406号102-108頁（2010年）

« PACL（Principles of Asian Civil/Commercial Law）», Revue des contrats, p. 995-1006, 2010

「比較法からPACLへ」NBL973号8-16頁（2012年）

« PACL（Principles of Asian Civil Law）», *in*：Mélanges Jean-Louis Baudouin, sous la direction de Benoît Moore, p. 393-419, Éditions Yvon Blais, 2012

「比較法からPACLへ」比較法研究74号128-137頁（2012年）

「从日本民法典到PACL」（毛东恒／訳、小林正弘／校閲）清華法学第7巻第3期17-26頁（2013年）

« PACL（Principles of Asian Contract Law）», *in*：Béatrice Jaluzot（dir.）, Droit japonais, droit français, Quel dialogue ?, p. 185-196, Schulthess, 2014

« Le caractère non-occidental du Minpo, mythe ou réalité », *in*：Pierre Brunet, Ken Hasegawa, Hajime Yamamoto（dir.）, Rencontre franco-japonaise autour des transferts de concepts juridiques, p. 31-38, Mare & Martin, 2014

« Il carattere non occidentale del codice civile giapponese：mito o realtà? »

xiv

(traduzione dal francese a cura di Andrea Ortolani), Annuario di diritto comparato e di studi le-gislativi, 2014, p. 199-204, 2014

「アジア法——アジア諸国の法を超えて」『岩波講座・現代法の動態4国際社会の変動と法』151-179頁（岩波書店、2015年）

« Japon, Asie et droit comparé », *in* : Aux sources nouvelles du droit : Regards comparés franco-japonais （dir. par Cécile Guérin-Bargues et Hajime Yamamoto）, p. 101-113, Editions Mare et Martin, 2018

(2)　国際法・国際仲裁

「マネーロンダリングを理由とする仲裁判断の取消し（投資協定仲裁判断例研究105)」JCA ジャーナル65巻10号30-37頁（2018年）

« État des lieux de l'arbitrage au Japon », Journal spécial des Sociétés, n° 22, p. 9-10, 2019

« Gustave Boissonade, conseiller étranger pour le Japon, et le droit international », *in* : Grandes Pages du droit international （Institut des Hautes Études Internationales）, vol. 6, L'étranger, p. 3-15, Pedone, 2020

「アジアにおける国際法の適用可能性——台湾出兵とボワソナード」学術の動向2020年9月号46-48頁（2020年）

「賄賂の蓋然性を含む申立人の悪意を追加的な理由として、ラオスに対する投資家の保護を拒んだ例（投資協定仲裁判断例研究118)」JCA ジャーナル67巻2号43-50頁（2020年）

「〈紛争は、それが生じてから3年以内に仲裁に付託しなければならない〉というBIT の規定の意味——管轄か受理可能性か（投資協定仲裁判断例研究139)」JCA ジャーナル68巻12号25-31頁（2021年）

「中国と国際法」学術の動向2022年8月号43-47頁（2022年）

« Arbitrage au Japon », Revue de l'arbitrage, 2022, n° 2, p. 583-602, 2022

「腐敗と投資仲裁——フランスにおける仲裁判断取消の最前線」仲裁・ADR フォーラム9号（2025年刊行予定）

Ⅳ　拾　遺

「フランスにおける大気汚染と悪臭防止法」国際比較環境法センター編『世界の環

境法』203-211頁（国際比較環境法センター、1996年）

「John G. Sprankling, An Environmental Critique of Adverse Possession, 79
CORNELL L. REV. 816-884（1994）紹介」アメリカ法1996-1、134-140頁
（1996年）

« Les sources du droit au Japon : Aspects contemporains », *in* : Les sources du
droit : aspects contemporains, p. 55-62, suivi d'un débat, p. 69-79, Société de
Législation Comparée, 2007

« Intérêt général, pays de Rousseau aujourd'hui », *in* : L'intérêt général au Japon
et en France, p. 53-58, Dalloz, 2008

« La concurrence déloyale, Rapport japonais », avec Atsushi Omura, Travaux de
l'Association Henri Capitant, t. 56 : La concurrence, Journées marocaines,
2006, p. 171-184, 2010

「日仏民法セミナー・民法の基本的概念を巡る対話の試み（はじめに──開催の経
緯）」法律時報85巻7号51頁（2013年）

V 判例研究

(1) 日本を変える10の最高裁判決

「給付とは何か（1）──労務給付について──日本を変える10の最高裁判決（1）」
民事研修632号35-51頁（2009年）

「給付とは何か（2）──契約と給付（リゾートマンション事件）──日本を変える
10の最高裁判決（2）」民事研修633号47-69頁（2010年）

「契約に名を借りた不法・搾取（1）──ヤミ金との戦い（元本踏み倒し判決）──
日本を変える10の最高裁判決（3）」民事研修634号21-39頁（2010年）

「契約に名を借りた不法・搾取（2）──新たなビジネスモデルとの対決（ダイヤル
Q2判決）──日本を変える10の最高裁判決（4）」民事研修635号30-50頁（2010
年）

「隠れていることとオモテに出ること（1）──M代理母事件──日本を変える10
の最高裁判決（5）」民事研修638号20-45頁（2010年）

「隠れていることとオモテに出ること（2）──床下事件──日本を変える10の最高
裁判決（6）」民事研修648号18-41頁（2011年）

(2) 判例百選

「鶏舎悪臭事件——公害防止協定の効力（高知地判昭和56・12・23判時1056号233頁）」公害・環境判例百選142-143頁（1994年）（後に、環境法判例百選120-121頁、2004年）

「時効完成後の債務承認と時効利益の喪失（最判昭和41・4・20日民集20巻4号702頁）」民法判例百選I〔4版〕92-93頁（1996年）（後に、5版96-97頁（2001年）、6版84-85頁（2009年）、7版86-87頁（2015年）、8版88-89頁（2018年））*

「免責の効力を受ける債権と消滅時効（最判平成11・11・9民集53巻8号1403頁）」倒産判例百選〔3版〕204-205頁（2002年）*

「瑕疵担保による損害賠償請求権の消滅時効（最判平成13・11・27民集55巻6号1311頁）」不動産取引判例百選〔3版〕154-155頁（2008年）

「ヤミ金への元本返済と損益相殺（最判平成20・6・10民集62巻6号1488頁）」消費者法判例百選110-111頁（2010年）（後に、〔2版〕114-115頁、2020年）*

(3) 百選以外

「債権の差押命令と被差押債権の消滅時効中断効の有無（最判昭和63・7・15裁判集民事154号333頁）」民商法雑誌100巻2号314-319頁（1989年）

「知事の許可なき農地の譲受人による短期時効取得の可否（最判昭和63・12・6裁判集民事155号187頁）」民商法雑誌101巻1号150-158頁（1989年）

「売買予約に基づく所有権移転請求権全仮登記の経由された不動産の第三取得者と予約完結権の消滅時効の援用（最判平成4・3・19民集46巻3号222頁）」法学教室147号92-93頁（1992年）、および、民商法雑誌107巻6号919頁-957頁（1993年）*

「不動産の仮差押による時効の中断事由の終了時」（東京高判平成4・10・28判時1441号79頁）」判例時報1458号203-210頁・判例評論414号41-48頁（1993年）*

「委任者が受任者との間でした自己の死後の事務を含めた法律行為等の委任契約と委任者の死亡による契約の終了（最判平成4・9・22金法1358号55頁）」判例タイムズ852号66-68頁（1994年）*

「物上保証人に対する担保権実行としての不動産競売と被担保債権の消滅時効の中断時期（競売申立時）（高松高判平成5・7・19判時1484号80頁）」判例時報1500号231-237頁・判例評論428号37-43頁（1994年）*

「不動産の仮差押えによる時効中断の終了時期（東京高判平成6・3・30判時1498号
　83頁）」私法判例リマークス10号14-17頁（1995年）*

「農地の売買につき許可申請協力請求権の消滅時効が完成した後に目的農地を公共
　の用途に供することを確定した場合の売買契約の効力（最判平成6・9・8判時
　1511号66頁）」判例時報1531号180-187頁・判例評論438号34-41頁（1995年）*

「主債務の時効完成後に保証債務を承認した保証人と主債務の時効援用の可否（大
　阪高決平成5・10・4判タ832号215頁）」判例タイムズ882号30-32頁（1995年）*

「仮差押解放金の供託による仮差押えの執行の取消しと時効中断の効力（最判平成
　6・6・21判時1513号109頁）」判例タイムズ882号33-35頁（1995年）*

「預託金会員制ゴルフクラブの施設利用権の消滅時効と会員権の消長（最判平成7・
　9・5民集49巻8号2733頁）」ジュリスト臨時増刊1091号・平成7年度重要判例解
　説53-54頁（1996年）*

「農地の小作人が所有の意思を表示したことが認められた事例（最判平成6・9・13
　判時1513号99頁）」民商法雑誌114巻3号534-540頁（1996年）

「連帯保証債務を被担保債権とする物上保証人に対する抵当権の実行と主債務の時
　効中断（東京高判平成7・5・31金法1425号41頁）」私法判例リマークス13号
　15-18頁（1996年）*

「二個の契約のうち一個の契約の債務不履行を理由に他の契約を解除することので
　きる場合——リゾートマンション分譲契約解除事件（最判平成8・11・12民集
　50巻10号2673頁）」法学教室201号114-115頁（1997年）*

「第三者の申立てた不動産競売手続において、抵当権者が債権の届出をして債権の
　一部の配当を受けると、債権の残部につき消滅時効は中断するか（消極）（最
　判平成8・3・28民集50巻4号1172頁）」私法判例リマークス15号11-14頁（1997
　年）*

「共有者の一人が共有物に変更を加えた場合、他の共有者は原状回復を請求できる
　か（最判平成10・3・24判時1641号80頁）」私法判例リマークス19号22-25頁
　（1999年）

「遺留分減殺の対象たる贈与の目的物を時効取得することができるか（最判平成
　11・6・24民集53巻5号918頁）」判例セレクト1999・法学教室234号別冊付録23
　頁（2000年）

「後順位抵当権者による先順位抵当権の被担保債権の消滅時効の援用の可否（最判

xviii

平成11・10・21民集53巻7号1190頁）」ジュリスト臨時増刊1179号・平成11年
度重要判例解説63-64頁（2000年）*

「サブリース会社の更新拒絶によってサブリース契約が終了してもテナントは使用
収益を継続することができるとされた事例（最判平成14・3・28民集56巻3号
662頁）」ジュリスト臨時増刊1246号・平成14年度重要判例解説71-72頁（2003
年）*

「破産による法人格の消滅と保証債務の運命（最判平成15・3・14民集57巻3号286
頁）」判例セレクト2003・法学教室282号別冊付録14頁（2004年）*

「賃料について、私人の合意はどこまで効力が認められるか（最判平成15・6・12民
集57巻6号595頁、最判平成15・10・21金商1177号4頁）」判例タイムズ1144号
74-78頁（2004年）*

「いわゆるオーナーシステムにおける信販会社の責任——契約の相互依存関係の規
律（東京地判平成15・3・25判時1830号72頁）」判例タイムズ1144号79-81頁
（2004年）*

「マネジメント契約と専属契約の相互依存関係（東京地判平成15・3・28判時1836号
89頁）」判例タイムズ1144号82-83頁（2004年）*

「特許法35条3項の規定による「相当の対価」の支払いを受ける権利の消滅時効の
起算点（最判平成15・4・22民集57巻4号477頁、東京地判平成15・8・29判時
1835号114頁）」判例タイムズ1145号95-101頁（2004年）*

「マンション管理費・特別修繕費債権の消滅時効期間（最判平成16・4・23民集58巻
4号959頁）」ジュリスト臨時増刊1291号・平成16年度重要判例解説66-67頁
（2005年）、判例時報1891号190-195頁・判例評論557号12-17頁（2005年）*

「不法行為により発生する損害の性質上、加害行為が終了してから相当の期間が経
過した後に損害が発生する場合には、当該損害の全部又は一部が発生した時が
除斥期間の起算点となる（最判平成16・4・27民集58巻4号132頁）」法学協会
雑誌122巻6号1092–1135頁（山本隆司と分担執筆、1119頁以下の除斥期間に関
する部分を担当）（2005年）*

「公立病院の診療債権の消滅時効期間（最判平成17・11・21民集59巻9号2611頁）」
判例セレクト2006・法学教室318号別冊付録20頁（2007年）*

「ヤミ金から交付を受けた金員の扱い（最判平成20・6・10判時2011号3頁）」判例セ
レクト2008・法学教室342号別冊付録18頁（2009年）*

「利息制限法制限超過利息過払金の返還請求権の消滅時効の起算点（最判平成21・1・22民集63巻1号247頁）」ジュリスト臨時増刊1398号・平成21年度重要判例解説85-86頁（2010年）*

「錯誤は〈現状の誤認〉の場合にだけ発動されるべきか（東京地判平成22・1・29判タ1326号212頁）」民事判例2号138-141頁（2011年）

「婚活サイトで知り合った相手から勧誘されて高値でマンションを購入した者に対する勧誘者と融資金融機関の責任——S銀行事件（東京高判平成27・5・26判時2280号69頁）」民事判例13号84-87頁（2016年）

「中小企業者の実体を有しない主債務者に対する融資につきなされた信用保証協会保証と錯誤（最判平成28・12・19判時2327号21頁）」私法判例リマークス56号22-25頁（2018年）

「同一の当事者間に数個の金銭消費貸借契約に基づく各元本債務が存在する場合における借主による弁済の充当の指定のない一部弁済と債務の承認による消滅時効の中断（最判令和2・12・15民集74巻9号2259頁）」民商法雑誌158巻1号141-164頁（2022年）

VI　教科書と法学教育

(1)　教科書・演習書

「時効」石田喜久夫ほか編『民法総則』235-285頁（青林法学双書、1993年）

「屋上受水桶事件——受領遅滞と契約解除（最判昭和40・12・3民集19巻9号2090頁）」『判例演習民法3債権総論』79-89頁（成文堂、1996年）

「期間」、「時効」辻正美『民法総則』347-410頁（補訂）（成文堂、1999年）

「損害賠償請求権の消滅時効・除斥期間」奥田昌道＝潮見佳男編『民法6事務管理・不当利得・不法行為』194-204頁（悠々社、2006年）

「時効の援用権者の範囲（最判平成10・6・22民集52巻4号1195頁）」奥田昌道ほか編『判例講義・民法I総則物権』95-97頁（悠々社、2002年）（後に、「時効の援用権者の範囲(1)」として第2版99-100頁（2014年））

「時効の援用権者の範囲(2)——後順位抵当権者（最判平成11・10・21民集53巻7号1190頁）」同前第2版101-102頁（2014年）

「時効完成後の債務承認と援用権の喪失」（最判昭和41・4・20民集20巻4号702頁）同前初版98頁（2002年）（後に、第2版103頁、2014年）

「民法724条の消滅時効の起算点（724条前段）——白系ロシア人拷問事件（最判昭和48・11・16民集27巻10号1374頁）」奥田昌道ほか編『判例講義民法II債権』229頁（悠々社、2002年）（後に、第2版260頁、2014年）*

「民法724条後段の除斥期間の効果を制限する特段の事情——予防接種禍集団訴訟（最判平成10・6・12民集52巻4号1087頁）」同前初版230-232頁（2002年）（後に、第2版261-263頁、2014年）*

「民法160条の法意に照らした同法724条後段効果の制限——床下事件（最判平成21・4・28民集63巻4号853頁）」同前第2版264-265頁（2014年）

「請求権競合（最判昭和38・11・5民集17巻11号1510頁）」同前233-234頁（後に、第2版266-267頁、2014年）

「第412条～第417条」能見善久＝加藤新太郎編『論点体系判例民法4』33-75頁（第一法規、2009年）（後に、「第412条～第417条の2」として、第2版35-81頁（加藤雅之による補訂）（2013年）、さらに第3版44-98頁（2019年））

「時効利益の放棄・喪失」千葉恵美子＝潮見佳男＝片山直也編『Law Practice 民法I（総則・物権編）』116-121頁（商事法務、2009年）（後に、第2版146-151頁（2014年）、第3版146-151頁（2017年））

「消滅時効期間の短縮と二重期間化」潮見佳男ほか編『Before/After 民法改正』72-73頁（弘文堂、2017年）（後に、第2版72-73頁、2021年）

「商事時効廃止の影響」同前78-79頁（2017年）（その後、第2版78-79頁、2021年）

「安全配慮義務違反の時効期間と起算点」同前80-81頁（2017年）（後に、第2版80-81頁、2017年）

(2) 初学者向け

「時効——借金を踏み倒し、他人の土地も自分のものに！」法学セミナー520号72-75頁（1998年）

「民法、こんなに楽勝でいいんですか？——どうせつまずく民法、それでもめげない入門法」法学セミナー520号32-37頁（松岡久和・七戸克彦と座談会）（1998年）

「民法・ファーストレッスン」、「キャッチセールスにひっかかった！」、「買う約束をしたパソコンが……」、「風邪をうつした責任は？」法学セミナー546号11-14頁、20-30頁（松岡久和と対談）（2000年）

「学問としての法学・民法」『別冊法学セミナー・法学入門2003』68-71頁（日本評論社、2003年）（後に、『別冊法学セミナー・法学入門2004』64-67頁（2004年）

(3) 辞典

「ビュルラマキ」『フランス哲学・思想事典』182頁（弘文堂、1999年）

「除斥期間」『ベイシック法学用語辞典』193頁（有斐閣、2001年）

「ドイツ民法」『コンサイス法律用語辞典』1174頁、「フランス民法」同1416頁、「ボアソナード」同1452頁（三省堂、2003年）

(4) 法学教育・法曹養成

« L'enseignement du droit comparé au Japon », Revue internationale de droit comparé, 1988, n° 4, p. 741-743, 1988

「各国の法曹養成制度・フランス」月刊司法改革臨時増刊『法科大学院の基本設計』138-144頁（2000年）

「フランスにおける法曹養成——2004年の弁護士研修制度の改革」法律時報78巻2号64-67頁（2006年）

"Internationalisation of Legal Education : Japan", *in* : Japanese reports for the XIXth International Congress of Comparative Law（Vienna, 20-26 July 2014）, International Center of Comparative Law and Politics, Graduate School of Law and Politics, the University of Tokyo, ICCLP Publications no. 13, p. 34-42, 2015（後に補正の上、"The Effects of Globalisation on Legal Education in Japan : The Reforms of 2004" として、Christophe Jamin and William van Caenegem（eds.）, The Internationalisation of Legal Education, p. 185-193, Springer, Switzerland, 2016）

Ⅶ 座談会等

(1) 対談・研究会・座談会

« Entretiens sur la propriété avec Frédéric Zenati », Himeji International Forum of Law and Politics, no. 2, p. 53-83, 1995

« Entretiens sur la prescription avec Frédéric Zenati », Himeji International Forum of Law and Politics, no. 2, p. 85-105, 1995

社会哲学と法律学の交錯研究会「ポスト経験主義法社会学の方向性」姫路法学18号
114-181頁（第1次《全体》討論：和田仁孝、小畑清剛、山田広昭、金山直樹、
石井三記、増田真、松葉祥一、第2次《三者》討論：和田仁孝、小畑清剛、金
山直樹）（1996年）

社会哲学と法律学の交錯研究会「ルソーにおける言語論と政治思想——法の概念と
の関連を中心に」姫路法学20号115-148頁（報告：増田真、討論：増田真、金
山直樹、山田広昭、小畑清剛、石井三記、平松希伊子、松生光正、松葉祥一、
徳本正彦）（1996年）

民法学の過去・現在・未来研究会「物権変動論の最前線——不動産の二重譲渡問題
を中心に」姫路法学20号149-224頁（報告：松岡久和、討論：松岡久和、七戸
克彦、金山直樹、和田安夫、小杉茂雄、佐々木典子）（1996年）

民法学の過去・現在・未来研究会「民法学の発展における自然法論の意義」姫路法
学21号141-205頁（報告：松尾弘、討論：松尾弘、金山直樹、和田安夫、佐々
木典子、大川四郎）（1997年）

民法施行100周年記念シンポジウム「物権変動理論と公示制度の現実（鎌田薫、金
山直樹、七戸克彦、高橋良彰、加藤政也、佐藤直路)」、「民法施行100周年記念
座談会（鎌田薫、金山直樹、七戸克彦、高橋良彰、松岡久和、横山美夏、加藤
政也、佐藤直路、梶谷光育、小玉光春、齋木賢二、高城宗幸、田中住江)」
THINK 司法書士論叢95号9-139頁（報告＊と討論参加）（1999年）

不動産登記法施行100年記念シンポジウム「日本の不動産登記制度はこれでよいの
か」THINK 司法書士論叢96号33-108頁（コーディネーター）（2000年）

「サブリース最高裁判決の意義と今後の実務展開」金融・商事判例増刊1186号148-
176頁（西口元、近江幸治、岡内真哉、金山直樹、下森定、奈良輝久、升永英
俊）（2004年）

吉田克己「景観利益の法的保護」慶應法学3号97-117頁（討論参加）（2005年）

「時効の過去・現在・未来を語る」判例タイムズ1251号5-31頁（加藤雅信、加藤新
太郎、金山直樹）（2007年）（後に、「時効とは何か」として、加藤雅信＝加藤
新太郎編著『現代民法学と実務・上』153-223頁、判例タイムズ社、2008年）

「憲法・行政法・民法における一般利益＝公益——第7回日仏法学共同研究集会（座
談会)」ジュリスト1353号64-93頁（大村敦志、金山直樹、木村琢磨、辻村み
よ子、中田裕康、樋口陽一、星野英一、山元一、亘理格、吉田克己）（2007年）

「消滅時効法の改正に向けて」私法71号66-116頁（シンポジウム質疑応答）、117-122頁（アンケート結果総括）（2009年）

「時効研究会座談会・2008年度私法学会シンポジウム『消滅時効法の改正に向けて』を振り返って」（金山直樹、松久三四彦、平野裕之、鹿野菜穂子、松尾弘、香川崇、杉本和士、齋藤由起）NBL912号64-75頁（2009年）

「時効法改正のための諸提案をめぐる座談会（上・下）」法律時報82巻4号90-98頁、5号100-107頁（金山直樹、香川崇、鹿野菜穂子、齋藤由起、杉本和士、平野裕之、松尾弘、松久三四彦）（2010年）

「損害概念の変容をめぐる日仏対話」（討論）吉田克己＝ムフタファ・メキ編『効率性と法──損害概念の変容』372-404頁（有斐閣、2010年）（仏語原文は、新世代法政策学研究5号 p. 117-150、2010年）

「奥田昌道先生に聞く（1）〜（4・完）」法律時報82巻10号56-67頁、11号68-79頁、12号88-99頁、13号340-351頁（金山直樹、松岡久和、佐々木典子）（2010年）

「鼎談・時効法の改正に向けて──中間試案をめぐって」法律時報85巻12号70-83頁（金山直樹、松久三四彦、香川崇）（2013年）

「代理行為における要件と効果──奥田昌道先生の問題提起を受けて（上・下）」法律時報87巻2号84-91頁、3号74-81頁（奥田昌道、金山直樹、能見善久、水津太郎、山城一真、高秀成）（2015年）

「財の多様化と民法学の課題（討論）」私法77号3-51頁（2015年）

「シカゴ・ローエコ見聞録──シカゴ大学夏期セミナーについて（上・下）」書斎の窓642号4-13頁、643号（2016年）11-17頁（金山直樹、得津晶、藤森裕美）（2015年）

「シカゴ・ローエコ滞在記──シカゴ大学サマースクールについて」東北ローレビュー3号79-112頁（金山直樹、得津晶、藤森宏美）（2016年）

「PACLのこれまでの活動と課題」法律時報90巻3号70-81頁（金山直樹、加藤雅之、曽野裕夫、田岡絵理子、リット・デイビッド、高杉直）（2018年）

「ポルタリス研究の展望と課題──法制史学会ミニ・シンポジウムを終えて」法と文化の制度史7号（波多野敏、金山直樹、深谷格、石井三記、晴山秀逸、福田真希、酒井あむる）（2025年刊行予定）

xxiv

(2) インターカレッジ民法討論会(5)

「第2回インターカレッジ民法討論会・委任、それとも事務管理（出題と解説）」法
学教室186号76-80頁（1996年）

「第3回インターカレッジ民法討論会・債権の二重譲渡と物権の二重譲渡（討論）」
法学セミナー515号17-22頁（1997年）

「第6回インターカレッジ民法討論会・業者によるセールストーク（討論）」法学セ
ミナー551号52-57頁（2000年）

「第7回インターカレッジ民法討論会・住宅ローンと生命保険契約（討論）」法学セ
ミナー563号14-22頁（2001年）

「第8回インターカレッジ民法討論会・氷結通路での顧客転倒事故の責任（討論）」
法学セミナー575号80-87頁（2002年）

「第9回インターカレッジ民法討論会・不倫関係と生命保険契約（討論）」法学セミ
ナー587号38-43頁（2003年）

「第10回インターカレッジ民法討論会・賃貸人が目的物を第三者に譲渡した場合の
法律関係（出題・解説、討論）」法学セミナー600号71-74頁、78-83頁（2004
年）

「第11回インターカレッジ民法討論会・公道に至るための他の土地の通行権（討
論）」法学セミナー612号60-64頁（2005年）

「第12回インターカレッジ民法討論会・種類物の特定と二重譲渡（討論）」法学セミ
ナー621号55-58頁（2006年）

「第13回インターカレッジ民法討論会・請負建築中の建物での自殺（討論）」法学セ
ミナー633号58-61頁（2007年）

「第14回インターカレッジ民法討論会・酔狂な賃借人（討論）」法学セミナー645号
39-42頁（2008年）

「第15回インターカレッジ民法討論会・共同抵当目的不動産の処分（討論）」法学セ
ミナー657号50-53頁（2009年）

「第16回インターカレッジ民法討論会・壊れたスカートボタン（討論）」法学セミナ
ー667号37-41頁（2010年）

---

(5) 第1回については、松岡久和「インター・カレッジ民法討論会」法学教室174号61-63頁（1995
年）。第4回〜第5回は、報告記事なし。第24回（法学セミナー762号53-59頁、2018年）は欠席。

「第17回インターカレッジ民法討論会・譲渡禁止特約のある将来債権の譲渡（討論）」法学セミナー679号40-45頁（2011年）

「第18回インターカレッジ民法討論会・走行メーターの偽装された中古自動車（討論）」法学セミナー693号34-39頁（2012年）

「第19回インターカレッジ民法討論会・裁判上の離婚と損害賠償（討論）」法学セミナー703号51-56頁（2013年）

「第20回インターカレッジ民法討論会・仮想離婚による財産分与の効力（討論）」法学セミナー715号58-64頁（2014年）

「第21回インターカレッジ民法討論会・無権代理と共同相続（討論）」法学セミナー727号55-61頁（2015年）

「第22回インターカレッジ民法討論会・代理と盗品回復請求（討論）」法学セミナー739号54-59頁（2016年）

「第23回インターカレッジ民法討論会・貸与牛のウイルス感染（討論）」法学セミナー752号48-54頁（2017年）

「第25回インターカレッジ民法討論会・共同不法行為と求償（討論）」法学セミナー776号57-62頁（2019年）

「第26回インターカレッジ民法討論会・不実表示と消費者契約（討論）」法学セミナー788号56-62頁（2020年）

Ⅷ　その他

(1)　翻　訳

グザヴィエ・マルタン「自由・平等・博愛——フランス革命神話の再検討」姫路法学8号141-154頁（1991年）

「シンポジウム・地球環境の保護と法の役割」（マシャド（ブラジル）、プリウール（フランス）発言翻訳）ジュリスト998号64-71頁（1991年）

アルフォンス・ビュルゲ「19世紀フランス法学に対するパンデクテン法学の影響——Vermögen から patrimoine へ」（田中実と共訳）『比較法史研究の課題・Historia Juris 比較法史研究——思想・制度・社会』256-286頁（未來社、1992年）

セルジュ・ギャンシャール「フランスにおける法曹養成の現状」法学志林特別編集号25-41頁（2001年）

サビーヌ・マゾー＝ルヴヌール「良き法律家——フランス人の観念とその養成にお
　　ける大学の役割」ジュリスト1203号97-101頁（2001年）（後に補正の上、水野
　　紀子＝大村敦志監訳『フランス民法の伝統と革新Ｉ総論と家族・債務』27-35
　　頁、信山社、2024年）

フィリップ・レミー「トゥリエ」（野上博義と共訳）法学志林99巻2号243-279頁
　　（2001年）

ドゥニ・マゾー「現代フランスにおける契約法の発展」（幡野弘樹と共訳）ジュリ
　　スト1303号74-89頁（2005年）

ジャン・カルボニエ「コード・シヴィル」（野上博義と共訳）石井三記編『コー
　　ド・シヴィルの200年——法制史と民法からのまなざし』165-201頁（創文社、
　　2007年）

(2)　史　料

「〈史料〉債権総則（37）補遺《4》：ベルギー民法草案関係条文」（河原緑・ヤンム
　　ーンスと共訳）民商法雑誌91巻6号148-156頁（1985年）

「〈史料〉債権総則（41）・（42）（弁済）」民商法雑誌93巻2号133-147頁、5号147-
　　163頁（1986年）

「〈史料〉物権法（2）（総則)」判例タイムズ613号（1986年）174-187頁

「〈史料〉債権総則（51）〜（53）（相殺）」民商法雑誌98巻4号95-111頁、5号142-
　　160頁、6号159-166頁（1988年）

「弁済」、「相殺」前田達明監修『史料債権総則』501-506頁、513-517頁、530-543頁、
　　674-702頁（成文堂、2010年）

(3)　書　評

「大村敦志『法源・解釈・民法学——フランス民法総論研究』（民法学のあゆみ)」
　　法律時報68巻10号91-95頁（1996年）

「三宅正男『売買による所有権移転の考え方（1）〜（13）』判時996〜1039号（1981
　　〜1982年)」加藤雅信編集代表『民法学説百年史』168-172頁（三省堂、1999
　　年）*

「森田宏樹「契約」北村一郎編『フランス民法典の200年』（有斐閣、2006年）303-
　　332頁（民法学のあゆみ)」法律時報81巻9号110-113頁（2009年）

「高村学人著『アソシアシオンへの自由──〈共和国〉の論理』（民法学のあゆみ）」法律時報81巻10号136-142頁（2009年）

(4) 学界回顧

「1995年学界回顧・民法／財産法」法律時報67巻13号59-64頁（小杉茂雄、下村正明と分担）（1995年）

「1996年学界回顧・民法／財産法」法律時報68巻13号54-60頁（和田安夫、下村正明と分担）（1996年）

「1997年学界回顧・民法／財産法」法律時報69巻13号53-57頁（小杉茂雄、和田安夫、加賀山茂と分担）（1997年）

(5) エッセイ

「研究スポット──フランス革命の像」アルゲマイネ（姫路獨協大学渉外広報室）5号6頁（1989年）

「志は大きく、だが現実は厳しく」姫路獨協大学創立10周年記念事業ニュース2号9頁（1997年）

「興味津々……音楽を楽しむ心で民法に親しんでほしいから」法政1997年5月号22-23頁（1997年）

「パリの〈同窓会〉」新青通信第4号（『仏訳日本民法典（前3編）』（新青出版復刻版）の栞）（1997年）＊

「富井政章と契約法（栞）」新青通信5号（富井政章『契約法講義・全』（新青出版復刻版）の栞）（2001年）＊

「『注釈民法』改訂日記──「補訂」の一類型？」書斎の窓529号15-19頁（2003年）

「出版契約」三田評論2007年5月号51頁（2007年）

「公訴時効の撤廃論議に寄せて」消費者法ニュース79号1頁（2009年）

「〈法と経済学〉から時効へ──学部から修士課程へ」書斎の窓584号23-27頁（2009年）

「時効から〈契約と給付〉へ──京都・パリ・東京」書斎の窓625号2-9頁（2013年）

「比較法国際アカデミーの大会について」書斎の窓638号6-9頁（2015年）

「無責任男の再来」金融・商事判例1483号1頁（2016年）

「挫折と転身」易水会たよ理（2018年）

xxviii

「ケンブリッジ大学で学んだこと」国際書房カタログ2018年12月号（2018年）

「ポルタリス『民法典序論』研究の手引き」国際書房カタログ2020年7月号（2020年）

「ポルタリス『民法典序論』研究の手引き──その2」国際書房カタログ2020年10月号

「ポルタリス『民法典序論』研究の手引き──その3（完）」国際書房カタログ2021年1月号（2021年）

「フランス民法典の条文番号」国際書房カタログ2021年11月号（2021年）

「今なぜ『民法典序論』か」NBL1266号1頁（2024年）

「あれから38年、45年、そして今年──日本館・自作曲・民法典序論」三田評論2024年6月号5-6頁（2024年）

はしがき

　金山直樹先生が教壇を降りられたのは、2020年3月のことでした。その時、折からの疫病禍で最終講義をお聴きすることさえままならず、お祝いがまったく叶わなかったことは、私たちにとって大きな心残りでした。

　その後、金山先生が古稀を迎えられる機に臨んで、先生を敬愛する者が集って一書を編むことが最初に計画されたのは、2021年10月のことでした。その準備を進めるうちにも、パリ国際大学都市日本館館長に任ぜられる等、目覚ましい活躍をみせてこられた先生は、2024年11月18日、めでたく古稀を迎えられました。

　金山先生の足跡は、本書の劈頭に付された「経歴と作品」が示すところであり、また、先生ご自身も折に触れて語っておられます。私たちが見てきた先生は、民法学における優れた理論家であり、歴史家でした。その関心は、フランス普通法（Ancien Droit）から日本の無責任男まで、多岐にわたります。そして、その貢献は、日本だけでなく、フランスにおける民法学の発展をももたらしました。金山先生こそは、「日本では日本法を語り、フランスではフランス法を語る」ことができる類い稀な研究者です。時効理論の形成史や「担保する給付」理論に代表されるような、フランスの研究者に範を垂れるフランス法研究が、その手から生み出されました。

　これらは、いうまでもなく、どれほど強調されてもされ過ぎることのない不朽の功績です。しかし、私たちがむしろ強調したいのは、金山先生のご研究がある種のhumanismeに貫かれていることです。このことには、先生ご自身のsympathiqueなお人柄も大きく与っているのではないかと思われます。

　金山先生は、共同研究を好まれ、時効法、アジア契約法（PACL：Principles of Asian Contract Law）、人・財の法等に関する研究プロジェクトを指導し、国外での研究集会を数え切れないほど企画し、毎夏に催される関西フランス法研究会を率いてこられました。そのいずれの機会においても、先生は、自ら先陣を切って質問を発し、討論の引き金をひく役割を演じてお

xxx

られました。先生のご発言によって、考えの至らないことを教えられ、力の及ばないことを慰められ、前に進むことを助けられた者は、私たちだけでないはずです。

そして、研究や仕事の上だけでなく、一個人としての生活においても、金山先生の温かい気持ちを恵まれた人は多いに違いありません。口にすることはなくても、その身に染みた天性の慈悲深さに接した思い出を、私たちは、一人ひとり、心に留めています。

本書に収められる論文は、このように、学問において、また生活において、身親しく金山先生に接した方々の手になるものです。それらの方々が、それぞれに多忙を極めるなかで寄せられた力作を献呈することができることは、編者一同にとっての大きな喜びです。こうして編まれた本書が、歴史を貫く仕事を重ねてこられた金山先生の古稀を祝うに相応しいものであることを願います。

最後に、本書の刊行を引き受けてくださった日本評論社と、編集にあたってくださった小野邦明氏と上村真勝氏に、この場をお借りして心より感謝申し上げます。

2024年11月

吉井啓子

馬場圭太

山城一真

石尾智久

目　次

目 次

金山直樹先生　経歴と作品　　ii

はしがき　xxix

歴　史

法文化論的アプローチと日本における法文化の分析
　　　　　　　　　　　　‥‥‥‥‥‥‥‥‥‥‥ジャン＝ルイ・アルペラン　2
　　　　　　　　　　　　　　　石尾智久・訳

フランス執政政府期の私立学校による法学教育の復興
　　　　　　　‥‥‥‥‥‥‥‥‥‥‥‥‥‥‥‥‥‥‥‥‥深谷　格　21

旧民法における複数の契約の法的影響関係
──財産編302条起草前後の議論を手がかりに‥‥‥‥‥渡邊　貴　45

意思主義の下における所有権移転給付の実在性について
　　　　　　　‥‥‥‥‥‥‥‥‥‥‥‥‥‥‥‥‥‥‥‥‥松尾　弘　65

P. Bravard-Veyrières の破産法論‥‥‥‥‥‥‥‥‥‥‥杉本和士　82

法　典

ベルギー民法典第1編「一般規定」および第5編「債務」の改正
　　　　　　　‥‥‥‥‥‥‥‥‥‥‥‥‥‥‥‥‥‥‥‥‥馬場圭太　100

フランス・ベルギーにおける占有訴権制度の帰趨‥‥‥‥香川　崇　118

フランスの土地公示制度改革の動向
——2018年土地公示の現代化に関する報告書を中心に‥吉井啓子　137

ベルギーにおける動産担保法改正の到達点（現行条文全訳）
………………………………………………片山直也　156

2021年フランス担保法改正後の自然人保証人保護規制
………………………………………………齋藤由起　189

理　論

債権の消滅時効による強制力の消滅
——金山教授の新確定効果説………………平野裕之　206

時効更新効をもたらす他人による債務承認と管理権限に
ついての小稿………………………………………高 秀成　230

債権者代位訴訟における債務者の訴訟参加をめぐって
………………………………………………高須順一　262

同意の撤回に関する基礎的考察
——フランス法における同意の撤回をめぐる議論との比較
………………………………………………石尾智久　284

フランス親子法の一断面
——マンデ対フランス事件を中心に………………色川豪一　307

契　約

双方有責不能法理の射程
——債権者による履行としての目的到達への展開………北居 功　330

消費貸借契約のコーズについて………………………森田宏樹　347

使用貸借における無償性と利他性
——フランス契約各則改正草案における prêt intéressé を素材として
……………………………………………森山浩江　372

フランス法における自己執行義務と役務提供契約のカテゴリー
……………………………………………都筑満雄　391

労務を目的とする給付
——役務提供型契約に関する試論として……………山城一真　417

現　代

担保の暗号化
——フランスにおけるその一断面の観察……………大澤慎太郎　440

フランスにおける「環境従物債務」の利用例と課題
——生物多様性保全と私法上の道具立て………………荻野奈緒　462

フランス法におけるスポーツスポンサーシップ契約の捉え方
………………………………………………隈元利佳　476

AI と民事責任法
——フランス法の検討を通じた日本法における課題の描写
……………………………………………白石友行　496

フランス知的財産法におけるスペアパーツの保護と修理条項の導入
…………………………………………………麻生　典　518

執筆者一覧　537

歴 史

法文化論的アプローチと
日本における法文化の分析

ジャン＝ルイ・アルペラン（Jean-Louis Halpérin）
石尾智久・訳

序　論
I　法学における日本文化と西洋文化の対立の否定
　A）　文化から部分的に切り離された法技術の採用
　B）　国家主義の高揚から西洋化の第2の波へ
II　日本における専門家と民衆の法文化研究序説
　A）　急速に変化する文化と法律専門家
　B）　日本における法の受容に関する問題

序　論

　1903年、当時はまだ刑法の私講師（Privat-dozent）であったドイツの法学者マックス・エルンスト・マイヤーは、『法規範と文化規範（Rechtsnormen und Kulturnormen）』を発表した[1]。同書は、法と文化との関係についての著作としてより広く知られるべきものである。マイヤーは、ビンディングの研究を足がかりに、刑事規範は、犯罪者に対して刑罰を言い渡すために裁判官に向けられた命令しか含んでおらず、刑事規範とは別に、それに先行して、法律によって禁止された行為に関する不文の規範が存在すると主張した。そして、これらの禁止や義務を「文化規範（Kulturnormen）」と名付けて、社会の慣習が現れたものとして位置づけていた。この着想は、その後、マイヤー自身が、文化の観点からは重要でない行政規範の存在を認めたことによっ

---

[1] Max Ernst Mayer, *Rechtsnormen und Kulturnormen*, Breslau, Schletter, 1903.

て相対化されたが、サヴィニーからイエーリング、そして、エールリッヒに
かけて展開された見解に理論的基礎を与えることを意図して提唱されたもの
である。そこでは、ある国の法は、1つの言語と国民慣習に宿る、その国の
文化を映し出す鏡として捉えられていた。マイヤーの見解に対して、ケルゼ
ンは、1911年の教授資格論文の中で、法の創造と適用のプロセスにおいて、
国の機関、とりわけ、裁判官に影響を与える可能性のある文化的または道徳
的な決定事項を法規範とみなすことを否定していた[2]。もっとも、このよう
な批判的検討を除けば、マイヤーの見解は、ほとんど議論の対象とされてこ
なかった。そうであるとしても、マイヤーの見解は、法と文化の関係という、
比較法にとっても、法理論にとっても重要な問題に接近する1つの手段とな
る。なぜなら、現代では、各国の法制度や国民文化が発展しており、国民文
化の大部分が、教育、宗教、司法制度の分野における国の活動によって生み
出されているからである。

　本稿では、金山直樹教授との30年以上にわたる交流、共同研究（とりわけ、
われわれの共著である『*Droit japonais et droit français au miroir de la
modernité*』[3]）、さらには、日本法とフランス法の接点と相違点に関する金山
教授の多くの論文を振り返って、「法と文化」というテーマを再び採り上げ
ることにしたい。私の同僚であり、友人でもある金山教授への敬意を込めて、
彼の研究が、日本とフランスの法文化に関する理解と考察を深めることにど
れほど多くの貢献をしてきたかを明らかにしよう。以下においては、私自身
の方法論に基づいて金山教授の論文を読み解くことになるが[4]、それが、私
の傑出した同僚の論文を読むこと、そして読み返すことを促し、法規範と文
化的慣習との関係についての新たな研究の契機となることを願っている。

2　Hans Kelsen, *Hauptprobleme der Staatsrechtslehre entwickelt aus der Lehre vom Rechtssatze*,
Tübingen, Moher, 1911, p. 370-374.

3　Jean-Louis Halpérin, Naoki Kanayama, *Droit japonais et droit français au miroir de la
modernité*, Paris, Dalloz, 2007, p. 14-15では、複数の法文化を1つの国（民）と結び付け、それら
を一枚岩のものとして超時的に捉えるような見方を批判している。

4　2001年、私は、« Droit comparé et histoire du droit », *Quaderni fiorentini per la storia del pensiero
giuridico moderno 30* (2001), p. 803-811において、ピエール・ルグランによる法文化論に基づく
アプローチに対して疑問を呈している。

4 歴史

　第一部では、「法文化」についての古典的な定義、とりわけ、ローレン
ス・フリードマンとロジャー・コトゥレル[5]による「さまざまな法律職の活
動を導き、意味を与え、一貫性を持たせる価値、知識、技能の総体」[6]という
定義に基づきながら、金山教授の研究において、日本民法典の制定と、その
後の百有余年にわたる民法典の内容や教育の変容、さらには、裁判所による
民法典の適用にもたらされた変化が分析されてきたことが、日本法の歴史を
日本文化と西洋文化の衝突に還元しようとする文化的アプローチに反論する
のに役立つことを明らかにしたい。第二部では、将来に向けた展望として、
金山教授によって提示された視点から、日本における法文化の多様性に関す
る研究の道筋を示すことにしよう。

I　法学における日本文化と西洋文化の対立の否定

　金山教授は、日本に開国をもたらした明治時代（1868-1912）の「革命
（révolution）」、とりわけ、不平等条約に終止符を打つことを目的とした全面
的な法整備が、福沢諭吉の思想に影響を受けたものであることを繰り返し指
摘してきた。福沢は、西洋の科学、商業、法律の知識を学ぶことによって、
これらの分野における日本の遅れを取り戻し、日本の独立を確保すべきであ
ると主張した。この国家主義的な見解は、日本には文化に関する偉大な伝統
があることを否定するものではなかった。しかし、この見解において、法は、
日本人が自国を近代化するために取り入れるべき西洋人が開発した技術の１
つとして位置づけられていた。睦仁天皇とその側近たちは、福沢の見解に賛
同して、フランス人のボアソナードをはじめとする外国人の専門家に協力を
要請し、彼らの手助けを得て、ヨーロッパのさまざまなモデルから着想を得
た諸法典を策定することによって、新しい日本法を構築するという壮大な取

---

5 Laurence Friedman, *The Legal System: A Social Science Perspective*, New York, Russel Sage Foundation, 1975 ; Roger Cotterrell, « The Concept of Legal Culture », dans David Nelken (ed.), *Comparing Legal Cultures*, Aldershot, Dartmouth, 1997, p. 13-31.

6 Frédéric Audren, Jean-Louis Halpérin, *La culture juridique française. Entre mythes et réalités XIXᵉ-XXᵉ siècles*, Paris, CNRS éditions, 2ᵉ éd, 2022, p. 8.

組みを実行した。ボアソナードの民法典草案をめぐる議論や有名な「民法典論争」は、一部の西洋的な考え方に対して国家主義的反動を引き起こすことになった（**A**）。もっとも、法を「好まない」と言われている日本文化の基礎に「大和魂（l'âme du Japon）」があるという言説は、金山教授の研究が示しているように[7]、1945年以前も以後も、事実に反する神話であった（**B**）。

A）　文化から部分的に切り離された法技術の採用

　不平等条約は、欧米列強が中国と締結した条約のように、日本でも治外法権を拡大させるリスクがあった。そのため、明治政府は、日本法が欧米諸国によって「文明化された（civilisés）」とみなされる国の水準に到達していると示すことによって、不平等条約を再交渉へと導くための法政策を実施した。そこには、法の技術的側面において、日本の文化的諸伝統を放棄するという明確な意図があった。それらの諸伝統は、特に刑事に関しては中国法に由来するものであり、徳川吉宗が将軍であった1742年の法典（御定書）によって部分的に再活性化されたものの、複雑かつ曖昧な規範の総体を構成していた。明治以前の日本において、厳密に言えば、「法学者／法律家（juristes）」は存在しなかったし、慣習法は、家族生活や商業活動などの一部の分野では多かれ少なかれ画一的に適用されていたが、民法がカバーすべき領域全体に照らすと、欠落する部分が非常に多かった。これらは法典調査会が明らかにしていたが、その調査が法典編纂の内容に影響を与えることはなかった[8]。また、日本の法文化の存在は認識されており、それを擁護することも主張されていたにもかかわらず、日本の法文化との折衷を模索することなく、大陸法系諸国（とりわけ、フランスの法典編纂）の影響を受けたルールを大量に移植することが決定された。この方針は、日本政府の官吏のヨーロッパ留学であれ、西洋の法律文献の和訳（例えば、フランス刑法典の翻訳が有名である。同法典は、1871年に箕作麟祥によって翻訳され、1873年から1875年にかけて

---

[7] とりわけ、Naoki Kanayama, « Le caractère non-occidental du Minpo, mythe ou réalité ? » dans Pierre Brunet, Ken Hasegawa, Hajime Yamamoto (dir.), *Rencontre franco-japonaise autour des transferts de concepts juridiques*, Paris, Mare et Martin, 2018, p. 31-38.

[8] *Ibid.*, p. 33-34.

6 歴史

日本の裁判官にとっての指針となった）であれ、フランスの集権化モデルからの借用であれ[9]、法教育の立ち上げと諸改革の実現への助力を目的とした日本政府による外国人法学者の雇い入れであれ、いずれにおいても貫かれていた。

　法の移植事業に参加するために来日した外国人法学者は、ボアソナードだけではなかったし、彼が初めてででもなかったが（ボアソナードより前に、フランス人のアンリ・ド・リヴェロールとジョルジュ・ブスケが、次いで、フランス人のジョルジュ・アペール、ドイツ人のロエスレルとテヒョーが来日している）、彼の活動は、日本の法典編纂において、文化の果たした役割がほとんどないことを明らかにした。ボアソナードは、1873年、明治政府の招聘に応じて、フランスに家族を残したまま来日するという思い切った決断をしたが、日本語を学ぼうとはせず、日本人通訳（とりわけ、富井と梅。その後、彼らはフランス法を学ぶため、リヨンへ出立した）の助けを借りながら、フランス語で「性法講義（cours de droit naturel）」を担当した。ボアソナードは、日本の「学生たち」が有していた「彼らにとって未知のものである、ヨーロッパ法の考え方や形式に適応する」能力について指摘することもあった[10]。また、ボアソナードは、獄中で拷問を受けている人々の悲鳴が、司法省法学校のみならず、自宅にまで聞こえてくると訴えており、1875年から1876年にかけて、拷問を廃止するために尽力した。彼は、拷問廃止の論拠として、人道性、自然法、および理性に加えて、領事裁判権の撤廃を欧米諸国から勝ち取ることの「日本の威厳と利益」を主張することはあっても、文化論に基づく主張をすることはなかった[11]。

---

9 Eric Seizelet, « Les implications politiques de l'introduction du droit français au Japon », *Revue internationale droit comparé* 1991, 43-2, p. 367-388.

10 Gustave Boissonade, *Projet de Code civil pour l'Empire du Japon accompagné d'un commentaire*, Tokyo, 1890, vol. 1, p. III.

11 Yasuo Okubo, « Gustave Boissonade, père français du droit japonais moderne（1825-1910）», *Revue historique de droit français et étranger*, 1981, p. 39-40 では、ボアソナードが司法卿に宛てた書簡が引用されている。さらに、同じ著者によるものとして、« La querelle sur le premier code civil japonais et l'ajournement de sa mise en vigueur : refus du législateur étranger », *Revue internationale de droit comparé* 1991, 43-2, p. 389-405。ボアソナードの反対派らは、当時、旧民法典を「しなびた老姑（vieille belle-mère ratatinée）」と呼ぶことを躊躇わなかった。

ボアソナードは、家族法の起草作業には関与せず、これを日本人法学者に委ねることを受け入れた。彼は、家族法に関する「日本の慣習法としきたり」は「多かれ少なかれ確かでありかつ画一的である」と評価していたからである[12]。これらの慣習法について、商慣習と同様に、急いで調査が行われたが、その結果は退けられた。なお、この調査結果について、後にウィグモアが関心を示し、翻訳・出版をしようとしている[13]。民法典論争の勃発や、ボアソナード民法草案とロエスレル商法草案（これもまた、日本の商慣行を退けた）の施行延期は、西洋から持ち込まれる個人主義から日本の伝統を守ろうとする激しい主張を生むことになった。しかし、これらの動きは、それ以上に、不平等条約をさらに強化しようとする欧米列強の企図に対する抵抗であり、それと同時に、法典編纂される法文の最終的な起草を日本人のみに委ねようとした英法派の日本人法学者との対立であったことが明らかになっている。つまり、拒絶されたのは、「外国人の立法者」であって、ヨーロッパに起源を有する立法ではなかったのである[14]。日本民法典は、戸主権や長子相続制など、家族法に関して多くの特色を有していたが、その第4編と第5編においてさえ、ヨーロッパの法典編纂の技術や考え方が借用されており、商法典の最初の3編については、フランス法とドイツ法の影響がより一層明白であった。金山教授は、「日本民法典における典型的な日本的要素の不存在」について語ったが、これは以上のような認識によって裏付けられる[15]。

　このようにして定められた規範は、形式（のすべて）についても内容（のほぼすべて）についても、ヨーロッパ法から持ち込まれたものであり、日本の文化にまったく根付いていなかった（それは、フランス法、ドイツ法、イタリア法、またはスペイン法からの借用であり、各国の文化に特有の側面を希薄化した上で寄せ集めたものであった）。したがって、フランスと日本の評者が、これらの新しい規範について、特に日本の家族に適応させることの難しさを指摘したのは至極もっともなことであった。1875年に、ジョルジ

12　Gustave Boissonade, *op. cit.*, p. XIII.

13　Yasuo Okubo, *op. cit.*, p. 47.

14　*Ibid.*, p. 44-46.

15　Naoki Kanayama, « Le caractère non-occidental du Minpo, mythe ou réalité ? », *op. cit.*, p. 31.

8 歴史

ュ・ブスケは、「法律はある国から他の国へ移植されない」と述べて、西洋から持ち込まれる新たな制度に対して、家族に関する諸伝統（特に女性にとって不利なもの）という観点からの抵抗が予想されると指摘していた（ただし、商人や役人の世界では、より迅速に変化するであろうとも述べている）[16]。ミシェル・ルヴォン（1893年から1899年まで（東京）帝国大学法学部教授を務めた。彼は、帰国後、和歌集を発表するために日本語を学んだようである）もまた、1900年に出版した『日本文明史（*Histoire de la civilisation japonaise*）』において、文化論に基づく論拠の使用に慎重な態度を示している。彼によれば、法は、人々の物質的生活と精神的生活の間の移行に資するものであった。日本法の歴史は、「昔からの土着の思想」のほかにも、中国の影響、朝廷または幕府が制定した法律の混成物であり、「比較法制史の中でも名誉ある地位を占めるに値する」ものであったが、憲法典や「現行の諸法典」（とりわけ民法典）のような「ヨーロッパのそれに勝るとも劣らない法典」を通じて、そこに西洋の法思想が入り込んだ。さらに、ルヴォンは、日本の家族において、「フランスの家族（maison française）」に匹敵するほど個人主義が進展したことに見られるように、憲法と家族法の分野において、日本人が進歩する能力を有していることを称賛していた[17]。この点に関する日本人の側からの言及として、金山教授は、文豪である夏目漱石が、日露戦争時に、誰もが語るけれども誰も見たことがない「大和魂」の存在に疑問を投げかけていたことを指摘している[18]。

B) 国家主義の高揚から西洋化の第2の波へ

明治時代には、西洋の法的な考え方を表現するために新しい言葉が生み出された（この現象は、特に私法の分野において顕著であったが、公法の分野においても、1889年憲法典が着想を得たプロイセン・モデルに由来する、よ

---

[16] Georges Bousquet, « Les mœurs, le droit public et privé du Japon », *Revue des deux mondes* 1875, n° 10/2, p. 278-280.

[17] Michel Revon, *Histoire de la civilisation japonaise*, Paris, Armand Colin, 1900, p. 137-139.

[18] Naoki Kanayama, « Le caractère non-occidental du Minpo, mythe ou réalité ? », *op. cit.*, p. 36-37.

り「権威主義的（autoritaire）」な考え方が受容された[19]）。さらに、大正時代には、既に、アメリカ（金山教授は、ケースメソッドが末弘に与えた影響を例示する）やヨーロッパ（日本人の複数の教授が、エールリッヒやケルゼンの著作に親しんでいた）から新しい法思想が侵入していた。ところが、昭和時代の1926年から1945年にかけての20年間は、日本精神、義理に代表される「封建的」倫理、及び、国体（これは、元来、国の構造または主体を指す語だが、後に、外国から日本的価値観を守ろうとする帝国主義的な政府を意味するようになる）が強調された時期であり、国家主義的な高揚感に包まれていた。1925年の治安維持法によって国体が刑事上保護されるようになった後、専門家委員会（法学者は含まれていなかったようである[20]）を経て、政府により『國體の本義』が公表された。これは、「日本人の真理（vérités japonaises）」を説くものであって、法文化よりも、神道や天皇への帰依をその内容としている。こうした考えは、日本の法律家の間では、上杉慎吉が美濃部達吉の学説に反対していた頃には少数派であったが、1930年代には多数派となった。周知のように、美濃部の主張は、1935年、政府によって公式に非難され、彼は貴族院議員の辞職を余儀なくされた[21]。

東京帝大に目を向けると、末弘嚴太郎（1888-1951）の立ち振る舞いが、同大法学部の受けた衝撃の大きさを物語っている[22]（なお、金山教授は、末弘が、判例の公表と批評に関して、アメリカ法社会学の影響を受けた方法論を導入したことの重要性を強調している[23]）。末弘は、穂積重遠、我妻榮、平野義太郎のような、社会問題や西洋理論の影響に関心のある教授たちを学

---

19 ただし、第18条から第32条では、臣民に対して一定の権利（法律によって設置される裁判所で裁判を受ける権利、居住移転の自由、所有権、信教の自由、さらには、言論、著作、印行、集会、および結社の自由）が認められている。

20 Alan Tansman, « The Atmosphere of Conversion in Interwar Japan », dans Dennis Washburn, A. Kevin Reinhart (eds.), *Converting Cultures. Religion, Ideology and Transformations of Modernity*, Leiden, Brill, 2007, p. 58.

21 Shigeru Minamino, « Minobe Tatsukichi » dans Olivier Cayla, Jean-Louis Halpérin (dir.), *Dictionnaire des grandes œuvres juridiques*, Paris, Dalloz, 2008, p. 410-417.

22 Jason Morgan, *Law and Society in Imperial Japan. Suehiro Izutarō and the Search for Equity*, Amherst, New York, Cambria Press, 2022.

23 Naoki Kanayama, « Le caractère non-occidental du Minpo, mythe ou réalité ? », *op. cit.*, p. 34.

10 歴史

部に迎え入れ、国粋主義者の蓑田胸喜から攻撃を受けることになった（蓑田は、世界法の理論を提唱したカトリック教徒の商法学者である田中耕太郎のほか、国際法学者の横田喜三郎をも攻撃した[24]）。その後、末弘と彼に近しい法学者の一部（我妻や平野など）は、国家主義と帝国主義に転向し[25]、日本の中国進出や、ヒトラーとの同盟（末弘はベルリン・オリンピックでヒトラーを賞賛した）、日本の戦争努力を支持するようになった。1928年に始まり、1930年代を通じて1945年まで続いた弾圧によって、7万人以上の人々が共産主義の容疑で逮捕された（そのうち2人はスパイ容疑で処刑された）。もっとも、この弾圧の影響が法律家に対して直接及ぶことはなかった。というのも、例外裁判所が存在しなかったため、裁判官が法定の手続きへの執着を示したからである[26]。日本国内では警察によって拷問が行われ（1944年に弁護士の正木ひろしが有名な「首なし事件」で糾弾した）、中国や占領地では多くの戦争犯罪が行われた。日本の法学者は、軍事体制に対して本格的に抵抗することはなかったが、ドイツの一部の法学者のように、ジェノサイドに関与することもなかった。

　これに対し、日本の敗戦とアメリカによる占領は、1945年以降、法の西洋化という新たな波を引き起こし、1946年から1947年にかけての憲法典の制定、1947年の民法典の改正（末弘の弟子である中川善之助教授は、家族法に関する大改正に関与したが、他の分野に関しても、特にフランス法に影響を受けた権利濫用の概念を第1条に規定した）、1948年の新刑事訴訟法典の制定、競争法、労働法、弁護士法の制定が相次いで実施された。末弘を含む一部の教授が大学から追放されたり、東京裁判の被告人が日本人弁護士の中から弁

---

24 ケルゼンから影響を受けたこの国際法学者については、Urs Matthias Zachmann, « Yokota Kisaburō. Defending International Criminal Justice in Interwar and Early Post-War Japan », dans Frédéric Mégret, Immi Tallgren (eds.), *The Dawn of a Discipline. International Criminal Justice and Its Early Exponents*, Cambridge University Press, 2020, p. 335-357.

25 Jason Morgan, op. cit は「文化的帝国主義」について論じており（p. 160）、ヒトラーへの賛辞に関する末弘の文章を引用している（p. 180）。

26 Ben-Ami Shillony, *Politics and Culture in Wartime Japan*, Oxford, Clarendon Book, 2ᵉ éd., 1991, p. 12-13 et p. 34-35は、1944年2月に、数名の裁判官が東京に呼び出され、厳格さを欠くとして叱責されたと指摘する。この叱責を批判していた岡井藤志郎は起訴され、1946年に辞職を余儀なくされた（後に名誉を回復している）。

護人を見つけたりはしたが[27]、大多数の法学者（戦後、首相を務めた幣原、吉田、芦田や、最高裁判所長官となった田中教授を含む）は、新しい憲法典を基礎として、西洋法からの借用によって日本法を刷新することに貢献した。

金山教授の研究は、これらの法規範の発展とそれに伴う法文化の変容を常に注視しており、権利や人権といった概念が日本文化に浸透していなかったと主張する見解[28]や、日本の「法律家」の精神分析において「二項対立の図式（schéma binaire）」が深く刻まれているとする見解[29]とは異なる。私見によれば、金山教授のアプローチは、いわゆるフランス法文化、ドイツ法文化、アメリカ法文化に対して、1つの日本法文化が存在するという図式的な見方を否定することによって、日本における法文化の多元性に関する新たな研究への道を拓くものである。

Ⅱ 日本における専門家と民衆の法文化研究序説

金山教授は、野田良之がフランス人の読者に向けて記した「日本人は法を好まない」という有名な表現に対して、しばしば疑問を呈してきた[30]。金山教授の研究は、明治以来、法を愛する多数のグループが、法学教授、裁判官、及び、弁護士において存在すること、これらのグループは、20世紀を通じて変化する職業文化を発展させてきたこと（**A**）、21世紀に入って実施された改革が、日本における法の受容に関する諸問題を再燃させていること（**B**）を我々に示している。

---

27 清瀬一郎は、国家主義者の弁護士であり、東京裁判における弁護を担当した。これは、鵜澤總明が、1910年に社会主義者の弁護をしたのと同様である。

28 Carl F. Goodman, *The Rule of Law in Japan. A comparative analysis*, Alphen, aan den Rijn, 3ᵉ éd., 2012, p. 22-23, 28, 30

29 Ichiro Kitamura, « Une esquisse psychanalytique de l'homme juridique au Japon », *Revue internationale de droit comparé* 1987, 39-4, p. 791-824.

30 Yoshiyuki Noda, *Introduction au droit japonais*, Paris, Dalloz, 1966. 金山教授による注目すべき批判は、Naoki Kanayama, « Évolutions récentes du droit des contrats au Japon », *Études offertes au Doyen Philippe Simler*, Dalloz, Litec, 2006, p. 585.

12 歴史

A) 急速に変化する文化と法律専門家

　司法省法学校において法学教育が開始され、その後、1877年の東京大学を皮切りに、イギリス法やドイツ法を教授する私立大学や、京都帝国大学が設立された。その結果として、司法官職（magistrature）や1880-1890年代以降の弁護士職においてエリート法律家が急速に現れるとともに、同時期のイングランドを凌ぐ数の職能団体が形成されたことに疑いを差し挟む余地はない。西洋法の知識を身につけたこれらの法律家は、例外なく法を「愛し（aimé）」、（外国語の習得がしばしば必要となる）困難な研究活動に身を投じた。したがって、彼らを、明治維新の単なる仲介役、あるいは取るに足らない仲介者として紹介することには問題があるし、反対に、日本社会から孤立した「少数の権力者（oligarques）」[31]と紹介することにも問題があるだろう。

　新しい諸法典の適用を任務とする裁判官を迅速に養成したこと、とりわけ、1875年に創設された大審院の構成員の養成は奇跡に近いことであった。北欧やアメリカでも、過去に、自国では知られていなかった法技術に関する知識を少数の裁判官が速やかに習得することで、これらの者によって構成される小規模な裁判官グループが突如として現れたという例があった。これらの事例は、文化的な所与とは無関係に法を学ぶことができることを示している。19世紀末と20世紀前半の日本の裁判官に関する社会史的研究は、三島由紀夫の『豊饒の海』に登場する本多判事の姿が示すように、日本において、裁判官という職業がいかにして高い評価を得るようになったのかについての優れた知見を与えてくれるであろう。1891年に大津で発生した（後の）ニコライ2世謀殺未遂事件で、担当裁判官が、政府から、犯人に死刑を言い渡すよう圧力を受けたが、児島惟謙判事はそれに屈することはなかった。この決断が果たした役割は、裁判官の独立性の高さを示す要素の1つとしてしばしば紹介されるが、自らが担当しない刑事訴訟に関与していることに着目すると、さらなる検証が必要であろう。

　弁護士に関しては、評判がよくなかった公事師の跡を継いで、1870年代に、試験が必要な代言人という職業集団が誕生した（ただし、公事師から代言人

31　この表現は、Goodman, *The Rule of Law in Japan, op. cit.*, p. 73-74で用いられている。

に転身した者もいた）。次いで、1893年の法律によって（試験に合格する必要がある）弁護士職が創設されたことで、1つの職業文化を共有する弁護士会が非常に短い期間で誕生し、この職業文化は、1897年創立の日本弁護士協会のような任意非営利団体によって広まった[32]。ここでも、一部の弁護士は、自由主義的な政治活動に関与した。さらに、幸徳事件においては無政府主義者が陰謀を企てたとして1911年に11人の死刑が執行されたが、被告人となった社会主義者の弁護を引き受ける者もいた。これらの活動は、ヨーロッパ・モデルに触発された文化的側面を伴う職業倫理の確立をもたらしたと考えられる。1900年代の日本では、国会議員の17％以上が弁護士であった。弁護士の中には、1927年から1929年まで司法大臣を務めた原嘉道（1867-1944）のように、1923年の陪審制度の導入において重要な役割を果たした者もいた[33]。そのほか、弁護士の中には、少数の「急進派（radicale）」もいた。最も有名なのは布施辰治（自身も何度か逮捕され、1939年に弁護士資格を剥奪された）である。布施は、警察によって投獄され拷問を受けることがあった反体制派のみならず、反逆行為を理由に裁かれた朝鮮人を弁護することもあった[34]。

　東大法学部は（ドイツ人教授、フランス人教授、そしてスイス人のルイ・ブリデル教授の助けを借りた後）、1910年には、既に、非常に幅広い法分野を担当する30人の教授を擁していた。これは（当時、学生数が世界最多であった）パリ大学法学部とほぼ同数であり、このことのみをもってしても、日本においてアカデミックな法文化が突如として出現したことは明らかである。東大法学部は、明治以来、将来の高級官僚を多数養成することが求められており、20世紀に入ってもその役割を担い続けた。学生数に関しては、2つの

---

32 Jean-Louis Halpérin, « Remarques sur l'histoire énigmatique de la formation des premières générations de juristes japonais », dans Pierre Brunet, Ken Hasegawa, Hajime Yamamoto (dir.), *op. cit.*, 2014, p. 17-32.

33 Anna Dobrovolskaia, *The Development of Jury Service in, Japan. A square block in a round hole?*, Abingdon, Routledge, 2017, p. 261 ; Dimitri Vanoverbeke, *Juries in the Japanese Legal System. The continuing struggle for citizen participation and democracy*, Abingdon, Routledge, 2015.

34 Richard H. Mitchell, *Janus-Faced Justice. Political Criminals in Imperial Japan*, Honolulu, University of Hawaii Press, 1992, p. 32-38 et p. 42-48.

14 　歴史

帝国大学が既に多数の学生を抱えており、その数は1912年の時点で3,213人であった。さらに、私立大学（例えば、ウィグモアの考案による、日本法とイギリス法を組み合わせた教育プログラムを採用していた慶應義塾大学）に在籍していた学生数をこれに加えなければならないが、その数は明らかではない。また、教授法もヨーロッパから輸入された。京大で（自由に受講することができ、試験が課されない）ドイツ式の教授法が試行された後、東大で行われていたフランス式の教授法が各地で採用された（京大でも1907年に採用されている）。法学教育は比較法（フランス法、ドイツ法、イギリス法）にも開かれており、教授たちは諸外国に渡り、国際的な人脈を維持した。大学でも、一部の教授たち（彼らは、学士号を取得した後、直ちに助教授に就任した）が、政府からの独立を示した。例えば、政府から休職処分を受けた戸水教授を支援し、地位を回復させた「七博士〔意見書〕」のグループがそれである[35]。戦間期の教授たちの政治上の立場はさまざまであり、京大における瀧川幸辰の罷免、哲学者の蓑田胸喜による東大の「赤い教授たち（professeurs rouges）」への攻撃、末弘に対する裁判（無罪に終わった）などが起こった。教授たちは、説き伏せられ、あるいは、沈黙を強いられて、第二次世界大戦が終結するまで国家主義と帝国主義を支持した。大学への権力介入およびそれに伴う辞職や解職にもかかわらず、法学部は、特にヨーロッパの研究者との交流を維持することによって知的独立性をかろうじて保っていた。

　日本の敗戦とそれに続くアメリカによる占領は、日本の法曹界の構造に大きな変容をもたらした。たとえば、最高裁判所の監督の下に司法研修所が創設されたり（1947年）、弁護士会が（地方レベルの弁護士会と全国レベルの弁護士会連合会に）再編成されたりした。非常に難しい司法試験（1980年代末までは500名ほどの合格者にのみ司法研修所への入所が認められ、それらの合格者には有給の修習生の地位が与えられた）を課している司法研修所は、東京近郊に設置されており、裁判官、検察官、および弁護士になる者に対し

35　B. K. Marshall, *Academic Freedom and the Japanese Imperial University 1868-1939*, Berkeley – Los Angeles – Oxford, 1992, p. 14-17.

て、共通の教育を施している。これは、司法官と弁護士の研修が別々に行われるフランスの状況とは対照的である。

　裁判官（東大と京大の出身者が多い）は、長期にわたる判事補職、判事昇任後は事務総局を通じた最高裁による確認（事務総局は裁判官の人事を管理しており、裁判官を異動させたり、10年の任期の更新を拒否したりすることができる）を乗り越えて、キャリア全体にわたって公務に従事することになる。裁判官は、高い給与と法務省からの高度の独立性を享受しており、このことが、裁判官としての矜恃をもたらした。最高裁が違憲と判断した法律の数が極めて少ないことを説明するために、多くの裁判官の保守性（下級審の裁判官がより積極的行動主義的であるのに対して、内閣によって指名される最高裁の裁判官は特に保守的である）が挙げられる。彼らは、経済的にも社会的にも現状に執着し、パターナリズムによって特徴づけられる福祉国家システムを覆そうとしない[36]。もっとも、最高裁の裁判官の中に法学者と弁護士が含まれることは、裁判官が完全な内向き志向であり、厳格な順応主義者であるという見方を相対化している。

　弁護士は、その社会的地位の高さと、官僚・政治家（首相の大半は法学部で教育を受けており、自民党の衆議院議員の多くは高級官僚からキャリアをスタートした）・企業経営者との人脈から[37]、現状維持を支持するエリート層とみなされる[38]。弁護士の大部分は、単独で、または、10人未満の事務所で働いている。また、弁護士の多くは大都市で働いているが、長い間弁護士数が抑制されていた（15,000人に満たなかった）ので、人口が少ない地域では弁護士が不足している。ローファームの拡大は、米国にはもちろん、西欧にさえ大きく遅れを取ってきた（日本では、ローファームで働く弁護士の数は4,000人を下回る[39]）。日本で弁護士になるには、司法試験に合格するか、最高裁から特別の認定を受ける必要がある。そのため、外国人の弁護士が日

---

36 Carl F. Goodman, *op. cit.*, p. 67-69.

37 Setsuo Miyazawa, Hiroshi Otsuka, « Legal Education and the Reproduction of the Elite in Japan », *Asian-Pacific Law & Policy Journal* 2000, p. 11-20.

38 Carl F. Goodman, *op. cit.*, p. 74.

39 Ichiro Kitamura, « L'avocat dans la culture japonaise », *Archives de la philosophie du droit* 2022/1, p. 259.

16 歴史

本の弁護士資格を取得することは極めて困難であったが、2009年に外国人弁護士に有利な法改正が行われたことで状況が変化している（外国人の弁護士数は、2006年の125人から2021年には408人に増加した）。国会議員に選出される弁護士の数が減少している一方、弁護士会には、数は少ないが、いまなお左派の積極的行動主義者が所属している。彼らは、日米間の条約に反対する訴訟を提起し、ときには裁判官に対して攻撃的な戦略を取った。

　大学教授のグループは、国立大学（1992年、15の国立大学法学部が存在した。1996年、旧帝大7校と一橋大学、神戸大学の法学部に、360人の教授が所属していた）と私立大学（1996年には、法学と他の学問領域を組み合わせた学部を除くと、69の法学部が存在し、約130の学部が法学コースを提供していた。また、これらのうち6つの大規模大学（早稲田、慶應、中央、上智、同志社、立命館）に305名の教授が所属していた）の法学部のネットワークの拡大に伴って発展を続けてきた[40]。教授たちの大部分は、名門の法学部で教育を受けており、外国法を学ぶことも多かったが、弁護士ではなかった。彼らが学士課程より高度な教育を受けるようになるのは、1970年代になってからである。法学部の講義は、今でも、諸法典と国際法を学ぶのが中心である（法制史、ローマ法、法哲学の授業は少なく、外国法の講義が多い）。教授法は、長い間、講義を基本としており、3年または4年の学士課程において、限られた学生数に対して行われていた（1997年の法学部卒業生は、東大が700名、京大が400名、神戸大が200名であったが[41]、20世紀末の全法学部の卒業生は毎年45,000名程度であった）。

　国際的な経済競争を勝ち抜くために不十分と判断された弁護士数を増加させるために、改革に積極的な小泉内閣の主導によって構想された2004年の司法制度改革は、従来の法学部に加えて（多くの場合、同じ大学の中に）法科大学院を設置することで、50年間続いてきた法曹養成を一変させた。74の法科大学院（臨床教育（*clinical studies*）を行うために実務家も登用した）の創設により、司法試験合格者数は大幅に増加し（2012年に合格者数が過去

---

40 Setsuo Miyazawa, Hiroshi Otsuka, *op. cit.*, p. 71.
41 *Ibid.*, p. 64

最高となった）、合格率は25.4%（2010年）に達した。司法試験合格者の多くは、法学部を卒業した後、東京（東大、中央、慶應、早稲田）や京都の名門法科大学院を修了している。

この改革によって、金山教授が指摘するように、法科大学院は外国法教育を続ける法学部と類似した構造を有しており、その教育効果は大きく改善された。しかし、司法試験合格率70%から80%という当初の目標（この数字が現実的でないことは明白であった）は達成されていない[42]。法科大学院で2年間勉強した後で、司法試験に失敗する学生が少なくなかったことから、半数の法科大学院が閉校し、その数は34校にまで減少した。2023年の司法試験合格率が45%に再び上昇したのは[43]、法科大学院の志願者数が2004年の72,000人から2023年の12,000人まで急落したことが主な理由である。司法試験の準備が、アメリカの予備校（*cram schools*）に匹敵するほど教科書的であることもまた、司法制度改革が裏目に出てしまった点である。というのも、改革では、法律科目だけでなく、国際問題や社会経済学に関する問題を学ぶことも期待されていたからである。また、予備試験という、法科大学院を修了していない者にも開かれた制度が維持されている。予備試験は、競争率の高い試験であるが、法曹になるための近道であることから、予備校の助けを借りつつ、独学で試験対策を進める（時として非常に若い）学生による利用が促されている。司法研修所への入所者の4分の1以上を予備試験合格者が占めることもあり、そのエリートぶりは、ローファームの採用担当者から特に評価されているようである。これは、法科大学院の限界を示しているといえよう。法学部で教育を受けたが司法試験に合格せず、賃金を得ながら企業内で活動する道を選んだ法律家や、より限定されたグループである司法官と弁護士の中で、実務と文化に違いが生じているかどうかについて検討する余

---

42 Naoki Kanayama, « The Effects of Globalisation and Legal Education in Japan : The Reforms of 2004 », dans Christophe Jamin, William van Caenegem（eds.）, *The Internationalisation of Legal Education*, Ius Comparatum – Global Studies un Comparative Law 19, Springer, 2016, p. 185-193. 他方で、Ichiro Kitamura, « L'avocat dans la culture japonaise », *op. cit.*, p. 262-263は、これらの改革、とりわけ比較法教育の改革に関してより否定的である。

43 Colin P. A. Jones, « The failure behind Japan's bar examen pass rate » ; *The Japan Times*, 20 novembre 2023.

18 歴史

地はあるだろう。司法制度改革は、裁判官数の増加をもたらした（1999年に2,143人だった裁判官数は、2019年に2,774人に達した。これに加えて、2,000人近い検察官がいる）。弁護士数はさらに増加しており、現在44,000人を超えている[44]。女性の法曹数も増加したが、その割合は、フランス（弁護士の19％、検察官の25％、裁判官の27％）などの諸外国と比較すると、極めて低く抑えられている。概して、法曹の数は、日本の人口に比して少ない。このことは、日本社会における法の受容が限界に達しているのではないかという疑問を生じさせる。

B) 日本における法の受容に関する問題

　日本では、世界のどの国でもそうであるように、法の理解は、基本的には法学を学んだ者にしか獲得できないものであり、法学を学んでいない人々に法の理解を拡げることには限度がある。同時に、法の理解を客観的なツールを用いて評価することも困難である。日本法の専門家は、諸法典や1889年憲法典が大多数の人々に理解可能な表現で書かれていなかったこと、1945年以降の民主化の進展は、法律家でない者を法と正義の世界に親しませるものではなかったことをしばしば指摘した[45]。

　20世紀から21世紀に変わろうとする時、こうした状況を変化させるいくつかの出来事があった。1996年の民事訴訟法典、2002年の民法典現代語化、および2005年の会社法によってもたらされた立法様式の変化は、法規範へのアクセシビリティの向上に寄与した。2001年に司法制度改革審議会の作業によって推進された改革は、日本社会における法の利用をより大きく拡げることを目的としていた。ただし、法律の表現を現代語化したことによって、法律家でない者の法に対する理解が大幅に向上したのかどうかは定かでない。フランスとの比較という観点からは、日本で判決の書き方と公表方法に影響を与えた変化（事実を理解しやすくしたこの変化は、大審院に影響を与えたフランス法の流儀よりも、コモン・ローの流儀と共通する点が多い）は[46]、破

---

44 *White Paper on Attorneys*, 2022, consulté le 29/03/2024 sur https://www.nichibenren.or.jp/library/en/about/data/WhitePaper2022.pdf.

45 Carl F. Goodman, *op. cit.*, p. 32.

毀院判決の理由付けの様式に関して、最近、フランスで生じた変化とさほど異なるものではない。とはいえ、普通の市民が理解できる表現の採用について語ることはできるだろう。

　さまざまな文献が、長い間、日本における民事訴訟の件数の少なさや、日本人の訴訟への嫌悪感について検討してきた。日本では、調停や（自動車事故について）保険適用を伴う示談によって主に事件が解決されることから、訴訟になりにくい傾向がある。しかし、日本における訴訟件数は、1990年代に民事訴訟が大幅に増加した。なお、その後しばらくは安定していたが、2010年代以降は僅かに減少している[47]。

　積極的介入政策が実施された結果、法律扶助が拡大され、訴訟当事者が民刑事の弁護士にアクセスすることが容易になり（1990年代以降、当番弁護士制度が設けられた[48]）、調停が奨励されている。さらに、弁護士強制主義がとられていないことから、多くの訴訟が、弁護士の助けを借りずに提起されている。HIV（エイズ）患者の弁護[49]や、水俣湾の水銀汚染に関する大規模な裁判に続いて、福島の原発事故の被害者が賠償金を得るために[50]、訴訟当事者が集団的に訴訟に関与した。訴訟当事者にとって訴訟の結果は期待外れであったかもしれないが、これらの裁判は日本人が法という武器をより頻繁に用いるようになったことを示していると言えよう。また、2009年以降は裁判員裁判に数千人の一般市民が参加しており、その効果も気になるところである。法律家ではない人々に討議する「文化」を受容させることの難しさや（100％に近い有罪率に慣れてしまった）弁護士の経験不足が原因で刑事事件

---

46 Souichirou Kozuka, « The style and role of Judgments by Japanese Courts », *Zeitschrift für Japanisches Recht*, 2020, vol. 25, p. 47-75.

47 Tom Ginsburg, Glenn Hoetker, « The Unreluctant Litigant? An Empirical Analysis of Japan's Turn to Litigation », *Journal of Legal studies* 2006, p. 31-59 においては、日本の訴訟に関して、John Owen Haley, Mark J. Rueschemeyer と Takeyoshi Kawashima による古典的文献が参照されている。

48 Ichiro Kitamura, « L'avocat dans la culture japonaise », *op. cit.*, p. 264.

49 E. A. Feldman, *The Ritual of Rights in Japan. Law, Society and Health Policy*, Cambridge University Press, 2000.

50 Paul Jobin, « Fukushima en procès : un mouvement social dans les tribunaux pour repenser la catastrophe », *Ebisu* 58, 2021, p. 299-324.

において効果的に弁護できないことが評者によって指摘されてきた[51]。この改革が、刑事訴訟や（調査によれば日本人の大多数によって支持されているが、日弁連が廃止を求めている）死刑制度をめぐる問題に与える効果を評価するのは時期尚早であろう[52]。日本人が法に無関心なのかどうか、あるいは法を苦手としているのかどうかは定かでない。というのも、文学作品や映画の中では、法はよく現れるからである。金山教授の見解にならうならば、新たな法社会学研究によって、日本の弁護士、司法官、法学教授、そして法律家ではない者の現代的文化がどのようなものであるのかについて、ヨーロッパ、とりわけフランスのそれと比較して、客観的な基準に基づいて論ずることができるようになることが期待される。

---

[51] Lucie Barbarin, « De la difficulté d'être juré au Japon » (2011), consulté le 26/03/2024 sur https://www.slate.fr/story/36857/jures-populaires-japon-saiban.
[52] さらに、安倍晋三の殺害がもたらす影響や、この事件の旧統一教会への影響に関する人々の議論や法律家による議論を評価するのはまだ早いであろう。

フランス執政政府期の私立学校による
法学教育の復興

深 谷 　 格

はじめに
Ⅰ　法科大学の創立
Ⅱ　法制アカデミーの創立
Ⅲ　法制アカデミーの発展
Ⅳ　私立法律学校の衰退

はじめに

　本稿ではフランス執政政府期[1]の私立学校の法学教育を検討する。これは、主に次の理由による。第 1 に、フランス革命期から帝政期までの大学教育や法学教育についての我が国の先行研究[2]には、私学の法学教育を検討したものが乏しいからである。第 2 に、「法科大学院の教育と司法試験等との連携等に関する法律（平成14年法律139号）」の改正（令和元年法律44号）による連携法曹基礎課程（法曹コース）制度の制定を期に、法学教育の在り方を再考する必要を感じたためである。

　フランス旧体制下の大学[3]は、共和暦 3 年ヴァントーズ 7 日（1795年 2 月25日）の「科学、文学、及び芸術の教育に関する中央学校の設立に関するデ

---

1 「執政政府」ないし「執政政府期」とは、「統領政府」とも訳される Consulat の訳語であり、ブリュメール18日（1799年11月 9 日）のクーデター又は共和暦 8 年憲法公布（同年12月15日）からナポレオン・ボナパルトの皇帝即位（1804年 5 月18日）までの時期を指す。

2　教育史117-359頁。池端53-80頁。神山 1-368頁。上垣24-36頁、石井270-300頁等。文献略称については、本稿末尾の【文献一覧】を参照。

3　当時の大学での法学教育について、石井272-279頁、深谷41-100頁参照。

22 歴史

クレ」[4]により廃止が確定し[5]、同デクレは共和暦４年ブリュメール３日（1795年10月25日）の「公教育の組織に関するデクレ」（通称ドヌー法)[6]により施行された。中央学校は中等教育と高等教育の性格を併せ持ち、法制［législation］に関する講義も行ったが、中等教育も十分に受けていない学生が受講する仕組みと授業時間数に比して高度に専門的な内容の点で法曹養成には適さなかった。しかも、革命期には、旧体制下の特権廃止の観点から、売官制が廃止され、裁判官は公選制となり、弁護士会も廃止され、弁護業務には法的資格が不要になった。執政政府期には、こうした司法制度の改革が行われることになる[7]。

　共和暦10年フロレアル11日（1802年５月１日）制定の公教育法[8]44条に基づき中央学校が廃止され、同法24条及び25条１項により法学校（école de droit）の設立が定められた[9]。その頃、法科大学［Université de Jurisprudence］と法制アカデミー［Académie de Législation］という私立法律学校２校がパリに設立された。後述のように、法学校を卒業することが法曹資格の要件となるが、両校は、その制度の確立前に設立された。本稿では両校の短い歴史を回顧する。

I　法科大学の創立

1　法学リセ

　法科大学は、当初、法学リセ［Lycée de Jurisprudence］という名称で共

---

4 Décret portant établissement d'écoles centrales pour l'enseignement des sciences, des lettres et des arts, du 7 ventôse an 3（25 février 1795）, dans BulletinLois, tome 5, Paris, 1835, p. 470.

5 石井278頁。

6 Décret sur l'organisation de l'instruction publique, du 3 brumaire an 4（25 octobre 1795）, dans BulletinLois, tome 6, Paris, 1835, pp. 295-300.

7 石井285頁。

8 Loi générale sur l'instruction publique, du 11 floréal an 10（1er mai 1802）, dans BulletinLois, tome 9, Paris, 1836, pp.303-309.

9 法学校は1808年３月17日の「大学の組織に関するデクレ」（Décret portant organization de l'université, du 17 mars 1808, dans BulletinLois, tome 11, Paris, 1857, p.271）により帝国大学法学部として再編されることになる。池端53-80頁、神山239-277頁参照。

和暦9年には存在していた[10]。

共和暦10年フリメール23日（1801年12月14日）付ジュルナル・デ・デバ紙は「ヴォルテール河岸2番地に『法経学院［Institut de jurisprudence et d'économie politique］』という名称の学校が作られた。これをヴァンドーム広場に設立された法学リセと混同してはならない」と記す[11]。この記事から、法学リセが「法経学院」（法制アカデミーの前身）より前に創立されたと推認される。

法学リセの組織と教育内容は次の通りである[12]。

教育は、公法、民法、刑事法を主対象とし、事例を素材とする。教授は6名で、担当科目は、法制、雄弁術、ローマ法と現代民法、刑事法、海法と商法、公証人論である。

学生は上記科目の履修後、模擬裁判を行う。この裁判所は民事、刑事、商事、破毀の4部門から成る。各部門は政府委員（検事）、書記官、原告、被告、裁判官を務める7名の学生から成る。

法律問題の討論を行う公開会議が催される。また、毎年、学識、雄弁、分析、反論、そして法律の正当な適用の各部門最優等生5名に式典で賞が授与される。1年に2度、重要法律問題についてコンクールを行い、優勝者にはリセ刊行図書の授与と公式の集会の特別席への招待がなされる。

学生寄宿舎もある。市民向け法律相談も行われる。

法学リセの組織は、1）固有の構成メンバー（法律家［jurisconsultes］、雄弁家［orateurs］、代訴人［avoués］[13]、公証人、執行官、鑑定人）、2）書記官、3）提携会員、4）各県に居住する代理人（県監督官、副監督官、通信員、代訴人、公証人、執行官、鑑定人、補佐官）、5）仲裁人、6）族長制事務局［bureaux patriarchaux］、7）一般管理部門（理事、監督官、管理行政官、枢密顧問官、法学リセの管理委員たる雄弁家、検査官、移動視学

---

10 Hayem, p. 113.

11 Débats, du 23 frimaire：an 10 de la République, p. 1.

12 Hayem, pp. 248-251.

13 革命により売官制が廃止され、弁護士［avocat］や代訴士［procureur］という名称の使用は避けられていた（石井289-290頁）。「法律家、雄弁家」は弁護士を指す（雄弁家は議員となった弁護士か？）。

24 歴史

官、会計担当者、司書、医務室）から成る。

　法学リセは、1）会報（月刊）、大革命以来の著名訴訟の選集（月刊）、3）政治・文学・商業総覧（月刊）、4）児童教育のための法学リセの格率（月刊）の出版を企画している。

　なお、以上の組織化と出版企画がどこまで実現されたかは不明である。

2　法科大学の概要

　共和暦10年フロレアル23日（1802年5月13日）付ジュルナル・デ・デバ紙は「法学リセは、その名称を法科大学［Université de jurisprudence］に変更した」と記す[14]。この名称変更は、ドヌー法第4章が「科学・芸術国立学士院［Institut national des sciences et des arts］」（フランス学士院の前身）を設置し、公教育法が中等教育機関としてリセを創設したうえ、同41条が「いかなる施設も、今後、『リセ』及び『学院［Institut］』の名称を持つことはできない。『科学・芸術国立学士院』だけが学院［Institut］の名称を持つ」と規定したことによる。

　法科大学はパリのマレ地区ヴァンドーム通りに設立された[15]。創立者はルフェーヴル（元弁護士）、共和暦10年の総長はミルベック（元弁護士）である[16]。

　法科大学は株式会社組織であり1株1000フランの株式を60万フラン分発行（7年間で償還予定）した。株主は、毎年、学生1名を法科大学に無償で入学させる特権を享受する[17]。

　教育は、公法、民法、刑事法を主対象とし、事例を素材とする。教授は6名で、科目は、法制、雄弁術、ローマ法と現代民法、刑事法、海法と商法、公証人論である[18]。共和暦11年の主要科目担当教授は次の通りである[19]。雄

14　Débats, du 23 floréal：an 10 de la République, p. 2.

15　Débats, du 25 vendémiaire：an 11 de la République, p. 3. Arts, n° 239, du 25 brumaire an 11, p. 277. Magasin, tome 3, an 11（1802）, pp. 533-534.

16　Hayem, p. 228.

17　Débats, du 3 messidor：an 10 de la République, p. 4.

18　Lefebvre, p. 8.

19　Magasin, VIIIe année, tome 3, Paris, 1802, pp. 533-534. Hayem, pp. 244-245.

弁術：ジョフロワ（コレージュ・マザラン、旧パリ大学修辞学元教授、演劇評論家）。法制一般：モラン（サン＝タントワーヌ通り中央学校法制教授・理事）。ローマ法とフランス法：ミシェル・アグレスティ（フランスに帰化したナポリ出身者）。刑事法：ブクソン（セーヌ県小審裁判所副長官）。海法と商法：ブーシェ（セーヌ県商取引評議会事務局長）。

　前掲科目以外に、毎週日曜と月曜の午前8時から学生間の口頭弁論［plaidoirie］が行われ、毎週木曜夕方に研究協議会［conférence］が開かれる[20]。口頭弁論や研究協議会は後に法制アカデミーにも導入された。

　法科大学と法制アカデミーの間では教員の人事交流もあったようである。例えば、モランは中央学校の法制の教授と法制アカデミーのフランス刑事法担当教授を兼務し、ブーシェも法制アカデミーの商法及び海法の担当教授を兼務した[21]。ブクソンは法制アカデミーから法科大学に移籍した[22]。アグレスティは法制アカデミーのメンバーでもあった[23]。

Ⅱ　法制アカデミーの創立

1　法経学院

　法制アカデミー紀要［Bulletin de l'Académie de législation］各号表紙には『『法経学院』の名称の下で共和暦9年フロレアルに設立された法制アカデミーは公益及び法学の改良と法学教育という二つの主要な目的を持つ」と記されている。但し、法制アカデミーは共和暦10年ブリュメール末又は同年フリメール初めに創立されたともいわれる[24]。他方、同年フリメール23日（1801年12月14日）付ジュルナル・デ・デバ紙が法経学院の設立を伝えた[25]。また、「法経学院紀要［Bulletin de l'Institut de Jurisprudence, et d'Économie

---

20 Débats, du 6 frimaire：an 11 de la République, p. 2.

21 Arts, n°239, 25 brumaire an 11 (1802), p. 278. Débats, 20 brumaire an 12, 12 novembre 1803.

22 Arts, n°241, 5 frimaire an 11 (1802), p. 324.

23 BulletinAcadémie, enseignement, XIXe Livraison, p. 30. Arts, n°260, 10 ventôse an 11 (1803), pp. 330, 331.「メンバー」とあるが、教授ではなかったようである。

24 Hayem, p. 113.

25 前掲注11）。

26 歴史

Politique]」第 1 号発行日は「ニヴォーズ 1 日（12月22日）」である[26]。それ
ゆえ、創立は1801年12月頃だろう。

　法経学院は、革命後、秩序の回復した社会で公正な裁判を担う法律家の養
成機関となることを期待されており、シメオン、ブラーク、ファヴァール、
タルジェ、カイユが開設準備を担当した[27]。法経学院は、毎年、知事の推薦
に基づき「祖国の守護者[28]の子100名」に学費免除で入学を許可し、知事及
び中央学校教授の推薦に基づき各県優等生に学費免除で入学を許可した[29]。

2　法制アカデミーの組織

　前述のように公教育法41条に基づき「法経学院」という名称は使用不能に
なった。共和暦10年フロレアル30日（1802年 5 月20日）付ジュルナル・デ・
ザール紙204号は法経学院が法制アカデミーに名称変更したと記す[30]。法制
アカデミーはパリのヴォルテール河岸 2 番地ラブリフ館［Maison Labriffe］
にあった[31]。

　共和暦10年の法制アカデミー創立時の総長はペリニョン（元法律家）とい
う人物であり、その下に 5 名から成る委員会があった。その 5 名とは、タル
ジェ（元法律家、元全国三部会議長、破毀裁判所副長官）、シメオン（元法
律家、元エクス大学法学部教授、元五百人会議員、護民院議員）、ファヴァー
ル（元法律家、護民院議員）、ブラーク（法律家）、カイユ（法律家）であ
る[32]。

　同年中に整えられた管理体制は次の通りである[33]。

　事務総局［Bureau］は、法制アカデミー総長ペリニョン、事務局長タル
ジェ、事務局次長カイユから成る。

26　法経学院の所在地は、後の法制アカデミーと同じパリ市ヴォルテール河岸 2 番地である。この
　紀要は校名変更に伴い「法制アカデミー紀要」となる。
27　Arts, n° 182, 10 pluviôse an 10（1802）, pp. 175-176.
28　「祖国の守護者［défenseurs de la patrie］」とは革命後の対外戦争の従軍者を指す。
29　前掲注11）。
30　Arts, n° 204, 30 floréal an 10（1802）, p. 288.
31　Bulletin Académie, cinquième livraison の表紙参照。
32　Bulletin Académie, cinquième livraison. Hayem, p. 214.
33　Bulletin Académie, cinquième livraison. Hayem, p. 215.

事務総局の下にアカデミー委員会［Commission de l'Académie］がある。議長はランジュイネ（元法律家、元老院議員）、委員はグルニエ（元法律家、護民院議員）、ギヨン・ダッサス（元法律家、セーヌ民事裁判所判事）、シャボー・ド・ラリエ（元法律家、護民院議員）、ファヴァール、ビルコック（元法律家）、ルーティエである[34]。委員は法制アカデミーによって任命され教学部門の監督と企画を担当する。

理事会［Administration］は財務を担当する。理事会は評議会［Conseil d'Administration］を包含する。評議会理事は、ランジュイネ（理事長）、ギヨン・ダッサス、カイユ、理事は、モンタラン（貿易商）、ジソール（元政府委員（検事））、ラムーク（元法律家）、パトリス（旧体制下の文芸の教授、出版者）である。

教授陣については後述する。

Ⅲ　法制アカデミーの発展

法科大学より規模も大きく発展した法制アカデミーの初期カリキュラムとその変更について述べよう。

1　共和暦10年の教育カリキュラム

共和暦10年の開講科目と担当者は次の通りである[35]。（1）自然法と経済学：ペロー（元パンテオン中央学校法制担当教授、元コレージュ・ド・フランス教授代行、護民院議員（1803年、同議長）、後に帝国法学校視学官）。（2）ローマ法とフランス法：ベルナルディ（司法省民事局長）。（3）実務法律学：ピロー・デショーム（法律家、セーヌ民事裁判所代訴士）。（4）論理学と雄弁術：ガレ（文学者、元ベネディクト会修道士、ジャーナリスト）。（5）刑事法制：モラン（法科大学教授）。（6）憲法・民法の法制史：ミヨン（パンテオン中央学校教授）。（7）商法・海法の実証的経済学：ブーシェ

---

34 BulletinAcadémie, cinquième livraison にはルーティエの名がない。

35 Hayem, pp. 217-225. BulletinAcadémie, cinquième livraison の表紙記載の記述も参照。

28 歴史

（法科大学教授）。

　ただし、（1）のうち経済学は実際には講義されていない[36]。

　共和暦11年から同14年までの間にカリキュラムは変遷した[37]。以下では主なカリキュラム改革についてのランジュイネの提言を紹介する。

2　共和暦11年の教育カリキュラム

　法制アカデミー第2代総長ランジュイネは、共和暦10年フリュクティドール1日（1802年8月19日）、「共和暦11年の教育カリキュラム」と題して次の構想を示した[38]。

　法制アカデミーは「法学の改良と法学教育」を主要目的とし、この目的を「メンバーの学術研究と教授の講義によって」達成し、成果は「法制アカデミーが刊行するBulletinとJournauxに掲載される」[39]。

　共和暦10年当時、5名の教授が「法制史と法制の一般理論、ローマ法とフランス法の諸原理、刑法、実務法律学、論理学と雄弁術」の講座を担当していたが[40]、「教授の人数を増やし」、（科目を）「教育の主要な対象と付随的な対象とに明確に限定することが適切である」[41]。

　法制は「諸々の法律の学問」である。多くの時代や国、地域の「あらゆる法律」の教育は困難だが、「公権力の創設と分配や、富の創設と分配に関する多少なりとも正確な理論は、教えることができる」[42]。後者（富の創設と分配に関する理論）は、「経済学（政治経済学）[économie politique]」と曖昧に表現されてきたが、今後は「公共経済学[économie publique]」と呼ばれる[43]。

---

[36]　Hayem, p. 219.

[37]　Hayem, p. 217.

[38]　Lanjuinais1802, pp. 182-196.

[39]　Lanjuinais1802, p. 182.

[40]　Lanjuinais1802, p. 182. 講座の名称と数が前述のエヤンの説明と異なるが、対象としている時期にずれがあるのかもしれない。この点は不明である。

[41]　Lanjuinais1802, p. 183.

[42]　Lanjuinais1802, pp. 183-184.

[43]　Lanjuinais1802, p. 184.

前者（公権力の創設と分配）に関する理論が自然法である。自然法は「存在する諸々の法律の第一部門、根本的な基礎、確実かつ永続的な調節器、公法と私法のあらゆる実定法に必要不可欠な補完物である」[44]。

かくして、自然法と経済学という科目が導入されるべきである。

法は自然法と実定法に分かれ、実定法は公法と私法に分かれ、公法は国内公法と国外公法に分かれる[45]。

国内公法は「統治者と被統治者の関係において、市民社会の構成員の権利義務を、公益との関係において定めるものである」。国内公法には、刑事法（治安と刑事裁判の法律）、民事訴訟手続に関する諸規範（行政裁判手続に関するものと通常裁判手続に関するもの）、及び公証人論が属する。

国外公法すなわち国際法は、国家間の権利義務に関する法律から成り、自然法や条約と慣習に由来する。

私法は、家族又は個々人の私益に関する権利義務に関する自然法と実定法を含む[46]。

「歴史を法律によって解明することが適切であるように、法律を歴史によって解明しなければならない。かくして、本アカデミーの教育には法制史と法の古代史の講義がある。ローマ法は、単に歴史としてだけでなく私法の大部分の分野に関する書かれた理性としても教育される」[47]。

現代的・発展的な科目として商法と海法が置かれる[48]。

「論理学と雄弁術の講義は本アカデミーにおいてなされるべき講義の不可欠な補完物」であり「これに道徳を付け加える」。道徳とは「権利と義務に関することに限定された」道徳であり「あらゆる実定法の入門であり、かつ、基礎理論である」[49]。

共和暦11年の開講科目と担当者は次の通りであり、共和暦10年のそれよりも大幅に拡充されている[50]。（1）自然法と国際法：ペロー。（2）公共経済

---

44 Lanjuinais1802, p. 184.

45 Lanjuinais1802, p. 184.

46 Lanjuinais1802, p. 185.

47 Lanjuinais1802, pp. 187-188.

48 Lanjuinais1802, p. 188.

49 Lanjuinais1802, pp. 188-189.

学：モリス（元ギアナ主計官）。富の清算と流通の理論をフランス共和国と諸外国の統計を用いて説明。（3）法制史と法の古代史：サリヴェ（パリ大学法学博士、司法省局長補佐）。法律の全般的な歴史。フランスの公法と私法の歴史。（4）フランス実定公法：シャラン（護民院議員）。国民の主権の行使と統治機構に関する諸規範。（5）フランス私法：ベルナルディ。民法典草案の講義。（6）フランス刑事法：モラン。犯罪と刑罰の分類。犯罪を予防し、発見する警察。犯罪を立証し、犯人を処罰する刑事訴訟手続。（7）民事訴訟手続と公証人論：ピロー・デショーム。（8）商法と海法：クルシャン（法律家）。（9）ローマ法：ゲッセ（法律家、司法省局長補佐）。フランス私法との相関関係にあるローマ法。（10）論理学・道徳・雄弁術：ガレ。

　学生は「自分が従事したいと考える特定の職業に必要不可欠な講義だけを自由に受講することができ」「3年間の教育の中で10の講義を受けることができる」。履修モデルは次の通りである[51]。

【第1学年】
　　論理学・道徳・雄弁術の講義
　　自然法と国際法の講義
　　実定公法の講義

【第2学年】
　　法制史と法の古代史の講義
　　私法の講義
　　ローマ法の講義
　　刑事法の講義

【第3学年】
　　公共経済学の講義
　　商法と海法の講義
　　民事訴訟手続と公証人論の講義

---

50 Lanjuinais1802, pp. 189-193.

51 Lanjuinais1802, pp. 195-196.

以上がランジュイネの構想である。

3 共和暦12年及び同13年の教育カリキュラム

ランジュイネは、共和暦12年フリュクティドール2日（1804年8月20日）、法制アカデミーの会議で「共和暦12年の教育」カリキュラムを提案し、採択された。これは共和暦13年も継続されるものとされた[52]。概要は次の通りである。

法制アカデミーは「首都に置かれ、又は、各県に広げられるべき、司法官、行政官、法律家、文学者の私立学校」として「法学と一般行政学」の研究と教育を行い「立法院議員、護民院議員、弁護人 [défenseurs]、法律家、代訴人、公証人等を養成する」ことを目的とする[53]。

法制アカデミーの教育は「熟練の教師による基礎の講義、法律相談と研究協議会、定期刊行物の出版」から成る[54]。

共和暦13年の開講科目と担当者は次の通りである[55]。（1）自然法と国際法：ペロー。（2）公共経済学と統計学：モリス。（3）法制史と法の古代史：サリヴェ。（4）ローマ法：ランジュイネ（合意と終意処分担当）、サリヴェ（法学提要担当）。（5）フランス実定公法：シャラン、ジレ（護民院議員）。（6）フランス刑事法：モラン。（7）フランス私法：ベルナルディ。（8）民事訴訟手続：ピジョー。（9）公証人論：マッセ（パリの公証人）。(10) 商法と海法：ブーシェ。(11) 法医学の諸問題：ヴェルディエ（医学博士、元弁護士）。(12) 論理学・道徳・雄弁術：ガレ。(13) 行政との関係における法制：匿名氏。

共和暦10年の教育カリキュラムと比べると、統計学、法医学、行政との関係における法制が追加され、民事訴訟手続と公証人論が別の科目に分かれた

---

52 Lanjuinais1804, p. 17.

53 Lanjuinais1804, pp. 17-18.

54 Lanjuinais1804, p. 18.

55 Lanjuinais1804, pp. 18-24.

32 歴史

点が異なる。

　上記のうち主要科目と新設科目についてのランジュイネの説明を紹介する。

（1）自然法と国際法[56]

　人間の法律の淵源は自然法にある。自然法はあらゆる公法と私法に必要不可欠な確実な調節器、補完物である。

　本科目では、自然法の基礎を説明することによって自然法の存在を証明し、自然法から人間相互の主要な義務及び人の神に対する主要な義務を演繹する。これは、国内公法、私法、国際公法（国外公法）の一般理論となる。

（2）公共経済学と統計学[57]

　公共経済学は、公私の様々な必要を十分に満足させ、市民の快楽を可能な限り最も拡張し、増大させる仕方で、富と国力をどのようにして再生産し、かつ、管理することができるかを教える学問である。

　統計学は、公共経済学に適用される算術及び地誌学であり、立法者及び行政官に選択すべき措置と措置の結果の評価方法を教える。

（4）ローマ法[58]

　ローマ法の歴史と学説の基礎。

　ローマ法の貴重な集成の中に、あらゆる種類の制度とあらゆる場合に適用され得る多くの規範がある。我々の民法典を構成する私法の新しい諸法律は、部分的にはローマ法から借用され、ローマ法を参考としていることが多い。したがって、今日のフランスにおけるローマ法の学習は、かつてないほど有益である。ローマ法の基本原理を学ぶにとどまっているだけでは足りない。法律家と呼ばれるにふさわしい者になるためには、かつてのように、ローマ法を主要な研究対象としてその源からよく知り、何年間かローマ法に専念することが必要である。

---

56 Lanjuinais1804, p. 19.

57 Lanjuinais1804, pp. 19-20.

58 Lanjuinais1804, pp. 20-21.

ローマ法の基本原理はフランス語とラテン語で教えられる。

（7）フランス私法[59]
　この講義は我々の民法典に沿って行われる。

（10）商法と海法[60]
　講義内容は政府の委員会が編纂した商法典草案にほぼ従っている。

（11）法医学の諸問題[61]
　この講義は、①法学が医学について規定したことと、②医学が法学に提供したことから成る。①は医学・外科医学・薬学に関する法規を扱う。②は、主として医学の知識の説明と適用を行うものであり、人の身分、家族の統治、身体能力・不能・暴力・傷害・死亡の証拠、公衆衛生・民事・軍事・海事の秩序維持に関する諸問題に関して裁判所と行政当局への案内として役立つ。

　学年ごとの履修モデルは次の通りである[62]。
【第1学年】
　　論理学・道徳・雄弁術
　　自然法と国際法
　　フランス実定公法
　　行政との関係における法制
【第2学年】
　　法制史と法の古代史
　　ローマ法
　　フランス私法
　　刑事法

59　Lanjuinais1804, p. 22.

60　Lanjuinais1804, pp. 23-24.

61　Lanjuinais1804, p. 24.

62　Lanjuinais1804, p. 25.

34 歴史

【第3学年】
　　民事訴訟手続
　　公証人論
　　商法と海法
　　法医学の諸問題

　講義以外に次のような教育・研究活動がある。
　「本アカデミーのメンバーは、毎月2度、学生の前で研究協議会
［conférences］を行う。そこではあらゆる種類の法律問題について求められ
る鑑定意見書［consultations］が準備され討議される。
　鑑定意見書は貧窮者に無料で交付される。本アカデミーの定期刊行物を少
なくとも1年間予約購読する者は、年に1度、個人的な紛争について各々無
料の鑑定意見を受けることができる。……
　第2・第3学年の学生は、最も経験を積んだ本アカデミー教授の指導の下
で鑑定意見書を報告し起案することを認められる。
　毎週日曜日、そしてしばしば火曜日にも、学生は、口頭弁論［plaidoirie］
を行い、講義で学んだ理論と原則を口頭弁論や鑑定意見書に適用するために
講義の要約を提出する。
　研究協議会は、新法、とりわけ民法典から生ずる難問を解明するために本
アカデミーのメンバーの間で共和暦12年に始められたが、共和暦13年に向け
て組織化される。
　毎年度末、全体演習後、最優等生らは「賞品授与式」で褒賞を与えられる。
　本アカデミー幹部は、さらに高い褒賞として、その才能と道徳性がよく知
られた第3学年の学生3名に候補者免状を与える。この免状受領者は、1年
又は複数年の試験期間の後、弁護士会で卓越するならば本アカデミー教授陣
に迎え入れられる」[63]。
　「本アカデミーは、Bulletin de l'Académie と Journal de Jurisprudence の
二つの定期刊行物を発行する。

―――――――――――――――――
63 Lanjuinais1804, p. 26.

Bulletin は、……様々な講義を収録する。……　Journal は、毎月、共和国の裁判所で判決が下された最重要訴訟事件の一覧表を掲載する。Journalの各号の冒頭には数々の訴訟事件が掲載され、事実関係・法律問題・弁論の詳細が示される。これらは他の判例集には掲載されていない。その次に、……最も注目すべき新判決の全ての概要が掲載され、そして、難解な、又は異論の多い法律上の論点についての鑑定意見及び研究論文の要約された紹介記事が掲載される」[64]。

　以上がランジュイネの演説の概要である。

4　研究協議会

　前掲3のランジュイネ演説で言及された研究協議会は、第3代総長ポルタリスの提案によるものであり[65]、法制アカデミーの教育の特色を成す。アカデミー委員会委員・護民院議員グルニエは、共和暦12年フリメール1日（1803年11月23日）の会議で次のように研究協議会の効用を述べた。

　「委員会は、若い学生の間に、民法学の実務的学習を対象とする研究協議会を設けることが今後は有益だろうと考えた。……この種の学習は、一種の気安さ、打ち解けた態度でなされ、そのような態度は学びたい対象を深く究めることを可能にする。その結果、たとえ脇道にそれることが度々あったとしても全てが有益である。また、研究協議会では、弟子を教えることを誇りに思う人〔教授〕を厚く信頼する弟子は、無知をさらけ出すことさえも恐れずに大胆にも教授に質問するし、学ぶことへの願望が、質問を受けた教授にさらに大きな関心を抱かせるだろうと考えて大胆になりうる。……若者にとっては全てが技術と学習であり、記憶によって容易に博学であるかのように見える演習よりもはるかに研究協議会は有益である。……研究協議会は、日々、本アカデミーのメンバーの決定に委ねられる諸問題から選ばれた重要

---

64 Lanjuinais1804, pp. 26-27.

65 Hayem,p.260（Pièce 10）. BulletinAcadémie,XIXe Livraison, Paris, 1804, pp. 51-52.　なお、ポルタリスの法制アカデミーへの寄与については別稿に委ねる。

36 歴史

な諸問題を巡って展開される。……若者の好奇心を刺激するのに最も適切な問題が選ばれる。問題は数日前に学生に通知され、学生は最も確実な仕方で当該問題を解決する練習をする。……学生は教授から受領した諸原則を正にそこで実践する。学生は法律を適用する術を学び〔社会で経験する前の〕予めの経験を獲得する。……学習によって賢くなるが、熟達するのは専ら経験によるのである。そして、学生が誤りを認めた数々の点は、学生の記憶の中に刻み込まれ、その残りの人生に存在し続けるだろう」[66]。

研究協議会は「本アカデミーのメンバー1名と補佐役4名によって指導され」「本アカデミーの一定数のメンバーの前で、少なくとも月に2度、特定の日に開催され、開催日は学生に告知される」[67]。

この報告後、グルニエが研究協議会の監督官に、タルジェ、デュヴェリエ（護民院議員）、マイユ（法律家、破毀裁判所代訴人）、及びボノメがその補佐役に任命された[68]。

研究協議会は、公開されていたようである[69]。

前記のように教授と学生が率直に意見交換し、具体的な法律問題を検討する方法は現代のゼミナールにも通じ、グルニエの指摘は示唆に富む。

5 口頭弁論

ランジュイネは前掲3の演説で口頭弁論の必要も説いた。パリ控訴裁判所政府委員（検事）ムールによる共和暦12年ニヴォーズ2日（1803年12月24日）の会議での報告によれば、口頭弁論は次のように行われる。

弁護人として弁論したい者は、予め申し込まなければならない。法制アカデミーの理事は、口頭弁論を行う〔虚構の〕訴訟当事者の力が均衡になるように組み合わせることとされる。両当事者間に力の差がありすぎると、強者

---

66 Grenier, pp. 108-110.
67 Grenier, pp. 110-111.
68 Grenier, p. 111. Thuillier, p. 26.
69 共和暦12年ジェルミナール5日（1804年3月26日）付ジュルナル・デ・ザール紙は、法制アカデミーの生徒デルポンによる、研究協議会と口頭弁論についての公開の集会の開会演説を掲載している（Arts, n° 337, 5 germinal an 12, pp. 16-20）。

フランス執政政府期の私立学校による法学教育の復興　37

は自惚れを抱き、弱者は落胆し、そのいずれもが若者にとって危険だからである[70]。

　口頭弁論の題材の選択はさらに重要である。一方に明白な正義がある等、道徳と原理の点での優位が当事者の一方にある訴訟、優劣が明白な訴訟は、題材として悪い。最初から劣位にあることが明白な当事者は詭弁や虚言を用いることになりがちで、これは人間の心を堕落させるからである。それゆえ、この難点を避けるため、法制アカデミーの理事と教授が諸問題を検討し、取り扱われるに値する問題を指示することとされる。このように作成された虚構の法律問題を題材に学生が口頭弁論を行う[71]。

　虚構訴訟（模擬裁判）を審理する裁判所は、裁判長1名、裁判官6名、書記官1名から成る[72]。

　口頭弁論（模擬裁判）も公開されていたようである[73]。

　ムールは、学生が将来、弁護士として守るべき倫理を説く。

「良い訴訟だけを選びなさい。不正な意図を弁護する弁護士は顧客の恥辱も分かち合うのである。……有力者の誘い、金持ちの誘惑に力強く抵抗しなさい。あなた方にとって最も立派な褒賞は、公衆の高い評価、あなた方が救済した廉直な家族の祝福、あなた方がどこへ行っても付いてくる称賛のささやき、そしてなお一層の何物か、すなわち、あなた方の良心の証言である。歩き始めた若者の歩みに付き従って残酷な敵が姿を現すことが多い。この敵とは、貧困、労働の必要、窮乏と苦しみの恐れである。……では、そのために、あなた方は、義務と必要とを比較してどちらを取るかを考えなければならないのか。あらゆる無謀な訴訟人のために役務を提供しなければならないのか。悪意を奨励しなければならないのか。あなた方の才能は不正のために売られなければならないのか。あなた方は迫害と陰謀によって資産を作り出

70　Mourre, p. 113.

71　Mourre, pp. 113-115.

72　Mourre, p. 115.

73　前掲注69)。法科大学でも同様に、口頭弁論（模擬裁判）が公開されていた。1804年5月9日付ジュルナル・デ・デバ紙は、フランスの修道士が大革命以後に外国でした婚姻の効力に関する同校の模擬裁判の様子を伝えている（Débats, du 19 floréal an 12（mercredi 9 mai 1804）, pp. 2-3）。

38　歴史

そうとする情けない人々の支持者として役立たなければならないのか。そうなればあなた方は法曹界では生きていけない。法曹界を諦めなさい。演説によって受けうるあの栄光を諦めなさい。そして、あなた方の徳を保持しなさい。……若い弁護士は、決して自己の利益のために名声を犠牲にしてはならないし、自分が良いと思う訴訟だけを弁護しなければならないと私は言いたかったのだ。私は規則について語り、諸問題の選定は、今は本アカデミーの理事と教授によると述べた。私はさらにこう付言する。本アカデミーの学生がもはや規則に従わなくなる時、その年齢と知性によって自ら訴訟を選択し虚構を現実と取り替えることが可能になる時、その時こそ、学生は自分自身の規則を自分で作り、自らの行動の不変の規範となる厳格な原則を立てなければならない」[74]。

Ⅳ　私立法律学校の衰退

1　法学校の設立

　法学校は、国立法学教育機関として設立された（公教育法24条）。法学校は、1808年3月17日の「大学の組織に関するデクレ」により帝国大学法学部として再編されることになる[75]。

　公教育法に基づき、共和暦12年ヴァントーズ22日—ジェルミナール2日（1804年3月13日—23日）の法律（法学校法）[76]が制定された。私立法律学校との関係で重要な同法の規定を次に掲げる。

　　1条「法学校は共和暦13年から共和暦14年までの間に順次組織される。法学校には16歳以下の学生が入学を許可されうる」。

　　2条「法学校では以下の科目が教育される。（1）民法典によって制定された秩序に従ったフランス民法、自然法と万民法の初歩、フランス法と

74　Mourre, pp. 116-119.

75　前掲注9）。

76　Loi relative aux écoles de droit, du 22 ventôse-2 germinal an 12（13-23 mars 1804）, dans BulletinLois, tome 10, Paris, 1836, pp. 200-204.

の関係におけるローマ法。（2）フランス公法、公行政との関係における民法。（3）刑事法制、民事訴訟手続、刑事訴訟手続」。

3条「通常の修学課程は3年間とする。博士号を取得したい者はさらに1年間修学する」。

4条「学生は第1学年と第2学年で各1回試験を受ける。視学官及び教授の許可によりこの2回の試験を最終学年で受けることができる。学生は第3学年でさらに2回の試験を受け、その後、学習対象全体についての公開審査を受ける。博士号の希望者は第4学年でさらに2回の試験を受け公開審査を受ける」。

5条「刑事法制、民事訴訟手続、及び刑事訴訟手続の学習期間は1年間とする」。

9条「最初の2回の試験に合格した学生はバシュリエ［bachelier］の学位を取得する」。

10条「バシュリエの学位を有し、かつ、第3学年の2回の試験及び公開審査に合格した者は学士［licencié］の学位を取得する」。

11条「学士の学位を有し、かつ、第4学年の試験及び公開審査に合格した者は法学博士［docteur en droit］の学位を取得する」。

12条「刑事法制、民事訴訟手続及び刑事訴訟手続について試験を受け、資格を認められた者は資格証書を取得する」。

13条「学位及び証書は法学校の視学官の一人の査証を受けた後で初めて有効となる」。

21条「中央学校、『法制アカデミー』又は『法科大学』の名称で知られるパリの学校の学生で、当該校で3年間、法制の講義を履修した者は、今から共和暦15年ヴァンデミエール1日まで、最初の3学年に履修するものと定められた学習対象全体についての公開審査を受けることによって学士号を取得することができる。修学期間が3年未満の者が証明する修学期間は法学校における修学期間として算入される。（以下、略）」。

法学校の開講科目は法制アカデミーより極めて少なく、民法に重点が置かれている（2条）。法学校は試験と公開審査に基づく学位授与機関としての

40 歴史

性格が濃い。法制アカデミーや法科大学での修学期間は法学校の修学期間に算入されうる（21条）。共和暦17年ヴァンデミエール1日以降、法学士号を持たない者は裁判官、検察官、弁護士、代訴士の職務に就くことができない（23条、24条、26条）。法学博士号を持たない者は法学の教授を務めることができない（25条）。

このような制度は法制アカデミーや法科大学への志願者層を法学校へと誘導する機能を持つ。共和暦12年は、民法典公布、法学校設立、ボナパルトの皇帝即位の年であり、以後、私立法律学校は衰退に向かう[77]。

2　法科大学の衰退

共和暦12年から法科大学は衰退を始めた[78]。同年ヴァントーズ20日（1804年3月11日）のジュルナル・デ・ザール紙334号は法制アカデミーと法科大学をこう対比する。

「法制アカデミーが聖火を再び灯し、法の学習への関心を再び作り出したことは確かである。その教育は、知られうる最も完全なものであり、推奨に値する13人の教授に託されている。これらの教授は皆、公務員又は学者として政府にその忠誠の証拠を提出した。第一級の才人によって指導されたその研究協議会、口頭弁論、有名な人々で構成されたアカデミーの執行部、賢明に指揮されたその管理運営、こうしたものがこの学校で大量の知識と実証的な研究を提示しており、それは政府の好意を受けるに値するに違いない。法科大学という名称で知られる学校をそれと同列に論じることができないのは残念である。法科大学は、教授の不足により実質的な教育が失われており、徳性の点でも資力の点でも大衆に対していかなる保証も提示できなかったので、この法律〔法学校法〕で言及してもらえたのはおそらく数人の学生のためにほかならない。それらの学生はその特別の勉強ぶりによって教育の欠陥を補っていたので、その期待を裏切ることは誰

---

77 Hayem, p. 378.

78 Hayem, p. 386.

もしたくなかったからである」[79]。

　当時、法科大学では教授の辞職が相次ぎ、授業が４講義に減少し、教授の力量も低下し、年報 Annales 誌は休刊となり、同校は破産に瀕していた[80]。

　共和暦13年ヴァントーズ13日（1805年３月４日）付ジュルナル・デ・デバ紙は法科大学の閉校の噂を記した[81]。共和暦14年以降、法科大学は活動を停止したと推測される[82]。

　法科大学の衰退は、直接には人材難によるが、運営にも問題があった。法科大学は会社として設立され60万フランの株式を発行したこと、創立者の計画が過度に広範かつ多岐に渡り複雑だったこと等が指摘されている[83]。

3　法制アカデミーの衰退

　法制アカデミーの衰退は共和暦13年に始まる[84]。法制史と法の古代史、ローマ法の担当教授サリヴェが同年に死去したが[85]、後任の補充はなかった[86]。

　共和暦14年フリメール５日（1805年11月26日）、法学校が開校した[87]。法制アカデミーは、法学校の補完学校として、法学校の不開講科目の講義、補習、演習、研究協議会、寄宿舎を提供した[88]。学生が法学校の講義を受講できるよう法制アカデミーの授業は夜間に行われた[89]。

　ところが、法学校の教授が受講料を取る特別講義を法制アカデミーの講義と重複する日時に開講した結果、法制アカデミーの学生は法学校の特別講義を受講した[90]。また、法学校の教授は、（法制アカデミーの受講者は）試験

79　Arts, n°334, 20 ventôse an 12, pp. 375–376.

80　Hayem, pp. 386–387.

81　Débats, 13 ventôse an 13（lundi 4 mars 1805）, p. 3.

82　Hayem, p. 394.

83　Hayem, p. 228.

84　Hayem, pp. 387–388.

85　Débats, 17 germinal an 13（dimanche 7 avril 1805）, p. 2.

86　Hayem, p. 389.

87　Hayem, p. 394.

88　Hayem, p. 394.

89　Hayem, p. 394.

でより厳しく評価されると脅して、学生の法制アカデミーへの通学を断念させた[91]。

1806年11月20日、法制アカデミーは休業状態に陥った[92]。

法制アカデミーの衰退の原因の1つは財政難だとされる。共和暦9年から共和暦14年まで、法制アカデミーは14万リーヴルを受領し26万9千リーヴルを支出したとされている[93]。

法制アカデミーの管理部門や教授らに共和主義的傾向やボナパルトに対する批判的傾向が見られたことも衰退に影響を及ぼしたようである[94]。

法学校が、少数の基礎的な講義と民法典の字義通りの教育とに限定して、民法典に強い実務家の養成を目指したのに対し、法制アカデミーは自然法、経済学、法制史、法医学の講義を含めた広範な教育を行った[95]。基礎法学や隣接分野の教育にも重点を置きつつ、研究協議会や口頭弁論等で、新民法典の解釈・適用に関する議論が重ねられたことは、民法典の普及に寄与するとともに、深く省察し、広い視野を持つ法律家の養成にとって有益だったと思われる。しかし、この法制アカデミーの豊かな教育構想は、国の政策によって挫折させられた。テーヌは、「ナポレオンが法律家を自分のために用意しようとしたのは、執行者を持つためであって、批評家を持つためではない。彼の大学法学部は、彼の法律を適用する能力のある人々を彼のために供給するのであり、彼の法律を批判する能力のある人々を供給するものではない。したがって、彼が命じる法の教育には、歴史学も経済学も比較法もなく、外国法や封建法、慣習法、教会法の解説もない」[96]等と批判している。

本稿冒頭で触れた現代日本の法曹養成制度改革は、法律の改正・制定が相次ぐ時代に行われた。本稿で紹介したフランスの私立法律学校の教育は、やはり法制の大きな変革の時代の試みであり、日本の法学教育・法曹養成を見

---

90 Hayem, p. 394.

91 Thuillier, p. 28.

92 Thuillier, p. 29.

93 Thuillier, p. 29.

94 Hayem, p. 385. Thuillier, p. 30.

95 Thuillier, p. 30.

96 Taine, p. 257.

直す有益な手掛かりとなることを願う。

【文献一覧】

【Arts】：Journal des Arts, des Sciences, et de Littérature.

【BulletinAcadémie】：Bulletin de l'Académie de législation.

【BulletinLois】：Bulletin annoté des lois, décrets et ordonnances, depuis le mois de juin 1789 jusqu'au mois d'août 1830.

【Débats】：Journal des débats et loix du pouvoir législatif, et des actes du gouvernement.

【Grenier】：Grenier, Rapport sur les conférences, pour l'instruction des élèves dans la discussion de questions de droit, dans Mémoires de l'Académie de législation, tome second, Paris,1804, pp. 105-111.

【Hayem】：Henri Hayem, La renaissance des études juridiques en France sous le Consulat, dans Nouvelle revue historique de droit français et étranger, 29ᵉ année, Paris, 1905, pp. 96-122, 213-260, 378-412.

【Lanjuinais1802】：Lanjuinais, Programme de l'enseignement pour l'an onzième de la République, lu à la séance de l'Académie, le premier Fructidor an X, dans Bulletin de l'Académie de législation, IIIe livraison, Paris, 1802, pp. 182-196.

【Lanjuinais1804】：Lanjuinais, Enseignement pour l'an XII, adopté dans la séance publique de l'Académie, du 2 Fructidor, dans Bulletin de l'Académie de législation, XIXe livraison, Paris, 1804, pp. 17-28.

【Lefebvre】：Lefebvre de Fabrimenil, Université de jurisprudence, et bureau de consultation, conciliation et de défense générale, près le tribunal de cassation, et les tribunaux civils, criminels et de commerce de la République, Paris, 1802.

【Magasin】：Magasin encyclopédique, ou journal des sciences, des lettres et des arts.

【Mourre】：Mourre, Rapport sur les plaidoiries entre les élèves, dans Mémoires de l'Académie de législation, tome second, Paris, 1804, pp. 112-120.

【Taine】：Taine (H.), Les origines de la France contemporaine, XI, Le régime moderne, tome troisième, 26ᵉ.éd., Paris, 1912.

【Thuillier】：Guy Thuillier, Aux origines de l'école libre des sciences politiques：L'Académie de législation en 1801-1805, dans La revue administrative, janvier-février 1985, 38e année, n° 223, pp. 23-31.

【池端】：池端次郎『近代フランス大学人の誕生 ——大学人史断章』（知泉書館、2009年）

【石井】：石井三記『18世紀フランスの法と正義』（名古屋大学出版会、1999年）

44 歴史

【上垣】：上垣豊『規律と教養のフランス近代——教育史から読み直す』（ミネルヴァ書房、2016年）

【神山】：神山栄治『フランス近代初等教育制度史研究　1800-1815』（学術出版会、2009年）

【教育史】：梅根悟監修『世界教育史大系9　フランス教育史I』（講談社、1975年）

【深谷】：深谷格「一八世紀フランスの法学教育とポルタリス——民法典成立前史一斑」西南学院大学法学論集32巻1号（1999年）33-100頁

旧民法における複数の契約の法的影響関係
―― 財産編302条起草前後の議論を手がかりに ――

渡　邊　　貴

I　はじめに
II　本条の位置づけと内容
III　旧民法起草以前の議論
IV　本条（草案323条）に関するボワソナードの註釈
V　法律取調委員会における審議
VI　旧民法時代の学説
VII　本条をめぐる議論の特色・意義
VIII　おわりに

I　はじめに

　契約法の基本原則である契約相対効原則・自律性原則によれば、個々の契約は独立した存在であるため、他の契約に生じた事由から影響を受けることはない、という帰結が導かれる。もっとも、こうした帰結に対してはいくつかの重要な例外規範の存在が認められている。例えば、第三者与信型消費者信用取引における抗弁接続を認める割賦販売法の規定[1]や、複数の契約の密接関連性等を根拠に、一方契約の債務不履行により他の契約をも解除しうる場合があることを一般論として認めたとみられる判例法理[2]が、こうした例外規範を示すものとしてよく知られている。以上の例外規範が認める複数の契約の法的影響関係の問題は、複合契約の問題とも呼ばれ、その影響関係を

1　抗弁接続をめぐる議論については、都筑満雄『複合取引の法的構造』（成文堂、2007年）238頁以下を参照。

2　最判平成8・11・12民集50巻10号2673頁。

認めるための根拠、基準、構成等について今日広く議論がなされている。そしてこの複合契約が提起する問題は、分業を前提とする資本主義市場を映し出す現代的な問題であるともいわれ、古典的な契約法理論が前提としていない新たな問題を提起している、との指摘がなされることもしばしばである[3]。

　もっとも、複数の契約が一定の法的影響関係を有しうるということそれ自体は、合意の主従の類型の定義とその効果を定める旧民法財産編302条の起草をめぐって、既に一定の議論の蓄積をみていた事柄でもあった[4]。ところが、同条をめぐる議論は、同条が明治民法典への修正の過程で削除されたことも一因してか、今日その内容が詳らかにされているという状況にはない。しかし、現代的だといわれる問題に関連する議論が、百年以上も前に立法化を前提として一定の形で取り上げられていたという事実は、——その内容が現在の日本法の解釈論に直ちに影響を与えるべきものでないことは当然であるとしても——注目に値する事柄だと考えられる。

　以上の認識に基づいて本稿は、旧民法財産編302条（以下、「本条」）をめぐる議論を繙くことを通して、旧民法下における複数の契約の法的影響関係に関する議論の内容を明らかにした上で、その特色について分析を加えることを目的とする。具体的な検討の手順は次の通りである。まず、II 本条の内容を確認した上で、III 旧民法起草前に示されていた本条の前提をなす議論の状況を明らかにする。続いて、IV 本条に関するボワソナードの註釈、V 法律取調委員会での審議を繙いて、起草過程での議論の内容を明らかにした上で、VI 本条に関する旧民法時代の学説の議論を分析する。そして以上を踏まえて、VII 本条をめぐる議論の特色を考察し、VIII 最後に今後の課題等に言及する。

---

3 例えば、都筑・前掲注1）5頁以下、金山直樹『現代における契約と給付』（有斐閣、2013年）137頁のほか、最判平成8年（前掲注2）について、同判決は、それ以前にはほとんど論じられていなかった問題に関して、「民法の条文から直ちに導き出せるものではな」い、「既成の概念から一歩踏み出した柔軟で合目的的な解釈」ないし「新たな法理」を示したものだと評価する、近藤崇晴「判解」最判解民平成8年度（下）（1999年）964頁も参照。
4 この点を指摘する近時の文献として、大村敦志『民法読解旧民法財産編I人権』（有斐閣、2020年）24頁以下、山城一真『契約法を考える』（日本評論社、2024年）271頁注16を特に参照。

Ⅱ　本条の位置づけと内容

1　位置づけ

　現行民法典とは異なり、旧民法典では合意に関する定義−効果を定める一定の類型規定が設けられていた。「財産編 第二部 人権及ヒ義務 第1章 義務ノ原因 第1節 合意 第1款 合意ノ種類」に属する297条から303の規定がこれにあたり、本条はその1つである。

　具体的に、合意の種類の款には、双務／片務（297条）、有償／無償（298条）、諾成／要物（299条）、要式／不要式（300条）、実定／射倖（301条）、主たる／従たる（302条）、有名／無名（303条）の類型規定が設けられていた。

2　内　容

本条は、5つの項から構成されている。

---

① 合意ニハ主タルモノ有リ従タルモノ有リ

② 合意ノ成立カ他ノ合意ノ成立ニ関係ナキトキハ其合意ハ主タルモノナリ

③ 反対ノ場合ニ於テハ其合意ハ従タルモノナリ

④ 主タル合意ノ無効ハ従タル合意ノ無効ヲ惹起ス但従タル合意カ主タル合意ノ無効ノ場合ニ於テ之ニ代ハルヲ目的トスルモノナルトキハ此限ニ在ラス

⑤ 従タル合意ノ無効ハ主タル合意ノ無効ヲ惹起セス但当事者カ其二箇ノ合意ヲ分離ス可カラサルモノト看做シタルトキハ此限ニ在ラス

　本条の具体的内容についてはⅣで改めて検討を行うが、予めその全体像を確認しておこう。まず、1項が合意の主従の区別の存在を明らかにした上で、2・3項は合意の主従の定義を示す。そして以上をうけて4項と5項は、主従関係ないし不可分の関係にある合意に認められる効果について、一方の合

48 歴史

意の無効の波及という観点からの規律を設ける。

Ⅲ 旧民法起草以前の議論

　本条の定める合意の主従の類型規定は、旧民法の母法であるフランス民法典には見られないものである。もっとも、このことは当時のフランスにおいて合意・契約の主従の分類が知られていなかったことを意味するものではない。既にフランス民法典制定以前から、ポティエがその分類を説き、そして註釈学派がこの分類の意義について簡潔ながら議論をしていたのである。そこで以下では、本条の内容を検討する前提として、当時のフランスでの議論の内容と旧民法以前のボワソナードの理解を明らかにする。

1　区別の由来：ポティエ

　契約の主従の分類はポティエがその債務法体系書において言及しており[5]、後の議論の基礎を築いたものと見られる[6]。

　まずポティエは、主たる契約を「主にそれ自身のために生じる契約」と定義した上で、具体例として売買、賃貸、貸金等を挙げる。これに対して、従たる契約については、「他の契約の履行を確保するために生じる契約」と定義して、保証や抵当設定の契約がこれにあたると説明する。もっとも、ポティエの説明は以上が全てであり、定義の意味の詳細やこの区別の実益については明確に議論されていない。

2　区別の展開：註釈学派

　以上のポティエの簡潔な分類を出発点として、これを展開する形で議論を進めたのが註釈学派である。

5　R.-J. Pothier, *Œuvres de R.-J. Pothier : Contenant les traités du droit français*, Nouv. éd. (éd. Dupin), t.1, Paris, 1824, p. 12.

6　後述する註釈学派の論者がこの分類に言及する際にしばしばポティエを引用していることのほか、J.-B. Seube, *L'indivisibilité et les actes juridiques*, Litec, 1999, n° 216, note 794もこの旨を指摘する。

(1) 区別の実益

　註釈学派においては、まず、契約の主従の分類の実益について、各契約の帰趨（sort）という観点から議論がなされるようになる。例えばアコラスは、主たる契約の帰趨は他の契約に依存するものでないのに対して、従たる契約は一般に、主たる契約の帰趨に依存することを指摘する[7]。また、ボードリ・ラカンティヌリ＝バルドゥは、主たる契約は独立した存在であるのに対して、従たる契約はそれが従属する主たる契約にその帰趨が紐づけられる、という点に区別の実益があると指摘している[8]。

(2) 定　義

　これに対して、契約の主従の定義、特に従たる契約の定義については、やや異なる方向性を示す２つの議論が存在していた。

　一方で、従たる契約について、これを担保契約と言い換える論者が見られる。例えば、オーブリ＝ローは、他の論者が契約の主従と呼ぶ類型について「取得契約」と「担保契約」との呼称を与えた上で[9]、前者を「当事者の資産を増加させるための契約」、後者を「資産を担保するための契約」と定義する[10]。またドゥモロンブは、主たる契約を「それ自身のためになされる契約であって、他の契約に従属しない契約」、従たる契約を「他の契約に依存するものであって、その履行の確保を目的とする契約」と定義しつつ、各々の内容は、オーブリ＝ローのいう取得契約と担保契約の区別に対応するものであると指摘する[11]。これらの論者の議論は、従たる契約を「他の契約の履行を確保するために生じる契約」と定義していたポティエの議論をさらに進めて、従たる契約を担保契約と同視する点にその特徴が認められる。

　他方で、こうした議論よりもやや広がりのある形で従たる契約を定義する

---

[7] E. Acollas, *Manuel de droit civil*, t.2, 2ᵉ éd., Paris, 1874, p. 744.

[8] G. Baudry-Lacantinerie et L. Barde, *Traité théorique et pratique de droit civil*, *Des obligations*, t.1, 2ᵉ éd., Paris, 1900, p. 29.

[9] この点については、C. Demolombe, *Traité des contrats ou des obligations conventionnelles en général*, t.1, Paris, 1868, p. 32 も参照。

[10] C. Aubry et C. Rau, *Cours de droit civil français*, t.4, 4ᵉ éd., Paris, 1902, p. 473.

[11] Demolombe, *supra note* 9, p. 32.

50　歴史

論者も見られる。例えばマルカデは、従たる契約に「他の契約と結びつく形でのみ形成される契約」との定義を与え[12]、あるいはラロンビエールは、従たる契約を「それを変更又は破壊することなく、主たる合意を補充し、補強することを目的とする契約」と定義する[13]。もっとも、そこで具体例として挙げられているのは保証や抵当などの担保契約であるため、これらの論者が従たる契約として想定していた内容は、上記の論者と一致していた可能性も否定できない。しかし、これらの論者が抽象的に示していた定義それ自体は、担保契約よりも広がりがありうる内容であったということは注目に値する。

3　旧民法以前のボワソナードの理解

　次に旧民法以前のボワソナードの理解を示すものとして、1874年に司法省で行われた契約法の講義録を見てみよう[14]。まずボワソナードは、首（主）たる契約は「従たる契約がなくとも成る」契約であるのに対して、従たる契約は「首たる契約がなければ成らない契約」であると定義して両者を区別する。例えば、婚姻契約は首たる契約であるのに対して財産共通契約は従たる契約である、貸金契約は首たる契約であるのに対してこれを担保する書入質契約は従たる契約である、と説明されている。

　そしてこうした区別をする意義は、首たる契約が法に適さないものであるときは従たる契約は適法であっても廃物となる、という点にあるとされる。例えば、婚姻契約が法律の求める要式を備えていない場合、財産共通契約は要式を満たしていても廃物となる。これに対して、財産共通契約が要式上の瑕疵を理由に廃物となるとしても、婚姻契約は廃物にはならず、財産共通のない婚姻とみなされるに過ぎない。

　以上のボワソナードの理解を当時のフランスの議論と比較すると、次の2つの特徴を認めることができる。第1に、契約の主従の区別の実益が、主たる契約の帰趨が従たる契約の帰趨に影響を与える点に求められていることは、註釈学派の議論を引き継いでいるといえる。第2に、特に従たる契約の定義

12　V. Marcadé, *Explication théorique et pratique du Code civil*, t.4, 7ᵉ éd., Paris, 1873, p. 357.

13　M.-L. Larombière, *Théorie & pratique des obligations*, t.1, Paris, 1857, p. 27.

14　ボアソナード講義／名村泰藏口譯『仏国民法契約編講義』（司法省、1879年）47頁以下。

を、フランス註釈学派の一部にその傾向が見られたのと同様に、やや広がりがあるものとして提示している。すなわちボワソナードは、従たる契約に対して、主たる契約の履行を確保する、といった担保契約を念頭に置いた定義ではなく、「主たる契約がなければ成らない契約」という形で、より広範な契約を含みうる定義を与えているのである。ボワソナードが挙げる従たる契約の具体例として、フランスの論者が挙げていなかった財産共通契約が含まれている点も、こうした定義の採用との関係で理解することができる。

Ⅳ 本条（草案323条）に関するボワソナードの註釈

　以上のボワソナードの議論、特に従たる契約を広がりのある概念として把握するという方向性は、本条に対応するボワソナード草案財産編323条の起草においてより鮮明に表れる。この点も踏まえながら、次にボワソナードの註釈を見ていこう。なお、本条と草案323条の内容はほぼ同一である。そこで以下では、これら両規定を区別することなく、併せて本条に関するボワソナードの理解を示すものとして検討を進めていく。

1　規定の趣旨

　まず、本条がいかなる趣旨に基づく規定であるのかを確認する。もっとも、この点についてのボワソナードの説明は十分なものではなく、合意の主従を区別する本条は、物の主従の区別を規定する草案16条（財産編15条[15]）を想起させるものである、と述べるのみである[16]。

　そこでこの財産編15条の註釈を参照してみると[17]、物の主従の区別は「従物は主物に従う」の法諺を明らかにしたものであることが指摘されている。

---

[15] 財産編第15条
1項　物ハ他ニ附属セスシテ完全ナル効用ヲ為スト否トニ従ヒテ主タル有リ従タル有リ
2項　略
[16] G. Boissonade, *Projet de code civil pour l'Empire du Japon, accompagné d'un commentaire,* Nouv. éd., t.2, Tokio, 1891, p. 46.
[17] G. Boissonade, *Projet de code civil pour l'Empire du Japon, accompagné d'un commentaire,* Nouv. éd., t.1, Tokio, 1891, p. 55.

52 歴史

その上で、こうした主従の関係は、物についてのみならず、合意についても観念可能であるとして、財産編302条の規範が参照されている。以上によれば、合意の主従を区別する本条の規律も、主たる合意に生じた変動が従たる合意の変動をもたらすのに対して、その逆はそうではない、という規範を予定するものであるという意味で、「従物は主物に従う」の規範を合意の場面に適用するという趣旨に基づくものであると見ることができる。

2 主従の絶対性と相対性

それでは、いかなる合意の関係に主従の関係が認められるのか。まずボワソナードは、一定の合意は、その性質上、常に主たる合意であり（婚姻や養子の合意）、又は常に従たる合意である（保証、質、抵当の合意）と指摘する[18]。これらの合意に主従の絶対性が認められる理由は、前者の種類の合意は家族制度に関係する合意であって、法理上他の合意への従属を認めるべきでないこと、他方で後者の種類の合意は他の契約の執行を確保するという担保的性質を持つことに求められている[19]。

もっともボワソナードは、このように主従の性質に絶対性のある合意は限られたものであり、多くの合意は、主従いずれの性質も持ちうる相対的なものであることを強調する[20]。例えば、売買、賃貸、貸金の合意は通常は主たる合意であると見られるが、当該合意が置かれた状況によっては従たる合意と認定されることもあると説明する。具体的にボワソナードは、住居の売買とともに締結され、当該住居に備え付ける特別の低価での家具の売買の例を挙げ、家具の売買はこの場合、通常は主たる合意とみられる売買契約であるにもかかわらず、当該合意が置かれた状況、すなわち、住居に備え付けるために住居の売買とともに締結されることを前提として特別な低価が設定されたという状況に鑑みれば、従たる合意であると信じることが自然であると指摘する。

---

18 Boissonade, *supra* note 16, p. 46.

19 森順正著・ボワソナード補助『民法精理債主権ノ部』（畏三堂、1886年）55頁参照。

20 Boissonade, *supra* note 16, p. 46.

3 合意の主従の認定作業の性質

このように合意の主従は、多くの場合に相対的なものであるとの理解を前提とすると、次にこれをどのように認定するのか、という問題が生じる。この問題についてボワソナードは、一般論として、明確に表明され、あるいは合意の置かれた状況から導かれる「両当事者の意図（l'intention des parties）」に従って、合意の主従の性質が決せられるべきであると説明する[21]。その上で、これを決する作業は合意の解釈の問題であると指摘する[22]。

もっとも、この作業は、法の予定する契約類型にある契約が当てはまるか否かを確定する作業である。そうするとこの作業は、厳密に言えば、フランスにおいて「当事者の共通の意思を探求することによって、不明瞭な契約内容の意味を確定する作業」と定義される「契約の解釈」とは区別される、「具体的な契約を特定の契約類型に結びつけ、当該契約に適用される法制度を決定する作業」、すなわち「性質決定」の操作[23]に対応するものであると見ることができる。

4 区別の実益

(1) 原則規範

以上のような形で合意の主従を区別することの意義は、複数の合意の関係において、一方の合意の無効が他方合意の存在に影響をもたらすことがある、という意味での複数の合意の影響関係に関する規範を導くことができる点に求められる。この影響関係について、本条が示す具体的な原則規範の内容は2つに分けられる。

第1に、主たる合意の無効は従たる合意の無効をもたらす（4項本文。以下、「第一規範」）。第一規範によれば、例えば前述の住居と家具の2つの売買の関係において、その成立上の瑕疵を理由に、主たる合意である住居の売買が無効となった場合、従たる合意である家具の売買は、それ自体は適法で

---

21 Boissonade, *supra* note 16, p. 46.

22 Boissonade, *supra* note 16, p. 47.

23 この点につき、山代忠邦「契約の性質決定と内容調整（一）」論叢177巻3号（2015年）53頁以下参照。

54 歴史

あ・っ・た・と・し・て・も・、主たる合意である住居の売買の無効の影響を受けて同様に無効となる、という帰結が導かれる[24]。

　これに対して第2に、従たる合意の無効は主たる合意の無効をもたらさない（5項本文。以下、「第二規範」）。第二規範によれば、家具の売買がその成立上の瑕疵を理由に無効となったとしても、住居の売買はその影響を受けず、有効に存続することとなる。

(2) 例外規範

　以上の2つの原則規範には、それぞれ例外規範が予定されている。

　まず、第一規範について、一定の担保的合意を念頭に置いた例外規範が予定されている。すなわち、4項ただし書によれば、従たる合意が主たる合意の無効を補う目的で締結された場合には、主たる合意が無効であっても従たる合意は無効とならない。例えば、未成年者のした主たる合意について、後に無効化されうることを知りながら、この合意を担保する保証が締結された場合には、後に主たる合意が無効となったとしても、従たる保証はなお有効に存続する、とされる[25]。

　第2に、主従関係にある2つの合意について、これらの合意が両当事者の意図において不可分とみなされるほどに密接なものとされていた場合には、従たる合意の無効が主たる合意の無効をも惹起する、として第二規範の例外が予定されている（5項ただし書）。例えば、土地の売買契約に附随して、売主が当該土地の隣接地上に買主の事業に必要な取水権を設定する合意を結んだという場合において、その設定者が水源の所有者ではなかった等の理由で役権設定合意が無効となるときには、これら2つの合意が両当事者の意図において不可分であるとされていたことを根拠に、従たる合意である役権設定合意の無効が主たる合意である土地の売買契約の無効をもたらす、とされている[26]。

24　Boissonade, supra note 16, pp. 46 et s. ［傍点筆者］

25　Boissonade, supra note 16, p. 48.

26　Boissonade, supra note 16, pp. 48 et s.

V　法律取調委員会における審議

　以上に見てきた草案323条の規範は、法律取調委員会の審議でも大きな異論は向けられず、財産編302条に結実するに至った。このことを確認するために、本章では法律取調委員会の議論を見ていこう。

　法律取調委員会で草案323条が取り上げられたのは、明治21年2月8日開催の第23回会議においてである[27]。この会議では、細かな字句の修正の提案のほか、実質的内容に関わるものとして次の2点が議論されている。

　第1は、合意の主従ないし不可分性の認定のあり方についてである。具体的には、合意の主従の区別のメルクマールとなる「他ノ合意ノ成立ニ関係ナキ」（草案323条2項）ということの意味について、貸金とそれを担保する抵当の2つの合意の関係を念頭に、鶴田委員と南部委員の間で次のような議論がなされた[28]。まず南部委員は、抵当の合意はそれを担保する貸金の合意がなければ成り立たない合意であるから常に従たる合意であるのに対して、貸金の合意は抵当物がなくても成り立つものであるから常に主たる合意である、と述べる。他方で鶴田委員は、貸主が「抵當ガナケレバ貸サヌカ知レヌ」という形で貸金の合意と抵当の合意には実際関係がある場合もありうるため、いかなる場合でも貸金は抵当の成立に関係がないといえるのか、と疑問を提起している。これに対して、南部委員は「貸金ヲ保證スル為メノ抵當デスカラ成立ニ關係ハナイ」と反論する。このような議論の対立は、一方で南部委員は貸金や抵当の合意類型が客観的に有する内容（貸金ヲ保證スル為メノ抵當）を重視して合意の主従を決すべきとの立場を前提にしているのに対して、鶴田委員は、合意の客観的な内容だけでなく、これを締結した当事者の主観的な意図をも考慮して主従を決するべきだとの見方を前提にしているという点に、その対立軸を見出すことができる。以上の議論においては、合意の主従の認定方法に関して示唆的な応酬が展開されていたと見ることができるが、

---

27 「法律取調委員会民法草案第二編人権ノ部議事筆記一」『日本近代立法資料叢書8』（商事法務研究会、1987年）18-20頁。

28 前掲注27）19頁参照。

56 歴史

結局その後この議論は流れてしまった。

第2は、5項ただし書の内容についてである[29]。清岡委員からの「契約ヲ不可分ナリト當事者ガ看做シタトキ」とはいかなる場合を指すのかとの質問に対して、栗塚報告委員は、ボワソナードの挙げた例を用いながら、「貴君ノ御地面ヲ買ヲウ、其レニハ貴君ガ地役ヲ付ケテ下サラヌト困ル、貴君ノ御地面ニハ水ヲ取ル權ガアル、用益地ト思テ買ツタ處ガ水ガ一向來ヌ、其トキハ水ノ來ルノガ一ノ條件ダカラ其レハイケヌト云フノデス」と説明して、土地売買の合意の無効が地役権に関する合意の無効を惹起することを前提に、地役権に関する合意の無効が土地の売買の合意の無効をも惹起することを説く。もっともこの説明に対しても、松岡委員から「之ハ良ク出來ルコトダ」との指摘がされたほかは、立ち入った議論はされていない。

以上の議論を経て、最終的に草案323条は原案維持の決定が下された。その後、同条は法律再調査委員会にかけられることになる。草案323条が取り上げられたのは、明治21年10月1日開催の第7回乙会議においてである[30]。もっとも、同会議では同条の内容を受け入れる旨が委員長によって確認されたのみである。

VI 旧民法時代の学説

以上の経緯を通じて規定に至った財産編302条を、当時の学説はどのように評価していたのか。以下では、全般的な傾向と個別の特徴的な指摘に分けて順次検討していく。

1 全般的な傾向

まず、全般的な傾向としては、本条の内容やボワソナードの議論が受け入れられていたと見られる。すなわち、合意の主従の類型の承認それ自体や、これに与えられる無効の波及の効果という本条が予定する規範が概ね批判な

---

29 前掲注27) 19-20頁参照。

30 「法律取調委員会民法草案財産編再調査案議事筆記」『日本近代立法資料叢書11』(商事法務研究会、1988年) 165-166頁。

く受け入れられていることのほか[31]、婚姻や養子の合意は常に主たる合意であるのに対して、保証や抵当設定の合意は、主たる合意から生じる義務の担保を目的とするものであるため常に従たる合意と見られると説明されていること[32]、もっとも、通常は主たる合意と見られる合意も、両当事者の意図の解釈次第では従たる（不可分な）合意と評価されうるとの理解が示されていること[33]、さらに、主たる合意が無効となった場合に従たる合意が無効となるメカニズムについて、従たる合意それ自体は適法であったとしても、従たる合意は主たる合意がなければ無用となるため、主たる合意の無効から影響を受ける結果、無効に帰すと説明されていること[34]等は、旧民法下の学説がボワソナードの議論を踏襲していたことを示す事柄であると見ることができる。

2　個別の特徴的な指摘

(1)　影響関係の範囲

　本条の規定やボワソナードの註釈では、主たる合意が無効となった場合に、従たる合意も無効となるという影響関係に関する効果がもっぱら問題とされていた。これに対して学説では、この影響関係が認められる範囲をより広く、成立関係や、無効に限らない消滅にまで拡張して説明する論者が見られる[35]。

　なお、一見すると旧民法の規定は、影響関係が認められる領域を無効の範囲の問題に限定しているようにも見える。もっとも、本条2項の「成立」という語にボワソナードが充てていた原語が「existence〔存在〕」であったこ

---

31 井上操『民法詳解人権之部』（寶文舘、1890年）43頁以下、本野一郎ほか合著『日本民法義解財産編第三巻人権及ヒ義務（上）』（金蘭社、1890年）46頁以下、磯部四郎『民法釋義第六編』（長島書房、1891年）1262頁以下、井上正一『民法正義財産編第二部巻之壹』（新法註釋會、1891年）52頁以下。

32 井上操・前掲注31）43頁、本野ほか・前掲注31）47頁、磯部・前掲注31）1263頁、井上正一・前掲注31）52頁。

33 井上操・前掲注31）44頁以下、本野ほか・前掲注31）50頁、磯部・前掲注31）1263頁以下、井上正一・前掲注31）53頁以下。

34 磯部・前掲注31）1265頁。

35 江木衷『日本民法民法財産篇人権之部』（有斐閣、1892年）226頁。もっとも、論者自身は、本条は義務の主従を定めたものと解すべき旨を主張する。

とにも鑑みると、本条の定める合意の主従が服するレジームは、成立・履行・消滅というレベルにおける合意間の牽連性に関わりうるものである旨を説く学説の理解を包含しうるものであったということもできそうである[36]。

(2) 5項ただし書の意義

当事者が二個の合意を不可分とみなした場合に、従たる合意の無効が主たる合意の無効を惹起すると規定する本条5項ただし書は、従たる合意の無効は主たる合意の無効を惹起しない旨を定める同項本文の示す第二規範の例外規範として位置づけられている。

こうした理解に対して江木衷は、同項ただし書の想定する場面では、二個の合意は当事者の意思において相互に関係をなすものと考えられるのであるから、この場合について必ずしも主従の関係があるというべきではない、と指摘している[37]。また、ボワソナード自身も、5項ただし書の例外規範は、二つの合意が同等の重要性を有する（その意味で、いずれも主たる合意と評価される）にもかかわらず、一方合意の無効により他方合意の無効をもたらす場合があることを認めるものであって、厳密に理論的にいえば、この規範は同項本文の規範の例外と位置づけられるべきものではなく、別の1つの規範を示すものであると整理できる可能性を指摘していた[38]。これらの指摘を踏まえると、同項ただし書は、複数の合意の不可分性・相互関係という、合意の主従関係の延長線上にあるものの、これとはあくまで区別される関係に適用されるべき規範の一部を示していた、と見ることも可能である。

---

36 明治民法下の議論であるものの、主たる契約の効力に消長を及ぼす事由（無効、取消し、解除）が、従たるないし不可分の契約に影響を与える旨を指摘するものとして、磯谷幸次郎『債権法論（各論上巻）』（巌松堂書店、1926年）21頁、田島順ほか『註釋日本民法〔債権編契約總則〕』（巌松堂書店、1937年）17頁がある。このほか、「基本タルーノ契約ニ附随シ該契約ノ存在ヲ前提トシテ当事者間ニ従タル契約ヲ締結シタル場合ニ於テ其基本タル契約カ適法ナル原因ニ依リ解除セラルルトキハ其解除ノ効力ハ当然従タル契約ニモ及フヘキ」と判示した大判大正5・9・13民録22輯1712頁も参照。

37 江木・前掲注35）228頁。〔傍点原著者〕

38 Boissonade, *supra note* 16, p. 49.

Ⅶ　本条をめぐる議論の特色・意義

　以上に概観してきた本条の起草をめぐる議論を踏まえて、本章ではその特色・意義について検討を行う。

1　19世紀フランス法学説とボワソナードの議論の関係

　第1に、本条の内容とその母法たるフランス法の議論との関係について。合意の主従に関する当時のフランス法の議論と本条の内容の間には、連続面と不連続面が認められる。

　まず連続面として、当時のフランスにおいても、合意の主従の分類はポティエの体系書の記述を手がかりとして註釈学派の論者によっても承認されており、ボワソナードもこうした議論を下地にして、合意の主従の分類を提案したものと考えられる。特に、人権の部の草案は、その全体がポティエの議論から大きな影響を受けていることはボワソナード自身が認めるところでもあるが[39]、ポティエが明示的に議論していなかった合意の主従の区別の実益については、註釈学派の議論をも踏まえた立論であったと見ることができる。

　しかしその一方で、当時のフランス法の議論とボワソナードの議論には重要な不連続面も認められる。すなわち、当時のフランス法では、従たる契約を「他の契約の履行を確保するために生じる契約」と定義したポティエの議論に影響を受けてか、従たる契約は担保契約、主たる契約は担保される契約との理解が一般的であった。このことは、従たる契約を明確に担保契約と同視する論者の議論に顕著であるが、従たる契約の定義に幅を持たせていた他の論者においても、その具体例として担保契約のみが挙げられていたという点からも窺うことができる。こうした理解に対してボワソナードは、従たる契約に担保契約が含まれることは認めつつも、①契約の主従の認定は、両当事者の意図の内容次第で変わりうる相対的なものであることが多い旨を明確に指摘した上で、この理解の延長線上において、②複数の合意が相互的に影

39　Boissonade, *supra* note 16, p. Ⅰ.

60 歴史

響を与える不可分な関係となりうることをも明らかにしている。これらの議論は、ボワソナードが参照したであろう当時のフランス法と比較すると一線を画するものであったと見られる。

　もっとも、以上のようなボワソナードの議論は、彼に特殊な議論と見られるべきものではないと思われる。実際に、旧民法下での我が国の学説も基本的に以上の議論を受け入れていたと見られることに加えて、フランスにおいても、①について20世紀中盤以降、こうした理解が浸透していく中で、いかなる場合に契約の主従関係が認められるべきかという問題が議論されるに至っており[40]、さらに②についても、現代契約法における契約の不可分性・相互依存性の問題は、契約の主従の類型に関する議論を更新したものであるとの興味深い指摘をする論者も現れているためである[41]。ボワソナードの議論にはなお明確でない点も少なくはないが、現代契約法が直面する課題に関連する問題について、百年以上も前に立法化をも見越して、以上のような形で議論の組上にあげていた彼の先見性は記しておく価値のあるものだと考えられる。

2　合意の主従の類型の意義
(1)　類型規定の存在意義

　本条は、複数の合意の法的影響関係の規律を目的とする法規範である。こうした影響関係の規律には様々な法律構成の可能性が考えられるが、本条は合意の類型という観点からこれを規律する点に特色がある。すなわち本条は、合意には主従（不可分）の類型があること（1項）、およびそれに関する定義（2項・3項）を示した上で、各々の合意類型に与えられる効果・レジームの観点から、無効の拡張という影響関係を規律する（4項・5項）、という定義－レジームの存在を前提とする性質決定の思考枠組みを提示するものである。このような思考枠組みは、合意の類型に応じて、ある一定の場面に

---

[40] G. Goubeaux, *La règle de l'accessoire en droit privé*, LGDJ, 1969や、M. Cottet, *Essai critique sur la théorie de l'accessoire en droit privé*, LGDJ, 2013等を参照。

[41] P. Delebecque et F.-J. Pansier, *Droit des obligations Contrat et quasi-contrat*, 8ᵉ éd., LexisNexis, 2018, n° 28.

おいて適用される法規範が異なりうることを前提として、複数の契約間の法的影響関係に関する規範を、一定の合意類型に妥当する固有の法規範として位置づけようとするものであるということができる[42]。

　以上のような思考枠組みの意義を、主たる合意が無効となった場合の従たる合意の連鎖的無効の法律構成という視点からみてみよう。主たる合意が無効となった場合、従たる合意は原則無効となる（4項）。この効果についてボワソナードは、従たる合意それ自体は適法であったとしても、主たる合意の無効が従たる合意の無効を惹起する、と説明している。このような説明は、主たる合意の無効に続いて従たる（不可分な）合意が無効となるメカニズムについて、後者に固有の内在的な無効原因を見出すべきであるという理解（合意の自律性の尊重）を前提としていない。むしろ、「従たる合意」という性質決定の存在を理由に、主たる合意の無効の拡張を受けることによって無効となる、というレジームが発動するという形で、従たる合意の無効を導いている。このような意味において、本条4項本文および5項ただし書は、その自律性が尊重される合意（主たる合意）と、これが一定程度制限される合意（従たる又は不可分な合意）の区別を前提に[43]、後者についての連鎖的な無効に関する規範を定めたものであると理解することができる。

(2)　合意の主従の区別の意義と方法

　それでは、こうしたレジームの相違の前提となる合意の主従ないし不可分の性質決定はいかなる形で行われるのか。本条によれば、主たる合意とは「合意ノ成立カ他ノ合意ノ成立ニ関係ナキ」ものであり（2項）、従たる合意はその「反対ノ場合」（3項）と定義されている。もっとも、こうした定義を前提にした合意の主従の認定は、最終的には広義の合意の解釈に委ねられるとされ、当事者が主従関係を明示していなくとも、当該事案における諸般の事情を勘案する形で斟酌される、両当事者の意図に従った判断がなされる

42　大村・前掲注4）25頁がこのことを明確に指摘する。また、性質決定の作業の意義については、小粥太郎『民法学の行方』（商事法務、2008年）85頁以下も参照。
43　このような区別を観念することの意義について、渡邊貴「複合契約の解除の法的構成に関する序論的考察」帝京36巻2号（2023年）354頁以下も参照。

62　歴史

旨が指摘されていた。

　それでは、主従の合意はなぜ区別されるのか。この点に関しては明確な説明がなされているわけではないが、ボワソナードが本条の規定の註釈においてそれを「想起させる」とする物の主従の区別を定める財産編15条の規律内容をも参考にすると、次のように理解することも可能ではないかと思われる。すなわち、同条によれば、物は「他に附属せずして完全なる効用（utilité）を為す」か否かに応じて、主従の区別がされるとされており、ボワソナードの註釈では、同条は「主物は従物に従う」の法諺を明文化したものであること、そして本条はこの法諺を複数の合意の関係に及ぼしたものだとの指摘がなされている。これらを踏まえると、合意の主従の区別は、各合意が「他の合意に附属せずして完全なる効用を為す」か否かに応じた区別に対応していると見ることができる。さらに、ここでいう効用とは、当事者が自らの意思に基づいて一定の帰結の達成を企図して締結した「合意」の効用を指すものである。そうすると、合意の効用に即したこの区別は、各々の合意の内容、特に各合意が発生させる具体的な給付の内容を中心として把握される、合意が達成しようとした作用・取引（opération）[44]に即して判断されるべきものであると見ることが可能である[45,46]。このような理解によれば、ボワソナードが合意の主従を認定する上で従うべきとする上記の「両当事者の意図」とは、両当事者が合意を通じて達成を企図した帰結を考慮するための枠組みとして位置づけられることになろう。

---

[44] この概念については、森田修『契約規範の法学的構造』（商事法務、2016年）354頁以下のほか、山城・前掲注4）13頁以下、346頁以下、大塚哲也「契約目的概念の意義および位置づけに関する序論的考察」流経22巻1号（2022年）89頁も参照。

[45] このような理解の可能性は、L. Josserand, *Cours de droit civil positif français*, t.2, Sirey, 1930, p. 10のほか、近時の契約のエコノミー論（同概念の意義については、特に森田・前掲注44）332頁以下を参照）を参照しながら、契約における相互依存関係の理論枠組みの提示を試みる議論（S. Pellé, *Retour sur l'interdépendance contractuelle, in Liber amicorum en l'honneur du Professeur Joël Monéger*, LexisNexis, 2017, p. 333）から示唆を得たものである。またこのような理解に関連して、新種の契約の性質決定を行う際、当事者の意思とともに、給付の対価的構造を考慮して、契約の意味（エコノミー）を明らかにすることが重要である旨を説く金山・前掲注3）72頁も参照。

Ⅷ　おわりに

　本稿では、旧民法下において既に一定の範囲で複数の契約の法的影響関係を認めていた財産編302条の規律について、起草過程を辿りながらその位置づけと意義の分析を行った。複数の契約の法的影響関係の問題については、現代においても特にフランス法との比較を通して、様々な視点から議論がなされている状況にあるところ[47]、本稿の検討全体を通してこの議論空間に付け足し得たことは、この問題に関する日仏の比較法研究に、歴史という座標をも組み込む可能性があるということである。そしてこのような可能性の存在は、複数の契約の法的影響関係の問題が、高度に分業化した現代社会に固有の病理現象なのではなく、契約それ自体、ないし契約の構造をどのように理解すべきなのか、という契約の基礎理論に関わる重要な問題に連なるものであることを示す事柄であると見ることもできる。

　このような見地から、本稿を出発点として今後さらに本条をめぐる議論が日仏の学説史上いかなる位相を占めるものであるのかを検証する必要があると考えられる。具体的には、①契約の主従の類型の議論はポティエ以前に遡ることができるのか、②現代フランス法において、契約の相互依存関係に関する議論は、契約の主従の類型に関する議論を更新したものだと指摘されることがある旨は既に紹介したところであるが、そのような言明の前提として、註釈学派以降の契約の主従の類型に関する議論はいかなる変遷を辿ったのか、③我が国において本条をめぐる議論は明治民法下でいかなる変遷を辿ったのか[48]、といった点を追跡することが必要である。

　また、旧民法やボワソナードの前提とする合意概念それ自体[49]——特に合

46　こうした理解との関係では、附従性概念を包括的に検討する近時のフランスのテーズにおいて、附従性の性質決定の基準として、「その法的かつ経済的な文脈におけるある要素の役割、すなわち、ある目的の達成に対する当該要素の貢献を示す客観的概念」と定義される「機能（fonction）」概念に着目すべき旨の主張が示されていることや、同概念が契約の主従および不可分性の性質決定の基準としても有用である旨が指摘されていること（Cottet, *supra* note 40, n° 434 et s）も注目に値する。

47　渡邊・前掲注43）注16に挙げた諸文献を参照。

64 歴史

意の構造やその構成要素に関する理解——との関係で、合意の主従・不可分の性質決定にいかなる意義が認められるのかを検討することも、本稿の残す重要な課題である。

〔付記〕 本研究は、JSPS 科研費21H00670および22K20097によって助成を受けた研究成果の一部である。

---

48 明治民法では、旧民法の合意の種類に関する規定は全て削除された。もっともこれは、こうした類型規定の存在意義が積極的に否定されたことを理由とするものではなく、自明である点も含め、法典に条文として規律する必要はなく、学説の議論に委ねるのが妥当だと考えられたことを理由とするものである（「法典調査会民法議事速記録第75回」『日本近代立法資料叢書３』（商事法務研究会、1984年）645頁［富井政章]）。そして実際、明治民法施行直後には、起草者の手による体系書等において、本条の規律内容と同様の内容が、法律行為・契約の主従の類型として議論されていたところでもあった（梅謙次郎講述『民法債権（第２章第１節）』（和佛法律学校明治36年度講義録）14頁以下、富井政章『民法原論 第１巻 総論』（有斐閣、1922年）396頁等を参照）。もっとも、今日この分類が言及されることは多くないことに鑑みると、明治民法下における本条をめぐる議論の衰退の過程や要因を分析する必要があると考えられる。

49 本テーマとの関係では、ボワソナードの合意論を参考にしながら、「多数当事者間契約」という新たな契約概念の意義を考究する、中舎寛樹『多数当事者間契約の研究』（日本評論社、2019年）255頁以下も重要である。

意思主義の下における所有権移転給付の
実在性について

松 尾 弘

Ⅰ　はじめに──問題の所在
Ⅱ　意思主義と所有権移転給付──フランス民法の場合
Ⅲ　意思主義と所有権移転給付──日本民法の場合
Ⅳ　今後の課題──所有権移転給付の原状回復（返還）

Ⅰ　はじめに──問題の所在

　日本民法は、所有権の譲渡につき、一方では、〔1〕債権編の契約の章において、「売買は、当事者の一方がある財産権を相手方に移転することを約し、相手方がこれに対してその代金を支払うことを約することによって、その効力を生ずる」（555条）、「贈与は、当事者の一方がある財産を無償で相手方に与える意思を表示し、相手方が受諾をすることによって、その効力を生ずる」（549条）、「交換は、当事者が互いに金銭の所有権以外の財産権を移転することを約することによって、その効力を生ずる」（586条）等の規定を置いている。他方では、〔2〕物権編の総則の章において、物権の設定および移転（所有権移転を含む）は「当事者の意思表示のみによって、その効力を生ずる」（176条）と定めている（本条は、物権以外の財産権の設定および移転にも準用されるものと解される）。

　ここで、〔1〕売買等の契約によって発生する財産権の移転義務が、〔2〕当事者の無方式の意思表示のみによって履行されるとすれば、そうした義務の履行、履行の強制、さらにはそもそも財産権移転義務自体を語る実益はなく、売買等の契約さえ成立すれば、目的物の引渡し、登記・登録等の権利移

66 歴史

転の対抗要件を備える義務（560条）等の有形的かつ具体的な債務とその履行について問題とすればよいのではないかという疑問が生じる。そこでは、売買等の契約において、目的物の引渡しや、所有権の登記・登録等の移転義務とは別に、無形的・抽象的な所有権の移転義務（債務、給付）を売主等に発生させる必要があるか、また、仮に所有権移転義務（債務、給付）が発生するとしても、その履行をどのように観念し、確認するか、さらに、その履行の強制が考えられるかなど、所有権移転義務（債務、給付）の実在性をどのように捉えるべきかが問題になる。この問題に対する正面からの問いかけは、これまで必ずしも十分に行われてこなかったように思われる[1]。

この問題に対し、金山直樹教授は、一方では、財産権移転義務を給付——与える給付、なす給付・なさない給付——の概念分類レベルでどのように位置づけるべきかという観点から[2]、他方では、555条等の定める財産権移転義務と176条の定める意思主義がどのような関係に立つのかという観点から[3]、基礎理論研究を試みられた。そして、所有権移転に関する意思主義の下においても、売買等の所有権移転を義務づける行為により、売主等の債務者には所有権移転義務が、買主等の債権者には「所有権移転給付」を求める抽象的な請求権が発生することを認め[4]、そして、無形化された財産（権）の移転をも包含する権利移転義務（給付）および担保する給付を「無形給付」と解し、有形給付（与える給付、なす給付・なさない給付）と併存するものとして、その存在を提唱された[5]。

売主等の所有権移転義務（給付）が、たとえ無形給付としてであれ、存在するかしないかは、売買契約等による所有権移転のプロセス、二重売買が行

---

1 なお、売買等の契約に基づく引渡債務の強制履行の可能性と所有権移転の要件との関係を分析するものとして、森田修『強制履行の法学的構造』（東京大学出版会、1995年）がある。

2 金山直樹「与える給付と担保する給付——それから100年、もう1つの歴史」西村重雄＝児玉寛編『日本民法典と西欧法伝統——日本民法典百年記念国際シンポジウム』（九州大学出版会、2000年）337-370頁（金山直樹『現代における契約と給付』（有斐閣、2013年）185-225頁所収。特に、同書203頁参照。以下、引用は、追補が付された同書によって行う）。

3 金山直樹「意思主義と所有権移転給付」金山・前掲注2）『現代における契約と給付』所収226-267頁。

4 金山・前掲注2）『現代における契約と給付』226-267頁。

5 金山・前掲注2）『現代における契約と給付』212-215頁。

われた場合等における所有権の帰属決定に適用されるべき規律の解釈のみならず、売買契約等が無効・取消し・解除等によって効力を失った場合の権利の復帰、第三者の保護が問題になった場合等における所有権の帰属決定に適用されるべき規律の解釈等においても、首尾一貫した法理を構築するためには、極めて重要な基礎理論的問題である[6]。

　本稿は、このような観点から、物権の設定および移転に関する意思主義の下で、所有権移転給付（義務）が存在するか否かについて、フランス民法と日本民法の展開を比較しつつ、従来の議論を整理し、今後の課題を展望するものである。

II　意思主義と所有権移転給付──フランス民法の場合

1　引渡主義の伝統とその変容

　フランスでは、所有権移転給付は、その法的性質として、ローマ法以来の引渡主義の伝統に従い、与える給付（obligation de donner）の概念の下で捉えられてきたが、意思主義を採用したフランス民法の下では、所有権は合意によって直ちに移転することから、所有権移転給付は「原理的に存在しえない」と理解されている[7]。もっとも、そうしたフランス民法における意思主義は、ローマ法の引渡主義を承継しつつ、その変容を経て成立したものと考えられている[8]。

　フランス普通法学説では、ローマ法の引渡主義が、その多様化を示しながらも、維持されていた。ポティエ（Robert Joseph Pothier, 1699-1772）は、ローマ法の引渡主義を支持し、売買による場合、買主は引渡しによって所有権を取得するとした[9]。売買契約上、売主は引渡義務を負い、その履行によって買主が所有権を取得する。もっとも、その引渡しには、占有改定条項に

6　なぜなら、所有権移転に関する無形給付が存在するとすれば、無形給付の原因行為が効力を失った場合における無形給付の原状回復としての所有権の復帰も問題になるはずであると考えられるからである。

7　金山・前掲注2）『現代における契約と給付』227頁。

8　フランス民法の意思主義の成立プロセスにつき、金山・前掲注2）『現代における契約と給付』228-247頁参照。

68 歴史

よる擬制的引渡しを含む。「与える給付」（l'obligation de donner）は目的物の引渡給付を指し、その強制履行（直接強制）が可能で、それによる引渡しの効果として所有権は移転する[10]。もっとも、引渡しは、無因的なものではなく、所有権移転についての当事者の合意に基づくものであることを要する[11]。しかしなお、所有権は、そうした合意のみによって移転するとの自然法学説（グロティウス、プーフェンドルフ）に言及しつつも、それらにはあえて与せず、合意のみでは義務しか生じさせないといいう立場を維持した[12]。なお、所有権が移転するためには、売主が所有者であることが必要であるが、他人物売買は有効であると解されていた[13]。売主は、引渡義務の履行後も、「売買契約が完成するや否や、たとえまだ買主に目的物が引き渡されていなくとも、その危険は買主に帰する」[14]。

こうした普通法学説における引渡主義の伝統は、フランス民法典の編纂に向けたカンバセレス（Jean-Jacques Régis de Cambacérès, 1753-1824）の第1草案（1793年）でも、維持された。それは、「債務は所有権（la propriété）を取得するための方法として用いることができる。債務は法律上当然に所有権を移転するのではなく、引渡し（la tradition）のみがこれをすることができる」（Livre III, Titre II, Art. 1）と定めた[15]。したがって、「引渡しが目的物の所有者によって行われると、引渡しによる占有の移転は、所有権の移転をもたらす」（ibid., Art. 3）。もっとも、「引渡し」は、動産に関する目的物の交付（la délivrance）のほか、不動産および動産ならびに不

9　Pothier, Robert J., *Traité du Contrat de Vente, Oeuvres de Pothier*, annotées et mises en corrélation par M. Bugnet, Tome III, Paris, 1847, n° 48, pp. 21–22, n° 318, p. 131.

10　Pothier, *Contrat de Vente*, op. cit.（note 9）, n° 68, pp. 30–31; *Traité des Obligations, Oeuvres de Pothier*, annotées et mises en corrélation par M. Bugnet, Tome II, Paris, 1848, n° 156, p. 75.

11　Pothier, Robert J., *Traité du Droit de Domaine de Propriété, Oeuvres de Pothier,* annotées et mises en corrélation par M. Bugnet, Tome IV, Paris, 1846, n° 231, pp. 180–181.

12　Pothier, *Domaine de Propriété*, op. cit.（note 11）, n° 245, pp. 186–187.

13　Pothier, *Contrat de Vente*, op. cit.（note 9）, n° 7, p. 4; *Obligations*, op. cit.（note 10）, n° 133, p. 64

14　Pothier, *Contrat de Vente*, op. cit.（note 9）, n° 307, p. 123; *Obligations*, op. cit.（note 10）, n° 7, p. 7.

15　*Recueil Complet des Travaux Preparatoires du Code Civil*, par P. A. Fenet, tome 1, Réimpression de l'édition 1827, Otto Zeller, Osnabrück, 1968, t. 1, p. 74.

意思主義の下における所有権移転給付の実在性について　69

動産上の無体権に関する所有権の移転を目的とする「債務についての権原証書の交付」（la délivrance du titre de l'obligation）によって行われるものとされた（ibid., Art. 4）。そして、「売買は、ある者が他の者に対し、代金と引き換えに物または権利の所有権を移転する契約である」（Titre III, Art. 1）とし、「売買の履行は、一方で売買目的物の引渡しにより、他方で代金の支払によって行われる」（ibid., Art. 3）とされ、引渡しによる所有権の移転が確認されている。一方、危険負担に関しては、「契約が成立した時点において、所有権は買主に移転し、引渡し（la livraison）の時まで売主は買主のために目的物を保存しなければならない。その間に目的物が売主の過失なしに滅失したときは、損失は全部買主の負担とする」と規定された（ibid., Art. 15）。ここでは、ポティエと同様、買主危険負担主義を採用しつつ、その理由として、「契約が成立した時点において、所有権は買主に移転し」との文言が挿入されたことが注目される。これは、所有権移転の引渡主義との矛盾をはらみながらも、伝統的な引渡主義と新たな意思主義とのせめぎ合いを示すものという理解がある[16]。

　カンバセレス第2草案（1794年）も、引渡主義に立ちつつ、証書による引渡しの観念化も維持している。それは、所有権取得の態様として、先占、添付、贈与、相続、時効のほかに、「引渡し」（la tradition）を挙げ（Art. 88）、「引渡しは、所有権の移転を目的とする行為（l'acte）によって行われる」（Art. 91）と規定した[17]。この「引渡し」については、「引渡しは、商品または動産に関しては、現実の交付（la délivrance réelle）によっても行われる」（Art. 92）との規定もあることから、不動産については、証書（l'acte）による引渡しの擬制を認めたものとみられる（Art. 91参照）。

2　意思主義の採用とその意義

　こうした引渡しの方式の多様化と観念化を背景として、カンバセレス第3草案（1796年）は、「売買は、目的物と代金について合意があった時に完成

16　Fenet, op. cit.（note 15）, t. 1, p. 76、金山・前掲注2）『現代における契約と給付』233頁。
17　Fenet, op. cit.（note 15）, t. 1, pp. 118-119.

70 歴史

する」（Art. 834）と定め、かつ「売買が完成するや否や、未だ引渡しが行われていないときでも、売買目的物の危険は買主に帰する」（Art. 847）とすることにより、買主危険負担主義を維持し、かつ第1草案の矛盾を解消した。一方、売主は引渡義務を負い（Art. 840, 841）、「不動産の引渡しは、所有権を移転する証書（l'acte）によって行われる」（Art. 534）と定めた。もっとも、カンバセレスは、所有権移転を目的とする「証書」（l'acte）のみによる引渡しについて、それはローマ法と「反対の原理」としての「意思のみによって所有権が移転するという原理」であるという新たな意味づけを行い、その理由として、つぎのように説明した。「この〔所有権移転の〕意思が証書によって証明されるとき、なぜ他の方式を要求する必要があるのだろうか。これにより、われわれは、自然の観念に近づき、数え切れないほどの訴訟を未然に防ぐのである。というのは、〔引渡主義の下では〕引渡しの前に目的物が毀損または滅失した場合、所有者が売却後に引渡しをせずに、再度売却して新買主に引き渡したうえで、〔第1買主への〕引渡しを拒絶した場合には、必ず訴訟になってしまうからである」[18]。このように、フランス民法における意思主義は、証書＝行為（l'acte）による引渡しの意味づけの変更（＝意思のみによる所有権移転）として採用され、かつ、その実質的理由が、①危険負担をめぐる紛争、および②二重売買をめぐる紛争の回避にあったことが注目される。なお、他人物売買については、「他人物売買をした者が引渡しをすることができないときは、買主に賠償をしなければならない」（Art. 842）と定めた。

　こうした準備段階を経て、フランス民法典（1804年）は、所有権の移転に関して、以下のような規律を設けた。

　【711条】財産の所有権は、相続、生前又は死因贈与、及び債務の効果によって、取得され、及び移転される。

　【1136条（2016年改正前）】与える債務〔給付〕は、目的物を引き渡す債務及びその時まで保存する債務を含む。これに反する場合には、債権者に対して損害賠償の責めを負う。

---

18 Fenet, op. cit. (note 15), t. 1, pp. 165-166, 258, 292-293.

【1138条（2016年改正前）】①物を引き渡す債務〔給付〕は、契約当事者の同意のみによって（par le seul consentement des parities contractantes）完成する。

②この債務〔給付〕は、目的物の引渡し（la tradition）が行われなくとも、目的物を引き渡すべきであった時から直ちに債権者を所有者とし、かつ、目的物を債権者の危険に置く。ただし、債務者が引渡しを遅滞しているときは、この限りでない。その目的物は、債務者の危険に留まる。

【1583条】売買は、物がまだ引き渡されておらず、代金がまだ支払われていない場合であっても、物及び代金について合意する時から当事者間において完全であり、買主は、売主に対する関係で、当然に所有権を取得する。

【1599条】他人の物の売買は、無効である。この売買は、その物が他人に属することを買主が知らなかったときは、損害賠償を生じさせることがある。

これらの関連規定のうち、合意のみによる所有権移転という意味での意思主義の趣旨は、711条、1138条（2016年改正前）、1583条の組合せによってようやく浮かび上がる。すなわち、財産の所有権は、債務の効果によっても取得され（711条）、物を引き渡す債務は、契約当事者の同意のみによって完成し（1138条1項）、それにより、目的物の引渡しが行われていない場合でも、物を引き渡すべきであった時（1138条2項）、売買の場合には物および代金について合意する時から、買主が当然に所有権を取得する（1583条）。ここでは、契約当事者の同意のみによって完成されるのは、あくまでも物を引き渡す債務であり（1138条1項）、そうした引渡債務の完成が、法律の規定（1138条2項、1583条）により、所有権の移転を生じさせる。こうしてみると、フランス民法典の意思主義は、依然として、引渡しの擬制によって観念化された引渡主義の延長線上にあるとみることができる[19]。このことは、契約当事者間の同意のみによる所有権移転という新しい原理も、それが克服し

---

19 この意味で、「フランス民法典の起草過程においては、法律構成としての所有権移転の引渡主義が、極限にまで抽象化された形ではあれなお維持されており、完全に払拭されたとはいいがたい」と考えられている（森田・前掲注1）87頁）、あるいは「フランス民法典の採用する『意思主義』は、伝統の『引渡主義』のテクストに刻み込まれた」（金山・前掲注2）『現代における契約と給付』239頁）とみられている。

72　歴史

ようとした過去の制度から完全に切り離すことができるものではなく、過去
の規律と一定の連続性を保ちつつ、変化するという、制度変化の経路依存性
（path dependence）を示すものとみることができる[20]。

　そのような過去を背負いつつも、フランス民法典はさらに進化を続けてい
る。2016年民法改正により、以下のような関連規定が設けられている[21]。

　【1196条】①所有権の譲渡又はその他の権利の譲渡を目的とする契約にお
いて、移転は、契約締結時に生じる。

　②この移転は、当事者の意思、物の性質又は法律の効果によって、繰り延
べることができる。

　③所有権の移転は、物についての危険の移転を伴う。ただし、引渡債務の
債務者は、第1344-2条に従い、かつ第1351-1条に定める準則が適用される場
合を除いて、付遅滞の時から再び危険を負担する。

　【1197条】①物の引渡債務は、引渡しまでの間、合理人のあらゆる注意を
払ってその物を保存する債務を伴う。

　【1198条】①同一の有体動産の順次の譲受人が同一人からその権利を取得
したときは、その動産について先に占有を取得した者が、その権利が後れる
ものであったとしても、その者が善意である限り、優先する。

　②同一の不動産上の権利の順次の譲受人が同一人からその権利を取得した
ときは、公署方式により作成された取得権原証書を不動産票函に先に公示し
た者が、その権利が後れるものであったとしても、その者が善意である限り、
優先する。

　これらの新規律のうち、改正法1196条は、前掲（2016年改正前）1138条に、
改正法1197条は、前掲（2016年改正前）1136条にそれぞれ相当する。このう
ち、改正法1196条１項および２項は、所有権の移転が、もっぱら契約により、
かつ原則として契約時に生じるものとして、意思主義の立場をより端的に規
律した。これは、2016年改正前1138条１項が、契約当事者の同意のみによっ

---

[20] 制度変化の経路依存性に関しては、松尾弘『開発法学の基礎理論』（勁草書房、2012年）128-
　129頁参照。
[21] 同改正法の和訳および解説として、荻野奈緒ほか「フランス債務法改正オルドナンス（2016年
　２月10日のオルドナンス第131号）による民法典の改正」同法69巻１号（2017年）279-331頁参照。

意思主義の下における所有権移転給付の実在性について　73

て完成されるのは、あくまでも物を引き渡す債務である旨を定め、そうした引渡債務の完成が、同改正前1138条２項の法律の規定により、所有権の移転を生じさせることを定めることにより、フランス民法典の意思主義と引渡しの擬制によって観念化された引渡主義との連続性を窺わせていた規律から、もっぱら契約による所有権移転という意味での純粋な意思主義への歩みを進めたものといえる[22]。他方、改正法1198条は、フランス民法典が意思主義を導入した実質的理由の１つであった、二重譲渡問題の回避について、先に占有（動産の場合）または公示（不動産の場合）を備えた者が、たとえ権利が遅れるものであっても優先する要件として、「善意である限り」を付した（悪意者排除）。これにより、最初の契約が優先する可能性を残した点で、同条は意思主義の意義をより強化する規律となっていることが確認できる[23]。

3　フランス民法の意思主義と所有権移転給付

　以上のような経緯を経て進化してきたフランス民法の意思主義の下では、売買等の契約により、すでに所有権移転が生じることから、所有権移転義務が生じる余地はない。したがって、所有権移転給付は、意思主義の下では原理的に存在しえないと考えられている[24]。

　もっとも、意思主義の下でも、所有権移転義務を認める学説は、フランスにも存在した。例えば、ガブリエル・ボードリー・ラカンティヌリー（Gabriel Baudry-Lacantinerie, 1837-1913）は、「所有権移転義務は発生するが、それが生まれる時に死につつあるというのが真実である。というのは、所有権移転義務はその発生する瞬間に達成・履行されると考えられるからである」と説明している[25]。この見解は、売買による財産権（所有権）移転義務の発生に関する梅謙次郎および富井政章の見解に影響を与えた[26]。しかし、フランスでは、所有権移転給付を認める見解は少数派にとどまる[27]。

22　2016年改正1196条は、2015年司法省草案1197条に由来する。七戸克彦「2016年フランス民法改正と物権変動論」法政87巻３号（2020年）1039-1041頁参照。
23　その意味で、改正法1198条は、より純粋な意思主義を支える規律となっていることが注目される。
24　金山・前掲注２）『現代における契約と給付』227頁。また、同書223頁注69も参照。

74 歴史

Ⅲ　意思主義と所有権移転給付──日本民法の場合

1　意思主義の採用とその意義

　日本民法において、物権の設定および移転は「当事者の意思表示のみによって」効力を生じるとし、物権変動の意思主義を定める176条は、その起草プロセスにおいて、引渡主義と意思主義を対置し、比較したうえで、採用された[28]。その理由として、①証拠方法が不完備で、意思を証明する手段がない時代には、引渡主義が要請されるが、証拠法が整備されてきた状況下では、そうした要請は働かない、②取引が活発になると、物権の所在と占有を一致させる引渡主義は不都合で、合意主義（意思主義）の方が実際上人民の志望に適う、③権利を移転するのに引渡しは要しないから、合意主義の方が理論においても正しい、という点を挙げている[29]。

　一方、176条の「意思表示」は物権の設定および移転に関する意思表示であるが、この意思表示と、その原因行為である贈与、売買、交換等の意思表示とは、概念的には別個のものと捉えられている。例えば、民法555条において、売主が財産権の移転を「約し」、買主が代金の支払を「約する」意思表示は、「権利を移転する義務を生じ」させるものであり、その義務が176条

---

[25] Gabriel Baudry-Lacantinerie, *Précis de droit civil*, 3ᵉ ed., 1888-1889, tome 2, p. 595, n. 858; p. 599, n. 863; tome 3, pp. 281-282, n. 446-447. 引用は、金山・前掲注２）『現代における契約と給付』250-251頁による。邦訳として、ボードリ・ラカンチヌリ／松室至＝飯田宏作＝古賀廉造共訳『仏国民法正解　契約編上巻・下巻』（明治21年11月印行。信山社、日本立法資料全集・別巻172）114-115頁、122頁、同『仏国民法正解　売買編／賃貸借契約』（明治22年11月印行。信山社、日本立法資料全集・別巻173）１-４頁がある。

[26] 金山・前掲注２）『現代における契約と給付』250頁。

[27] 権利移転給付を「契約上の不完全債務」として、しかしなお、法的債務として承認しようとする見解につき、金山・前掲注２）『現代における契約と給付』224頁注70参照。

[28] 日本民法における意思主義の成立経緯に関しては、松尾弘「不動産譲渡法の形成過程における固有法と継受法の混交──所有権譲渡理論における『意思主義』の歴史的および体系的理解に向けて（Ⅱ）（3・完）」横浜国際経済法学４巻１号（1995年）103-116頁、金山・前掲注２）『現代における契約と給付』247-254頁参照。

[29] 法務大臣官房司法法制調査部監修『法典調査会　民法議事速記録１』（商事法務、1983年）579-580頁（穂積陳重）。

の物権移転の意思表示によって履行されると、物権が「直ちに移転する」ことになる。したがって、特定物売買の場合は、「義務が生じる瞬間に履行されると見るのが正しい」と説明されている[30]。これは、旧民法財産取得編24条1項が、特定物の場合と不特定物（代替物）の場合とを区別し、「売買は当事者の一方が物の所有権または其支分権を移転し又は移転する義務を負担し…」と書き分け、「特定物の売買に於ては売買契約があると云うと直ぐに権利が移転するので義務を生ずる暇がない云ふ説を取つた」ボアソナードの見解に基づく規律をあえて否定し、特定物の場合も不特定物の場合も、「先づ移転する義務を生ずるとい云ふ考え」を採用したことを示すものである[31]。なお、旧民法財産取得編24条1項のように「義務を負担し」と書かずに、「約し」とした理由は、特定物の場合も不特定物の場合も一括し、「短く只権利を移転することを約したと書いた」と説明している[32]。また、財産権移転義務を認めないフランスの学説が存在することを踏まえ、学説をどちらかに決めないという方針により、「約し」という文言を用いたとも解されている[33]。

　このように、財産権を移転させる債務を生じさせる555条の債権的意思表示と、所有権の移転、その他の物権の設定・移転の効力そのものを発生させる176条の意思表示とを概念的に明確に区別し、後者を意思主義の典型的規律とみる起草者の見解は、フランス法との違いを意識したものである[34]。もっとも、債権的意思表示と物権的意思表示を概念的に区別するのみならず、外形的にも区別するドイツ民法と異なり[35]、日本民法176条の物権的意思表示は、555条等の債権的意思表示と、1つの行為の中に併存しうるものとし

---

30 法務大臣官房司法法制調査部監修『法典調査会　民法議事速記録3』（商事法務、1984年）861頁（梅謙次郎）。なお、傍点は引用者による。また、原文の片仮名表記は平仮名表記に変えた（以下同じ）。

31 前掲注30)『民法議事速記録3』868頁、871頁（梅謙次郎）。松尾・前掲注28)111頁および同所注338、339参照。

32 前掲注30)『民法議事速記録3』868頁（梅謙次郎）。松尾・前掲注28)111頁参照。

33 金山・前掲注2)『現代における契約と給付』249頁参照。

34 富井政章『訂正　民法原論　第2巻　物権』（有斐閣、1923年）49-52頁。

35 ドイツ民法433条（売買契約）、873条（不動産に対する物権取得の合意と登記）、925条（不動産所有権譲渡の合意と登記）、929条（動産所有権譲渡の合意と引渡し）。

76 歴史

て捉えられていたことにも、留意する必要がある。例えば、①特定物の売買契約は、通常、物権移転の意思表示と代金に関する債権契約の意思表示が結合したものと捉えられている[36]。また、②不特定物売買においては、当初の債権契約の際に特定を条件とする物権的意思表示、または特定の際に物権的意思表示（と認めるべき事実）が必要である[37]。さらに、③他人物売買も、これを無効とするフランス民法1599条および旧民法財産取得編42条と異なり、日本民法の下では有効であるが（2017年改正前560条、2017年改正後561条）、債権的契約の成立後、その履行として物権的意思表示を必要とする[38]。

こうした起草者の見解は、その後、日本民法の解釈上も債権契約と物権的意思表示とを常に別個の行為として区別する物権行為の独自性肯定説[39]と、これを否定して、債権契約の効力として物権変動の効力が生じるものとし、債権契約とは別個のものとしての物権的意思表示の存在をする否定する見解[40]へと、両極に振れることになる[41]。

判例も、売買等の契約当事者間において物権的意思表示を行うこと自体は有効と認める一方で[42]、①特定物売買では、特約のない限り、売買契約時に所有権移転を認め[43]、②不特定物売買においても、特定時に当然に所有権移転を認め[44]、③他人物においても、売主の所有権取得時に当然に所有権移転を認めている[45]。そこでは、いずれも、当初の売買契約と別個に、明示的な物権的意思表示を必要とはしていないと解される。もっとも、このことは、当初の売買契約において、条件付きの物権的意思表示が存在したことを解釈上認定する余地を否定するものではないと解される[46]。問題は、売買等の債

---

36 富井・前掲注34）52-53頁。

37 富井政章『民法原論　第3巻　債権総論　上』（有斐閣、1929年）105-106頁。

38 富井・前掲注34）53-54頁。

39 末川博『物権法』（日本評論社、1956年）59-72頁。

40 末弘厳太郎『物権法　上巻』（有斐閣、1921年）77-88頁。

41 現行民法制定時からの学説の変遷につき、舟橋諄一『物権法』（有斐閣、1960年）75-78頁参照。

42 民法176条の意思表示は、判例の中で生きているとみる見解として、金山・前掲注2）『現代における契約と給付』255-256頁参照。

43 大判大正5・11・8民録22輯2078頁、最判昭和33・6・20民集12巻10号1585頁。

44 最判昭和35・6・24民集14巻8号1528頁。

45 大判大正8・7・5民録25輯1258頁、最判昭和40・11・19民集19巻8号2003頁。

権契約と併存しうる、きわめて概念的な物権的意思表示の存在意義がどこにあるかである。

2 所有権移転義務（給付）の存在および性質

日本民法においては、フランス民法の場合と異なり、売買等による所有権移転義務の発生（555条等）と、その履行としての物権の設定および移転そのものに向けられた意思表示（176条）とを概念的に区別することにより、前者が所有権移転義務を発生させることを認めること自体は、これを支持する見解が多数であるように思われる[47]。しかし、たとえ存在するとしても、その履行をどのように認識すべきか、また、履行の強制を認めうるかについては、「不明確なまま残されている」[48]状況にあるといわざるをえない。

そこで、意思主義の下においても、所有権移転義務の存在を認めることはできるとして、その履行を観念することができるか否かについては、議論がある。まず、(a)所有権移転義務の履行を観念することは、原則としてできないとみる見解がある。すなわち、①売買等の契約において、所有権移転時期の特約がある場合において、期限が到来しても売主等が明示的に所有権移転の意思表示をしないとき（あるいは所有権移転の意思表示を明示的に拒んでいるとき）は、当該意思表示の強制履行を観念することはできなくないが[49]、実際にはその必要はなく、所有権移転時期を定めた当初の売買の中に、停止期限付きの所有権移転の意思表示（物権的意思表示）の存在を認定しうる。その結果、この場合には、所有権移転義務の履行を観念する余地はない[50]。②特定物売買において、代金と引き換えに所有権を移転する旨の特約をした

---

46 富井・前掲注37）105-106頁参照。

47 於保不二雄『債権総論〔新版〕』（有斐閣、1972年）112-113頁、金山・前掲注2）『現代における契約と給付』269頁参照。これに対し、所有権移転義務の存在を否定する見解として、三宅正男「売買による所有権移転の考え方（1）～（14・完）」判時996号～1042号（1981年～1982年）がある。これについては、金山・同前270頁も参照。

48 金山・前掲注2）『現代における契約と給付』254頁。

49 金山・前掲注2）『現代における契約と給付』257頁参照。

50 金山・前掲注2）『現代における契約と給付』257頁。もっとも、そうした停止期限（始期）付きの所有権移転の意思表示（物権的意思表示）により、その前提として発生していた所有権移転義務が履行されたと解する余地もあるように思われる。

場合に、買主が代金を支払い、または提供したにもかかわらず、売主がそれに応じないときは、所有権移転の意思表示（176条）の履行を強制しなくとも、当初の売買の中に、条件付きの所有権移転の意思表示（物権的意思表示）の存在を認定しうる[51]。③種類物売買において、売主が約定の期日までに目的物を特定して引き渡さない場合、買主は債権的な請求権に基づく引渡しの強制執行（直接強制）を申し立て、それに従い、執行官が目的物を特定した時点で、所有権は買主に移転する。したがって、買主は、売主に目的物を特定し、それについて所有権移転の意思表示（176条）の履行を強制する必要はない、そのような「所有権移転義務自体の履行を独立に観念することはできない」[52]。あるいは、当初の売買の中に、特定を条件とする所有権移転の意思表示（物権的意思表示）の存在を認定しうるとも解される。④他人物売買においても、売主が所有権を取得したときは、特約がない限り、別段の意思表示を要することなく、所有権は当然かつ直ちに買主に移転する。ここでも、所有権移転義務の強制履行を観念することはできないとされる[53]。同様に、⑤将来の物の売買においても、目的物が特定すれば、特約がない限り、別段の意思表示を要することなく、所有権は当然かつ直ちに移転することから、所有権移転義務の強制履行を観念する余地はないとされる[54]。これに対し、⑥売主が目的物の所有権の移転をしなかった、またはできなかった場合には、買主は、売主に対し、所有権移転義務の履行請求、強制履行、損害賠償請求等を行うことができる。その結果、意思主義の下では、所有権移転義務の履行を観念することは通常は困難であり、そもそも所有権移転義務は、その不履行の場面でのみ、顕在化するとの見解がある[55]。その一方で、この見解は、知的財産、暗号資産、その他の価値ある情報等の財産の無体化（無形化）の傾向に鑑み、無形給付について、その履行を観念することは可

51　金山・前掲注2）『現代における契約と給付』258-259頁。

52　金山・前掲注2）『現代における契約と給付』259-260頁。

53　金山・前掲注2）『現代における契約と給付』260頁。

54　金山・前掲注2）『現代における契約と給付』260頁。もっとも、④・⑤の場合にも、当初の売買の中に、明示または黙示の特約がない限り、④売主の所有権取得、または⑤目的物の特定を条件とする所有権移転の意思表示（物権的意思表示）の存在を認定しうるとも解される。

55　金山・前掲注2）『現代における契約と給付』360-362頁。

能であり、必要であるとする[56]。しかし、㋐財産の無形化に伴う占有移転等の無形給付性と、㋑権利移転そのものの無形給付性は別レベルの問題であり、後者に関しては、有体財産と無体財産とで相違はないのではないかとも考えられる。

以上に対し、(b)売主等の所有権移転義務は、「抽象的給付」としては存在し、抽象的給付請求権を観念することはできるが、「具体的給付」として、例えば、所有権移転請求権を語ることは、無用であるとの見解もある[57]。

このように抽象的な存在としては認められるが、具体的な請求権としてはその必要性や実益が不明確な所有権移転義務およびその履行としての物権的意思表示の存在および性質については、さらなる探求の余地があると考えられる。

IV　今後の課題——所有権移転給付の原状回復（返還）

物権の設定および移転をその旨の意思表示のみによって認める意思主義の下においても、売買等による所有権移転に際し、所有権移転義務および所有権移転給付が、たとえ抽象的な給付または無形給付としてであっても、存在するとすれば、つぎに問題になるのは、売買等の所有権移転の原因となる債権契約が無効・取消し・解除等によって効力を失った場合に、買主等から売主等への抽象的な給付または無形給付の原状回復をどのように考えるべきかということである。

この問題については、所有権は、債権契約の無効・取消し・解除等により、(a)何らの意思表示を要することなく、当然に、最初から移転しなかったことになるのか、(b)同じく当然に、買主等から売主等へ復帰するのか、(c)売主等の買主等に対する明示的または黙示的な意思表示によって復帰することになるのかが、議論の焦点になる。(a)説および(b)説は、物権変動の有因主義（物

56　金山・前掲注2）『現代における契約と給付』185-225頁、特に212-215頁。
57　「奥田昌道先生に聞く（三）」法時82巻12号（2010年）94-96頁。なお、(a)説における無形給付としての権利移転義務の承認は、この「抽象的給付」に相当するものとも解される（金山・前掲注2）『現代における契約と給付』267頁）。

80 歴史

権変動の原因である債権契約（行為）の不存在、無効または失効は、物権行為の効力にも影響を及ぼすという見方）に親しむ考え方であるのに対し、(c)説は無因主義（物権変動は、その原因である債権契約（行為）の不存在、無効または失効により、その効力に影響を受けることはない（しかし、不当利得を理由とする返還義務が成立する）という考え方）に親しむ考え方である[58]。

　仮に、そもそも所有権移転義務および所有権移転給付が存在しないとすれば、売買等の無効・取消し・解除等により、当然に、所有権は最初から移転しなかったことになる（前記(a)説）、または当然に、売主等に復帰する（前記(b)説）ことになりそうである。

　これに対し、抽象的給付または無形給付として、所有権移転義務および所有権移転給付が存在するとすれば、そうした給付の結果、相手方に移転した所有権、その他の財産権は、売買等の無効・取消し・解除等により、一種の不当利得となり、その原状回復義務が発生する（前記(c)説）[59]。問題は、買主等の相手方がこの原状回復義務をどのように履行すべきかである。ここで、所有権移転に関する形式主義（不動産の登記、動産の引渡し等によって所有権が移転することを認める法制）の下では、相手方が原状回復義務を任意に履行しない場合は、売主等が原状回復義務の履行を請求したり、その強制を求めることが必要になる。これに対し、所有権移転の意思表示に特別の方式を必要としない日本民法の意思主義（176条）の下では、所有権の原状回復請求の意思表示——それは、売主等による売買契約等の無効主張・取消し・解除等の意思表示と併存可能である——により、所有権の原状回復のために必要とされるすべての行為が行われたことになる結果として、前記の形式主

58　物権変動の有因・無因に関しては、末川・前掲注39）75-81頁、舟橋・前掲注41）88-93頁参照。
59　日本民法は、「無効な行為に基づく債務の履行として給付を受けた者は、相手方を原状に復させる義務を負う」とする（121条の2第1項）。一方、フランス民法は、「無効となった契約は、初めから存在しなかったものとみなす」（1178条2項）とし、その際、「履行された給付は、第1352条から第1352-9までに定める条件に従って原状回復を生じさせる」（同条3項）とする。そして、「金銭以外の物の原状回復は、現物によってされ、それが不可能なときは、原状回復の日に評価される価値によってされる」（1352条）。しかし、そもそも、売買等による所有権移転義務（給付）が存在しないとすれば、原状回復するまでもなく、契約が無効となったことにより、所有権は初めから売主等の下に存在したことになる。

義との対比において、相手方に発生している原状回復義務がただちに履行され、所有権が売主等に復帰すると解釈できるものと考えられる。その際にも、所有権の原状回復請求の意思表示がなお必要であると考えられる理由は、所有権の移転という抽象的ないし無形の給付の存在とその復帰の時期ならびにプロセスを実体法理として一義的に明確にしておくことが求められるからである。

　こうした問題は、極めて理論的で抽象的な問題であり、実務的で具体的な重要性が直ちには感じられないかも知れない。しかし、買主等の相手方が、当該売買の目的物を第三者に処分した場合に、当該目的物の所有権の帰属をめぐり、売主等と第三者が争った場合に、問題解決の基準となる第三者保護の法理が、無権利者からの取得者を保護する法理か、いったん権利を取得した者からの取得者を保護する法理となるか等、首尾一貫した権利移転法理を発見ないし構築するためには、避けて通ることのできない、重要な基礎理論的課題であるといえるのではなかろうか。

P. Bravard-Veyrières の破産法論

杉 本 和 士

Ⅰ　はじめに
Ⅱ　ブラヴァールという人物とその業績
Ⅲ　ブラヴァールの破産法論
Ⅳ　おわりに

Ⅰ　はじめに

　本稿において、19世紀フランスにおける商法学者ピエール＝クロード・ブラヴァール＝ヴェイリエール（Pierre-Claude Bravard-Veyrières ; 1804-1861. 以下では、「ブラヴァール」という略称を用いる。）とその破産法論について採り上げる。

　ブラヴァールは、今日のわが国において、ほとんどその名が知られていないと推測され、実際に文献においてその名を目にすることもほぼ皆無であるといってよい[1]。しかし、ブラヴァールは日本法と決して無縁の存在ではなく、彼が遺した著作（後述する *Traité de droit commercial*；『商法概論』）

1　その貴重な例外として、柴崎暁ほか「ブラヴァール＝ヴェイリエールの手形法講義──『商法概論』（1862年版）「為替手形について」序説」流経10巻2号（2011年）117頁がある。同論稿は、ブラヴァールの『商法概論 第1巻（*Traité de droit commercial, t. I*）』（後掲注6））の部分訳とともに、フランス手形法におけるその位置付けを紹介する。破産法との関係では、後述するように、かつて筆者がデビュー論文において現行破産法104条に関する歴史的系譜を辿った際、ブラヴァール学説を詳細に採り上げた（杉本和士「破産における『現存額主義』と一部弁済処遇の関係に関する覚書（3）」早研115号（2005年）121-125頁）。本稿は、同論文におけるブラヴァール研究の補遺として位置付けられる。なお、後掲注5）も参照。

は、ヘルマン・ロェスレル（ロェースラー）(Karl Friedrich Hermann Roesler；1834-1894) 起草の商法草案（以下、「ロェスレル商法草案」という。）の理由中[2]において引用されているのが確認される。とりわけ同草案「第三編 倒産」(III. Buch. Vom Bankerott)[3]の箇所では、「『ブラワール』第五冊」(Bravard V.) の表記が頻繁に現れていることから、起草にあたり、ブラヴァールの著作（後述する *Traité de droit commercial*, t. V (Paris, 1864 (1re éd.) を指す。）が随所で参照されたものと推測される[4]。それだけにとどまらず、この「第三編 倒産」中の条文には、ブラヴァールの独自の学説に依拠して起草されたものも見出され、これらの条文は、ロェスレル商法草案を元に制定された、わが国最初の近代破産法である旧商法典（明治23年〔1890年〕4月26日法律第32号）「第三編 破産」中に受け継がれている[5]。このような経緯から、ブラヴァールの破産法論は、少なくとも、わが国の破産法のルーツの一部を成していると評することが許されよう。

　本稿は、以上のように、わが国の破産法に影響を与えたブラヴァールとい

---

2 Hermann Roesler, Entwurf eines Handels-Gesetzbuches für Japan mit Commentar, 3 Bde, Tokio, 1884. ロェスレル氏起稿『商法草案 上下巻』（司法省、刊行年不詳〔ロェスレル本人による1884年1月29日付「商法草案脱稿報告書」がある〕）（新青出版、1995年〔復刻版〕）。なお、ドイツ語『ロェスレル氏起稿 商法草案』と題する4つの版本が存在するという（高田晴仁「日本商法の源流・ロェスレル草案──『ロェスレル型』株式会社を例として」早稲田大学比較法研究所編『日本法の中の外国法──基本法の比較法的考察』（早稲田大学比較法研究所、2014年）196頁脚注(26)）。ロェスレル草案と旧商法典に関する詳細な歴史研究については、高田晴仁「旧商法典──その意義と研究に関する覚書」同『商法の源流と解釈』（日本評論社、2021年）3頁〔初出、1999年〕及び同「明治期日本の商法典編纂」同書19頁〔初出、2013年〕を参照。

3 ロェスレル商法草案における編別はフランス商法典のものに依拠しており、フランス商法典が商人破産主義の立場を採用していることから、破産法も商法典の一部として取り扱われている。ただし、商法草案及び施行当初の旧商法典では、ロェスレルの独創による「商行為破産主義」が採られていた。もっとも、これは明治32年3月9日の商法施行法138条によって商人破産主義に改められている（杉本和士「破産における「現存額主義」と一部弁済処遇の関係に関する覚書（4）」早研116号（2005年）150-151頁脚注(32)参照）。

4 加藤正治「故『ロエスレル』氏の逸事」〔初出、1908年〕同『破産法研究 第一巻』（巌松堂書店、1912年）82頁参照。

5 具体的には、商法草案1084条及び1085条のことであり、前者は旧商法典1030条として、後者は同1031条として起草されるに至っている。詳細については、杉本・前掲注3）139-147頁、同「破産における「現存額主義」と一部弁済処遇の関係に関する覚書（5）」早研116号（2006年）142-146頁参照。

84 歴史

う商法学者と、その破産法に関する総論的な考え方についての紹介を行うこととする。

II　ブラヴァールという人物とその業績

1　人　物

　まず、ブラヴァールという人物についてである[6]。彼の正式名は、ピエール＝クロード＝ジャン＝バプティスト・ブラヴァール＝ヴェイリエール（Pierre-Claude-Jean-Baptiste Bravard-Veyrières）である。彼は、1804年2月3日、ベルリエ（Berlier）[7]と親戚関係にある医者の息子として、フランスのピュイ・ド・ドーム県アルランで生まれ[8]、1861年3月3日にパリで死去した。ルイ・ル・グランのコレージュで学んだ後、パリ大学法学部で学修を続け、1824年には法学士号を、1825年に博士号を取得し、弁護士となった。その後、1830年、年齢制限免除によってパリ大学法学部の商法講座の代行教授として選任され、その後、1832年には同学部同講座の正教授として就任し、死去するまで教授職にあった。その一方で、第二共和政の下、1848年4月23日から1849年5月26日まで憲法制定国民議会（Assemblée nationale constituante）において、また、1849年3月13日から1851年12月2日（ルイ

6　この段落におけるブラヴァールに関する記述は、Patrick Arabeyre, Jean-Louis Halpérin et Jacques Krynen（sous la direction de）, *Dictionnaire historique des juristes francais; XIIe-XXe siècle*, PUF, 2007, pp. 132-133（Jean-Louis Halpérin）による。なお、*Bravard-Veyrières, Traité de droit commercial*, t. I（publité, annoté et complété par Ch. Demangeat）,（Paris, 1re éd., 1862）の冒頭で、実弟アントワーヌ・ブラヴァール（Antoine Bravard. 彼は、後掲の *Manuel de droit commercial*〔後記2(1)の業績③〕の改訂版〔第7版〕における協力者としても表記されており、そこでの肩書きは、テュール民事裁判所〔tribunal civil de Tulle〕裁判官となっている。）による詳細なブラヴァールの略歴文（*Notice sur la vie et les travaux de M. Bravard-Veyrières*）が掲載されている（同文の翻訳として、柴崎ほか・前掲注1）127-135頁〔柴崎〕がある）。

7　テオフィール・ベルリエ（Théophile Berlier ; 1761-1844）. 1804年民法典等の起草に携わった政治家である。V. Arabeyre et al., *op. cit.*（note 6）, pp. 13-14（Jean-Jacques Clère）.

8　*Ibid.*, p. 132（Halpérin）によると、成年月日は1804年2月3日と表記されており、また、国民議会ウェブサイトでのブラヴァールの紹介記事（https://www2.assemblee-nationale.fr/sycomore/fiche/(num_dept)/11155）においても同様である。これに対し、前掲注6）で紹介した実弟アントワーヌによる略歴文では、1803年2月3日と表記されている。本稿は、前者の表記に従っている。

＝ナポレオンによるクーデタ当日）まで立法議会（Assemblée nationale législative）において、それぞれピュイ・ド・ドーム選出の議員として活動していた[9]。議員としてのブラヴァールは保守派に属し、債務拘留（contrainte par corps)[10]の復活を支持し、労働権（droit au travail）に反対した。ルイ＝ナポレオン・ボナパルトのクーデタの際には、中立を保ったという。

　以上のように、ブラヴァールは、ナポレオン・ボナパルト（ナポレオン１世）による第一帝政開始の直前、民法典の制定期に生を受け、その後の政治的社会的動乱の時代を生きた人物である。そして、彼自身、大学教授職の傍ら、第二共和政期には憲法制定国民議会議員及び立法議会議員として動乱の渦中に身を置き、また、立法議会議員としてルイ＝ナポレオン（ナポレオン３世）のクーデタに直面していた。

2　業　績
(1)　概　要

　次いで、ブラヴァールの業績についてである。彼の著作として、*De l'étude et de l'enseignement du droit romain et des résultats qu'on peut en attendre* (Paris, 1837)（『ローマ法の研究及び教育、並びにそこから期待しうる結果について』）と題する、法学教育におけるラテン語の使用反対論を説くものもあるが、主な業績は、以下のとおり商法に関するものである。

　① *Leçons sur l'amortissement* (Paris, 1833)（『減価償却講義』）、② *Examen comparatif et critique du livre III du Code de commerce et du nouveau projet de loi sur les faillites et banqueroutes adopté par la Chambre des députés* (Paris, 1835 (1ʳᵉ éd.), 1836 (2ᵉ éd.))（『商法典第三編並びに破

---

9 国民議会ウェブサイト・前掲注８）参照。

10 債務拘留（民事拘留；contrainte par corps）とは、「債務者に身体的拘束を加え、債務の履行を強制する執行措置」（山口俊夫編『フランス法辞典』（東京大学出版会、2002年）122頁）をいう。債務拘留は1793年と1848年に一時的に廃止された後で復活していたが（後者につき、第二共和政の下、臨時政府による1848年３月９日のデクレで廃止されたものの、同年12月13日の法律により復活したという経緯がある。）、1867年７月22日の法律により、民事及び商事に関する債務拘留が廃止された。ただし、商事裁判所が破産者に対して命じる債務拘留は維持された（v. Marie-Hélène Renaut, *La contrainte par corps. Une voie d'exécution civil à coloris pénal*, Rev. sc. crim, (4), oct-déc. 2002, pp. 793 et suiv.)。

86　歴史

産及び破産犯罪に関する代議院可決新草案の比較・批評に基づく検討』)、③ *Manuel de droit commercial*（Paris, 1838）(『商法教科書』。ブラヴァールの死後、後記のドゥマンジェによる改訂がされた第7版（7e éd., 1867）まで発刊されている。)、④ *Explication analytique et synthétique des lois nouvelles sur les commandites par actions l'arbitrage forcé et les concordats par abandon*, 1857（『株式合資会社、強制仲裁及び委付和議に関する新法の分析的・総合的解説』)、⑤ *Traité des faillites et des banqueroutes*（Paris, 1846）(『破産及び破産犯罪概論』)等である。そして、ブラヴァールの商法学の集大成ともいうべき業績が、⑥ *Traité de droit commercial*, t. I, II, III, IV, V et VI（Paris, 1862-1886（1re éd.）, 1888-1892（2e éd.））(『商法概論全6巻』)である。同書は、後述するように、彼の死後、ジョセフ＝シャル ル・ドゥマンジェ（Joseph-Charles Demangeat. 1820-1896）[11]によって補訂・注釈が施された上で発刊されたものである。

　以上のブラヴァールの業績のうち、本稿のテーマである破産法に関するものは、②、③（その内、第3編「破産及び破産犯罪」に関する箇所）、⑤及び⑥（その内の第5巻〔初版・1864年、第2版・1891年〕)である（もっとも、⑤と⑥第5巻の内容はほぼ同じであり、いずれもドゥマンジェの補訂・注釈がされている点においても共通する)。以下では、このうち②及び⑥について紹介をしよう。

(2)　破産法に関する代表的著作
(a)　*Examen comparatif et critique du livre III du Code de commerce et du nouveau projet de loi sur les faillites et banqueroutes adopté par la Chambre des députés*（Paris, 1835（1re éd.）, 1836（2e éd.））
　同書（以下、『比較・批評検討』という。)は、ブラヴァールがパリ大学法

11　ドゥマンジェについても簡略に紹介しておこう（v. Arabeyre et al., *op. cit.* (note 6), pp. 241 (Jean-Louis Halpérin). なお、柴崎ほか・前掲注1）135-137頁〔柴崎〕に、より詳細な紹介がある)。彼は、1820年9月2日に裁判官の息子としてナントで生まれ、1896年3月22日にパリで死亡した。弁護士として1841年から1851年までの約10年間活動した後、1851年にレンヌ大学で、1852年にパリ大学において、それぞれ代行教授を務め、その後、パリ大学のローマ法講座の正教授となった。

学部の正教授となってから数年後に発刊されたものである。本書の構成
（1836年刊行の第2版に基づく。以下も同様である。）は、「序文」に続き、
「破産及び破産犯罪に関する法案」（後述する、1835年3月28日の代議院の会
議で可決された法案）の掲載、そして、その法案の章（chapitre）・節
（section）単位での詳細な批判的評釈となっている。このような構成から、
同書の目的が上記法案の欠陥を積極的に是正しようと働きかける点にあった
ことは明白である。実際に、ブラヴァールは、序文において、次のように述
べている。「ちょうど破産に関する新しい法律に取り組む時において、実際
の制度と新しい法案に関する主な欠陥を指摘し、当該分野に関して立法が受
容することのできる主要な改善点、立法者が確立しなければならない原則及
び規律を示すことが、私には有用であるように思われる」[12]、と。

　ここで、上記の法案準備が行われた当時の背景事情を説明しておこう[13]。
今日、1673年3月23日に成立した陸上商事王令（ルイ14世商事王令）
（Ordonnance du commerce）[14]がフランスにおける最初の成文法としての破
産法であると紹介されるのが通例であるものの、同王令中の破産及び破産犯
罪に関する規律の内容は乏しく（「破産及び破産犯罪」に関する第11章〔le
Titre XI〕は13か条から成る。）、本格的な近代破産法の登場は、1807年に制
定された商法典（翌1808年施行）における第三編「破産及び破産犯罪」（同
法437条から614条までの200か条から成る。）の登場を待たなければならなか
った。例えば、従来、破産者が自己の財産を保有したままとなっていたため、
債権者が満足を得られるかどうかは破産者次第であったところ、同法典によ

---

12 P. Bravard-Veyrières, *Examen comparatif et critique du livre III du Code de commerce et du
nouveau projet de loi sur les faillites et banqueroutes adopté par la Chambre des députés*（Paris, 2ᵉ
éd., 1836）, avant-propos, p. I.
13 以下の説明については、Bravard-Veyrières, *Traité de droit commercial*, t. V,（publié, annoté
et complété par Ch. Demangeat）, Paris, 1864, pp. 1-2（note（1）, par Demangeat）に基づく。な
お、そこでは Augustin-Charles Renouard, *Traité des faillites et banqueroutes*, t. I, 3ᵉ éd., Paris,
1857, 1ʳᵉ partie（Hisroire du droit sur les faillites et banqueroutes.）, pp. 7-222. を参照した上で、
その中から特に重要な内容を抽出した旨が注記されている。
14 正式名称は、« Ordonnance de Louis XIV. ROY DE FRANCE ET DE NAVARRE, Servant de
Reglement pour le Commerce des Marchands »「商人の商業のための規則として役立つフランス
及びナヴァルの王ルイ14世の王令」である。

って、破産者の財産管理処分権剥奪（dessaisissement）の絶対原則が初めて置かれるに至った。このように、商法典第三編「破産」は、フランス破産法史上、最初の近代破産法として画期的な存在であったものの、同法典の審書から20年も経たないうちに、この第三編「破産」の規定に対し、至るところで疑義が呈された。とりわけ制裁を欠くために実効性のない規律の多さに対する批判や、手続の遅延と幾多の報酬[15]に対する批判が向けられていた。そこで、1827年から、司法大臣は、商事裁判所等の関係各所に対し、破産法を対象とする修正についての意見を求め、1833年、法案準備のための委員会が設置された。ここで用意された法案は、当時の司法大臣ジャン＝シャルル・ペルシル（Jean-Charles Persil；1785-1870）による修正後、1834年に代議院（la Chambre des députés）に提出され、さらに多くの修正がされたうえで可決された（1835年3月28日の会議で可決。この1835年に代議院で可決のされた法案が、前述のとおり、ブラヴァールによる『比較・批評検討』の題材であった）。他方、新しい法案が貴族院（la Chambre des pairs）に提出され、同法案は、1837年5月11日に同院において可決された。同法案は、あらためて代議院においていくつかの修正とともに可決された後、最終的に、貴族院において一切の審議も修正もなく、翌1838年5月14日に可決され、同月28日に承認された。以上をもって新法（商法典第三編「破産及び破産犯罪」の修正に関する1838年5月28日の法律[16]。以下、「1838年改正法」という。）が成立するに至り、同法は同年6月8日に審書された。

　以上の時系列を確認すると、ブラヴァールによる『比較・批評検討』の初版（1835年）と第2版（1836年）は、まさに両議院での審議の最中に立て続けに公表されたものであることが判明する。そして、ブラヴァールの『比

15　1807年商法典は、破産手続を厳格なものとして制度設計をし、受命裁判官、代理人、仮管財人・管財人といった数多くの関与を求めたため、自ずと手続が遅延するとともに、これらの関係者に対する報酬の支払負担が破産者（しかも、破産宣告とともに身体拘束を受けていた。）を苦しめた（v. Romuald Szramkiewicz et Olivier Descamps, *Histoire du droit des affaires*, 2ᵉ éd., LGDJ, 2013, n° 788 et 789)。そのため、実際には、同法典に基づく破産処理は実施されなくなり、破産はもっぱら債権者と債務者との間の合意に基づく私的整理に委ねられていたという（*ibid.*, n° 791)。
16　山口俊夫『概説フランス法 上』（東京大学出版会、1978年）86頁は、「7月王政期は、フランス資本主義が最初の飛躍的発展を遂げ、近代資本主義の確固たる基礎を据えた時期」であったとし、その背景において、1838年改正法により「破産制度は単純化された」と評する。

較・批評検討』の標的であった1835年代議院可決法案とは異なる、新たな法案があらためて貴族院に提出されているという経緯からしても、この『比較・批評検討』が1838年改正法の成立過程に少なからぬ影響を及ぼしていると考えてよいであろう。

(b) *Traité de droit commercial*, t. V（Paris, 1864（1re éd.），1891（2e éd.））

　同書（以下、『商法概論　第5巻』という。）は、商法典のうち「第3編破産及び破産犯罪」に関する内容に充てられている。初版（全696頁）が1864年に、第2版（全745頁）が1891年に刊行されており、前述のとおり、わが国のロェスレル商法草案において参照されているのが、この初版である。第2版は「改訂増補」と記されているが、初版からの変更は、後で述べるドゥマンジェによる脚注での注釈部分の改訂と、彼による加筆項目[17]である。

　『商法概論　全6巻』は、「パリ大学法学部での講述」という副題が示すとおり、ブラヴァールがパリ大学法学部において行ってきた講義の速記録（彼自身の指導の下で作成されたものである。）と、学生に対する教授内容を記した文書（講義ノート）を元に、前述のとおり、ブラヴァールの死後、ドゥマンジェが注釈と補訂を施した上で刊行したものである（以上の説明は、『商法概論　第1巻』のドゥマンジェによる緒言〔Avertissement〕に基づく[18]）。

　このように、ドゥマンジェは、形式上、自らはあくまで補訂者という立場に徹し、ブラヴァールを著者とする『商法概論』の刊行に携わったわけである。しかし、実際には、ドゥマンジェによって一定の項目に関する加筆がされているほか、全般にわたって詳細な注釈が脚注として記されている（脚注部分は、すべてドゥマンジェの執筆によるものである[19]）。その目的は、上記のとおり、『商法概論』がブラヴァールによる講義の速記録と遺された講義ノートを元にしているため、講義で言及されていなかったものの、体系書

---

17 « APPENDICE. »（補遺）につき、第2版では、「同意和議（concordat amiable）」と「1889年3月4日の法律：裁判上の清算（liquidation judiciare）」の2項目が追加されている（いずれもドゥマンジェの執筆による）。

18 Bravard-Veyrières, *op. cit.*（note 6），Avertissement（Ch. Demangeat）, p. XI. この「緒言」の全訳として、柴崎ほか・前掲注1）118-120頁〔柴崎〕がある。

19 *Ibid.*, p. XII.

90 歴史

としては扱われて然るべき項目の補筆を行うとともに（なお、該当項目の表題には、ドゥマンジェのイニシャル〔Ch. D.〕が記載されている）、脚注において、講義中で言及されていなかった裁判例を補足して紹介し、また、ブラヴァールの学説を補足して論じることにあったという[20]。

さらに、ドゥマンジェは、この脚注において、時に、補訂者としての立場を超えて、ブラヴァールの見解と対立する自説を披瀝している[21]のが特徴的である。特に『商法概論 第5巻』では、『比較・批評検討』の段階から確立されてきたブラヴァール独自の学説が如実に表れているという影響もあるせいか、ブラヴァール自身の本文中の記述に対して、ドゥマンジェが脚注で裁判例の立場を紹介したり、注釈を加えたり、あるいは反対説を意識的に論じたりすることで、いわばブラヴァールとドゥマンジェとの間で議論が交わされているかの如く、全体として客観的かつ複眼的な内容の体系書として仕上がっているという印象を受ける。

Ⅲ　ブラヴァールの破産法論

1　破産法の目的論

『商法概論 第5巻』の冒頭において、ブラヴァールが破産法一般に関する目的について論じている箇所がある。そこで、ブラヴァールの説く、破産法の目的論の内容を検討することにしよう。

ブラヴァールは、目的論につき、「破産に関するあらゆる法律の目的は何だろうか。それは、債権者、債務者自身、そして公序（order public）を保護することである。」[22]と述べた上で、①債権者の保護、②債務者の保護、③公序の保護・商取引（commerce）の安全確保という3つの目的の内容について、それぞれ説明をしている。以下において、順に、これらの該当箇所を

---

20 *Ibid.*

21 ドゥマンジェは、「ブラヴァール氏と私の見解が対立する場合は全て、明確にその旨を言及しているが、その際には、ブラヴァール氏と同様に、私の見解は、いかなるものであろうと、その名前の権威よりも、理性に従うことをその旨としている。」（*ibid.*）と述べる。

22 Bravard-Veyrières, *op. cit.*（note 13), p. 3.

紹介する。

(1) 債権者の保護

「まず、債権者の保護について述べる。法は、どのようにして債権者を保護することができるのだろうか。債務者が一部の債権者を優遇し、他の債権者を犠牲にする、特に破産に参加している債権者を優遇し、破産に参加していない債権者を犠牲にするといったことを防止することである。また、譲渡によって、あるいは、杜撰な管理、隠匿、浪費によって、債務者が自己の資産を減らすのを防ぐとともに、債務者が新たに債務を負うことで負債を増やすことを防ぐことである。そして最後に、一般法における場合よりも、迅速に、かつヨリ少ない費用で、債権者にとっての〔共通〕担保（gage）である財産を換価し、総債権者間で最も公平な方法で、資産の換価代金の全額を分配する手段を債権者に与えることである。」[23]

　以上は、今日の破産法に関する我々の理解からすれば、当然の内容であるといえる。すなわち、破産債権者の保護、つまり破産債権者間の公平かつ平等な満足を実現すべく、債務者（破産者）に対しては管理処分権を剥奪することで財産的拘束を行うとともに、債権者に対しては個別的な権利行使を禁止し、破産手続という集団的な権利行使手続に参加させ、そこでの満足のみを認める、という基本構造を述べたものである。

　もっとも、当時の時代状況をあらためて思い起こすと、前述のとおり（前記Ⅱ2(2)(a) 参照）、1838年改正法以前の1807年商法典の下での破産手続は、そもそも債務者に対する財産的拘束が果たされず、それゆえに債権者に対する満足の実現が実効性を持たないという、いわば機能不全の状態に陥っており、その改善のために1838年改正法が用意されたという経緯があった。このような経緯から、同法の制定以降、ブラヴァールが、近代破産法としての目的を十分に意識して講述していたと評価することができる。

---

23 *Ibid.*, pp. 3-4.

92 歴史

(2) 債務者の保護

「しかし、このこと（※前述の債権者保護）が破産法の唯一の目的ではない。もう1つの目的として、債務者の保護がある。なぜならば、破産は、債権者のために債務者を犠牲にするのではなく、債務者の権利や利益を債権者のものと調和させるように行われるからである。債務者には、一定程度の免除さえも与えられる。例えば、債務者は債務拘留（contrainte par corps）[24]から解放される。財産譲与（cession de biens）[25]は商人に対して禁じられているため、これにより債務者は債務拘留から逃れることはできないが（商法典541条）、破産処理が継続している限りは、この拘留の実施は中断される。破産が宣告された日以降、債務者は、もはや特に債権者の1人1人に対してではなく、〔債権者〕団体（masse）の多数派にのみ服することとなり、この団体の利益に基づいて要求されない限り、その自由を剥奪されることはない。そして、破産が終了し、清算が実施されると、債務者は債権者の多数から宥恕（excusabilité）[26]を得ることができ、これにより、将来に亘り、残債務について、破産債権者が債務者に対して債務拘留を行うことはない。

　破産が債務者にもたらす、もう1つの利点は、債務者が債権者の多数派から譲歩（concessions）を得ることができるという点である。たとえ〔多数派が認めた〕譲歩に対して反対した債権者、ましてや〔破産に〕参加しなかった債権者に対してであっても、この譲歩は強制力を有する。これが和議（concordat）と呼ばれる協定の目的であり、債務者が商人であり、かつ破産状態にある場合に限り認められるものである。それゆえ、実務において、『商人のみが破産する権利を有する。』と称される所以である。」[27]

24　〈訳注〉債務拘留（contrainte par corps）につき、前掲注10）参照。

25　〈訳注〉「商人である債務者は、何人といえども財産譲与の利益の認可の申立をすることはできない。」（1838年法改正商法典541条）。財産譲与の利益（bénéficie de cession de biens）とは、「不運かつ善意の債務者が債務を弁済できないときに、法律が付与する利益」であり、「債務者がその人身の自由を得るためにその全財産について債権者に対して委付（abandon）を裁判上でなすことが認められていた（民旧1268条）」（山口編・前掲注10）56頁）。

26　〈訳注〉〔破産者の〕宥恕性（excusabilité）とは、「破産債権者の廉直性を考慮して債権者集団によって認められた身体強制の免除などの宥恕措置」をいう（山口編・前掲注10）216頁）。

27　Bravard-Veyrières, *op. cit.* (note 13), p. 4.

以上において述べられているところも、もちろん前提となっている当時の制度との齟齬はあるものの、概ね、今日の倒産法に関する我々の理解に沿うものである。そして、当時の背景事情を勘案すると、1838年改正法は、旧法である1807年商法典までの破産法における過酷さ（例えば、旧法下においては、破産宣告に伴う破産者の身体拘束が一律に定められていた。）を緩和し、19世紀後半以降に展開する「寛容主義の時代（la période de laxisme）」の端緒であったとされる[28]。前述のように（前記Ⅱ1参照）、保守派議員という立場においては、ブラヴァールは平時における債務勾留を支持する立場であったようであるが、少なくとも債務者の破産という局面に関しては、1838年改正法における変化を反映し、債務者の保護という視点を破産法の目的として明確に位置付けていたと考えられる。

(3) 公序の保護・商取引の安全確保

「破産法には3番目の目的がある。それは、公序（ordre public）を保護し、商取引の安全を確保することである。したがって、*単純破産（banqueroute simple）*と呼ばれる罪を犯したとして、過怠（imprudences）又は非行（fautes）を行った破産商人が罰せられ、あるいは、詐欺を犯した破産商人は、*詐欺破産（banqueroute frauduleuse）*と呼ばれる罪を犯したとして、重罪院において強制労働の刑罰を科される。また、商法典第三編は、2つの章（Titre）に分かれており、そのうちの1つは*破産（De la faillite）*という表題が付された、債権者の利益または破産者の利益を保護するための諸々の措置に関するものであるが、もう1つは*破産犯罪（Des banqueroutes）*という表題が付されており、社会的制裁のために設けられた処罰的な諸々の措置に充てられている。」[29]

前述のとおり、1807年商法典における破産法は、破産宣告と同時の身体拘束を絶対的な規律として一律に破産者に対して課す等、あまりにも過酷な制

28　V. Szramkiewicz et Descamps, *op. cit.* (note 15), n° 794.

29　Bravard-Veyrières, *op. cit.* (note 13), p. 5.

94 歴史

裁的規律を設けていたため、実務上、破産法に基づく破産処理が避けられて
しまい、かえってその実効性を失うこととなっていた[30]。そこで、ブラヴァー
ルは、破産法の第2の目的として、上記の「債務者の保護」という点を掲
げていたのであるが、あくまで不誠実な破産者に対しては、従前どおり厳格
な刑事罰をもって処されなければならない旨の留保をここで確認している。

2 民法と破産法（商法）の関係

(1) 民法と破産法（商法）の関係に関するブラヴァールの見解

ブラヴァールは、民法と、商法に属する破産法との関係について、以下の
ように言及をしている。

「破産の領域の重要性は指摘するまでもない。しかし、私は、この点に関
して、以下の2つの注意点を手短に指摘しておこう。

第1に、民法の諸規定に留まっていると、一般債権者、抵当権者、先取特
権者及び質権者の権利、すなわち債権者の権利一般について、まったく不完
全にしか知ることはできないということである。したがって、商法の諸規定
は、民法の諸規定を補完するために不可欠な存在である。」[31]

上記の指摘は、一体、いかなる趣旨によるものであろうか。もちろん、債
務者が破産した局面を規律する破産法が民法の規律を補完するという説明自
体は、今日に至るまで一般的になされるところであるが、ブラヴァールの学

---

30 前掲注15）参照。

31 Bravard-Veyrières, *op. cit.* (note 13), pp. 2-3. なお、第2点目として、「我々の立法のあらゆる
分野に点在する数多くの規定が、破産の領域を中心に収束するということである。すなわち、会社、
問屋、為替手形及び他の証書に関する、特別かつ非常に深刻な問題の解決が破産の領域において見
出される。」(*ibid.*, p. 3.) と指摘する。この箇所に関して、ドゥマンジェは、「一方において、立法
者は、民事または商事の領域に関する規律を定める際、当事者の一方の破産によって生じる諸々の
効果について規定することが多い（例えば、民法典1188条、1276条、1446条、1613条、1913条、
2032条及び2146条；商法典14条、69条、83条、89条、121条、149条、163条、346条及び635条）。他
方において、「破産」編に、売買（商法典576条から578条まで）、賃貸借（同450条）、為替手形（同
444条及び449条）等に関する不可欠な規定が含まれている」(*ibid.*, p. 3 (note（5), par
Demangeat).) という補足説明をしている。

説は、それにとどまらず、民法の規律の妥当する民事領域と、商法（破産法）の規律の妥当する商事領域を明確に区別するという性格を有していたと考えられる[32]。

　その根拠として、ドゥマンジェがブラヴァールの同箇所の指摘に関し、具体例として商法典のいくつかの条文を脚注に挙げている点が参考となる[33]。各論の検討として、これらの条文に関するブラヴァールの見解すべてをここで検討することはできないため、これらの中から、――手前味噌ながら、かつて筆者が論じたことのある――1838年改正法に基づく商法典542条及び544条の規定に関するブラヴァール学説を簡略に紹介することで[34]、上記の根拠を示すこととしたい。

(2)　弁済の原則と配当の原則の区別[35]

　ここでは、１人の連帯債務者が破産したという局面を前提に、他の連帯債務者が弁済をした場合、又は他の連帯債務者の破産においてすでに配当が行われていた場合の連帯債務に対する効力（すなわち、弁済の絶対効の有無）が論点となっていた（なお、主債務者破産の場合の保証人による弁済等についても同様である）。

　この点に関して、ブラヴァールは、民事領域の局面では「弁済の原則

32　ヨリ一般的に、フランスのナポレオン法典全体における « civil » の概念と « commercial » の概念の比較検討を行うものとして、水林彪「ナポレオン法典における civil と commercial」清水誠先生古稀記念『市民法学の課題と展望』（日本評論社、2000年）115頁参照。

33　Bravard-Veyrières, op. cit. (note 13), p. 3 (note（１）, par Demangeat). 「特に商法典542条以下、546条以下、552条以下を参照」と言及している。

34　詳細については、杉本・前掲注１）121-125頁参照。なお、本文で述べるブラヴァールの学説は、日本においては「フランス法主義」の立場として紹介され（加藤正治「破産ニ於ケル連帯債務ノ効力」［初出、1908年］同・前掲注４）248-249頁、同『破産法講義・完』（巌松堂書店・有斐閣書房、訂正増補第10版、1922年）101頁）、その後、この説明は、ブラヴァールの名前さえ伝えられることがないまま、長らく破産法及び民法の教科書・体系書やコンメンタールの類において無批判に引き継がれたという経緯がある（杉本和士「破産における「現存額主義」と一部弁済処遇の関係に関する覚書（１）」早研112号（2004年）75頁参照）。

35　以下に紹介するブラヴァールの学説の原型は、すでに1838年改正法成立前に公表していた『比較・批評検討』の中に見出すことができるが（Bravard-Veyrières, op. cit. (note 12), pp. 139-140）、この時点では民事領域と商事領域の原則の相違という説明の仕方はされていなかった。

96 歴史

(principe du paiement)」が妥当するのに対して、商事領域に属する「破産
(faillite)」の局面では「配当の原則（principe du dividende)」が妥当すると
し、両者は、「完全、かつ根本的に」異なると説く[36]。その帰結として、前
者の民法上の「弁済の原則」によると、「〔連帯〕債務者のうちの1人が当該
債務の全部又は一部を弁済した場合、その全部又は一部について、〔弁済
者〕自らが免責されるとともに、他の債務者も免責される」[37]、要するに、
民法の原則に従い、連帯債務に関する弁済の絶対効が生じる（なお、これは
民事領域における規律である以上、たとえ連帯債務者の全員が〔民法上の〕
支払不能（déconfiture）の状態に陥っていたとしても変わらない[38]）。これ
に対して、後者の商法（破産法）上の「配当の原則」においては、「複数の
連帯債務者が破産した場合、債権者は各連帯債務者の破産に対して債権全額
を届け出ることができる権利を有するものの、宣言的裁判（jugement
déclaratif）の効果として、各破産において債権の変容（transformation de
la créance）が生じ、当該債権は配当権（droit à un dividende）に変容す
る」[39]ため、破産したそれぞれの連帯債務者に関する「〔債権者〕集団間にお
いて連帯（solidarité）は存在せず、ある集団の行った配当によってその集
団自体は完全に免責されるものの、このことは他の集団の負担する配当に対
しては影響せず、この配当を受ける債権者の権利が減少されることもありえ
ない」[40]という。以上から、ブラヴァール学説は、民法上の（任意の）弁済
については連帯債務額から控除されるのに対して、商法（破産法）上の破産
における配当がなされても、その配当額は連帯債務額から控除されないとい
う結論に至る。

　このように、民事領域と商事領域の区別という観点で、民法と商法（破産
法）のそれぞれの規律の棲み分けを論じ、解釈上、両者の整合性を図るのが
ブラヴァール学説の特徴であり、同時代の他の学説には見られない特徴であ

---

36 Bravard-Veyrières, *op. cit.* (note 13), pp. 594-595.

37 *Ibid.*, p. 595.

38 *Ibid.*, p. 595.

39 *Ibid.*, p. 596.

40 *Ibid.*, pp. 596-597.

った。

Ⅳ　おわりに

　以上において、ブラヴァールという商法学者の人物と業績、そして、彼の破産法に関する総論的な見解について紹介をしてきた。彼の破産法論は、1838年改正法成立の前後を通じて確立されたものであり、同時に、フランスにおける近代破産法の確立に寄与したと考えられる。さらに、わが国の破産法との関係においては、ロェスレル商法草案を通じて、わが国最初の近代破産法である旧商法典「第三編　破産」に影響を与えている。以上において、ブラヴァールの破産法を論じる意義は、あらためて認められよう。

　もっとも、本稿は、当然ながら、ブラヴァールの破産法に関する見解の全体像を提示することはできていない。彼の破産法論を正確に描写するには、さらに各論の詳細な検討を要するところであるが、この点は、今後の課題とし、他日を期することとしたい。

　金山先生には、大学院でのフランス法講義を聴講させて頂いたほか、研究会、海外調査やフランスでのcolloque参加等の機会を通じて鍛えて頂きました。特に、2008年3月、代表者でいらっしゃった金山先生に随行し、パリ→ハンブルグ→ベルリン→パリと移動しながら実施した、消滅時効制度に関するヒアリング調査旅行が印象深く、先生に身近に接することで、多くのことを学び、教わる機会を賜りました。学恩に深く感謝を申し上げるとともに、先生の益々の御活躍と御健勝を祈念申し上げます。

法　典

ベルギー民法典第1編「一般規定」および
第5編「債務」の改正

馬 場 圭 太

Ⅰ　はじめに
Ⅱ　ベルギーにおける民法典の「成立」と改正事業
Ⅲ　第1編「一般規定」の概要
Ⅳ　第5編「債務」の概要
Ⅴ　おわりに

Ⅰ　はじめに

　本稿では、2022年に行われたベルギー民法典第1編「一般規定」および第5編「債務」の改正の概要を紹介し、その独創性を探ることを試みる[1]。

　周知のように、近年、世界の、とりわけヨーロッパの各国で債務法の大規模な改正が実施されている。なかでも、ドイツおよびフランスで実施された債務法改正は日本でも注目を集め、その理解と分析に力が注がれてきた。一方、これらヨーロッパの大国と比べると、中小国における債務法改正の動向は、あまり注目されてこなかったように思われる[2]。

　本稿が、ヨーロッパの中規模国に位置づけられるベルギー[3]を採り上げる理由として、次の点を挙げることができるだろう。

---

[1] 本稿を執筆するにあたり関連文献の調査および入手に便宜を図ってくださった Anne-Lise Sibony 教授および Patrick Wéry 教授（UCLouvain）に深謝申し上げます。

[2] もっとも、オランダ民法典の改正については研究が進められている。例えば、「特集 オランダ改正民法典」民商法雑誌109巻4・5号（1994年）に所載の論考、内山敏和「オランダ民法典における法律行為法の現代化」早誌58巻2号（2008年）97頁以下、同「オランダ法における「状況の濫用」法理の歴史的展開（1）（2）」北園59巻1号（2023年）63頁以下、3号23頁以下等がある。

まず、ベルギーでは、数年前から債務法を含む民法典の全面的な改正が進行していることである。この改正事業は他国に類を見ない野心的な試みであり、その行方は再法典化の一事例として注目される。

次に、その一部をなしている債務法改正は、例えばドイツ、フランスや日本における改正に勝るとも劣らない質と独創性の高さを備えていることである。

ベルギー民法典は、後述するように、フランス民法典の借用から始まったのであるが、それから現在に至るまでの二百数十年の間に、独自の判例・学説の展開や特別法の増大などによって、徐々にフランス法と一線を画する法体系が確立されていった。このようにして形成された現在のベルギー私法は、歴史的な経緯からフランス法の強い影響を受けていることは確かであるが、必ずしもフランス法に縛られることなく、オランダ法、ドイツ法、イギリス法をはじめとする近隣諸国の法や国際的ルールの優れた点を積極的に取り込もうとする開放的な姿勢と自国にとって必要のない変更は頑として受け入れない矜恃を兼ね備えているように見える。

このような独立性と独創性を備えたベルギー法は、研究対象としての興味を大いにそそるものである。しかし興味関心の対象にとどまらず、ベルギー法研究は、その反射的効果として、十分に研究し尽くしたと思われてきたフランス法やドイツ法をはじめとする各国法の隠された側面に光をあてる契機をもたらしてくれるように思われるのである。

以下の本論では、ベルギー民法典の成立とその後の民法典改正の挫折、そして現在進行している改正事業の経緯（Ⅱ）を概観した後で、第1編「一般規定」（Ⅲ）および第5編「債務」（Ⅳ）の内容を見ていくことにしよう。

---

3 2023年1月時点のベルギーの人口は、EU27カ国中8位の1170万人であり、これに対して、同1位のドイツは8480万人、同3位フランスは6800万人である。2023年のGDPを見ても、ベルギーは全体の7位に位置する。

102 法典

II　ベルギーにおける民法典の「成立」と改正事業[4]

1　フランス民法典の借用

　ベルギー民法典の成立を語るには、ベルギーの建国以前、すなわち、同地域がかつて南ネーデルラントと呼ばれていた時代まで遡る必要がある。

　1795年、南ネーデルラントはフランス革命戦争の結果としてフランスに併合され、それ以来、同地域にはフランス法が適用されるようになった。その中に、1804年に制定されたフランス民法典が含まれていた。

　ナポレオンの失脚後、1815年のウィーン会議によって南ネーデルラントと北部ネーデルラントが再統合され、ネーデルラント連合王国が成立した。国王・オラニエ公ウィレム1世の治世の下で、民法典、商法典、民事訴訟法典、刑事訴訟法典、裁判組織法典などの大規模な法典編纂が企図され、1829年5月16日の法律および1830年7月5日の王令によって、フランスのすべての法典の効力停止が定められ、1831年2月1日に停止した。

　しかし、ベルギーはベルギー革命およびそれに続く1830年の独立宣言によってネーデルラント連合王国からの独立を果たし、これに伴って、それまでの法典編纂作業は大きな方針変更を迫られることになる。ベルギー臨時政府は、1831年1月14日の王令により、諸法典を廃止する法律とそれらを施行する王令を撤回し、1804年から1810年までの間に成立したフランスの諸法典が再度ベルギーで適用されることになった。これらの諸法典の復活は一時的なものとなるはずであったが[5]、実際にはそれらは廃止されず、当初の思惑とは異なりかなり長い間その命脈を保つこととなる。

4　ベルギー民法典の成立とその後の民法典改正の展開については、主として、P. Wéry, L'abrogation des articles 1101 et suivants du Code Napoléon par le livre 5 « Les obligations » du Code civil : un nouveau Waterloo?, *in* M. André, M. Nihoul et N. Colette-Basecqz（coord.）, Guerre et paix - Mélanges en l'honneur du professeur Bruno Colson, Larcier, 2023, p. 431 et s. を参照した。
5　1831年憲法典139条には、諸法典の見直しを速やかに行うことが定められていた。

ベルギー民法典第 1 編「一般規定」および第 5 編「債務」の改正　103

2　ベルギー独自の民法典編纂の試みと挫折

　もっとも、それから現在に至るまでの間、民法典改正の動きがまったくなかったわけではなかった。

　1842 年に、弁護士であった M.-A. Masquelier がベルギー民法典草案 (Projet de Code civil de Belgique)[6]を起草し、司法大臣に送付するという出来事があったが、この草案に対する特段の反応は見られなかった。また、1848 年には、ブリュッセル控訴院の法院検事長 A.-J. Delebecque が別の民法典草案[7]を司法大臣に提出したが、これも法典の成立に結びつくことはなかった。

　19 世紀後半になると広範囲にわたって法典編纂が行われ、森林法典 (1854 年)、刑法典 (1867 年)、選挙法典 (1894 年)、商法典 (1873 年)[8]、農事法典 (1886 年) などが制定または改正された。この時期にあたる 1879 年から 1883 年にかけて、司法大臣の要請により、F. Laurent が、民法典改正準備草案 (Avant-projet de révision du Code civil)[9]を起草した。司法大臣は、1882 年、民法典第 1 部を含む法案を、1884 年に残りの部を含む法案を代議院に提出した。この準備草案は、2411 条からなる大部なものであったが、反カトリック的で社会自由主義的な傾向が反感を買い、激しい批判にさらされた。この事業は、1884 年の国会議員選挙によって終止符が打たれた。すなわち、この選挙で自由党が敗北し、新たに司法大臣に就任した C. Woeste は、国会に提出された Laurent の改正準備草案の撤回を決定したのである。

---

6 この草案は、手書きの原本しか存在せず、それはベルギー司法省の図書館に保管されているようである (E. Picard et F. Larcier, Bibliographie générale du droit belge, F. Larcier, 1882, Bruxelles, p. 518)。

7 A. J. Delebecque, Code civil belge, annoté des modifications introduites de 1814 au 1er octobre 1848, contenant dans le texte, en caractères distincts, les dispositions qui remplacent les articles abrogés du Code Napoléon, reportés en note, et dans lequel les dénominations sont mises en rapport avec les institutions politiques de la Belgique. Édition doctrinale. Decq, Bruxelles, 1848 (未見).

8 ベルギーにおける団体・会社法の法典化については、後藤元伸「フランスおよびベルギーにおける団体・会社法の法典化」関法 53 巻 3 号 (2003 年) 46 頁以下を参照。

9 F. Laurent, Avant-projet de révision du Code civil, t.1-5, Typographie Bruylant-Christophe et compagnie, 1882-1885.

104　法典

　これに対し、Woeste の後任であった J. Devolder 司法大臣は、改正草案の起草を1人に委ねるのではなく、裁判官、大学教授、弁護士、国会議員らから構成される委員会に委ねる方針を採用した。この委員会は、1884年から1924年まで存続したが、1901年以降は開催されない状況に陥った。この委員会は、26巻にわたる成果物を生み出したが、議会がこれに関心を示すことはなかった。

　このように、ベルギーの立法者は、民法典の大規模な改正は行わず、民法典の外部に置かれる特別法を増強することによって、時代の要請との隙間を埋め合わせようとした。これに加えて、判例および学説は、法文の解釈によって法を現代化するよう努めた。その一方で、ベルギー政府と国会は、民法典改正に対して意欲を示さないまま、刻々と時が経過していった。1975年に民法典の全面改正を検討する法律委員会の設置を目指す法案が国会に提出されたが、これも実現には至らなかった。

　以上のような経緯をたどったベルギーでは、民法典、とりわけ債務法の大規模な改正は困難であろうと考えられていた[10]。しかし、1990年代以降活発になったヨーロッパ契約法の展開や2016年のフランス債務法改正など国外の動向が大きな刺激を与え、状況が一変した。近年は、学説上も実務上も、民法典改正による債務法の現代化を望む声が強まっていた[11]。このような背景の下で、民法典の全面的な改正事業が動き出した。

3　民法典改正事業の概要[12]

　今般の民法典改正は、K. Geens 司法大臣の提唱により2016年に着手され、

---

10 M. Fontaine 教授は、2004年当時、民法典改正の現状について、「ベルギーの状況では、この作業は克服することができないと思われる。契約債務法典の起草は息の長い仕事であり、非常に多くの専門家に長期にわたる関与を求めることになる。それにもかかわらず、特に連邦政府の状況は、このような事業を行うのに適していない」と述べていた（M. Fontaine, Les obligations contractuelles : 1804-1904-2004 et l'avenir..., in P. Wéry (dir.), Le droit des obligations contractuelles et le bicentenaire du Code civil, Les Éditions des journaux officiels, 2004, p. 17)。
11 P. Wéry et als., La réforme du droit des obligations - Le projet de la commission de réforme du droit des obligations, la Charte, 2019, p. 83.
12 立法過程の資料は元老院および代議院のサイトで公開されており、民法典改正の特設ページ（https://justice.belgium.be/fr/bwcc）からリンクをたどって閲覧することができる。

ベルギー民法典第1編「一般規定」および第5編「債務」の改正　105

債務、証拠、物、民事責任に関する規定の見直しが決定された後、テーマごとに作業部会が設置された[13]。各部会の議長にはフランス語話者とフラマン語話者の教授2名が割り当てられ、各議長が部会の構成員を任命した。その際、言語共同体や所属大学、専門領域に偏りが生じないよう配慮された[14]。

新民法典[15]は、全10編（第1編「一般規定」、第2編「人、家族及びカップルの財産関係」、第3編「物」、第4編「相続、贈与及び遺言」、第5編「債務」、第6編「契約外責任」、第7編「各種契約」、第8編「証拠」、第9編「担保」、第10編「時効」）から構成され、このうち、2022年4月28日に成立した2つの法律[16]によって、第1編「一般規定」と第5編「債務」が新設された（2023年1月1日施行）。

なお、その他の編については、2019年4月13日の法律[17]により第8編「証拠」が、2020年2月4日の法律[18]により第3編「物」が、2022年1月19日の法律[19]により第2編第3章「カップルの財産関係」および第4編「相続、贈与及び遺言」が、2024年2月7日の法律[20]により第6編「契約外責任」が民法典に新設されており、第7編「各種契約」[21]が、2024年10月現在、審議中である。

---

13 Arrêté ministériel du 30 septembre 2017 portant création des Commissions de réforme du droit civil, M. B., 9 octobre 2017, p. 91600.

14 B. Dubuisson, Le projet de réforme du Code civil belge face à la réforme du Code français - Morceaux choisis en droit comparé, RDC n° 4-2019, p. 317 et s.

15 新民法典は官報のウェブページ（https://www.ejustice.just.fgov.be/）上で公開されており、前掲注12）に示した特設ページが有益である。

16 Loi du 28 avril 2022 portant le livre 1er « Dispositions générales » du Code civil ; Loi du 28 avril 2022 portant le livre 5 « Les obligations » du Code civil.

17 Loi du 13 avril 2019 portant création d'un Code civil et y insérant un livre 8 « La preuve ».

18 Loi du 4 février 2020 portant le livre 3 « Les biens » du Code civil.

19 Loi du 19 janvier 2022 portant le livre 2, titre 3, « Les relations patrimoniales des couples » et le livre 4 « Les successions, donations et testaments » du Code civil.

20 Loi du 7 février 2024 portant le livre 6 « La responsabilité extracontractuelle » du Code civil.

21 Proposition de loi insérant le livre 7 « Les contrats spéciaux » dans le Code civil, Doc. parl., Ch.repr., n° 55-3973/001.

4　債務法改正の経緯と動機

　債務法に目を移すと、2017年12月、債務法委員会の起草による草案が意見聴取手続に付されている。これを受けて修正を加えた後、2018年3月30日の第1読会で法案が採択され、さらにコンセイユ・デタ立法部の答申を受けて修正が加えられた。ここまでは順調に進んでいたが、同年12月の政治的混乱により、改正法が成立する見込みが立たない事態に陥った。それでも、民法典改正にかかる議員提出法案が国会に提出され続けた。

　そして、2021年2月、連立政党ヴィヴァルディの議員が、2019年の法案[22]の影響を強く受けた、第1編「一般規定」を創設する法案[23]と第5編「債務」を創設する法案[24]を同時に国会に提出した。これらの法案は、代議院の司法委員会で公聴会が行われ修正が施された後に可決され、2022年7月1日の官報（Moniteur belge）に掲載された。

　ここで、どのような理由を掲げて債務法改正が行われたかを確認しておこう。立法理由として、次の5つが挙げられている[25]。

　第1に、民法典が制定されてから非常に長い間改正が行われておらず、規定が老朽化していること。第2に、現行民法典の法典編纂の方式（いわゆるインスティテューション・システム）に対して批判が存在すること。第3に、民法典の中で規定されていない事項が増えており、「隙間」が増大していること。第4に、債務法の領域で、コモン・ローに匹敵するほど判例法が重みを持つようになっており、その結果、現行実定法へのアクセスが難しくなっていること。第5に、特別法が著しく増加し、EU私法の占める領域が拡大した結果、民法典の適用範囲が相対的に狭まっていることである。

　これらの理由から、民法典を見れば実務上適用されている法を見いだすことができるとはもはや言い難い状況が生じており、この問題を解消するため

---

22 Proposition de loi portant insertion du livre 5 « Les obligations » dans le nouveau Code civil, Doc. parl., Ch.repr., sess. extr. 2019, n° 55-0174/001.

23 Proposition de loi portant le Livre 1er « Dispositions générale » du Code civil, Doc. parl., Ch.repr., n° 55-1805/001.

24 Proposition de loi portant le Livre 5 « Les obligations » du Code civil, Doc. parl., Ch.repr., n° 55-1806/001.

25 Wéry *et als.*, *supra* note 11, p. 83 et s.

には、民法典を抜本的に改正する必要があるとされた。

Ⅲ　第1編「一般規定」の概要

　改正前のベルギー民法典は、フランス民法典を範とするインスティテュー
ションシステムを採用しており、パンデクテンシステムのような総則編を備
えていなかった。これに対して、改正後の民法典は、インスティテューショ
ンシステムを放棄し、まったく新しい法典編纂の方式を採用している。この
意味で、第1編「一般規定」の導入は、12ヵ条を含むにすぎないとはいえ、
今回の改正事業における大きな革新の1つである。

1　第1編および第5編の規定の性質

　第5編の改正作業中に、コンセイユ・デタから、第5編の「どの規定が強
行規定であり補充規定であるか明示すべきである」と指摘された。これを受
けて、代議院司法委員会の公聴会において第5編の規定の性質について議論
され、その結果、5.3条2項が定められた[26]。

　同条同項[27]は、第5編の規定が、原則として補充規定であることを明定し
ており、したがって、当事者は、これらの規定の適用を合意により排除する
ことができることになる。

　一方、第1編には同様の規定は置かれていないため、第1編の規定の性質
が問題となる。この点、第5編の規定と第1編の規定の性質を別異に解すべ
き理由はなく[28]、5.3条を第1編に準用することが可能であるとされている[29]。

---

[26] Proposition de loi n° 55-1806/001, *supra* note 24, p. 10.

[27] 5.3条2項は次のように定める。
「この編の規定は、補充規定である。ただし、規定の法文又は適用範囲から、規定が、全面的に又
は部分的に、強行性又は公序性を示している場合は、この限りでない。」

[28] Wéry は、第1編に規定の性質を定める規定が置かれなかったのは、立法者の過誤によるもの
であると指摘する（P. Wéry, Vue d'ensemble sur les livres 1ᵉʳ « Dispositions générales » et 5 «
Les obligations » du Code civil, *in* B. Kohl et P. Wéry, Nouveau droit des obligations, Anthemis,
2022, p. 16)。

[29] *Ibid.*

2　各規定の概観

第1編　一般規定
－1.1条　法源
－1.2条　法律の時的適用
－1.3条　法律行為
－1.4条　意思表示
－1.5条　通知
－1.6条　期限及び条件
－1.7条　期間の計算
－1.8条　代理
－1.9条　善意
－1.10条　権利濫用
－1.11条　害意
－1.12条　権利の放棄

　冒頭の1.1条は、私法の法源を列挙して民法典の適用範囲を定めると同時に、民法典の一般法としての地位を明らかにしている。

　同条は、「公権力の行使に固有のルールを除き、すべての事項に適用される」と定めており、例えば不法行為責任のように、民法典の規定が、私人のみならず、国その他の公法上の法人にも適用されうることを想定している。ただし、立法権または司法権の行使に過失があった場合など特殊性が認められる場合には、固有のルールが適用される。公契約についても同様のことがいえる。

　また、一般法である民法典の規定は、消費者契約にも事業者間契約にも適用される。ただし、特別立法や他の法典（特に経済法法典）が優先的に適用される場合はこの限りでない。

(1)　判例法理の成文化

　第1編に含まれる規定は、確立した判例法理を成文化したものと今回新たに導入された規範に区別することができる。

　1.10条が定める権利濫用の禁止は、ベルギー破毀院の確立した判例を成文化したものであるとされる。同条は、1項で、権利濫用に関する一般原則を定めている[30]。ベルギーの判例は、当初は、契約外責任としての権利濫用のみを認めていたが[31]、1980年代以降になると、契約上の権利濫用も認められるようになっており[32]、同条はこれらの判例を踏襲している。また、2項で

30　1.10条〔権利の濫用〕は次のように定める。
「何人も、自己の権利を濫用することはできない。
　同じ状況に置かれた慎重かつ合理的な者によるこの権利の通常の行使の限界を明らかに超える仕方で権利を行使する者は、権利の濫用をおかしている。
　この濫用に対するサンクションは、権利をその通常の行使に縮減することである。ただし、その濫用がもたらした損失の賠償を妨げない。」

は、破毀院が長い時間をかけて蓄積してきた様々な具体的な準則を取り込んでいる。3項も、判例[33]が従来認めてきたサンクションを成文化したものである。

いわゆる「詐害はすべてを無にする *fraus omnia corrumpit*」の原則について定める1.11条や権利の放棄について定める1.12条も同様に判例法理を成文化したものである。

(2) 新たな基軸の導入

これに対して、次の法文は、新基軸を導入するものであるとされる。

法律行為について定める1.3条[34]は、旧民法典にはなかった法律行為の定義を置くものである[35]。それだけでなく、権利享受能力と行使能力に関する原則（同条2項）や公序・強行法の性質についても定めている。

また、1.8条[36]は、代理に関する規定を置いており、これにより、代理に関する規定を欠いていた旧民法典の隙間が埋められた。同条は、代理を定義した後、直接代理と間接代理を区別し（§1から§3まで）、それらの効果を定めている（§3）。さらに、権限ゆ越の代理行為の効力と追認、表見代

---

31 Cass., 10 septembre 1971, Pas., 1972, I, p. 28, note W.G. 権利濫用は、害意のみを伴う権利行使から生じるだけでなく、慎重かつ注意深い者による権利の通常の行使の限界を超えるような仕方でこの権利を行使することからも生じるとした事例。

32 Cass., 20 novembre 1987, Pas., 1988, I, p. 337.

33 判例によれば、権利濫用のサンクションは、権利の全面的な失権をもたらすのではなく、その通常の使用に沿った権利の縮減または権利濫用がもたらした損害の賠償のみをもたらす（Cass., 16 décembre 1982, Pas., 1983, I, p. 472；Cass., 8 février 2001, T. Not., 2001, p. 473, note C. Dewulf, R.W., 2001-2002, p. 778, suivi d'une note d'A.Van Oevelen）。

34 1.3条〔法律行為〕は次のように定める。
「法律行為とは、1又は複数の者が法的効果を生じさせる意図をもってする意思表示をいう。
　法律に別段の定めがある場合を除き、あらゆる者は、自然人であれ法人であれ、享受能力と行使能力を有する。
　人は、公序にも強行法にも反することができない。
　国若しくは公共団体の本質的利益に及ぶ法規範、又は、私法において、経済的秩序、道徳的秩序、社会的秩序若しくは環境的秩序といった社会がよって立つ法的基礎を定める法規範は、公序に関する。
　法律によってより脆弱であるとみなされる一方当事者の保護について定める法規範は、強行的である。」

35 後述するように、第5編において法律行為と法律事実の区別を採用している。

110　法典

理についても規定を置いている（§5）。加えて、利益相反が存在する場合
に、代理人が相手方になること（自己契約）及び仲介すること（双方代理）
を禁止している（§6）

　その他、期間の計算に関する1.7条と善意について定める1.9条も新たに導
入された規定の列に加えられる。

Ⅳ　第5編「債務」の概要

1　改正の基本方針と特徴

　第5編を改正する際の基本方針として、①債務法へのアクセシビリティの
大幅な向上を確保するための立法上の配慮を施した上で、判例法を成文化す
ること、②学説が求めていた改正を行うことで債務法を現代化すること、③
意思自律の原則と弱者の利益の保護を調和させることが挙げられている[37]。

　1つ目の基本方針である債務法へのアクセシビリティの向上は、より具体

36　1.8条〔代理〕は次のように定める。
「§1　ある者が、他の者のために、第三者との間で法律行為を行う資格を有するとき、代理が存在
する。
　代理人が被代理人の名で、かつその者のために法律行為を行うとき、代理は、直接又は完全であ
る。
　代理人が自己の名において、しかし被代理人のために法律行為を行うとき、代理は、間接又は不
完全である。
§2　代理は、法律行為、裁判決定又は法律にその根拠を有する。
§3　直接代理の場合、代理人が行う法律行為は、被代理人と第三者との間でその効力を生じる。
　間接代理の場合、代理人が行う法律行為は、代理人と第三者との間でその効力を生じる。
§4　直接代理の場合において、代理人がその権限をゆ越したとき、法律行為は、第三者との関係
において、被代理人を拘束しない。ただし、被代理人がそれを追認したときは、この限りでない。
　追認は、法律行為が行われた日付に遡及する。ただし、第三者が既に取得した権利については、
この限りでない。
§5　十分な権限の外観が被代理人に帰責されうる場合、かつ、当該事情の下で第三者がこの外観
を合理的に信じることができた場合には、被代理人は、代理人が権限なくして行った法律行為によ
って拘束される。
§6　他人のために法律行為を行わなければならない者は、利益が相反する場合には、その他人の
相手方となることも、仲介することもできない。そのような法律行為は、無効とする。ただし、被
代理人がそれに明示的又は黙示的に同意した場合は、この限りでない。」
37　Proposition de loi n° 55-1806/001, *supra* note 24, p. 7 et s.

ベルギー民法典第1編「一般規定」および第5編「債務」の改正　111

的には、(1)構成の一貫性、(2)多数の定義規定の配置、(3)簡素化への配慮
という形であらわれている。したがって、これらの観点から整理した後に、
(4)学説をベースとする債務法の現代化と(5)意思自律原則と弱者保護の均衡
について言及する[38]。

(1) 構成の一貫性

　改正前の債務法では諸規定を配置する構成に一貫性が欠けていたとの反省
から、改正によってその構成が抜本的に組み換えられた。
　第5編は、以下の3つの章を含んでいる。
　第1章「導入規定」は、3つの規定（債務の定義、自然債務の定義、債務
の発生原因）からなる。その中に自然債務の定義が含まれている点は興味深
い。
　第2章「債務発生原因」は、法律行為と法律事実の区別を採用している。
　まず、第1小章「法律行為」は、その大部分が「契約」に割かれている。
より具体的には、契約の交渉と成立、契約の解釈と性質決定、契約の当事者
間の効力、債務不履行とその帰結、契約の第三者への効力、契約の消滅と返
還について定められている。その他に、「一方的法律行為」（5.125条および
5.126条）に関する節も置かれている。
　次に、第2小章「法律事実」は、準契約、すなわち事務管理、非債弁済、
および不当利得を含んでいる。
　契約外責任については、その重要性に鑑みて、独立した第6編が起草され
た。
　第3章は、「債務総則」に割り当てられている。導入規定に続いて、債務
の態様（条件付債務、期限付債務）、複数の客体または主体を伴う債務（客
体が複数の債務、主体が複数の債務、分割の原則、債務者間の連帯性、債務
者間の不可分性、不真正連帯債務、債権者間の連帯性と不可分性）、債務の
移転（債権譲渡、負債譲渡、契約譲渡）、債務の履行（弁済、代位弁済）、債
務の不履行、債権者の権利の保全措置（間接訴権、詐害行為取消権）、債務

---

38 以下の整理および分析は、主として、Wéry教授の見解に依拠している。

112　法典

の消滅原因（更改、負債免除、相殺、失効、混同）について定めている。

(2)　多数の定義規定の配置

　多くの定義規定が置かれたことも、今回の改正の1つの特徴である[39]。前掲の公聴会では、「法典がマニュアルのようになってはならない」として多くの定義規定を置くことに反対する意見とともに、むしろ定義が不足しているとする意見も示された[39]。

　改正民法典が採用した定義のリスト（契約、契約の様々な種類、申込み、承諾、優先約款、契約の一方的予約、契約及び債務の目的、コーズ、相対的・絶対的無効、手段債務・結果債務、間接訴権、一方的法律行為、事務管理、非債弁済、不当利得、条件付債務、期限付債務、債務者間の連帯性、債務者間の不可分性、全部債務、弁済、不可抗力、附遅滞、更改、負債免除、混同など）は、フランス民法典と比較すると、かなり多いといえよう。

(3)　簡素化への配慮

　立法者は、民法典を簡素化するために可能な限り現存する複雑な区別を削除するよう努めたとされており、その象徴的な例として、複数の主体が存在する債務が挙げられている[40]。この点に関して、3種類の債務（連帯債務、全部債務、不可分債務）に適用される規範の違いを説明するのが容易ではないとの配慮から、改正法では、全部債務と不可分債務の効果を可能な限り連帯債務の効果に近づける方針が採用された。

　これに加えて、契約消滅後の返還（5.115条以下）について統一的な制度が構築されたことも、法の簡素化の観点から重要な意義を有している。フランス法と同様に、ベルギー法においても、返還の問題は、従前、制度ごとに処理されており、このことが複雑な論争を惹起してきたからである。

39　Wéry は、「債務法へのアクセシビリティは、概念の定義なしに達成することはできない」と述べている（Wéry, *supra* note 28, p. 22）。
40　*Ibid*, p. 23.

（4）　債務法の現代化

　今回の改正では、学説が求めてきた債務法の現代化を実現するという方針も掲げられていた。しかし、改正委員会と国会議員らは、改正事業を通じて、ポルタリスの「破壊する必要がないものは、すべて維持することが有益である」[41]という言葉を念頭に置き、一定の範囲で過去の遺産を保持したとされる[42]。例えば、フランス法とは異なり、契約の有効要件としての目的（objet）およびコーズの概念が維持されている[43]。

　これに対して、確立した判例法理のうち、研究者によって支持されたものは、積極的に民法典に取り込まれた。その顕著な例は、状況の濫用（5.37条[44]）である。新たに民法典に導入されたこの制度は、ベルギー破毀院が展開してきた「つけ込み型レジオン lésion qualifiée」の法理[45]を成文化したものである。また、手段債務と結果債務の区別（5.72条）や誠実な履行と権利濫用の禁止（5.73条）も判例によって形成された法理を成文化したものである。

　これに対して、判例法理の成文化を超えて、新たな規範を導入したと評価することができる規定も存在する[46]。例えば、契約の無効に関する包括的な

---

41 ポルタリス［金山直樹訳・解説］『民法典序論』（日本評論社、2024年）28頁。

42 Wéry, *supra* note 28, p. 20.

43 コーズ概念の維持については、柴崎暁「ベルギー債務法改正におけるコオズ概念の存置」早比57巻2号（2023年）155頁以下が詳論している。

44 5.37条〔状況の濫用〕は次のように定める。

「契約締結時に、当事者の一方が、相手方の脆弱な地位と結び付けられる状況を濫用したことにより給付間に明らかな不均衡が存在するときは、状況の濫用が存在する。

　この場合において、脆弱な当事者は、裁判官による自己の債務の改訂及び、その濫用が決定的であるときは、相対的無効を主張することができる。」

45 ベルギーでは、旧民法典1118条によりレジオン（莫大損害）を含む合意の取消しが原則として否定されていることから、この規定の適用を回避するために lésion qualifiée の法理が発展した。この法理は、2012年11月9日の破毀院判決（Cass., 9 novembre 2012, C.12.0146.N；R. W., 2012-2013, 1416, note E. Adriaens；R.G.D.C., 2013, p. 168；T. Not., 2013, p. 363 et Not. Fisc. M., 2013, p. 119, note H. Casman）によって認められた。

46 その際に、フランス、オランダ、ドイツなど、ベルギーに先行して債務法改正を実現した外国法や UNIDROIT 原則、PECL、DCFR などの国際的ルールが参照された（P. Wéry, « L'influence des sources européennes de soft law sur la proposition de loi belge portant le livre 5 "Les obligations" du Code civil », *in* A. Strowel et G. Minne（coord.）, Liber Amicorum Denis Philippe, vol. 1, L'influence du droit européen en droit économique, Bruxelles, Larcier, 2022, pp. 202-222）。

114 法典

制度（5.57条以下）、債権者の受領遅滞に関する法文（5.211条以下）[47]。負債譲渡および契約譲渡に関する規定（5.187条以下）、不予見理論に関する規定（5.74条）、債務不履行に対するサクションとしての代金減額の追加（5.97条）、条件の成就に与えられていた遡及効の廃止などが挙げられる。

(5)　意思自律原則と弱者保護の均衡

　意思自律原則は、第5編の様々な規定の中で強調されている。例えば、5.3条は、既に述べたように、第5編の規定が原則として当事者の意思を補充するものであることを明示しているし、5.14条は契約自由の原則を宣明している。

　これらに加えて、意思自律原則は、裁判所による事前の介入を経ることなく、当事者が一方的に救済措置を行使することを認める形（いわゆるユニラテラリスム）でも現れている。具体的には、契約の無効化（5.59条3項[48]）、契約の解除（5.93条[49]）、債権者の自らの責任における債務者の交代（5.85条3項[50]）、代金減額（5.97条2項[51]）、不履行の抗弁（5.98条[52]）を挙げるこ

---

47 旧民法典では、債務者は、催告後、現実の提供を行う必要があったが、これをする必要なく、目的物を供託または寄託することができるようになった。

48 5.59条3項は次のように定めている。「契約が公署証書によって確認されない限り、その無効化は、無効を主張する資格を有するすべての者が契約当事者へ自らの責任において送付する書面による通知によっても生じる。この通知に記載される無効原因が存在しない場合には、この通知は効力を有しない。」

　これに対して、フランス民法典1178条は、契約の一方的無効化を認めていないとされる（G. Chantepie *et al.*, La réforme du droit des obligations, 2018, Dalloz, 2ᵉ éd., n° 467, p. 415）。

49 5.93条〔債権者の通知による解除〕は次のように定める。

「債務者の不履行を証明するための措置を講じた後、債権者は、債務者への書面による通知によって、自らの責任において、契約を解除することができる。この通知は、債務者が責めを負うべき不履行を摘示しなければならない。」

50 5.85条3項は次のように定める。

「緊急の場合その他の例外的な状況において、債務者の不履行を証明するための措置を講じた後に、債権者は、書面による通知によって、自らの責任において、債務者を交替させることができる。この通知は、債務者が責めを負うべき不履行及び債務者の交替を正当化する事情を摘示しなければならない。」

51 5.97条2項は次のように定める。

「代金の減額は、債権者の書面による通知によってすることもできる。この通知は、減額の原因を摘示しなければならない。」

とができる。

　これらの規定に見られるユニラテラリスムの発展は、各制度におけるサンクションの効果を高めることに寄与する。そうすると、これらのサンクションを発動させる要件はそれなりに厳格でなければならないという発想が生じうる。このような配慮から、上記の制度では、一方的なサンクションの行使が、裁判所による事後的な審査に服することによって要件が遵守されていることを監視する仕組みがとられている[53]。

　以上のような意思自律原則を支持し強調する規定とは反対に、同原則を後退させても、弱者の利益の保護を守ろうとする規定も見られる。その例として、状況の濫用（5.37条）、不予見理論（5.74条）、附合契約の不明確条項解釈における作成者不利の原則（5.66条1項1号）、裁判官が債務者に付与する猶予期間（5.201条）、そして不当条項規制（5.52条）などが挙げられる。

2　サンクションに関する規定の特徴

　最後に、サンクションに関する改正の特徴を指摘する。ここでも前述した改正の3つの基本方針が貫かれている。

(1)　見通しの良さの確保

　新民法典では、サンクションの分かりやすさ重視して、規定が配置された。契約不履行を例に挙げると、不履行が債務者の責めに帰す場合と不可抗力に起因する場合とを区別し、前者については、5.83条の中ですべてのサンクション（現実履行請求権、損害賠償請求権、契約解除権、代金減額請求権、履行停止権）を列挙する。その上で、これに続く規定で、各サンクションの詳細が定められている。このような配慮は、旧民法典では見られなかったアクセスビリティ向上への工夫である[54]。

---

52 5.98条が参照する5.239条 §3〔不安の抗弁〕は、履行停止を書面により通知することを要件としている。
　これに対して、フランス民法典は、履行停止の通知を直ちに発しれなければならないとするが、書面によることを要件としていない（仏民1220条）。
53 上記の条文に現れる「自らの責任において à ses risques et périls」という文言は、通知による解除に関するフランス民法典1226条と同様に、裁判所による事後的審査の存在を示唆している。

116 法典

(2) 柔軟性を備えたオーダーメイドのサンクション

立法者は、サンクションの範囲を、原因となった行為と釣り合った最少限の範囲に限定するため、契約が可分である場合に、一部無効（5.63条[55]）または一部解除（5.96条[56]）が認められうることを明文で規定した。

また、5.234条[57]および5.94条[58]は、債権者が濫用的にサンクションを行使することを禁ずる判例法理を成文化している。

(3) 新基軸の導入

サンクションに関しても、新たな仕組みが導入されている。その中でも重要であると思われる次の2つの点を指摘しておく。

1つは、履行期限前契約違反（anticipatory breach）の法理、すなわち期限の定めのある債権者が、債務者が期日に履行できないことに対する正当な恐れを抱くときに、一定のサンクションを適用することを認める制度が導入された（5.90条2項[59]）。これに加えて、不安の抗弁（5.239条§2および§3[60]）も導入されている。

---

54 同様の規定が、5.224条〔サンクションの列挙〕にも置かれている。5.83条と5.224条は総則＝各則の関係にあるように見えるが、確認を要する。

55 5.63条〔一部無効〕は次のように定める。
「無効原因が契約の一部にしか影響を与えない場合において、当事者の意思及び違反された規定の目的を考慮して契約が可分であるとき、無効化はこの部分に限定される。
　法律によって書かれなかったものとみなされる条項は、それが無効化されても、契約の残余部分を存続させる。」

56 5.96条〔一部解除〕は次のように定める。
「解除を正当化する不履行が契約の一部にしか影響を与えない場合において、当事者の意思に従い、その性質及び射程を考慮して契約が可分であるときは、解除はこの部分に限定される。」

57 5.234条〔原則〕は次のように定める。
「債権者は、支払われるべき給付の履行を裁判上請求する権利を有する。ただし、それが不可能である又は濫用的であると認められる場合は、この限りでない。」

58 5.94条〔違法又は濫用的な裁判外解除〕は次のように定める。
「債権者が契約を解除する通知は、解除の条件が満たされていない場合又は解除が濫用的である場合は、効力を有しない。」

59 5.90条2項は次のように定める。
「契約はまた、債務者が合理的な期間内に債務の適切な履行の十分な保証を与えるよう遅滞に付された後に、期日に履行しないことが明らかであり、かつ、この不履行の結果が債権者にとって十分に重大であるときは、例外的に解除することができる。」

もう1つは、違約金条項（clause indeminitaire）に関する規定である（5.88条）。これにより、旧民法典では複雑で分かりにくかった制度が簡素化された。

V　おわりに

　ある論者は、民法典の全面改正の中で行われた第1編および第5編の改正は、他の編との一貫性を強化することに成功しており、これにより、「諸法の市場 marché des droits」の中でのベルギー法の魅力をより高めることに貢献していると評価している[61]。確かに、財産法あるいは債務法の一部に過ぎない第1編および第5編は、他の関連する編がすべて改正された時に真の力を発揮するかもしれない。その意味では、とりわけ現在改正の途上にある第7編「各種契約」の改正の行方が、ベルギー債務法全体の評価に対する鍵を握っているといえよう。

　本稿では、紙幅の関係もあり、ベルギー法とベルギー法に影響を与えた各国法との比較分析を行うことができなかった。冒頭で述べたように、個々の制度に着目した分析を進めることが、比較法の素材としてのベルギー法の価値を照らし出すことに繋がるであろう。小稿が、ベルギー民法の本格的な研究の端緒として一定の役割を果たすことができれば幸いである。

〔付記〕　本研究は、JSPS 科研費21KK0018および24K00210の助成による研究成果の一部である。

---

60 5.239条§2および§3は次のように定める。
「§2　債権者はまた、債務者が期日に履行しないことがあきらかであり、かつ、この不履行の結果が債権者にとって十分に重大であるときは、自己の債務の履行を停止することができる。
　債務者が自己の債務の適切な履行の十分な保証を与える場合には、債権者は、もはや自己の債務の履行を停止することができない。
§3　債務者の債務がまだ請求可能でないとき、又は、信義誠実がそれを要求するときは、〔履行の〕停止は、不当に遅延することなく、書面により通知されなければならない。この通知は、停止の原因及び停止を正当化する事情を摘示しなければならない。」
61 R. Jafferali, La réforme du droit des contrats - Les principales nouveautés, J. T., 2023, p. 22, n° 3.

フランス・ベルギーにおける
占有訴権制度の帰趨

香 川 崇

 I はじめに
 II フランス法
 III ベルギー法
 IV おわりに

I はじめに

　ベルギーは、1795年から1815年までフランスに併合され、フランスの民法典及び民事訴訟法典が妥当していた。占有訴権制度に関する1876年3月25日の法律第4条、第5条及びベルギー裁判法典第1370条、第1371条は、フランスにおける占有訴権に関する議論を参考にしたものであった。ベルギーでは、漸次的に民法改正が進められており、物権法は2020年に改正された。改正された物権法は、占有回収訴権（action réintégrande）に集約した形ではあるものの、占有訴権制度を維持している。これに対して、フランスでは、2015年2月16日の法律及び2017年5月6日のデクレによって、占有訴権制度が廃止されている。

　本稿は、フランス及びベルギーにおける占有訴権制度の意義、そして、占有訴権制度と民事訴訟法上の他の制度の関係を検討することで、フランスとベルギーが占有訴権制度について異なった結論に至った理由を探求するものである。

II　フランス法[1]

　フランスでは、占有訴権として、占有回収訴権（action réintégrande）、占有保持訴権（action complainte）、占有保全訴権（action dénonciation de nouvel œuvre）の3つの形態が認められていた。フランス民法典制定前においては、占有回収訴権を占有保持訴権の適用の一例と捉える学説があった。しかし、フランス民法典制定後においては、以上の三形態を認めるのが一般的である[2]。

1　占有訴権制度

(1)　占有訴権の法源

　1806年に制定された旧民事訴訟法典（以下、「仏旧民訴」という）は、占有訴権につき、以下の条文を定めていた。

［旧民事訴訟法典］[3]

第23条「占有の訴えは、侵害の時から1年内に、少なくとも1年以来、容仮的でなしに、自身または身内の者による平穏な占有をしていた者によって提起されたときにかぎり受理される。」

第24条「占有または侵害が否認される場合には、命ぜられる証人尋問は、本権にわたることができない。」

第25条「占有の訴えと本権の訴えとは決して重畳しない。」

第26条「本権の訴えの原告は、もはや占有の訴えを受理されない。」

第27条「占有の訴えの被告は、占有の訴えの手続が終了した後でなければ、

1　フランスの占有訴権に関する研究としては、三ケ月章「占有訴権の現代的意義」『民事訴訟法研究　第3巻』（有斐閣、1966年、初出1962年）1頁、大塚直「フランス法における action possessoire（占有訴権）に関する基礎的考察」学習院大学法学部研究年報23号（1988年）281頁、林田光弘「フランス法における占有訴権の廃止」法雑66巻1号（2020年）141頁以下、吉田克己編『物権法の現代的課題と改正提案』（成文堂、2021年）384頁以下［森田宏樹］等がある。本稿のフランスの占有訴権に関する論述は、先行研究を確認するに留まる。

2　大塚・前掲注1）295頁。

3　条文訳については、フランス民事訴訟法典翻訳委員会「フランス民事訴訟法典の翻訳（15・完）」法協90巻11号（1973年）88頁以下を参考にした。

120　法典

本権の訴えを申立てることができない。この者は、敗訴した場合、自己に対して言渡された有責判決の内容を完全に履行した後でなければ、申立てをなすことができない。

　勝訴した当事者が、判決内容を完済させることにつき遅滞に陥っている場合には、本権の訴えの裁判官は、この完済のための期間を定め、この期間経過後には本権の訴えが受理される。」

　1975年に制定された民事訴訟法典（以下、「仏民訴」という）は、占有訴権につき、以下の条文を定めていた[4]。

［民事訴訟法典］[5]

旧第1264条「公産（公有財産）に関する規則の尊重を条件として、平穏に、一年以上占有又は所持を継続していた者は、侵害の時から一年間に限り、占有訴訟を提起しうる。但し、実力行使をした者に対する占有回収訴権は、占有を剥奪された被害者が一年以上占有又は所持をしていなくても提起されうる。」

旧第1265条「占有の訴えと本権の訴えとは決して重畳しない。

　但し、裁判官は、占有の保護の条件が満たされるかどうか確認するためにtitre（以下、「権原（証書）」と訳出する[6]）を調べることができる。

　審理の方法としては、本権を対象とすることはできない。」

旧第1266条「本権に関して訴訟を提起した者は、もはや占有に関する訴訟を受理されない。」

旧第1267条「占有の訴えの被告は、妨害を終了しない限り、本権に基づいて訴えることはできない。」

4　1979年3月28日のデクレは、占有訴権に関する規定をフランス新民事訴訟法典に挿入することを定めるものであり、同デクレに規定されていた占有訴権に関する規定は、1981年5月12日のデクレによって仏民訴旧第1264条乃至第1267条として組み入れられた（大塚・前掲注1）302頁以下）。
5　条文訳については、大塚・前掲注1）302頁以下を参考にした。
6　占有訴権に関する議論において、titre という言葉は、実体法上の意味としての「権原」と証拠としての「権原証書」の意味を特に区別せずに用いられる傾向がある（例として、Alexandre Duranton, Cours de droit français suivant le code civil, t.5., 1827, n° 639., p. 638. があげられよう）。そこで、本稿では、titre の訳語として、権原（証書）という文言を用いることとする。

(2) 占有概念

古典的学説によれば、占有は、体素（corpus）と心素（animus）によって構成される。体素とは、物に対して物質的に作用する現実的かつ排他的な可能性であり、心素とは、自分の物として物を保持するという意思の表示である。他人のために物を所持することは、所持（détention）、または、容仮占有（possession précaire）と呼ばれる[7]。

また、取得時効の完成の為には、その占有は瑕疵のないものでなければならない。瑕疵のない占有とは、不明瞭でない、継続、平穏、公然な占有をいう（フランス民法（以下、「仏民」という）旧第2229条、第2261条）。

なお、単純なる許容行為は、占有及び取得時効を基礎づけないとされる（仏民旧第2232条、第2262条）。単純なる許容行為とは、ある者の行為が隣人の所有権を一定程度侵害するものであるにもかかわらず、（抑止すべき程の甚大な侵害ではないために）隣人によって許容されているものと定義される。単純なる許容行為としての不動産の利用は、容仮占有となる[8]。

(3) 占有訴権
（a） 占有訴権の要件

占有訴権に共通する要件は、①不動産を②平穏に③占有または所持していることである。占有保持訴権及び占有保全訴権に固有の要件は、④占有又は所持が１年以上継続していたこと、⑤占有また所持が妨害を受けていることである。また、占有回収訴権に固有の要件は、暴力または実力の行使によって占有を剥奪されたことである。

古い判例において、占有保持訴権と占有保全訴権においては、瑕疵のない占有であること、占有回収訴権においては、平穏かつ公然の占有であることがその要件とされていた。しかし、1975年７月９日の法律によって、所持者も占有訴権を行使できることになった。そのため、近時は②平穏な占有（又

---

7 Charles AUBRY et Frédéric-Charles RAU, Cours de droit civil français d'après la méthode de Zachariae, t.2., 4^eéd,1869, n^{os}179 et s., pp. 81 et s.

8 Gabriel BAUDRY-LACANTINERIE et Albert TISSIER, Traité théorique et pratique de droit civil, De la prescription, 3^eéd., 1905, n^{os}282 et s., pp. 219 et s.

は所持）で足りると解されていた[9]。

（b）　占有訴権の管轄の変遷

占有訴権は、当初、治安判事（juge de paix）の管轄であった（1790年8月16日の法律第10条第2号）[10]。その後、占有訴権の管轄は、1958年12月22日のデクレ58-1284号によって、小審裁判所へ移行し、最終的に、大審裁判所へ移行した（2005年1月26日の法律2005-45号及び2008年6月2日のデクレ2008-522号）。本権訴訟は大審裁判所の管轄であるから、占有訴訟の管轄と本権訴訟の管轄は、最終的に同一となった[11]。

（c）　地役権に基づく占有訴権

非継続かつ非表現の地役権に基づく占有の場合、その占有は単純なる許容行為であり、容仮占有であると推定される。判例及び学説によれば、占有者が地役権を設定する権原（証書）を提出したならば、単純なる許容行為の推定は覆滅される[12]。もっとも、19世紀においては、治安判事が権原（証書）を考慮することが許されるのかが議論されていた[13]。また、近時においても、権原（証書）の提出を要求することは、占有訴訟と本権訴訟を混同させるとの批判があった[14]。

---

9 François TERRÉ et Philippe SIMLER, Droit civil, Les biens, 1998, 5ᵉéd, n°190., p. 148. 林田・前掲注1）139頁。

10 治安判事とは、1958年の司法制度改革によって小審裁判所が代替するまで、地区を単位として設置されていた判事のことをいう（山口俊夫編『フランス法辞典』（東京大学出版会、2002年）314頁）。

11 Thierry GUINOT, Abrégé historique et pratique des actions possessoires, 2009, p. 89. 林田・前掲注1）141頁以下。なお、2020年1月1日から、従来の大審裁判所と小審裁判所は司法裁判所（tribunal judiciaire）に統合されている（山本和彦総監修『人事訴訟手続等のIT化に関する調査研究報告書』69頁［八木敬二］https://www.moj.go.jp/content/001394343.pdf（2024.3.28））。

12 AUBRY et RAU, supra note 7, n°185, p. 128., note 30.

13 治安判事による権原（証書）の考慮を否定する見解（L. DORLENCOURT, Du cumul du pétitoire et du possessoire, RCLJ, t.3., 1853., pp. 341 et s.）と肯定する見解（Louis GROS, Du l'action possessoire relativement aux servitudes discontinues, RCLJ, t.3., 1853., pp. 926 et s.）があった。

14 William DROSS, Droit civil, Les choses, 2012, n°255-3 p. 474.

2　レフェレ制度[15]

レフェレは、民事または商事の裁判所の長が、急迫の損害を避けるために、争訟的な事案について、仮の裁判を行なう、略式の例外的な手続である[16]。レフェレの管轄は、原則として、第1審裁判所の所長および控訴院長にあるとされていた[17]。

旧民事訴訟法は、緊急の場合、または執行名義もしくは判決の執行に関する争いについて仮に裁断することが問題となっている場合のレフェレを定めていた（仏旧民訴第806条）。その後、民事訴訟法は、緊急の場合のレフェレ（仏民訴旧第808条、第834条）と切迫した損害を避ける必要がある場合、または、明らかに違法な侵害をやめさせる必要がある場合のレフェレ（同旧第809条1項、第835条1項）を定めた。「切迫した損害」とは、損害が未だ発生していないものの、現状が続く限り発生する可能性がある場合のこととされる[18]。「明らかに違法な侵害をやめさせる必要があること」とは、①「妨害」すなわち、被告による攪乱行為とそれによる原告の損害が発生したこと、②その妨害が「違法」であること、そして、③その違法な妨害が「明白」であることとされる。②の「違法」とは、法律違反のみならず、広く、倫理違反、慣行違反も含むと解されている[19]。

3　レフェレ制度と占有訴権制度の関係

MICHELET は、レフェレと占有訴権と本権訴権の目的が共に、不動産の保護であるとし、占有訴権が、不動産の所有権保護のために最も有用な制度であるとする。レフェレは、占有にも本権にも関係しない保全方法とされる。

---

15 フランスにおけるレフェレについては、小山昇「フランスにおける référé」小山昇著作集『保全・執行・破産の研究』（信山社、1993年、初出1964年）189頁、江藤价泰「フランスにおける『仮処分制度』」村松裁判官還暦記念論文集刊行会編『仮処分の研究　上巻』（日本評論社、1965年）49頁、本田耕一『レフェレの研究』（中央経済社、1997年）、堤龍弥「フランスにおける仮処分」神院22巻3・4号（1992年）1頁等がある。本稿は、これら先行研究の確認に過ぎない。

16 小山・前掲注15）190頁。

17 大審裁判所の場合は大審裁判所所長に、小審裁判所の場合は（所長が置かれないため）その裁判官にレフェレの命令の発令権限がある（本田・前掲注15）9頁、18頁脚注37）。

18 Xavier VUITTON, Les référés, 4ᵉéd., 2018, n° 134., p. 69.

19 Yves STRICKLER et Alexey VARNEK, Procédure civile, 10ᵉéd., 2021, n° 428., p. 301.

124 法典

もっとも、レフェレは、占有訴権よりも迅速な保護方法であるから、占有訴権に先行する。本権訴権は、その行使に長い期間が必要な訴権であるとする。それは、本権訴訟においては、所有権の証明のために、取得時効または長期間の占有を証明する権原（証書）が必要だからである。占有訴権は、レフェレと本権訴権の中間の制度と位置づけられる[20]。

　判例によれば、レフェレの手続において占有訴権を行使することは否定されていた。しかし、占有を侵奪された者が、占有訴権の要件充足を主張せず、レフェレの要件充足のみを主張して、レフェレに基づく妨害排除を求める余地があった。すなわち、破毀院第3民事部1995年3月22日判決は、通路の利用が問題となった事案につき、緊急の場合のレフェレに基づく妨害排除を認め、破毀院大法廷1996年6月28日判決は、通行地役権者による侵害排除・損害予防のためのレフェレに基づく妨害排除を認めた[21]。

4　2015年法等による占有訴権制度の廃止

　2008年に公表された物権法改正草案や破毀院の2009年の年次報告書などで占有訴権の廃止が提言されていた。そして、2015年2月16日の法律によって、民法典上の占有訴権に関する規定が削除され、2017年5月6日のデクレによって、民事訴訟法典上の占有訴権に関する規定が削除された[22]。

III　ベルギー法

1　占有訴権制度

　前述のとおり、ベルギーにおいては、フランスの旧民事訴訟法が妥当していた。その後、1967年にベルギー裁判法典（以下、「白裁」という）が制定

---

20 Elisabeth MICHELET, La règle du non-cumul du possessoire et du pétitoire, 1973, n° 244., pp. 239 et s.
21 林田・前掲注1）149頁以下。
22 村田健介「占有訴権の廃止（立法紹介）」日仏法学29号217頁（2017年）。なお、フランス民法典は、占有訴権廃止後も占有が保護されるべきであると定めているため（仏民第2278条）、占有侵害を根拠にレフェレを用いる余地がある。なお、その際の要件（レフェレの要件を充足するだけで足りるのか）について見解が分かれている（林田・前掲注1）157頁以下）。

された（同年10月31日公布、1970年11月1日施行）。同旧第1370条は、占有訴権の要件及び出訴期間、同第1371条は、占有訴権と本権訴権の関係等を定めていた。これらは、1876年3月25日の法律（以下、「1876年法」という）第4条及び第5条と同様の規定であるといわれる[23]。1876年法第5条は、仏旧民訴第24条乃至第27条と同様の規定であったが、1876年法第4条は独自の内容を含むものであった[24]。そこで、本稿は、同条の起草過程を中心に検討することとしたい。

(1) 1876年法における占有訴権制度

19世紀中頃から、ベルギーでは民事訴訟法の改正が進められていた。1866年7月23日の勅令は、院外委員会に対して、民事訴訟法の改正草案の策定を付託した。1869年12月16日の代議院議会において、民事訴訟法改正草案の一部が提出された（以下では、この改正案のことを「院外委員会案」という）。この提出された部分を基礎として1876年法が制定された。

占有訴権の要件等に関する院外委員会案第4条は、次のようなものであった。

［院外委員会案］

第4条　「以下の各号の要件を備えたときは、占有訴権は受理される。

一　時効によって取得しうる不動産又は不動産に関する権利が係争の対象となっていること。

二　原告が1年以上占有をしていたことを証明したこと。

三　占有が仏民旧第2228条乃至第2235条で定められた性質を備えていること。

四　占有剥奪または妨害の日から1年を超えていないこと。

上記の要件は、妨害又は占有剥奪が暴力、もしくは実力の行使またはそ

---

23 Document parlementaire,1963-1964, n° 60., p. 293., https://www.senate.be/lexdocs/S0747/S07470190.pdf,（2024.3.28）
24 Documents parlementaire,1963-1964, n° 37., p. 136 et s., http://www.dekamer.be/digidoc/DPS/K2238/K22380908/K22380908.PDF,（2024.3.28）

れ以外の方法によって区別されない。」

　院外委員会案第4条第1号は、非継続かつ非表現の地役権者による占有訴権を否定するものであった。院外委員会の報告書は、非継続かつ非表現の地役権者に対して占有訴権を認めた場合、占有を色づけるために権原（証書）が必要となるが、このような方法は実際上の困難を生じさせるという。

　次に、同報告書は、占有回収訴権も1年の占有継続が必要であるとする。それは、1年の占有継続を不要とする解釈が仏旧民訴第23条に反するからである[25]。

　その後、1873年1月14日に、政府によって修正された法案が提出された（以下では、この案のことを「政府案」という）。

［政府案］
第4条　「以下の各号の要件を備えたときは、占有訴権は受理される。ただし、暴力または実力の行使による妨害または占有剥奪の場合はこの限りでない。

一　時効によって取得しうる不動産又は不動産に関する権利が係争の対象となっていること。

二　原告が1年間の占有を証明したこと。

三　占有が仏民旧第2228条乃至第2235条で定められた性質を備えていること。

四　占有剥奪または妨害の日から1年を超えていないこと。」

　代議院の特別委員会報告書によれば、政府案第4条第1号は、非継続・非表現の地役権において占有訴権を認めない趣旨であるとする。なお、地役権の行使を主張する者が適法な権原（証書）を提出した場合であっても、この原則が妥当するという。

　同報告書によれば、占有回収訴権の趣旨は、法諺「奪われたものは、復元

25　Document parlementaire, supra note 24, pp. 129 et s.

されるべきである（Spoliatus ante omnia restituendues）」（以下では、この法諺を「法諺」という）であり、占有回収訴権は、公的秩序及び平和のための制度として今後も維持されることになる。そして、同委員会委員の多数意見は、実力の行使を蒙った者の権利について検討することなく、実力の行使を予防する必要があるとして、占有回収訴権における1年間の占有継続が不要であるとする[26]。

以上の検討から、特別委員会は、政府案第4条柱書を改めた上で、第2項を追加することを提案した[27]。特別委員会において修正を受けた政府案第4条は、1876年法第4条として可決・成立した。

［1876年法］

第4条 「以下の各号の要件を備えたときは、占有訴権は受理される。

一 時効によって取得しうる不動産又は不動産に関する権利が係争の対象となっていること。

二 原告が1年間の占有を証明したこと。

三 占有が仏民旧第2228条乃至第2235条で定められた性質を備えていること。

四 占有剥奪または妨害の日から1年を超えていないこと。

暴力または実力の行使によって占有剥奪または妨害が生じた場合、前項第2号及び第3号で定める要件は必要とされない。」

(2) 占有訴権制度

(a) 占有訴権の管轄

伝統的に、ベルギーでは、治安判事が占有訴権の管轄を有していた（1841年3月25日の法律第9条、1876年法第3条第12号）。ベルギーでは、現在も、

---

26 Document parlementaire, 1872-1873, n° 138., pp. 20 et s, https://www.dekamer.be/digidoc/DPS/K2242/K22421667/K22421667.PDF, （2024.3.28）

27 政府案第4条柱書の表現では動産及び動産の集合体についての占有回収訴権が受理されると解釈される余地があった。このような誤解を避けるために第2項が追加された（Chambre de représentants, Sénance du 18 nobembre 1874, pp. 21 et s., https://www3.dekamer.be/digidocanha/K0010/K00101279/K00101279.PDF, （2024.3.28）

治安判事が存続しており[28]、占有訴権の管轄も治安判事にあるとされている（白裁第591条第5号）。

（b）　占有訴権の要件[29]

占有訴権の共通要件としては、①占有訴権が不動産又は不動産に関する権利にかかわること、②占有剥奪または妨害から1年以内に占有訴訟が提起されることである。

占有保持訴権の存在理由は、社会的必要性、すなわち、公共の平和であり、もう1つは、推定、すなわち、占有と所有の一致であるとされる。占有保持訴権に固有の要件としては、①時効の完成の為に必要な占有を備えること、②占有が妨害されたこと、③占有が妨害の前に1年以上継続していることが挙げられている。①の占有とは、瑕疵のない占有、すなわち、不明瞭でなく、継続、平穏、公然な占有である。なお、占有者は瑕疵なく占有しているものと推定される。

占有保全訴権は、占有保持訴権の一種とされる。そのため、占有保全訴権の要件は、占有保持訴権と同一であると解されている。

占有回収訴権は、法諺を基礎とするものであり、公共の平和のための制度と解される。それゆえ、占有保持訴権と異なり、時効の完成の為に必要な占有を要件としない。占有回収訴権に固有の要件は、①原告が暴力または実力の行使の被害者であり、その行為によって占有剥奪に至ったこと、②被告が暴力または実力の行使の主体またはその者に加担する者であることである。占有者だけでなく、単なる所持者も占有回収訴権の原告たり得る。なお、DE PAGE = DEKKER は、契約当事者間であっても占有回収訴権を行使できるとする。

占有回収訴権の成立につき1年の占有継続が不要であると解するならば、占有回収訴権に基づく訴えが提起された場合において、被告が反訴として占有保持訴権を主張する余地がある。DE PAGE = DEKKER は、法諺こそが占有回収訴権の真の存在理由であり、社会統制のための本質的規範に反する

28　林道晴「ベルギーの民事訴訟」曹時46巻11号（1994年）11頁。

29　以下の内容は、Henri DE PAGE et René DEKKERS, Traité élémentaire de droit civil belge, 1re éd., t.5., 1ʳᵉ part., 1941, nˢ856 et s., pp. 754 et s. によるものである。

者は、たとえ真の権利者であっても、劣後されるべきであるとして、占有回収訴権に対して反訴として占有保持訴権を行使することを認めなかった。

（ｃ）　地役権に関する判例及び立法の展開

①判例・学説の展開[30]

　非継続かつ非表現の地役権は、権原（証書）によらねば取得することができない（仏民第691条第１項）。そのため、1876年法第４条及び白裁旧第1370条によれば、非継続かつ非表現の地役権者は占有訴権を行使できないこととなる[31]。

　破毀院1881年６月23日判決（Pas., I, 48.）では、通行地役権者による占有訴権の行使が問題となった。通行地役権は、非継続かつ非表現の地役権であるが（仏民第688条第３項、689条第２項）、同判決は、通行地役権に関する権原（証書）の存在を証明することで、単純なる許容行為による利用の推定を覆滅することができるとした上で[32]、通行地役権の場所や方式を定めるためであれば取得時効を援用できるとして、地役権者による占有訴権の行使を認めた[33]。

②通行地役権に関する1978年３月１日の法律の成立

　破毀院1881年６月23日判決の解釈は、通行地役権自体ではなく、その場所や方式についての時効取得を認めるものであった。これは、1876年法に反しない形で、通行地役権者による占有訴権の行使を認めるための解釈であったといえよう。

　しかし、1978年３月１日の法律第１条は、仏民第684条に、第２項として、「通行の期間がどのようなものであったとしても、何らの時効を援用しえない」という条文を加えた。同法に関する元老院の報告書によれば、同条第２

30　判例の詳細な分析としては、Michel HANOTIAU, Action possessoire, RCJB. 1979, p. 69. がある。

31　1876年法制定前の破毀院1864年12月１日判決（Pas., I, 7.）は、非継続の地役権者による占有訴権を否定していた。

32　DE PAGE=DEKKERS は、権原（証書）には、地役権を設定する法定の権原も含まれるとする。更に、地役権の存在を確実にさせるような所為（actes）であっても、権原（証書）に該当するという（Henri DE PAGE et René DEKKERS, Traité élémentaire de droit civil belge, dernière éd., t.6, 2ᵉ part., 1942, n° 653., p. 546.）。

33　同旨の判例として、破毀院1962年３月１日判決（Pas., I, 24.）がある。

項の趣旨は、通行権に関する何らの時効も認めないことを明確にすることであった[34]。

このような改正法の下、破毀院1995年2月23日判決（Pas., I, 204.）は、法定通行地役権者が占有回収訴権を主張した事案で、通行地役権が時効取得され得ないことを理由に、占有回収訴権を否定した。破毀院2002年3月22日判決（J.T., 2002, p. 476.）及び破毀院2005年3月10日判決（J.T., 2005, p. 416.）は、同様の判断を示した。

これらの判決に対して、DEGÉE は、非継続かつ非表現の地役権者による占有訴権を否定する白裁旧第1370条第1号が、ベルギー憲法第10条及び第11条の定める法の下の平等に反するのではないかと指摘していた[35]。

③憲法裁判所の判断

ベルギーでは、立法規範の憲法適合性が憲法裁判所以外の裁判所で問題となった場合、当該裁判所は先決問題を憲法裁判所に移送し、憲法裁判所は判決によって先決問題を裁定することができる[36]。

Fontaine-l'Evêque 治安判事2010年10月7日判決（J.L.M.B., 2011, p. 1170.）は、白裁旧第1370条第1号がベルギー憲法第10条及び第11条の定める法の下の平等に反する余地があるとして、憲法裁判所へ移送した。

内閣（Conseil des ministres）は、憲法院への移送通知を受けて、憲法裁判所に対して趣意書（mémoire）を提出した（1989年1月6日の特別法第77条、第85条）。内閣は、白裁旧第1370条第1号の原点である1876年法第4条が、非継続かつ非表現の地役権者による占有訴権の可否に関する論争を終結させることを目的としていたとする。そして、同法の立法担当者は、非継続地役権が単純なる許容行為、つまり容仮占有と推定されると述べることで、非継続地役権、とりわけ通行地役権に対する警戒心を表明していた。そして、この警戒心こそが、1876年法第4条第1号を根拠づけていると内閣は述べる。

---

34 Documents parlementaires, 1976, S.147-2., p. 7., https://www.senate.be/lexdocs/S0648/S06480998.pdf,（2024.3.28）

35 Jean-Michel DEGÉE, Réitégrande et servitudes de passage, in Laurence COENJAERTS et al, Droits réels, Chronique de jurisprudence 1998-2005, 2007, pp. 46 et s.

36 曽我部真裕＝田近肇編『憲法裁判所の比較研究』（信山社、2016年）106頁以下［奥村公輔］。

また、内閣は、占有訴権によらずとも、レフェレによって地役権の保護が図られることから、本件の先決問題が限定された法的利益にしか関わらないと指摘した[37]。

憲法裁判所2011年10月13日判決（no151/2011, J.L.M.B., 2011, p. 2006, note Pascale LECOCQ；R.W., 2011-2012, p. 1803, note Vincent SAGAERT；J.T., 2012, p. 580, note Florence LOOSEN.）は、白裁旧第1370条第1号がベルギー憲法第10条及び第11条の定める法の下の平等に反すると判断した。同判決は、占有回収訴権の趣旨が公的平和の維持と自力救済の防止であり、1876年法の立法過程でも、占有回収訴権が法諺に基づくものであることが示されていたとする。確かに、非継続かつ非表現の地役権が時効取得し得ない理由は、単純なる許容行為が推定されるためである。しかし、白裁旧第1370条第1号は、通行権の存在が何ら証明できず、単純なる許容行為が推定される場合と、法律上または約定上の権原（証書）による通行権が存在する場合を区別することなく、占有訴権による保護を排除している。以上のような取扱いは、占有訴権の趣旨に合致しない。また、非継続かつ非表現の地役権者がレフェレを利用できることは、非継続かつ非表現の地役権に関する占有訴権の現状の取扱いを正当化するものではない。

④2014年4月25日の法律による改正

上記憲法裁判所判決を受けて、白裁旧第1370条第2項として、「第1項で示された要件は、占有剥奪または妨害が暴力または実力の行使によって生じた場合で、法律または約定による通行地役権に関する場合に適用されない。」という条文が挿入された（2014年4月25日の法律第27条）。

この条文の原案に対して、国務院は、地役権の中でも通行地役権者による占有回収訴権を認めるに留まっていると指摘する[38]。そして、本改正が、憲法院判例によって採用された解決を立法化することを意図するものであって、通行地役権以外の非継続かつ非表現の地役権において占有訴権を行使し得る

---

37 C.C., 13 octobre 2011, no151/2011., p. 3. https://www.const-court.be/public/f/2011/2011-151f. pdf,（2024.3.28）

38 ベルギーにおいては、立法規範の成立前に、国務院がその憲法適合性を統制している（曽我部＝田近・前掲注36）193頁以下）。

132　法典

のかが問題となると述べた[39]。

　この点につき、代議院法律委員会委員の DE WIT は、今般の改正が、憲法裁判所によって判断された事案にかかわるものに留まり、一般的な改正に進むものでないと述べた[40]。

　DURANT は、2014年の法律の下でも、非継続かつ非表現の地役権者のうち、占有訴権を行使できるのは、法律または約定による権原（証書）を有する者に限定されるという。もっとも、権原（証書）についての判断は、裁判官に対して本権に関する判断を迫るものであって、占有訴権における管轄を超えるものである。そのため、一見して、占有訴権の原告が法律上または約定上の地役権の名義人として現われているならば、占有回収訴権が認められるべきであるとする[41]。

2　レフェレ制度

(1)　立法の展開

　1876年法第 8 条によれば、第 1 審裁判所は、治安判事、商事裁判所及び労働審判所に関する事項を除いて、全ての訴訟につき管轄を有する。そして、同第11条は、レフェレが第 1 審裁判所の所長の管轄であること、そして、（ 1 ）賃貸借の期限の経過または賃料の不払いによる賃借人に対する退去請求の場合（同条第 1 号）、または、（ 2 ）その他緊急性が認められた場合（同条第 2 号）において、レフェレが認められることを定めていた[42]。

　その後、白裁第584条は、「緊急性」がレフェレの要件であること、レフェレが第 1 審裁判所の裁判長の管轄であることを定めた。同条の立法担当者は、通常の手続では、しかるべき時に紛争の解決が望めない場合に、レフェレに訴えることになるという。そして、この趣旨から、レフェレの裁判官には、

---

39 Document parlementaire, 53K3149001, p. 183. http://www.lachambre.be/FLWB/PDF/53/3149/53K3149001.pdf,（2024.3.28）

40 Document parlementaire, 53K3149005, p. 34. http://www.lachambre.be/FLWB/PDF/53/3149/53K3149005.pdf,（2024.3.28）

41 Isabelle DURANT, Droit des biens, 2017, n° 163., p. 139.

42 代議院の特別委員会は、（2）の場合のレフェレの要件が仏旧民訴第806条と同様であるという（Documents parlementaires, supra note 26, p. 32.）。

広範な評価権能が与えられていると述べていた[43]。

(2) レフェレにおける緊急性要件の解釈

ROUARD は、緊急性の存否が事実問題であり、レフェレの裁判官の専管事項であるとし、「緊急性」概念につき、裁判官の自由を拘束するような法的定義が避けられているという。そのため、絶対的な形式で、その原則を示すというのではなく、深刻な不都合の発生を危惧すべき場合や重大な損害の発生を憂慮しうる場合に「緊急性」があると判断されると指摘する[44]。

破毀院1990年9月13日判決（Pas., I, 22）も、重大な損害発生に対する憂慮や深刻な不都合の発生に対する危惧が存在し、それらにつき即時的な解決が望ましい場合、白裁第584条第1項の意味における緊急性が存在するという。そして、レフェレの裁判官には、正当な範囲内という限定の下ではあるが、最も広範な自由が与えられているとする。

3 占有訴権制度とレフェレ制度の関係

LECOCQ は、レフェレにおいて、係争状況にふさわしい解決方法を選択できるという。そのため、レフェレによって事実状態を回復することが求められる場合は、大抵、占有に関する紛争を解決させる効果を有する。この点を踏まえて、LECOCQ は、レフェレと占有訴権の競合を避けるべく、次のような解釈を示す。レフェレの緊急性要件は、通常手続ではしかるべき時に紛争を解決しえないことと定義される。この定義からすれば、占有訴訟へ訴訟係属した場合には、レフェレの要件たる緊急性が欠けていると解されることになる。また、第1審裁判所所長は、占有訴権の要件が備わっている事案についても、レフェレの管轄を有する。しかし、レフェレにおける判断は準備的判断に留まるため、この場合の第1審裁判所所長は、レフェレにとって本案であるところの占有訴権の要件の存否について判断しえない[45]。

---

43 Document parlementaire, supra note 23, p. 138.

44 Pierre ROUARD, Traité élémentaire de droit judiciaire privé, La procédure civile, t.2., 1975, n° 909., pp. 756 et s.

134 法典

4 2020年の物権法改正における占有訴権制度

(1) 改正の概要

ベルギーでは、漸次的に民法改正がなされており、物権法は2020年に改正された（本稿では、改正されたベルギー物権法を「改正物権法」という）。

占有は、自己または第三者によって、その名義人のように、事実上、権利を行使することと定義される（改正物権法第3.18条第1項）。反対の証拠がない限り、権利を事実的に行使している者が占有者と推定される（同条第2項前段）。占有している権利を返還する義務は、名義人たる意図を排除する（同条第2項後段）。名義人としての意図が法律行為または法定もしくは裁判上の権原によって欠けている場合、その権利の所持があるにすぎない（同条第3項）。また、単純なる許容行為は、占有および所持を基礎づけない（同条第4項）。

(2) 占有訴権制度の改正

2020年の改正によって、白裁旧第1370条が削除され、改正物権法の中に占有訴権に関する規定が置かれることになった（なお、白裁第1371条は維持されている）。占有訴権に関する改正物権法第3.25条は、占有訴権を占有回収訴権に集約しつつ、維持するものであった。

［改正物権法］
第3.25条「平穏かつ公然に、不動産物権を占有する者は、契約外の民事責任に関する規範を害することなく、暴力または実力の行使による紛争から1年以内に、その占有を回復（réintégrer）しうる。
　占有訴訟と本権訴訟は重畳しない。」

物権法の立法担当者は、改正前のベルギー法において、取得時効と占有訴権が異なった法典に分けられていたが、取得時効と占有訴権が同一の原因に基づくものであり、これらを異なった法典に分けて規定することが体系上の欠陥であり、今回の改正で軌道修正することが妥当であるという。また、訴訟経済の観点からすれば、占有訴権と本権訴権の非競合、そして、占有訴権

の優位が維持されることが望ましい。占有に関する訴訟が本権訴訟に関する議論によって阻まれるとすれば、占有を維持する意味がない。占有訴権と本権訴権の非競合は、不確定なものではなく、ここで明示されるべきである[46]。

同条草案に対して、国務院は、今後、単なる所持者が占有回収訴権を用いられなくなる理由を明らかにしていないと指摘する[47]。この意見に対して、立法担当者は次のように述べる。占有回収訴権は、現在のように、レフェレが一般化される前の時代に導入されたものである。所持者における占有回収訴権の適用範囲は、レフェレの適用範囲と大きく重なっている。所持者に占有訴権を認めると、所持者に（占有訴権を用いた）時間稼ぎを許すことになり、契約の局面における占有訴権と本権訴権の峻別を困難にする。所持者は、実力の行使を受けた場合、レフェレを用いることで、占有訴権におけるのと同様の帰結を得ることができる。それゆえ、占有訴権の有用性を維持しつつ、法的安定性を強化するために、占有回収訴権は占有を基礎とした保護方法として見直されるべきである[48]。

立法担当者は、占有保護の対象を、瑕疵なき占有を有する者に限定することが望ましいとする。もっとも、不明瞭な占有の概念を用いることで、占有保護が無効化されるリスクがあることから、占有の瑕疵が全て存在しないことまで要求せず、平穏と公然占有だけで足りるものとする。

なお、レフェレの裁判官は、瑕疵なき占有を認定することはできない。それは、レフェレの手続は保全手続であって、占有訴訟と保全手続を混同することは許されないからである[49]。

---

45 Pascale LECOCQ, Action possessoire et référé, Université de Liège, Faculté de droit, 1995, pp. 188 et s ; Pascale LECOCQ, Manuel de droit des biens, t.1., 2012, n° 159., pp. 394 et s.

46 Document parlementaire, 54K3348001, p. 60, https://www.lachambre.be/FLWB/PDF/54/3348/54K3348001.pdf,（2023.3.28）

47 Document parlementaire, supra note 46, p. 463.

48 立法担当者は地役権による占有者も占有訴権を行使できるとするが、権原（証書）による地役権の証明の要否については言及していない（Document parlementaire, supra note（46）, p. 61.）。

49 Document parlementaire, supra note 46, p. 60.

136 　法典

(3)　改正に対する評価

　BERNARD は、占有剥奪から数ヶ月が経過すると、レフェレの緊急性要件が証明困難になることから、占有訴権の改正によって、所持者に関する保護手段が減少すると危惧する。また、暴力または実力の行使によらない占有剥奪の場合、その占有者を保護する手段がなくなる恐れがあるという[50]。

Ⅳ　おわりに

　フランスでは、本来、占有訴権が適用されるべき事案につき、レフェレが適用されるようになった。また、非継続かつ非表現の地役権者が占有訴権を行使する場合には、当該地役権の権原（証書）の提出が要求された。これは、本権訴訟と占有訴訟を混同するものであると批判されていた。このような状況の下、フランスでは占有訴権制度が廃止されるに至った。これに対して、ベルギーでは、占有回収訴権に一元化した形ではあるが、占有訴権制度が維持されている。ベルギーでは、治安判事制度が維持されており、占有訴権は、本権訴権及びレフェレと管轄が異なるものとされている。また、レフェレの緊急性要件を手がかりとして、占有訴訟とレフェレの峻別を図ろうとしていた。したがって、各種訴権の管轄及びレフェレの要件の差異が、占有訴権の帰趨に関するフランスとベルギーの差異を導いたといえよう。

　ベルギーの改正物権法は、物権概念や占有概念について新たな理解を示すものでもあった。本稿では紙幅の関係で、これらの点に言及できなかった。今後は、ベルギーにおける物権及び占有概念の意義に関する検討が求められよう。

---

50 Nicolas BERNARD, La réforme 2020 du droit des biens : lignes de faîte et questions choisies pour le notariat, in Étienne BEGUIN et al, La rédaction de l'acte de vente, Un parcours du combattant ? 2020, n° 9, p. 15.

フランスの土地公示制度改革の動向
──2018年土地公示の現代化に関する報告書を中心に──

吉 井 啓 子

Ⅰ　はじめに
Ⅱ　フランス土地公示制度の問題点
Ⅲ　エネス報告書の土地公示制度改革に関する提案の概要
Ⅳ　おわりに

Ⅰ　はじめに

　2018年11月12日、ローラン・エネス（Laurent Aynès）パリ第一大学教授を委員長とする土地公示改正委員会が作成したフランスの土地公示の現代化に関する報告書『土地公示の現代化に向けて（Pour une modernisation d'une publicité foncière）』（以下「エネス報告書」という）[1]が当時のニコル・ベルベ（Nicole Belleoubet）司法大臣に提出された。土地公示改正委員会には、委員長を務めたエネス教授のほか、ウィリアム・ドロス（William Dross）リヨン第三大学教授、ユーグ・ペリネ−マルケ（Hugues Périnet-Marquet）パリ第二大学教授という2名の研究者委員が参加しており、この3名が3つの小グループのリーダーとなって問題の検討と報告書の取りまとめにあたった。ドロス教授のグループでは法典化・条文の簡素化・所有権に関する公示

1　土地公示の現代化に関するエネス報告書は、フランス司法省のホームページからダウンロードして読むことができる（http://www.justice.gouv.fr/art_pix/rapportpublicitefonciere.pdf〔2024年3月22日最終確認〕）。エネス報告書の概要については、フレデリック・ビシュロン（訳・吉井啓子）「土地公示改革：土地公示の現代化に関する2018年11月12日エネス報告書〔小特集　公証人（ノテール）と土地所有〕」土地総合研究2020年冬号（2020年）74頁のほか、H.Périnet-Marquet, Bientôt une réforme de la publicité foncière, JCP 2018, n° 49, p. 2184を参照。

（publication）と担保物権の登記（inscription）の統合・不動産二重譲渡事例における第三者の善意要件など土地公示全般に関する問題が、ペリネ‐マルケ教授のグループでは公示対象とすべき証書に関する基本的な問題が、エネス教授のグループでは土地公示の役割・土地公示部局（Service chargé de la publicité foncière〔SPF〕）によるコントロール（土地公示申請の棄却・却下、電子化、土地公示情報にアクセスできる者の範囲など）に関する問題がそれぞれ検討された。土地公示改正委員会には、上記3名の研究者委員のほか、公証人、元抵当権保存吏（後述するように抵当権保存吏職は2010年に廃止）など土地公示を専門とする実務家委員6名も参加していた。ジャッキー・グラネ（Jacky Granet）名誉抵当権保存吏・保存吏相互協会（Association Mutuelle des Conservateurs〔AMC〕）会長、ジュリー・クチュリエ（Julie Couturier）パリ弁護士会弁護士、ピエール‐フランソワ・キュイフ（Pierre-François Cuif）CRIDON de Paris[2]所長、ピエール・デスルエ（Pierre Desserouer）名誉抵当権保存吏・AMC法律委員会委員長、ミュリエル・シュケ‐コジック（Muriel Suquet-Cozic）公証人学位取得者、ティエリー・ヴァション（Thierry Vachon）公証人の6名である[3]。土地公示改正委員会は、2017年11月13日に第1回会合を開催し、関係者のヒアリングなども行ったうえ、1年ほどで134頁にわたる大部の報告書を作成し司法大臣に提出した。報告書は、土地公示の現在の状況、土地公示の将来、そして民法典およびその他の関係する法律（商法典、消費法典、税一般法典、民事執行手続法典）の関係条文の改正案の3部構成となっている。その後、司法省民事局はエネス報告書について関係者の意見を聴取し、エネス報告書が提案する方向で土地公示改革を行うことを確認した。

　報告書の提出から約2年半後、柔軟化・脱中央集権化・分散化および地方公共活動を簡素化するための様々な措置に関する2022年2月21日の法律第2022-217号（Loi n° 2022-217 du 21 février 2022 relative à la

---

2 CRIDONは、公証人に関する研究のほか公証人に対して相談・情報提供などのサービスを行う組織でフランスの各地にある。

3 エネス教授を委員長とする土地公示改正委員会の詳しい構成については、エネス報告書・前掲注1）119・120頁を参照。

différenciation, la décentralisation, la déconcentration et portant diverses mesures de simplification de l'action publique locale〔法律名の頭文字をとって loi 3DS と称されているため、以下では「3DS 法」という〕〕により、2023年8月21日までの18か月以内に、オルドナンス（法律授権命令）によって土地公示法を改正する立法権限が政府に与えられた。3DS 法198条は、以下のように、改正の基本方針として、土地公示に関する基本条文の民法典への挿入、先公示者優先原則（対抗要件主義）の維持および公示対象となる証書の整理と縮減による土地公示制度の現代化と実効性の強化、抵当権・不動産先取特権の登記制度と所有権などの公示制度との調和および現代化をあげている。

　3DS 法198条「Ⅰ．憲法第38条に定められた要件の下、政府は、この法律の公布から18か月以内に、オルドナンスにより、以下の事項について、法律事項の範囲に属する措置を講じることができる。
　1°　特に土地公示に関連するすべての立法を民法典の同じ編の中にまとめ対応させることにより、土地公示法の平明さを向上させる。
　2°　特に〔公示の〕実施要件と従前の公示原則の効果を明確化し対応させることにより、善意悪意を問わずに先公示者優先原則を確認することにより、土地公示の対象となる証書リストを物権に関連するもの又は物権を生じさせる可能性のあるものだけとすることにより、公示に対する制裁を改善することにより、公示された証書の対抗可能性制度を調和させることにより、及び申請拒絶及び手続き却下の決定の法的枠組みを合理化することにより、土地公示制度を現代化しその実効性を強化する。
　3°　特に不動産先取特権及び抵当権の登記に関する基本原則を明らかにすることにより、不動産先取特権及び抵当権の登記制度を本条に規定するオルドナンスによる土地公示制度と調和させることにより、不動産先取特権及び抵当権の登記制度を現代化し明確化する。
　4°　場合により、本条に規定するオルドナンスにより、特にバ＝ラン（Bas-Rhin）県、オー＝ラン（Haut-Rhin）県及びモゼル（Moselle）県にフランス民事立法を施行する1924年6月1日の法律及び〔海外県であるマ

140　法典

イヨットに関する規定を置く〕民法典第5編に対して行われる修正について法的な調整を加える[4]。

　Ⅱ. 承認法案は各オルドナンスの公布から3か月以内に議会に提出される。」

　本稿では当初、3DS法198条により2023年8月21日までに制定されるオルドナンスにより行われるはずであったフランスの土地公示制度改革を紹介することを企図していた。しかし、本稿執筆段階（2024年3月）ではまだ3DS法198条に基づく土地公示制度改正オルドナンスが制定されていない。その後、2023年から2027年の司法省の方針と計画に関する2023年11月20日の法律第2022-217号（Loi n° 2023-1059 du 20 novembre 2023 d'orientation et de programmation du ministère de la justice 2023-2027）により、当初の18か月であった政府への土地公示法を改正する立法権の授権期間が2024年6月30日までに延長されたからである。2023年11月20日法51条の文言は、冒頭の政府への授権期間を除き3DS法198条と同じである。このようにオルドナンスの制定が遅れ政府への授権期間が延長された理由としては、土地公示制度の首尾一貫した改革を実現するには、法律だけでなくそれに付随する多くのデクレ・アレテ（政令・省令）の制定や改正も必要となるため、省庁間の多大な調整が必要となり時間がかかっているためと考えられる[5]。したがって、本稿では土地公示改正オルドナンスによる新たなフランスの土地公示制度について紹介することはできなかった。しかし、やがて制定される土地公示制度改正オルドナンスは、3DS法198条（2023年11月20日法51条）が示す基本方針を読む限り、2018年に提出されたエネス報告書の提案に概ね従うものになると思われる。そこで、本稿では、フランスの土地公示制度の現在の状況

4　本稿では、ドイツ法の影響を受けた特別な制度が適用されているアルザス＝モゼル地域の土地公示法については取り上げない。アルザス＝モゼル土地公示法について詳しくは、佐藤義人『フランスの地籍制度とアルザス - モゼル土地登記法』（論創社、2014年）を参照。

5　土地公示制度改正のオルドナンスの制定が遅れた理由については、国民議会のホームページに掲載されている2023年11月20日法の法律案の提案説明を参照（https://www.assemblee-nationale.fr/dyn/16/amendements/1346/CION_LOIS/CL781〔2024年3月22日最終確認〕）。法律案の段階ではより長い期間での政府への立法権の授権期間の延長が予定されていた。

とエネス報告書が示す改正提案を紹介検討することにしたい。

II　フランス土地公示制度の問題点

1　土地公示関連条文の散在

　フランスの近代的土地公示制度は1855年3月23日の法律により確立したが、現在のフランスの土地公示制度は土地公示を改革する1955年1月4日のデクレ第55-22号および同デクレを適用するための1955年10月14日のデクレ第55-1350号に拠っている（以下「1955年デクレ」という場合は前者の1955年1月4日デクレ、「1955年適用デクレ」という場合は後者のデクレを指す）。しかし、現在、土地公示に関する条文は、1955年の2つのデクレのほか、民法典、民事訴訟法典にもあり、数多くのデクレ・アレテも存在している。特に重要な条文だけでも、1955年の2つのデクレのほか、民法典710-1条、担保物権の登記に関する民法典2426条以下、土地公示に関する証明書について規定する民法典2449条以下をあげることができるが、これだけの条文でも土地公示にさほど詳しくない者にとって簡単に見つけ出すことは困難であろう。条文を探し出せたとしても、条文間の関係がわかりにくい。エネス報告書は、このような例として1955年適用デクレ74条をあげる。同条は、土地公示部局が申請を却下しうる場合について、民法典の条文2か条のほか、1955年デクレの2か条、そして1955年適用デクレの15か条の条文を参照するが、これらの場合が限定列挙なのかそうでないのかわかりにくいものとなっている。実務家以外の者にとってはもちろん、フランスの実務家にとってもわかりにくいものと言えるだろう。現在のフランスの土地公示制度は、エネス教授が1955年の2つのデクレの条文について「消化できないミルフィーユ〔何層もの層の間にクリームや果物が挟まれたパイ菓子〕」と指摘したように、1955年の2つのデクレだけでも非常に複雑でわかりにくいものとなっている。

　後述するように、本来は民法典に規定されるべき先公示者優先原則（対抗要件主義）に関する条文が1955年デクレ30条第1段第1項に置かれている。エネス報告書では、このような状態になった理由として、起草段階で争いがあり1804年民法典には抵当権の登記に関する条文しか規定されなかったこと、

その後に制定された法律・デクレにより土地公示の対象となる証書が徐々に拡大されていったことをあげている[6]。土地公示に関する基本原則とその例外に関する条文、制度の運用に関する条文を区別し整理して規定することが必要であるが、歴史的な経緯もあり、現在はそれらが峻別されないまま様々な法令に散在している。さらに、エネス報告書は、このような無秩序とでもいうべき状態になった理由として、土地公示に関する法令が、34条と37条で法律事項と命令事項を明確に区別する1958年の第五共和政憲法制定以前に制定されたこと原因ではないかと指摘している[7]。

　また、エネス報告書は、1955年デクレには土地公示に関して時代遅れの条文や過度に複雑な条文が多く存在していることも指摘している。この点に関しては後述する。

2　抵当権保存吏職の廃止による影響

　最近のフランスの土地公示制度の根幹にかかわる大きな改正としては、2010年6月10日のオルドナンス第2010-638号により、2013年1月1日から、日本の登記官にあたる抵当権保存吏（conservateur des hypothèques）という職業が廃止されたことをあげることができるだろう。抵当権保存吏は、経済金融省所属の公務員であったが、その給与は公示手続き申請者が払う金銭によること、民事責任も個人として負い行政裁判所ではなく司法裁判所で裁かれることなど、職業が確立されてきた歴史的な経緯から通常の公務員とは異なるかなり特殊な地位にあり、政府の報告書などで問題視されていた。抵当権保存吏職の廃止に伴い日本の登記所にあたる抵当権保存所（conservation des hypothèques）も廃止され、代わりに土地公示部局（Service chargé de la publicité foncière〔SPF〕）[8]とそこに所属する公務員である土地公示担当官（chargé de la publicité foncière）が土地公示の申請を受け付け土地公示を行うとともに不動産ファイル（fichier immobilier）を管

6　エネス報告書・前掲注1）51頁。
7　エネス報告書・前掲注1）52頁。
8　土地公示部局の組織等については、2012年12月26日のデクレ第2012-1462号および2012年12月26日のデクレ第2012-1463号により定められている。

理することになった。現在は、フランス全土に約330箇所、１県に１つから複数の土地公示部局がある。土地公示担当官は通常の公務員棒給表に従って給与が支払われる公務員である。

　公証人とともに土地公示制度を支えていた土地公示の専門家であった抵当権保存吏が消滅したことで、土地公示制度の脆弱化が指摘されている。土地公示部局のサービスの質が低いとの指摘、土地公示にかかる時間は10年間で４倍に増加したという指摘も見られる。エネス報告書では、このような土地公示手続きの遅延などの問題への対応についても検討がなされている。

Ⅲ　エネス報告書の土地公示制度改革に関する提案の概要

1　先公示者優先原則（対抗要件主義）原則の維持と証書の公示であることの明確化

　エネス報告書の第１部では、現在の土地公示制度について、その起源、目的、手続き、関与者などについて問題点を含めて紹介がされている。そこでは、土地公示は所有権の移転やその他の物権を生じさせるものではないこと、土地公示をすることにより公示される証書の瑕疵が取り除かれるものではないことを指摘し、土地公示は二重の意味で「付随的な（accessoire）」ものであると述べる。フランスでは、土地公示は権利強化的（confortative）であり、権利設定的（constitutive）ではない。エネス報告書は、このように付随的であると考えられていることから、土地公示について法律家の関心はさほど大きくはなく、土地公示に関する条文も十分な整理がなされず、土地公示の一般理論とでもいうべきものも存在しないことを指摘している。しかし、土地公示は、控えめな存在ではあるが、経済発展に欠かすことができない不動産に関する権利の法的安全の基礎となる存在であり、第三者に不動産に関する権利の存在を明らかにするという重要な役割を果たしている。エネス報告書は、このように第三者に不動産に関する権利の存在を認識させ権利の対抗可能性を保障することこそが土地公示の一番重要な役割であることを強調する[9]。意思主義の原則に基づく所有権移転および物権に関する証拠自由の原則を前提として、土地公示については先公示者優先原則（対抗要件主

義）を採用するのがフランス法の伝統である。エネス報告書では、この伝統を重視して、さらに新たな原則の導入による費用増加を回避するために、対抗要件としての土地公示の役割を維持し、アルザス＝モゼル地方やドイツ・スイスのような公示を物権変動の効力要件とする制度は採用しないことを第一の基本方針としている[10]。このような基本方針は、政府に対する授権法律である3DS法198条そして政府への授権期間を延長する2023年11月20日法51条の条文にも明記されている。

　エネス報告書では、あわせて条文において土地公示は権利（droit）ではなく証書（acte）の公示であることを明確に示すことを提案している。フランスの土地公示が証書の公示であることは、2011年3月28日の法律により挿入された現在の民法典710-1条1項および2項に以下のように明確に示されているが、その他の条文の修正の際にもそのことを明確に示すことを提案する。

　民法典710-1条「①土地公示手続きを開始させるいかなる証書または権利も、フランスで活動する公証人により公署形式で作成された証書、裁判所の判決、または行政当局から発せられた公署証書から生じたものでなければならない。

　②私署証書の公証人への寄託は、連署の有無にかかわらず、たとえ署名の承認がなされたとしても、土地公示手続きを開始させることはできない。ただし、公署形式で作成されていない場合でも、会社に対するまたは会社による財産または不動産の出資の前後の総会議事録および境界画定記録簿は、公証人へそれらの書面を寄託することを条件に、抵当権保存所で公示されうる。

　③第1項は、裁判所への召喚状、差押えに相当する命令、それらに付随するさまざまな手続行為および判決、所有権または行政地役権の所有権に対する行政上の制限に関する証書、行政機関が作成した報告書、地籍当局

9　エネス報告書・前掲注1）5・6頁。
10　エネス報告書・前掲注1）41・42頁。

測量士が作成した測量文書、行政上の決定や自然現象に起因する修正の土地公示手続きには適用されない。」

　エネス報告書では、土地公示は証書の公示であることを前提に、公示対象となる証書の公署性の原則を維持する。このことは上記の民法典710-1条でも示されている。エネス報告書においても、同条と同じく、公示されるのは原則としてフランスの公証人により公署証書の形式で作成された証書、そして土地公示のために作成された裁判所の判決または行政上の決定のみであるとする（案710-7条〔エネス報告書が提案する民法典の条文案については「案○条」と表記する〕）。このような公署性の維持は、法的安全の保障と公示簿への信頼に欠かせないものであることを理由とする。弁護士により副署された証書は土地公示部局への公示の対象とならない（案710-7条）。外国の公署官職により受け付けられた証書または執行命令を伴わない外国判決について、公証人への寄託を要件として公示の対象とすることも提案されている（案710-8条）。また、現在の民法典710-1条3項に規定されている公署性は欠くが公示できる証書の例外は維持されている（案710-9条）。

2　民法典への基本条文の挿入

　エネス報告書は、土地公示関連条文へのアクセスがより簡明なものとなることを目指して、不動産に関する権利についての土地公示に関する基本条文は、財の法〔droit de biens〔物権法〕）について規定する民法典第2編に、「土地公示（De la publicité foncière）」と題する新たな章（第5章）を設けて挿入することを提案している。現在は公示対象となる証書は原則として公署形式によるものでなければならないことを規定する710-1条のみである民法典の土地公示に関する条文に加えて、土地公示手続きの対象となる証書、土地公示手続き、土地公示部局に関する条文を置くことを提案している。

　エネス報告書は、現在は民法典の担保編2426条以下に規定されている担保物権の登記に関する条文については、現在と同じく担保編2426条以下に規定することを提案している（案710-14条）。担保物権の登記（inscription）はわが国の登記と同じように重要事項を抜書きして登記するものであり、物権

146　法典

変動を生じさせた証書自体を公示する所有権の公示（publication〔かつては transcription と呼ばれた〕）とは本質的に異なっていることがその理由である[11]。ただし、現在民法典の担保編に規定されている条文のうち謄本の交付等に関する2449条と土地公示に関する国の責任に関する2450条については文言の修正の後、第2編の土地公示の章に挿入することを提案している（案710-21条・案710-23条）。また生存者間の贈与の対抗可能性に関する現行民法典941条については、判例により生存者間の贈与についても通常の土地公示のルールが適用されることから削除を提案する。

　1955年の2つのデクレを「〔土地公示に関する〕真の小法典」と形容するマルティ＝レイノー＝ジェスタズの教科書[12]を引用しつつも、エネス報告書では土地公示法典の編纂に関する提案はない。このことは分野ごとに法典を編纂し現在80余りの法典を有するフランスの状況からすれば驚きであるが、土地公示は財の法（物権法）に直接に関係するものであるが付随的なものにすぎないため土地公示法は法典を構成するに足る自律性を有していないとの判断があったと思われる[13]。

3　条文と現在の土地公示制度間の齟齬の解消

　エネス報告書では、土地公示に関係する条文と現在の土地公示制度の間の齟齬をなくすことも提案している。たとえば、10年以上前に廃止されたにもかかわらず条文に残っている「抵当権保存所」という言葉は「土地公示部局」に置き換えられる。また、2003年からすべての土地公示が電子化されたことに伴い、紙での土地公示を念頭に置いた1955年10月14日デクレ13条、14条なども現在の土地公示制度に見合った条文に修正することを提案する。

　フランスでは、日本民法の177条にあたる先公示者優先原則に関する条文は長らく民法典には存在せず、1955年デクレ30条第1段第1項に詳細な規定を置くのみであった。同条は、未公示の権利は同条所定の「第三者」に対抗

11　エネス報告書・前掲注1）54頁。
12　Gabriel Marty, Pierre Raynaud et Philippe Jestaz, Droit civil: les sûretés, la publicité foncière, Sirey, 1987, n° 663, p. 458.
13　エネス報告書・前掲注1）52・53頁。

できないとし、「第三者」を①同じ前主からの特定承継人、②同一不動産上に競合する権利を有する者、③同様の対抗不能の制裁を受ける公示の義務がある証書または判決による権利取得者、そして④公示を先に備えた者であると規定する。エネス報告書は、この条文は理解するのが必ずしも容易ではないとして、より簡潔に「同じ不動産上に競合する権利を同じ者から取得した二人の取得者のうち、先に公示手続きを完了した者は、たとえその権限が後のものであってもの優先する。」（案710-3条）と規定することを提案している。

4 公示対象となる証書の整理と縮減

　現在、公示対象となる証書とはどのようなものかを知るためには、民法典2377条以下のほか、1955年デクレ28条、30条、36条、37条を参照しなければならない。条文が散在しているうえ、条文相互の関係もはっきりしない。エネス報告書では、現在は個別具体的に規定されている公示対象となる証書について、以下に見るようにできるだけ一般化し簡明に規定することを試みている[14]。あわせて、これまで公示すべきとされていた証書の整理と縮減が提案されている。これは、現在、公示対象となる証書ごとに様々な効果を有する公示が規定されていることで、フランス法の土地公示の本来の使命である権利を第三者に対抗可能なものとする使命が薄らいでいることへの危機感を背景にした提案である[15]。具体的には、これまで情報提供的な公示の対象とされてきた12年以上の賃貸借や不動産開発契約（contrat de promotion immobilière）[16]に基づく物権と同一視される債権や3年分の賃料の支払いまたは譲渡に関する公示、所有権への行政的制限や歴史的建造物の格付けに関する公示を公示の対象外とする。エネス報告書が公示の対象とするのは以下

14　エネス報告書・前掲注1）60頁。

15　エネス報告書・前掲注1）60頁。1955年の土地公示改革により公示の対象とされた証書の詳細については、鎌田薫「フランスの土地公示制度」香川保一編『不動産登記の諸問題・上巻』（テイハン、1975年）122頁を参照。

16　不動産開発契約は、1978年1月4日の法律第78-12号により民法典に導入された契約で、不動産開発業者が、注文者（委任者）に対して、1つまたは複数の建築契約を建築業者に実現させることを引き受ける契約であり、委任と請負双方の性質を有する（民法典1831-1条以下）。

148 法典

の①②の２つとなる。

①不動産物権を設定、修正、移転、宣言、確認、または消滅させるすべての証書および判決（案710-2条）。
②物権の行使、使用または内容を修正する証書およびそれらを尊重させるために第三者に知らされなければならない証書（案710-4条）。

②の証書とは、具体的には、不動産の共同使用および共同管理に関する証書（不分割合意、区分所有また分譲地の共益費負担台帳および規約、地役権の使用に関する合意など）、不動産物権に関する証書の解除原因または取消し原因を規定する証書、贈与または遺贈に挿入された譲渡禁止条項のような処分権の制限を設定または確認する証書、差押え禁止に関する合意または宣言、および優先買受条項または片務予約である。いずれも、将来的に①の証書が引き起こすものと同様の紛争を引き起こす可能性がある証書である。ここでも、権利の対抗可能性を保障し、法的安全を守るという土地公示の本来の役割が重視されている。

②の具体例としてあげた優先買受条項または片務予約について付言しておくと、これらは前契約（avant-contrat）と呼ばれ、現行法においてこれらは情報提供としての公示の対象である。現在のところ、優先買受条項または片務予約は常に第三者に対抗できるが、対抗するには第三者がそれについて認識していたという要件が必要であり、民法典1123条２項では優先買受条項については詐害的協働が必要とされ、民法典1124条３項では片務予約については第三者の悪意が必要とされている。このような前契約について、エネス報告書では対抗要件としての公示の対象とする提案がなされている。ただし、前契約の公示手続きでは証書の公署性の原則は放棄され、公示される証書の作成は公証人によらなくてもよい。このような可能性を当事者に留保しているのは、契約に関する秘密保持という理由のほか、費用のかかる公署形式を避けさせるという理由があるとされる[17]。さらに、この前契約の公示について、エネス報告書では、不動産価格の0.1％ではなく、一律15ユーロの不動産安全寄与税（contribution de sécurité immobilière〔CSI〕）を課すことを

提案している。

　公示された証書の無効、取消または解除に関する訴えについて裁判上の呼出状は、訴えの不受理を制裁とする義務的公示の対象であるが、制裁されるのは、呼出状が公示されないことであり、申請（dépôt〔証書の寄託〕）がなされなかったことではない。そのため、土地公示部局が申請を受付けたがその公示に手間取れば、その間、公示がないため呼出状は不受理であると宣言されうる。エネス報告書では、これらの呼出状について、公示の欠缺に対する制裁を次のように変更することを提案する。すなわち、原則は、呼出状を公示しなかった原告は、呼出状よりも前にその権利を公示した被告の承継人に対して、被告の権原の無効についての遡及性を主張できない（案710-16条）。エネス報告書では、ドイツ法から取り入れた技術である予備登記（prénotation）制度の導入が提案されている。たとえば、ある不動産譲渡について無効（無効宣告訴訟）の呼出状の公示がなされた後で、原告が自らの請求が功を奏して勝訴したことを知った後に、問題となっている不動産の転売が公示された場合、原告は無効を新取得者に対抗できる（案710-15条）。反対に、呼出状の公示前に公示されたすべての証書は、原告に対抗できる。先公示者優先原則によってできるだけ早く保護してもらえるよう、原告は呼出状を公示するようになるであろう。なお、公示は証書または判決の申請の日に効果を生じることになる（案710-13条）。

5　不動産二重譲渡事例における第三者の主観的態様

　エネス報告書によれば、不動産二重譲渡事例における第三者の主観的要件の問題は、この問題が土地公示の有効性と一貫性を左右すると考えられることから、土地公示改正委員会での検討の中心事項であったという[18]。

　不動産公示に際して問題となる「第三者」の主観的態様について、フランスでは古くから、公示のメカニズムは先行する証書の存在を認識している者に不正に利用されてはならないとするいわゆる主観説（悪意者排除説）と公

17　エネス報告書・前掲注１）71頁以下。

18　エネス報告書・前掲注１）80頁以下。

150 法典

示制度は取引の安全を守るために存在することを強調し公示の先後ではなく第三者の善意悪意を問うことは法的安全を損なうとして反対する客観説（善意悪意不問説）の対立が見られた。判例は、破毀院第三民事部1968年3月22日判決（Vallet 判決）[19]により悪意者は不法行為上のフォート（faute）を犯しているとし不法行為理論により悪意者を排除する主観説を採用した。1968年判決では不法行為責任に関する民法典旧1382条に基づく悪意者排除説（フォート説）が採用され、先行する契約の存在を認識している第三者（第二譲受人）はフォートを犯しており先に公示を備えても第一譲受人に対抗できないとされた。しかし、不法行為理論の不動産の先公示優先主義（対抗要件主義）への導入については、その是非や悪意者だけではなく有過失者まで排除することにつながるのではないかなどの学説からの批判を受けた。また、第一譲受人が公示を懈怠したことについて過失ありとして過失相殺される可能性も生じうるが過失相殺という考え方はそもそも対抗理論と相いれない。第二譲受人に過大な調査義務を課すことになり、逆に公示を懈怠した第一譲受人が所有権を失う機会が減少することは、土地公示法の趣旨（土地公示を中心とした取引の確立）を毀損するのではないかという指摘も見られた。

　1968年の Vallet 判決後は、1972年7月4日の法律第72-665号8条により規定された動産に関する信用賃貸借（crédit-bail）の公示などについて悪意の第三者を排除する一連の立法が行われた。しかし、その後の判例では、所有権以外の抵当権や賃借権をめぐる紛争を端緒に客観説への接近が見られた[20]。さらに判例では、2010年代に入ると、エネス報告書でも取り上げられている破毀院第三民事部2011年1月12日判決[21]が、私署証書による売買予約（promesse de vente）に関して第三者の悪意を問題とせず、公正証書により

19　Cass. 3ᵉ civ. 22 mars 1968, D.1968, p. 412, note J.Mazeaud；JCP G 1968, II, 15587, note A. Plancquéel.
20　この問題に関するフランス判例の展開は、七戸克彦「不動産の二重譲渡における第三者の悪意」松川正毅ほか編『判例にみるフランス民法の軌跡』（法律文化社、2012年）60頁以下を参照。
21　Cass. 3ᵉ civ. 12 janv. 2011, nᵒ 10-10.667；D.2011, 851, note L. Aynès；Defrénois 2011, art.39211, note C.Grimaldi；RTDciv.2011, 158, obs.P.Crocq. その他にも、破毀院第三民事部2010年2月10日判決（Cass. 3ᵉ civ. 10 févr. 2010, nᵒ 08-21.656）が、私署証書による売買仮契約（compromis）に関して善意要件を排除し悪意の第三者を優先した。

不動産公示を備えた第二譲受人を優先し、第三者の善意要件を放棄するなど、判例の客観説（フロード説）への回帰が見られるようになった。また、学説では、破毀院が採用する客観説の立場が広く支持されていると理解されていた。

　しかし、2016年2月10日のオルドナンスによるフランス債務法改正により、従前の判例とは全く異なり第三者は善意（bonne foi）でなければならないとする民法典1198条が挿入された。債務法改正の準備草案にもなかったこのような条文が入った理由は明らかにされていないが、2016年改正前の判例の動向とは正反対の条文が挿入されたことは驚くべきことである。同条2項は「同一不動産を目的とする権利を譲り受けた二人の取得者間においては、その権利が後に取得されたものであったとしても、先に不動産ファイルに公正証書の形式で自らの取得を公示した者が、善意を要件として優先する」と規定する[22]。民法典1198条は先公示者優先原則の適用に際して先公示者の善意を要求しているが、エネス報告書はこの原則を放棄し善意悪意不問説（フロード説）の立場をとり、善意悪意を探求しないことで土地公示の法的安定性を強化することを目指す。悪意の第一譲受人にフォートがあれば民事責任を追及できる可能性はあるが、所有権の帰属は公示の先後で決し、第三者の要件として善意を要求しない。ただし、公示を先に備えた者とこの者が権利を取得した者（前主）との間に詐害的協働（collusion frauduleuse）があった場合は、フロードはすべてを害するという原則（fraus omnia corrumpit）が適用され、公示を先に備えたとしても劣後する可能性がある（フロード説）。

6　相対性原則（＝公示の連続性の原則）の維持

　エネス報告書では、フランスでは相対性（effet relatif）原則と呼ばれている公示の連続性の原則を維持することが提案されている。公示手続きを行うには前主の権原が事前に公示されていることが必要とされる。途切れなく権利移転の連鎖を土地公示簿上に示すことができる点から相対性原則は重要であり、1955年デクレ3条にこの原則は規定されている。ただし、現在用いら

22　民法典1198条1項は動産の二重譲渡に関する条文である。

れている「相対性」という言葉は契約法で用いられる「相対性」とは意味が異なるために、この用語を用いず「従前の権限の公示に関する要件」と題した節を設けて、これまで相対性原則と呼ばれてきた公示の連続性の原則に関する条文を置くことを提案する。ある権利の移転、変更、宣言、確認、消滅などの公示手続きをするには、事前に当該権利が公示されている必要があるとする条文である（案710-10条）。さらに、法律の規定によりある者の権利が生じる証書を公示すべき証書のリストに追加することで、公示の連続性が土地公示に反映されることを目指す（案710-11条）。追加された証書とは具体的には、判決がない場合の時効取得による取得公知証書、法律により付与された権利の確認証書、さらには公証人により作成されたある者の死亡による相続人への所有権譲渡を確認する不動産確認書（案710-4条2号・3号）である（案710-11条に列挙）。

7　土地公示制度の運用面での改善

　毎年、約1000万の公示と閲覧が行われているが、公示手続きの実行および不動産ファイルの更新について多くの遅滞が生じており、申請から公示まで1年かかることもある。そこで、エネス報告書では、現在も用いられている電子申請の一般化を目指すべきとの提言がなされている[23]。フランスでは、テレアクト（Télé@ctes）と呼ばれ、土地公示部局への電子申請を可能にするシステムが稼働中でありすでに公証人については義務的なものとなっているが、公証人によらない手続き、つまり電子申請によらなくてもよい公示がなお10％ほど残っている。たとえば、土地台帳調書、法定抵当権または裁判抵当権、不動産差押えに相当する支払い催告状、不動産売買の取消しを目的とする裁判上の請求などである。これらも公証人の関与する電子申請の対象とすることで、時間の節約の他に、形式が不適式であることを理由として公示を拒否する無駄を省くことができるという。

　また、一定の証書に関する職権での抹消制度を設け、土地公示申請者が負担する費用や付随的手続きを不要にし、二重の公示を避けることも目指され

23　エネス報告書・前掲注1）85頁。

ている[24]。期限切れまたは失効した証書が権利者の懈怠によりその公示が放置されること防ぐ趣旨である。具体的には、裁判上の請求の公示は3年内に判決の公示がなされない場合に（案710-17条）、不動産差押えに相当する支払い催告状の公示は競売の判決が2年内に公示されない場合に、自動的にその効果の発生を止める。これらの期間を過ぎると公示は効果を失い、職権でその公示の抹消が行われる。同じような考えにより、目的を失った一定の記載について、このことを確認した公証人または弁護士により作成された証明書があれば不動産ファイルからの自動的な抹消の対象とすべきことも提言されている[25]。

　公証人は直接に不動産ファイルの情報にアクセスができるが（現在もアクセスの90％以上が公証人によるものである）、他の法律専門職に間接的にテレアクト・システム、特に公証人不動産ファイルアクセス（Accès aux Notaires du fichier immobilier〔ANF〕）システムへのアクセスを可能にすべきであるという。エネス報告書は、電子的アクセスが可能な統一的な不動産ファイルの創設と国家のコントロールの下で公証人により管理されることを提案している。公証人だけではなく、コンセイユ・デタの議を経たデクレにより規定されたその他の関係職業に就く者もが不動産ファイルにアクセスできるようにすべきことも提言されている[26]。この場合であっても、不動産ファイルの検索は、単なる好奇心で他人の不動産資産の状況が明らかにされることを避け人々の私生活を守るために、人単位ではなく不動産単位でのみ実施できる。

Ⅳ　おわりに

　本稿の冒頭で述べたように、3DS法198条により2023年8月21日までに制定されるオルドナンスにより行われるはずであったフランスの土地公示制度改革は、2023年11月20日法により、当初の18か月であった政府への土地公示

24　エネス報告書・前掲注1）86頁。
25　エネス報告書・前掲注1）86頁。
26　エネス報告書・前掲注1）94頁・95頁。

法を改正する立法権の授権期間が2024年6月30日までに延長された。エネス報告書は134頁と大部でありその提案も多岐にわたっているため、本稿ではそのすべてを網羅的に取り上げることはできなかったが、フランスの土地公示制度の根幹に関わる提案について概ね紹介することができたと考えている。最後にその中でも特に注目すべき二重譲渡事例における第三者の主観的態様に関する提案につき、若干の検討を加えて終わりとしたい。

　エネス報告書の提案は、2016年のフランス債務法改正により導入されたばかりの現行民法典1198条とは正反対の立場をとっている[27]。エネス報告書は、2016年の債務法改正により「善意（bonne foi）」という主観的要件が先公示者優先原則（対抗要件主義）そのものの中に取り込まれたことを問題視している[28]。契約法における善意とは異なり、物権法における善意は単に「現実の認識（connaissance effective）」がなかったことを意味している点も問題であるという。エネス報告書では、民法典1198条2項から「善意を要件として」という箇所を削除する提案をし、善意悪意不問説（フロード説）の立場をとる。先に公示を備えた悪意の第二譲受人にフォートがあれば、第一譲受人がこの者の民事責任を追及できる可能性は残されているが、対抗の問題（所有権の取得）においては第二譲受人の善意悪意は問わないという立場である。その理由についてエネス報告書では詳述されているが、ここではごく簡潔にまとめておくと、①第三者の内心を問うことは土地公示制度による予測性を毀損し土地取引の安全を損ねる、②公示することにより取得者は自らの権利を公示しその権利を対抗する意思を示すのであり単なる情報提供のためではない、③第一取得者は義務的である公示を懈怠することにより第三者に自らの権利を対抗できないという結果を引き受けなければならないという

---

27 この問題については、筆者もかつて何度か論じたことがある。吉井啓子「不動産公示の消極的効果としての「不知」の推定（一）・（二・完）──フランスの不動産公示における『認識』の位置付け」同法46巻6号（1995年）159頁・47巻1号（1995年）163頁、同「不動産担保物権の対抗（一）・（二・完）──フランス抵当制度からの考察」同法49巻1号（1997年）182頁・49巻2号（1998年）160頁、同「『対抗』理論における第三者の主観的態様の意義──近時のフランス破毀院判例からの考察」国学院38巻2号（2000年）71頁を参照。上記の一番目の論文については、金山直樹教授を中心とする民法学の過去現在未来研究会の座談会「物権変動論の最前線──不動産の二重譲渡問題を中心に」姫路20号（1996年）149頁で取り上げていただいた。
28 エネス報告書・前掲注1）83頁。

３つの理由である。いずれも土地公示の法的安定性を目指す善意悪意不問説の立場から説かれる古典的な理由と言えよう。土地公示改正委員会の委員長であるエネス教授は不動産二重譲渡事例における第三者に善意を要求することにかねてから反対しており、同教授の考え方が報告書の提案にも強く反映されていると考えられる[29]。しかし、フランスの学説においては民法典1198条における善意要件の維持に賛成する者もなお少なくなく[30]、エネス報告書のこの問題に関する提案がオルドナンスで採用されるとすればまた大きな議論を巻き起こすと思われる。今後の動きを注視したい。

〔追記〕 本稿の脱稿後（2024年３月脱稿）、土地公示法を修正し法典化する2024年６月19日のオルドナンス第2024-562号（Ordonnance n° 2024-562 du 19 juin 2024 modifiant et codifiant le droit de la publicité foncière）が制定された。オルドナンスは全27条からなり、章立ては以下のようになっている。

第１章　土地公示法の法典への挿入（１条から７条まで）

第２章　抵当権の公示に関する規則の現代化（８条）

第３章　その他の規定及び調整規定（９条から21条まで）

第４章　海外に関する規定（22条から23条まで）

第５章　経過規定および最終規定（24条から27条まで）

このオルドナンスは、コンセイユ・デタ（国務院）の議を経たデクレで定められた日、遅くとも2028年12月31日までに施行されることになっている（同オルドナンス27条）。同オルドナンスによる土地公示法の改正については、別稿で紹介し検討する予定である。

〔再追記〕 上記オルドナンスは、2024年秋のフランス政治の混乱により、議会による承認が行われず失効した。

---

29 L.Aynès, Libres propos, JCP N 2018, act.862. 土地の二重譲渡における第三者の主観的要件をめぐる学説の詳細は、Ph.Simler, Pour une maintien de la condition de bonne foi, JCP G 2019, 1348のほか、P.Crocq, Opposabilité, publicité et connaissance des droits, Mél.Mestre, LGDJ, 2019, p. 289 et s. を参照。

30 たとえば、Ph.Simler, Pour une maintien de la condition de bonne foi, préc.

ベルギーにおける動産担保法改正の到達点
（現行条文全訳）

片 山 直 也

Ⅰ　はじめに——本稿の目的
Ⅱ　ベルギー動産担保法改正の経緯
Ⅲ　ベルギー動産担保法の特徴
Ⅳ　ベルギー動産担保法の現行条文全訳

Ⅰ　はじめに——本稿の目的

　わが国においては、2021年4月から法制審議会担保法制部会における動産債権担保法制の改正をめぐる議論が開始され[1]、2023年1月には、「担保法制の見直しに関する中間試案」[2]が公表された。現在も「要綱案」の策定に向けた審議が継続している。また、この間、事業担保権に関しては、2024年6月7日、金融庁の主導で、「事業性融資の推進等に関する法律」が成立し、「企業価値担保権」が前倒しで創設されることとなった[3]。

---

[1] 法制審議会第189回会議（令和3年2月10日）において、「動産や債権等を担保の目的として行う資金調達の利用の拡大など、不動産以外の財産を担保の目的とする取引の実情等に鑑み、その法律関係の明確化や安定性の確保等の観点から、担保に関する法制の見直しを行う必要があると思われるので、その要綱を示されたい」との「担保法制の見直しに関する諮問第114号」に基づき、「担保法制部会」が設けられた。

[2] 担保法制部会第29回会議（令和4年12月6日開催）において、「担保法制の見直しに関する中間試案」が取りまとめられた。https://www.moj.go.jp/shingi1/shingi04900001_00179.html

[3] 金融庁「事業性融資の推進等に関する法律案 説明資料」（2024年3月）参照。https://www.fsa.go.jp/common/diet/213/02/setsumei.pdf

　併せて、「特集・誕生！企業価値担保権」金融財政事情75巻24号（2024年）12頁以下、「特集・企業価値担保権と実務的考察」銀行920号（2024年）4頁以下など参照。。

わが国の担保法は、明治期の法継受により、基本的にはフランス法圏に属するとされるが、今般の動産債権担保法制の改正作業が、同様にフランス法圏に属しつつも独自の展開を遂げてきたフランス法、ベルギー法、ケベック法との比較において、どのように評価されることになるのか、立法の先後を通して、比較法的に大変興味深いところである[4]。

　その中で、フランス法、ベルギー法は、1804年のナポレオン民法典を源流とするフランス法圏に属しつつも、21世紀の法改正を通じて、それぞれ独自の発展を遂げるに至っている[5]。フランスでは、2006年と2021年に担保法の大改正が実施されたが、UNCITRAL の「担保付取引モデル法」や UCC 第9編に代表されるような、「機能的アプローチ」に基づいた「統一的担保制度」とは一線を画し、「多元主義」「刻む担保」として特徴づけられる「フランス法の伝統」が維持されている[6]。これに対して、ベルギー法は、2013年の改正において、EU 法の調和という視点から、UNCITRAL の「担保付取引立法指針」に準拠し、一元的構成を指向する改正が行われ、注目を浴びた[7]。だが、その後、2016年の改正において、債権担保（債権質）を登録の対象から外し、フランス法と同様に、動産担保と債権担保を区別する二元的構成に方向転換がなされている[8]。

　本稿は、今後なされるべき比較法研究への基礎資料として、フランス法に

4　「中間試案」を素材とした北米、オセアニア、東アジア、フランス語圏、ドイツとの比較研究として、青木則幸＝片山直也＝水津太郎＝道垣内弘人編『動産債権担保法制の国際的位相――担保法制の見直しに関する中間試案の検討』（成文堂、2024年）参照。

5　フランス法、ベルギー法、ケベック法との比較研究として、片山直也「動産・債権担保法制をめぐる2元的構成の新たな2つの動向」同『財産の集合的把握と詐害行為取消権（詐害行為の基礎理論第2巻）』所収（慶應義塾大学出版会、2024年）139頁以下参照。本稿は、既出のこの論稿と多くの重複箇所が生じているが、記して読者諸兄のご海容を請う次第である。

6　フランス法につき、白石大「再改正された担保法の概要（海外金融法の動向・フランス法）」金融法研究38号（2022年）137頁以下、片山直也＝齋藤由起「2021年フランス担保法改正オルドナンスの概要――動産・債権担保を中心に」日仏法学32号（2023年）67頁以下など参照。

7　2013年のベルギー動産担保法改正に関する比較法的視角からの論稿として、*cf. ex.* Julienne (Maxime), La réforme des sûretés réelles mobilières en Belgique, *RDC*, 2014, n° 04, p. 656; Grégoire (Michèle), Droit belge: « Perspectives de droit des sûretés: vers une nouvelle maîtrise du risque », *Revue de droit bancaire et financier*, n° 1 janv.-févr., 2016, pp. 82 et s.; エリック・ヴァン＝デン＝オート（片山直也訳）「ベルギーにおける2013年動産担保法改正」法研90巻6号45頁以下など参照。

158　法典

続いて[9]、ベルギー法について、現行規定の条文の全文翻訳を提供し、2013年および2016年改正を経た現時の到達点を示すものである[10]。条文全文の翻訳の掲出（Ⅳ）に先立って、ベルギー動産担保法改正の経緯（Ⅱ）およびその特徴（Ⅲ）について簡略に説明を行う。

Ⅱ　ベルギー動産担保法改正の経緯

1　第1ステージ（2013年改正）

　ベルギーでは、2013年7月11日法によって、一元的な動産質権制度が導入された[11]。改正前は、動産担保について、民法典上の民事質権（gage civil）および先取特権（privilèges）、商法典上の商事質権（gage commercial）、さらに1919年10月25日法による営業財産質権（gage sur fonds de commerce）、1862年11月18日法による商品ワラント（warrant des marchandises）等があったが、実務の需要に十分に対応していなかったため、法務大臣は、2010年に専門家グループ（groupe d'experts）を組織し、同グループが「準備草案（Avant-projet）」の起草を担当した[12]。その後、コンセイユ・デタへの諮問・

8　片山・前掲「動産・債権担保法制をめぐる2元的構成の新たな2つの動向」162頁以下、同「動産債権担保における『占有』と『支配』」武蔵野法学20号（2024年）（213）462頁以下など参照。

9　片山直也＝齋藤由起（訳）「2021年フランス担保法改正オルドナンスによる民法典の改正——人的担保および物的担保（動産担保）に関する条文の翻訳ならびに共和国大統領に対する報告書による解説」法学研究95巻11号（2022年）65頁以下参照。

10　ベルギー動産担保法の概要につき、髙秀成「第2部ベルギー法」商事法務編『動産・債権を中心とした担保法制に関する研究会報告書〔付・各国の動産・債権を中心とした担保法制に関する調査研究業務報告書〕』（別冊NBL177号、2021年）255頁以下、ミシェル・グレゴワール＝片山直也訳「ベルギーにおける動産・債権担保法制の概観および質問票への回答」青木他編・前掲『動産債権担保法制の国際的位相』203頁以下など参照。

11　動産物的担保（sûretés réelles mobilières）に関して民法典を改正し、かつそれに関する諸規定を廃止する2013年7月11日法律（M.B. 2 août 2013, p. 48463）。同法律は、民法典第3編「所有権を取得する様々な方法」第17章「動産物的担保（Des sûretés réelles mobilières）」にそのまま挿入されている。2013年法につき、cf. ex. Dirix (Eric), *La réforme des sûretés réelles mobilières*, 2013, Kluwer; Grégoire (Michele), La modification du Code civil en ce qui concerne les sûretés réelles mobilières, *in* Frédéric Georges (dir.), *Insolvabilité et garantie*, CUP, vol. 153, 2014, Lancier, pp. 9 et s.; Georges (Frédéric), La réforme des sûretés réelles mobilières, *Revue de la Faculté de l'Université de Liège*, 2013/3-4, pp. 319 et s.; *etc.*

答申を経て、「法案」が提出された[13]。

　法案に付された立法理由書においては、改正の目的として、①担保法における機能的アプローチ（une approche fonctionnelle）を優先すること（類似の担保には、その構成上の相違にもかかわらず、同一の法的効果が付与されるべきこと）、および、②担保取引に関する共通参照枠草案（Draft Common Frame of Reference）や国連国際商事法委員会（Commission des Nations Unies pour le droit commercial international）の立法指針（Guide législatif）を比較参照することにより、ヨーロッパにおける法の調和（harmonisation du droit）に寄与することの2点が強調され、アンシトラルの立法指針を意識した上で、「機能的アプローチ」に基づいて、③特に、「質権（gage）」を、抜本的に、実効的な（efficace）、柔軟な（flexible）かつ予測可能な（prévisible）担保に見直すことによって、動産質権一元構成の導入を企図することが明確にされている[14]。さらに、担保目的での信託的債権譲渡につき、次の質権擬制の規定（62条）を置いて、動産質権一元構成が徹底されている。その上で、設定者からの占有移転を伴わない質権を原則とし、その第三者に対する対抗を、質権登録簿（registre des gages）への登録（enregistrement）に一元化することが企図されていた[15]。

2　第2ステージ（2016年改正）

　ところが、一元的な動産質権制度については、2016年12月25日改正[16]によって、大幅な見直しが図られることとなる。すなわち、債権担保（債権質）を動産担保（動産質）から切り離して、異なる取扱をする方向性が示された（新たな二元的構成）。すでに、2013年法によって、占有移転による質権の対

12　*Cf.* Dirix（Eric）, *La réforme des sûretés réelles mobilières*, p. 61。同グループの準備草案につき、*cf.* Dirix, *La réforme des sûretés réelles mobilières*, pp. 141 et s.

13　コンセイユ・デタの答申（Avis du Conseil d'État, n° 51.680/2/V du 27 août 2012）および草案につき、*cf.* Dirix, *La réforme des sûretés réelles mobilières*, pp. 174 et s., pp. 197 et s.

14　立法理由書では、本文に列挙した点の他に、順不同で、以下の点が挙げられている。すなわち、④債権者、債務者および第三者の対立する利益の均衡（équilibre）を見出すこと、⑤多数の法定先取特権（privilèges légaux）を廃止して、担保法の可視化（prévisibilité）を促進すること、⑥「民法典の尊重（la remise à l'honneur du Code civil）」（担保に関する法規定をできる限り民法典の中に集約すること）がそれである（*cf.* Dirix, *op.cit.*, n° 3, pp. 5-6）。

160　法典

抗（39条）および債権質における「支配」による占有移転（60条）は承認されていたが、さらに、譲渡契約の締結により第三者に対抗できるとする債権譲渡法制の改正（旧1690条、現5.179条）を踏まえて、第7款のタイトルを「債権の占有移転による対抗」から「債権質（Gage sur créances）」に改め、債権質を登録制度の対象から外すこととなったのである（15条2項）[17]。

3　第3ステージ（2022年改正）

　次いで、第2ステージの延長ではあるが、第3編物権編（2021年9月1日施行）、第5編債権編（2023年1月1日施行）の大改正に伴って、債権譲渡に関する準用条文番号が変更となるとともに（5.179条及び5.181条2項3項）、併せて、債権の即時所得に関する規定が設けられたことから（3.28条第2）、2022年4月28日法律25号によって、債権質に関する60条3項の準用条文が改められている[18]。

15　ヴァン＝デン＝オート・前掲「ベルギーにおける2013年動産担保法改正」48頁以下、グレゴワール・前掲「ベルギーにおける動産・債権担保法制の概観および質問票への回答」203頁以下など参照。なお、登録簿の法整備は遅延し、債権質に関する2016年の抜本的な修正を経て、遅くとも2018年1月1日までの王令によって定められた日から施行することが定められた（Loi du 25 décembre 2016（M.B., 30 décembre 2016, M.B., p. 91950）第36条）。その後、2017年9月に実施規則が定められ（Arrêt royal du 14 septembre 2017, M.B., 26 septembre 2017）、ようやく2018年1月1日に施行となった（*cf. Les Codes essentielles Larcier-Civil* 2015-2016（5 août 2015), p. 197; *Les Codes annotés 2019, Droit civil*（1er oct. 2019), 17e éd, Larcier, p. 366；髙・前掲「第2部　ベルギー法」257頁など参照）。

16　Loi du 25 décembre 2016（M.B., 30 décembre 2016, M.B., p. 91950

17　*Document parlementaire 54K2138/001, Exposé des motifs, Projet de loi modifiant diverses dis-positions relatives aux sûretés réelles mobilières*, pp. 9-10（Art. 7）。この登録制度からの債権質の排除は、債権質を非占有担保と位置づけていた学説には驚きを持って迎えられた（*cf. ex.* V. Nicaise, La mise en gage de créance et la cession de créance à titre fiduciaire: en droit belge, in Patrice Jourdan et P. Wéry（dir.）, *La transmission des obligations en droit français et en droit belge, approches de droit comparé*, Larcier, 2019, n°s 5-7, pp. 295-300; *etc.*）。コンセイユ・デタも、質権のシステムの調和を確保し、かつ第三者の権利を保護するために、債権の質入れにつき、登録の可能性を維持すべきだと立法者に助言していた（*cf. ex,* M. Grégoire（dir.）, *De Page Traité de droit civil belge, t. V: Sûretés et privilèges, vol. 2: Sûretés réelles mobilières et privilèges mobiliers*, Bryulant-Larcier, 2023, n° 331, p.197; *etc.*）。併せて、片山・前掲「動産・債権担保制をめぐる2元的構成の新たな2つの動向」172頁以下など参照。

Ⅲ　ベルギー動産担保法の特徴

　ここでは、比較法研究になすに際して重要となるベルギー動産担保法の特徴をいくつか指摘しておこう[19]。

　第1は、動産・債権担保を、制限物権としての「質（gage）」として規律し、担保目的での信託的譲渡（担保目的での債権譲渡）については、質権を擬制するという点である（62条参照）。しかしながら、金融担保（sûretés financières）における「担保目的での所有権移転」については、62条（質権

18　第3項によって準用される物権編（債権の即時取得）および債権編（債権譲渡）の条文を引用しておこう（*cf. ex.* Code civil belge, Coordination au 10 janvier 2023, 4e éd., 2023, Bruxelles, par Pierre Delroisse et Axel Neefs, p. 75 et 251; *etc.*）。

　【第3.28条】　動産に関する善意の即時取得（Acquisition immédiate de bonne foi en matière mobilière）
　　第1　……（動産に関する即時取得の規定）
　　第2　処分することができなかった者から、有償名義で（à titre onéreux）、善意で（de bonne foi）、債権に関する物的な権利（un droit réel sur une créance）を取得した者は、被譲債務者に通知（notification）をなした時からその権利の名義人となる。

　第1節　債権譲渡　第2款　第三者への対抗
　【第5.179条】第三者に対する効果
　　第1項　債権譲渡は、第3.28条に反しない限り、譲渡契約の締結によって、被譲債務者以外の第三者に対抗することができる。
　　第2項　譲渡は、被譲債務者に通知がなされた時又は被譲債務者により承諾がなされた時からでなければ、被譲債務者に対抗できない。
　　第3項　譲渡は、譲渡人の善意の債権者に、債務者が善意でかつ譲渡が通知される前にその者に有効に弁済をなした場合には、対抗できない。

　【第5.181条】債務者の地位
　　第1項　債権譲渡は、債務者の抗弁を維持させる。
　　第2項　債務者に譲渡が通知される前又は債務者がそれを承諾する以前に、善意で弁済をなした債務者は、免責される。
　　第3項　善意の債務者は、債務者に譲渡が通知される前又は債務者がそれを承諾する以前に、譲渡人に対してなしたすべての法律行為の結果を、譲受人に対して援用することができる。

19　併せて、片山・前掲「動産・債権担保法制をめぐる2元的構成の新たな2つの動向」162頁以下など参照。

162 法典

擬制）の適用は除外されることから[20]、憲法裁判所による立法者への是正の可能性が残されているとの指摘は存する[21]。

　第2は、動産質（有体動産質）について、登録制度を設けることにより、質権登録簿（registre des gages）への登録（enregistrement）によって（29条第1第1項）、第三者に対抗することができるとするが（15条1項）、同時に、占有移転（dépossession）による対抗の余地も残しており（39条）、対抗要件は「二者択一」である[22]。

　第3は、債権質については、2016年改正により、登録制度の対象から除外された点である（15条2項）。先述したように、2016年改正では、債権譲渡の契約締結による対抗（旧1690条、第5.179条1項）との均衡、債権質における「支配」による対抗可能性（60条）、金融担保との均衡などを理由として、登記制度の対象から外された（前注17）参照）。これによって、2013年法において機能的アプローチに基づいて構想された動産担保制度は、動産担保と債権担保を区分する二元的構成に大きく変容することになり、母法フランス法に接近する。さらに2017年の倒産法改正により、金融担保とともに債権質についても、再生手続きにおける、債権の取立て・充当が保証されるに

---

20 金融担保に関する法律2004年12月15日法「第6章　担保目的での所有権移転」
【12条】
　　第1項　　民法典第1328条及び第3編第17章の規定並びに本法律第7条乃至第10条の規定は、金融資産（instruments financiers）、現金（espèces）又は銀行債権（créances bancaires）につき債務を担保する目的でなされた所有権の移転（transferts de propriété）には適用されない。債務には、譲渡された金融資産、現金若しくは銀行債権又はそれと同等の資産（instruments）若しくは証券（valeurs）を再譲渡する譲受人の債務も含まれる。ただし、被担保債務の全部又は一部の不履行がある場合はこの限りでない。（後段略）
　　第2項　　第1項の規定する所有権の移転は、有効かつ第三者に対抗できる。それには、特に、倒産手続（procédure d'insolvabilité）、差押え（saisie）又は合意の一方当事者の債権者間のすべての競合状態の到来（survenance de toute situation de concours）にもかかわらず、目的を構成する財産の譲渡（alienation）又はそれに帰属する債権による相殺（compensation）を可能とする所有権から発生する特権（prérogatives）が含まれる。
21 Cf. ex. Nicaise, op.cit., n° 45, pp. 75-76; etc.
22 グレゴワール・前掲「ベルギーにおける動産・債権担保法制の概観および質問票への回答」208-214頁など参照。

至っている[23]。

　第4は、包括動産質制度の導入である。2013年法は、質権の目的について、有体物であれ、無体物であれ、将来の財産（biens futurs）を対象とすることができ（8条）、特定された財産、既存および（または）将来の財産の「集合（ensemble）」について、さらには、「事実上の包括体（universalité de fait）」や「法的な包括体（universalité de droit）」についても目的とすることができるとしている（7条）[24]。「事実上の包括体」の例が、「営業財産（fonds de commerce）」（7条2項）や「農業経営財産（fonds agricole d'exploitation）」（7条3項）などの「事業財産（fonds）」である。今後は、「企業価値担保権」も視野に入れて、「事業の収益性」に着目した担保について、比較法的視角からの類型的な考察が求められよう[25]。この点に関連して、ベルギー法が、「独自に担保された債権の質権（le gage sur créances spécifiquement gagées）」と「債権を含む営業財産、農業経営財産又は財産の包括体を目的とした質権」を区別し、後者については、登録の余地があるする[26]と同時に、再生手続における取立て・充当の優遇を認めないとする点（経済法20-52条後段）[27]に注目すべきである。

23　経済法典（CDE）に、以下の規定が設けられた（片山・前掲「動産・債権担保法制をめぐる2元的構成の新たな2つの動向」177-178頁など参照）
　【経済法典（CDE）20-52条】
　　猶予は、独自に担保された債権の質権に影響を与えない。債権を含む営業財産、農業経営財産又は財産の包括体を目的とした質権は、債権を独自に目的とする債権を構成しない。
24　グレゴワール・前掲「ベルギーにおける動産・債権担保法制の概観および質問票への回答」204頁、215-216頁、片山・前掲「動産・債権担保法制をめぐる2元的構成の新たな2つの動向」164-166頁以下など参照。
25　片山直也「事業の収益性に着目した担保をめぐる2つの理論的課題——財産の集合的把握と担保価値維持義務論から」同・前掲『財産の集合的把握と詐害行為取消権（詐害行為取消の基礎理論第2巻）』279頁以下など参照。
26　*Document parlementaire 54K2138/001, Exposé des motifs, Projet de loi modifiant diverses dispositions relatives aux sûretés réelles mobilières*, pp. 9-10（Art. 7）. 併せて、片山・前掲「動産・債権担保法制をめぐる2元的構成の新たな2つの動向」177頁など参照。
27　前掲注23）参照。

164 法典

　第 5 は、所有権留保である。2016年改正により、所有権留保も登録の対象とされたが（29条第 2、30条第2, 31条第 2）、対抗要件ではなく、留保所有権は、登録なくして対抗することができ（15条 1 項は「質権」のみに適用される）、書面によって規定されている限り登録されていなくても返還請求が可能である（69条 1 項)。[28]

　第 6 は、ベルギー動産担保法が、消費者にも適用されるとし、消費者保護のための規定を置いている点である[29]。具体的には、担保権設定の書面の方式（ 4 条 2 項、61条 2 項、69条 2 項）、質権の及ぶ範囲（ 7 条 4 項、12条）、質権の実行方法（47条）などで、消費者の保護が図られている。

　以上の 6 点が、比較法的な視角から、ベルギー動産担保法の特徴として指摘されるべきであろう。それでは、章を改め（Ⅳ）、ベルギー動産担保法について、現行規定の条文の全文翻訳を提供し、2013年および2016年改正を経た現時の到達点を示すこととしたい。今後なされるべき比較法研究への基礎資料となれば幸いである。

Ⅳ　ベルギー動産担保法の現行条文全訳[30]

　2013年 7 月11日法律（2013年 8 月 2 日官報（Moniteur belge）48463頁）
動産物的担保に関して民法典を改正しかつそれに関連する様々な規定を廃止する法律

28　グレゴワール・前掲「ベルギーにおける動産・債権担保法制の概観および質問票への回答」237頁、片山・前掲「動産・債権担保法制をめぐる 2 元的構成の新たな 2 つの動向」172-173頁など参照。

29　グレゴワール・前掲「ベルギーにおける動産・債権担保法制の概観および質問票への回答」204頁、206-207頁、215頁、216-217頁、225頁など参照。

30　本条文訳は、Codes Annotés 2019, Droit civil, 17e éd., à jour au 1er oct. 2019, Larcier, に依拠している。なお、2022年 7 月 1 日までの補遺は、JUSTEL-Législation consolidée, Banque de données Justel, Dossier numéro : 2013071122を参照した。

　https://www.ejustice.just.fgov.be/eli/loi/2013/07/11/2013A09377/justel

ベルギーにおける動産担保法改正の到達点（現行条文全訳）　165

※　民法典第17章は、2013年7月11日法律第2条によって以下のとおり差し替えられた。同法律第109条第1項は、当初、施行日を「王令によって定められる、かつ遅くとも2014年12月1日の日付」としていたが、後に2014年11月26日法律第2条（2014年12月1日官報93115頁）によって、「王令によって定められる、かつ遅くとも2017年1月1日の日付」に延期されていたところ（*cf. Les Codes essentielles Larcier -Civil 2015-2016*（5 *août 2015*），p. 197）、その間、2016年12月25日法律（2016年12月30日官報（Moniteur belge）91950頁）によって、債権質や所有権留保について大幅な改正がなされている。ただ登録簿の法整備は遅延し、その後、債権質に関する2016年の抜本的な修正を経て、遅くとも2018年1月1日までの王令によって定められた日から施行することが定められた（Loi du 25 décembre 2016（M.B., 30 décembre 2016, M.B., p. 91950）第36条）。その後、2017年9月に実施規則が定められ（Arrêt royal du 14 septembre 2017, M.B., 26 septembre 2017）、ようやく2018年1月1日に施行となった[31]。

第17章　動産物的担保（Des sûretés réelles mobilières）

第1節　質権（Du gage）

第1款　総則（Généralités）

第1条　目的（Finalité）
　　①質権は、質権債権者（le créancier gagiste）に、その目的たる財（biens）につき、他の債権者に優先して弁済を受ける権利を付与する。
　　②この優先権は、抵当法第12条において定められているように、先取特権の価値を有する。

---

31 *Cf. Les Codes essentielles Larcier-Civil* 2015-2016（5 *août 2015*），p. 197; *Les Codes annotés 2019, Droit civil*（*1er oct. 2019*），17e éd, Larcier, p. 366

166　法典

第2条　設定（Constitution）
　質権は、第4条第2項の留保の下、質権の設定者（constituant）及び質権債権者の間で締結された合意（convention）によって設定される。

第3条　代理（Représentation）
　①一人又は複数の受益者（bénéficiaires）のために行為する代理人（représentant）によって締結された質権合意（convention de gage）は、合意において受益者の識別が特定可能であるならば、有効かつ第三者に対して対抗できる。そこから生じたすべての権利は、これらの受益者の資産（patrimoine）を利する。
　②代理人は、質権債権者に通常帰属するすべての権利を行使することができる。反対の合意がない限り、代理人は受益者と連帯して責任を負う。

第4条　証拠（Preuve）
　①質入れ（mise en gage）は、質権に供与された財、被担保債権及び担保される債権の極度額（montant maximum à concurrence）についての明確な指定を含んだ書面（écrit）によって証明される。
　②質権設定者が、経済法典第1編第1条2号の意味における消費者である場合には、合意の有効性は、書面が場合に応じて第1325条又は1326条の規定に従って作成されることを要求する。
　③第2項の書面には、第7条第4項が適用になるために、質権に供された一つ又は複数の財の価値（valeur）を記載する。

第5条　質権の第三設定者（Tiers-constituant）（物上保証人）
　①質権は、債務者のために第三者によって設定され得る。
　②反対の合意がない限り、同一の債権につき、債務者の財と第三者の財とが質権に供された場合、質権の第三設定者は、債務者の財からまずは実行されることを請求することができる。

第6条　質権設定者の権限（Pouvoir）

①質入れは、質権設定者が財について同意する権限を有する場合のみ有効
　である。
②しかしながら、質権設定者がその権限を有していない場合であっても、
　質権債権者は、合意の締結の際に、質権設定者が質権を設定する権限を
　有していると合理的に想定すること（raisonnablement supposer）がで
　きるときには、質権を取得する。

第7条　目的物（Objet）
①質権は、外洋船（navires）並びに商法典第2編の意味において登録さ
　れた船舶（bateaux）及び建物（bâtiments）を除いて、有体若しくは無
　体動産（un bien mobilier corporel ou incorporel）、用途により不動産
　となった性質による動産又はこれらの財の特定した集合（un ensemble
　déterminé de tells biens）を目的とすることができる。
②質権合意の中に制限条項がない限り、営業財産（fonds de commerce）
　を目的とする質権は、営業財産を構成する財の集合（l'ensemble des
　biens）を包含する。
③質権合意の中に制限条項がない限り、農業経営（exploitation agricole）
　を目的とする質権は、経営に供される財の集合を包含する。
④質権設定者が、経済法典第1編第1条2号の意味における消費者である
　場合には、質権に供された1つ又は複数の財の価値は、第12条によって
　定められた質権の範囲の2倍を超えることができない。
⑤法律によって譲渡可能であるとされた財のみを、質権に供することがで
　きる。
⑥本節の規定は、知的所有権（des droits de propriété intellectuelle）を
　目的とする質権には、それらの質権を特別に規律する他の規定と両立し
　ないことがない限りにおいて適用される。

第8条　将来の財（Biens futurs）
　質権は、将来の財を目的とすることができる。

168　法典

第9条　物上代位（Subrogation réelle）

①質権は、供与された財に代替するすべての債権（créances）に及ぶ。それには、供与された財の譲渡（cession）から生じる債権、及び、供与された財産の価値の滅失（perte）、損傷（détérioration）又は減少（diminution）を賠償する債権が含まれる。

②反対の合意がない限り、質権は、供与された財から産出される果実（fruits）にも拡張する。

③質権設定者及び、場合によっては、質権債権者は、そのことを他方当事者に報告しなければならない。

第10条　被担保債権（Créance garantie）

①質権は、被担保債権が特定され又は特定され得るときには、既存の又は将来の一つ又は複数の債権を担保するために設定することができる。

②質権合意は、債権が担保される極度額について言及する。

第11条　期間（Durée）

①質権合意は、特定又は不特定の期間で締結することができる。

②合意が不特定期間で締結された場合、質権設定者は、最短3月かつ最長6月の予告期間（préavis）を設けてそれを解約する（mettre fin）ことができる。

③反対の合意がない限り、担保合意が期間の満了又は予告期間によって終了する場合、質権は、契約が終了する時点において存在する債権のみを担保する。

第12条　範囲（Étendue）

①質権は、合意された額の限度で、被担保債権の元本（principal）並びに利息（intérêts）、違約罰（clause pénale）及び実行費用（coûts de réalisation）等の付加金（accessoires）に及ぶ。

②しかしながら、質権設定者が、経済法典第1編第1条2号の意味における消費者である場合には、これらの付加金は元本の50％を超えることは

ベルギーにおける動産担保法改正の到達点（現行条文全訳）　169

できない。

第13条　不可分性（indivisibilité）
①質権は、債務者又は債権者の包括若しくは包括名義の承継人（ayant droit universel ou à titre universel）の間において債務が可分であるにもかかわらず、不可分である。
②債務者の包括又は包括名義の承継人は、債務の持分（portion）を支払ったとしても、債務が完済されない限りは、質権のうちその持分の返還を請求することはできない。
③逆に、債権者の包括又は包括名義の承継人は、債務の持分を受領したとしても、弁済を受けていない共同の包括又は包括名義の承継人の持分を害して、質物を返還することはできない。

第14条　転担保（Réengagement）
　質権債権者は、質権設定者の許可がなければ、財を転担保に供する権利を有しない。

第15条　対抗（Opposabilité）
①質権は、第29条第1第1項に従ってなされた質権登録簿（registre des gages）への登録（enregistrement）によって、第三者に対抗することができる。
②質権登記簿への登録は、債権の質入れには除外される。
③質権設定者の誤った同定は、登録簿における正しい同定要素から検索して、記入（inscription）を発見できる場合でなければ、登録から効力を奪う。但し、第29条第1第2項の適用を防げない。
④質権債権者若しくは第3条によって規定される代理人の誤った同定、又は質権に供された財の誤った指定は、検索を行う合理人を重大な錯誤に陥らせない場合でなければ、登録から効力を奪う。但し、第29条第1第2項の適用を防げない。
⑤被担保債権又はそれが担保される極度額の誤った指定は、登録から効力

170　法典

を奪わない。但し、第29条第1第2項の適用を妨げない。

⑥質権の順位は、その登録の時間的順序によって定まる。

⑦王令によって、本条の適用細則を定める。

第16条　質権設定者の義務（Obligations du constituant du gage）

①設定者は、善良な設定者（bon constituant）として、担保に供された財を管理する（veiller）義務を負う。

②質権債権者は、いつでも担保に供された財を検査する（inspecter）権利を有する。

第17条　使用権（Droit d'usage）

　質権設定者は、担保に供された財につき、その用途（destination）に従って、合理的な使用（usage raisonnable）をなす権利を有する。

第18条　変更（Transformation）

①反対の合意がない限り、質権が変更されるべき財を対象とする場合、質権設定者は、そのような変更を行う資格が与えられる。

②許容された変更から新たな財が生じる場合、反対の合意がない限り、質権はこの新たに創出された財に負担を課す。変更が許容されていない場合、民法典第3.11条及び第3.56条が適用される。

③第三者の財が変更のために用いられ、かつ、それらの財の分離が不可能又は経済的に正当化できない場合、創出された財が民法典第3.57条の意味において主たる財（bien principal）であるか、又は、そうでなくても、その財が最も価値の大きい財であるときには、質権はその新たに創出された財に負担を課す。この場合、第三者は、質権債権者に対して不当利得に基づく求償権を取得する。

第19条　不動産化（Immobilisation）

　担保に供された財の不動産化は、質権債権者が、それらの財の産出物（produit）から優先して弁済を受ける権利を妨げない。

ベルギーにおける動産担保法改正の到達点（現行条文全訳） 171

第20条　混和（Confusion）

①一人又は複数の設定者によって質権の全部又は一部に供された代替財（biens fongibles）の混和は、質権を害さない。

②複数の質権債権者がいる場合、それらの者は、混和した財について、権利の割合に応じて質権を主張することができる。

第21条　処分（Disposition）

反対の合意がない限り、質権設定者は、担保に供された財を、その事業の通常の範囲で（dans le cours normal de ses affaires）、自由に処分することができる。

第22条　制裁（sanctions）

①質権債権者が担保に供された財の全部又は一部につき単なる請求によって引渡しをさせることができるとする条項は、書かれていないとみなされる。

②質権設定者がその債務を著しく怠った場合には、裁判官は、質権債権者の請求に基づいて、担保に供された財を質権債権者に引き渡すように、又は、供託所（séquestre judiciaire）に供託するように命じることができる。

③担保に供された財の詐害的な処分又は詐害的な移動は、刑法典第491条に定められた刑罰に処せられる。

第23条　質権の移転（Transmission du gage）

①被担保債権の譲渡は、質権の移転を伴う。

②その移転は、質権登録簿への記入によって、又は、質権に供された財の占有の譲受人への譲渡によって、第三者に対抗できる。

③被担保債権は、一部を譲渡することができる。その場合、質権の移転は、債権譲渡の範囲に応じて部分的に生じる。

第24条　質権に供された財の処分（Disposition de biens grevés d'un gage）

①質権は、担保に供された財が譲渡された者の手中においてそれを追及する。譲受人は、譲渡の時から設定者として活動する。

②第1項は、質権設定者が担保に供された財を第21条に従って処分する資格を有する場合、処分が質権債権者によって許可されていた場合、又は取得者が民法典第3.28条を主張できる場合には適用されない。

第25条　第三取得者（Tiers-acquéreur）

　質権登録簿への登録は、事業活動の範囲で活動する、質権設定者の特定承継人に対しては、民法典第3.28条の適用を排除する。

第2款　公示（Publicité）

第26条　質権登録簿（Registre des gages）

①質権及び所有権留保の登録（enregistrement）は、連邦財政局（Service public fédéral finances）の資産文書一般管理部（Administration générale de la Documentation patrimoniale）に保管される「質権登記簿」と呼ばれる国立質権登記簿（Regsitre national des Gages）においてなされる。

②質権登録簿は、質権及び所有権留保の登録（enregistrement）及び照会（consultation）、質権及び所有権留保の登録の変更（modification）、更新（renouvellement）又は抹消（radiation）並びに登録した質権の順位の譲渡を行うためのコンピューター・システムである。

③王令によって、質権登録簿の実施方式を定める。

④連邦財政局の資産文書一般管理部は、個人情報の取扱に対する私的生活の保護に関する1992年12月8日法律の意味における取扱につき責任を負い、この法律の規定の適用を受ける。

⑤第27条、第28条、第32条、第33条、第34条、第35条、第36条及び第37条は、所有権留保の登録に準用される。

第27条　認証（Authentification）

①質権の登録、照会、変更、更新、順位の譲渡若しくは譲渡又は登録され

質権の廃止（suppression）は、質権登録簿の利用者の認証を要求する。

②私的生活保護委員会（Commission de la protection de la vie privé）の意見を徴した後に、王令によって、この認証の方式について定める。

第28条　費用（frais）

①情報の登録、照会、変更、更新及び抹消並びに質権の順位の譲渡若しくは譲渡は、王令によって上限が定められた登録料（redevance）の支払の原因となり得る。

②質権登録の照会は、質権設定者及び私的生活保護委員会の意見を徴した後に王令によって定められる範囲の者又は機関にとっては無償である。

第29条　登録（enregistrement）

第1

①質権債権者は、質権合意に基づき、私的生活保護委員会の意見を徴した後に王令によって定められる方式に従って、第30条に規定された情報を、第4条に規定された書面に記載されたとおりに登録簿に記入することによって、その質権の登録をなす資格を有する。

②質権債権者は、誤った情報の記入によって生じるすべての損害を負担する。

③質権債権者は、書面によって、質権設定者に登録を知らせる。

第2

①売主は、所有権留保条項を含む合意に基づき、私的生活保護委員会の意見を徴した後に王令によって定められる方式に従って、第30条に規定された情報を、第4条に規定された書面に記載されたとおりに登録簿に記入することによって、その所有権留保の登録をなす資格を有する。

②売主は、誤った情報の記入によって生じるすべての損害を負担する。

③売主は、書面によって、買主に登録を知らせる。

第30条　記載すべき情報（Données à mentionner）

第1

質権の登録には、以下の情報を記載する。

1. 質権債権者又は第3条に規定された代理人の同定

   a) 自然人の場合、その姓、その最初の名又はその最初の2つの名、その国、その主たる住居の郵便番号及び市町村、並びに、それを有しているときには、その事業者番号又は、事業者番号を有しないときは、利用者が本節においてその番号を利用することが認められているならば、国立登録簿の番号、並びに生年月日

   b) 法人の場合、その名称、その法的形態、その国、本社の郵便番号及び市町村、並びに、それを有しているときには、その事業者番号

2. 質権設定者の同定

   第1号に列挙された、場合によってa) 又はb) の情報

3. 必要な場合、質権債権者の受託人又は第3条に規定された代理人の同定

   第1号に列挙された、場合によってa) 又はb) の情報

4. 登録の対象となる質権に供される財の指定

5. 登録の対象となる被担保債権の指定

6. 登録の対象となる、債権が担保される極度額

7. 誤った情報の記入によって生じるすべての損害について質権債権者又は代理人が責任を負うべき旨の質権債権者、第3条に規定された代理人又はその受託者の宣言

第2

所有権留保の登録には、以下の情報を記載する

1. 売主の同定

   第1第1号に列挙された、場合によってa) 又はb) の情報

2. 買主の同定

   第1第1号に列挙された、場合によってa) 又はb) の情報

3. 必要な場合、売主の受託者の識別

   第1第1号に列挙された、場合によってa) 又はb) の情報

4. 登録の対象となる売却された財の指定

5. 登録の対象となる未払いの購入代金の指定

6．誤った情報の記入によって生じるすべての損害について売主が責任を
負うべき旨の売主又はその受託者の宣言

第31条　照会（Consultation）
　第1　登録された質権に関して、以下の情報を照会することができる。
　1．登録番号
　2．質権債権者又は第3条に規定された代理人の同定
　3．質権設定者の同定
　4．必要な場合、質権債権者の受託者又は第3条に規定された代理人の同
定
　5．登録の対象である、質権に供された財の指定
　6．登録の対象である、被担保債権の指定
　7．登録の対象である、債権が担保される極度額
　8．誤った情報の記入によって生じるすべての損害について債権者又は代
理人が責任を負うべき旨の、質権債権者、第3条に規定された代理人
又は受託者の宣言
　9．登録の日付

　第2　登録された所有権留保に関して、以下の情報を照会することができる。
　1．登録番号
　2．売主の同定
　3．買主の同定
　4．必要な場合、売主の受託者の同定
　5．登録の対象である、売却された財の指定
　6．登録の対象である、購入された財の指定
　7．登録の対象である、未払いの購入代金
　8．誤った情報の記入によって生じるすべての損害について売主が責任を
負うべき旨の、売主又はその受託者の宣言
　9．登録の日付

第32条　変更（Modification）

①担保合意を変更する場合又は情報が誤っていた場合、質権債権者は、合意及び私的生活保護委員会の意見を徴した後に王令によって定められる方式に従って、登録された情報を変更する資格を有する。

②変更の場合、登録簿には、原記入とともに変更を記載する。

③質権債権者は、登録の変更を質権設定者に書面で知らせる。

第33条　誤った情報（Données erronées）

質権設定者は、質権債権者に対して、誤った情報の抹消又は変更を請求する権利を有する。

第34条　登録簿へのアクセス

すべての者が、王令によって定められる方式に従って、登記簿にアクセスする。

第35条　期間（Durée）及び更新（renouvellement）

①質権の登録は、10年の経過により失効する。その後は、質権は、登録簿において照会できなくなる。

②しかしながら、この期間は継続して10年間、更新することができる。

③更新は、予め10年の期間の満了に先立って、かつ、私的生活保護委員会の意見を徴した後に王令によって定められる方式に従って、登録簿への登録によって行われる。

④この更新は、全部又は一部についてなし得、かつ必要な場合には、担保される極度額の減額及び（又は）担保に供される財の数量の変更を伴い得る。

⑤更新は、更新される登録の登録番号を記載する。

⑥更新される登録の記載は、最初の登録の日付を含む。

⑦質権債権者は、登録の更新を、質権設定者に書面で知らせる。

第36条　登録の全部又は一部の抹消（Radiation totale ou partielle de

l'enregistrement）

第1

①質権債権者は、債務の弁済がなされた場合、質権の登録が抹消されることを監視する義務を負う。

②所有権留保の売主も同様に、買主が売却物件の代金を支払ったときには、この抹消義務を負う。

③第1項に規定された質権債権者又は第2項に規定された売主が、この抹消を行うことを怠ったときには、抹消を訴訟上請求することができる。但し、損害賠償を防げない。

第2

①質権債権者は、質権の一部の抹消をなすことができる。それは、債権が担保される登録された極度額の減額又は質権の効力が及ぶ、登録の対象であった財産の一部の取下げ（retrait）によって行われなければならない。

②売主は、所有権留保の一部の抹消を、所有権留保の効力が及ぶ、登録の対象であった財産の一部の取下げによって行うことができる。

③一部の抹消の場合、登記簿は、照会に際して、当初の登録及び一部の抹消についての登録の両方を示す。

第37条　債権譲渡（Cession de créance）

①被担保債権の譲渡に伴う質権の譲渡の登録は、私的生活保護委員会の意見を徴した後に王令によって定められる方式に従って、行われる。その時まで、登録は、譲渡人の記入に従って続けて効果を生じる。

②譲渡の登録は、譲受人の同定を記載する。譲受人の同定は、同様に、照会の際にも示される。

③譲渡の登録は、譲渡人によって行わなければならない。

第38条　順位の譲渡（Cession de rang）

①順位の譲渡は、私的生活保護委員会の意見を徴した後に王令によって定められる方式に従って、その登録がなされた場合にのみ、第三者に対抗

できる。

②順位の譲渡の登録は、その順位を譲渡した者、第3条に規定された代理人又はそれらの受託者によって行われる。

③質権登録簿に登録された質権の照会は、必要な場合には、登録された順位の譲渡を示す。

第3款　有体財の占有移転による対抗（Opposabilité par dépossession de biens corporeles）

第39条　占有の取得（Mise en possession）

　有体財の質権は、債権者又は合意された第三者によってその財の物理的な占有が取得された場合にも、同様に、第三者に対抗できる。

第40条　証拠（Preuve）

①質権の合意は、すべての法的な方法によって証明され得る。

②質権設定者が、経済法典第1編第1条2号の意味における消費者であるときには、合意が証明されるためには、場合に応じて、民法典第8.20条又は第8.21条の規定に従って、書面が起草されることが要求される。

第41条　影響（Conséquences）

　質権が実行されるまで、設定者は、質物の所有者に留まり、質物は、質権債権者の手中に、質権の担保として寄託（dépôt）されるに過ぎない。

第42条　使用権（Droit d'usage）

　質権債権者は、保存（conservation）に必要な場合でかつそれに必要な範囲でしか、担保に供された財を使用することはできない。

第43条　質権債権者の義務（Obligation du créancier gagiste）

①質権債権者は、善良な質権債権者として、質権に供された財を管理する（veiller）義務を負う。

②質権債権者は、「契約又は合意による債務一般」の章に置かれた規定に

従って、その過失によって生じた滅失又は毀損を負担する。

③質権債権者によって支払われた費用が、保存及び維持につき有益であり、質権債権者によって財に付された負担が含まれる場合には、それは、質権設定者によって質権債権者に償還されなければならない。

④質権設定者は、いつでも担保に供された財を検査する（inspecter）権利を有する。

第44条　分別義務（devoir de séparation）

①反対の合意がない限り、質権が種類物を目的とするときには、質権債権者又は合意された第三者は、それを同様の性質を有する物から分別しなければならない。

②財が混和した場合、質権債権者は、質権合意が終了する際に、質権設定者に同一の性質を有する同量の物を返還しなければならない。

③質権債権者若しくは合意された第三者の資産を対象とする差押え、破産又はその他のいかなる債権者競合（concours）が生じた後であっても、質権設定者は、分別された財につきその権利を行使することができる。財が混和された場合は、その時点で現存する財は、質権に供された数量を上限として、質権に供された財とみなされる。複数の質権設定者が存する場合、それらの者は、混和された財について、各権利の割合に応じた主張をすることができる。

第45条　制裁（sanction）

質権債権者又は合意された第三者が著しくその義務を怠った場合を別として、質権設定者は、担保として質権が提供された債務が、元本とともに付加金も含めて、完全に弁済がなされた後でなければ、質権が設定された財の返還を請求することはできない。

第4款　実行（Réalisation）

第46条　消費者である設定者（Constituant consommateur）

①質権設定者が、市場取引及び消費者保護に関する経済法典第1編第1条

２号の意味における消費者である場合、質権債権者は、弁済がなされないときであっても、質物を処分することはできない。ただし、鑑定人によってなされる評価に従って、質物が支払われるべき額を上限に弁済に供されること、又は、競売で（aux enchères）又は任意に（de gré à gré）売却されることを裁判上命じさせることができる。

②質権債権者は、任意売却において買主となる権利を有しない。

③質権債権者が質物の所有者となること、又は、上記の要式に依らずに処分することを認める条項は、無効である。

④第50条及び第55条が適用される。

第47条　消費者ではない設定者（Constituant non-consommateur）

①質権設定者が、経済法典第１編第１条２号の意味における消費者でない場合、弁済がなされないときには、第48条乃至第56条に従って、被担保債権に充当するために質権に供された財の全部又は一部を売却又は賃貸することにより、質権を行使することができる。

②債務者の不履行の後は、質権債権者は、質権に供された財の占有（possession）への権利を取得する。質権設定者又は担保に供された財を占有するあらゆる者がそれに対抗する場合には、質権債権者は、第54条に従って裁判官に提訴しなければならない。

③実行は、善意で（de bonne foi）かつ経済的に正当な方法で（d'une manière économiquement justifiée）行われなければならない。

④質権債権者は、その点について、責任を制限したり排除したりすることはできない。

⑤質権債権者の違反の立証責任は、質権設定者が負う。

⑥両当事者は、質権合意の締結の際に、又はその後に、実行方法について合意することができる。

⑦実行が、第48条第１項又は必要な場合には第49条において規定された期間において、第54条に従って停止されないときには、質権債権者は、執行官（huissier de justice）に質権の設定された財の占有を取得するように命じることができ、かつ質権設定者は質権が設定された財を引き渡

さなければならない。

第48条　通知（Notification）

①実行を行うことを望む質権債権者は、少なくとも10日前に、債務者及び、場合に応じて、質権の第三設定者に対して、予め配達証明付の書留郵便によって（par envoi recommandé avec accuse de réception）又は執行官の令状によって（par exploit d'huissier de justice）、それを通知しなければならない。

②通知は、同様に、書留郵便によって、他の質権債権者及び担保に供された財を差し押さえた者に対してもなされなければならない。

③通知には、この通知の時点の被担保債権の額、担保に供された財の目録（description）、予定された実行方法（mode de réalisation）、並びに被担保債権を決済して財を解放することができる債務者及び設定者の権利について記載する。

④質権債権者は、同様に、債務者及び質権の第三設定者への通知により、裁判官の許可なく、執行官の仲介により、質に供された財の差押えをなさしめることができる。

第49条　腐敗しやすい財（Biens périssables）

第48条1項に定められた通知期間は、腐りやすい財又は急速な価値低下（dépréciation）をもたらす財については、3日に減ずる。

第50条　債務の弁済（Payement de dette）

質権設定者又はすべての利害関係を有する第三者は、実行の時点までは、被担保債務及び既に要した実行費用を弁済して、質物の解放を得る権利を有する。

第51条　売却（Vente）

質権債権者は、執行官に、担保に供された財の公売若しくは任意売却又は賃貸を担当させることができる。

182 法典

第52条　質権債権者への売却（Vente au créancier gagiste）
　質権債権者は、任意売却の際に、買主となる権利を有しない。

第53条　質権債権者による取得（Appropriation par le créancier gagiste）
　①債務者が支払いを怠った場合、質権設定者は、質権に供された財につき、質権債権者による取得を認めること（autoriser）ができる。
　②同様に、合意において、財の価値が、取得時に鑑定人によって定められること、かつ、財が市場で取引されている場合には、その市場での価格を参考にして定められることが予定されている場合には、そのような合意を、質権合意の時点又はその後に締結することも可能である。

第54条　裁判上のコントロール（Contrôle judiciaire）
　①質権設定者が消費者でない場合には、質権設定者及び、質権を第三者が設定するときには、質権の被担保債務の債務者は、第48条及び第49条に規定された適用可能な期間、実行に対する異議を裁判官に申し立てることができる。
　②実行時に生じ得る他のすべての紛争を解決するために、又は、質権設定者が経済法典第１編第１条２号の意味における消費者であるときには、質権債権者、質権設定者及び利害関係を有する第三者は、いつでも裁判官に提起することができる。
　③訴えは、質権の実行を停止する。
　④事件は、裁判所法典第1034bis 条以下に従って、召喚（citation）又は弁論申請（requête contradictoire）により係属する。
　⑤裁判官は、すべての停止した事件を裁定する。
　⑥裁判官は、仮に（au provisoire）裁定し、それゆえ、その決定（décision）には既判力は生じない。
　⑦その決定に対しては、異議（opposition）も上訴（appel）もなされない。
　⑧その決定は、直ちに裁判所文書（pli judiciaire）によって当事者に通知される。本通知により、破毀院上告期間（délai pour introduire un pouvoir en cassation）が起算される。

第55条　分配（Distribution）

①実行の収益は、被担保債権及び合理的な実行費用に充当される。

②複数の質権債権者がいる場合には、純益は、第57条及び第58条に従って、それらの者の間で、順位に応じて分配される。

③残余が生じた場合、質権設定者に属する。

第56条　事後の裁判上のコントロール

①すべての利害関係人は、実行が終了した後、実行方法又は収益の充当につき異議があるときには、裁判官に提訴することができる。

②訴えは、遅くとも、第48条第１項及び第２項に規定された者に対して実行の終結が通知されてから起算して１年の期間内に係属する。

③通知は、書留郵便でなされる。

④第２項の意味における通知がなされなかった利害関係人は、遅くとも実行の終結から起算して３か月の期間にその請求を提起する。

⑤事件は、裁判所法典第1034 bis 条以下に従って、召喚又は弁論申請により係属する。

第５款　順位の争い（Conflits de rang）

第57条　時間的先行性の原則（Règle d'antériorité）

①質権債権者は、質権に供された財についてより新しい権利者に優先して弁済を受ける。但し、本法典第３編第18章第21条乃至第26条の適用を妨げない。

②複数の質権債権者がいる場合、その順位は、登録又は占有取得の日付に従って定まる。

③同一の日付で登録を履践し、又は占有を取得した質権債権者は、同一の順位を有する。

④質権に供された財が不動産となった場合、不動産に関する質権債権者及び抵当権又は先取特権債権者間の順位は、登録の日付及び抵当権又は先取特権の登記の日付に従って定まる。

184 法典

第58条　優先（Supériorité）

①物の保存による債権についての留置権を基礎とした質権は、他のすべて
の質権債権者に優先する。

②第１項の留保の下、所有権が留保された未払いの売主、先取特権を有す
る売主又は下請負の先取特権は、それらの財につき質権債権者に優先す
る。

第６款　現金通貨質（Gage en espèce）

第59条　現金通貨質

①質権が現金通貨に設定される場合及び質権債権者において混和
（confusion）が生じる場合、質権債権者は、その所有者となるが、質権
合意の満了時に、同一の通貨（devises）で同額を質権設定者に返還す
る義務を負う。

②反対の合意がなければ、質権債権者は、遅滞に陥った後でなければ、利
息を支払う義務を負わない。

③質権設定者が不履行に陥った場合、質権債権者は、被担保債権と相殺
（compensation）を行う資格を有し、質権設定者に残額（solde）を返還
しなければならない。

第７款　債権質（Gage sur créance））

第60条　占有（「支配」）要件（Condition de possession（« contrôle »））

①質権債権者は、質入債権（créance gagé）の債務者に質権を通知する
（notifier）権限を有していることを条件として、質権合意の締結によっ
て質入債権の占有を取得する。

②質入れは、質入債権の債務者に質入れを通知したか又は債務者がそれを
承諾した時からのみ、債務者に対抗することができる。

③第3.28条第２、第5.179条第３項及び第5.181条第２項第３項が適用され
る。

第61条　証拠（Preuve）

①質権合意は、質権が供された債権及び被担保債権の明確な記載を含めた書面によって証明される。被担保債権の上限額の書面への記載に関する第１款の規定は、適用される。

②質権設定者が、経済法典第１編第１条２号の意味における消費者である場合には、合意が証明されるためには、書面が場合に応じて民法典第8.20条又は第8.21条の規定に従って作成されること、及び、被担保債権の上限額について明確な記載がなされることが要求される。

第62条　担保目的の信託的譲渡（Cession fiduciaire à titre de sûreté）

担保目的での債権譲渡は、譲受人に対して、譲渡債権について質権のみを与え、そのことは、その譲渡が第61条の規定に合致しているか否かを問わない。ただし、譲渡人が経済法典第１編第１条２号の意味における消費者である場合は別である。

第63条　将来債権（Créance futur）

質権は、特定することを条件として、１つ又は複数の将来債権について設定することが可能である。

第64条　譲渡禁止又は質入れ禁止条項（Clause d'incessibilité ou de non-nantissement）

質権設定者及び質入れ債務者の間で締結され、かつ、金銭の支払いを目的とする債権が譲渡又は質入れができないと約定した合意は、約定違反への第三者の通謀（tiers complices）が存する場合でなければ、第三者に対抗することができない。

第65条　目的（Objet）

質権は、質入れ債権の元本、利息及び違約罰その他の付加金に及ぶ。

第66条　一部債権質（Nantissement partiel）

質権は、それが不可分でない限り、債権の一部分について設定することが

186　法典

できる。

第67条　質権債権者の取立権〔Droit de recouvrement du créancier gagiste〕

①反対の合意がない限り、質権債権者は、裁判上及び裁判外の手段により、質入債権の履行（exécution）を請求することができる。この点について、質権債権者は、債権に付従するすべての権利を行使することができる。

②質権債権者は、被担保債権の請求が可能であるときには、受領した額を被担保債権に充当し、残額を質権設定者に償還する。

③複数の質権債権者がいる場合には、第1項及び第2項に定められた権限は、唯一、最先順位を有する質権債権者に帰属する。

④質入債権につき、執行手続き又は保全手続きが行使された場合、第三債務者は、執行吏の手中に支払わなければならない。執行吏は、裁判所法典第1627条以下に従う。

⑤被担保債権が未だ請求できない場合、質権債権者は、受領額を、そのために開設した別の銀行口座に入金し、被担保債権が履行されたときには、担保権設定者に残額を支払う義務を負う。

第68条　財の引渡債権〔Créance de livraison de biens〕

　質入債権が財の引渡しを目的とし、かつ質権債権者がその取立てを行う場合、質権はその財を目的とする。

第2節　所有権留保〔Réserve de propriété〕

第69条　書面〔Écrit〕

①代金の完済まで所有権の移転を停止する旨の条項を伴って売却された動産は、その条項が少なくとも財の引渡しまでに書面によって規定されている限り、買主が購入代金の支払を怠ったときには、返還を請求できる。

②買主が、経済法典第1編第1条2号の意味における消費者である場合には、買主の同意が書面に現れていなければならない。

③所有権留保条項に基づく返還請求権は、それを取り込む契約の性質がい

かなるものであっても行使できる。

第70条　物上代位、変更及び混和（Subrogation réelle, transformation et confusion）
　第9条、第18条、第20条及び第23条第1項は適用される。

第71条　不動産化（Immobilisation）
　売却された財が添付（incorporation）により不動産となった場合、所有権留保は、質権登録簿への登録を条件に維持される。

第72条　不当利得の禁止（Interdiction d'enrichissement）
　売主は、再取得した財の価値を、その債権に充当する。その価値が債権の額を超える場合には、売主は、買主に残額を償還する義務を負う。

第3節　留置権（Droit de rétention）
第73条　概念（Notion）
　留置権は、財に関する債権が履行されない限り、債務者によって債権者に引き渡された財、又は、債務者に帰属すべき財の返還を停止する権利を債権者に付与する。

第74条　所持（Détention）
　留置権は、債権者が意図的に財の所持を放棄したときから消滅する。ただし、債権者が同一の法律関係の中に所持を見出す場合はこの限りでない。

第75条　対抗（Opposabilité）
　①留置権が有体動産を対象とする場合、留置権は、債権者が財の所持を得た後は、債務者のその他の債権者及び財について権利を取得した第三者に対して対抗することができる。
　②留置権が有体動産を対象とする場合、債権者が受領した時から、債務者がその財を留置権に供する権限を有していると債権者が想定し得たこと

188 法典

を条件に、留置権は、同様に、より古い権利を有する第三者にも対抗することができる。

第76条　質権（Gage）

留置権は、第1条に規定されている質権債権者の優先権を生じさせる。

2021年フランス担保法改正後の
自然人保証人保護規制

齋 藤 由 起

Ⅰ　はじめに
Ⅱ　主債務者の不履行リスクへの対処
Ⅲ　保証人の過剰債務の防止
Ⅳ　おわりに

Ⅰ　はじめに

　フランスでは、自然人保証人を保護する各種の方策が、民法典の内外の法典・法律および判例において生成され、その時々の社会的・経済的背景の影響を受けながら、それぞれ重層構造をなしつつ発展しており[1]、各方策を統一して民法典に統合することは長年の悲願であった。2005年に公表された担保法改正準備草案（以下では、「2005年準備草案」と呼ぶ）では、保証人保護規定の民法典への統合を含む保証制度全般の改正が提案されていた[2]。しかし、2006年の第1次の担保法大改正（以下では、「2006年改正」と呼ぶ）の際には[3]、保証制度の改正自体がオルドナンス制定の授権事項から外れた

---

[1] 1978年法から2003年法までの立法の展開を網羅的に紹介する研究として、大沢慎太郎「フランスにおける保証人の保護に関する法律の生成と展開（1）（2）」比較法学42巻2号47頁以下、42巻3号25頁以下（2009年）がある。事業債務の個人保証（経営者保証と第三者保証）に焦点を当てフランス自然人保証法制を整理したものとして、拙稿「個人保証規制のあり方を考える——フランスにおける事業債務の保証規制を手がかりに」民法理論の対話と創造研究会編『民法理論の対話と創造』（日本評論社、2018年）173頁以下（初出「（上）」法律時報89巻10号97頁以下、「（下）」法律時報89巻11号144頁以下〔2017年〕）、拙稿「フランスにおける自然人保証規制の多層的展開」日仏法学30号（2019年）58頁以下。

ため、これは実現しなかった。こうした中、2006年改正を補完するための第2次の担保法大改正に向けた授権法律（2019年5月22日法律第486号）では、自然人保証人の保護を確保しつつ、保証制度のわかりやすさと実効性を改善するための保証法の改正（同法60条Ⅰ第1号）、および、物的・人的担保に関する私署証書作成のデジタル化（同13号）が、授権事項に含まれた。そして、担保法改正に関する2021年9月15日オルドナンス第1192号（以下では、「2021年改正」と呼ぶ）が成立し[4]、この悲願が達成されるに至った。

　筆者は、個人保証をめぐる問題状況が類似する日仏両国において、とりわけ事業融資の場面で、保証という担保制度が、異なる社会的・経済的背景、金融政策の影響を受けながら、保証人の保護と保証の実効性をどのように調和させながらそれぞれの発展を遂げているかに関心をもっている。2021年改正による自然人保証人保護規制の民法典への統合は、これまで多層的に展開してきたフランス保証法制の一つの到達点ともいえる。そこで、上記の関心に応えるための基礎的作業として、本稿では、2021年改正による民法典上の自然人保証人保護規制を概観し、その全体像を示すことにしたい。本稿では、紙幅の制約上、現行法の理解に必要な限りで、改正直前の法状況や2021年改正に先立って公表された2017年準備草案[5]との簡潔な比較をするにとどめざるを得ない。各方策の成り立ちについては、注（1）掲載の先行研究に委ね

2　2005年準備草案は、司法大臣の諮問を受けて、アンリ・カピタン協会の支援の下でM.Grimaldiを委員長として組織された作業グループ（「グリマルディ旧委員会」）により作成されたものである。2005年準備草案の邦訳については、平野裕之＝片山直也訳「フランス担保法改正予備草案——フランス司法相担保法改正作業グループ報告書及び条文訳」慶應法学9号（2008年）203頁以下。

3　2006年改正の条文訳については、平野裕之＝片山直也訳「フランス担保法改正オルドナンス（担保に関する2006年3月23日のオルドナンス2006-346号）による民法典等の改正及びその報告書」慶應法学8号（2007年）163頁以下がある。

4　Ordonnance n° 2021-1192 du 15 septembre 2021 portant réforme du droit des sûretés, *JO* 16 septembre 2021, Texte n° 19, NOR：JUSC2113814R.

　2021年担保法改正オルドナンスの人的担保及び物的担保（動産担保）に関する条文の邦訳として、片山直也＝齋藤由起訳「2021年フランス担保法改正オルドナンスによる民法典の改正——人的担保および物的担保（動産担保）に関する条文の翻訳ならびに共和国大統領に対する報告書による解説」法學研究95巻11号（2022年）65頁以下。本稿の脚注に掲げる条文訳はこの訳に依拠している。また、2021年改正の経緯の詳細や2006年改正との関係性、特に動産・債権担保法制の改革については、片山直也＝齋藤由起「2021年フランス担保法改正オルドナンスの概要——動産・債権担保を中心に」日仏法学32号（2023年）7頁以下の説明に譲る。

ることとする。

民法典に統合された自然人保証人保護規定は、その機能に着目すると、主債務者の不履行のリスクに対処するもの（Ⅱ）と、保証人の過剰債務を直接に防止するもの（Ⅲ）に整理することが可能であると思われる。そこで、以下では、これらを順に検討し、最後にその到達点と課題を確認したい（Ⅳ）。

Ⅱ　主債務者の不履行リスクへの対処

主債務者の不履行リスクへの対処の仕方は、保証契約締結の前後で異なる。保証契約締結前には、主債務者の不履行リスクの実現可能性が大きいときには、そもそも保証契約を締結しないという選択があり得る。そこで、一定の場合に債権者に警告義務が課されている（Ａ）。また、保証契約締結後には、主債務の履行状況に応じて、保証責任の拡大を防ぐ措置を講ずることが考えられる。このような機会を確保するために、2種類の情報提供義務が定められている（Ｂ）。

Ａ　警告義務[6]

警告義務とは、保証債務が保証人の資力に照らして不適合であることによる危険、また、主債務者への融資が主債務者の資力に照らして不適合であることによる危険について、素人の（無知の〔non averti〕）保証人の注意をひく義務であり、判例上、事業者たる債権者に課されてきた。判例では、「銀行は、〔保証〕契約の日に、その約務が保証人の経済的能力に適合しない

5　2017年準備草案は、グリマルディ旧委員会（前掲注2）参照）と同様の経緯で組織された組織された「グリマルディ新委員会」によって公表されたものである。条文案と解説の訳は、片山直也＝齋藤由起共訳「2017年フランス担保法改正準備草案——アンリ・カピタン協会グリマルディ委員会による条文案およびその解説」法學研究94巻6号（2021年）667頁以下。2017年準備草案における自然人保証人保護規定の提案の紹介と分析は、拙稿・前掲注1）日仏法学30号58頁以下を参照されたい。

6　警告義務については、大澤慎太郎「フランスにおける金融機関の融資取引に関する義務と責任（1）（2・完）」早稲田法学85巻4号29頁以下、86巻1号63頁以下（2010年）、同「保証人の保護に関する一考察——フランス法におけるその規律の構造を素材として」私法79号（2017年）103頁以下がある。

192 法典

場合、または融資が借主の経済的能力に適合していない結果、被保証融資の供与から債務負担が生じる危険がある場合には、素人の保証人に対して、警告する義務を負う」という文言で述べられていた[7]。義務違反の効果は、契約しない機会の喪失についての損害賠償（民事責任）であった。

警告義務は、2017年準備草案では提案されていなかったが、学説からの要望もあり[8]、明文化された（民2299条）[9]。同条の警告義務は、従来の判例法理を次の３つの点で変更している。

第１に、本条の適用範囲は、事業者たる債権者と自然人たる保証人の間の保証契約である。保証人の要件を、判例上の要件であった「素人の保証人」から「自然人たる保証人」に変更している。これにより、「玄人の保証人」（経営者保証人も玄人と推定される）にも適用が及ぶことになった。しかし他方で、法人は対象外となるため、素人の法人保証人に本条は適用されず、この点では判例法理よりも適用範囲が縮小された[10]。

このような適用範囲の変更について、2021年改正の際に司法省の委員としてオルドナンス案の作成に携わった A. Gouëzel 教授は、次の３点から正当化されるとする[11]。まず、裁判所が保証人の素人性をめぐる紛争から解放され、法的安定性に資する。次に、この適用範囲は自書要件（民2297条）、比例原則（民2300条）、不履行に関する情報提供義務（民2303条）と同じである。さらに、保証人の素人性の有無については、警告義務の適用要件とし

---

7 Cass. Com., 15 novembre 2017, n° 16-16.790 ; Cass. 1re Civ., 19 mai 2021, n° 19-20.568.

8 さしあたり、邦語文献として、ジャン＝ジャック・アンソー（片山直也＝齋藤由起共訳）「2017年フランス担保法改正準備草案に関する一考察」法學研究93巻８号（2020年）88頁を挙げる。

9 民2299条　事業者たる債権者は、主たる債務者の約務がその経済的能力に適合しないときは、自然人たる保証人に警告する義務を負う。

　　それがなされない場合には、債権者は、保証人に対する権利を、保証人が被った損害の限度で喪失する。

10 民法典2299条が従来の警告義務に関する判例法理に置き換わるため、素人たる法人は判例上の警告義務の適用も受けられなくなったとのことである（A. Gouëzel, *Le nouveau droit des sûretés, commentaire article par article*, Dalloz, 2023, n° 174, p. 97 ; Ph. Théry et Ch. Gijsbers, *Droit des sûretés*, 2ème éd., LGDJ, 2024, n° 27, note 31 p. 40.）。これに対し、Ph. Simler は法人を排除することを批判する（Ph. Simler, *La réforme du droit des sûretés, commentaire article par article*, LexisNexis, 2022, n° 31, p. 35）。

11 A. Gouëzel, *supra* note（10）, n° 175, p. 97 et s.

て考慮する必要はなく、損害（préjudice）の決定の段階で考慮すればよく、これにより、玄人である場合には損害賠償額を減額し得る。

　第2に、警告義務の対象については、主債務者が主債務を弁済するのに十分な経済的能力を有しないことに限定されることになった（民2299条1項）。保証契約時に保証債務と保証人の経済的能力の間に明らかな不均衡がある場合については、2021年改正前には、判例上の警告義務と消費法典上の比例原則（消費旧L.332-1条・旧L.343-4条・旧L.314-18条）の両方が適用可能であったのに対し[12]、改正後は比例原則（民2300条）のみが適用されるとすることによって、警告義務と比例原則が重複する場面がなくなった。これにより、警告義務の機能は、主債務者の不履行リスクを事前に警告することに純化された。

　第3に、警告義務違反の効果については、保証人の債務減額をもたらすための損害賠償に代わって、保証人が被った「損害」を限度とする債権者の失権とされている（民2299条2項）。共和国大統領に対する報告書は、失権構成は手続の観点で単純化をもたらすと説明する[13]。より具体的な説明として、A. Gouëzel は、失権構成の利点として、①損害賠償と相殺という回り道を回避して、債権を直接縮減できること、②失権構成により保証人の防御方法となり、反訴請求という性質決定ができなくなるので、時効に問われなくなること、を挙げている[14]。

---

[12] 保証契約時に保証債務と保証人の資力の間に明らかな不均衡があったものの、保証人が請求を受けた時点において保証人が自己の財産で保証債務を弁済できるようになっていた場合には、消費法典上の比例原則は適用されないのに対し、判例上の警告義務によって保証人が支払を免れ得るという利点があった。しかし、改正後の比例原則（民2300条）では、財産状況の事後的改善の場合の例外則がなくなったため、保証人の資力に関する警告義務を残す意義は乏しくなった（Ph. Simler, *supra* note（10）, n°31, p. 36）。

[13] Rapport au Président de la République relatif à l'ordonnance n°2021-1192 du 15 septembre 2021 portant réforme du droit des sûretés, *JO*, 16 septembre 2021, texte 18 /33, NOR：JUSC2113814P, p. 5. 邦語訳として、片山＝齋藤訳・前掲注4）法學研究95巻11号65頁以下。各条文の趣旨説明の邦語訳は、各条文の条文訳の後に掲載している。

[14] A. Gouëzel, *supra* note（10）, n°187, p. 105 et s.

194　法典

B　保証契約締結後の情報提供義務

　保証契約締結後の法定の情報提供義務としては、改正前から、①毎年の情報提供義務と②主債務者の不履行に関する情報提供義務が存在していた。しかし、民法典内外に散在する複数の規定（①民旧2293条2項、通貨金融旧L.313-22条、消費旧L.333-2条・旧L.343-6条、1994年2月11日の法律旧47条Ⅱ、②消費旧L.314-17条・旧L.333-1条・旧L.343-5条、1994年7月11日の法律旧47条Ⅱ第3項）において異なる要件・効果（失権の範囲）・適用範囲が定められており、混乱の原因となっていた。そこで、2021年改正では、これらが整理・統一されたうえで民法典に統合された。

(1)　毎年の情報提供義務

　毎年の情報提供義務（民2302条）[15]によって提供される情報は、「被保証債務として前年の12月31日に残っている負債の元本、利息及び他の従たるものの額」（民2302条1項）のほか、期間の定めのある保証の場合には保証期間、また、期間の定めのない保証の場合には一方的解約権[16]である（同条2項）。

　毎年の情報提供義務の目的は、主債務の展開を定期的に保証人に知らせることによって、保証人が忘れる危険を緩和することにある[17]。この情報提供義務は、現在債務の保証（日本の特定債務の保証に相当する）と将来債務の

15　民2302条　　事業者たる債権者は、毎年3月31日より前に、自らの費用で、すべての自然人たる保証人に対して、被保証債務として前年の12月31日に残っている負債の元本、利息及び他の従たるものの額について知らせなければならない。これに反する場合には、前回の通知の日付から新たな通知が伝達されるまでの間に発生する利息及び遅延損害金の担保についての権利を失う。債権者と保証人の関係において、この期間内になされた弁済は、負債の元本に優先的に充当される。
　　　事業者たる債権者は、自らの費用で、かつ、［前項と］同じサンクションにおいて、自然人たる保証人に、その約務の期限を再確認しなければならず、又は、保証が期間の定めのないものである場合には、保証人に、いつでも行使できる解約権があること、及び解約権を行使することができる条件を確認しなければならない。
　　　本条は、企業に供与された信用の担保のために信用機関又は金融会社に対して法人によって署名された保証にも適用され得る。
16　期間の定めのない将来債務の保証については、期間の定めのない契約の解約権に関する一般準則（民1211条）に従って、保証人の一方的解約権が定められている（民2315条）。
17　Ph. Théry et Ch. Gijsbers, *supra* note（10）, n° 28, p. 41 ; A. Gouëzel, *supra* note（10）, n° 213, p. 122 ; L. Aynès, P. Crocq et A. Aynès, *Droit des sûretés*, 17éd., 2024, n° 202, p. 199.

保証（根保証に相当する）のいずれにも適用されるが、特に後者の場合に有益である。現在債務の保証の場合には元本が増えることはないのに対し、将来債務の保証の場合には、追加融資等によって保証人の知らない間に元本額が増加しえ、保証期間、または一方的解約権も問題となるからである[18]。

　義務違反の効果は、前回の通知の日付から新たな通知がされるまでに発生する利息・遅延損害金に関する担保権の喪失（失権）である。判例は、詐欺または重大なフォートがない限り、本条の義務違反によって一般法上の損害賠償責任は生じないとしている[19]。

　通知義務が履行されない間に主債務者がした弁済は、主債務者と債権者との間で充当合意がされていても、債権者と保証人の関係では元本に優先的に充当される（同条1項・2項）。これにより失権の実効性が確保されている。充当ルールは、通貨金融法典旧L.313-22条3項を再録したものである。

　適用範囲は、事業者たる債権者と自然人たる保証人との間のすべての保証契約である（民2302条1項）。これは、警告義務（民2299条）や比例原則（民2300条）と同じである。また、毎年の情報提供義務は、金融機関等が企業に融資する際に法人が保証した場合にも適用される（民2302条3項）。これは通貨金融法典旧L.313-22条1項を再録したものであるが、法人保証人への情報提供義務を認めることについては、学説の評価が分かれている。一方で、かかる情報提供義務は非営利社団、無数の小企業、親会社・子会社またはグループ会社のメンバー会社についても正当であるという積極的評価もあるが[20]、他方で、銀行に融資の状況について自己の子会社たる保証会社に情報提供させるのは馬鹿げているという消極的評価がある、もっとも、後者の見解も、法人保証人への情報提供義務は保証人の求償保証人への情報伝達義務（民2304条。後述(3)）との関係で正当化されるとする[21]。

　情報提供にかかる費用は、事業者たる債権者の「自らの費用で」負担される（民2302条1項・2項）。この点について、通貨金融法典旧L.313-22条2

18　V. Ph. Théry et Ch. Gijsbers, *supra* note (10), n° 31, p. 44.

19　Cass. Com. 25 avril 2001, n° 97-12. 861, n° 97-14. 486 et n° 97-19. 104.

20　Ph. Simler, *supra* note (10), n° 36, p. 42.

21　Ph. Théry et Ch. Gijsbers, *supra* note (10), n° 28, p. 42.

項は「この法定義務の履行の費用は、いかなる場合も情報提供を享受する者に請求され得ない」と規定していた。しかし、規定ぶりのまずさから、毎年の情報提供の保証人にとっての無償化を狙う立法者の意図に反して、主債務者に費用が転嫁されてしまっていたため、本条は、主債務者に請求することも禁止しようとしている[22]。もっとも、金融機関は、予め事務手数料を増額してこの損失を埋め合わせる危険があることも指摘されている[23]。

(2) 主債務者の不履行に関する情報提供義務

事業者たる債権者は、自然人たる保証人に対して、最初の支払事故が主たる債務の弁済を請求できる当月中に解消されないときは直ちに、主たる債務者の不履行について情報提供をしなければならない（民2303条1項）[24]。

この情報提供義務の目的は、保証人を主債務者の不履行の不知から保護することにある。不履行の情報が得られることにより、保証人は、主債務者に弁済するよう圧力をかけたり、利息や遅延損害金の蓄積を防ぐために保証人が早くに弁済したり、主債務者に対する求償権を保全する措置をとることができるというわけである[25]。

毎年の情報提供義務（民2302条）とはいくつかの点で違いがある。第1に、適用範囲について、主債務者の不履行に関する情報提供義務は、金融機関等が企業に融資する際の法人保証に適用されない（同条3項参照）。第2に、情報提供にかかる費用を債権者負担とする旨の文言がないため、債権者はこの費用を請求できると考えられており、実務的には顧客である主債務者に請求することになる[26]。

---

22 Rapport au Président de la République relatif à l'ordonnance, *supra* note 13, p. 5.

23 Ph. Simler, *supra* note（10）, n°s 36, p. 42 ; A. Gouëzel, *supra* note（10）, n°218, p. 125.

24 民2303条　事業者たる債権者は、すべての自然人たる保証人に対して、最初の支払事故が主たる債務の弁済を請求できる当月中に解消されないときは直ちに、主たる債務者の不履行について情報提供をしなければならない。債権者がこの義務を遵守しない場合には、債権者は、最初の支払事故の日付から保証人が支払事故について情報提供を受けた日付までに発生した利息及び遅延損害金の担保について権利を失う。

　債権者と保証人の関係において、この期間内になされた弁済は、負債の元本に優先的に充当される。

25 A. Gouëzel, *supra* note（10）, n°224, p. 129.

(3)　求償保証人への情報伝達義務

　求償保証は、実務上、機関保証の場合によく利用されている。たとえば、銀行の企業に対する融資について信用機関または相互保証会社（société de crédit mutuelle）が保証し、この保証人（「以下では、第1次保証人」と呼ぶ）が、事後求償権を主債務者たる企業の経営者に保証させる場合である[27]。2021年改正によって定義規定が設けられた（民2291-1条）[28]。

　求償保証にも、自然人保証人保護規定（手書記載要件、警告義務、比例原則）が適用される。第1次保証人（求償権者）は保証を業とする機関であることが多く[29]、自然人たる求償保証人との間では上記の各規定の適用要件が満たされる。しかし、求償保証人にとって、いまだ発生していない求償債務の残額や不履行に関する情報の提供を受けることは無意味であり、第1次的保証における主債務に関する情報を得ることが重要である[30]。そこで、求償保証人にも民法典2302条・2303条の趣旨を及ぼすために、保証人が受け取った情報を求償保証人に伝達する義務が設けられた（民2304条）[31]。これは2017年準備草案にはなく、2020年のオルドナンス案[32]で提案されたものである。

　第1次保証人が情報の伝達を怠った場合の効果は規定されていないが、民事責任を認め得るとの見解のほか[33]、保証人は求償保証人に、自分が引き受けている債務の元本の限度でしか請求できず、利息や違約金は請求できないとすべきだとの見解もある[34]。

26　A. Gouëzel, *supra* note（10）, n° 227, p. 131.

27　V. A. Gouëzel, *supra* note（10）, n° 230, p.132.

28　民2291-1条　　求償保証（sous-cautionnement）は、債務者が保証に基づき保証人に対して負うことになり得るものを、ある者が保証人に対して支払う義務を負う契約である。

29　A. Gouëzel, *supra* note（10）, n° 193, p. 109 et.

30　A. Gouëzel, *supra* note（10）, n° 231, p. 132 et s.

31　民2304条　　保証人は、情報を受領した月において、自己の費用において、自然人たる求償保証人に対して、第2302条及び第2303条の適用において受け取った情報を伝える。

32　2020年12月18日に公表されたオルドナンス案は、下記のURLから入手可能である。https://view.officeapps.live.com/op/view.aspx?src=https%3A%2F%2Fwww.justice.gouv.fr%2Fsites%2Fdefault%2Ffiles%2Fmigrations%2Ftextes%2Fart_pix%2FAvant_projet_%2520ordonnance_suretes_consultation.docx&wdOrigin=BROWSELINK（2024年11月29日最終確認）。

33　A. Gouëzel, *supra* note（10）, n° 235, p. 134.

198 法典

Ⅲ　保証人の過剰債務の防止

　保証人の過剰債務を防止する手段としては、保証契約締結時に、保証人に自らの債務の範囲やリスクを認識させて慎重に契約をさせるための自書要件（**A**）と、保証人の資力と明らかに不均衡な保証債務の効力を制限する比例原則（**B**）があり、いずれも、日本の2017年債権法改正に際して大きな注目を集めたものである。これらの方策は、今回の改正で大きな変更を受けた。また、保証人への請求時にも、保証債務の履行によって保証人が無一文にならないよう、自然人たる保証人の「生存可能財産（reste à vivre）」を保障するための訴権制限規定がおかれている（民2307条）[35]。これは以前から民法典に置かれており（民旧2301条2項）、今回は実質的に改正されていないため、ここで言及するにとどめる。

A　自書要件

　民法典上、保証契約の成立要件として、一定の方式は要求されてこなかった。保証契約が私署証書で締結されるときには、保証金額を数字と文字によって「その者自身によって書かれ」る（écrite par lui-même）ことが要求されるが（民1376条）、これは私署証書でされる片務契約の証拠準則としてである。もっとも、消費法典においては、事業者たる債権者と自然人たる保証人の間の私署証書による保証契約について、保証金額と保証期間を含む定型文言を手書記載（mention manuscrite）して自己の署名をすること（いわゆる「手書記載要件」）が、保証契約の有効要件とされていた（消費旧L.331-1条・旧L.331-2条・旧L.343-1条・旧L.343-2条）。しかし、記載事項が厳格であるために、文言の誤りなどを理由として、保証契約の有効性めぐる紛争が大量に生じていた。

　2021年改正では、上記の問題点を克服するために、自然人保証人による保

34　Ph. Simler, *supra* note (10), n°38, p. 44 et s

35　民2307条　　債権者の訴権は、自然人たる保証人から、消費法典L.731-2条の定める最低限の資産を奪う効果をもたらすことはできない。

証契約の有効要件としての方式（書面作製）に関するルールが民法典2297条に定められるとともに[36]、上記の消費法典の各規定が削除された。担保に関する私署証書のデジタル化を推進するための改正もまた、この要件に関わるものである。

　第1に、自然人たる保証人とすべての債権者の間で締結される保証契約について、民法典上、書面の作製が有効要件となった（同条1項）[37]。債権者の範囲は旧規定（事業者たる債権者）よりも拡大された。保証人の自書による書面を求める目的は、①保証人の軽率性を排除してその同意を保護すること、および②保証額の記載の強制により上限額の設定を強制することにあるが[38]、これらの目的は、債権者が事業者でない場合にも妥当するからである[39]。なお、本条の自書要件は保証委託契約にも課され（同条3項）、また、居住用賃貸借の賃料保証にも準用される（1989年7月6日の法律22-1条）。

　第2に、記載事項については、保証額・保証期間・保証意思を含む定型文言の強制が廃止された。保証意思と保証額を含んでいれば文言は自由であり、保証期間の記載は強制されなくなった（同条1項）。連帯保証の場合には、従来通り、検索の利益・分別の利益を放棄する旨の文言を含む（同条2項）。

　なお、改正前と同様、自然人による保証契約が公署証書で締結される場合（民1369条3項）および弁護士が副署した私署証書で締結される場合（民1374条3項）には、自書要件は適用されないと解されている。これにより、

---

[36] 民2297条　　自然人たる保証人は、債務者が債権者に対して負う義務について、全文字及び数字によって表示された元本及び従たるものの額の限度において、債務者が履行しない場合に保証人として債権者に弁済する義務を負う旨の記載事項を自ら書き入れなければならず（appose elle-même la mention）、これに反する場合には、その約務は無効となる。［書かれた金額が］異なる場合には、保証は、全文字で書かれた金額について有効である。

　　保証人は、検索又は分別の利益を有しない場合には、債権者に対し、まずは債務者に訴求することも、保証人の間で訴権を分別することも要求することができないことを、前項の記載事項の中で認める。それがない場合には、保証人はこれらの抗弁を援用する権利を保持する。

　　保証人となることを他人に委任する自然人は、本条の規定を遵守しなければならない。

[37] これによって保証契約が諾成契約であるのは法人が保証する場合のみとなった。

[38] なお、私署証書における上限額の記載の強制は、現在債務の保証と将来債務の保証のいずれにも課されている点で、日本の個人根保証における極度額の強制（日民465条の2第2項）よりも適用範囲が広いことに注意が必要である。

[39] A. Gouëzel, *supra* note（10）, n° 119, p. 67, n° 124, p. 69.

保証金額の記入が強制されず、いわゆる包括根保証が可能になるが、これは、上述の目的②に関係して、専門家による助言義務によって保証人にリスクを十分に認識させることができるからであると説明される[40]。

第3に、書面の作製方法については、手書きの強制が廃止された。すなわち、改正前の消費法典上の「手書記載」は、定型文言を紙に手書きで書き写したうえで自己の署名をすることを求めており、また、電子的手段によって締結される契約に関する一般ルール（民1174条以下）によって、人的担保・物的担保に関する私署証書については、電子的手段による書面の作製・保存が原則的に禁じられていた（民旧1175条2号）。

これに対し、改正後の民法典2297条1項は、自然人保証人が所定の記載事項を「自ら書き入れ」（appose elle-même）ることを求めているが（同条1項）、これは紙に手で書くことを強制するものではない[41]。また、デジタル化の推進により、上述の民法典旧1175条2号が削除され、すべての人的担保・物的担保に関する私署証書について、電子的手段による書面の作製・保存が可能になった。自然人保証人による保証契約に関する私署証書を電子的手段で作製する場合には、自書要件を前提に、「その書き入れの条件がその者自身でなければそれをすることができないことを担保する性質を備えたもの」でなければならない（民1174条2項）[42]。具体的方法として、A. Gouëzel は、記載事項はタブレットを用いて書くことのほかに、タイピングで入力することもできるが、記載のメリットはこれを「書く」ことにあるので、タイピング入力ではコピー＆ペースト機能を使えないようにしなければならないと説明している[43]。

---

40 Ph. Théry et Ch. Gijsbers, *supra* note（10），n°33, p. 47 ; A. Gouëzel, *supra* note（10），n°127, p. 71.

41 Ph. Simler は、「手書記載」の文言が改められたのは、担保証書のデジタル化によるものであるが、多くの場合には手書きが維持されるだろうと述べている（Ph.Simler, *supra* note（10），n°21, p. 21.）。なお、フランスでは今でも「手書記載」という表現が講学上・便宜上使われているものの、条文上は使われていない。本稿では、記載事項を自ら書き入れるという意味で「自書」と表すことにした。

42 民1174条2項　　約務を負う者自身の自筆による記載が要求される場合において、その書き入れの条件がその者自身でなければそれをすることができないことを担保する性質を備えたものであるときは、電子的方式によってそれを記載することができる。

B　比例原則[44]

　2021年改正前の法定の比例原則は、事業者たる債権者と自然人たる保証人の間で締結された保証契約について、契約締結時に、保証債務が保証人の財産および収入と明らかに不均衡であるときは、債権者は「これを援用することができない」とし、ただし、保証人が請求時にその資産によって保証債務を弁済できるときは、この限りでない、とするものであった（消費旧L.332-1条・旧L.343-4条。旧L.314-18条も適用範囲以外は同じ）。

　改正の際の主な論点は、適用範囲と比例原則違反の効果であったが、結果的には、違反の効果が変更され（第2点）、また、保証人の財産状況が事後的に改善した場合の例外則が削除された（第3点）（民2300条）[45]。

　第1に、適用範囲について変更はない。一方で、「自然人たる保証人」という要件については、旧規定下で経営者保証人のような玄人保証人を含むことへの批判もあったところ、自然人全てを過剰債務から保護するという政策的意思、自書要件（民2297条）・警告義務（民2299条）との平仄によって説明される[46]。この説明と同様に、比例性の要請の目的は保証人に情報提供や警告をすることではなく、経済的考慮によって保証人のあらゆる排除を回避することであるとして、経営者保証人が適用範囲に含まれることを正当化する見解もある[47]。

　他方で、「事業者たる債権者」という要件も維持されている。2017年準備

43　A. Gouëzel, *supra* note（10）, nº786, p.516. D.Legeais 教授も、保証証書のデジタル化によって保証人が十分に保護されるかに疑問を呈しており、保証人の本人特定については注意が必要であると指摘する（D. Legeais, *Droit des sûretés et garanties du crédit*, 16ᵉᵐᵉ éd., nº158, p.134.）。

44　比例原則をめぐる従来の展開については、前掲注1）掲載の各文献のほか、金山直樹「フランス契約法の最前線——連帯主義の動向をめぐって」判タ1183号99頁以下（特に102-103頁および脚注18-21）（2005年）（加藤雅信ほか編『野村豊弘先生還暦記念論文集　二一世紀判例契約法の最前線』〔判例タイムズ社、2006年所収〕554頁以下）、能登真規子「保証人の『過大な責任』——フランス保証法における比例原則」名大法政論集227号（2008年）371頁以下。

45　民2300条　　自然人によって事業者たる債権者に対して署名された保証は、その締結時に保証人の収入及び資産と明らかに不均衡であった場合には、保証人がこの日付において義務を負うことができた限度の金額に縮減される。

46　A. Gouëzel, *supra* note（10）, nº191, p. 108.

47　Ch. Albiges, Brève remarques sur le devoir de mise en garde de la caution et l'exigence de proportionnalité, in *Mélanges offertes à G. Pignarre*, LGDJ-Lextenso, 2019, nº10, p. 5.

草案民2301条では、比例原則の適用範囲を全債権者に拡大することが提案され、その理由として、比例性の要請はあらゆる債権者に等しく正当化されるからであると説明されていた。その後オルドナンスに至る過程で揺り戻しが起こった理由について、A. Gouëzel は次のように説明する。2017年準備草案では、比例原則違反の効果を「縮減し得る」に変更したことと引換えに債権者の範囲を拡大していたが、改正後の民法典2300条では「縮減」という効果は維持されているものの、保証人の財産状況が改善した場合の例外則を削除したため、これにより契約締結時に比例性の有無に関する評価の負担が重くなったため、事業者でない債権者に適用することは酷に過ぎるからである[48]。

第2に、比例原則違反の効果は、上述のように、全部失権から「保証人がこの日付において義務を負うことができた限度の金額に縮減される」に改められた。これは「全か無か」という効果が保証の実効性を奪うという長年の批判に応えたものである。これに対しては、「全か無か」という極端な効果が果たしてきた過大な保証の徴求に対する抑止効果がなくなり、保証人の過剰債務防止という目的が損なわれると懸念する見解もある[49]。

第3に、明らかな不均衡の評価基準時は、保証人の財産状況が改善した場合の例外則の削除によって、保証成立時のみとなった。この例外則は2017年準備草案では維持されていたが、その後削除された。債権者が自らの与り知らない保証人の財産状況の改善の恩恵を受ける理由はないとして[50]、また、保証人の財産状況の改善を見込んだ過大な保証の徴求を防ぎ、財産状況改善の評価をめぐる紛争を終わらせるものとして[51]、賛成する意見が多い。

なお、比例原則違反の効果を縮減に変更したことは、明らかな不均衡の評

---

[48] A. Gouëzel, *supra* note（10）, n° 200, p. 113.

[49] A. Gouëzel et L. Bougerol, Le cautionnement dans l'avant-projet de réforme du droit des sûretés : propositions de modifications, D. 2018, p. 678. ; A. Gouëzel, *supra* note（10）, n° 192, p. 108 et s. ; M. Cabrillac, Ch. Mouly, Ph. Pétel et S. Cabrillac, *Droit des sûretés*, 11ᵉᵐᵉ éd., LexisNexis, 2022, n° 351, p. 259 et s.

[50] Ph. Simler, *supra* note（10）, n° 32, p. 38. ; M. Cabrillac, Ch. Mouly, Ph. Pétel et S. Cabrillac, *supra* note（49）, n° 351, note 492, p. 259.

[51] A. Gouëzel, *supra* note（10）, n° 201, p. 114.

価基準時が保証契約締結時のみとなったことと相まって、比例原則違反の効果、さらには比例原則自体の法的性質を変更し得る。この点について、効果に着目して判例（マクロン判決）[52]で採用されていたフォートに基づく民事責任に戻ったとの評価[53]、また、消費法典上の旧比例原則が保証債務の過大性を客観的に問題視して過大な保証を抑止するものであったのに対し、民法典2300条の比例原則は、保証人に過大なリスクを負わせるという行為について債権者に責任を負わせるものになったとして、マクロン判決等にみられる事業者たる債権者の契約責任を見出す見解もある[54]。現行法の比例原則の法的性質や位置づけをめぐる議論はこれに尽きず、別途検討する必要がある。

IV　おわりに

　以上のように、2021年改正では、既存の保証人保護規定・法理が、特に警告義務・自書要件・比例原則については内容を大きく変更しながら、民法典に統合された。改正前後の変化を加味しつつ、現行規定を概観した結果、次のような分析が可能であろう。まず、警告義務の明文化、比例原則の内容の変化、そして保証契約締結後の情報提供義務に着目すると、事業者たる債権者に一定の義務を課すことによって自然人保証人の保護を実現しようとする立法者の姿勢が見いだされるように思われる。また、警告義務の対象を限定して比例原則とのすみ分けを明確にしたことは、本稿のプランⅡおよびⅢに表れるように、各方策の機能の重複を解消した点で大きな意義がある。さらに、保護の対象に玄人保証人を含めてよいかについては常に議論があるところ、玄人も含めた「自然人保証人」に統一したことは、授権事項（「自然人

---

[52] Cass. Com., 17 juin 1997, n°95-14. 105, *Bull. Civ.* 1997, IV, n°188. 主債務者たる会社の経営者（マクロン氏）が会社の銀行に対する債務を保証したが、保証額が保証人の資産・収入を大きく超えていたという事案について、保証額と資産状況の間に明白な不均衡があるため、このような保証契約をした銀行に重大なフォートがあるとして、銀行の損害賠償金の支払とこれによる保証債務の相殺を認めた。

[53] Ph. Simler, *supra* note（10）, n°32, p. 38.

[54] M. Hoyer, La réforme de l'exigence de proportionnalité du cautionnement, in R. Boroussais et al.,（dir.）, *Le droit du cautionnement depuis l'ordonnance du 15 septembre 2021*, CEPRISCA collection colloque, 2023, n°14, p. 95 et s.

保証人の保護」）に適ったものではあり、民法典の「わかりやすさ」に寄与しているといえる。もっとも、これが消費法典ではなく民法典の中であることが、理論的にどのように正当化されるのか、民法典の在り方にも影響を与えうるのか、あるいは2016年の債務法改正によってすでに民法典の在り方が変容し、その影響を受けたものであるのかについて、今後の議論を見守る必要がある[55]。

　さいごに、いわゆる物上保証の取り扱いについて簡潔に言及したい。物上保証の性質については議論があるところ、2021年改正では、物的担保の一般規定として「他人のための物的担保」に関する規定（民2325条）[56]を新設し、保証に関するいくつかの規定の準用を明文化した。本稿で扱った自然人保証人保護に関するものとしては、警告義務（民2299条）、情報提供義務（民2302条～2304条）が準用対象となっている[57]。「他人のための物的担保」についての理論的な検討は、本稿の目的を超えるものであり、今後の課題とせざるを得ない。

〔付記〕　本稿は、科学研究費補助金基盤研究（Ｃ）課題番号22K01221による研究成果の一部である。

55　拙稿・前掲注１）日仏法学30号70頁。

56　民2325条　　約定の物的担保は、債務者によって又は第三者によって設定することができる。
　　　物的担保が第三者によって設定されたときには、債権者は、担保に供された財産上にしか訴権を有しない。この場合に、第2299条、第2302条ないし第2305-1条、第2308条ないし第2312条及び第2314条の規定が適用される。

57　物上保証概念については判例・学説上の議論があるが、2005年準備草案民2295条、2017年準備草案民2291条はともに「保証」の中に規定を置くことを提案していた。また、保証に関する諸規定のうちどれを準用すべきかについても、議論があった。2017年準備草案当時の議論については、拙稿・前掲注１）日仏法学30号65頁以下を参照されたい。

理 論

債権の消滅時効による強制力の消滅
―― 金山教授の新確定効果説 ――

平 野 裕 之

I　問題設定
II　債権の時効の効果をめぐる判例
III　債権の時効の効果をめぐる学説
IV　強制力消滅説（自然債務説）の基本構造
V　強制力消滅と援用及び援用権者
VI　債権の時効の担保への効力
VII　おわりに

I　問題設定

1　債権は時効により消滅するのか

　本稿の狙いは、債権の消滅時効（以下、「時効」と略称する）の効果を、強制力の消滅として構成することにより、時効をめぐる諸問題を再構築することにある。

　（a）比較法的に異例な日本法　　比較法的には、時効を債権の消滅原因ではなく、訴権が消滅するものと構成されたり[1]、請求権のみを消滅させ、時効の抗弁権が認められている（ドイツ民法194条1項、214条1項）。弁済等の債権の消滅原因が証明されない限り、時効が完成しても拒絶権が認められるだけである。時効完成後の弁済は、債権が存在しているので有効となる。ところが、日本民法は、債権は時効により消滅するものと規定している。

　（b）旧民法は債権の消滅の推定　　旧民法は、債権の消滅時効を「免責時効」と称し、債権の消滅を推定していた。すなわち、旧民法証拠篇89条は、「時効ハ時ノ効力ト法律ニ定メタル其他ノ条件トヲ以テスル取得又ハ<u>免責ノ</u>

法律上ノ推定ナリ但……」と規定していた[2]。

　また、①同93条1項は、「時効ハ総テノ人ヨリ之ヲ援用スルコトヲ得」、②96条1項は、「判事ハ職権ヲ以テ時効ヨリ生スル請求又ハ抗弁ノ方法ヲ補足スルコトヲ得ス時効ハ其条件ノ成就シタルカ為メ利益ヲ受クル者ヨリ之ヲ援用スルコトヲ要ス」と規定していた[3]。

　(c)　現行法とその後の展開　　現行法では、(b)の①はなくなり、②は145条に引き継がれているが、「債権は、……時効によつて消滅する」と、時効による債権の消滅を認める変更がされている（166条1項［改正前167条1項]）。

❶　当初の理解（確定効果説）　　当初の学説は、時効完成により当然に債権は消滅し、145条の「当事者」は訴訟当事者、また、援用とは訴訟での援用（攻撃防御方法の提出）と理解し、時効の効果は完成により生じているので、放棄も訴訟上の主張レベルに位置付けていた（確定効果説）[4]。訴訟上主張する利益を有する全ての者が訴訟で時効を主張できることになる。

❷　解除条件説の登場──援用を意思表示と理解　　ところが、民法施行後、援用は時効の利益を放棄しない意思を表示し消滅を確定させる実体法的

1　アメリカ法はイギリスの1623年の出訴制限法を承継しており、出訴制限法については、債権者に訴訟による救済を認めえないというにすぎず、債務自体を免れさせるものではなく、その義務を道徳上の義務に変えるものであるといわれている（藤井啓吾「アメリカの時効制度と債権管理（上）」金法1587号（2000年）47頁）。フランスでは時効の効果についてはフランス古法では議論があり、消滅時効では自然債務になるのかが議論されている（金山直樹『時効理論展開の軌跡』（信山社、1994年）163頁以下）。フランス民法では、消滅するのは訴権であり権利自体ではないという理解と、権利自体の消滅を認める理解があり、判例には、債権者の権利を消滅させるのではなく、債務の履行の請求を禁ずるに過ぎないと述べるものもある。2008年の時効法改正はこの問題を解決するものではないと考えられている（P. Malinvaud, M. Mekki, J.-B. Seube, Droit des obligations 17ᵉ éd., LexisNexis, 2023, n°1003 et s.）。

2　旧商法352条は消滅時効を債務の消滅を規定していることから、民商法の整合性を調整する必要が生じてきた（内池慶四郎『消滅時効法の原理と歴史的課題』（成文堂、1993年）83頁以下参照）。旧民法の推定構成に対しては、反証を許さないものを推定ということは理論的に疑問であること、取得時効で善意と悪意で時効期間が異なるが、これは推定構成とは付合しないことなどの批判がされていた。

3　フランス民法は、旧2223条で裁判官は時効の攻撃防御方法を職権で補完できないこと、旧2225条で時効について利害関係を有する者は、債務者が時効を放棄した場合でも時効の主張ができるものと規定していた（2008年改正により、現行法では前者は2247条、後者は2253条になっている）。

208 理論

効果を有することから、援用を意思表示と理解する学説が主張され、意思表示なので裁判外でも可能とされる（**解除条件説**）。援用により債権消滅の効果を確定できる権利を援用権とし、それが誰に認められるのかが議論されることになる。

　❸　**停止条件説による145条の実体法化**　更に、債権消滅の効果は援用を待って生じると考えられるようなる（**停止条件説**）。時効完成による援用権の成立、援用はその行使たる意思表示と、実体法的な再構成がされる（穂積博士）。誰が「援用権者」なのかが、145条の「当事者」の解釈として問題とされたのである。判例は、当初の❶であったが、判例変更が明言されることなくなし崩し的に❸に移行している（以上につき詳しくは後述）。

2　2017年民法（債権法）改正と問題提起

　（a）　**債権消滅構成を維持——停止条件説の暗黙の採用**　民法（債権法）改正検討委員会編『債権法改正の基本方針』【3.1.3.68】［乙案］は、抗弁権構成を提案していた。2017年改正に際して、法制審の中間試案第7「消滅時効」8「時効の効果」は、「消滅時効に関して、民法第144条及び第145条の規律を次のように改めるものとする」として、以下の規定を提案していた。

> （1）時効期間が満了したときは、当事者又は権利の消滅について正当な利益を有する第三者は、消滅時効を<u>援用することができる</u>ものとする。

4　旧民法証拠篇96条1項（既述）はフランス民法旧2223条に由来し、145条については旧民法「証拠篇第96条の第1項と同じ意味であります、文章を少し簡単にした丈けのことで少しも変わらぬ積りであります」と、本条の起草者梅は説明している（民法議事速記録1巻416頁）。起草者（梅）がこのように説明しながら、145条について良心規定的説明をしたため、時効の制度倫理にかかわる援用の原則的意味を曖昧なものとしたといわれている（内池・前掲注2）224頁）。①145条を良心に目覚めて時効を主張しないことを認めた良心規定と理解する考え（良心規定説）が、実体法的に捉える理解の背景にある。②これに対し、沿革に素直に、訴訟の場面での「訴訟当事者」についての、主張されていないのに時効に基づいて裁判をしてはいけないという、裁判所を名宛人とした規定という理解もされている（末弘厳太郎『民法雑記帳（上）』（日本評論社、1953年）175-176頁）。145条の「当事者」とは「訴訟当事者」の意味であり、「訴訟上時効を援用するにつき法律上正当の利益を有する者」を全て援用権者と理解する（同177頁）。

（2）消滅時効の援用がされた権利は、時効期間の起算日に遡って消滅するものとする。

（注）上記（2）については、権利の消滅について定めるのではなく、消滅時効の援用がされた権利の履行を請求することができない旨を定めるという考え方がある。

停止条件説を明文化する趣旨のようである[5]。（2）では債権は援用——時効完成ではなく——によって初めて消滅することを規定し、（1）は援用権者を広く認めている。ただし、（注）では、抗弁権説も選択肢として指摘している。

（b） 145条に援用権者を規定　　上記の明文化は断念され解釈に委ねたが、2017年改正は停止条件説を前提として、145条に、「当事者（消滅時効にあっては、保証人、物上保証人、第三取得者その他権利の消滅について正当な利益を有する者を含む。）」と括弧書を追加した。判例の「直接の利益」という基準を、「正当な利益」へと変更したが、内容的に変更する意図はない[6]。また、時効による債権の消滅は当然の前提である。

3　本稿の目的——金山教授の新確定効果説の再評価

弁済をしていない債務者を時の経過を理由に解放することは、現代社会では不合理な制度ではない。しかし、その目的は、債権の強制力の消滅でも実現できる。債権自体を「消滅」させることは、「免責」の必要性に対して過剰な保護である。本稿は、債権の強制力のみの消滅へと再構成することを提案する。**債権消滅説**に対して「**強制力消滅説**」ないし「**自然債務説**」と呼ぶ

---

[5] 法務省民事局参事官室『民法（債権関係）の改正に関する中間試案の補足説明』（2013年）は、「今日では、当事者の援用を停止条件とし、その援用があって初めて時効の効果が確定的に発生するとする不確定効果説が通説であるとされ、判例（最判昭和61・3・17民集40巻2号420頁参照）も、これを採用していると解されている」（88頁）、「そこで、本文（2）では、この不確定効果説を明文化し」たと説明する（89頁）。

[6] 取得時効については確立した判例があるとまではいえないため、消滅時効について規定するに止めた。ちなみに、民法（債権法）改正委員会案【1.7.10】は「保証人、物上保証人その他の法律上の正当な利害関係を有する者」、民法改正研究会案96条は「時効の利益を受ける当事者」、時効研究会案145条は、「当事者又は正当な利益を有する者」と提案していた。

210　理論

ことにする。このような提案は金山教授が**新確定効果説**として主張していた
ものである（後述）。

　以下には、これまでの判例・学説を確認した上で（⇒Ⅱ、Ⅲ）、筆者の立
場から時効をめぐる主要な問題の解決がどう変ってくるのか検討してみたい
（⇒Ⅳ〜Ⅵ）。

Ⅱ　債権の時効の効果をめぐる判例[7]

1　第1段階（確定効果説）

　(a)　消滅に援用は不要——確定効果説　　当初の判例は、時効により当然
に債権の消滅の効力が生じ、145条は弁論主義を確認した規定と理解してい
た（確定効果説と呼ばれていた）。大判明治38・11・25民録11輯1581頁（以
下、「**明治38年判決**」と呼ぶ）で、「消滅時効に罹りたる権利は、<u>当事者が時
効を援用するに因りて始めて消滅するものにあらずして、時効成就の時に於
て業已に消滅する</u>」、「145条の規定は消滅時効に付て之を云へば、<u>時効に因
りて利益を享受する者が抗弁方法として</u>之を援用するにあらざれば裁判所は
時効に因りて権利の消滅したる事実を認定することを得ざるものと為したる
に過ぎず。要するに裁判所は職権を以て時効の法則を適用するを得ざる趣旨
を明にしたる規定に外ならず」という（大判大正7・7・6民録24輯1467頁、
同大正8・7・4民録25輯1215頁など同様）。

　(b)　時効完成後の強制執行　　時効完成により債権は消滅しているので、
強制執行がされれば債権者に不当利得が成立する（大判昭和7・4・8法学
1巻下428頁）。本判決は、「一定の債務が一度消滅時効に因り<u>消滅したると
き</u>は、仮令其の後該債務が強制執行に因り履行せられたる後と雖も、苟も<u>債
務者にして其の時効の利益を抛棄したる事実の存在せざる限り尚之が援用を
為すことを妨げらるることなき</u>と同時に、斯くの如き時効援用ありたるとき
は該時効は其の起算日に遡りて効力を生じ、前記強制執行に因る履行は<u>債務</u>

7　カタカナの判決文はひらがなに直し、適宜句読点を付している。また、判決文の下線は全て引用
者が加えたものである。

なくして為したる履行として不当利得返還請求権発生の原因となる」という。時効完成後の任意の弁済も、時効利益の放棄がない限り無効になる。

2　第2段階（緩やかな変更）──援用しうる者の制限

（a）　援用しうる者を「直接の利益」を受ける者に制限　時効完成により当然に債権が消滅するのであれば、弁済と同様に、利益を受ける者全てが、訴訟上時効による債権消滅を主張できるはずである。ところが、その後の判例は、時効の効果の主張をなしうる者を制限している。大判明治43・1・25民録16輯22頁（以下、「明治43年判決」と呼ぶ）は、145条の「当事者とは時効に因り直接に利益を受くべき者即取得時効に因り権利を取得し又は消滅時効に因りて権利の制限若くは義務を免るる者を指称す」と述べ、「時効に因り間接に利益を受くる者は所謂当事者に非ず」という[8]。

（b）　制限をする理由　その理由は、「間接に利益を受くる者」「も独立して時効を援用するを得るとせんが、直接に利益を受くる者例えば債務者は時効の利益を受くるを欲せずして時効を援用せず若くは之を抛棄したるが為め債務の弁済を命ぜられたるに拘らず、間接に利益を受くる者例えば抵当権を設定したる第三者は時効を援用して抵当権の行使を免るるを得べく、債権者は主たる債権を有しなから従たる抵当権を失うが如き不合理なる結果を見るに至るべし」と、説明される。

（c）　判例への疑問　判例は、①「利益と雖も強制できない」ということ、②債権を有しながら、物上保証人による時効援用によって担保だけが消滅することを不合理として問題視する。しかし、①は放棄を認める、また、自然債務とし自然債務の援用を自由にすれば足りる。②については、「時効の利益の放棄をできる者は誰か」だけ問題にし（放棄は意思表示）、利益のある者に全て時効の主張を認めつつ[9]、債務者により放棄がされたら他の者も時効の主張ができなくなるとすれば（放棄の絶対効を認める）、不合理は避けられる。

8　本判決の研究として、大久保憲章「消滅時効の援用権者」修道39巻2号（2017年）205頁があり、起案をした判事を牧野菊之助と推測する、また、本判決に採用された直接の利益を受けるものを当事者として説明していた学説は、松岡正義の著作しかなかったことを明らかにしている。

3　第3段階（145条の実体法的構成へのなし崩し的移行）

時効の効果についての明治38年判決は明示的に変更が宣言されることなく、援用は実体法上の問題になし崩し的に変更され、援用権者の議論がされるようになる。

（a）　援用により確定することを認める判例

（ア）　援用による「確定」——取得時効の判例

❶　当事者の意思の尊重　　大判昭和10・12・24民集14巻2096頁（以下、「昭和10年判決」と呼ぶ）は、取得時効の事例であるが、145条で時効の援用を要するものと規定したのは、「一に当事者の意思に反して強制的に時効の利益を享けしむるを不可としたるに外なら」ず。その趣旨からは、「出来得る限り実質的権利関係と裁判の結果との不一致を避け」るべきである。

❷　援用による権利関係の変更　　昭和10年判決は、「取得時効に付ては直接時効の利益を享くる者は裁判上たると裁判外たるとを問わず、何時にても之を援用を為すを得べく、一旦其の援用ありたるときは茲に時効による権利の取得は確定不動のものとなり、爾後は契約其の他の法律事実と同く何人といえども訴訟に於て之を主張を為し得る」という[10]。

（イ）　援用の理解の変更——停止条件説への明示なき変更

❶　一見すると解除条件説　　消滅時効で言い換えると、時効完成で債権

9　上記判例は債務者が時効の利益を放棄しても相対効として、物上保証人が援用できることを「不合理」として、物上保証人の援用を否定する。しかし、債務者が援用した場合には、物上保証人による援用も認めるはずである。そうすると、債務者の援用により実体法レベルでの変更が生じることになり、援用を実体法的に構成し直す契機を与えることになる。

10　本判決は、「例へは甲の所有土地を乙か時効によりて取得し、之を丙に譲渡し、丙は丁に地上権を設定し更に其の上に抵当権が設定せらるる等諸種の法律関係発生じたる場合の如き。其の後に至りて甲が自己に所有権ありと主張し丙以後の各権利取得者を被告として其の権利を争ひたりとせば、被告等は孰れも乙の取得時効を主張するを得す空しく手を拱ねて敗訴し、正当に取得したる権利を喪失し終るの外なく又仮令被告等は其の事実を原告亦事実としては乙の取得時効の要件を具備せる占有を認めたる場合に於ても、裁判所は之を無視して被告等敗訴の判決を為すの外なからんざれば、少くとも取得時効に付ては直接時効の利益を享くる者は裁判上たると裁判外たるとを問ず何時にても之が採用を為すを得べく、一旦其の援用ありたる時は茲に時効による権利の取得は確定不動のものとなり、爾後は契約其の他の法律事実と同く何人と雖訴訟に於て之が主張を為し得るものと解せざるべからず」と述べる。援用権者を特定し、その援用により「何人と雖」時効を——事例は取得時効が問題となった事例——「主張」できるという。停止条件説と評価しても間違いではないかもしれない。

は「消滅」しているが「確定的」ではなく、「援用したときにはじめて確定的に生ずる」ことになる。一見すると解除条件説的である。解除条件説では、時効完成で債権は消滅し、放棄の可能性があるので確定的ではなく、援用して放棄をしない意思を表示して、債権消滅という効果が確定されることになる（この意味で援用は意思表示）。解除条件説ならば、債権は当然に消滅しているので、①なされた弁済は無効であり、また、②全ての者が債権消滅を主張できる。

❷　**明示なき停止条件説への変更**　❶の①については、先の強制執行を無効とする判決を変更する判例は出されていない。②については、既に明治43年判決が時効の援用権者を限定し、本判決はこれを承継した上で、援用は意思表示であり裁判外でも有効とされ、この援用があると全ての者が時効の効果を主張しうるようになるという新判断を付け加えている。援用の意思表示により権利関係が変動することになり、実質的には停止条件説を宣言したに等しい。援用により「確定」するという表示は無視し、援用により時効の本体たる効果——時効完成により第1弾の効果として援用権が成立——が生じると判示したと評価すべきである。すると、①も必然的に変更されたことになる。

4　第4段階（戦後の判例）

（a）**戦後の判例による援用権者の「当てはめ」の変更**　戦後の最高裁判例は、消滅時効について、時効消滅により直接利益を受ける者に限定しつつ「物上保証人も被担保債権の消滅によつて直接利益を受ける者というを妨げない」として、大判明治43・1・25の変更を宣言した。基準はそのままで当てはめを変更している（最判昭和43・9・26民集22巻9号2002頁）。他に、弱い譲渡担保の物上保証人（最判昭和42・10・27民集21巻8号2110頁）、抵当権不動産の第三取得者（最判昭和48・12・14民集27巻11号1586頁）、仮登記担保不動産の第三取得者（最判昭和60・11・26民集39巻7号1701頁）、売買予約仮登記のある不動産の抵当権者（最判平成2・6・5民集44巻4号599頁［予約完結権の消滅時効の援用]）、詐害行為の受益者（最判平成10・6・22民集52巻4号1195頁）など、援用権が認められる。明治43年判決、昭

214　理論

和10年判決の路線は確立されたといってよい。

　(b)　昭和10年判決の消滅時効への適用

　❶　**判決の一般論**　　最判昭和61・3・17民集40巻2号420頁（以下、「昭和61年判決」と呼ぶ）で、消滅時効の事案につき、「145条及び146条は、時効による権利消滅の効果は当事者の意思をも顧慮して生じさせることとしていることが明らかであるから、時効による債権消滅の効果は、時効期間の経過とともに確定的に生ずるものではなく、時効が援用されたときにはじめて確定的に生ずるものと解するのが相当であ」ると述べている[11]。その後も、最判平成6・9・8判タ863号144頁も同旨を宣言する。

　❷　**事案への当てはめ**　　昭和61年判決の原審判決は、農地売買で、買主の許可申請求権が時効にかかり許可が不成就に確定したため、本件土地の所有権は移転しないことに確定したとして、売主の買主に対する所有権移転請求権保全仮登記の抹消登記請求を認容したが、最高裁はこれを次のように判示し、破棄差戻しを命じた。

　「農地の買主が売主に対して有する県知事に対する許可申請協力請求権の時効による消滅の効果も、10年の時効期間の経過とともに確定的に生ずるものではなく、売主が右請求権についての時効を援用したときにはじめて確定的に生ずるものというべきであるから、右時効の援用がされるまでの間に当該農地が非農地化したときには、その時点において、右農地の売買契約は当然に効力を生じ、買主にその所有権が移転する」、「その後に売主が右県知事に対する許可申請協力請求権の消滅時効を援用してもその効力を生ずるに由ない」。

　❸　**昭和10年判決の消滅時効へのあてはめ**　　昭和61年判決は停止条件説を採用したもと評されているが[12]、❶は取得時効についての昭和10年判決を、

11　内田貴『民法Ⅰ〔第4版〕』（東京大学出版会、2008年）329頁は、「停止条件説をとることを明言した」と評価するが、やや特殊な事案に関するものであるため、「その先例的価値については、今後の判例の展開を見る必要がある」という。

12　柴田保幸「判例解説」最判解民昭和61年度175頁は、昭和61年判決は停止条件説を採用したものと明言する。学説も同様の評価である（例えば、松久三四彦『時効判例の研究』（信山社、2015年）28頁など）。昭和61年判決については、加藤雅信ほか鼎談「時効とは何か」『現代民法学と実務（上）』（判例タイムズ社、2008年）193頁以下参照。

消滅時効について言い換えただけである。先に見たように昭和10年判決は、表現は解除条件説的であるが、実質的には停止条件説と解することができる。更にいうと、明治43年判決が時効を援用できる者を制限したことが、既に解除条件説では説明できないものであり、確定効果説を宣言した明治38年判決はなし崩し的に停止条件説に変更されてきたのである。昭和61年判決は消滅時効の事例という以外には新たな判断はない。

　(c)　**停止条件説を補強する判例**　　解除条件説では、確定はしていないが債務が消滅しているので、①誰でも主張でき、また、②弁済は無効であり、その後の援用により弁済の無効が確定する。これに対して、停止条件説は、①ⓐ援用権者しか援用できず、ⓑその援用があれば全ての者が時効の主張ができるようになる、②弁済は有効である。①ⓐは明治43年判決、①ⓑは昭和10年判決により宣言されている。②については強制執行を無効とした判例を変更する判例は出ていない。しかし、支払約束につき、信義則を根拠に「債務者に時効の援用を認めない」とする判例が出ている（最判昭和41・4・20民集20巻4号702頁)[13]。解除条件説であれば放棄だけが解除条件であり何らの効果も生じないはずであり、支払を免れないというのは援用まで債権は消滅していないという理解ではないと説明がつかない。

5　判例のまとめ

　明治38年判決の確定効果説から停止条件説への変更は、明治43年判決、昭和10年判決等によりなし崩し的に行われている[14]。債権消滅の「確定」にこだわる判決文は無視し、判例を停止条件説と解釈し直すべきである。いずれにせよ、時効の効果を債権の「消滅」と理解することを、判例は当然の前提

13　最判昭和35・6・23民集14巻8号1498頁は、「原判示のような場合には、債務者は時効完成の事実を知つていたものと推定すべ」きであり、債務者において「弁済をするに当り時効完成の事実を知らなかつたということを主張且つ立証しない限りは、時効の利益を抛棄したものと認めるを相当とする」と判示した。これを変更したのである。

14　嶋津元「判批」潮見佳男＝道垣内弘人編『民法判例百選Ⅰ〔第9版〕』（有斐閣、2023年）2023頁は、昭和61年判決の帰結自体は、停止条件説的に位置づける理解と親和的であるが、「時効の援用につき停止条件説を採ったものとして本判決を位置付けることは、その内在的理解としては適切ではない」という。

としている。債権の消滅を認めるため、停止条件説では、援用により債権が消滅し、誰が援用権者か問題になり、援用権者を広げることで相対的関係になる[15]。利益といえども強制しない、各人の自己決定の尊重という理念を実現しているが、かえって厄介な問題を生じさせている。これを、強制力の消滅、時効の効果の当然発生、援用の訴訟レベルの問題への放逐と、よって立つ理論構成の再構築により解決を図るのが本稿の目的である。

Ⅲ 債権の時効の効果をめぐる学説

1 債権消滅説

通説は条文通り時効により債権は「消滅」するものと理解し、消滅の時期が、145条との関係で争われているにすぎない。

（a） 援用＝訴訟行為説（確定効果説・攻撃防御方法説）——145条は訴訟法の規定 当初は、145条の「援用」を単なる攻撃防御方法と考えていたが、これは既述のように沿革に忠実な理解である。145条を、時効を裁判所が職権で認定できる制度とまではせず、民事訴訟における原則である弁論主義による規律に任せ、訴訟上主張するかどうか当事者の選択に委ねた規定と考える[16]。従って、145条の「当事者」とは訴訟当事者のことであり（原告又は被告）、「援用」とは訴訟上の時効の主張であり、主張する利益のある者ならば誰でも主張できることになる[17]。訴訟上の主張は訴訟当事者間においての

---

15 援用の効果は相対的になるが、「なぜそのような相対効が生じる「のかの構成及び理由付けは必ずしも明確ではない」と評されている（岩田合同法律事務所編『時効・期間制限の理論と実務〔新刊〕』（日本加除出版、2018年）43頁［飯田浩司]）。援用権者を広く認める必要性と利益と誰も強制されないという理念また私的自治の原則との調整が根拠といえようか。近時、フランス法を参考として、①一般債権者による債権者代位権の行使、②固有の援用権が認められる場合の他、③直接当事者に代わって時効を援用しうる権利を、債権者代位権や詐害行為取消権の転用によって認める主張がある（嶋津元「時効援用権の理論構成に関する比較法的検討」私法83号（2022年）218頁）。時効援用権者については、嶋津元『時効援用権の基礎理論』（弘文堂、2024年）181頁に詳しい。
16 富井政章『民法原論 第1巻（総論）』（有斐閣、1922年）554頁は、「時効ノ援用ハ其効力発生ノ要件ニ非スシテ単ニ裁判ヲ為ス要件ニ過キス」と述べる。
17 薬師寺志光『改訂日本民法総論新講 下』（明玄書房、1970年）1041頁は、「時効を援用し得る者は時効に因る権利得喪の事実を主張する正当の利益を有する者である」という。145条の「当事者」とは「訴訟当事者」と考える（同頁注（1)）。

み効力を有し、他の者に対しては効力を有しない[18]。

本説は**確定効果説**といわれるが、時効の利益の放棄は認めるので名称は適切ではない[19]。145条の位置づけをめぐる争いなので、確定効果説 vs 不確定効果説ではなく攻撃防御方法説 vs 意思表示説と称する方が適切である。

(b)　援用＝意思表示説——145条は実体法の規定　　確定効果説に対して、145条の「援用」を意思表示とし同条を実体法規定と理解する考えは、不確定効果説と呼ばれている。不確定効果説も解除条件説と停止条件説（更には要件説）に分かれる。

❶　解除条件説　　時効完成により債権は当然に消滅するが、放棄を解除条件とし——ここまでなら確定効果説と同じ——、援用により解除条件（＝時効の利益の放棄）の成就がないことに確定するため、援用も時効の効果を確定させるという実体法的効果を生じさせる意思表示と構成する学説が、**鳩山博士**により提唱される（**解除条件説**）[20]。145条の「援用」をこのような意思表示として理解する結果、145条は実体法規定と理解されることになる[21]。既に生じている時効の効果を確定させることができるのは誰なのかが援用権者が問題になり、145条の「当事者」の解釈の問題となる。

18　薬師寺・前掲注17）1045頁。

19　薬師寺・前掲注17）1047頁は、時効の利益の放棄を意思表示であると断言する。確定効果説では、時効の援用も放棄も、いずれも攻撃防御方法ということになるが、放棄については意思表示と言わざるをえない。

20　鳩山秀夫『増訂改版 日本民法総論』（岩波書店、1930年）591頁以下は、「援用に依りて時効の効力確定し不援用の確定するに依りて時効は初めより効力を生ぜざりしことに確定する」という。援用により、解除条件が生じないことに確定するのである。鳩山秀夫『註釈民法全書 第2巻 法律行為及ヒ時効』（厳松堂、時効の部分は1922年）606頁ですでに、「援用」は、「時効の私法上の効力を確定する行為なり」、「私法上の効力を揺するものなり」、しかして、「裁判所に対して之を為すことを要せずと信ずる」と主張していた。援用を攻撃防御方法の提出ではなく、私法上の効果を確定させる意思表示であり、裁判外でも可能というのである。これ以降、145条が、訴訟法的規定から援用という意思表示についての実体法規定へと理解が転換されることになる。ちなみに援用権者を145条の「当事者」として、「時効ニ因リテ直接ニ権利ヲ取得シ又ハ義務ヲ免ルヘキ人」とし、時効取得者からの地上権者や抵当権者は否定しつつ、消滅時効では保証人を含めている（同610頁、前掲書294頁も同）。

21　解除条件説として、鳩山・前注（民法総論）576-7頁、曄道文芸『日本民法要論 1巻 緒論・総則』（弘文堂、1920年）284-5頁、沼義雄『綜合日本民法論別巻第1民法総論（下）』（厳松堂、1936年）332頁以下、石田文次郎『現行民法総論』（弘文堂、1934年）492頁、柚木馨『判例民法総則　下』（有斐閣、1952年）255頁以下、薬師寺・前掲注17）1038頁などがある。

218 理論

❷ **停止条件説及び要件説**　145条を実体法的に構成する流れを更に進めたのが、鳩山説を批判しつつこれを発展させた穂積博士の停止条件説である。現在の通説と言ってよい[22]。停止条件説を最初に提案した穂積博士は、援用を意思表示として145条を実体法的に再構成することに賛成しつつ、解除条件的というよりも停止条件的に説明すべしといい、立法としてはドイツ民法が良かったが、「私の説明は解釈で大体同様の結果を得ようというのである」という[23]。我妻博士は、利益と雖も強制しないという当事者の意思の尊重の趣旨に合致することを理由としている。解除条件説でも放棄が可能なので、援用という行為はそれにより債権を消滅させる意思表示というのが社会通念に合致するという趣旨であろうか。なお、援用を時効の要件（成立要件）に位置づける学説（**要件説**）もある[24]。

(c)　停止条件説への疑問提起

❶ **金山教授の問題提起**　停止条件説では、145条の援用は実体法的に再構成されている[25]。当事者の援用は、時効の効果を発生させる意思表示であり、それは時効援用権という形成権の行使になる。時効の完成は援用権と

---

22 穂積重遠『改訂民法総論』（有斐閣、1936年）457頁が嚆矢である。我妻栄『新訂民法総則』（岩波書店、1965年）444頁、今泉光太郎『新民法総則』（泉文堂、1956年）493頁、石本雅男『民法総則〔改訂版〕』（法律文化社、1962年）384頁、幾代通『民法総則〔第2版〕』（青林書院、1984年）536頁、槇悌次『民法総則講義』（有斐閣、1986年）210頁、川井健『民法概論 1〔第3版〕』（有斐閣、2005年）316頁以下、石田穣『民法総則』（信山社、2014年）1032頁、加藤雅信『民法総則〔第2版〕』（有斐閣、2005年）390頁。援用権者については、「訴訟上時効を援用することにつき正当の利益を有する者だけが現実に援用権を認められる」という主張もある（舟橋諄一『民法総則』（弘文堂、1954年）176頁〔注29の主張が根拠〕）。

23 穂積重遠『改定民法総論』（有斐閣、1930年）457頁。

24 停止条件説は、時効の完成までが時効の成立要件であり、援用はその効力発生のための法定の条件と位置づけるのに対して、要件説は援用までも時効完成とならぶ時効の「要件」と位置づける（星野英一『民法概論 I』（良書普及会、1971年）284頁、須永醇『新訂民法総則要論〔第2版〕』（勁草書房、2005年）305頁、鈴木禄弥『民法総則講義〔改訂版〕』（創文社、1990年）272頁、石田喜久夫『口述民法総則〔第2版〕』（成文堂、1998年）343頁、山本豊「民法145条」『民法典の百年 II』（有斐閣、1998年）294頁、松久三四彦『時効制度の構造と解釈』（有斐閣、2011年）41頁、新井敦志「消滅時効の援用の法的性質について」『立正法学論集 三十周年記念論集』（立正大学法学会、2012）21頁）。援用が形成権の行使である意思表示にすぎないことなど、停止条件説と異ならない。なお、援用を「裁判所に対して時効法規の適用を求める行為」とする考えもある（内池・前掲注2）14頁）。

25 学説には、当事者間では援用が必要であるが、第三者に対しては必要ではないという主張もある。

いう形成権を成立させるにすぎず、その行使＝援用により債権消滅という時効の効果が生じることになる。金山教授は、実際に問題にはならないとしても、「裁判外ででも援用がされないかぎり、債権は論理的には永久に残ってしまうことになりますが、それが実体法の世界の理想からみて、どうなのかが気になる」と評される[26]。

❷　**金山教授による新確定効果説の提言**　　金山教授は、以下のように主張する。

「いわゆる確定効果説を再評価して、時効の援用というものは効果発生の要件ではなくて、時効の効果というのはあくまでも時効の完成によって発生している」。「援用の法的性質は、訴訟法上のものであって、そのすでに発生した効果につき利益をうけるための要件として、弁論主義ではなく、むしろ処分権主義の側に位置づければ足りる」[27]。

ただし、時効完成により当然に発生するのは、「法的債務」としての消滅であり、強制力を欠く「自然債務」としては時効完成後も負い続けるという[28]。145条を弁論主義ではなく処分権主義の規定と理解する点が従前の確定効果説とは異なり、自ら「**新確定効果説**」と名付けている。

2　自然債務説

時効の効果は、債権の消滅ではなく、自然債務になるだけと考える学説もある[29]。なお、時効にかかった債権も自働債権として相殺をすることができるが（508条）、その説明のために自然債務として存続している――問題は援用後である――と言われたことがある[30]。

---

26 金山・前掲注12) 鼎談179頁。弁済は当然に債権を消滅させ援用があって消滅が認められるわけではなく、時効だけ援用があって消滅するというのは、「前裁判的な生活を規律することを理想とする実体法の世界に相応しくない気がする」という（同180頁）。ただし、自然債務としては永遠に残ることは認める。また、145条は主張共通の原則が適用になる弁論主義の格に規定とは異なり、時効という法規を適用せよとの主張が、145条の援用であり、処分権主義の規定であるとする。

27 金山・前掲注12) 鼎談180-181頁。これまでの多くの時効理論は確定効果説を前提に構築されており、停止条件説に変更された後も各論的には確定効果説を前提にする説明がそのままされている中途半端な状況にあるという。金山直樹『時効における理論と解釈』（有斐閣、2009年）264頁以下も同様。

28 金山・前掲注12) 鼎談180-181頁。援用によって自然債務が消滅するという考えはとらない。

（a）　**援用により消滅するという学説**　　金山教授の見解は上述した。木村教授は、「債権は時効の完成に依って時効の抗弁が発生するために、請求力（狭義の請求権）自体が弱体化されるが、給付保持力を失わないから、時効完成後も自然債務として存続する。すなわち債権は時効の完成によって普通の債権としては消滅するが、自然債務として存続する」という[31]。また、「時効の援用は実体法上の消滅時効の抗弁権すなわち履行拒絶権の行使であって、これによってはじめて債権は消滅する」という[32]。援用による債権の消滅を認めるので、債権消滅説に位置づける方が適切かもしれない。

（b）　**援用後に自然債務になるのか**

❶　**508条の前提としての議論**　　停止条件説は、援用により債権が消滅するものと理解されているが、援用により債権が自然債務になるという理解が通説と説明されることがある[33]。いわば「当然自然債務説」に対して、「援用後自然債務説」とでも呼ぶことができる。しかし、それは508条の議論との関係であり、508条を離れて一般論としていえるのかは疑問である。また、受働債権が自然債務ならば相殺ができないはずである。508条を根拠とすることは賛成できない。

29　その他に訴訟法説（法定証拠説）もあり、この考えでは、「時効という証拠を提出することが訴訟上必要な者」が時効の主張ができることになる（山中康雄『民法総則講義』（青林書院、1955年）329頁。同「時効制度の本質」ジュリ8号2頁以下も参照）。吾妻光俊「私法に於ける時効制度の意義」法協48巻2号175頁以下の提唱にかかる。舟橋・前掲注22）176頁は、「時効の主張は、権利得喪の証拠方法の提出に代る本質を有するものであるから、訴訟上における主張（援用）をまって、初めて権利の得喪が証明せられたと同様の効果を生じ、これを基礎として、裁判をなしうるにいたるものと解する」という。

30　於保不二雄『債権総論〔新版〕』（有斐閣、1972年）72-73頁は、「この債権は、限定された範囲においては、法上の存在をもっている。したがって、これは、自然債務の観念に近いものであることは否定しえない（川島）」という。508条と限定的関係での主張であると思われる。筆者の立場では、一般として自然債務化を認めるので、508条の意義は、強制力がなくても自働債権に利用できるという点になる。

31　木村常信『民法異説の研究』（恒星社厚生閣年、1972年）45頁。

32　木村・前掲注31）46頁。また、時効利益の放棄により自然債務が普通の債権となるといい、時効の完成を知ってしなければならないという（同48頁）。他方で、時効完成後の債務承認により、自然債務は普通の債権になり、時効援用権を喪失するという（同51頁）。

33　酒井廣幸『民法改正対応版　時効の管理』（新日本法規、2018年）34頁（著者は、「完全消滅説」を相当とする）。

❷　**援用後の弁済の有効性の説明のため**　　時効完成後、援用前の弁済は停止条件説によりその有効性を説明できる。問題は援用後の弁済である。自然債務とすることで（援用後自然債務説）、その弁済を有効とできることが、自然債務説の利点と指摘されている。ただ、①非債弁済（705条）により、弁済は無効であるが返還請求を否定することができ、また、②援用の撤回を認めることで同じ結論は実現できる。この説明のためだけであれば必須の選択肢とはならない。

❸　**完成により当然に自然債務になる（私見）**　　「利益といえども強制しえない」という観点からは、時効の利益の放棄を認めるだけでなく、時効の効果を強制力の消滅と構成し、時効完成と同時に当然に効力が生じるものと考えるべきである。これにより、援用、援用権者と言った問題を回避することができる。裁判外の主張ができるのは当然、裁判上の主張が145条の「援用」であり、「当事者が主張もしていないのに時効を認めて判決をすることはできない」という当然の規定に立ち戻ることになる。債務者は自然債務なので、援用の前後を問わず任意に支払うことができる。以下、私見の立場による時効をめぐる問題の解決を敷衍して説明したい。

IV　強制力消滅説（自然債務説）の基本構造

1　利益と雖も強制しないという理念の実現

　利益といえども強制しないということが、議論の核心である[34]。ある効力を認めるか否かその保護の対象となる者に選択権が認められるべきである。時効の他、相続、遺贈、対抗不能（94条2項など、177条など）、表見代理、即時取得、表見受領権者への弁済など無数に考えられる。選択肢の設定の仕方としては、①当然にその効力を認めつつ放棄を認める方法、②援用により初めてその効力を認める方法の2つが考えられる。

　(a)　**実現方法の2つの選択肢——契約の効力否定を例にして**　　契約の効

34　それを超えた「良心規定」として145条を位置づけるのが伝統的理解である。債権の時効を合理的な制度と考える以上は、特別扱いする必要はないというのが本稿の立場である。

222 理論

力の選択でいえば、次の2つの構成が考えられる。

①当然に無効（無権代理無効も同様）とし追認を認める構成　＊時効
　の確定効果説・解除条件説
②有効にして取消しを認める構成　＊時効の停止条件説

　時効でいうと、①は確定効果説または解除条件説に、②は停止条件説に対応する。①では、追認して有効にする、追認拒絶をして無効に確定させるという選択肢になる。②では、追認して有効に確定する、取り消して無効にするという選択肢になる[35]。

　（b）　時効ではいずれがよいか　　筆者の考えは、①と同じ解決を時効でも図るものである[36]。ただ、時効の効果を強制力の消滅とするので、確定効果説また解除条件説と異なる。時効完成と同時に当然に強制力が消滅するが、時効の利益を放棄するまでもなく、自然債務なので、債務者は任意に履行できるのである。支払約束をして時効の利益を放棄することができ、その場合には履行の強制が可能になる。

2　援用また援用権者の問題は生じない

　利益と雖も強制しないという要請への対処としては、債権の時効の効力を「強制力」の消滅に止めれば十分であり、時効完成により当然にこの効力を生じさせても「不合理」ではない。弁済のように債権自体の消滅ではないが、債権の強制力の消滅は訴訟上主張できる人間を制限する理由はない。そのため、訴訟上主張する利益のある者が全て時効による強制力消滅を主張でき、全て訴訟上の理論により解決されることになる。

35　良心規定という見地から、「援用に実体法上の形成権の地位まで認めることが必然的に結びつくわけではない。この点で、たとえば、取消権や催告権等、実質的な理由から法律関係の変動・かくて井を権利者の任意の意思に委ねている制度とは、同列に並べることはできない」と批判されるであろう（金山・前掲注27）［理論と解釈］267頁）。しかし、時効を合理的な制度と考える限り、同列に扱うことには抵抗感はない。
36　除斥期間では債権が消滅するので、時効と除斥期間のすみ分けが過大になるが、この点は今後の課題としたい。

3 消滅時効の根拠との関係

債権の消滅時効の根拠については、①弁済者の証明困難からの救済か（「**弁済者保護説**」と呼んでおく）[37]、②長きにわたって弁済をしていなかった債務者を、弁済から解放することなのか（「**非弁済者保護説**」と呼んでおく）[38]は、周知のように争いがある。①からは、当然に債務を消滅させるのは過ぎた効果になり、②からもその目的実現のために、債務を消滅させるのは過ぎた保護である[39]。筆者としては、時効の効力を「強制力」の消滅に止めたい[40]。

4 実定法の解釈として

（a）**制限解釈**　民法は、「債権は……消滅する」と規定している（166条1項など）、この点は、技巧的ではあるが、「債権（の強制力）」の消滅と制限解釈を行ないたい。債権の受領力は残り、強制力のみ消滅することにな

---

37 星野教授も、「そもそも時効とは、もと非権利者だった者に権利を与え、債務者に債務を免れさせる制度ではなく、真の権利者の権利を保護し、弁済した者の免責を確保するための制度ではないか」（186頁）と評し、「旧民法の時効の規定は、時効制度の存在理由をつきつめたうえ、これにかなりに適合する法律構成を与えたものであり、世界の時効法中もっとも独創的で優れたものの1つということができよう」と述べ、現行民法がこれを承継しなかったことを残念とする（星野英一「時効に関する覚書」同『民法論集　第4巻』（有斐閣、1978年）198頁）。その後も、時効を「権利者から権利を奪ったり、義務者に義務を免れさせる」制度ではないという学説は残っている（鎌野邦樹「時効制度の存在理由」森泉章ほか編『民法基本論集　第1巻』（法学書院、1994年）242頁）。

38 ボアソナードが弁済推定制度とみたのは、時効期間が30年であることが前提であり、時効期間が10年にされた現行民法では、弁済の証拠を失うという説明には説得力はないとして、次のように述べる学説もある（平井一雄「判批」判評503号199頁）。「わが国の消滅時効制度の目的は、倫理性から説明することは難しく、ある程度の長期存続した弁済のない事実状態を基にこれを尊重して債務の消滅を認めるものとみるか、あるいは、法政策的判断による権利の存続期間と割り切るか、または債権者の懈怠を咎めて権利消滅を認めるものとみるか、ということになるのではなかろうか」、と。加藤雅信ほか・前掲注12）鼎談170頁の加藤雅信発言も、「長い間、債務を取り立てないでおいて、何を今更、という意味での債務免除を認めることが適当な社会状況が、一定程度存在しており、それが消滅時効の基礎の一側面になっている」という。

39 石田穣教授は、原則として時効制度を真の権利者や無義務者を保護すること、「消滅時効の存在理由は、義務を負っていない、あるいは、義務を負ったが消滅した者がそれを反証（義務を負っていない）あるいは立証（義務を負ったが消滅した）することができない場合や、その者が証拠の収集・保存のために過大な労力・時間・費用を負担する場合に救済することにある」と考える（石田穣・前掲注22）1003-1004頁）。ただし、義務者が義務を免れる場合も認める（同1004頁）。

40 起草者も時効の根拠との関係を考えて、債権消滅説を採用したわけではない。

224 理論

る。債務者による任意の支払は有効であるが、履行請求また強制はできない。従って、508条が適用される場合以外は相殺の受働債権とすることはできない。債権者代位権や詐害行為取消権の被保全債権とも認められない（423条3項、424条4項）。担保権の実行も認められない。

　(b)　145条の位置づけ　　時効の完成により当然に強制力の消滅という効力が生じるが、債務者にとっては抗弁権なので、行使するかどうかは自由である。強制力の消滅には「当事者」の援用は不要であり、実体法上の援用権また援用権者を問題にする必要もない。145条は沿革からして、訴訟「当事者」の訴訟上の主張（援用）についての規定である。145条は、時効完成により当然に強制力が消滅するが、被告となった債務者らが訴訟上主張しない限り、時効に依拠した判決を出してはいけない訴訟法のルール（弁論主義）を確認した規定になる。括弧書は無視する他ない。

V　強制力消滅と援用及び援用権者

1　強制力の消滅と弁済及び弁済の約束

　(a)　時効完成後の弁済　　もし時効により債権が消滅しているのであれば、時効完成後の弁済は無効になる（強制執行の判例がある）。強制力消滅説では、任意になした弁済は有効になり、時効完成を知っていることは必要ではない。

　(b)　時効完成後の支払約束　　時効の完成を知らずに支払約束をした場合、既述のように停止条件説では、時効完成により成立した援用権の行使が信義則を理由に制限されることになる。援用権の信義則による制限は、強制力消滅説では、自然債務の主張の制限になる。そのためには、債権者が、債務者に時効の利益を放棄する意思表示がなされたと正当に信じることができる事情が必要である。

2　時効の援用・放棄

　(a)　援用は意思表示ではない　　債権の強制力の消滅の効力は時効完成により当然に全ての者との関係で生ずることになり、利益のある者が全て時

効を主張できる。145条は訴訟提起があった場合の規定であり、その「援用」とは攻撃防御方法の提出である。もちろん裁判外でも時効を主張することができる。

（b）**時効の援用のできる者**　強制力消滅説では、強制力の消滅を援用する利益がある者すべてが時効を主張できる。形成権たる援用権のように、援用権者を考える必要はない。債権者代位権の行使に対して、第三債務者は時効を援用することができる（423条3項）。また、詐害行為取消訴訟において、受益者や転得者らも、被保全債権の時効を援用してその請求を拒むことができる（424条4項）[41]。

（c）**時効の利益の放棄**　強制力消滅説では、当然に強制力消滅の効果が生じ、自然債務であることを主張するかどうかは自由である。これとは別に、債務者は、時効の利益を放棄できる。時効の利益の放棄は、実体法の意思表示であり、強制力が復活する。そして、債務者による時効の利益の効力は絶対効が認められる。債務者以外の者も、時効の効果を主張しえなくなる。

Ⅵ　債権の時効の担保への効力

1　保証債務について

（a）**保証人による時効の援用**　例えば、AのBに対する債権につき、Cが連帯保証をした場合において、Cの保証債務の時効は完成していないが、Bの主債務について時効が完成したとする[42]。

①債権消滅説（停止条件説）では、保証人Cには主債務について固有の援用権が認められる（145条括弧書き）。これにより、AC間で相対的にBの主

41　詐害行為の受益者は、大判昭和3・11・8民集7巻980頁により、直接の利益を受ける者ではないとし援用が否定されたが、最判平成10・6・22民集52巻4号1195頁はこれを変更し、援用権を認める。末弘・前掲注4）178頁は、広く援用権者を認める立場から例外を認め、「当事者」であるが、「詐害行為の加担者として信義誠実の原則上非難に値する、従って時効制度の精神にかんがみ時効の恩恵を受けざるものとすべきだというような点に求むべきである」と説明する。

42　請求権時効構成のドイツ民法では、抵当権などの物的担保については、時効にかかってもこれからの満足は妨げられない（BGB216条）。物上保証人設定の抵当権も例外ではない。これに対して、保証については、保証人は、主債務者に帰属する抗弁権を主張することができ（768条1項）、保証人は、主債務者が抗弁権を放棄したことによっては抗弁権を失わないものとされている（同2項）。

226　理論

債務が消滅し、Ｃは付従性による保証債務の消滅を主張できる。②強制力消滅説では、保証人Ｃは、主債務の時効を援用する利益があるためこれを援用して保証債務の履行を拒むことができる（457条2項）。主債務者の破産免責のような制限はない。

　（b）　主債務者による時効利益の放棄があった場合　　①債権消滅説（停止条件説）では、主債務者Ｂが援用権の放棄をしても、保証人Ｃは固有の援用権を行使できる（大判大正5・12・25民録22輯2494頁、大判昭和6・6・4民集10巻401頁）。②強制力消滅説では、主債務者の抗弁権の放棄は保証人に対抗できないが（448条2項）、時効の利益の放棄はどう考えるべきであろうか。ⓐ保証契約時には時効の抗弁は成立していなかったので448条2項の適用を認めない、ⓑ時効にかかれば責任を免れるという期待は既に成立していたと考え、448条2項の適用を認めるべきか。この点、保証をした時点で既に時効が完成していた場合は別として、457条1項の趣旨からⓐと考えるべきである。

　（c）　保証人による時効利益の放棄（援用権の放棄）　　①債権消滅説（停止条件説）では、保証人Ｃは自己の時効援用権を放棄することができるが、主債務者Ｂには影響なくＢは援用できる。Ｂの援用による主債務の消滅は絶対効であり、これによる主債務の消滅を保証人Ｃは改めて主張することができる[43]。②強制力消滅説では、保証人Ｃは主債務の時効の抗弁を主張しないこともできるが、保証人が主債務の時効の利益を放棄することはできない。主債務の時効の利益を放棄できるのは、主債務者に限られる。

2　物上保証人・第三取得者について[44]

　（a）　物上保証人による時効の援用　　例えば、ＡがＢに融資をするに際して、Ｄがその所有の不動産に抵当権を設定したとする（または、Ｂが抵当権

---

[43] 保証人は自己の援用権は認められないが、主債務者の援用による保証債務の付従性による消滅を主張することはできることになる（大判昭和5・1・29新聞3092号15頁、大判昭和10・10・15新聞3904号13頁）。

[44] 自然債務になるため、ドイツ民法とは異なり、債務者が設定した部的担保についても時効ができなくなる。関連して、抵当権が被担保債権よりも先に時効にかからないようになっている（396条）。

を設定されている不動産をEが取得した)。その後、Aの債権につき時効が完成したとする。

　①債権消滅説（停止条件説）では、D（またEは。以下同じ）はAの債権の時効につき固有の援用権を有し（145条括弧書）、抵当権の実行に対して、自己との相対的な関係でこれを援用し抵当権の実行を阻止できる[45]。②強制力消滅説では、被担保債権の時効が完成すると債権は当然に強制力がなくなり、その効果は絶対的であり、物上保証人や第三取得者も主張できる。ドイツ民法のような規定がないため、物上保証人も時効を援用して抵当権の実行を阻止できる。

　(b)　債務者による時効の利益の放棄があった場合　①債権消滅説（停止条件説）では、債務者Bが時効の利益の放棄をしても、物上保証人Dには固有の援用権が認められるため、Dは自己の援用権を行使できる。②強制力消滅説では、債務者が時効の利益の放棄をすれば、それは絶対効であり物上保証人にも効力が及ぶことになる。

　(c)　物上保証人による時効利益の放棄　①債権消滅説（停止条件説）では、物上保証人Dは自己の援用権を放棄することができるが、債務者Bには影響なくBは援用できる。Bの援用による主債務の消滅は絶対効であり、これによる主債務の消滅をDは改めて主張することができる。②強制力消滅説では、物上保証人による時効利益の放棄は考えられない。被担保債権の時効を援用しないで、抵当権の実行がされた場合、債務者への求償権の行使につき463条3項のような規定がないが、372条、351条により準用の可能性はある。

Ⅶ　おわりに

　債権の時効の効果を自然債務化と構成し、時効完成により当然に生じるこ

45　なお第三取得者については、特殊な事例として、譲渡担保不動産の第三取得者についても、清算金債権の消滅時効につき、最判平成11・2・26判時1671号67頁は援用権を認める。他方、最判平成11・10・21民集53巻7号1190頁は、先順位抵当権の被担保債権の消滅時効につき、後順位抵当権者の援用権を否定する。

とを認めた金山教授の新確定効果説は、残念ながら注目度は高いとはいえない。筆者もこれまで停止条件説を当然視し、金山説からは距離を置いていた。しかし改めて検討してみると、債権を消滅させるが故に、他の議論ではドイツやフランス等の議論を参照するが、援用権者などはそれがなく日本の議論がある意味ガラパゴス的であることに違和感を感ぜざるをえなかった。このタブーに果敢に挑んだ金山説に、判例・学説の変遷を研究するうちに共感を覚え、これを支持し自分なりに発展をさせたのが本稿である[46]。時効をめぐる問題がこれにより恙なく解決されることを本稿では論証した。

「利益といえども強制しえない」という理念との調整は、時効完成により時効の効果は当然に生じるもとしつつ、①一方で債務者に時効の利益の放棄を認め、②他方で時効の効力を強制力の消滅に止めることで図ることができる。145条の「援用」は訴訟における訴訟当事者による時効による強制力消滅の主張であり、攻撃防御方法の提出である。それは意思表示ではない。同規定は、訴訟法における弁論主義の適用を確認しただけの規定にすぎず、なくても良い規定である。この規定があるために要らぬ議論を巻き起こしたことを考えると、削除することが好ましい。判例の変更の可能性は皆無ではないと期待をして、本稿は将来における判例（判例法）の変更を提案するものである。

なお、本稿は取得時効を考察の対象から外したが、判例は援用権者を限定しており（占有者に限定しているともいってよい）、停止条件説を前提にしているといえる。この点、本稿の支持した解除条件説を取得時効にも適用すれば、占有者が時効の利益を放棄しない限り利益ある者が全て、占有者の取得時効を援用できることになる。

〔追記〕　校正段階で、林田光弘「取得時効制度の正当化根拠（存在理由）に関する一考察——2011年のフランス破毀院判決をめぐる議論を手掛かりにして」香川法学43巻１・２・３・４号（2024）95頁、原田昌和「消滅時効の

46　145条を弁論主義の規定であることを否定する点は、弁論主義だとしても形成権であれば意思表示が必要なので問題自体生じない。当然の自然債務化と考える本稿の立場では、免除、弁済なだと異なる扱いをする必要を覚えない。

正当化根拠について——起算点および時効期間を中心に（明治民法制定まで）」立教法学111号（2024）195頁に接した。

230　理論

時効更新効をもたらす他人による債務承認と
管理権限についての小稿

髙　秀　成

　Ⅰ　はじめに
　Ⅱ　改正前民法156条の解釈
　Ⅲ　改正前民法156条の制定経緯
　Ⅳ　検　討
　Ⅴ　おわりに

Ⅰ　はじめに

1　端緒としての最決令和5・2・1民集77巻2号183頁

　最決令和5・2・1民集77巻2号183頁（以下、「令和5年最決」という）[1]
は、破産管財人が、別除権の目的である不動産の受戻しについて同別除権を
有する者との間で交渉し、また、同不動産につき権利の放棄をする前後にこ
の者に対してその旨を通知するに際し、破産者を債務者とするこれら別除権
に係る担保権のそれぞれについて被担保債権が存在する旨の認識を表示した
ことにより、債務の承認をしたときは、その承認は、被担保債権の消滅時効
を中断する効力を有すると判断した。その理由として、「債務者以外の者が

[1] 評釈として、石毛和夫「判批」銀行法務21・897号（2023年）69頁、加藤哲夫「判批」判例秘書
ジャーナル（文献番号 HJI100175）（2023年）、小島庸輔「判批」速報判例解説33号（2023年）91頁、
米倉暢大「判批」速報判例解説33号（2023年）227頁、田中洋「判批」法教519号（2023年）152頁、
伊東俊明「判批」・法教520号（2024年）117頁、中嶋諏訪「判批」ジュリ1591号（2023年）112頁、
山本和彦「判批」金法2225号（2024年）54頁、加藤新太郎「判批」NBL 1259号（2024年）97頁、
山田希「判批」銀行法務21No.912（2024年）34頁、杉本純子「判批」私判リマ69号（2024年）134
頁、齋藤由起「判批」『令和5年度重要判例解説［ジュリ1597号］』（2024年）60頁、髙秀成「判批」
『民事判例28［2023年後期］』（2024年）86頁、小山泰史「判批」金商1695号（2024年）24頁、岡成
玄太「判批」金法2247号（2024年）29頁。

した債務の承認により時効の中断の効力が生ずるためには、その者が債務者の財産を処分する権限を有することを要するものではないが、これを管理する権限を有することを要する」としつつ（ここで、令和5年最決は、（平成29年改正前の）「（民法156条参照）」と付記している。以下、平成29年改正前民法については「改正前民法」と表記する）、前述の交渉や通知に際し、破産管財人が、被担保債権についての債務の承認をすることは、破産管財人の管理処分権限に基づく職務の遂行の範囲に属する行為であることを述べている。令和5年最決で検討すべき点は多岐にわたるが、本稿は、同決定を契機として、他人の債務の時効について更新効をもたらす債務承認にあたり必要とされる権限（以下では、この権限を単に「債務承認権限」とも表現する）について検討することとしたい。

2　改正前民法156条と現行法

　改正前民法156条は、「時効の中断の効力を生ずべき承認をするには、相手方の権利についての処分につき行為能力又は権限があることを要しない」と規定していた。平成29年改正によって、各時効障害事由は完成猶予事由と更新事由とに再構成されることとなり、債務承認は更新事由として整理されることとなった（民法152条1項「時効は、権利の承認があったときは、その時から新たにその進行を始める」。平成16年民法口語化の前においては、「時効中断ノ効力ヲ生スヘキ承認ヲ為スニハ相手方ノ権利ニ付キ処分ノ能力又ハ権限アルコトヲ要セス」）。そして、改正前民法156条の規律は、民法152条2項（「前項の承認をするには、相手方の権利についての処分につき行為能力の制限を受けていないこと又は権限があることを要しない」）において維持されている。

II　改正前民法156条の解釈

1　通説的見解

　通説的見解は、改正前民法156条の反対解釈により、時効中断効が生じるための債務承認に必要な能力および権限として、少なくとも管理能力または

管理権限を要すると解してきた[2]。この理解は現行民法152条2項についても維持されている[3]。また、令和5年最決も「債務者以外の者がした債務の承認により時効の中断の効力が生ずるためには、その者が債務者の財産を処分する権限を有することを要するものではないが、これを管理する権限を有することを要するものと解される」と判示している。

　以上の通説的理解は、次のような鳩山説にその輪郭を見出すことができる。鳩山秀夫は、相手方の権利につき処分の能力、権限を要しないということについて、義務者が権利者の権利について処分または管理の能力を有していないことは勿論であるので、従って、相手方が現に有する権利について処分の能力、権限があることを要しない、という意義に解すべきであるとする。つまり、時効の利益を受けるべき当事者が相手方の現に有する権利と同一の権利を有するものと「仮定シテ」、これを処分する能力または権限を有することを要しないという意義に過ぎない。従って、管理の能力、権限で足り、禁治産者、権限の定めのない代理人、不在者の財産管理人、後見人などは皆、単独でこの行為をすることができる。管理の権限、能力で足りるとした立法上の理由としては、承認行為は時効の効果を生ずるといっても、これを欲する意思表示を必要としない。ただ、相手方の有する権利の存在について自己の観念を表示することを必要とするにとどまる[4]。鳩山説は、我妻説に次のようなかたちで、ほぼそのまま引き継がれ、通説的地位を占めるに至った。すなわち、「本条の意味は、相手方の中断される権利を自分で持っていたと

2　鳩山秀夫『法律行為乃至時効〔註釈民法全書第二巻〕』（巌松堂書店、1912年）644頁、我妻榮『新訂 民法総則（民法講義Ⅰ）』（岩波書店、1965年）472頁、川島武宜『注釈民法(5) 総則(5) §§138〜174の2』（有斐閣、1967年）123頁［川井健］、於保不二雄『民法総則講義』（有信堂、1951年）299頁、山本敬三『民法講義Ⅰ 総則〔第3版〕』（有斐閣、2011年）577頁、河上正二『民法総則講義』（日本評論社、2007年）547頁、四宮和夫＝能見善久『民法総則〔第9版〕』（弘文堂、2018年）469-470頁。

3　山野目章夫『民法概論Ⅰ　民法総則』（有斐閣、2017年）351頁、奥田昌道＝安永正昭編『法学講義民法 総則〔第3版〕』（勁草書房、2018年）306頁［松久三四彦］、佐久間毅『民法の基礎1 総則〔第5版〕』（有斐閣、2020年）427頁、松岡久和＝中田邦博編『新・コンメンタール（財産法）〔第2版〕』（日本評論社、2020年）257-258頁［鹿野菜穂子］、遠藤研一郎『基本テキスト 民法総則〔第2版〕』（中央経済社、2020年）290頁、潮見佳男＝滝沢昌彦＝沖野眞已『民法1 総則』（有斐閣、2024年）424頁［潮見佳男］。

4　以上につき、鳩山・前掲注2）644頁。

仮定して、これを処分する権限または能力を有しない者も、中断の効力を生ずるということである。承認は、単に権利の存在を認識して表示する行為であって、承認者が時効中断の不利益を受けるのは、その効果意思に基づくものではないからである。……本条の反対解釈として、管理の能力または権限のない者は、承認もすることはできないと解すべきである」[5]というのである。これら通説的見解の示すポイントは、①改正前民法156条の「相手方の権利についての処分につき行為能力又は権限があることを要しない」という文言につき、債権の消滅時効に即して言えば、時効消滅する債権につき債務者は処分権を有しないことは当然であるため、当該債権を債務者が有していたと仮定した場合について述べたものと読み込むという点、②同条の反対解釈として、消滅する当該権利について管理の能力又は権限があれば足りるという点にある。承認が時効中断効（更新効）を生ずるにあたり、管理の能力又は権限があれば足りること理由については、鳩山説も我妻説も、債務承認行為が、時効中断効を欲する意思表示を必要とするものではなく、相手方の権利の存在について自己の観念を表示するに止まることを挙げる。この点は、債務承認の性質について、相手方の権利の存在を認識したうえでの、「権利存在ノ事実ヲ認識スル相手方ノ一方的行為」（大判大正3・12・10民録20巻1067頁）としての観念の通知と解する、判例・通説的理解を形成しており、令和5年最決の「時効の利益を受けるべき当事者がその相手方の権利の存在の認識を表示することをいう」とする判示においても同一の理解が示されているといってよい。

　我妻説以降の説明は、以上の理解を概ね引き継いでいるものの[6]、何故、債務承認にあたり管理の能力又は権限を要するのかについて、ヨリ積極的な説明を行うものも散見される。例えば、「当事者の意思の尊重を語る以上、少なくとも財産管理能力は必要というべきである」[7]、「承認もまた、財産管理に属する行為である以上、管理行為をする能力または権限は必要である」[8]、「承認は自らの財産の管理に関するものゆえ、財産の管理能力と管理権限は必要である」[9]。

---

5 我妻・前掲注2）472-473頁。

234 理論

　以上の理解の帰結として、成年被後見人は債務承認をしても時効中断効
（更新効）は生じず、未成年者は法定代理人の同意を要する（単独でなした
債務承認は取消しうる）[10]。他方、被保佐人・被補助人が単独でなした債務
承認にも時効中断効は生じると解されている[11]。このほか、後見人が後見監
督人の同意なしに承認する場合（民法864条）、不在者の財産管理人（民法28
条）、権限の定めのない代理人（民法103条）が承認する場合にも、これらの
者には管理権限があることから、時効中断効（更新効）が生じるとされる。

2　通説的理解に対する疑問

　以上に述べた通説的理解に関しては、いくつかの疑問を提起することがで
きる。

　ⓐまず、同規定について、時効更新効の生じる相手方の権利を自分で持っ
ていたと仮定して、当該権利についての管理の能力または権限を問題とする

6　処分の能力又は権限を要しないことについて、「債務者が債務の存在を承認したり、占有者が相
手方の所有権を承認することは、新たな処分行為ではなく、現にある権利関係を確認するに過ぎな
いから」（河上・前掲注2）547頁、「承認の結果、時効が完成しなくなっても、相手方が現に有す
る権利をそのまま認めるだけであり、自己の権利を処分するわけではないから」（山本・前掲注
2）577頁、「債務者が債権の存在することを承認したり、占有者が相手方の所有権を承認するのは、
新たな処分行為をするのではなく、現に存在する権利を確認する行為であるから、処分行為とは異
なる」（四宮＝能見・前掲注2）469-470頁、「承認は、新たな権利を作り出すものではなく、現に
存在する権利を確認する行為にすぎないからである」（遠藤・前掲注3）290頁）、「承認は、権利を
有しない状態（取得時効の場合）または義務もしくは負担がある状態（消滅時効の場合）が継続す
るという、承認をする者にとって不利な効果を生ずるが、処分行為ではないから」（佐久間・前掲
注3）427頁）などの説明がなされている。

7　河上・前掲注2）547頁。

8　山本・前掲注2）577頁。

9　沖野ほか・前掲注3）694頁［潮見］。

10「債務承認カ有効ナルカタメニハ承認者カ相手方ノ権利ニ付管理ノ能力アルヲ要スルコト民法第
百五十六条ニ照シ疑ナキトコロ未成年者ハ意思能力ヲ有スル場合ニ於テモ自己ノ財産ニ関シ単独ニ
テ完全ナル効力アル行為ヲナスコト能ハサルヲ原則トシ従ツテ其ノ有スル金銭債権ノ管理ニ関スル
行為ト雖モ法定代理人ニ依リテナシ若クハ其ノ同意ヲ得テ自ラナシタル場合ノ外之ヲ取消シ得ルヲ
原則トス而シテ訴外堀正太郎カ本件ニ於ケル問題ノ債務承認ヲ為シタル当時未成年者ナリシコトハ
原審ノ確定シタルトコロナレハ右債務承認ハ取消シ得ヘキ行為ナルコト勿論トス」（大判昭和13・
2・4民集17巻87頁）。

11　旧制度下の準禁治産者（大正7・10・9大民判）や母たる親権者（大判大正8・4・1大審院
民事判決録25輯643頁）について単独の債務承認に時効中断効が認められている。

ことの不自然さについてである。ⓑ次に、管理の能力または権限を問ううえ
で、自己による財産管理（〔旧法における〕禁治産者、）と、他人による財産
管理（後見人、不在者財産管理人、権限の定めのない代理人）の構造的な違
いを踏まえることの必要性についてである。

　このような疑問の起点となる改正前民法156条の制定経緯について、後の
検討に先立ち、既に注釈民法において述べられている点を一瞥しておく。同
規定は、ボワソナードの起草による旧民法証拠編122条第1項にその淵源を
見出しうる。法典調査会[12]では、この規定と同趣旨の「時効中断ノ為メ相手
方ノ権利ノ承認ヲ為スニハ之ニ関シテ管理ノ能力又ハ権限アルコトヲ要ス」
との原案が下敷きとなった。同原案は、前四条原案が否定の形式の文である
ことに合わせて、「時効中断ノ効力ヲ生スヘキ承認ヲ為スニハ相手方ノ権利
ニ付キ処分ノ能力又ハ権限アルコトヲ要セス」と整えられたと推測されてお
り、その趣旨は現行法上も生きているとされる[13]。しかしながら、この体裁
の変化は大きいように思われる。この修正により、「時効中断のために、相
手の権利を承認するために管理の能力又は権限があることを要する」という
比較的素直な文が、「時効中断効を生ずる承認をするためには、相手方の権
利について処分の能力又は権限があることを要しない」という混線した内容
に変化した。ここで重要な点は、原案においては、どの権利に対する「能力
又は権限」であるかを明示しない表現であったものが、修正後には、特定の
「権利」、しかも本来、承認主体が有していない相手方の「権利」についての
「能力又は権限」を問題とするかのような規定振りに変化していることであ
る。このような変化により、通説的見解のような「相手方の中断される権利
を自分で持っていたと仮定」するという、やや無理のある読み込みを必要と
することとなった。

　通説的見解は、あくまで「相手方の中断される権利を自分で持っていたと
仮定」することから、債務承認の能力・権限を語るにあたり、承認主体は当
該権利を現に有しているわけではない以上、個別・特定の「当該権利」につ

12　改正前民法156条の法典調査会での議論について比較的詳細な紹介をするものとして、大村敦志
『民法読解　総則編』（有斐閣、2009年）509頁。また、山田・前掲注1）38頁。

13　川島編・前掲注2）123頁［川井］。

いての財産管理権を論じることには意味がない[14]。

　また、通説的見解が、債務承認にあたり、処分の能力・権限までは必要でなく、管理の能力・権限で足りる、という点についても注意が必要である。民法典上、「処分」・「管理」は広狭、様々な意義で用いられている。共有物の管理に関する事項（民252）、所有者不明土地管理制度（民264条の２以下）、事務管理（民法697〜702）、親権者の財産管理権（民824以下、民158条２項）、遺言執行者の管理権限（民1002）、（処分に家庭裁判所の許可を必要とする）不在者財産管理（民法25以下）などの規定においては、保存・利用・改良のみならず処分も含む、いわば広義の「管理」が問題とされている。

　これに対し、「処分行為」と対置される「管理行為」という文脈で「管理」が用いられることもあり、例えば、文言上は「管理」という表現を用いないが、民法103条（権限の定めのない代理人の権限）が、同条１号の保存行為と併せて、同条２号の規定する権限範囲の行為（「保存行為及び財産の性質を変えない範囲での利用又は改良を目的とする行為」）は「管理行為」に分類されることがある。このほか、（民28、民918条３項、民943条２項、民953など）財産管理人等の権限範囲を画する文脈において「管理」が語られることもあれば、事実行為について語られることもある（民13条１項８号）[15]。

　債務承認権限で問題とされるのは、後者の「処分行為」と対置される意味での「管理行為」であり、実際、これを受けて、通説的見解は、債務承認権限がある者の例として、権限の定めのない代理人（民法103条）を挙げる。しかし、一般論として権限の定めのない代理人に債務承認権限があるか否かを論じることは適切ではないように思われる。同様に、民法252条に照らし、

14　この点を指摘したうえで、「釈然としない」するものとして、小島・前掲注１）92頁。

15　処分行為・管理行為・保存行為については、さしあたり、於保不二雄＝奥田昌道編『新版注釈民法(4) 総則(4) §§99〜137』（有斐閣、2015年）85頁以下［佐久間毅］、田髙寛貴「財産管理論」北居功＝花本広志＝武川幸嗣＝石田剛＝田髙寛貴『コンビネーションで考える民法』（商事法務、2008年）301頁以下。また、旧民法および改正前民法の起草過程における「管理行為」概念をめぐる議論につき、片山直也『詐害行為の基礎理論』（慶應義塾大学出版会、2011年）150頁以下および205頁以下、清水恵介「本人意思尊重の民事法的規律」実践成年後見100号（2022年）82頁以下、大村・前掲注12）378頁以下。

変更行為（民法251条）に該当しない行為として、一般論として各共有者が過半数の決定により債務承認をなしうるかを論じることは適切ではないであろう。

このように考えるのは、次の理由による。すなわち、いわゆる「財産管理」は様々な観点から分類されうるところ、そこには例えば、「総体的財産の管理」（統一的財産の総括的な管理）「個別的財産の管理」（統一財産を構成する個々的な権利・義務または法律関係についての個別的な管理）との別を観念することができ[16]、債務承認がどちらの平面において問題とされるものであるか、をまず問題にする必要があるように思われるからである。以下に改正前民法156条の制定経緯を確認し、しかる後に、改めてこの問題を検討することとしよう。

Ⅲ　改正前民法156条の制定経緯

1　旧民法証拠編122条

さきほど、注釈民法で既に紹介されている簡略な改正前民法156条の制定経緯を紹介したが、本章では、もう少し詳細にその経緯を確認することとしたい[17]。改正前156条の淵源となる旧民法証拠編122条1項は次のように定め

---

16 於保不二雄『財産管理権論序説』（有信堂、1954年）5-6頁は次のように説明する。「財産」は、一般的には、「財産的権利・義務または法律関係の総括的概念」を指すが、これと異なった意味を排斥するものではない。その「1つは、一般財産または特別財産というように、包括的・統一的に構成されている『特定の財産』を意味し、他は、抽象的に、凡そ財産を構成しうべきものの総体またはそれを構成しうべき個々的な権利・義務または法律関係」を意味する。そのため、「財産の管理」には、統一的財産の総括的な管理と、統一財産を構成する個々的な権利・義務または法律関係についての個別的な管理とが存在する、と言える。

17 立法過程の検討にあたっては、佐野智也『立法沿革研究の新段階——明治民法情報基盤の構築』（信山社、2016年）1頁以下とともに、佐野智也が運営する法律情報基盤（https://law-platform.jp/）を全面的に参照・活用させていただいた。また、池田真朗『ボワソナードとその民法〔増補完結版〕』（慶應義塾大学出版会、2021年）77頁以下、時効規定の立法過程に関わるモノグラフィーとして、内池慶四郎『出訴期限規則略史』（慶應通信、1968年）、同『消滅時効法の原理と歴史的課題』（成文堂、1993年）、草野元巳『取得時効の研究』（信山社、1996年）、金山直樹『時効における理論と解釈』（有斐閣、2009年）、松久三四彦『時効制度の構造と解釈』（有斐閣、2011年）、嶋津元『時効援用権の基礎理論』（弘文堂、2024年）も参照。

238 理論

ていた。

> 「時効ヲ中断スル追認ハ自己ノ財産ヲ管理スル能力又ハ時効ニ罹ルコ
> ト有ル可キ財産ヲ他人ノ為メニ管理スル権力ヲ有スル者ニ於テ之ヲ為
> シタルトキハ有効ナリ」

また、同条2項には次のように定めていた。

> 「然レトモ婦、無能力者又ハ委任者ノ利益ニ於ケル不動産ノ取得時効
> ヲ中断スル為メ夫、後見人又ハ代理人ノ為シタル追認ハ不動産ノ請求
> ニ承服スル一般又ハ特別ノ権力アルニ非サレハ有効ナラス」

以下の旧民法証拠編の仏語公定訳は、『プロジェ』[18]における1458条と、1項に「能力（Capacité）」、2項に「代理人（Représentants）」の表題が付されているほか、同内容である。

> La reconnaissance interruptive de la prescription est valable
> lorsqu'elle est faite par ceux qui ont la capacité ou le pouvoir
> d'administrer, soit pour eux-mêmes, soit pour autrui les biens que
> concerne la prescription.
>
> Toutefois, la reconnaissance faite par le mari, par le tuteur d'un
> incapable ou par un mandataire, à l'effet d'interrompre la
> prescription acquisitive d'un immeuble par la femme, par
> l'incapable ou par le mandant, n'est valable que sous les conditions

---

18 Boissonade, Projet de code civil pour l'Empire du Japon, accompagne d'un commentaire, t. V, 1889, p 321-322（宗文館書店発行・有斐閣販売〔1983年〕による復刻版による。以下、『プロジェ』として引用。佐野・前掲注17）25頁は各編の変遷との関係から『プロジェ第二版』と呼称する。）。なお、内池・前掲注17）附録「明治前期時効立法関係資料」379頁以下には、再閲修正民法第5編草案、証拠編草案、旧民法証拠編、『プロジェ』の該当箇所が収められている。ボワソナード民法典研究会編『ボワソナード氏起稿 再閲修正民法草案註釈 第Ⅰ巻－第Ⅳ巻』（雄松堂出版、2000年）624-627頁も参照。

auxquelles l'acquiescement à une demande immobilière rentre dans leurs pouvoirs généraux ou spéciaux.

　まず、同条１項については、エクスポゼ（立法理由書）[19] では次のように説明されている。

　「証拠編102条は、『完成した（accomplie）』時効を放棄するために必要な能力（capacité）であるところ、これは承認（reconnaissance）の主要な効果であり、既に経過した期間の利益を放棄（renonciation）することが問題となるに過ぎない。このような放棄または承認にあたり、法律は時効に関わる財産についての、自らの（pour soi-même）管理の（d'administrer）能力（capacité）または他人のための（pour autrui）管理の権限（pouvoir）しか要求しない。証拠編102条に基づき完成した時効を放棄した者は、一般に無償で（gratuitement）一定の利益を失うことになる。他方、時効期間が経過している途中の者については、時効の完成についていかなる確実さも有していない。しかも、承認の時点で、既に訴えを提起されていることもありうる。

　同規定（122条）を適用することにより、（承認が）禁止された者によってなされた承認は、常に取り消されうる。それが過剰損害（lésion）をもたらす場合、未解放の（non émancipé）未成年者のために[20]取り消されうる（財産編547条２項および548条）。

　法定（légaux）、裁判上（judiciaires）または合意による（conventionnels）受任者（mandataires）に関して言えば、本条が注意深く規定しているように、厳密には『能力（capacité）』の問題ではなく、『権限（pouvoir）』の問題である。従って、時効を中断する承認をなすために必要な権限（pouvoir）は、取得時効であるか、消滅時効であるか（prescription acquisitive ou libératoire）によって異なる。消滅時効について言えば、受任者は債務を弁

19　Code civil de l'Empire du Japon, accompagné d'un exposé des motifs, Traduction officiels, t. 4, 1891, Kokubunsha, pp. 491-492（『日本立法資料全集別巻 28～31』（信山社、1993年）の復刻版による）。城数馬と森順正の和訳による手稿資料として、ボワソナード民法典研究会編『民法理由書第１巻－第５巻』（雄松堂出版、2001年）354-357頁（64-66）。同資料につき、佐野・前掲注17）41頁。
20　『プロジェ』979頁からは、「308. 財産管理権のない婦女が必要とされる特別の許可を得ていない場合（573条）に、その者のために」の文が削除されている。

済する（payer la dette）権限があるため、債務者の財産を管理する権限で十分である。従って、これらの者は、訴追を回避したり、支払いを延期するために、承認しなければならない。しかし、取得時効については、これらの者が管理する財産に関する不動産上の請求に応じる権限が必要である」[21]。

先にも述べたように、旧民法証拠編122条第1項は、民法修正案理由書に「本條ハ證據編第百二十二條第一項ニ文字ノ修正ヲ加ヘタルニ過キス其第二項ヲ削除シタルハ不動産ニ關シテ特別ノ能力又ハ權限ヲ必要トスルノ理ナシト信シタレハナリ」[22]とされているように、改正前156条の淵源となっている。

2　法典調査会における議論

(1)　処分能力の要否、管理能力の要否

明治27（1894）年5月11日の第11回法典調査会[23]では、この規定と同趣旨の「時効中断ノ為メ相手方ノ権利ノ承認ヲ為スニハ之ニ関シテ管理ノ能力又ハ権限アルコトヲ要ス」との原案が下敷きとなった。ここでは、法典調査会での議論を2つのポイントに分けて、少し詳しく確認しておきたい。

まず、旧証拠編122条が消滅時効と取得時効に分けて規定されていたものが、改正前民法156条では一括して規定されている。梅謙次郎による原案の説明は次のようなものであった。本条156条は旧証拠編122条1項に「只文字ノ修正ヲ加ヘタ丈ケ」である。旧証拠編122条2項は、「詰リ不動産ニ關スル権利ト云フモノハ別ノ権利ヨリモ一層重ンジタ規定デアル」という既成法典に多くみられる主義に則った規定であるところ、「今日ノ世ノ中デハ不動産ハ斯クノ如キモノデアルト云フコトハ一般ニ知ラレテ居ルヤウニナツテ居ツテ此不動産丈ケニ對シテ例外ノ規定ヲ設ケルト云フコトハ充分ノ理由ガナイ」ため、そのほかは同条1項と同趣旨であるため、同条2項は削除したと

---

21 『プロジェ』980頁からは、次の段落が削除されている。「第1編は、この事に関する後見人の権限を、第3編は、夫の権限を明らかにしている。寄託係争物の保管者（séquestre）または合意による受任者（mandataire）の権限については、裁判上または委任者の特別の許可がなければ、この承認（acquiescement）が許可されるまでには至らない（921条及び929条参照）」。

22 廣中俊雄編著『民法修正（前三編）の理由書』（有斐閣、1987年）200頁（民法修正理由書140頁）。

23 法務大臣官房司法法制調査部監修『法典調査会民法議事速記録1（日本近代立法資料叢書1）』（商事法務研究会、1983年）460頁以下（以下、『議事速記録1』と引用）。

いう[24]。

　これに対して、井上正一は、法定代理人等が利息を支払う等して黙示の承認をなすことは理解できるが、不動産の取得時効における承認では、経過した時効の効力を「棄捐」し、無能力者が得られた筈の物を得られなくするため、完全な能力が必要であるのではないかと疑問を呈する。また、（原案105条から削除された）「財産ノ保存改良又ハ利用ノ為メニスル行為ニシテ權利ヲ喪失セシムルニ至ラサルモノ」という起草委員の管理行為の定義に関する考えに矛盾するのではないか、という[25]。

　梅謙次郎は、この質問を「不動産ト云フコトハ暫ク措テ取得時効ハ消滅時効ト性質ガ違ウカラ特別ナル規定ヲ置クノ必要ハアルマイカト云フヤウナル趣意」と受け止めて、時効完成後に対して「時効ガ未ダ完成シナイ中ハ權利ハ得テ居ラナイ、權利ニ化スベキモノデアリマスケレドモ未ダ權利ニナッテ居ラナイ」、これを失うような「間接ナ所爲」を必ず処分行為と見て、管理能力または管理権限しかない者にはできないと考えるのは穏当であろうか、と反問する。また、（原案119条2項に際して説明した）「其占有者ガ物ニ付キ爲シタル必要若クハ有益ノ費用ノ爲メ賠償ヲ請求スルトキ」も黙示の追認となり得て、所有者が明らかになっており有益費の請求が是非とも必要な場合にまで親族会を開いて許可を得る必要はあろうか、と問う。このことは、残りの時効期間には、権利の大小に関わらないことを示唆し、消滅時効と取得時効を区別すべきではないとする[26]。

　横田國臣は、準禁治産に制限された「不動産又ハ重要ナル動産ニ關スル權利ノ得喪ヲ目的トスル行爲ヲ爲スコト」に「承認」は入るかという質問に対して、梅謙次郎は、「入ラナイ積リ」であると答える。また、横田國臣が15条の「同意ヲ得ル事ヲ要ス」とあるが、「幼者ニ向テ」、貸金について「認メサセルコトハ隨意ニ出來ルモノデセウカ」という問いに対して、梅謙次郎は「出來ル方ノ積リデアリマス」とし、単に義務を履行することが可能であるので、「今直グ履行シナイデ向フノ權利ヲ認メテ置クコトハ出來ヌト云フノ

24　議事速記録1・前掲注23）460-461頁。
25　議事速記録1・前掲注23）461-462頁。
26　議事速記録1・前掲注23）462頁。

242　理論

ハ何ウモ權衡ヲ得ヌ」とする[27]。

　続けて、井上正一は、無能力者に属するか否か疑いがある場合の取り扱いについて質問する。これに対し、梅謙次郎は、「疑ヒノアル場合デ後トカラ證明シテ向フニ權利ノナイモノヲコチラデ認メタ、承認シタト云フコトデアレバ夫レハ固ヨリ抛棄ニナリ」、「其權利ノ喪失ヲ目的トスル行爲デアルカラ後見人抔ガ承認スルコトハ出來」ないが、承認それ自体は時効の中断であり、「時効ニ罹ル權利ハ疑ハシイト云フコトデハナイ」、この場合は「此處ノ中ニハ這入ラナイカモ知レヌ、夫レ丈ケノ話シデア」るという[28]。

　翻って、土方寧は、或る人の所有権なり債権に疑いがない場合、承認した未成年者を保護する必要はないように思うと疑問を投げかける。これに対して、梅謙次郎は、「管理ノ能力モ持タナイヤウナ無能力者デアレバ自分ニ義務ガアルカナイカ充分判斷スルコトハ出來ナイ、他人ニ權利ガアルカナイカモ充分判斷スルコトハ出來ナイ、然ウ云フ人ノ認メタノハ法律上採用シナイコトニシタ方ガ宜シイ」、「相手方ノ權利ガ充分證明セラレヌ場合デモ矢張リ承認セラルルヤウナ場合ガ隨分アラウト思ヒマス」と述べる[29]。

(2)　156条削除論

　次に、磯部四郎は、次のように、156条は消滅時効にのみ適用される規定として、消滅時効の個別規定として配置されるべきであり、時効に関する総則規定としては削除すべきと主張する。旧証拠編122条はローマ法伝統に則り、「無暗ニ不動産ヲ尚ンデ動産ヲ卑ンダ」ことから動産を重要視せず、1項では消滅時効と取得時効を問わず、そこに動産も包含し、「獨リ不動産ニ付テノミ承認權限ノアル者デナケレバ中斷スルコトガ出來ヌト云フ法律ニナッテ居」るが、「此處ハ總則デアルカラ免責時效トカ取得時效トカ云フコトヲ書クノハ困マル」と述べる。管理能力しかない者は、「其占有權ヲ抛棄スル覺悟デナケレバ時效中斷ノ爲メニ相手方ノ權利ノ承認ト云フコトハ出來」ないが、「一種ノ權利ト法律ニ看做シテ居ル占有權ト云フモノハ最早管理權

27　議事速記録 1・前掲注23）462-463頁。

28　議事速記録 1・前掲注23）463頁。

29　議事速記録 1・前掲注23）465-466頁。

ノ外トニ出テ居ル」ので、管理能力があるから相手方の権利を正当と認める
というのは当然であるということは当を得ないという。156条は消滅時効に
ついてのみ適用されるならば害はなく、債権者から訴えられた場合に応訴す
ることができないという訳にはいかないので、消滅時効については、「管理
ノ能力ノアル人ニハ即チ権利ノ承認ヲ爲ス能力ヲ與ヘナケレバナラヌノハ自
然ノ結果デ」ある。しかし、取得時効については、動産と不動産とを問わず
「現ニ持ツテ居ル占有ノ利益ヲ抛棄セシムル」ので、旧証拠編122条2項以下
の「然レトモ」以下に従って、「占有シテ居ル物上権ノ請求ニ承服スル丈ケ
ノ一般ノ権利ノアルコトヲ必要トスル」が、原案156条は消滅時効にだけ適
用されるものとして、後に出てくる取得時効と消滅時効の個別規定に配置す
べきであると主張する。そして、所得時効の箇所に同様の規定を置かなけれ
ば、（承認に関して）「斯ウ云フ権利ハ取得時効ニナイト云フコトガ明カニナ
ナ」るという[30]。

　土方寧は別の理由から、削除論に賛成する。まず、「法定代理人トカ其他
ノ代理人」は、「代理法ノ適用デ自然権限外ノコトハ出來ヌト云フコトハ分
ル」という。そして、権利の存否は後日争うことができ、未成年者や無能力
者による承認に中断効を認めても不都合はない、「本人ガドンナ無能力ノ地
位デモ宜シイ、全體完成シナイ時効ノ利益ト云フモノハ保護セラルベキモノ
デナイ」として、削除すべきと主張するのである。

　しかし、これら削除説の支持は少数にとどまる[31]。

(3) 箕作麟祥からの修正提案

　その次に、箕作麟祥から修正案が出される。原案148条に「請求、差押、
假差押、假處分」とあるが、そのいずれについても裁判上の請求は「效ヲ生
ゼズ」というかたちで規定されており、151条に「和解ノ爲メニスル呼出ハ
相手方カ出頭セス又ハ和解ノ整ハサルトキハ」、「時効中斷ノ效ヲ生セス」、
152条も「時効中斷ノ效ヲ生セス」と皆、「效ヲ生セス」という規定ぶりにな

30　議事速記録1・前掲注23）465-466頁。
31　議事速記録1・前掲注23）466頁。

っているにも関わらず、156条では、「何ゾ理由ガアルカモ知レマセヌガ」、「時效中斷ノ爲メ相手方ノ權利ノ承認ヲ爲スニハ之ニ關シテ管理ノ能力又ハ權限アルコトヲ要ス」と規定されている。この文言は、前条までの例にならうと「相手方ノ權利」が前に出る筈と思われるが、156条だけ「大變書キ方ガ違ツテ居ルヤウデアリマス」、「『時效中斷ノ爲メ相手方ノ權利ノ承認』ト云フノモ可笑シイ」、「『時效中斷ノ爲メ』ト云フコトヲ明言スルニモ及ブマイ」、又「之ニ關シテ」の「『之』ト云フ字モ曖昧デアル」、「之ハ前ノ文例トモ違ウ」ようなので、「前ノ文例ト同ジヤウニシタイ」という[32]。そこで、「相手方ノ權利ノ承認ハ財產管理ノ能力又ハ權限ヲ有スル者カ之ヲ爲シタルトキニ非サレハ時效中斷ノ效ヲ生セス」とすれば前までの規定の文例と同じになり、原案とも意味は異ならない、もし異なるようであればさらに改めてもよい、としたうえで修正を提案する[33]。

　横田國臣は「相手方」は必要かと問い、箕作麟祥は「夫レハ何ウデモ宜シイ、只原案ニアツタカラ入レタ」と述べる。

　尾崎三良は箕作麟祥の修正案に「財產管理」とあり、「財產ト云フト大變廣クナツテ其者ニハ別ニ權利ガナクテモ一體財產ヲ管理スルノ能力ガアツタラバト云フヤウニ聞ヘマスガ、夫レデ宜シイノデスカ」と問い、箕作麟祥は「私ハ財產ヲ管理スル能力ガアレバ夫レデ宜シイ積リデアリマス」と答える。これに対し、尾崎三良は、「其財產ヲ管理スル能力ガアルモノデナケレバ往カヌトカ云フト財產ヲ管理スル能力ガアツテモ其財產ガ關係ノナイモノナラ一向役ニ立タヌヤウデアル、其處ガ少シバツトシテ居ツテ疑ハシイヤウデアリマスガ、夫レデ『之ニ關シテ』トカ何トカ云フヤウナ字ガ入ラヌト可笑シイヤウデアリマスガ、若シ『之ニ關シテ』ト云フ字ガ惡ルケレバ『之ニ係

32　法典調査会原案（甲10号）

152条　　破産手続参加ハ債権者之ヲ取消シ又ハ却下セラレタルトキハ時効中断ノ効ヲ生セス

153条　　催告ハ六个月内ニ裁判上ノ請求、和解為メニスル呼出若クハ任意出頭、破産手続参加又ハ差押ヲ為スニ非サレハ時効中断ノ効ヲ生セス

154条　　差押ハ合式ニ其手続ヲ終結スルニ非サレハ時効中断ノ効ヲ生セス」「仮差押カ取消サレタルトキハ時効中断ノ効ヲ生セス

155条　　差押及ヒ仮差押ハ時効ノ利益ヲ受ク者ニ対シテ之ヲ為ササルトキハ之ヲ其者ニ通知シタル後ニ非サレハ時効中断ノ効ヲ生セス

33　議事速記録１・前掲注23）467頁。

ル』トカ何ントカ別ニ宜イ字ハナイデゴザイマセウカ其處サヘ判然スレバ直様贊成シマスガ」という[34]。

これに、箕作麟祥が「『財產』ト云フ字ヲ取ツテ仕舞ツタラ何ウデセウカ」と答えたところ、梅謙次郎は、箕作麟祥の提案に贊同しつつ、原案のように「斯ウ窮シタ文章ヲ書イタ理由」を次のように説明する。すなわち、「能力ノ一般ノ規則ヤ權限ノ一般ノ規則ニ障リタクナイ考デ、夫レデ斯ウ書イテ置クト其能力ノナイ者權限ノナイ者ガ承認ヲ爲シタ場合ハ無能力者ノ爲シタルモノ權限外ノモノト看做サレテ其規定ガ當嵌マルト云フコトニナル積リデアリマス、今ノヤウニナルト實質ガ變ハル、絶體ノ禁止體ニナリマス、始メハ然ウ云フ考ヘデ可成能力問題權限問題ニ例外ヲ設ケナイ積リデ書イタノデアリマス、今一ツ『之ニ關シテ』ト云フノハ只今尾崎さんノ言ハレタ如ク其權利ノ種類ニ依テ同ジ權利ト云フテモ能力ヤ權限ガ違ウカモ知レヌ、若シ廣イ權限ヤ能力デ宜ケレバ財產ハ寧ロ要ルマイカト私共ハ思フ」ということである。

以上を踏まえて、箕作麟祥は「管理ノ能力」ではどうか問い、梅謙次郎は「夫レナラバ宜シイヤウデハアリマスガ」と答え、箕作麟祥が「然ウスルト原案見タヤウニナリマスガ」と付け加える[35]。

続けて、土方寧は「斯ウシテハ何ウデスカ『相手方ノ權利ノ承認ハ之ニ關シテ管理ノ能力又ハ權限ヲ有スルトキニ非サレハ時效中斷ノ效ヲ生セス』」と提案し、箕作麟祥は、「只今御注意ガアリマシタカラ廣クシナイデ『相手方ノ權利ノ承認ハ之ニ關シテ管理ノ能力又ハ權限ヲ有スル者カ之ヲ爲シタルトキニ非サレハ時效中斷ノ效ヲ生セス』トシテハ何ウデセウカ」と問う。これに対し、梅謙次郎は、「今ノ『時效中斷ノ效ヲ生セス』ト云フ方ハ格別差支ヘアルマイト思ヒマスカラ贊成シテモ宜シイガ『之ニ關シテ』ハ如何デゴザイマセウカ『相手方ノ權利ノ承認ハ之ニ關シテ』ト云ヘバ『之』ガ少シ不明瞭ノヤウデスカラ『其權利ニ關シテ管理ノ能力又ハ權限アルモノカ之ヲ爲シタルニ非サレハ』トシテハ何ウデセウ」とする[36]。

---

34 議事速記録１・前掲注23）467-468頁。

35 議事速記録１・前掲注23）468頁。

36 議事速記録１・前掲注23）468頁。

246　理論

　以上を踏まえて、箕作麟祥は「『時效中斷ノ爲メ』ガ嫌ヤナノト文例ガ他ノ條ト變ハルノガ嫌ヤ丈ケデアリマスカラ夫レハ何ウデモ宜シウゴザイマス」とする。横田國臣は、当初の原案から「『時效中斷ノ爲メ』丈ケ取ツテハ何ウデス」と問う[37]。

　梅謙次郎は直前の自身の発言を踏まえて、改めて「『相手方ノ權利ノ承認ハ其權利ニ關シテ管理ノ能力又ハ權限アル者カ之ヲ爲シタルニ非サレハ時效中斷ノ效ヲ生セス』テハ往キマセヌカ」という修正案を示す。これに対し、磯部四郎は、「然ウスルト權利ヲ管理スルヤウニナリハシマスマイカ、『其權利ニ關シテ財產』デハ何ウデス」と問う。梅謙次郎は、「然ウスルト只『財產』ノ方ガ宜イヤウニナル」と答える。箕作麟祥は、「只『管理ノ能力』丈ケデモ宜カラウ」として、採決を求める[38]。

　最終的な箕作麟祥の提案は「相手方ノ權利ノ承認ハ管理ノ能力又ハ權限ヲ有スル者カ之ヲ爲シタトキニ非サレハ時效中斷ノ效ヲ生セス」となったが、これに対し、梅謙次郎は、語尾の変更のみを求めて、「相手方ノ權利ノ承認ハ管理ノ能力又ハ權限アル者カ之ヲ爲シタルトキニ非サレハ時效中斷ノ效ヲ生セス」を最終提案とする。最終的には半数が賛成し、議長の西園寺が原案を賛成し、成案となった[39]（原案の文言の修正提案の変遷が複雑であるため、次頁の表にまとめておく）。

　ところが、以上の法典調査会での議論および採決にもかかわらず、決議案では、原案の「時效中斷ノ爲メ相手方ノ權利ノ承認ヲ爲スニハ之ニ關シテ管理ノ能力又ハ權限アルコトヲ要ス〔傍点筆者〕」[40]が記載されており、『第一次整理会』整理案（以下、「整理案（1894）」と引用）157条でも、同規定が下敷きとされたうえで、「時効中断ノ為メ相手方ノ權利ノ承認ヲ為スニハ其

37　議事速記録1・前掲注23）468頁。
38　議事速記録1・前掲注23）468-469頁。
39　議事速記録1・前掲注23）469頁。
40　決議案より、整理案（1894）および整理案（1895）に至る変遷については、佐野智也運営による法律情報基盤（https://law-platform.jp/）の「明治民法（明治29・31年）」を参照（穂積陳重博士関係文書 第七部Ⅰ（整理案第二号）の地の文書より確認できるとされる。佐野・前掲注17）58-60頁）。また、法務大臣官房司法制度調査部監修『日本近代立法資料叢書14 法典調査會 民法整理案』（商事法務、1988年）16頁も参照。

【法典調査会における原案156条の文言の変遷】

旧民法 証拠編 122条	1項　時効ヲ中断スル追認ハ自己ノ財産ヲ管理スル能力又ハ時効ニ罹ルコト有ル可キ財産ヲ他人ノ為メニ管理スル権力ヲ有スル者ニ於テ之ヲ為シタルトキハ有効ナリ 2項　然レトモ婦、無能力者又ハ委任者ノ利益ニ於ケル不動産ノ取得時効ヲ中断スル為メ夫、後見人又ハ代理人ノ為シタル追認ハ不動産ノ請求ニ承服スル一般又ハ特別ノ権力アルニ非サレハ有効ナラス
原案	<u>時効中断ノ為メ相手方ノ権利ノ承認ヲ為スニハ之ニ関シテ管理ノ能力又ハ権限アルコトヲ要ス</u>
	← 横田國臣：原案から「時効中斷ノ爲メ」のみ削除論
箕作麟祥 第1修正案	<u>相手方ノ権利ノ承認ハ財産管理ノ能力又ハ権限ヲ有スル者カ之ヲ爲シタルトキニ非サレハ時効中斷ノ効ヲ生セス</u>
	← 横田國臣：「相手方」は必要か？　← 箕作麟祥：「何ウデモ宜シイ」
	← 尾崎三良：「財産」だと広すぎる。「之ニ關シテ」「之ニ係ル」を支持
	← 箕作麟祥：「財産」削除提案
	← 箕作麟祥：「管理ノ能力」ではどうか
	← 梅謙次郎：「夫レナラバ宜シイヤウデハアリマスガ」
土方寧 修正案	「相手方ノ権利ノ承認ハ<u>之ニ關シテ</u>管理ノ能力又ハ権限ヲ有スルトキニ非サレハ時効中斷ノ効ヲ生セス」
箕作麟祥 第2修正案	「相手方ノ権利ノ承認ハ<u>之ニ關シテ</u>管理ノ能力又ハ権限ヲ有スル者カ之ヲ爲シタルトキニ非サレハ時効中斷ノ効ヲ生セス」
梅謙次郎 修正案	← 梅謙次郎：「相手方ノ権利ノ承認ハ其権利ニ關シテ管理ノ能力又ハ権限アル者カ之ヲ爲シタルニ非サレハ時効中斷ノ効ヲ生セス」 ∵「之ニ關シテ」が不明瞭
	← 磯部四郎：「其権利ニ關シテ」を「其権利ニ關シテ財産」に変更提案
	← 梅謙次郎：「然ウスルト只『財産』ノ方ガ宜イ」、箕作麟祥：「只『管理ノ能力』丈ケデモ宜カラウ」

| 箕作麟祥
最終提案 | 「相手方ノ権利ノ承認ハ管理ノ能力又ハ権限ヲ有スル者カ之ヲ為シタトキニ非サレハ時効中斷ノ効ヲ生セス」 |
| 梅謙次郎
最終提案 | 「相手方ノ権利ノ承認ハ管理ノ能力又ハ権限アル者カ之ヲ為シタルトキニ非サレハ時効中斷ノ効ヲ生セス」 |

権利ニ関シテ管理ノ能力又ハ権限アルコトヲ要ス〔傍点筆者〕」という規定に変化した。そこでは、梅謙次郎は「百五十七條ノ『之ニ關シテ』ヲ『其権利ニ關シテ』ト改メタ夫レハ殆ンド説明ヲスル迄モナク『之』ト云フノガ何ンダカ分ラヌ」と説明しており、長谷川喬が「異議ナシ」と述べている[41]。

次に民法修正案をみると、ここでも地の文が「整理案」（1894）と同じ「第百五十七條 時効中斷ノ為メ相手方ノ権利ノ承認ヲ為スニハ其権利ニ關シテ管理ノ能力又ハ権限アルコトヲ要ス」となっており、「七」→「六」、「為メ相手方ノ権利ノ」→「効力ヲ生スヘキ」、「其」→「相手方ノ」、「關シテ管理」→「付キ處分」、「要ス」→「要セス」と修正され、「時効中斷ノ効力ヲ生スヘキ承認ヲ為スニハ相手方ノ権利ニ付キ處分ノ能力又ハ権限アルコトヲ要セス」となっており[42]、この規定が、帝国議会で提出された条文案でも維持され、そのまま（平成16年民法現代語化前の）改正前156条となっているわけである。「整理案」（1894）からの変化の理由は明らかではない[43]。法典

---

[41] 日本学術振興会『法典調査会 民法整理会議事速記録 第壹巻』民法整理会1の95（国立国会図書館デジタルコレクション）を参照（法務大臣官房司法法制調査部監修『日本近代立法資料叢書14 法典調査会民法整理会議事速記録』（商事法務研究会、1988年）に所収）。金山・前掲注17）127頁注28は、「総則・物権部分に関しては、それらの部分の審議終了直後になされた『第一次整理会』（明治28年12月18日〜25日にわたって計3回）に加えて、債権編の審議終了後に行われた『第二次整理会』（明治28年12月16日〜26日にわたって6回）があることに注意しなければならない」とする。また、佐野・前掲注17）58-60頁も参照。

[42] 法務大臣官房司法法制調査部監修『日本近代立法資料叢書15 民法修正案 第二編総則 物権 第三編 債権』（商事法務、1988）21頁。法律情報基盤（https://law-platform.jp/acts/129089d）によれば『第二次整理会』の整理案（1895）も同内容となっているが、相互関係は明らかではない。佐野・前掲注17）58-60頁も参照。

[43] 大村・前掲注12）509頁も同様に、法典調査会と明治民法の規定内容との間の変遷の経緯の不明を次のように指摘しつつ、「管理行為」概念の回避にその原因があるものと推測する。（改正前156条については）「二つ問題がある。……第二は、形式にかかわる。本条は、結局……と改められた。その経緯は明らかではないが、『管理（行為）』の概念を用いない点に主眼があったように思われる。検討を要するところである」。

調査会においては、箕作麟祥から、原案151条から155条までの体裁に従い、「時効中斷ノ效ヲ生セス」という形での否定形に揃えた修正が提案され採決がとられたものの、整理案（1894）で存置されていた「アルコトヲ要ス」の文末が改めて前条までの規定が否定形であること[44]に揃えて、「アルコトヲ要セス」に変更されたものと推測される[45]。

同規定の変化に関しては、第9回帝国議会における1896年3月4日の次のような審議が伝えられている[46]。ここでは、「処分の能力・権限を要しない」という規定振りと、「管理の能力・権限を要する」という解釈ないし当時の一般的理解との関係について、質疑応答が交わされている。

　　　平田篤「百五十六條デスガ、是ニ『時効中斷ノ效力ヲ生スヘキ承認ヲ爲スニハ相手方ノ權利ニ付キ處分ノ能力又ハ權限アルコトヲ要セス』サウスルト、中斷ノ效力ヲ生スベキ承認ヲ爲スモノガ、處分ノ能力、又は權能ナイノデモ宜シイ、ナイモノデ宜イ、斯ウ云フコトニナリマスカ、是ハドウ云フノデスカ、試ニ之ヲ參考書ニ依ツテ見マスト、要ストアツテ、正反對ノ文ニ書イテアリマスガ」

　　　政府委員（梅謙次郎）「是ハ能ク御覽下サリマスト、其方ニハ管理ト書イテアル、裏ダカラ要スル、普通申ス管理行爲丈ガデキルモノナラバ宜イ、處分行爲マデ出來ルモノデナクテモ宜イ、何故カト申シマスト、時效中斷ノ效力ヲ生ズベキ承認、是ハ本統ノ權利ガナイノ

44　152條　破産手續參加ハ債權者カ之ヲ取消シ又ハ其請求カ卻下セラレタルトキハ時效中斷ノ效力ヲ生セス

153條　催告ハ六个月内ニ裁判上ノ請求、和解ノ爲メニスル呼出若クハ任意出頭、破産手續參加、差押、假差押又ハ假處分ヲ爲スニ非サレハ時效中斷ノ效力ヲ生セス

154條　差押、假差押及ヒ假處分ハ權利者ノ請求ニ因リ又ハ法律ノ規定ニ從ハサルニ因リテ取消サレタルトキハ時效中斷ノ效力ヲ生セス

155條　差押、假差押及ヒ假處分ハ時效ノ利益ヲ受クル者ニ對シテ之ヲ爲ササルトキハ之ヲ其者ニ通知シタル後ニ非サレハ時效中斷ノ效力ヲ生セス

45　川島・前掲注2）123頁［川井］は、旧証拠編122条と改正前民法156条との間の変更について「前4条が否定形式なので本条も否定の形式をとった」と指摘するが、おそらく法典調査会での議論を指しているものと推測される。

46　廣中編・前掲注22）13頁、廣中俊雄編『第九回帝国議会の民法審議』（有斐閣、1986年）136頁。

250 理論

> ナラ、承認シタ處ガ、何カ事實ノ錯誤ガアレバ、後カラ取消サルル
> ノデアリマスカラ、何モ權利ヲ處分スル丈ノ能力ヲ持ツテ居ラヌデ
> モ宜イ、權限ヲ持ツテ居ラヌデモ宜イ、斯ウ云フコトデアリマス、
> 初メカラ其通デアツタノデアリマス」

3　梅謙次郎『民法要義巻之一総則編』における説明

　以上の経緯を経て成立した改正前民法156条であるが、梅謙次郎『民法要義巻之一総則編』[47]における同条の注釈は次のような説明をする。

　時効期間の経過により権利を取得し、相手方の権利が消滅すべきところ、承認をすれば時効が中断して、さらに年月を経ないと時効が完成しないことになる。この効力から見れば、承認は権利の放棄や債務負担と異なるように思え、明文がなければ、承認には処分の能力または権限があることを必要とするかのような疑義を生ずる。しかし、承認は既に得た権利を放棄したり、他人が有していない権利を認めるものではなく、ただ相手方の権利の事実の儘に認めるものに過ぎない。もし相手方が真実は権利を有していないときには、後にそれを争うことは可能である。ただ、相手方に権利があることが明確である場合にも、中断がなければ相手方の権利が消滅したところ、承認をしたがためにその権利が消滅に至らないことがある。そうであるとはいえ、他人の権利を認めることは、財産を保存しまたはこれを利用する方法に過ぎず、純然たる管理行為である。例えば、他人から借り受けた物は期限に返還しないときには、損害賠償などの責めに任ぜられることになる。そのため、速やかに返還することは財産を保存する方法に過ぎず、例えば、金銭をもって債務の弁済に充てることは、当該金銭を利用する方法ということができる。これら返還と弁済の2つの場合は、債務承認の顕著な例であり、もしこれらが管理行為であるとすれば、単に時効中断のために承認をすることは、管理行為となるに違いない。そのため、本条は、管理行為をなす能力または権限ある者は皆このような承認を為すことができるとした。例えば準禁治産者、

47　梅謙次郎『民法要義巻之一総則編〔訂正増補第33巻版〕』（有斐閣書房、1911年〔有斐閣、1984・復刻版〕）392頁以下。

後見人等は保佐人、同意を得ていない親族会等も有効に承認をなしうる[48]。

Ⅳ　検　討

1　制定経緯に照らした改正民法156条の理解

　以上の改正前民法156条の制定過程を次のようにまとめることができる。

　旧民法証拠編122条は、自己の行う承認ための能力（capacité）と、他人が取得する権利ないし他人の債務について承認を行う権限（pouvoir）の概念区分を前提に起草されており、現行民法も同様の概念区分に倣っている。そして、同条1項は、承認を有効になすためには、管理能力、または権限で足りると規定していた。ただし、同条2項は、無能力者や委任者のために、後見人や代理人が不動産の時効取得の中断をなすためには、不動産の請求に応じる一般または特別の権限を要するとしていた。

　これに対し、法典調査会では、不動産を特別視する必要はないとして旧証拠編122条2項を削除し、消滅時効と取得時効に共通する規律として、同条1項を基礎とした原案が示された。法典調査会では、とりわけ不動産の取得時効に関しては処分の能力が必要ではないかという疑問、消滅時効の承認においては管理能力すら必要ないのではないかという疑問が提起されたが、いずれも少数意見として退けられた。また、原案156条は消滅時効にしか適用されず時効の総則規定として相応しくない、他人による承認の権限については代理の一般法に委ねるべき、というそれぞれの理由から削除論が示されたが、これも少数意見にとどまり退けられた。他方、原案156条の文言については、152条から154条の文末に合わせて「効ヲ生ス」ではなく、「効ヲ生セス」を軸に体裁を整えることが提案された。それと同時に、「相手方ノ権利ノ承認」にあたり必要とされる、「管理ノ能力又ハ権限」の対象に関する表現が問題とされた。原案では、「相手方ノ権利」の承認を為すには、「之ニ関シテ」管理の能力または権限があることが必要とされていたが、箕作麟祥の修正提案は、「相手方ノ権利ノ承認」は、「財産管理ノ能力又ハ権限」を有す

48　梅・前掲注47）392頁。

る者がなしたのでなければ、時効中断の効力は生じないというものであった。
これについて、「財産」では広すぎる、「其財産」とは関係のない財産管理の
能力があっても意味がない、という指摘があった（尾崎三良）が、結果とし
ては、特に限定を付さないかたちで、単に「管理ノ力又ハ権限」の文言で採
決がされ、同文言は半数および議長の支持により梅謙次郎の修正案が採用さ
れた。しかしながら、整理案（1894）157条では、原案が下敷きとされたう
えで、「之ニ関シテ管理ノ能力又ハ権限」の文言が、「其権利ニ関シテ管理ノ
能力又ハ権限」へと変化し、民法修正案において、「処分ノ能力又ハ権限ア
ルコトヲ要セス」と否定形に整えられるとともに、「其権利ニ関シテ」の文
言が「相手方ノ権利ニ付キ」へと変化し、（平成16年民法現代語化前の）改
正前156条に至った。

　以上の制定経緯を概観すると、本来、ボワソナードの理解においては、承
認に必要な能力または権限について、対象に限定を付す文言はなく、総体的
な自己の財産管理の能力または他人の財産管理の権限が問題とされていたと
いえよう。そして、必要とされる能力または権限は、消滅時効と取得時効そ
れぞれにおいて異なるものとして理解されており、消滅時効の承認の権限は、
受任者が有する「債務を弁済する」権限に包摂されるようなものであり、管
理の権限で足りるとされる。他方、取得時効については、不動産上の請求に
応訴する権限が必要とされていた。

　法典調査会においては、消滅時効と取得時効を通じて、その承認にあたり、
管理の能力または権限が必要とされていた。この「管理又ハ権限」について
は、原案では「之ニ関シテ管理ノ能力又ハ権限」という限定が付されていた
ものの、「之」が指す意味は、「相手方ノ権利」を指すのか、「承認ヲ為ス」
を指すのかは必ずしも明瞭ではない。ここで要求される管理能力・権限の概
念の抽象度については、各委員の間で潜在的な捉え方の相違がうかがわれる。
箕作麟祥および（その趣意を若干読み取りにくい内容となっているが）梅謙
次郎は、何らかの特定の権利や財産を念頭に置かない、抽象的な広い「財産
管理の能力または権限」を想定していたように伺われる。その一方、尾崎三
良は、相手方の権利に関する「其財産の管理の能力または権限」でなければ
意味がないと指摘し、土方寧も「相手方ノ権利ノ承認ハ之ニ關スル」という

提案をしている。一旦、箕作麟祥と梅謙次郎は、「之ニ關シテ管理ノ能力……」（箕作）あるいは「其権利ニ關シテ管理ノ能力……」（梅）という形で承服するが、最終的に単に「管理ノ能力……」という提案に落ち着いている。（平成16年現代語化前の）改正前民法156条と同じ文言の整理案（1895）は、一見、これらの議論を引き継いで「相手方ノ権利ニ付キ処分ノ能力」という文言になっているようでもあるが、実際には、法典調査会の最中に現れた「相手方ノ権利ノ承認ハ之ニ關シテ管理ノ能力……」（箕作）あるいは「相手方ノ権利ノ承認ハ其権利ニ關シテ管理ノ能力……」（梅）といった提案とは大きな懸隔があると思われる。何故なら、「相手方ノ権利ニ付キ」という文言は、字義通りに受け取れば、あたかも特定の他人の権利について管理の能力または権限を問うように読めるが、時効援用権者（またはその財産管理人）の、相手方の権利について管理の能力または権限の有無を問題にする場面ではないことは明白である。そのため、通説的見解のように、「相手方の中断される権利を自分で持っていたと仮定」するという強引な読み込みを余儀なくされる。

　他方、「相手方ノ権利ノ承認」と「管理ノ能力……」の間に「之ニ關シテ」または「其権利ニ關シテ」という緩衝材が入ることで、全く違った意味において理解されうる。すなわち、ここで問題となる「管理の能力または権限」は、（消滅する、または取得される）特定の「相手方の権利」そのものについてのものを問うわけではなく、まさに「其権利ノ種類ニ依テ同ジ権利ト云フテモ能力ヤ権限ガ違ウカモ知レヌ」（梅謙次郎）という意味での、（消滅する、または取得される）相手方の権利の種類に応じた抽象的なレベルで捉えられる権利の管理の能力または権限を問うものと読めるからである。

2　債務承認権限と総体的財産管理

　以上みてきたところによると、民法152条2項の「相手方の権利についての処分につき行為能力……又は権限」という文言は、字義どおり、（消滅する、または取得される特定の）相手方の権利についての処分（・管理）の能力または権限を問題にするものと解すべきではない。通説的見解のように「相手方の中断される権利を自分で持っていたと仮定」すると解釈するのも、

254　理論

一つの方途ではあるが、（次の段落で述べるように）このような仮定が具体的場面でどれくらい解釈指針として意義を持ちうるのか判然としない。他方、改正前民法156条の立法過程に鑑みて、権利の種類に応じた抽象的なレベルで捉えられる権利の処分（・管理）の能力または権限を読み込むことも不可能でない。令和5年最決も、民法156条の参照を指示しつつ、「債務者以外の者がした債務の承認により時効の中断の効力が生ずるためには、その者が債務者の財産を処分する権限を有することを要するものではないが、これを管理する権限を有することを要する」と解釈上の帰結を述べるが、これはまさに抽象的なレベルでの（債務者の財産の）管理の能力または権限を端的に問題にするものであり正当であろう。

　しかしながら、以上のように抽象的レベルで能力または権限を捉えるとして、取得時効で問題となりうる不動産や動産について管理・処分の能力または権限を論じることはできるが、消滅時効についてはどうか。通説的見解のように、相手方の債権を債務者が有していると仮定することの意味合いは不分明であるし、そのような「債権」を（処分はともかく）「管理」する能力・権限とは何を指すのかも判然としない。また、そのように仮定された「債権」の「管理」権限が、（他人の）債務を承認して消滅時効期間を更新（中断）する効果を正当化する権限たりうるかは疑問である。このように考えた場合、殊、債権の消滅時効については、民法152条2項「相手方の権利についての……」の文言が意味を持ちえない以上、通説的見解には反して、法主体の能力または権限の観点から、債務承認による更新効（中断効）がいかに正当化されるかを問題とするほかない。

　ここで、議論の前提として、広く能力・権限一般の観点から、以上に紹介した立法経緯に照らして、若干の付言しておきたい。まず、ボワソナード草案では、「自己の財産管理」と「他人の財産管理」を区別したうえで、前者を基礎づけるものとして「能力（capacité）」、後者を基礎づけるものとして「権限（pouvoir）」と、明確に概念区分されている点である。フランス実定私法において、capacité と pouvoir の違いについて注意喚起されることがあるが、「権限（pouvoir）」が学説によって独立したカテゴリーとして確立したこと自体は1980年以降の比較的近時のことであることからすれば[49]、これ

らに関して、ボワソナードが前提としていた概念区分に関する理論的前提や、同時代の議論のあり方が注目される。このような意味での、能力と権限の概念区分の発想は、改正前民法156条（また、現行民法152条2項）に引き継がれており、明治民法の起草者の一人である富井政章と本野一郎の共訳による『仏訳日本民法典（前三編）』[50]においても、能力＝capacité、権限＝pouvoirの訳語選択が維持されている。

　他方で、ボワソナード草案および同草案の発想を引き継いだ民法152条2項（改正前156条）において、自己の財産管理の「能力」と他人の財産管理の「権限」を区別しつつも、同一の規定のなかで等しく、承認による時効更新効（中断効）を基礎づけている点が注目される。このような規定を把握するうえで、「財産管理権」という観念を踏まえることが有益であるように思われる。「財産管理権」とは、近代法における「財産の帰属」と「財産の管理」という普遍的な分化現象を統一的に把握すべく、於保不二雄によって提唱された概念であり、ある主体の手段的性格を有する法律行為の法律効果が、その者の財産管理権に媒介されることにより、またある主体の財産に帰属せしめられるものである[51]。ここで、法律行為の主体と財産の主体が同一の場合の管理権は「能力」として発現するが、各主体の分化が認められる場合においても、他人効を伴う代理権や授権が、「管理権」として観察される。このような観念的意味での財産管理においては、本来的に、自己の財産の管理と他人の財産の管理の区別があるわけではない[52]。また、ここでの「財産」は、一般的には、財産的権利・義務または法律関係の総体的概念を指すが、それを組成する個々的な権利・義務または法律関係についての個別的管理の概念を排斥するわけではない[53]。以上の相違を踏まえると、抽象的・観念的

---

49 E. Gaillad, *Le pouvoir en droit privé*, Economica, 1985（préf. G. Cornu）, no144, p.95. また、高秀成「フランスにおける権限（pouvoir）と財産管理」慶應法学23号（2012年）162頁注318。

50 *CODE CIVIL DE L'EMPIRE DU JAPON*, Livre I, II & III, promulgués le 28 avril 1896, traduction par Ichiro Motono et Massa-akira Tomii, Shinsei Shuppan, 1997. 同翻訳の意義について、金山直樹『法典という近代』（勁草書房、2011年）20頁以下。また、民法典における「権限」の用語法の探究について、高秀成「『権限』とは何か」法教526号（2024年）25頁以下。

51 於保・前掲注16）23-25頁。

52 於保・前掲注16）4頁。

53 於保・前掲注16）5-6頁。

な「財産管理」に包摂される下位カテゴリーとして、他人の財産の管理—自己の財産の管理、法定財産管理—任意財産管理、総体的財産管理—個別的財産管理、さらには事実行為による財産管理—法律行為による財産管理などを設定することができる[54]。

　以上に照らすと、「自己の財産の管理」と「他人の財産の管理」それぞれに固有の要素と、共通要素としての「財産管理権」を踏まえたうえで、現行民法152条2項（改正前民法156条）を検討することが有益であるように思われる。

　まず、「能力」一般は、一種の「適格・地位」を意味するところ、明治民法において、capacité として表現されている「能力」は行為能力を意味するものとして用いられている。このような行為能力は、法律行為がもつ意味を理解することができるか否かにかかわらず、有効な法律行為を単独ですることができない制限行為能力者について用いられる、法的な適格としての能力を意味する[55]。そして、制限行為能力者は定型的にその法律行為の有効性が制限されることによって、財産管理権が制限されている常況にある。裏を返せば、この行為能力が、法主体の自己の財産の管理を基礎づけており、ここで問題とされる財産管理は、ある法主体に帰属する総体的財産の管理にほかならない。

　また、他人の財産の管理について言えば、通説的見解は、管理権限があり、債務承認権限がある者として、権限の定めのない代理人（民103）を挙げるが、ここには若干の説明を要する。まず、法定代理については、（保佐人や補助人の代理権など）選任行為によって権限範囲が定められる場合であり、かつ選任行為の内容を一義的に確定することができない場合に民法103条が適用されるという。そして、同条は、不在者財産管理人（民28）や、相続財産管理人（民918Ⅲ・953）などにおいても、代理権の範囲を標準として機能

54　髙秀成「財産管理と権利論」吉田克己＝片山直也編著『財の多様化と民法学』（商事法務、2014年）526頁。

55　以上につき、山城一真「成年後見制度の動向と能力論」実践成年後見100号（2022年）99頁以下および山城一真『契約法を考える』（日本評論社、2024年）32頁以下。於保・前掲注16）47頁は、「能力」を「法的評価をうけ一定の法律効果が与えられるような行為をなしうる人の能力」と定義するが、能力一般というよりも、比較的、行為能力について馴染む定義といえる。

する。他方、任意代理の場合には、本来、法律行為たる代理権授与行為にお
いて、いかなる範囲の代理権が授与されているかが一義的に確定することが
できず不明確な場合には、当該代理権授与行為は不成立（あるいは無効）と
なる。そこで、民法103条は、このような場合の補充的な代理権範囲確定に
資するわけであるが、それは、代理権がどの物ないし財産に関して与えられ
たか確定できる限りにおいてであり、逆から言うとこれら代理の目的が、不
明確である場合には代理権授与行為は不成立（あるいは無効）といえる。な
お、任意代理における代理権授与行為の目的は、個々の物や財産でなくても、
本人の財産関係全般であってもよいとされる[56]。以上を踏まえると、民法
103条が適用される結果、管理権限行使の範囲として債務承認がなしうる任
意代理人とは、一定範囲での（債権―債務発生を伴う）総体的な財産管理が
委ねられている者といえる[57]。

　それでは、以上のような総体的な財産管理のなかで、債務承認権限はどの
ように捉えられるべきか。ボワソナード草案の注釈では、受任者の「債務を
弁済する権限」が言及されていた。しかし、その字義通り、債務弁済権限を、
消滅時効における債務承認権限に結び付けることはできないであろう。とい
うのも、民法典上、第三者弁済は広く認められており（民474）、必ずしも、
他人の権利圏に干渉する債務承認権限を有する者の範囲と一致しないからで
ある。他方で、法典調査会での議論や梅謙次郎『民法要義』に見られるよう
に、債務承認による時効中断効が、債務負担行為と比較される場面がある。
つまり、債務承認は、他人が有していない権利を認めるものではなく、相手
方の権利の事実の儘に認めるに過ぎない、というのである。ここで、債務負
担行為と債務承認を、処分行為―管理行為とは別の平面から分析するならば、

56　以上について、於保＝奥田編・前掲注15）83-84頁［佐久間毅］。ボワソナード草案（財産取得
編・草案928条）が、「総管代理（包括委任）」、「限定代理（限定委任）」および「特別代理（特別委
任）」を区別し、総管代理の範囲を、資産（patrimoine）を完全なまま保存するか、危うくするこ
となく改良する「管理行為」に限定していた点に、総体的財産の管理の発想をみてとることができ
る。この点につき、片山・前掲注15）151頁。また、不在者財産監理人の管理権限について大村・
前掲注12）97頁。
57　「破産管財人の権限は債務にも及ぶか」（山本・前掲注1）58頁）、「消極財産にも〔破産管財人
の〕管理処分は及ぶ」（加藤・前掲注1）6頁）などと述べられることがある。この点に対しては、
岡成・前掲注1）34頁以下が、明晰な分析を提示する。

258 理論

債務負担行為は、いわば義務負担権限（授権）という意味での財産管理権によって基礎づけられうるものであり、個別の権利や物といった（積極）財産の管理権の延長線上において捉えられるものではない。他人による債務負担行為は、本人に義務を課し（消極財産の増加）、責任財産に影響を与えるかたちで、本人の総体的な財産管理の自由に介入するものである。他方、梅謙次郎は、「他人ノ権利ヲ認ムルハ或ハ財産ヲ保存シ或ハコレヲ利用スルノ方法ニ過キスシテスナハチ純然タル管理行為」であることの説明として、「金銭ヲモツテ債務ノ弁済ニ充ツルハソノ金銭ヲ利用スルノ方法ナリ」と述べる。このような梅謙次郎の理解は、「ここで必要とされる管理権限は、積極財産たる金銭を用いて消極財産たる債務を弁済するような行為を含む、総体としての財産の管理行為を行う権限であるとみられる」[58]という表現をもって正確に示されているといえよう。また、ボワソナード草案の注釈における管理権限に結び付けて述べられる「債務ヲ弁済スルコトヲ得ヘキ」という意味内容も、以上の文脈のなかで捉えなおすことができるであろう[59]。

V おわりに

本稿は、民法152条2項の「相手方の権利についての」という文言にもかかわらず、時効更新効を生ずる承認につき要求される能力または権限は、時

---

58 田中・前掲注1）132頁。また、米倉・前掲注1）229頁。齋藤・前掲注1）61頁の「管理権限の対象について、……梅が承認をする債権の引当てとなる財産とみていたことはわかるが……、学説には、承認をする者が相手方の時効にかかる権利を自分で持っていたと仮定して、これを処分する能力・権限は不要である（が、管理能力・権限を要する）と説明するものもあり……、管理権限の対象をどうとらえていたか不明である」という指摘は、本稿全体にわたる問題意識を端的に示している。また、岡成・前掲注1）32頁以下も参照。

59 以上の点に関し、債務承認にかかる管理権限について注意深く記述されているいくつかの概説書が注目される。山野目・前掲注3）352頁は、通説的見解に立ちつつも、「家庭裁判所が許可をする場合を除き処分の権能はないものの管理の一般的な権能を有する不在者管理人……は、不在者の債務を承認することができる〔傍点筆者〕」と、権限の性質に照らし正鵠を射た記述がなされていると見る。また、奥田＝安永編・前掲注3）306頁［松久］も、通説的見解に立ちつつ、梅謙次郎の見解を踏まえて、「相手方の権利を承認するということは、自己の財産の……利用（相手方の金銭債権を承認して弁済することは自己の金銭の利用である）という管理行為に属する」と説明している。

効完成による利益を享受すべき主体についての、総体的な財産管理について
のものと理解すべきと考える。

　制定経緯に照らすならば、民法152条2項に対して、2つの相反する評価
が可能であろう。一つは、同規定の淵源となったボワソナード草案の先駆性
の評価についてである。既に述べたように、ボワソナード草案は、能力
（capacité）と権限（pouvoir）の区別のもと、「自己の財産の管理」と「他
人の財産の管理」の区別を前提とした規律をもたらした。このような着眼点
は、財産管理（権）の基本構造にとって示唆深いものである。民法152条2
項に相当する規律、本人（＝時効利益享受の主体）のみならず他人による承
認、そして処分行為−管理行為の類別から承認の能力ないし権限を評価する
規律は、比較法的にも珍しいものとみられる[60]。ボワソナード草案における
着眼点や基本概念の捉え方が、当時の学説状況からみて共時的にどのように
位置づけられるのかを踏まえて、その意義を把握することは今後の課題とな
りえよう。

　他方で、民法152条2項について、立法論的批判ないし疑問を投げかける
ことも可能であろう。平成29年改正に際して、同規定に相当する改正前民法
156条の規定振りの問題について、特段の議論が喚起されることはなかっ
た[61]。第一に、本稿でも縷々述べてきたように、152条2項が、承認につい
て「相手方の権利についての」能力または権限を問題とする点は、（とりわ
け消滅時効については）問題が大きく、やや無理な解釈を強いるのみならず、
そこから事案解決にあたり有意な指針を得ることができるのかについては疑
問がある。第二に、承認が、時効の制度趣旨に照らして、何故、更新効を生

60　金山直樹編『消滅時効法の現状と改正提言（別冊 NBL122号）』（商事法務、2008年）137頁以下
の「第1部 外国法の動向」および210頁以下の「第2部 立法資料——原文と翻訳（各国法・条約・
モデル法）」を参照。

61　金山編・前掲60）299頁では改正提案160条において、改正前156条の規定が維持されている。な
お、民法（債権法）改正検討委員会編『詳解 債権法改正の基本方針Ⅲ 契約および債権一般(2)』
（商事法務、2009）211-212頁の改正提案（「〈3〉時効期間の更新を生ずべき承認をするには、その
承認に係る債務を負担することにつき行為能力または権限があることを要しない」）は、「現民法
156条を維持する旨の提案である」としつつ、「相手方の権利につき」という文言を用いず、改正前
民法156条の規定振りの難点を回避している点や、債務負担行為との関係で行為能力や権限に言及
している点が注目される。

じるのかについての考究[62]との関係である。平成29年改正民法下では、時効の中断・停止が、更新・猶予と再編され、新たな更新事由・猶予事由が創設されたことや、各事由の効果の見直しがなされたことを踏まえて、各事由が時効の制度趣旨に照らして、何故、更新・猶予が認められるかを再考する必要がある[63]。この点をひとまず措くと、改正前民法147条3号の承認が中断事由とされる根拠としては、①このような表示がある場合には、権利者の方でただちに積極的な権利行使をしなくても、権利の行使を怠るものとはいえない、②このような表示自体が当の権利の存在を推認させる強力な証拠となる、の二つが挙げられてきた。①は、承認を契機として喚起される債権者側の信頼を保護すべきという実体法説的発想に基づくものであり、②は、承認が権利についてのもっとも疑いのない証拠としての価値を有するという訴訟法説的発想に基づくものであるとされる[64]。また、このほか、時効の利益を享受する者の意思の尊重が言及されることもある[65]。そのうえで、152条2項のなかでは一括して規定されているものの、本人による承認とは異なり、他人による（権限に基づく）承認に何故、時効更新効が生じるのかは、別途、考察する余地があろう[66]。というのも、（消滅時効について言えば）債務者

---

[62] この点に関するフランス普通法学の議論（ポティエ、ブルジョンの見解）については、金山直樹『時効理論展開の軌跡』（信山社、1994年）111頁以下および210頁以下。

[63] そのような検討の端緒として、たとえば原田昌和「消滅時効消滅時効の正当化根拠について——起算点および時効期間を中心に（明治民法制定まで）」立教法学111号（2024年）195頁など。

[64] 以上につき、松久・前掲注17）68頁以下および141頁以下。

[65] 河上・前掲注2）547頁。この点に関し、山田・前掲注1）36頁は、星野英一『民法概論Ⅰ 序論・総則』（良書普及会、1993年）268頁の「援用の制度や放棄の制度と共に、倫理的な考慮が入っている」を引用する。

[66] この点につき、山田・前掲注1）39頁も、令和5年最決との関係で、破産管財人による債務承認につき、「残る問題は、破産管財人の管理処分権限が破産財団に属する財産を引当てとする債務及び得ることが、債務承認による時効中断効力を正当化するかどうか……承認が時効中断事由とされている根拠……に立ち返って検討すべきである。……破産財団に属する財産に対する管理処分権限が破産管財人に専属している以上、破産債権者や財団債権者としては、債務の存在に関する認識の表示を信頼した権利者の保護という観点からは、破産管財人の承認に時効中断の効力を認めるべきであり、またそのように解することが、破産法の目的……（破産法1条）……にも資すると思われる」。齋藤・前掲注1）61頁は、原審・第1審が承認を信頼した債権者が権利行使をしなくても懈怠と言えないことに求めていたことを指摘したうえで、「これによれば、ⓐ当該承認が破産管財人の職務の遂行の範囲に属することを前提に、ⓑ承認による信頼惹起が中断効発生の決め手になり得る」とし、令和5年最決は、「中断効の発生をⓐのみにより客観的に判断している」と分析する。

自身が表明する債務の存在についての認識と、債務者の財産管理人が表明する認識とでは、相手方に惹起される信頼の対象は異なるからである。他人の承認により惹起される信頼は、当該他人が、財産管理権を有している主体ということに裏付けられた（いわば）正当な信頼として、はじめて保護の対象たりうる。そこからさらに進んで、他人による承認の時効更新効の根拠は、端的に、当該他人が債務承認により、本人の権利圏に介入しうる財産管理権を有していることに求める、という制度観も想定しえよう[67]。そのうえで、改めて、ある他人による（明示または黙示の）一定の認識の表明行為が「承認」という法的評価に値するか否か（相手方の信頼も加味したうえでの規範的評価）が判断されることとなろう[68]。このように考えた場合、総則的発想のもと、本人－他人による債務承認を一括して、その能力・権限の範囲（管理―処分）に応じて[69]、債務承認が有効であるか否かを判断する態度は、日本法にとって唯一解とは限らない。例えば、個別の財産管理人ごとに、時効に関する承認権限があるか否かを規定するという方法もありえなくはない。ただし、そのような規律を構想するにあたっても、改正前民法156条の立法過程における議論を参照しつつ、何故、いかなる機序のもと、どのような場合に、他人による承認による時効更新効が認められるべきであるかを、その権限の性質と財産管理の構造に照らし、検証することは有益な作業となろう。本稿はそのような作業の端緒たりうる素材を模索してみたものである。

---

[67] 破産管財人の管理処分権に含まれる行為の具体例として「債務の承認」を挙げるものとして、齋藤秀夫ほか編『注解破産法〔第3版〕（上）』80頁［小室直人＝中殿政男］。

[68] 山本敬三「『契約の解釈』の意義と事実認定・法的評価の構造――債権法改正の反省を踏まえて」法曹時報73巻4号（2021年）36頁も参照。

[69] 大判大正13・2・24民集17巻87頁は、承認にあたり管理能力が必要であるとしたうえで、未成年者がなした債務承認は「取り消しうべきもの」とした。この点につき、川島武宜『民法総則』（有斐閣、1965年）501頁注77は、「取消」をまつまでもなく、端的に時効中断の効力を生じないとすべきとする。他方で、権限を超えた財産管理人による承認を、表見代理（110条など）の対象としうるかという問題を提起し得るが、これについても端的に時効中断効が生じるか否かの規範的評価の問題と把握することも可能である。令和5年最決に関し、破産管財人の債務承認について職務遂行関連性が認められない場合に、民法110条類推適用により時効更新効が認められるか否かの検討につき、米倉・前掲注1）230頁。

262　理論

債権者代位訴訟における
債務者の訴訟参加をめぐって

高 須 順 一

　Ⅰ　序 論
　Ⅱ　債務者の訴訟参加形態
　Ⅲ　請求認容判決の判決主文のあり方
　Ⅳ　総 括

Ⅰ　序 論

　2020年4月1日施行の改正債権法（民法の一部を改正する法律・平成29年法律第44号。以下にこれに基づき改正あるいは新設された条文は「改正法」と表示をし、改正前の規定を示す際には「改正前民法」と表示する）では、債権者代位権制度も一新されている。とりわけ、債権者代位権行使後も債務者の権利行使を許容する改正法423条の5の規律は、代位債権者が債務者に代位権行使着手を通知するかあるいは債務者が着手の事実を了知したときは、債務者は当該債権についての処分権を失うと判示した大判昭和14・5・16民集18巻557頁の規律を大きく変更するものである[1]。

　その結果、債権者代位訴訟が提起された後も債務者は訴訟上も権利行使が許されるが、重複訴訟禁止の規定（民訴142条）との関係で別訴提起は許されないため、債務者は既に係属している債権者代位訴訟に訴訟参加することになる[2]。①この場合の訴訟参加類型はどのようなものとなるのか（共同訴

---

[1]　423条の5の規律の内容及びこの規定が新設された経緯については、筒井健夫＝村松秀樹編著『一問一答 民法（債権関係）改正』（商事法務、2018年）93頁。

訟参加か独立当事者参加か）、また、②裁判所が請求を認容する場合の具体的な判決主文はどのような内容になるのか、これらの点は民事訴訟実務において明確な結論を導く必要のある問題である。

筆者は、この問題について既に論文を公表し、また、座談会及び対談を通じて一定の見解を明らかにしている[3]。結論的には、上記①の訴訟参加形態については、共同訴訟参加（民訴52条）を原則として、僭称債権者（債権者代位権行使の要件となる被保全債権を有していない債権者）のケースでは例外的に独立当事者参加（権利主張参加）となると考えている。また、上記②の共同訴訟参加後の請求認容判決の内容については、いわゆる変容説（代位債権者の訴訟遂行に関する権限は失われないものの、代位債権者の請求内容は債務者に対する支払を求めるものに変容するという理解）が妥当と考えている。

これに対し、とりわけ上記②に関する変容説に対してこれまで議論、批判が存在している。また、転用事例に関するものであるが、興味深い下級審裁判例も言い渡されている。そこで、本稿においては、あらためて上記①の訴訟参加の形態、上記②の請求認容判決の内容について検討し、上記②に関わる変容説に関して、より精緻な検討を行う次第である。

債権者代位権はフランス法に縁のある制度である。この問題を取り上げることによって、多年にわたりフランス法に関する幅広い知識・造詣に基づく学問的研究をなされてきた金山直樹先生の民法学に対するご貢献に敬意と感謝の念を示させていただきたいと考えている。

---

2 この点を明確に指摘するものとして、『民法（債権関係）の改正に関する中間試案の補足説明』（商事法務、2013年）157頁。

3 拙稿「債権法改正後の代位訴訟・取消訴訟における参加のあり方」名城66巻3号（2016年）55頁。山本和彦一橋大学教授との対談を公刊したものとして、道垣内弘人＝中井康之編著『債権法改正と実務上の課題』（有斐閣、2019年）101頁。さらに、故潮見佳男京都大学教授ほかとの座談会を公刊したものとして、「〈座談会〉民法（債権関係）改正と裁判実務」法の支配190号（2018年）5頁。

264　理論

Ⅱ　債務者の訴訟参加形態

1　改正前民法当時の議論の状況

(1)　債務者が債権者の被保全債権の存在を争わない場合

　改正前民法423条の下で、債権者代位訴訟が提起された後に、債務者が債務者の被保全債権の存在を争うことなく、係属する代位訴訟に参加する場合の参加形態については共同訴訟的補助参加と理解する見解が有力であった[4]。前述の大判昭和14・5・16民集18巻557頁を前提とすれば、管理処分権を喪失した債務者は当事者適格を欠き、債務者が当事者として参加することは認められないが、一方で債権者代位訴訟の判決の効力が民事訴訟法115条1項2号によって債務者にも及ぶことを考慮すれば、単に補助参加を認めるだけでは債務者に対する手続保障としては不十分という理解である。

(2)　債務者が債権者の被保全債権の存在を争う場合

　仮に代位債権者が被保全債権を有していないとすれば代位債権者による代位権行使が認められず、債務者も管理処分権を失うことなく権利行使及び当事者としての訴訟遂行が可能となる。そこで、債務者が債権者の被保全債権の存在を争う場合には、独立当事者参加（権利主張参加）が認められるというのが判例であり[5]、学説においても有力であった。

2　改正後の議論の状況

(1)　債務者が債権者の被保全債権の存在等を争わない場合

　改正法423条の5の規律に改められた以上、債権者が代位訴訟を提起し訴訟が係属している時点でも、債務者は被代位権利に関する管理処分権を失わ

4　高橋宏志『重点講義　民事訴訟法（上）〔第2版補訂版〕』（有斐閣、2013年）258頁。ただし、共同訴訟的補助参加という特殊な参加形態を解釈論上、導くことにはその必要性に疑問を呈する立場も存する。この点について、井上治典「共同訴訟的補助参加論の形成と展開」『多数当事者訴訟の法理』（弘文堂、1981年）143頁。
5　最判昭和48・4・24民集27巻3号596頁。

ず、当事者としての訴訟参加が許容されるべきことになる。そこで、筆者は改正法423条の5によって従来の判例法理が変更され、被代位権利の管理処分権を債務者が失わず当事者適格を有する以上、共同訴訟参加と解するのが妥当と考えている。債務者が債権者の被保全債権の存在や債務者の無資力を争わない場合には、共同訴訟参加と解する見解が現時点では多数であると思料される[6]。なお、後述の下級審裁判例（大阪地判令和5・1・19金判1674号38頁）も、転用事例に関するものであるが、独立当事者参加ではなく共同訴訟参加として扱っている。

　なお、この問題に関しては、債権者の被保全債権の存在の有無を典型例とした議論が従来、なされてきたが、債権者代位権の行使のためには債務者の無資力要件が引き続き必要とされるなど（改正法423条1項の保全の必要性）、その他にも一定の要件が存在している。そこで、債務者が保全の必要性の事実を争う場合などにも同様の問題が生じることになるので、本稿では以後、債務者が債権者の被保全債権の存在等を争わない場合（あるいは争う場合）と表記する。

(2)　債務者が債権者の被保全債権の存在等を争う場合

　この場面では、改正前民法下の判例と同様に引き続き独立当事者参加（権利主張参加）と解する見解と、改正法下では独立当事者参加は認められず共同訴訟参加と解する見解が対立している。権利主張参加の要件とされる「権利の非両立」の要件をどのように考えるかに関わる見解の相違である[7]。

　改正法423条の5の規律に従う限り、確かに債権者代位権行使の可否にかかわらず債務者の権利行使は認められるから、改正前民法下のような明確な

6　共同訴訟参加とする見解として、拙稿・前掲注3）66頁。山本和彦「債権法改正と民事訴訟法——債権者代位訴訟を中心に」判時2327号（2017年）119頁。伊藤眞「改正民法下における債権者代位訴訟と詐害行為取消訴訟の手続法的考察」金法2088号（2018年）36頁、宮川聡「債権者代位訴訟について」甲南法務研究16巻（2020年）69頁。潮見佳男『新債権総論Ⅰ』（信山社、2017年）703頁。

7　独立当事者参加（権利主張参加）とする見解として、拙稿・前掲注3）71頁。山本・前掲注6）124頁。伊藤・前掲注6）44頁。潮見・前掲注6）703頁。これに対し、改正法下では権利の非両立の関係になく、独立当事者参加は認められず共同訴訟参加となるとする見解として、近藤昌昭『判例からひも解く実務民事訴訟法』（青林書院、2023年）235頁。

266 理論

非両立性は認められない。しかし、その結果として独立当事者参加の要件を欠くことになるか否かに関しては、さらなる検討が必要な事柄である。代位訴訟が係属している限りにおいては、債務者による別訴提起は重複訴訟の禁止（民訴法142条）により許されない。したがって、債務者は参加手続によって自らの権利を行使せざるを得ない状況に否応なしにおかれている。その場合、権利の非両立性を否定すれば自ずと共同訴訟参加にならざるを得ないが、債権者の被保全権利の不存在等を主張する債務者と被保全債権の存在を前提に代位訴訟を提起している代位債権者との間に共同訴訟参加を認めるべき協働関係を見出すことは困難である。むしろ存在するのは抑制・牽制の関係である。したがって、権利の非両立性に関して必ずしも改正前民法下のような厳格な非両立性が認められなくても、訴訟上の請求レベルでの非両立で足りると解する従来的な態度を維持し、独立当事者参加を認めることにも一定の合理性があるというのが筆者の見解である。このように考えることが、参加申出をする債務者の意思にも合致し、かつ、参加の実態にも忠実と思われる。請求の非両立性に関してこのような柔軟な解釈が許されるべきと考えている[8]。

　以上より、改正債権法下においても、従来の判例法理通り、債務者が債権者の債権の存在等を争う僭称債権者のケースにおいては、例外的に独立当事者参加が認められるべきである。

(3)　転用事例の場合

　改正民法下における債務者の訴訟参加のあり方に関する議論は、主に本来適用のケースを念頭に行われてきた。しかし、債権者が債務者に対して登記

---

8 結果論としての請求の両立の有無ではなく、訴訟に参加した参加人が訴訟の中で何ができるかを重視すべきとして独立当事者参加の弾力的な適用を認める考え方に筆者は賛成するものである。なお、独立当事者参加を可能とする根拠として、平成8年の民事訴訟法の全面改正以前の旧民事訴訟法時代は独立当事者参加の参加人は、必ず両当事者に対する請求を立てることが必要とされ、三面訴訟が堅固に維持されてきたのに対し、新民事訴訟法47条は当事者の一方に対してだけ請求を立てる片面的な参加を認めている点に着目する見解がある。独立当事者参加（権利主張参加）の制度趣旨が、従来的な権利義務の完全な非両立による三面訴訟的なものから、参加人が当事者の訴訟遂行に対して一定の牽制をする要請を実現するための制度と変化したとの説明が可能となるとの指摘である。この点について、道垣内＝中井・前掲注3）124頁［山本教授の発言］。

請求権や明渡請求権を有するような場合に、それを実現するために債権者代位権を行使する転用事例が判例法理によって認められてきた。改正法は、このうち登記・登録請求権保全のための代位権行使を423条の7で明文化している。

　そこで、これらの転用事例のケースにおける債務者の訴訟参加形態も問題となりうるが、本来適用の事例と転用事例との間で、その内容を異にしなければならないような理由は見出し難いと考えられる。転用事例においても代位債権者と債務者の請求は訴訟物を同一とするものであり、重複訴訟の禁止の規律から債務者の権利行使は既に係属する代位訴訟に参加することを余儀なくされる。そして、改正法の下では債務者は当事者適格を有し、また、民事訴訟法115条1項2号により判決の効力を受ける者となるから、同法52条の共同訴訟参加が認められるべきである。債務者が被保全債権の存在等を争わない以上は、独立当事者参加とするような事情も存在しないことは本来適用の場合と同様と解される。一方で債務者が被保全債権の存在等を争う場合に共同訴訟参加とするか、あるいは独立当事者参加とするかに関しては、見解の相違が想定されるが、これも権利の非両立に関する理解の相違に由来するものであり、本来適用のケースと転用事例のケースで理解を異にするものではない。筆者の理解によれば、債務者が被保全債権の存在等を争う場合は例外的に独立当事者参加となる。

　この点に関係する下級審裁判例として、大阪地判令和5・1・19金判1674号38頁（以下「令和5年大阪地判」という）がある。土地を所有者から賃借した賃借人が、この土地を占有する者に対し、所有権に基づく返還請求権を被代位権利として土地明渡しを求める訴訟を提起したケースにおいて、土地所有者が自ら土地明渡しを求めて独立当事者参加したという事案である。令和5年大阪地判は、賃借人が代位行使する権利と所有者が行使する権利は非両立の関係には立たないとして民事訴訟法47条1項後段の権利主張参加の要件を満たさないとしたうえで、所有者は同法115条1項2号に該当する者であるから、同法52条1項が規定する共同訴訟参加の適法な申出と解することができると判示した。ちなみに、この事案では所有者は賃借人との間の賃貸借契約の存在を争ってはおらず、被保全債権の存在が前提とされていた。

令和 5 年大阪地判が、独立当事者参加を否定したうえで、当該参加申出を
共同訴訟参加として扱った点は、参加人たる債務者（土地所有者）が被保全
債権の存在を争っていないケースであったことを前提とすれば、正当な判断
というべきである[9]。また、この場合の独立当事者参加を否定する根拠とな
る権利の非両立は、筆者の立場からすれば、改正法423条の5によって一律
に権利の非両立性が否定されたと考えるものではなく、あくまで債務者が被
保全債権の存在等を争っていない点において非両立の関係に立たないものと
理解すべきである。

3　小　括

以上より、改正法423条の5の下における債務者の訴訟参加形態は、債務
者が債権者の被保全債権の存在等を争わないケースにおいては共同訴訟参加
となり、一方で、被保全債権の存在等を争うことが参加申出の内容に含まれ
ている場合には、例外的に独立当事者参加（権利主張参加）となると解すべ
きである[10]。また、この理解は本来的適用の場面と転用事例の場面とで異な
ることはないというべきである。

---

[9] 転用事例においては本来適用と異なり債務者の無資力は通常、要件とされていない。また、債権
者代位権の要件を欠くようなその余の事実も令和 5 年大阪地判の事例では見られない。

[10] 前掲注3）記載の座談会においても、参加した畑瑞穂教授、岡崎克彦判事の意見も基本的に、
被保全債権の存在等を争わないケースでは共同訴訟参加となり、被保全債権の存在を争うケースで
は、独立当事者参加（権利主張参加）というものであった。前掲注3）座談会11頁。座談会の司会
を務めた潮見佳男教授も同様である（潮見・前掲注6）703頁。また、中田裕康『債権総論〔第4
版〕』（岩波書店、2020年）260頁も同様の結論を取る。

債務者が債権者の被保全債権の存在等を争う意図なのか否かの点は、とりあえずは参加申出の際
に債務者が定立した請求の内容によって判断することが可能である。債務者が代位訴訟の被告のみ
を相手方として自らの債権の履行を求めるような片面的訴訟参加の場合には、債務者は被保全債権
の存在を争わないものとして共同訴訟参加と考えるのが当事者の意思に合致すると思料される。こ
れに対し、被告のみならず代位訴訟の原告をも相手方とし、原告に対しては被保全債権の不存在を
求めているようなケース、すなわち、伝統的な三面訴訟形態となる場面ではこれを独立当事者参加
として扱うのが合理的であり、かつ、当事者の意思にも合致すると解される。ただし、山本和彦教
授が指摘されるように（前掲注8）参照）、平成 8 年民事訴訟法改正により片面的な独立当事者参
加が許容されるようになっている点に留意する必要がある。

Ⅲ　請求認容判決の判決主文のあり方

1　被保全債権の存在等を争わず共同訴訟参加となる場合の議論の状況

(1)　改正後の議論の状況

　それでは債務者が債権者の被保全債権等の存在を争わず、共同訴訟参加を申し出た場合において、裁判所が審理の結果、被代位権利の存在及び債権者代位の要件の存在を認め[11]、請求を認容すべきと判断した場合の判決主文の内容はどのようなものとなるか。これまでの学説上の議論の状況を整理すれば、以下のようなものとなる。

ア　独立説[12]

　代位債権者及び債務者の請求それぞれについて、請求の趣旨記載のとおりの請求認容判決を言い渡すことを認める見解である。被告が代位債権者に対し一定額の金銭を支払うべき旨の判決主文と、被告が債務者に対し一定額の金銭を支払うべき旨の判決主文が、それぞれ独立して言い渡される。改正法423条の5により代位債権者とともに債務者の権利行使も引き続き認められることになった以上、それぞれに独立した内容の請求認容判決が言い渡されるべきと考える立場である。

イ　変容説[13]

　債務者が訴訟に参加した以上、債務者に対する支払を命じる判決のみが言い渡されるべきであり、代位債権者の請求も債務者に対する支払を求めるものに変容するとの見解である。債務者が権利行使に踏み切った以上は、以後は債務者の下での権利実現が図られるべきであり、代位債権者による権利行使は、以後、そのようなものに変容される。そのような変容が債権者代位権の制度趣旨から求められると考える立場である。従来の筆者の見解である[14]。

　なお、改正前民法当時の議論であるが、債務者による当事者参加が認めら

---

[11]　参加人である債務者が債権者の被保全債権の存在を争わない場合においても、代位訴訟の被告が原告の被保全債権の存在等を争う可能性は残っている点に留意する必要がある。

[12]　山本・前掲注6）123頁。

[13]　拙稿・前掲注3）69頁。前掲注3）の座談会における筆者の発言・座談会15頁。

れることを前提に、代位訴訟における債務者の訴訟参加により代位債権者の給付を求める請求態様に影響を与えることを指摘する見解が既に存在していた。代位権制度の機能から考えて、債務者が自己への給付を求めて参加してきた以上、この財産帰属主体（債務者）への直接給付を命じるべきとの見解である[15]。筆者の変容説はこの見解に示唆を受けたものである。なお、債権者代位訴訟において変容が許容される理由については、後掲注28）に指摘するところである。

ウ　請求棄却説[16]

債務者が訴訟参加したことにより、債務者に対する支払を認めれば足りると考えたうえで、債務者に対する請求認容判決がなされる際に代位債権者の請求に関しては請求棄却判決が言い渡されるべきと考える見解である。債務者が権利行使した以上、もはや代位債権者に対する請求認容判決を言い渡す必要はないとの問題意識は変容説と共通する。その上で、請求棄却とするところにこの見解の特色がある。

(2)　独立説に対する疑問

改正法が代位権行使後も債務者の権利行使は妨げられず、それぞれ権利行使が可能となったという理解からは独立説が一見すると妥当とも考えられる。

---

14 変容説に対しては、変容説が目的としているところには親近感を持っているとの山本和彦教授の指摘がある（道垣内＝中井・前傾注3）122頁）。その上で山本教授は、変容説が有する処分権主義との緊張関係に言及されており、この点が変容説のウィークポイントであることが説明されている。同様の指摘は中田裕康『債権総論〔第4版〕』（岩波書店、2020年）260頁にも存在する。筆者はこれらの指摘を真摯に受けとめると共に、仮に変容説の目指すところに合理性があるのであれば、処分権主義との緊張関係を克服しうる新たな変容説を構築することが重要と考えるものである。そして、その試みが本稿である。

15 池田辰夫『債権者代位訴訟の構造』（信山社、1995年）100頁。なお、同書では債権者代位権の本来適用の場面において、債務者への直接給付を命じる前提として、原告（代位債権者）に請求の趣旨を変更させるべきとしている。

16 伊藤・前掲注6）44頁。なお、伊藤教授の提唱にかかる請求棄却説は、債務者が共同訴訟参加の申出をしただけでは足らず、事実審の口頭弁論終結時まで自らの請求を維持することを請求棄却の前提とする。これは債務者が共同訴訟参加申出後に参加の申出を取り下げたり、あるいは請求を放棄するなどの可能性があり、参加申出の事実のみで早期に代位債権者の請求を棄却してしまうと債権者代位権の実行性を著しく損なうことを考慮したものである。この点は筆者や畑教授の問題意識と共通するものである。拙稿・前掲注3）参加のあり方68頁。

しかし、債権者代位権の行使に懐疑的な改正法下の解釈としては疑問が残るというのが筆者の認識である。

すなわち、改正法の内容を審議した法制審議会民法（債権関係）部会では、当初、三ヶ月教授の論文も紹介され[17]、強制執行制度の一環として債権執行手続を有するわが国においては債権者代位権は不要であるとして、本来適用に関する規定を削除することも検討された。しかし、本来適用の場面においても、形成権の代位行使や被代位権利の時効障害事由行為など、債権執行手続では実現できない場面があることや、新たに転用事例に関する規定を明文化するにあたり、本来適用の規定を設けないことも均衡を欠くなどの理由から、債権者代位権は制度としては維持することとされた[18]。ただ、債務者の権利行使を認めることにより、債権者代位権を行使して債権回収を図る余地が著しく減退し、改正法下では債権者は事実上、債権仮差押え、本案訴訟提起、債権差押命令の申立てによって自らの債権の回収を図ることが想定される。債権者代位訴訟の提起による債権回収は実務上、ほとんど期待しえない事態を招くことを承知のうえでの改正となったのである[19]。

そうであれば、独立説の帰結である代位債権者及び債務者のそれぞれに対し認容判決を言い渡し、債務名義を取得させることの意義あるいは必要性は全くないというべきではなかろうか。その点において独立説には改正法の趣旨を十分に汲み取っていないという疑問が残るのである[20]。とりわけ、独立説に基づき代位債権者あるいは債務者のいずれか一方が自ら有する債務名義

---

17 三ヶ月章「わが国の代位訴訟・取立訴訟の特異性とその判決の効力の主観的範囲——法定訴訟担当及び判決効の理論の深化のために」同『民事訴訟法研究　第6巻』（有斐閣、1972年）16頁。

18 この点について、『民法（債権関係）の改正に関する中間的な論点整理の補足説明』（商事法務、2011年）62頁。

19 このような経緯を踏まえ、山本和彦教授は、今回の債権者代位権の改正は、事実上、債権者代位訴訟を安楽死させるものであると指摘している（道垣内＝中井・前掲注3）107頁）。しかしながら、独立説を採用し、仮に強制執行手続においても代位債権者及び債務者がそれぞれ等分の配当等を受けることとなれば（按分説）、債権者代位訴訟によって代位債権者は少なくとも被代位権利の半額相当の満足を受けることとなり、十分ではないにしても一定の回収機能を引き続き有することとなるが、それは改正法423条の5の趣旨には合致しないものと思われる。山本和彦教授に倣い表現するのであれば、穏当を欠く表現となるが、債権者代位訴訟の安楽死ではなく半殺し状態にとどまってしまうのである。

によって代位訴訟の被告（いわゆる第三債務者）の財産に対する強制執行手続に着手した場合において、他方が配当要求（民執51条1項、105条1項、154条1項）をした場合の配当額はどのように定められるのであろうか。以下の3つの解釈の可能性が想定されるが、これらはいずれも疑問が残る結果となる[21]。

ア　差押債権者優先説

　独立説に立ち代位債権者と債務者が共に権利を主張しうるとしても、代位債権者及び債務者が有する債権は同一のものであるので、それぞれが債務名義に記載された金額を全額回収しうると考えるのは明らかに不合理である。そこで、先に差押えをした権利者の権利行使を許容し、これに遅れた他方権利者（配当要求者）は二重に請求することはできないとして、配当を認めないという解釈も考えられる。しかし、この理解は配当後の処理をめぐって前掲注20）に記載した状況をもたらすこととなり、執行手続によって最終的な満足を図るという趣旨に反することになる。

イ　按分説

　そこで、それぞれが等分に同順位で配当を受けるという方法が考えられる。しかし、この扱いは結局、債権者代位権行使によって等分の限度とは言いながらも債権回収機能を肯定するものであり、改正法423条の5の趣旨に基づかない扱いとなると思料される。

ウ　債務者優先説

20　この独立説に基づく判決を言い渡した場合に、その後の処理はどうなるのであろうか。代位債権者と債務者は共に代位訴訟の被告（いわゆる第三債務者）に対し支払いを求めることとなり、また、債務名義を取得している以上、強制執行も可能となる。代位債権者が任意の支払あるいは配当等を受けた場合、債務者に対する支払債務が生じるが自らが有する金銭債権と相殺することで事実上の優先弁済を受けることになる。しかし、債務者が共同訴訟参加したケースにおいて、このような優先弁済の効力をそのまま認めることには疑問が残る。一方、債務者が任意の支払あるいは配当等を受けた場合には、改正法の趣旨に適うことになるが、そうであれば、そもそも判決手続の段階でこのような帰結をもたらす工夫をすべきと考える。

21　この問題は倒産手続における配当手続でも生じうる。伊藤眞＝岡正晶ほか『条解 破産法〔第3版〕』（弘文堂、2020年）827頁では、代位債権者及び債務者（破産者との関係では本来の債権者）の両方から債権届出があった場合に、本来の債権者からの届出だけを認める見解と、債権認否としては両方の債権を認めるとの関係に分かれていることが紹介されている。また、後者の場合、どう配当するかの問題があるとの指摘もなされている。

改正法423条の５の趣旨に基づけば、代位債権者と債務者が共に強制執行手続において権利行使している場合には、当該債権は債務者が有するものである点、そして、債権者代位権行使後も債務者が自らの権利を行使することを改正法が容認した点を考慮し、債務者の権利として全額、債務者に配当することを許容する理解である。筆者は、仮に独立説に基づくのであればこのウ説に基づく処理が妥当であると考えている。しかし、この場合に問題となるのは、果たして独立説に基づき代位債権者と債務者がそれぞれ権利を有することを債務名義で確定させておきながら、執行段階でこのような扱いをすることが法令上、可能かという点である。民事執行法85条２項に基づきいかに解釈するかの問題ではあるが、独立説を前提としてしまうと債務者優先説を取りうるのかについては疑問が残る[22]。加えて、執行段階で債務者優先説に基づく処理をするのであれば、むしろ、権利確定段階である債務名義取得の時点で改正法423条の５の趣旨を反映した判決（債務者の権利実現が確保される判決）を言い渡すのが妥当であると考えている。

(3) 変容説に対する批判に対して

以上、述べたように独立説は改正法423条の５の下での訴訟実務としては不合理というべきである。変容説による運用が図られるべきと考えるが、まずは筆者の変容説に対して指摘されている批判とこれに対する反論を検討する。そして、後記(4)において新たな提案を試みることとする。

ア　処分権主義との関係

変容説に対しては、これが処分権主義の原則との関係で問題が生じるとの批判が存在している[23]。しかしながら、筆者はこの批判は必ずしも決定的なものではないと考えている。そもそも債権者代位権の訴訟物は債務者が被告（第三債務者）に対し有する債権（本稿では金銭債権を念頭に議論しており、

---

22 独立説は債権者代位権行使における債務者の権利不行使をあくまで成立要件と理解し存続要件とはしない見解である（この点は後記Ⅲ１(3)イ参照。ちなみに筆者も同様である）。そうであれば民事執行法85条２項があくまで「民法、商法その他の法律の定めるところ」に従うと規定していることからして、債務者優先説を導き出すことが難しいのではないか。むしろ判決（債務名義）取得の段階で判決主文を変容させることで同様の結論を導き出すことが有益と考える。

23 伊藤・前掲注６）44頁。

債権者代位権の行使によっても債務者の下への給付を命じる不動産明渡請求権や登記請求権については検討の対象外としている。）である。したがって、仮に支払うべき相手を代位債権者から債務者に変容させても、訴訟物そのものに変更はなく、申立て事項と判決事項の相違を訴訟物レベルで考える固有の意味での処分権主義に反することはないというべきである。ただ、変容説に対する批判の根本にあるのは、代位債権者が当該代位訴訟において意図しているのは自己への支払いであり、これが判決において債務者への支払に変容してしまうのは、代位債権者の意図ないし希望を害する結果となり、この種の事柄もまた処分権主義に関わる問題だという理解であると思われる。山本和彦教授はこれを請求の趣旨レベルでの同一性として指摘するところである[24]。

　この批判を真摯に受けとめれば、訴訟物の同一という事実のみで処分権主義との関係を論じることは確かに不十分であり、より実質的な観点である請求の趣旨レベルまでを視野に入れた検討が必要となる。この場合、債権者代位訴訟を提起した原告たる代位債権者の意思が法律上、どこまで保護、尊重されなければならないのかという実体法上の観点と、言い渡された判決に不服を有する当事者はどこまで上訴が認められるべきであるのかという訴訟法上の観点[25]の両面からの検討が必要であると筆者は考えている。以下、それぞれについて検討する。

（ア）　実体法上の観点

　債務名義の取得、強制執行着手という方法を取ることなく、債権者代位権

---

24 この点を端的に指摘するのは、道垣内＝中井・前掲注3）121頁。筆者との対談において山本和彦教授は、「それは結局、処分権主義をどのように捉えるかということで、おっしゃるように、訴訟物は変えていないのではないかとう見方は可能だと思います。ただ、従来単純に訴訟物だけで処分権主義の範囲を考えてきたかというと、必ずしもそうではなくて、請求の趣旨の同一性をやはり重視してきたように私は理解しています。」と発言されている。

25 処分権主義の問題は上訴との関係でも検討の必要があることは、道垣内＝中井・前掲注3）における山本和彦教授の以下の発言によって明らかである。すなわち、「仮に訴訟物だけで決まることになると、債務者に対する支払請求が認容される限りにおいては、債権者は自分に払ってほしいと思っていても、それは全部認容の判決になるので、債権者は上訴の利益がないことになるわけです。しかし、…（中略）…、債権者は自分に払ってほしいということであれば、なお本来、上訴できて然るべきだと考えてきたのではないかと思っています。」と述べられている。

の行使によって債権を回収することが、どこまで法的に保護されるべきなのか。筆者はこの点の評価が、まずは債権者代位訴訟における変容説と処分権主義との関係を考えるうえでの重要な視点になると考えている。

　改正前民法当時は既に指摘したように大判昭和14・5・16民集18巻557頁に基づく実務運用がなされていた。債権者代位権行使による債権の回収が許容され、それに相応しい債権者代位訴訟実務が形成されていたのである。このような状況下では、（仮に債務者の当事者参加が認められるとしても）請求認容判決の内容を債務者への直接給付を命じるものに変容させることは、確かに代位訴訟を提起した原告（代位債権者）の意思に反する結果となり処分権主義との抵触を生じることとなる。改正前民法当時の解釈論として債務者による当事者参加を認めるべきとされていた池田辰夫教授が、その前提として請求の趣旨の変更を求めるべきと指摘されているのも（前掲注15）参照）、改正前民法においては債権者代位権行使による債権回収機能が尊重、保障されていたことを考慮してのことと思料される。

　しかし、改正法は債権者代位権の本来適用に関して、その意義、役割を大きく変更した。改正前民法当時のような債権回収のための制度としての役割は期待されていない。山本和彦教授が債権者代位訴訟の安楽死と表現するような制度となったのである。そうであれば、代位債権者の請求内容を自己への支払を求めるものから、債務者への支払を命じる判決主文に変容させたとしても、そして、処分権主義の問題を訴訟物に限定することなく請求の趣旨レベルで考えた場合でも、処分権主義に反することはないのではないか。必ずしも法的保護の対象とされていない当事者の意図、希望までを処分権主義の制約に服させることは、処分権主義の目的とするところではなく、より柔軟な解釈、運用が認められるべきと考える。

（イ）　訴訟法上の観点

　筆者が変容説としてこれまで主張したところでは、判決主文が訴訟物との関係でいえば全部認容であるので、原告は上訴をすることができないとして

26　前掲注3）記載の座談会における筆者の発言（前掲注3）17頁）。

27　前掲注3）記載の座談会における畑教授の発言（前掲注3）17頁）。

いた[26]。これに対し、畑教授は、代位権債権者が自己への支払を求めている
のに債務者への支払を命じる判決が言い渡された場合、これを全部認容と評
価することには違和感を覚えると指摘している[27]。

　たしかに処分権主義を請求の趣旨レベルで考える以上、畑教授が指摘され
るように変容説に基づく判決は原告たる代位債権者にとっては自らの請求が
全て認容されたものとは言えないであろう。筆者はこの点についての従来の
理解を改めて、変容説に基づき原告の請求に対しても債務者への直接給付を
命じる請求認容判決を言い渡すことは、全部認容ではなく一部認容判決であ
ると現時点では考えている。

　そして、このように一部認容判決と理解するのであれば、これを不服とす
る被告は上訴をすることが可能となる。上訴の機会の保障もまた処分権主義
の問題を考えるうえで重要な訴訟法的観点であると考えた場合も、一部認容
判決として上訴が可能となれば、処分権主義に抵触することは避けられると
言うべきである。

　以上の次第であり、債権法改正によって債権者代位権の本来適用のあり方
が変わったことに基づくならば、変容説が処分権主義の要請に反するとの批
判は実体法上の観点からも当たらないと考えている。また、上訴の機会の保
障という訴訟法上の観点も、変容説に基づき原告に対し言い渡される判決を
一部認容判決と解することで処分権主義の要請を維持することができる。処
分権主義の下、当事者の意思を尊重することを前提としながらも変容説を採
用することは、十分に可能と考えるところである。ただし、従来の変容説は
当事者意思の尊重という点では些か配慮に欠けるところがあったのも事実で
ある。そこで、変容説の内容をさらに精緻化することとしたい（後記(4)参
照）。

---

28 伊藤・前掲注6）44頁では、筆者の変容説について処分権主義との関係を指摘するだけでなく、
法理上、いかなる理由に基づき変容が生じるのかが不明確と指摘されている。筆者は変容の根拠を、
改正法下の債権者代位権は債務者の権利不行使を従来通り代位権の成立要件にとどめており、代位
訴訟提起後の債務者の権利行使が訴え却下（あるいは請求棄却）を招来するものではないこと、そ
して、債権者代位権という実体法上の権利を訴訟手続を通じて確定するのが債権者代位訴訟である
以上、一定程度の訴訟法上の考慮、制約が許容されることに由来すると理解している。債権法改正
の趣旨と、民事訴訟手続の本質に根差した法見解である。

イ　変容を可能とする理論的根拠

　筆者の変容説に対しては、その理由が明らかでないという批判[28]や、むしろ、訴えを却下するのが本来の帰結であるという批判[29]が存在している。

　おそらく、これらの批判の根底にあるのは、筆者が債務者の権利不行使という事実を改正法下においては債権者代位権行使の成立要件にとどまらず、代位権の存続要件でもあると考えていると理解してのことと思われる。しかし、筆者は債務者の権利不行使を代位権行使の存続要件と考えている訳ではない。改正法423条の5は、債務者の権利行使と代位債権者による代位権行使を共に認めるという規律であると考えている。債務者が権利行使をしたら代位債権者の権利行使の権限がその時点で消滅するという規律を設けることも可能ではあったが、改正法はそのような規律を設けなかった。したがって、債権者代位権が適法に行使された後に債務者が自ら権利を行使した場合には、両者の権利は実体法上は併存していると理解すべきである。換言すれば、債務者の権利不行使の事実は、債権者代位権の成立要件にとどまるのであって存続要件ではないことになる[30]。

28　前掲注3）の座談会19頁における潮見佳男教授の発言である。傾聴すべき批判であるが、批判の趣旨は変容説が債務者の権利不行使を代位権の存続要件として捉えているとの理解のもと、そうであれば訴え却下になるはずというものと解される（ゆえに成立要件と考える潮見教授は独自説を取っている）。しかし、筆者は本文に記載したように債務者の権利不行使はあくまで成立要件にすぎないと理解しており、その上で訴訟法上の要請から変容が可能と考えるものである。潮見教授と同様に権利不行使を成立要件とした上で、訴訟法上の考慮を加えることで変容説を導くことは可能というべきである。

　なお、筆者は、前掲注3）の座談会において、訴えを却下してしまうと、債権回収に積極的でない債務者が代位債権者による権利行使を妨げる意図で自ら権利行使をしてきたような場合に問題が残ると発言した。ただし、訴え却下判決を債務者の共同訴訟参加申出によって早期に行うのではなく、事実審の口頭弁論終結時まで債務者が参加を取り下げたり、あるいは請求を放棄するなどの行為に及ぶことなく自らの請求を維持したことを見届けた段階で訴えを却下するという扱いをするのであれば、潮見教授が指摘されるように訴えを却下することにも一定の合理性が出てくる（この点は前掲注3）記載の座談会において畑教授も発言されている。座談会20頁）。筆者は本稿において、変容説を無限定に貫くのではなく、原告たる代位債権者の意思を確認したうえで訴え却下判決を命じる余地も認めることを新たに提案するが（本稿Ⅲ1（4））、この場合の訴え却下判決を言い渡す時期に関しては、この債務者が事実審の口頭弁論終結時まで請求を維持していることを見届けた後とする扱いが合理的と考えている。

30　成立要件か存続要件かという用語で端的にこの問題を説明するものとして、伊藤＝岡ほか・前掲注21）827頁。

278 理論

　ただし、そのように併存する権利が共に訴訟において請求されるに至った場合に、裁判所がどのような判決を言い渡すべきかは必ずしも訴訟外の代位権行使と同様に解すべき事柄ではなく、債権者代位制度の趣旨・目的を前提としながらも、強制執行の前提となる権利確定手続である訴訟手続の使命・目的といった訴訟法的観点を考慮して決すべき問題であると、筆者は理解している[31]。

　仮に債務者の権利不行使を代位権の存続要件と捉えるのであれば、債務者の当事者参加によって権利行使がなされた以上、代位債権者の請求は当然に訴え却下となると考えるべきである（前掲注29）記載の潮見教授による変容説への批判もこのような理解に基づくものと思われる）。伊藤教授の請求棄却説もこの存続要件との理解に根差すものと解される。しかし、繰り返しになるが、筆者は実体法上、債務者の権利不行使は改正前と同様に債権者代位権の行使時の成立要件となるにすぎず、その後に債務者が権利行使をしてもそれで債権者代位権が要件を欠くことになるわけではない（存続要件ではない）と考えている。その限りでは独立説と同様の理解に立つものである。ただ、訴訟は、国家機関が人的、物的資源を提供して確保した裁判所という公的機関において、慎重な審理手続を経て権利を確定させ、強制執行を可能とするものである。したがって、訴訟外での任意の権利行使と同様に全てを当事者の意思に委ねることは適切ではなく、一定の制約は処分権主義の下でも許容される。そこで、当事者の訴え提起を通じて示された勝訴判決の要求に対する裁判所の判決による応答に関して、代位債権者の代位権の存在を認めた上で、ただし、その給付命令の内容を（釈明権の適切な行使と組み合わせた上ではあるが）債務者への直接給付を命じるものに変容させることは、債権者代位訴訟において許容されるものと考えている。

(4)　釈明義務との関係を考慮した変容説の可能性（新たな提案）

　筆者の変容説に対する批判を承る中で実感されるのは、訴訟物の異同とい

31　一例をあげれば、一部請求訴訟をめぐる議論も、権利者が訴訟外で債権を行使する限りはその権利の一部を行使することになんらの問題もないが、訴訟において権利の一部を請求する場合にはこれを制限すべきとの訴訟法上の議論があることが参考となる。

う厳格な意味での処分権主義には抵触しないとしても、訴訟における当事者の意思決定の重要性に関しては、たとえ改正法の下での債権者代位訴訟がその趣旨を大きく変じたとしても、やはり何らかの形で配慮すべきではないかという視点である。当事者の意思を何ら配慮することなく判決主文を当然に変容させることは、民事訴訟手続の適切な運用という観点において問題性を払拭できないという認識である。その点の疑問を払拭できない限り、それを処分権主義との抵触という表現を用いるか否かは別としても、筆者の変容説が一定の批判を受けることは免れないとの思いを強くしている。

　そこで、従来の特に限定を付さない変容説を改めて、本稿において、釈明義務との関係を考慮した新たな変容説を提案したいと考えている。代位訴訟の係属中に債務者が当事者参加（共同訴訟参加）した場合、裁判所は原告たる代位債権者に釈明を行い、債務者への直接給付を認める判決主文に変容させたうえで請求認容判決を言い渡すこととなる点を説明し、それに対し明確な異論が示されないかぎりにおいて変容説に基づく判決を言い渡すことができるという理解である。その場合でも一部認容判決となるので、原告たる代位債権者は上訴が可能である。一方で、原告たる代位債権者が明確な異論を示した場合には、裁判所は訴え却下判決を言い渡すべきである。これに対しても原告たる代位債権者は上訴が可能である。また、裁判所が釈明を怠った結果、変容説に基づく認容判決が言い渡された場合には、裁判所の釈明義務違反が問題となる。筆者はこのような変容説を新たに考えている。

　なお、原告たる代位債権者が判決主文の変容を望まない場合の扱いが訴え却下なのか、あるいは請求棄却なのかも検討すべき課題である。独立説に批判的な見解として請求棄却説が存在することは既に指摘したとおりであるが、筆者としては却下判決が本来的と考えている。債務者の当事者参加（共同訴訟参加）によって債務者の権利行使が明らかになった以上、訴訟手続上は代位債権者への直接給付を命じる判決を言い渡すべきではないとの前提に立った場合（独立説を取らない場合）、代位債権者の当該請求が認められないのは被代位権利が存在しないからではなく、代位債権者が債務者の被代位権利を自己に支払えという形で請求することができないからに他ならない。訴訟物である権利そのものの不存在ではなく、代位債権者の代位資格が債務者の

280 理論

当事者参加（共同訴訟参加）によって動揺[32]することに由来するのである以上、判決主文の変容を原告たる代位債権者が望まない場合には訴え却下が本来的と考えている[33]。

(5) 請求棄却説に関する検討

伊藤教授は、独立説に基づき代位債権者及び債務者のいずれの請求も（変容させることなく）認容することは、債務者による権利の不行使を債権者代位の要件とするとの従来の理解に変更を加えないのであれば、取り得ないと指摘している[34]。この点は、債務者の権利不行使を債権者代位権の存続要件レベルで捉える理解に親和的であり、変容説とは異なる理論的基盤に立った上で独立説を批判するものと解される。もっともこの見解は改正法の趣旨にも必ずしも一致していないように思料される。

また、具体的な効果の面においても、原告たる代位債権者に対し一律に請求棄却を言い渡すよりは、変容のうえでも請求認容判決を得ることを妥当とする場合がありうるのではなかろうか。変容説と請求棄却説は問題意識を共通とし、ともに独立説を批判するものであるが、筆者としては本稿において新たに提案した訴え却下の可能性を留保した変容説を維持したいと考えている。

2 債務者が債権者の被保全債権の存在等を争い独立当事者参加を申し出た場合

債権者の被保全債権が存在しない等の理由により債権者代位権行使が認められないとの判断に至った場合、原告たる代位債権者の被告に対する請求は退けられる。筆者の理解によれば、裁判所は訴え却下判決を命じることになる[35]。一方で、債務者の主張が認められず、裁判所が被保全債権の存在等の

---

32 あくまで債務者の当事者参加によっても代位資格そのものが喪失するものではなく、訴訟上、動揺するにすぎないとの理解である。

33 筆者の変容説と訴え却下判決が整合性を有する点は、前掲注3）の座談会における潮見教授の発言にも伺われる。

34 伊藤・前掲注6）44頁。

債権者代位権行使の要件を満たしているとの心証を有した場合には、上記1で検討した場合と同様に代位債権者と債務者の請求が併存しうる状況が生じることになる。この場合においては上記1で検討したことが妥当する。本稿において新たに提案した訴え却下の可能性を留保した変容説により対処すべきと考えている。

3　転用事例の場合

　転用事例のケースにおいてはどのような判決内容になるであろうか。

　この点については、本来適用においては独立説を支持しつつ、転用事例の場合には代位債権者の訴えを却下すべきとの指摘も存在する。本来適用においては金銭債権の回収が問題となる場面であり、代位訴訟まで提起した債権者の利益保護を重視する必要があるのに対し、転用事例では、たとえば被代位権利が物権的請求権のような場合に複数の権利主体が権利行使することを許容する必要がないとの指摘である[36]。前述した令和5年大阪地判が、最判昭和28・12・14民集7巻12号1386頁を引用の上、債権者代位権は債務者が自らその権利を行使している場合には行使できないと判示し、賃借人の明渡請求は債権者代位の要件を欠く不適法な訴えであり、却下を免れないとした点を、転用事例の特殊性から説明するものである。

　しかしながら、この訴え却下判決の言い渡しという令和5年大阪地判の判断は、果たして転用事例だけに限定されるものであろうか。「本来適用＝金銭債権の回収＝代位訴訟を提起した債権者の利益保護」という構図は、改正前民法当時は是認されていたとしても、改正法423条の5の規律を前提とする改正法下では妥当しない考え方なのではなかろうか。訴訟外の任意の代位権行使であればともかく、債権者代位訴訟が提起、係属し、債務者が当事者参加をした場合には、本来、債務者の権利であるという性質に相応しい判決

35　判例においても訴え却下判決と理解するのが一般的と解される。最判昭和48・4・24民集27巻3号596頁、最判昭和55・7・11民集34巻4号628頁等。後者の昭和55年判決に関する判例解説［篠田省二調査官執筆］には、「債権者代位訴訟において、代位の要件（（a）被保全権利の存在、（b）保全の必要性）は当事者適格の問題であるから、代位の要件を欠く場合には、請求を棄却すべきではなく、訴えを不適法として却下すべきである」と記載がある（最判解民昭和55年度262頁）。
36　令和5年大阪地判を紹介する判タ1512号（2023年）173頁、金判1674号（2023年）38頁の解説等。

282 理論

を言い渡すべきである。本来適用のケースにおいても独立説に基づく判決は、改正法下での新しい債権者代位権にそぐわないものである。転用事例及び本来適用の場面のいずれにおいても、独立説は実体法上の権利が訴訟手続を通じて確定されるという訴訟法の使命・目的に叶うものではない。むしろ、筆者の提唱する変容説あるいは伊藤教授の請求棄却説のいずれかによる判決言渡しがなされるべきであり、これは本来適用の場面でも転用事例においても変わりはない。そして、筆者としては本稿において新たに提唱する変容説が妥当と考えている[37]。

Ⅳ　総　括

本稿は、①債権者代位訴訟における債務者の訴訟参加の態様と、②被代位権利が存在し、債権者代位権行使の要件も満たす場合の裁判所の判決内容を検討したものである。

この２つの論点に関して、（ⅰ）債務者が債権者の被保全債権の存在等を争わない場合、（ⅱ）債務者が債権者の被保全債権の存在等を争う場合、（ⅲ）転用事例の場合のそれぞれについて横断的な検討を試みた。その結果、①の論点については、本来適用及び転用事例のいずれにおいても、（ⅰ）の場合には共同訴訟参加（民訴52条１項）、（ⅱ）の場合には独立当事者参加（権利主張参加、民訴47条１項後段）になると結論付けた。また、②の論点

---

37 変容説との関係で参考となる下級審裁判例として、東京地判昭和40・4・27判タ178号152号がある。この裁判例は不動産がA、B、Cと転転譲渡された事案において、CがBの登記請求権を代位行使してAに対し、直接Cへの移転登記請求を求める債権者代位訴訟を提起した事案である。これに対し、同判決は、「直接債権者への移転登記を求めなくとも、債務者への移転登記により充分に権利保全の目的を達しうるのである」と判示して、原告たる代位債権者は当該訴訟において債務者への移転登記として訴求すべきとした。その上で、請求の趣旨の変更を要せずして判決主文を原告が求めた代位債権者への移転登記から債務者への移転登記を命じるものに変容させ、その理由として、直接原告への移転登記を求める請求と債務者への移転登記を求める請求は、「同質の給付であり、且つ後者は分量的に前者の給付の一部に該る（前者はいわば後者に給付受領権限を附加したもの）と解される。」と説明している。請求の趣旨の変更を必要とせずに判決主文を変容させること、変容の可否は債権者代位権の目的との関係で判断されること、変容を一部認容と理解する点において、本稿で提案した変容説に親和性のある裁判例だと解され、筆者の変容説が訴訟実務においても通用するものであることの証左と考えている。

については、本来適用及び転用事例のいずれにおいても、そして、（i）及び（ii）のいずれにおいても、裁判所は原告たる代位債権者に釈明を行い、債務者への直接給付を認める判決主文に変容させることに対し、原告たる代位債権者から明確な異論が示されないかぎり、代位債権者の請求を債務者への直接給付を認めるものに変容させたうえで代位債権者及び債務者のいずれについても請求認容判決を言い渡すべきことを提唱した。

　筆者が従来、主張した変容説は例外なく変容を認める点において、確かに処分権主義との関係で問題を生じうるものであった。この批判を真摯に受けとめ、本稿では、原告たる代位債権者への釈明を行い、その結果如何によって、変容させた上での請求認容判決を言い渡す場合と代位債権者の訴えを却下する場合のいずれかの扱いを認めるとの新たな変容説を提唱した。

　改正法が施行されたのは、2020年4月1日のことである。今後、改正法の下での新たな判例法理が形成されるものと思料されるが、本稿で取り上げた論点はいずれも訴訟実務に直結する論点であるがゆえに、実体法及び訴訟法に関わる多くの研究者、実務家がこの問題に関心を持ち、意見を持ち寄ることが重要であると考える。筆者の新たな変容説がその一助になれば幸いである。

284 理論

同意の撤回に関する基礎的考察
——フランス法における同意の撤回をめぐる議論との比較——

石 尾 智 久

Ⅰ　はじめに
Ⅱ　同意の撤回に関する議論の位置づけ
Ⅲ　撤回権の生成と展開——肖像の利用についての同意の撤回
Ⅳ　同意の撤回に関する異なる視点——人格・私生活、氏、撤回否定説
Ⅴ　おわりに

Ⅰ　はじめに

　近年、写真や動画の公開についての同意や、個人情報の提供に関する利用規約における同意を通じて、肖像や、音声、氏名、個人情報といった、人格的価値に関する同意を与える場面が増加している。このような場合には、任意に同意を与えたとしても、後に翻意して、その同意の撤回を望むことが想定される[1]。しかし、同意によって契約が成立している場合には、契約の拘束力によって、同意を自由に撤回することはできないであろう。他方で、契約の対象が人格に関わるならば、本人の人格の尊重という観点から、契約の拘束力を緩和すべき場合もあるように思われる。たとえば、本人が、写真の公開について同意をしている場合であっても、後に翻意して、写真の公開を停止して欲しいと望むことも想定される。また、写真の内容によっては、同意の撤回が認められなければ、本人の人格に対して大きな侵害が生ずることもあろう。

---

1 本稿は、石尾智久「人格属性の客体に関する利用契約の任意解除権——フランス法における氏・肖像の利用契約の撤回可能性をめぐる議論との比較（一）」金法64巻1号（2021年）において取り上げていなかった問題について中心的に検討するものである。

同意が公序良俗に違反していれば、その同意は無効となり、写真の公開を差し止めることができる。しかし、人格に関わるからといって、同意が定型的に公序良俗違反となるわけではない。また、相手方に債務不履行があるならば、債務不履行に基づいて契約を解除することもできるが、債務不履行があるとはいえない場面も想定される[2]。そうであるとすれば、同意の撤回について検討すべき場面は残ることになる。同意の撤回に関する基礎理論を探求することは、契約の拘束力との関係で人格を位置づけることにほかならない。これは、個人情報の利用や提供に関する同意の撤回可能性や、著作者人格権の不行使特約の撤回可能性などの現代的課題に対応するための基礎理論の構築に寄与する可能性を秘めた試みである[3]。

　このような問題関心から、フランス法においては、人格の保護という観点から同意の撤回について論じられていることに着目したい。以下では、まず、フランス法における同意の撤回をめぐる議論の位置づけを確認する（Ⅱ）。次に、同意の撤回をめぐる議論は、肖像を念頭に置いて理論化が進んできたことから、そこで展開された議論を追跡する（Ⅲ）。そのうえで、いくつかの視点から同意の撤回について検討することによって、肖像に関する撤回権

2　債務不履行のない場合における契約の解除について、役務提供契約に関しては任意解除権に関するいくつかの規定がある。たとえば、注文者の任意解除権は、注文者が不要と判断した役務を請負人に提供させることの意味のなさや社会的不合理性に基礎を置くものであり、委任者及び受任者の任意解除権は、当事者間の信頼（ないしは無償性）に基礎を置くものである。また、特定継続的役務提供契約に関しては、特別法において契約の継続性を考慮に入れた任意解除権に関する規定がある。他方で、書面によらない贈与の解除については、贈与意思の明確性の要請や軽率な贈与の予防、ないしは契約の無償性から、履行が終わっていない部分についての任意解除が認められている。これらは、役務提供契約の構造や継続性、あるいは、意思の明確性や軽率性などに着目した任意解除であって、人格に関する同意の撤回と完全に一致するものではないであろう。
3　筆者は、①同意の撤回一般に関しては、2021年度私法学会大会個別報告（2021年10月9日、司会：米村滋人）において「人格権の処分についての本人の承諾の法的意義——フランス法との比較法的考察」と題する報告の機会を得た。その後、②著作者人格権の不行使特約と同意の撤回に関しては、国際著作権法学会シンポジウム（2023年12月9日、司会：長塚真琴）において、「著作者人格権の不行使特約——日本民法・フランス著作権法の観点から」と題する報告の機会を得て、③情報の利活用における同意の撤回に関しては、デジタル・アイデンティティ研究会ワークショップ（2024年1月27日、司会：斉藤邦史）において「同意の撤回に関する基礎的考察」と題する報告の機会を得た。いずれにおいても、大変に多くを学ばせていただいたことに心より感謝を申し上げたい。

286　理論

の議論と比較する（Ⅳ）。最後に、日本法への示唆について若干の考察をすることにしよう（Ⅴ）。

Ⅱ　同意の撤回に関する議論の位置づけ

　フランス民法典1103条（民法典旧1134条１項）は、契約の拘束力について定めており、民法典1193条（民法典旧1134条２項）によれば、契約（合意）を撤回するためには、当時者相互の同意又は法律が認める原因が必要である。本稿においては、人格の保護を根拠とする同意の撤回について検討するが、これは、「当事者相互の同意」にも、「法律が定める原因」にも当てはまらないものである。ただし、このような同意の撤回を認める立場が通説なのかについては微妙な問題であり、人の法や人格権に関する概説書を一瞥するだけでも、見解の対立があることが分かる。

　第１に、撤回権の承認に肯定的な見解について、グボーは、肖像の公表に関する契約に同意をしても、本人は、相手方が被る損害を補償することを条件に、同意を撤回することができるという。この補償は、フォートに基づく責任ではなく、合意の効果であると説明される[4]。また、サン－ポーは、私生活（vie privée）に関する項目において、契約の拘束力の例外として、契約の対象となる利益が人的性質（nature personnelle）を有している場合には、本人は自己の同意を自由に撤回できるとして、後述する著作権法上の撤回権（知的所有権法典 L. 121-4条）のアナロジーによって撤回権を肯定する。そのうえで、相手方に対する補償が必要であることは、グボーと同様の説明を与えている[5]。撤回権を承認する見解は、基本的には、「同意の撤回＋相手方への補償」という理論構成を主張する。

---

[4] Gilles GOUBEAUX, *Traité de droit civil, Les personnes*, LGDJ, 1998, n° 323, pp. 301-302. なお、グボーは、著作権法上の撤回権の規定との関係は言及していないが、著作権法上の撤回権に依拠して撤回権を構築するストゥフレやラヴァナスの見解を引用しており、著作権法上の撤回権のアナロジーを肯定していると読むべきであろう。

[5] Jean-Christophe SAINT-PAU (sous la dir.), *Droits de La Personnalité*, Lexisnexis, 2013, n° 1266, pp. 780-781. 私生活の尊重への権利における同意の撤回は、サン－ポーの執筆箇所である。

第2に、撤回権の承認に否定的な見解について、ブリュギエールとグレーズによる概説書においては、サン－ポーとは異なり、著作権法上の撤回権のアナロジーによる基礎づけを明示的に否定する。そのうえで、同意が契約の構成要素となっていない場合には同意の撤回を認めるのに対し、同意が契約の構成要素となっている場合には同意の撤回を否定する。さらに、破毀院においても[6]、同意の撤回は否定されているという[7]。これによれば、同意によって契約が成立している場合には同意の撤回が否定されており、その意味では撤回権を否定していることが分かる。

　撤回権に関する議論は、契約の拘束力に対する大きな例外であるにもかかわらず、管見の限り、契約法学における考察が多いようには見えない。そのため、フランス法において、撤回権に関する議論がどのように位置づけられるのかは難しい問題である。しかし、同意の撤回を肯定する議論は、契約の拘束力に対する人格の優位を意味するものであり、重要な視点を提供するものであろう。

Ⅲ　撤回権の生成と展開——肖像の利用についての同意の撤回

　フランス法において、撤回権の理論構成は、肖像の利用についての同意を念頭に置いて論じられている。以下では、まず、肖像に関する同意の撤回についての議論の生成を確認する（1）。次に、撤回権に関する議論の展開について分析しよう（2）。

1　同意の撤回に関する議論の生成
(1)　議論の端緒
　肖像に関する同意の撤回について、最初に論じられたのは、文芸的および

6　Cass. 2ᵉ, civ., 10 mars 2004, *Bull. civ.* 2004, II, nᵒ 118, p. 99.

7　Jean-Michel BRUGUIÈRE, Bérengère GLEIZE, *Droits de la personnalité*, Ellipses, 2015, nᵒ 231, pp. 217-218. ただし、ブリュギエールは、肖像に関する同意の撤回に対して必ずしも否定的な見方をしているわけではないと思われる（Jean-Michel BRUGUIÈRE, « Le droit à l'image, possible objet du contrat », Légipresse nᵒ 232 juin 2006, nᵒ 9, pp. 113-114）。

288 理論

芸術的所有権（propriété littéraire et artistique）に関する分野においてであった。たとえば、19世紀後半、プイユは、肖像画や写真の展示や販売に同意をしたとしても、後になって、その展示や販売を禁止することは、一定の場合には可能であるという。そこでは、裁判官が、本人の意思が変わった理由が適切かどうかについての判断をすることや、場合によっては、相手方への補償を命じるべきことが指摘されている[8]。

(2)　撤回権の形成

(a)　リーディングケース——パリ控訴院1867年5月25日判決（デュマ事件）

　肖像に関する同意の撤回に関して、先例として取り上げられることが多いのは、パリ控訴院1867年5月25日判決[9]（以下、「デュマ事件」という）であり、次のような事件であった。

ⅰ）事実　X（アレクサンドル・デュマ）は、写真家であるYの自宅において、恋人（アダ・メンケン）と共に様々なポーズで写真を撮影した。Yは、撮影した写真の一部をXに無償で送り、残りの写真を陳列棚に展示・売却していた。後日、Xは、展示されている写真を見て、Yに対し、写真の対価を支払う代わりに、その展示と売却の禁止を請求した。第一審は、写真は、Yのアトリエにおいて撮影されたものであり、Xは、当該写真がYによって展示・売却されることを知っていた等として、Xの請求を棄却した。

ⅱ）判旨　Yは、黙示の合意において、Xに引き渡した写真の代金を請求しないことを条件として、本件において争われた写真を展示することが許可されたと信じていた。これは、写真取引において確立された慣習によるものである。しかし、この慣習によれば、黙示の同意をした者が、正式に同意を撤回し、写真の価格を提供したときには、写真の公表と売却を禁止できる。また、黙示の同意において、写真の公表についての終局的かつ永久的な同意を

---

8 Eugène POUILLET, *Traité théorique et pratique de la propriété littéraire et artistique et du droit de représentation*, Marchal et Billard, 1879, n° 194, p. 182. なお、同書の第三版（1908年）も同旨（n° 194, pp. 243-244)。

9 CA Paris, 25 mai 1867, *S.*, 68, 2, pp. 41-42.

見出だすことは合理的ではない。写真の公表についての権利の譲渡があった
ことを立証するためには、単純許容（simple tolérance）ではなく、正式な
合意が必要である。Xは、写真の代金を支払うと申し出ており、写真の公表
を中止するために持っていた権限を正当に行使した。したがって、Xが写真
の代金として100フランを支払ったのであれば、Yは写真の展示と売却を中
止しなければならない。

　同判決は、肖像に関する同意の撤回を認めた事案として頻繁に引用される。
しかし、そもそも、拘束力のある同意がなかった事案として捉える余地もあ
り、同判決を撤回に関する先例として位置づけるべきかどうかについては見
解が分かれている。

(b)　同意の撤回——財と人格を区別する視点の形成

　ペローは、氏の使用に関する同意についての論文において、肖像に関する
同意の撤回についても言及する。ペローは、氏の使用についての法律行為は、
絶対的で撤回できないと評価するには、人格に過度に関連している（touchent
trop à la personnalité）という。そのため、氏の使用に関する同意は、正当
な理由がある場合には、（おそらくは相手方に対する補償を伴ったうえで、
という留保を付けながら、）同意の撤回をすることができるという。そのう
えで、デュマ事件を引用して、写真の撮影に関する同意もこのような解決が
されていると指摘する[10]。ペローの見解は、肖像に関する同意について直接
に論ずるものではないが、同意の撤回の基礎づけに人格を持ち出したうえで、
関連裁判例の1つとして、写真の撮影に関する同意の撤回を位置づけるもの
である。
　その後、フジュロルは、人格の保護という観点から、同意の撤回可能性に

---

10 Étienne-Ernest-Hippolyte PERREAU, « De la protection du nom patronymique contre les
empiètements des tiers », *RTD civ.*, 1904, pp. 506-507. ペローは、「人格権」と題する論文において、
フランス法における人格権概念の確立に大きく寄与したことで知られているが（Étienne-Ernest-
Hippolyte PERREAU, « Droits de la personnalité », *RTC civ.*, 1909, p.501 et s）、それに先立って、
氏を具体的な素材として、財の規範と人格の規範の相違という視点から研究をしていたことは重要
であろう。

290 理論

ついて論じた。まず、肖像は、人格の属性（attribut de la personnalité）であり、譲渡不可能性と不融通性（hors du commerce）があることから、これらの性質に由来する特殊性に従わなければならないという。そのうえで、肖像の利用についての同意は、人格の領域への侵入を許可する他の同意と同様に、相手方への補償を条件として、いつでも撤回をすることができるという。この補償は、衡平（équité）の観点から求められる。さらに、裁判官は、撤回の動機が、正当な利益に基づくものであって、投機的な理由でないかどうかを判断することができるという[11]。

　これらの見解は、人格を根拠として同意の撤回を基礎づけており、財に関する規範との相違が意識されている。その後、財産的権利との対比から特殊規範を構想する試みは大きな射程を持って論じられる。たとえば、ネルソンは、非財産的法状況（situation non patrimonial）に関する契約に共通する特徴として、当事者の同意は、合意の履行前であっても、履行後であっても、撤回することができるという。そして、このような帰結は、人格権の処分不可能性とも調和するという[12]。ここでは、非財産的権利に共通する法理論として同意の撤回について論じられている。

2　撤回権の理論化

(1)　撤回権をめぐる議論の前提

　これまでの議論においては、同意の撤回を認める根拠について、人格の保護という基礎づけを超えた説明はなかった。しかし、著作権法において撤回権に関する規定が明文化されたこと、及び、肖像の財産化という社会的現象がより強く認識されたことから、撤回権に関する議論は大きな展開を見せる。そこで、議論の前提を理解するために、両者について確認しておきたい。

(a)　前提1 ―― 著作権法上の撤回権の明文化

---

11 Henri FOUGEROL, *La figure humaine et le droit*, thèse Paris 1913, pp. 86-87.

12 Roger NERSON, *Les Droits extrapatrimoniaux*, thèse Lyon, 1939, n° 191, pp. 423-425.

フランス著作権法においては、撤回権について古くから議論の蓄積があり、撤回権に否定的な見解もあった[13]。しかし、1957 年 3 月 11 日の法律 32 条 1 項によって、撤回権が明文化される。なお、同項は、そのままの文言で、現行知的所有権法典 L. 121- 4 条に引き継がれている。

1957年 3 月11日の法律32条 1 項　著作者は、著作物の利用権の譲渡にかかわらず、その著作物の公表後であっても、譲受人に対して悔悟（repentir）又は取戻し（retrait）の権利を有する。ただし、著作者は、この権利を行使するために、悔悟又は取戻しが譲受人に加える損害をあらかじめ補償しなければならない。

著作者は、同項に基づいて、著作物の利用権の譲渡契約の解除をして、著作物の引渡しを拒絶したり、相手方に引き渡した著作物を取り戻したり、あるいは、著作物の修正を求めたりすることができる[14]。これは、契約の拘束力に対する著作者の意思や人格の優位を示すものである。

著作者が支払う補償の範囲は、相手方が被る損害のすべてだと解されており、著作物の公表によって得られたであろう利益も含まれる[15]。これによって、著作者の人格の保護と相手方の利益の調和が図られている。

(b)　前提 2 ―― 肖像の財産化

1932年、ジョスランによって、人間（personne humaine）の財産化（patrimonialisation）が指摘された。ジョスランは、肖像に関して直接に論ずるものではないが、人間の財産化という見方は、肖像に関する議論に対し

---

13 フランス著作権法における撤回権の生成と展開については、石尾智久「フランス著作権法における撤回権――人格権と契約の拘束力に関する分析のために」法政論究 124 号（2020年）33頁以下。

14 Henri DESBOIS, *Le droit d'auteur en France*, 3ᵉ éd., Dalloz, 1978, n° 392, p. 483. 悔悟と取戻しの用語法については、石尾・前掲注13）48頁。

15 Henri DESBOIS, supra note 15, n° 400, pp. 490-491.

16 Louis JOSSERAND, « La personne humaine dans le commerce juridique », D.H. 1932, chr., p. 2. ただし、ジョスランは、肖像について直接には言及していない。この点については、隈元利佳「肖像に対する法的保護の財産権的側面の分析――フランス法の検討を通して」法政論究109号（2016年）228頁の注37も参照。

ても影響を与えるものであった[16]。というのも、現実には、広告や芸能活動において写真が利用される場面が増加しており、肖像の利用が経済的利益を生むようになったからである。そして、肖像を通じて経済的利益を生み出す背景には契約があることから、契約規範において、財と人格をどのように位置づけるのかが問われることになった。

(2) ストゥフレによる撤回権の構築──財産的秩序と非財産的秩序の区別に基づく理論化

1957年、ストゥフレは、ジョスランが指摘した人間の財産化という現象を踏まえながら、肖像の人格的価値に着目した考察をする[17]。その中では、肖像に関する同意の範囲は本人の意思を尊重して厳格に解釈しなければならないこと[18]、及び、同意の撤回が可能であることを指摘して、債務法における一般的規範からの逸脱が論じられている。ここでは、同意の撤回について確認しておこう。

第1に、ストゥフレは、財産的秩序（ordre patrimonial）と非財産的秩序（ordre extrapatrimonial）を区別したうえで、非財産的秩序に限って、同意の撤回が認められるという[19]。そのため、財産的秩序においては、同意の撤回は認められない。たとえば、商号（nom commercial）を含む営業財産を譲渡した場合、この譲渡についての同意を撤回することはできない。なぜなら、商号は譲渡人の人格から完全に切り離されているからである。なお、後述の通り、破毀院によれば、本人の氏を商号に用いることについての同意の撤回は否定されている。

第2に、非財産的秩序に属する利益に限って、同意の撤回を承認すべきで

---

17 Jean STOUFFLET, « Le droit de la personne sur son image. Quelques remarques sur la protection de la personnalité », *JCP* 1957, I, 1374, n° 25. ストゥフレによる肖像の財産的価に関する分析は、隈元・前掲注16）208頁も参照。

18 フランスにおいては、肖像や私生活などの人格に関する同意や契約について、厳格解釈（interprétation strict）の準則が説かれることがあるが、これが一般的な解釈準則といかなる関係に立つかについては見解が分かれている（石尾智久「人格権侵害における被害者の承諾の判断枠組──フランス法における人格権保護法理との比較」法政論究119号（2018年）422-424頁）。

19 Jean STOUFFLET, supra note 17, n° 33.

あるという。まず、ストゥフレは、肖像の利用について同意をした場合、過去と現在において本人の意思が異なることもあるため、過去の意思に基づいて、現在の意思に反する形で本人の肖像を利用することの妥当性が問われると指摘する。そのうえで、1957年の法律32条に撤回権が定められていることに着目して、人格の発露である出版物について同意の撤回が認められるのであれば、人格それ自体である肖像については、より一層、同意の撤回が自由に認められるべきであるという[20]。

第3に、撤回権の行使を認める条件として、相手方への補償を義務づけるべきであるとする。本人は、同意を撤回することによって、契約上の債務の現実履行を免れることができるので、その代わりに、契約が履行されたならば得られたであろう利益に相当する金額を支払う必要があるという。なお、本人にフォートがあるわけではないので、この補償は、民事責任によって基礎づけられるわけではない[21]。ここでは、補償を義務づけることによって、本人の人格の保護と相手方の利益の調和が図られている。

第4に、肖像と人格との関係を明確に意識していることが注目される。ストゥフレは、肖像について検討しながらも、人格に関する法律行為は、財に関する一般的規範の適用を受けるのではなく、人格に固有の規範が構築される傾向にあると論ずる。ただし、人格的価値は多様であり、その重要性には差があることから、人格に関する規範を完全に画一的なものとすることはできないという[22]。ここでは、肖像が、人格的価値を象徴する客体の1つとして捉えられている。つまり、肖像に関する検討を通じて、人格に関する固有規範の構築が目指されているのである。

---

20 Jean STOUFFLET, supra note 17, n° 33. もっとも、ストゥフレによれば、いつでも同意の撤回が認められるわけではない。写真が既に公開されている場合など、契約上の債務が履行されている場合には同意の撤回をすることはできない。これに対し、写真が公開されていないなど、契約上の債務が履行されていないときか、あるいは、複数の写真の公開について同意を与えていたときには、まだ公開されていない写真についてのみ、同意の撤回をすることができるという。ただし、撤回権を肯定する後の学説においては、公表の前後を区別しないで論ずるものが多数である。

21 Jean STOUFFLET, supra note 17, n° 33.

22 Jean STOUFFLET, supra note 17, n° 34.

294 理論

(3) 撤回権に関する議論の展開

　ストゥフレによって、撤回権の基礎理論が構築されたことから、同旨を説く見解もあった[23]。そのほか、ストゥフレによる撤回権の理論化を踏まえて、ラヴァナスやケゼールによって更なる検討が進むことになる[24]。

(a)　ラヴァナス——補償における動機の考慮

　ラヴァナスは、以下の分析を通じて、人格及び人格に関する権利の尊重という理念は、債権債務に関する一般的規範の適用を妨げるという[25]。

　まず、プロのモデルが写真撮影に同意をするような場合であっても、肖像が人格から完全に切り離されているわけではないという。このような場合であっても、肖像と商号を同一視することはできず、肖像については撤回の余地が残るという[26]。

　次に、肖像の利用に関する同意の撤回に関して、1957年の法律32条が著作権に関する撤回権を定めている以上、肖像の利用契約についても撤回権を認めるべきであるという。また、同意の撤回の妥当性を判断できるのは本人に限られることから、本人が撤回を望むのであれば、その動機を問わずに撤回権の行使は認められるべきであるという。ただし、撤回の動機は補償の範囲において考慮される。具体的には、有利な条件で契約を締結するために撤回権を行使する場合には、心理的理由から撤回権を行使する場合と比較して、高額の補償をする必要があるとする[27]。

(b)　ケゼール——①有償・無償の区別、②撤回権の行使及び補償の範囲に

---

23 たとえば、アカロンは、ストフゥレの見解を引用して、肖像の利用に関する契約においても、1957年の法律32条の撤回権を認めることも不可能ではないという（Daniel ACQUARON, « L'ambiguïté du droit à l'image », D., 1985, Chronique, nº 32, pp. 135-136）。

24 近年では、肖像に関する撤回権に関して、著作権法のような立法化の必要性が示唆されることもある（Christophe CARON, Les contrats d'exploitation de l'image de la personne, in L'image, Travaux de l'association Henri Capitant, 2005, nº 18, pp. 105-107）。

25 Jacques RAVANAS, *La protection des personnes contre la réalisation et la publication de leur image*, LGDJ, 1978, nº 288, p. 306-311

26 Jacques RAVANAS, supra note 25, nº 288, pp. 306-311

27 Jacques RAVANAS, supra note 25, nº 288, pp. 306-311.

おける動機の考慮

　ケゼールは、同意の撤回について論じているが、初期の見解とその後の見解で若干の変化があるので、両者を取り上げたい。

　まず、「いわゆる肖像への権利について」と題する論文においては、肖像の利用に関する同意の撤回可能性について、無償契約と有償契約に区別して論じている。写真を無償で提供することと引換えに、撮影した写真の展示や販売をする旨の契約が締結された場合については、デュマ事件を引用しながら、本人は、相手方に生じた損害を補償することによって、同意の撤回をすることができるという[28]。これに対し、カバーガール（cover-girls）との契約や、商品の広告を目的として有名人や俳優との間で締結される契約のように、有償で契約が締結される場合については、ニュアンスのある記述をしている。この場面では、契約の安定性の維持という観点から、同意の撤回可能性には否定的に答えるべきであると述べながらも、写真を撮影された者は、自己の人格を保護するための権利である肖像権を有しているので、同意の撤回可能性を完全に否定することには疑問があるとする[29]。

　次に、ケゼールは、『法による私生活の保護――私生活の秘密の保護』と題するテーズにおいて、肖像と私生活に関する同意について、ラヴァナスを引用しながら、同意の撤回について再論している。そこでは、本人の人格の保護という観点から、1957年の法律32条と同様の考慮に基づいて肖像の利用に関する同意の撤回を認めるべきとする。さらに、モデルのように、肖像を取引の対象とする場合であっても、同意の撤回が認められるとする。ただし、同意を撤回することができるのは、相手方への補償に加えて、同意の撤回が正当な動機（motif légitime）に基づいている場合に限られるという。なお、本人は、同意を撤回したうえで、より有利な条件で契約を締結することも可能だが、民法典旧1150条に基づいて、契約締結時には予見できなかった損害についても賠償しなければならないとする[30]。

---

[28] Pierre KAYSER, « Le droit dit à image », *in* Mélanges en l'honneur de Paul Roubier, t. 2, n° 17, pp. 87-88.

[29] Pierre KAYSER, supra note 28, n° 18, p. 88.

296　理論

3　小　括

　フランス法において、人格に着目する同意の撤回は早くから論じられており、その後、著作権法における撤回権を踏まえて理論化された。とりわけ、ストゥフレの見解は、撤回権に関する基礎理論を構築するものであり、重要な視点を含んでいることから、以下に要約しておきたい。

　①同意の撤回は非財産的秩序に限って認められる。そのため、商号に関しては、人格と切り離されているので、同意を撤回することができない。
　②肖像の利用についての同意は、1957年の法律32条のアナロジーに基づいて、相手方に補償をしたうえで自由に撤回することができる。
　③補償は、本人が現実履行を免れる代わりなので、契約が履行されたならば（本人が肖像の利用を継続させていたならば）相手方が得られたであろう利益を含む。
　④人格に関する法律行為については、財に関する一般的規範の適用を受けるのではなく、人格に固有の規範が構築される。ただし、人格的価値は多様であることから、人格に関する規範を画一的なものとすることはできない。

　このような議論は、財に関する規範とは異なる領域において、人格に関する規範を構築しようとするものである。そして、④のように、肖像を人格的価値のある客体の1つとして捉えたうえで、その基礎にある人格に着目して、規範の柔軟さを意識しながら、広い射程を持つ可能性を秘めた議論を展開していることは注目に値しよう。その後の学説との関係では、②に関して、ケゼールは、2つ目の論文において同意の撤回に正当な動機があるかどうかを考慮すべきとする。また、③に関して、ケゼールの2つ目の論文とラヴァナスは、補償の金額の算定において撤回の動機を考慮すべきことを論ずる。

---

30 Pierre KAYSER, *La protection de la vie privée par le droit : protection du secret de la vie privée*, 3ᵉ éd., ECONOMICA, 1999, n° 140, pp. 243-244.

IV　同意の撤回に関する異なる視点——人格・私生活、氏、撤回否定説

　ここでは、いくつかの異なる視点として、人格や私生活という観点から撤回権を基礎づける見解や（1）、氏の使用に関する同意の撤回をめぐる議論（2）、撤回権否定説（3）について取り上げる。そのうえで、肖像に関する同意の撤回に関する議論と比較することにしたい（4）。

1　人格・私生活に関する同意の撤回
　ストゥフレに代表されるように、肖像を具体的な議論の対象としながらも、それを通じて、同意の撤回という人格に関する特殊規範が論じられることがあった。他方で、より直接に、人格ないしは人格権という観点から撤回権について論ずる見解もある。また、私生活に関しても撤回権が論じられている。

(1)　同意の撤回と人格
　まず、前提として、人格概念について代表的な体系書に即して確認しておきたい。グボーによれば、人格とは、積極的定義を与えることができるものではなく、侵害行為を通じて、経験的に認識するものである。すなわち、人格とは、誰もが直観的に感じるものであって、自己の氏名や写真が第三者に無断で使用されているのを見たり、私生活に関する暴露記事を読んだりした場合、自己に帰属している何らかのものが奪われたと感じることによって認識するものなのである[31]。したがって、人格に関する分野においては、演繹的推論よりも直感（intuition）が重要な役割を果たすこと、良俗や社会道徳の進化によって問題が更新されることから、法規範による解決策が必ずしも厳密かつ明確なモデルにはならないという[32]。このように、人格概念とは、不可避的に不明確さを伴うものなのである。
　次に、人格という視点から、同意の撤回について論ずる見解を取り上げ

31　Gilles GOUBEAUX, supra note 4, n° 271, pp. 243-244.
32　Gilles GOUBEAUX, supra note 4, n° 272, p. 244.

る[33]。リュシアニは、人格属性に関するあらゆる合意について、撤回権を認めるべきであるとして、撤回権の一般化を説く。肖像や氏名などの人格に関する契約について、撤回権を立法化することが望ましいと述べたうえで、その実質的根拠として、次の点を指摘する。すなわち、同意を与えた者は、自らの同意がどのような意味を持つのかについて、全てを見通すことができているわけではなく、さらに、本人の人格自体が発達していくので、人格の利用について同意を与えたとしても、将来において、その意思は変わることがあるという[34]。これは、人格に関する同意一般の特徴を指摘するものである。

　リュカは、同意の撤回は原則として認められないが、その可否は総合考慮によって判断すべきであるという。すなわち、人格属性の利用が本人の人格に対して重大な侵害を与えるときには、利益衡量として撤回が認められる余地があるとする。そのうえで、総合判断の考慮要素として、同意が契約を構成している場合には、相手方の利益はより重要なものとなることや、本人がそれによって利益を得ているときには、相手方の利益は、より一層重要なものとなるという[35]。リュカの見解は、人格という一般的観点から同意の撤回について論ずるがゆえに、総合考慮という視点をもたらすものであろう。

(2)　同意の撤回と私生活

　私生活に関する情報[36]の利用について同意を与えたとしても、本人は、相手方に補償をしたうえで、同意を撤回することができると論じられる[37]。も

---

33 Denis TALLON, PERSONNALITÉ (Droits de la), *Rép. Civ.*, Dalloz, 1996は、肖像に関する同意の撤回を認めるのみならず (n° 162, pp. 23-34)、人格に関する特殊規範としても同意の撤回を位置づける (n° 162, p. 26)。

34 Anne-Marie LUCIANI, *Les droits de la personnalité : du droit interne au droit international privé*, 1996, thèse Paris 1, n° 78, pp. 77-81.

35 Agnès LUCAS-SCHLOETTER, *Droit moral et droits de la personnalité : étude de droit comparé français et allemand*, PUAM, 2002, n° 497, p. 380.

36 私生活の尊重への権利については、グットマンの分析 (Daniel GUTMANN, *Le sentiment d'identité*, LGDJ, 2000, LGDJ, 2004) に依拠しながら、情報コントロール権として構成する見解が有力である。Agathe LEPAGE, PERSONNALITÉ (Droits de la), *Rép. Civ.*, Dalloz, 2009, n°100, p.24-25においては、このような見解で学説は一致していると述べられており、Jean-Christophe SAINT-PAU, supra note 5, n° 1136, p. 706 et s においてもこの立場を踏まえて裁判例の整理がされている。

っとも、撤回権の理論化という意味では、肖像に関する議論と比較して、目新しい議論は見当たらない。

むしろ、私生活概念の拡大について一言しておきたい[38]。私生活とは、さまざまな人格権の「母胎」であると言われる[39]。具体的には、個人に関する情報や、医療情報の秘密、恋愛関係の秘密といった親密性に関する情報のほか、信書の秘密、肖像、音声などの多様な客体が含まれる[40]。そのほか、私生活の侵害の場面においては、私生活概念を通じて、社会における自己のイメージの保護までもが図られている。たとえば、破毀院第一民事部 2006 年 2 月 7 日判決では、小説において年老いた娼婦として取り上げたことは本人のイメージを侵害するとして、私生活に対する侵害が認められた[41]。この判決は、民法典 9 条の適用領域を大きく拡大しており、私生活概念を通じて、社会における自己のイメージを保護するものであると言われている[42]。また、イメージは、誤った紹介が現実よりも美化されていたとしても保護されると言われている[43]。

このように、私生活は広がりのある概念であることから、私生活に関する同意の撤回について論ずることは、多様な場面における同意の撤回を基礎づける可能性があるといえる。

---

37 Robert BADINTER, « Le Droit au respect de la vie privée », *JCP* 1968, I, 2136, n° 40 : François RIGAUX, La protection de la vie privée et des autres biens de la personnalité, Bruylant, 1990, n° 351, pp. 418-419 : Pierre KAYSER, supra note 30, n° 140, pp. 243-244 : Jean-Christophe SAINT-PAU, supra note 5, n° 1266, pp. 780-781.

38 私生活概念については、北村一郎「私生活の尊重を求める権利——フランスにおける《人の法＝権利》の復権」『現代ヨーロッパ法の展望』（東京大学出版会、1998年）224-249頁。なお、私生活には、私生活の自由として、性的自己決定も含まれるが、そのような自己決定と同意の撤回についても検討の必要があろう。

39 Jean-Christophe SAINT-PAU, « L'article 9 du code civil, Matrice des droits de la personnalité », *D.*, 1999, p. 541.

40 音声に関しては、たとえば、TGI Paris, 11 juill 1977, *D.*, 1977, Ⅱ, p. 700.

41 Cass 1re civ., 7 févr. 2006, 04-10.941, *Bull. civ.*, 2006, n° 59. p. 59

42 Agathe LEPAGE, supra note 36, n° 116, pp. 27-28.

43 Agathe LEPAGE, « L'article 9 du Code civil peut-il constituer durablement la matrice des droits de la personnalité ? », *Gaz. Pal.*, 2007, p. 1498.

2 氏に関する同意の撤回

氏の使用に関する同意の撤回可能性は古くから論じられていた[44]。その後、実際の紛争類型に即して、2つの場面において議論が展開される。ここでは、両者の議論の要点について確認することにしたい[45]。

(1) 離婚後の氏の使用についての同意

夫婦の一方が、他方配偶者に対して、離婚後も自己の氏を使用させることについて同意することがある。実際、妻が、夫の氏で長期間にわたり生活していた場合には、離婚後も、夫の氏の使用を継続することを望むことがある。氏の使用に関する同意の撤回可能性については裁判例及び学説の変遷があったが、正当な理由があるときには、同意の撤回が可能であり[46]、この場面においては、肖像の利用における同意とは異なり、相手方に対する補償は求められていない。

(2) 人格の財産化──氏の商号としての使用

ある人が自己の氏を会社の商号として使用することに同意することがある。肖像に関する議論においても、このような場合には同意の撤回が認められないと論じられてきた。

破毀院によれば、氏の商号としての使用に関する同意について、「氏は、……会社の規約に挿入されたことで、……その氏を有していた自然人から切り離された識別記号となっており、かつ、無体所有（propriété incorporelle）の対象となっている」として、同意の撤回は否定された[47]。学説でも、本人が商号として氏の使用に同意をしたときには、氏に関する財産的権利が発生し、この財産的権利は、人格権に関する規律ではなく、契約法や会社法の規律に服することや、商号は譲渡の対象となることが論じられている[48]。

---

[44] Étienne-Ernest-Hippolyte PERREAU, « De la protection du nom patronymique contre les empietements des tiers », *RTD civ.*, pp. 506-507.

[45] 石尾・前掲注1）10-36頁も参照。

[46] Philippe MALAURIE, Nathalie PETERKA, *Droit des personnes La protection des mineurs et des majeurs*, 12e éd., LGDJ, 2022, n° 59, pp. 72-73.

[47] Cass com., 12 mars 1985, *D.*, pp. 471-476. note Jacques GHESTIN.

3 撤回権の否定説

　近年では、同意の撤回可能性を明示的に否定する見解もある。その嚆矢となったのは、1978年のパスカル・アンセルのテーズであり、アンセルは、人格権という権利カテゴリーを否定する一環において、人格に関する同意の特殊規範を否定する。ここでは、アンセルによる同意の撤回に関する分析を軸にしながら、他の見解も取り上げることによって、撤回否定説の論旨を整理したい。

(1) 同意の性質による区別

　アンセルは、法的拘束力を有する同意がある場合と、単なる認容の事実を示すに過ぎない単純許容がある場合を区別する必要があるという。単純許容とは、それが維持されている限り、民事責任における正当化事由（fait justicatif）としての効力は有するが、法的拘束力のある同意ではない。そのため、同意があるように見えるとしても、それが単純許容に過ぎない場合には、合意が存在しないことから、本人はいつでも撤回をすることができる。そして、これは契約の拘束力を侵害するものではないという。そのうえで、デュマ事件は、「単純許容」があるだけであり、合意の不存在によって説明をすることができるとする[49]。また、近時の研究においては、法的拘束力のある同意を認めた裁判例はないという分析もされている[50]。

(2) 著作権法上の撤回権の限定性

　アンセルは、1957年の法律32条は限定された要件と適用範囲において契約の拘束力に対して重大な制限をするものであって、それ以外の場面において

---

[48] Frédéric POLLAUD-DULIAN, « L'utilisation du nom patronymique comme nom commercial », *JCP* 1992, Ⅰ, 3618, n° 18, p. 457.

[49] Pascal ANCEL, *L'indisponibilité des droits de la personnalité. Une approche critique de la théorie des droits de la personnalité*, thèse Dijion, 1978, n° 215, pp. 213-214 : Corinne FILIPPONE, *La contractualisation des droits de la personnalité*, thèse Paris 1, 2001 n° 359, pp. 342-345. なお、ロワゾーも、氏名に関する合意の撤回を原則として否定するが、その中で、単純許容と拘束力を有する同意を区別して、後者の撤回を否定する（Grégoire LOISEAU, *Le nom, objet d'un contrat*, LGDJ, 1997, n° 322, pp. 313-314）。

[50] Corinne FILIPPONE, supra note 49, n° 359, pp. 342-345.

302　理論

契約の拘束力を制限するには立法が不可欠であるという[51]。また、著作者の人格権は、一般の人格権とは異なり、著作物の創作が前提であることを強調する見解もある。それによれば、著作者は、著作物の構想が発展する可能性があることから、著作物をコントロールする権限を有しており、このような権限として撤回権を位置づけることになる。これに対し、肖像などの人格の属性は本人そのものであって、著作物が問題となるわけではないので、撤回権が生ずるわけではないという[52]。

(3)　撮影の拒絶と公開の拒絶の区別

　写真の公開に関して同意をする場合には、写真が撮影された後、その写真が公開されることになる。アンセルによれば、写真の撮影・公開に同意をしたとしても、写真撮影の段階で本人が拒絶をして、撮影現場に現れなかったような場合と、写真が撮影されたが、その後、その公開について本人が拒絶した場合に区別して検討されている。

　第1に、本人が写真の撮影及び公開に同意をした後に翻意して、肖像の撮影を拒絶するような場合（本人が債務の履行前のケース）について、学説はあまり関心を向けてこなかったという。そのうえで、ストリップショーへの出演拒絶に関する裁判例においては現実履行の強制ができないとされたことを指摘しながらも、このような帰結は、人格の保護を理由とするものではないとする。したがって、肖像の撮影拒絶が可能なのは、債務の内容が債務者の自発的な行為に基づくことに馴染むものであって、現実履行の強制ができないからであるという[53]。

　第2に、本人が肖像の撮影・公開に同意をした場合において、写真が撮影されたが、その公開を拒絶したときについては、その拒絶が写真の公開前なのか、それとも、写真の公開後なのかに区別して検討する。公開前については、本人は、撮影には同意したとしても、公開について終局的に同意をした

---

51 Pascal ANCEL, supra note 49, n° 219, pp. 216-217.
52 Isabelle TRICOT-CHAMARD, *Contribution à l'étude des droits de la personnalité*, PUAM, 2004, n° 123, pp. 113-114.
53 Pascal ANCEL, supra note 49, n° 227, pp. 225-226.

わけではないとして、同意の撤回を認める余地を残すが、それは、同意の不存在を理由とするものであるという[54]。公開後については、契約の拘束力に対する侵害となることから、明文の規定がないにもかかわらず、写真の公開を禁止することはできないという[55]。

4　分　析

　同意の撤回に関しては、近年では否定説も有力である。そうであるとしても、人格に関する特殊規範についての議論の蓄積があることはフランス民法学の特色の1つであろう。以下では、人格に着目して同意の撤回を基礎づける議論について分析することにしたい。

(1)　肖像に関する議論と人格

　肖像の利用に関する同意について、同意の撤回が中心的に論じられた。もっとも、同意の対象が肖像であることに着目して特別の法理を承認するという皮相的な議論が展開されたわけではない。そこで意識されていたのは、肖像の人格的価値に着目して、財の規範とは異なる人格の規範として、同意の撤回を基礎づけるというものである。したがって、人格概念を通じて、多様な場面における同意の撤回を論ずることが可能となる。

　フランスにおいては、著作権法上の撤回権が立法化される以前から、人格に基礎を置く同意の撤回に関して論じられていた。その立法後は、著作権法上の撤回権の規定のアナロジーによって、肖像に関する同意の撤回を基礎づけることが主張された。しかし、著作権法上の撤回権を梃子とすることは、あくまでも、実定法上の基礎づけを与えるための手段として捉えるべきであろう。フランス法において、本質的には、人格に関する契約については同意を撤回することが可能であるという見方があると考えられる。

54　Pascal ANCEL, supra note 49, n° 230, pp. 228-229.
55　Pascal ANCEL, supra note 49, n° 229, pp. 227-228.

304 理論

(2) 同意の撤回に関するバリエーション

ストゥフレは、人格的価値の多様性を直視しており、人格に関する規範を完全に画一的なものとすることはできないと論じていた。このように、法規範にファジーさが残ることは、人格的価値の多様性を踏まえると避けられないであろう。本稿の検討のみを踏まえても、人格に関する同意の撤回に関しては、3つのバリエーションがあることが分かる。

第1に、肖像に関しては、「同意の撤回＋相手方への補償」が、撤回権の基本的な構成であるとされた。これは、一方で、同意の撤回による本人の人格の保護を図りながら、他方で、同意が撤回されなかったならば置かれたであろう経済状態と等価の状態に相手方を置こうとするものであって、本人の人格の保護と相手方の保護という2つの要請を調和させるものである。

第2に、離婚後の氏の使用に関しては、同意の撤回に正当な理由が求められており、損害賠償は課せられない。この場合は、肖像の利用に関する場面ように、相手方を経済的に等価の立場に置くことよりも、同意の撤回をすることの正当性の有無が重視される類型であるといえよう。

第3に、氏が商号として使用されている場合には、商号は本人の人格から切り離されて所有の対象となる。これに対し、肖像に関しては、対価を伴って利用に同意をしても、本人から切り離されるわけではない。この差は、氏は商号として使用されることによって財となり、譲渡の対象とになることがあるのに対し、肖像は、財産的価値が付与されることはあっても、財になることはないことの帰結であろう。

V おわりに

近年、人格に関する同意が問題となる場面が増加しており、撤回権の基礎づけを解明する必要性が高まっている[56]。そのため、財の規範とは異なるレベルの規範として、人格の保護という観点から契約の拘束力に再考を迫ることは重要な意味を持つのではないか。少なくとも、同意の撤回に関する基礎理論を踏まえて、個別の場面における撤回可能性を論ずる必要がある。ここでは、同意の撤回の基礎づけに関する方向性を示すことにしよう。

前提として、わが国においては、フランスと比較すると、人格の保護の観点から同意の撤回を基礎づける議論の蓄積は乏しいように思われる。そのため、数少ない手がかりとして、特別法の規定を確認してみたい。

第1に、著作権法84条3項には、出版権消滅請求に関する規定があり、同項は、わが国における撤回権として捉えられている。同項によれば、複製権を有する著作者は、著作物の内容が自己の確信に適合しなくなったときには、相手方に通常生ずべき損害をあらかじめ賠償して、出版権を消滅させることができる。その結果、出版権設定契約も解消される。

第2に、いわゆるAV出演被害防止・救済法13条1項によれば、出演者は、性行為映像制作物の公表から1年以内であれば、出演契約の申込みの撤回又は当該出演契約の任意解除が可能である。同項は、撤回を求める出演者に損害賠償を課していない。

これらの規定の背後には、人格の保護に基づく契約の拘束力への制限という考慮があろう。そのため、著作物や性行為映像制作物は、人格に関する同意が問題となる場面についての一例として捉えることができる。したがって、人格の保護という理念からすれば、人格に関する他の場面における同意についても、同意の撤回を論ずる可能性が開かれていよう。もちろん、同意の撤回をどの範囲で認めるのかについては慎重な検討が必要であるが[57]、裸体を伴う写真の公開についての同意など、当該写真が公開され続けることによって、本人の人格が著しく侵害される場合には、同意の撤回を認めてもよいように思われる。もっとも、同意の撤回の可否や補償の要否は、事案に応じて多様でありえよう。そのため、フランスにおいて論じられていたように、同意の撤回＋相手方への補償という構成が妥当する場合もあれば、同意の撤回

---

[56] たとえば、個人情報の利用や提供に関する同意について、GDPR7条3項では、「データ主体は、自己の同意を、いつでも、撤回する権利を有する」と定めており、わが国においても、宇賀克也『新・個人情報保護法の逐条解説』（有斐閣、2021年）203頁は、本人による同意の撤回が可能であることを前提に論ずる。今後、わが国において、個人情報の利用や提供に関する同意の撤回をどのように構成するのかについての検討は重要であろう。

[57] 中山信弘『著作権法』（有斐閣、第4版、2023年）666頁は、出版権消滅請求について、これを広く認めるとすれば、撤回のリスクに応じて著作権の経済的価値が低く評価されることになるという。その結果、著作者にとって不利になるおそれがあるため、著作者の利益のみを重視することは妥当ではなく、社会全体におけるバランスが重要であるとする。

に正当な理由が必要なときや、同意の撤回が否定される場合もあると考えられる。このようなファジーさは、人格的価値の多様性やその財産化の程度に由来するものであって、人格に伴う法理論において不可避的に伴うものであろう。

〔付記〕　本稿は、JSPS 科研費22K01251の助成及び JST ムーンショット型研究開発事業 JPMJMS2215の支援による研究成果の一部である。

フランス親子法の一断面
──マンデ対フランス事件を中心に──

色 川 豪 一

I　はじめに
II　マンデ対フランス事件
III　民法典の規定
IV　分 析
V　むすびに代えて

I　はじめに

　原始規定を大枠において維持していた実親子関係に関する日本民法の規律は2022年の改正により大きく姿を変えた。直接の契機はいわゆる「離婚後300日問題」であったが、結果的にはこの問題への弥縫的対応にとどまることなく、実親子関係の法的規律に関するいくつもの大きな立法的決断がなされた。

　改正内容は多岐にわたるが、筆者がとくに注目するのは、法的父子関係の覆滅を認めるか否かを判断するにあたり婚内子・婚外子のいずれについても現実の養育状況が考慮されるようになったことである。すなわち、改正民法は、嫡出推定が及ぶ子自身の否認権の出訴期間を「その出生の時」から3年とする原則（777条2号）に対する特則として、「その父と継続して同居した期間（当該期間が二以上あるときは、そのうち最も長い期間）が三年を下回るとき」は、子は21歳に達するまで嫡出否認の訴えを提起することができる（778条の2第2項）とした。また、認知により父子関係が確立した子についても、反対の事実があることを理由とする認知の無効の訴えの出訴期間を7

年間に制限した（786条1項）うえで「その子を認知した者と認知後に継続して同居した期間（当該期間が二以上あるときは、そのうち最も長い期間）が三年を下回るとき」は、子自身は同じく21歳に達するまで訴えを提起することができる（同条2項）という特則を設けた。嫡出否認の訴えに関しては厳格すぎる期間制限を緩和し、出訴期間の規定をもたず一般条項によるほかなかった認知無効の訴えに関しては期間制限を新設することで婚内子と婚外子との間の著しい不均衡を改善しつつ、両者の平仄を合わせるかたちで子と養育者との社会的親子関係を考慮事項に取り込んだことは、2022年の改正の大きな成果といえる。

　ところで、フランス民法典の実親子関係に関する規律（以下、「フランス親子法」という）は、遡ること半世紀以上前の1972年の改正で一新され、2005年にふたたび全面的に改正されて現在に至る。二度の大改正以外の小改正は枚挙に暇なく、家族と人心の変化、科学技術の発展、国際人権法の影響の増大などに対応すべく立法が繰り返されてきた。今日では外国法の直訳的移植といった事態は考えにくいものの、嫡出推定制度や認知制度といった基本的な仕組みを日仏民法で共有していること、経済成長の鈍化した先進国として共通の課題を抱えていること、子どもの権利条約の批准をはじめ日仏のいずれも国際人権法、国際家族法の大きな潮流の中に置かれていることを考えると、比較法研究の意義はいまなお減じていない。

　先行研究を振り返ると、比較法の対象としてフランス親子法に言及する際、ある側面に注目する傾向があったように思われる。それは、自然的親子関係（血縁）と法的親子関係の峻別を説いたうえで、嫡出推定や認知などの法技術を駆使して後者を構築する法制度としての巧緻な性格を評価する見方である。日本における親子法の血縁主義的解釈を厳しく批判してきた水野紀子は、「生物学的真実」を「燃える石炭」に譬え、これに素手で触れることがないようフランス民法典が親子関係の争訟を掣肘していることを強調した[1]。嫡出推定制度の評価をめぐっては水野と鋭く対立する伊藤昌司も、血縁とは異

---

[1] 水野紀子「実親子関係と血縁主義に関する一考察——フランス法を中心に」星野古稀『日本民法学の形成と課題　下』（有斐閣、1996年）1131-1164頁。「燃える石炭」の譬えは民事訴訟法学者のPierre HÉBRAUD の表現を借りたものである（同1138頁）。

なる原理によって親子関係を確立するフランスの身分占有に着目し[2]、比較法研究の成果を日本民法の具体的な解釈につなげることを試みた[3]。また、医学の発展が親子法に与える影響について論考を重ねてきた松川正毅によれば、「DNA鑑定の波からあまりにも無防備」な日本の親子法に対して、「フランスの親子法の体系は、さまざまな守るべき利益を検討し、分析し、そして社会の価値観も反映することによって、作られている」[4]。近年の研究でも、水野と同様の視点からフランス親子法が「血縁上の真実解明を指向する立場である真実主義」とどのように対峙してきたかを論じるもの[5]、法律上の親子関係を構成する諸要素の一つである意思的要素を軸にフランス親子法の構造を分析するもの[6]が現れている。

　筆者もおおむねこれら論者と問題意識を共有しており、血縁をもって「真実の実親子関係」とする最高裁の口吻[7]に接するにつけ、これまでの学説の努力がよく理解される。そして、安易に既成事実に流されることなくこれと正面から組み合ってきたフランスの立法には学ぶところが多いと考える。しかし、フランスにおいても血縁と法的親子関係との距離が常に一定であったわけではなく、法改正によりいったん定められた「燃える石炭」の取扱いが後の判例によって動揺することもある。その動揺をつぶさに観察することで、フランス親子法の容貌をより立体的に描写することができるのではないか。

　本稿は、フランス親子法と「生物学的真実」との距離について一石を投じた事例であるマンデ対フランス事件をひとつの題材とし、この事件で作用した諸要素を分析することで、フランス親子法のデッサンに少しく陰影をつけようとするものである。

2　伊藤昌司「フランス1972年の親子法における身分占有」比較法研究46巻（1984年）202-213頁。

3　伊藤昌司「実親子法解釈学への疑問」法政61巻3・4号（1995年）591-615頁、とくに609頁以下（1995年）。

4　松川正毅『医学の発展と親子法』（有斐閣、2008年）328頁（引用箇所の初出は1997年）。

5　羽生香織「実親子関係確定における真実主義の限界」一法7巻3号（2008年）1013-1085頁。

6　柳迫周平「フランス実親子法における「意思的要素」とされるものに関する構造的分析（1）（2・完）」民商156巻3号（2020年）518-550頁、4号（2020年）767-794頁。

7　最判平成18・7・7民集60巻6号2307頁。

310　理論

Ⅱ　マンデ対フランス事件[8]

　離婚後に妻が産んだ子を夫が認知し、その夫婦が再婚したことによる準正
で嫡出子となった子について、真の父と主張する男が認知と準正を無効とす
ることを求めた事案である。フランスの国内裁判所はいずれも真の父と主張
する男の請求を認容したため、婚姻家族側がヨーロッパ人権条約8条違反を
主張してヨーロッパ人権裁判所に申立てをした。結論を先に述べると、ヨー
ロッパ人権裁判所は国内裁判所の判断を是認している。以下、マンデ対フラ
ンス事件を「本件」、ヨーロッパ人権裁判所の判決を「本判決」という。

1　事案

　妻F（1955年生）と夫J（1945年生。以下、両名を合わせて「M夫妻」と
いう）は1986年に最初の婚姻をし、Aに先立ち3人の子をもうけた。M夫妻
は1995年に離婚を共同で申し立て[9]、1995年7月12日の勧解不調の命令を経
て、1996年6月17日に離婚が言い渡された。同年8月27日にFはAを出産し、
母であるFの氏で出生証書に登録された。1997年9月24日にJはAを認知し、
Aの出生証書の余白にその旨が記載された。2003年10月25日にM夫妻は再婚
し、これによりAは準正された。ところが、2005年2月22日にGが、A・G
間に自然父子関係を確立させるためJによる認知と準正を争う訴えを提起し
た。

　第一審のナンテール大審裁判所は、2006年2月10日判決で、M夫妻の別居
を認める決定[10]から300日経過してAが出生しているためJの父子関係の推
定は及ばないこと、Aの懐胎当時、FとGは親密な関係にあったこと、Fと
Gが夫婦同様に生活していたことがあり、AがFとGの子として認識されて

8　ECDH, Mandé c. France, n° 30955/12, 19 mai 2014.
9　1975年の離婚法改正で新設された夫婦の共同の請求に基づく離婚（旧230条以下）である。
10　裁判官は、勧解不調の命令（ordonnance de non-conciliation）を行う際、判決が既判力を生じ
るまでの仮の措置として、夫婦が別個に居所を有することを許可することなどを定めることができ
る（旧254条、旧255条）。

いたことを示す多くの証拠があること、ゆえにAはM夫妻の嫡出子として継続的な身分占有を有していたとはいえないこと、子の優越的な利益はその出自について真実を知ることであることを認定した。同裁判所はGの訴えを受理し、Gとの父子関係の有無について検討するためのDNA鑑定を命じた。しかし、Gのみが鑑定に応じたため鑑定不能となった後、同裁判所2008年5月16日判決はJの認知とAの準正を無効とした。同裁判所は、M夫妻がAとともにドバイに転居するなどしてDNA鑑定を妨害したことで生物学的な出自が不明確なまま生きることをAに余儀なくさせ、生物学的な出自を探る責任をAに負わせたことをとくに考慮しつつ、このようなM夫妻の態度は、たとえ再婚により築かれた家族を守る意図によるものであったとしても、子の利益に反すると評価した。さらに同裁判所は、M夫妻はDNA鑑定を拒否することでGの訴えに理由があることを認めたものと考えた。

　ベルサイユ控訴院2010年4月8日判決は第一審判決を是認。同控訴院は、まず原審が命じたDNA鑑定の妥当性に再検討の余地はないとし、次いで法定懐胎期間が1995年11月から1996年2月までであることを指摘したうえで、M夫妻が提出した資料はM夫妻の間で同居ないし親密な関係が維持されていたことを証明していないと判断した。反対に、Gが提出した資料は、GはAの懐胎時にFと親密な関係を維持し、懐胎時だけでなく出生後もFと生活したことを証明したとした。そして、同控訴院は、司法鑑定人の呼出しに対する拒否はヨーロッパ人権条約に判例に照らし子の最善の利益によって正当化されるとのM夫妻の主張を退けた。

　M夫妻は、①子の聴聞を定める民法典388-1条違反、②子どもの権利条約8条1項および3条1項違反を理由に破毀申立をした。破毀院は、①について、Aは第一審および控訴審の裁判官らに宛てた手紙で現在の父子関係を変更しないことを希望する旨表明していたこと、また、係属中の訴訟手続に関する情報がAに与えられていたことが認められることから、民法典388-1条の要求は満たされていたとするとともに、②は破毀申立を許容する性質のものではないとして、2011年10月26日判決でM夫妻の申立てを退けた。

　M夫妻およびA（以下、3名を合わせて「申立人ら」という。）が、認知とその後の準正を無効としたことはヨーロッパ人権条約8条（以下、「条約

８条」という。）に違反すると主張して、2012年４月25日にヨーロッパ人権裁判所に審査を申し立てた。

2 判旨

本判決は、まず申立ての受理可能性を審査し、申立人３名のうちＡの申立てのみを受理するとした（§23-30）。次いで、本件に条約８条が適用されるか否か、同条にいう「介入（ingerence）」があったか否かについて論じるが、ここではいずれも肯定したという結論の紹介にとどめる（§44-45）。続いて、「このような介入は、『法律によって定められた』介入が同条２項の観点から正当な目的の一つないしいくつかを追求し、かつ、その目的を達成するために民主的社会において必要なものである場合を除き、条約８条に違背する。」（§46）という基準を示したうえで、「法律によって定められた」、「正当な目的」、「民主的社会において必要なもの」という要件について順次検討するが、以下では本判決の中心を占める「民主的社会において必要なもの」（§51-59）を掲記する[11]。

「51 介入が追求する目的を達成するために『民主的社会において必要なもの』であったかという問題が残されているが、『必要』という概念は、その介入がやむを得ない社会的必要に基づき、かつ、とりわけ追求する正当な目的に比例したものであることを意味する（Negrepontis-Giannisis c. Grèce、2011年５月３日、§61参照。）。

52 そのために、当裁判所は、本件全体に照らして、介入を正当化するために援用された理由が条約８条２項の目的に対して適切かつ十分であったか否かを審査しなければならない。当裁判所の任務はすべての関係者と直接的な関係を結ぶことのできる国内当局にとって代わることではなく、国内当局

---

11 判決文では、母であるＦを「第一申立人（la première requérante）」、Ｆの夫でありその父子関係が争われているＪを「第二申立人（le deuxième requérant）」、子であるＡを「第三申立人（le troisième requérant）」、Ｇを実名で表記しているが、読者の便宜のためそれぞれＦ、Ｊ、Ａ、Ｇと記号に置き換えた。また、括弧書きでの先例の引用は、通称名と年月日のみに簡略化した。例えば、Mandé c. France, n° 30955/12, 19 mai 2014は「Mandé c. France、2014年５月19日」と表記する。

がその評価権限の行使としてした決定を条約の観点から評価することである（とりわけ A.L. c. Pologne、2014年2月18日、§66参照。）。当該国が有する評価の余地の範囲は状況、分野および文脈により異なる。一方で、当裁判所は、個人の存在またはアイデンティティの特に重要な側面が問題となるときは、評価の余地は通常制約を受けると判断してきた（Ahrens c. Allemagne、2012年3月22日、§68、前掲 A.L. c. Pologne、§68および Mennesson c. France、2014年6月26日、§77参照。）。親子関係が関わる場合がこれにあたる（前掲 Mennesson c. France、§80参照。）。他方で、当裁判所は、Ahrens 事件（Ahrens c. Allemagne、2012年3月22日。A.L. c. Pologne、§68も参照。）において、子と親とのつながりの維持に関わる権利についての問題を解決するときよりも、子の法的地位を決定するときのほうが評価の余地はより広いと判断してきた。当裁判所は、ある個人がその生物学的な父であると考える子に確立されている法律上の父子関係に対して異議を申し立てることを許容すべきか否かは、この要素ならびにこの問題について締約国間でコンセンサスを欠いていることから、締約国の評価の余地に属するとしてきた（前掲 Ahrens c. Allemagne、§75参照。）。また、当裁判所は、本件のように二人の個人の競合する基本権のバランスをとる場合には締約国の評価の余地は重要であるとも判断してきた（前掲 Ahrens c. Allemagne、§68、前掲 A.L. c. Pologne、§68、Ashby Donald et autres c. France、2013年1月10日、§40および Canonne c. France、2015年6月2日、§29参照。）。よって、被告国は本件において縮減された評価の余地しか有しないということはできない。

53　しかしながら、国による選択に当裁判所のコントロールが及ばないものではない。国が解決にあたり考慮した論拠を注意深く審査し、対立する諸利益の間で適切な均衡が図られたかを考究するのは当裁判所の役割である。そのために、当裁判所は、子の状況が問題となっている場合にはつねに子の最善の利益が優越しなければならないという重要な原則に拠らなければならない（多数のケースのなかでも前掲 Mennesson c. France、§81および Wagner et J.M.W.L. c. Luxembourg、2007年6月28日、§133-134参照。）。

54　最初に当裁判所は、本件で国内裁判所が判決に先立ち命じた鑑定を受

けることをＡが拒否したことをもって父子関係の認知の虚偽的性格に関する
結論を裏づける要素としたとするのは正確でないことに留意する。実際、ベ
ルサイユ控訴院2010年４月８日判決によると、国内裁判所がこの点につき考
慮したのは、ＦとＪが鑑定に従うのを拒否するとともにＡ──鑑定が命じら
れた当時10歳に満たなかった──を鑑定人のもとに連れていくのを拒否した
ことである。ＡとＧとの間の親子関係の確認に関して、同判決はこのＦとＪ
による拒否にではなく、法定懐胎期間および当事者によって対審的に提出さ
れた資料の評価に依拠していた。そしてベルサイユ控訴院は、懐胎期間中に
同居ないしは親密な関係がＦとＪの間で維持されていたことをＦとＪが証明
しなかったこと、反対に、ＧがＦと親密な関係を維持し、懐胎時だけでなく
Ａの出生後もＦと生活し、ＡがＧとＦの子として知られていたことが証明さ
れたことを認定した

　55　次に当裁判所は、ナンテール大審裁判所が当該手続におけるＡの利益
を代表するため特別代理人（administratrice ad hoc）を選任したが、申立
人らが国内手続の開始時にフランスを離れたため特別代理人はＡに面会する
ことができず、申立人らのうちＡは手続終結まで帰国することがなかったよ
うであることを認める。さらに、破毀院は手続において子が聴聞される権利
の問題を審理し、この権利は尊重されたと判断した。破毀院は、この点に関
して、Ａは手続について情報を与えられ、その親子関係が争われているのを
知っていたこと、そしてＡはドバイから手紙を事実審裁判官に送付し、その
なかで氏を変えることなく、Ｊとの父子関係を維持することを望む旨表明し
ていながらも聴聞を直接的に希望してはいなかったことを指摘した。このこ
とから当裁判所は、本件の事実関係において、国内裁判所がＡを決定手続に
関与させるためにすべきとされること（M. et M. c. Croatie、2015年９月３
日、§181参照。）をしなかったとは認められないと結論した。

　56　加えて当裁判所は、国内裁判所の判決理由から、国内裁判所が子の最
善の利益をその考慮事項の中心に然るべく位置づけたことを指摘する。そう
することで、国内裁判所は、再婚によって築かれた家族を守ろうとするＦと
Ｊの意思を蔑ろにすることなく、たとえＡがＪを父と考えＪとの間に非常に
強い情緒的つながりをもっていたとしても、Ａの利益はなによりもその出自

についての真実を知ることであると思料した。

57　国内裁判所は当然のこととして子の最善の利益に決定的な重みを与えることを怠らなかったが、要するにこの利益は、実の親子関係の確立ほどには、Ａがそれと考えるところ——当時確立していた親子関係の維持と子の情緒的安定の保持——にはなかったと判断したように思われる。言い換えると、国内裁判所の決定は、父子関係を承認させるというＧの利益をＡの利益よりも不当に優越させたのではなく、双方の利益に折り合いをつけようとしたのである。

58　なるほど比例性の面をみると、親子関係、Ａの氏ならびにＧの訪問宿泊権に関する国内手続と決定は、Ａの幼少期ないし青年期（国内裁判所への提訴時にＡは８歳半であり、第一審裁判所の判決時に約12歳、破毀院判決時に約14歳であった）に起きたわけだから、Ａの私生活および家庭生活に動揺を生じさせる性質のものではある。しかしながら、国内裁判所は親権の行使をＦに委ね、その決定はＡが望むようにＦの周囲に築かれた家族で日常生活を送ることを妨げるものではないことに留意する必要がある（Nazarenko c. Russie、2015年７月16日と比較せよ。）。実際、Ａは成年までこの家族のなかで育ったのである。

59　当裁判所は、Ａの私生活および家庭生活に対する裁判の介入の影響について正しく評価するものである。しかし、当裁判所は、子の最善の利益はＪがした父子関係の認知によって確立した親子関係を維持することよりも実の親子関係の確立——Ａの利益とＧの利益に折り合いをつけること——にあると判断したので、国内裁判所はその有する評価の余地を逸脱しなかったと考える。

60　よって、Ａに関して条約８条違反は存在しなかった。」[12]

---

12 以後、その他の条約違反についての説示（§61-64）と裁判長のニュスベルガーによる反対意見が続くが割愛する。

Ⅲ　民法典の規定

　本件では、評釈者がいみじくも「教室設例（cas d'école）」[13]と言い表したように、実親子関係に関するいくつもの重要な規定が登場する。本件に適用されるのは1972年改正後2005年改正前の条文（「1972年親子法」という。）なので、1972年親子法を概観した後に、本件に関係する条文について事案に沿ってみてゆく。

1　1972年親子法

　1972年1月3日の法律第3号は、民法典第1編第7章「親子関係（De la filiation）」をほぼ全面的に書き換えた。これは、1960年代から1970年代にかけてパリ大学法学部教授ジャン・カルボニエの起草により実現した家族法改正[14]のひとつで、一連の「カルボニエ諸法（lois Carbonnier）」のなかで最も画期的との評もある[15]。実親子関係に関する原始規定（ナポレオン法典第1編第7章「父子関係および親子関係（De la paternité et de la filiation）」）は、①婚姻に基づく嫡出子と婚姻外で生まれた自然子[16]の峻別と後者に対する差別、②強力な嫡出推定と否認の原則的禁止、③自然父子関係の法的確立（父子関係の捜索）の原則的禁止と、革命期の法に比べ反動的な性格を有していた。19世紀末から20世紀中葉にかけて①に関しては自然子に対する相続分の付与[17]、③に関しては父子関係の捜索の限定的許容[18]へと進んだが、第4共和制下の民法典改正事業は頓挫し[19]、ナポレオン法典の基本構造は維持

---

13 Alline CHEYNET de BEAUPRÉ, Filliation réelle : le devoir de connâitre ses origines ?, *RJPF* 2016, n° 1, p. 34.

14 1965年の夫婦財産制に始まり、1968年の成年者保護制度、1970年の親権、1972年の実親子関係および1975年の離婚に関する民法典改正を指す。

15 Hugues FULCHIRON, La loi du 3 janvier 1972 sur la filiation: quel héritage ?, *Droit de la famille* 2022, n° 6, pp. 13-16.

16 「自然子（enfant naturel)」という呼称には実定法上の保護を受けない自然法上の存在といった意味合いがある。稲本洋之助『フランスの家族法』（東京大学出版会、1985年）57頁の注32参照。

17 1896年3月25日の法律。

18 1912年11月16日の法律。

されたまま1972年を迎えることになった。

　1972年親子法の基本的志向はしばしば3つの語で表現される、すわなち、①平等、②真実、③安定である。

　①平等に関して、第7章第3節「自然親子関係（De la filiation naturelle）の冒頭で「自然子は、その父母との関係において、一般に嫡出子と同一の権利及び義務を有する。」（旧334条）と宣言し、とくに相続においても「嫡出子と同一の権利を有する」（旧757条）とした。ここに、子の平等化が姦生子と近親子を除き[20]達成された。しかし、「嫡出子」、「自然子」という差別的なニュアンスをいくぶん含む用語はなお残り[21]、条文配列上も両者は隔てられていた。

　②真実に関して、自然子の地位の改善という不可逆的な潮流と血液鑑定など科学技術の発達を背景に「生物学的真実」への到達を許容する規定が置かれた。極めて例外的な場合に限られていた嫡出父子関係の否認は解禁され、夫は「父でありえないことを示すに適した事実を証明する」ことで子を否認することができるようになった（旧312条2項）。また、推定が及ばないいくつかの場合が法定された[22]。徹底して「臭いものに蓋」をしていたナポレオン法典の強力な嫡出推定は「生物学的真実」に道を譲ったのである。他方、自然父子関係の捜索が許容される事由と訴えの不受理事由を列挙するやり方は改正前の規定を踏襲しており、法文の若干の手直しにとどまった（旧340条、旧340-1条）。嫡出の否認とは異なり自然父子関係について証拠方法の

19　第4共和制下の民法典改正委員会は親子法の「抜本的な改正を提議したものではなく、比較的穏やかな態度を示していた」。久喜貴彦「フランス非嫡出子法の動向に関する一考察」同『現代家族法の展開』（一粒社、1990年）195-241頁、197頁〔初出、1974年〕。

20　姦生子（enfant adultérin）とは、夫婦の一方とその配偶者以外の者との姦通（adultère）によって生まれた子をいう。1972年親子法はこの侮蔑的な呼称を「その懐胎の時にその父又は母が他の者との婚姻の関係にあった自然子」（旧759条）という表現に置き換えるとともに認知および親子関係の捜索に関して一般の自然子と同じ扱いにしたが、相続分における格差は存続させた（旧759条以下）。近親子（enfant incestueux）とは、近親婚の関係にある父母から生まれた子であり、父母のいずれか一方としか法的親子関係を確立することができない。この制限は現行規定になお存在する（310-2条）。

21　「自然子」という用語は2005年の改正でフランス民法典から一掃されることになる。

22　そのうち本件に関わる旧313条について次項で触れる。

318 理論

自由は認められなかったが、不受理事由の一つに「父と主張される者が、血液検査又は他のすべての確実な医学的方法によって子の父でありえないことを立証する場合」（旧340条の1第3号[23]）が掲げられ、親子法の科学への接近はすでに始まっていた。後に、1993年1月8日の法律第22号によって、旧340条の5つの開始事由は「〔父子関係の存在について〕重大な推定又は徴憑があるとき」へと緩和され、旧340条-1の不受理事由は削除されることなる。

③安定に関しては、嫡出親子関係か自然親子関係か、あるいは父子関係か母子関係かによって違いがあるものの、いずれにせよ一定期間が経過すると親子関係を争う途は閉ざされる。嫡出子の場合、夫による嫡出の否認の訴えは子の出生[24]から6か月以内に提起しなければならない（旧316条）。夫による否認がない場合に、真の父と再婚した母は準正を目的としてのみ前夫の父子関係を争うことができる（旧318条）が、この訴えは再婚から6か月以内かつ子が7歳に達するまでに提起しなければならない（旧319条）。自然子の場合、認知と一致する身分占有が10年間継続した後は、他方の親、子自身および真の親を称する者以外の者は認知の効力を争うことができない（旧339条3項）。反対に、父子関係の捜索の訴えは、原則として子の出生から2年以内に、例外的に、父と主張される者と母との内縁関係が終了してからもしくは父と主張される者が父として子の養育への関与することを終了してから2年以内に、または子が未成年の間に訴権が行使されなかった場合には子の成年到達から2年以内に、行使しなければならない。そして、これら短期の出訴期間が定められていない場合でも、およそ親子関係に関する訴権は、その者が主張する身分が剥奪された日、またはその者について争われている身分の享有を開始した日から起算して30年で時効にかかる（旧311-7条）。

2　本件に関係する条文

本件の事案に沿って1972年親子法の個々の条文がどのように関係しているかみてゆく。

---

23 1955年7月15日の法律第934号による旧340条の改正に由来する。

24 夫が子の出生地にいなかったなど特別の事情がある場合には起算点が移動する。

FがAを出産した1996年8月27日は離婚が言い渡された日から71日目である。旧311条が定める法定懐胎期間（出生日の前300日から180日まで）とF・Jの婚姻期間は重複しており、Jの父子関係の推定が働くのが原則である。しかし、本件では離婚手続のなかで1995年7月12日に勧解不調の命令が出ており、これは父子関係の推定が排除される場合について定める旧313条のいう「夫婦が別個に居所を有することを許可する命令」に当たる[25]ので、勧解不調の命令から300日経過した後に生まれたAにJの父子関係の推定は及ばないことになる。そして、Aは母Fの夫であるJを表示することなく出生証書に登録された。父子関係の推定がいったん排除された場合であっても、①子が夫婦に対して嫡出子の身分占有をする場合は法律上当然に（313条2項）②法定懐胎期間中に夫の父子関係を確実と思わせる事実上の関係が夫婦間に生じたことを証明して夫婦のいずれかが請求することで（旧313-2条2項）、父子関係の推定は回復しうるが、本件ではそのような事情はなかったようである。むしろベルサイユ控訴院は、法定懐胎期間中にGとFは親密な関係にあり、Aの出生後もGとFがともに生活していたと認定していた。

　Aの出生から約1年後に元夫のJはAを認知した。なぜそれまでGは認知しなかったのか、当時Jは自らがAの血縁上の父ではないことを知っていたのか、Jが認知するに至った経緯など認知にまつわる事情は判決からは明らかでないものの、FとJの復縁に伴う好意認知である可能性が高い[26]。自然子の認知は、これと矛盾する法的親子関係が既に確立していないかぎり、自由にすることができる（旧338条）。血縁関係のない子に対する認知は、その動機がどのようなものであれ常に起こりうる事態であって、たとえ不実認知であっても積極的に争う者が現れなければA・J間の法的父子関係は存続す

25　注10）参照。

26　「好意認知（reconnaissance de complaisance）」とは、子との間に自然的親子関係（血縁）がないことを知りながら父の地位を引き受けるために母の夫ないしパートナーによってなされる認知をいう。近年、移民問題との関係で国籍取得などの利益獲得のみを目的とする「脱法的認知（reconnaissance frauduleuse）」に対する取締りが強化されているが、もともとフランス法には養育者による不実認知に寛大な傾向があった。代表的な概説書によれば、好意認知は「フランスの文化的例外に属するある種の慣習」である。Philippe MALAURIE et Hugues FULCHIRON, *Droit de la famille*, 7ᵉ éd., LGDJ, 2020, n° 882.

るはずであった。Aの出生から約7年後にFとJは再婚し、婚姻による準正
（旧331条）によってAはF・J間の嫡出子となった。1972年親子法によって
嫡出子と自然子との法的格差はほぼ解消され準正の意義は減じたが、子が称
する氏に関してはつぎのような違いが残っていた。嫡出子は当然に父の氏
（patronyme）を称するとされていた[27]のに対し、自然子は両親のうち親子関
係が最初に確立された者の氏を取得する（旧334-1条）。したがって、生来の
氏としてFの氏を称していたAは、遅くとも準正の後は当時の法律上の父で
あるJの氏を称することになった。本件で申立人らは認知と準正が無効にな
るとAがこれまで称してきた氏を失ってしまうとも主張していた（§35）。

　そして、J・Aの父子関係を争うGが根拠としたのは旧339条である。掲
記する。

①認知は、それに利害を有するすべての者が、それを行った本人であって
　も、争うことができる。
②訴えはまた、証書自体から引き出される徴表が宣言された親子関係を不
　確実なものと思わせる場合には、検察官にも認められる。訴えは、養子
　縁組に関する規則を回避するために認知がなされたときも、検察官に認
　められる。
③認知に一致し、かつ、認知から少なくとも10年を経過した身分占有が存
　在するときは、いかなる争いも、もはや受理することができない。ただ
　し、他の親、子自身又は真の親を称する者の側からの場合には、その限
　りでない。

　同条1項によれば利害関係を有するすべての者が不実認知を争うことがで
き、これには「真の父（véritable père）」であると主張するGも含まれる。
もしAに対して父子関係の推定が働いていたのであれば父子関係を覆す途は
とうに閉ざされていたのだが、本件では、たとえ認知に一致する身分占有が

27　かつて嫡出子に父の氏を付与して出生証書にこれを記載すべきことは一般にほとんど疑問の余
地がないものとされており、民法典等の法令に規定は存在しなかった。木村健助『フランス法の氏
名』（関西大学出版・広報部、1977年）60-61頁。

10年間継続したとしても、「真の親を称する」Gは争うことができた（3項）。A・Jの法的父子関係が安泰となるには30年の時効（旧311-7条）を待つほかなく、認知による自然親子関係に関して1972年親子法は相当に「真実」志向であったといえる。こうしてAの出生から約8年6か月後、A・Jの父子関係は法廷で争われることになったのである。

Ⅳ　分　析

1　DNA鑑定

　ポルタリスは『民法典序論』のなかで「生殖という神秘の中で、自然がどのような営みをしているのかは、窺い知ることができない。我々は、自然の営みを覆うベールを剥がすことはできないであろう。」[28]と述べ、実親子関係の規律は「生物学的真実」の不可知性を前提に組み立てられたが、科学技術の発展は状況を一変させた。前述のとおり1972年親子法の時点で「血液鑑定」は想定されていたけれども、まだ精度は低く、親子法の多くのしくみが「真実らしさ（vraisemblance）」に依拠していた。ところが、1980年代後半以降、遺伝子情報の高い識別能力を生かした鑑定技術が飛躍的に発展し、今日では極めて高い確度で「生物学的真実」を明らかにできるようになった。「自然の営みを覆うベール」を無慈悲に剥ぎ取るDNA鑑定は、好むと好まざるとにかかわらず親子法を考える上での前提条件となるとともに、現実の親子法のありようを左右している。

　フランスでは1994年の生命倫理法によってDNA鑑定の利用について法律による規制が加えられた。遺伝子による人の同定は裁判手続での調査・証拠調べまたは医学的な目的もしくは科学的研究でしか行うことができず、民事においては親子関係事件の裁判官が命じる証拠調べとしてのみ行われ、関係者の事前の同意を要する（生命倫理法が新設した民法典16-11条）。したがって、私人が裁判外で自由にDNA鑑定を依頼することはできず、その結果を法廷に持ち込むこともできない[29]。一方で、DNA鑑定を実施するかどうか

28　金山直樹訳・解説『ポルタリス 民法典序論』（日本評論社、2024年）53頁。

は裁判官の裁量に委ねられており、1990年代後半には裁判実務で広く利用されるようになっていた[30]。2000年代に入ってすぐに破毀院は、当事者からDNA鑑定の請求があった場合、「実施しないことに正当な理由がある場合を除き、親子関係の分野で生物学的鑑定は法律上当然に行われる」と判示した[31]。やがて破毀院はこの「正当な理由」を厳格に解するようになり、既存の身分を脅かされないという子の最善の利益そのものは「正当な理由」に当たらないとする[32]。

　問題は、当事者がDNA鑑定に応じない場合、そのことを裁判上どのように評価するかである。たしかにDNA鑑定を直接的に強制することは許されないが、鑑定拒否をもって擬制自白のように扱うならば事実上諾否の自由はないに等しい。破毀院は、この拒否が徴表の集合（un faisceau d'indices）によって裏づけられるときは、争われている親子関係の存否を認定することができるとする[33]。鑑定拒否が拒否した者にとって直ちに不利に働くわけではないが、他の諸事情と併せて考慮される対象となるし、鑑定拒否には正当な理由があるとしつつこれを利用せずに他の諸事情から結論を導く場合[34]もある。

　本判決によると、「国内裁判所が判決に先立ち命じた鑑定を受けることをＡが拒否したことをもって父子関係の認知の虚偽的性格に関する結論を裏づける要素としたとするのは正確でない」のであって、国内裁判所の判断はＦとＪがDNA鑑定を拒否したことではなく、法定懐胎期間の規定と当事者双方が提出した同居ないし親密な関係に関する証拠資料に依拠していた（§54）。これは、国内裁判所の根拠は鑑定拒否だけはなく、徴表の集合であったというフランス政府の主張（§39）──これは前述の破毀院の立場である──を受け入れたものである。国内裁判所は「生物学的真実」の手前にある

---

29 民法典16-11条の規定に違反するDNA鑑定に対しては刑事罰が科される（刑法典226-28条）。

30 松川・前掲注４）295-296頁および302頁（該当箇所の初出は1996年）。

31 Cass. 1ʳᵉ civ., 28 mars 2000, *D.* 2000. 731, note Garé. ただし、認知異議の訴えの原告が求めていたのは血液鑑定であった。

32 Cass. 1ʳᵉ civ., 13 juiilet 2016, *JCP éd. G* 2016. 240, note Leveneur-Azémar.

33 Cass. 1ʳᵉ civ., 15 mai 2013, *RTD civ..* 2013. 586, obs. Hauser.

34 Cass. 1ʳᵉ civ., 24 mai 2002, *JCP éd. G* 2003. II. 10053, note Garé.

「真実らしさ」で正しく判断したものと評価された。むしろヨーロッパ人権裁判所にとって重要なのは、DNA鑑定に協力しなかったFとJの行為を子の出自を知る権利という観点からどのように考えるかであった。この点について次にみる。

2 出自を知る権利

　子がその出自（origine）を知る権利とは、自身の出生に関わる事実、とりわけ生物学的な親についての情報を得る権利である。フランスにおいてこの問題[35]は、伝統的な制度である匿名出産との関係で、あるいは匿名の第三者が関与する生殖補助医療との関係で議論されてきた。2003年、ヨーロッパ人権裁判所は、匿名出産で生まれた子が自らの出生に関わる事実の開示を求めた事案であるオディエーブル対フランス事件において、子の出自を知る権利と出産に際し匿名を保持する女性の利益とが衝突する状況でとるべき選択について締約国には一定の評価の余地があるとしたうえで、子は生物学的な母および家族について身元を特定できない範囲の情報は得たこと、判決の前年の法改正[36]により生物学的な母の同意を条件としてその身元の開示を求めることが不可能ではなくなったことから、フランスの法制度は諸利益の間で十分な均衡と比例を図ろうとしており、フランスは評価の余地を逸脱していないとして、条約8条違反はないと結論づけた。この判断は僅差（10対7）であり、かろうじて条約適合性が認められたというべき状態であった。

　このようなヨーロッパ人権裁判所の厳しい視線の下で本件でも子の出自を知る権利が論じられることになったが、同裁判所の先例と本件とではだいぶ様相を異にしている。本件以前の代表的な先例には前出のオディエーブル対フランス事件のほかに、婚外子が法的親子関係を確立しようとしたが父と主張される者がDNA鑑定に応じなかったミクリッチ対クロアチア事件[37]および生物学的な父と思われる者の死後に子がDNA鑑定により真相を確かめよ

---

35 « accès aux origines » と呼ばれることが多い。

36 西希代子「出自を知る権利——養子および国の被後見子の出自へのアクセスに関する2002年1月22日法」日仏法学23号（2004年）288-290頁。

37 ECDH, Mikulić c. Croatie, n° 53176/99, 7 février. 2002.

324　理論

うとしたヤギ対スイス事件[38]があるが、いずれも出自を知ることを求めていたのは子の側であった。子による権利主張に対し、ヨーロッパ人権裁判所は「個人のアイデンティティの重要な側面に関する真実を明らかにするのに必要な情報を得ること」は「条約によって保護される最も重要な利益」である[39]としたうえで、これと競合する諸利益（中絶の回避、DNA鑑定を強制されない利益、死体の尊重など）との調整を図ってきた。これに対し、本件のAは「その出自についての真実を知ること」（§56）を望んでおらず、それどころか国内裁判所の判断を社会学的真実（vérité sociologique）や心理学的現実（réalité psychologique）を軽視したものと非難していた（§34）。

　しかし、ヨーロッパ人権裁判所は、「Aの最善の利益はJがした父子関係の認知によって確立した親子関係を維持することよりも実の親子関係の確立……にある」と結論した（§59）。ここでいう「実の親子関係（filiation réelle）」とは生物学的な親子関係を意味し、それは法的親子関係と一致すべき[40]というのである。ヨーロッパ人権裁判所は、「ある個人がその生物学的な父であると考える子に確立されている法律上の父子関係に対して異議を申し立てることを許容すべきか否か」について締約国は評価の余地を有しており（§52）、締約国による選択が「子の最善の利益が優越しなければならないという重要な原則」（§53）に適うか審査するのが役割であると自任するものの、「実の親子関係」なる口吻に隠しきれない血縁主義的志向が窺われる。

　この点についてフランスの評釈者は批判的である。ガレ[41]は、生物学的な出自を知ることが子の利益であるという一般原則を打ち立てることになるヨーロッパ人権裁判所の説示は軽率であり、子の利益の内容を決めるような一般原則を認めるのは不可能であって、子の利益の評価はケースバイケースでしかありえないと批判する[42]。本判決が出自を知る権利を、知ることを望ん

---

38 ECDH, Jäggi c. Swiss, n° 58757/00, 13 juillet 2006.

39 Mikulić c. Croatie, §64.

40 本判決の « établissement de sa filiation réelle » という表現は、単に生物学的な親子関係を証明するのではなく、Gが望むように法的親子関係を確立することを意味している。

41 Thierry GARÉ, Pour la Cour EDH, l'intérêt supérieur de l'enfant est d'être rattaché à son père biologique !, *JCP éd. G* 2016. 524.

でいない生物学的な出自を押しつけられる子の義務に変えてしまったことには驚くほかないという。また、シェネ・ド・ボプレ[43]も、子の利益という概念をどのような色にでもなるカメレオンになぞらえつつ、AとJの情緒的親子関係を退けたフランスの裁判官たちの選択こそ子の最善の利益に適わないというべきではないかと問う。そして、出自を知る権利を義務に変えてしまったヨーロッパ人権裁判所の論理がやがては生殖補助医療で子をもうけた同性カップルなどにも及びかねないと指摘する。

　本判決による引用によれば、国内裁判所は生物学的な父との間に法的親子関係を確立することが子の利益に適うとまでは明言しておらず、前項で述べたようにDNA鑑定の拒否を他の証拠資料とともに考慮事項の一つとしたのと、鑑定に協力しないFとJの態度について「生物学的な出自が不明確なまま生きることをAに余儀なくさせ、生物学的な出自を探る責任をAに負わせ」るものとして子の利益に反すると消極的に評価した（§15）にとどまっている。事案の結論自体は国内裁判所が1972年親子法に則して判断した結果[44]とみることもできるから、一般原則であるかのようなヨーロッパ人権裁判所の判示はガレの言うとおり行きすぎであり、これをもってフランス親子法の姿とはいえないであろう。しかし、「評価の余地」が留保されているはずの法的親子関係の決定に子の（最善の）利益という通路からも「生物学的真実」が浸潤していることに注目すべきである。

3　親子関係の存否と効果

　フランス法にせよ日本法にせよ、法的親子関係の存否の判断が先にあり、その存在が法的に承認されてはじめて種々の効果——親権、扶養、相続、氏など——が全面的に発生するという順序をたどる。親子関係の存否はさまざまな法律関係の前提問題であり、それゆえ理論上も実際にも激しく争われてきた。もっとも、子に適切な養育者を与えるという親子法の目的から、法的

42　Jean HAUSER, obs. sous ECDH Mandé c. France, *RTD civ.* 2016. 331. も同旨。

43　CHEYNET de BEAUPRÉ, *supra* note 13, nº 3, p. 34.

44　国内裁判所にとって1972年親子法の解釈の余地は小さかった。CHEYNET de BEAUPRÉ, *supra* note 13, p. 35.

親子関係の効果が存否の判断に影響を与えることがないわけではない。日本法でいえば、推定の及ばない子に関する新家庭形成説は法的父子関係の存否の判断にそれがもたらす結果を取り込もうとする発想に立脚していた[45]。また、経済的利益を図るために長年継続してきた親子関係を覆滅しようとする訴えに権利濫用法理を適用した最高裁の判断[46]も、そこから生じる結果の比較較量から逆算してなされたものといえる。親子関係の存否と効果は常に単方向の関係にあるわけではない。

　本件では、Aが強い情緒的つながり（liens affectifs）をもち、その人こそ父であると考えてきたJではなく、物心がついてからは交流のないGを法律上の父とする結果となった。このようなフランスの評釈者ならずとも違和感を拭えない判断をするにあたり、実際にどのような影響がAに生じるかが検討されている。申立人らがJが法律上の父でなくなることでAの氏や相続に影響するほかJを中心とした家庭生活に支障が生じることを主張した（§35-36）のに対し、ヨーロッパ人権裁判所は、Aの私生活および家庭生活に動揺が生じうることは認めながらも、親権の単独行使が母Fに委ねられた[47]ことから従前の日常生活の妨げとはならないと応答した。それは、事実上子に大きな影響をもたらさないので「父の交代」を認めるという、やや奇妙な論理である。

　さて、望みどおり法律上の父となったGには訪問宿泊権が認められたが、本判決後まもなくAが成年に達したことでそれも徒労に終わった。「自然の営みを覆うベール」を脱いだ「実の親子関係」とはいったい何か、本判決が残した疑問である。

45　最判平成26・7・17民集68巻6号547頁は夫婦の離婚後に子が母と生物学上の父により監護されている場合でも新家庭形成説の立場をとらないことを明らかにした。ただし、金築裁判官と白木裁判官は新家庭形成説に沿った反対意見を述べた。

46　注7）所掲の最判平成18・7・7民集60巻6号2307頁。

47　373-2-1条1項による。

V　むすびに代えて

　この半世紀、フランス親子法と「生物学的真実」の攻防は、後者の攻勢を前者が後退しつつ凌ぐという構図で推移してきた。間断的な法改正が陣地の再構築を図るも、ときに判例が防衛線に穴をあける。その一例として旧322条に関する有名な破毀院判決を挙げよう。旧322条は「いかなる者も出生証書に合致する身分占有を有する者の身分を争うことができない」と定めていた。この規定は本来、子の身分の安定をもたらすはずであったが、1985年の破毀院判決[48]はこれを反対解釈し、父子関係の推定が及ぶ嫡出子であっても出生証書に合致する身分占有を欠く場合には利害関係のある者は誰でも親子関係を争うことができると判示した。ここに1972年親子法が構想した真実と安定のバランスは大きく変化することになった。1993年には父の捜索の訴えの障害が整理され、結論が科学的鑑定に委ねられる場面が拡大した[49]。

　2005年の改正[50]は、フランス親子法の3つの柱のうち①平等をより徹底し、②真実と③安定のリバランスを目指した。①では、「嫡出子」、「自然子」という用語そのものを廃止するとともに、父母の婚姻の有無にかかわらずできるだけ共通の規律が適用されるものとし、そのことを条文配列でも表現した。②に関しては、親子関係の訴えが受理されるかぎり「すべての方法によって証明され、かつ争われる」（310-3条2項）として、証拠方法の自由を宣言した。当然この「すべての方法」には「生物学的真実」に直接アクセスするDNA鑑定が含まれる。その一方で、③を補強すべく、出訴期間を状況に合わせて段階的に設定した。証書と合致した身分占有[51]が子の出生時または認知時から5年間継続している場合、検察官を除き[52]何人も親子関係を争うこ

48　Cass. 1re civ., 27 février 1985, *D.* 1985. 265, note Cornu.
49　前出Ⅱ1。
50　2005年7月4日のオルドナンス第759号による民法典改正をさす。後に2009年1月16日の法律第61号がこのオルドナンスを追認するとともにいくつかの修正を加えた。
51　子を認知した父が養育費を支払うなど日常的に父として振る舞っていた場合がこれ当たる。
52　検察官を除外する文言は2009年1月16日の法律第61号によって追加された。国籍取得や海外での代理懐胎等を糊塗する脱法的認知への対応である。

とはできない（333条2項）。証書と合致した身分占有が5年未満である場合は、子、その父母または真の親を称する者のみが訴えを提起することができる（同条1項）。証書に合致する身分占有が存在しないときは、すべての利害関係人が訴えを提起することができる（334条）が、親子関係訴訟の原則である10年に時効に服する（321条）。このように、出訴権者と出訴期間を適宜絞ったうえで訴えを受理する以上は「生物学的真実」で決着をつけるという建付けとなった。

　仮に本件に2005年の改正後の規定が適用されたならば、JによるAの認知の時から証書と合致した身分占有——M夫妻とAの日常生活——が5年以上続いていたから、真の父を称するGといえども門前払いされていたであろう。多くの人にとってマンデ対フランス事件の結末は受け入れやすいものになったかもしれない。ただ、フランスのこの立法的決断が安泰であるわけではない。5年の経過で子自身の訴えまで封じてしまったのは真実から安定へと逆振れしすぎではないかとの指摘[53]もあり、子の側が法的親子関係を「実の親子関係」に一致させることを望んだ場合にヨーロッパ人権裁判所がフランス親子法をどのように評価するか予断を許さない。

　日本民法の実親子関係に関する規定も、血縁を基礎としつつ、子の身分の安定、家庭の平和、関係者の意思、そして本稿の冒頭で触れた子と養育者との社会的親子関係などより多くの要素を父子関係の存否の判断に取り込むことになった。考慮事項が複雑化すると同時に、大きな理念である「子の利益」についても「身分の安定」といった抽象的な次元にとどまらず、例えば社会的親子関係の評価にあたっては事案に沿った個別具体的な子の利益の把握が求められることになろう。多くの法律関係の基礎となる親子関係の判断基準は安定していることが望ましいが、それでも「事情は様々」[54]である。立法の周到さを判例が乗り越えてゆくのはあらかじめ覚悟しなければならない。フランス親子法における立法と判例の協働と緊張、そのダイナミズムを、より細やかに観察することで得られるものは多い。

---

53 MALAURIE et FULCHIRON, *supra* note 26, n° 996.
54 最判平成26・1・14民集68巻1号1頁の法廷意見より抜粋。

契 約

双方有責不能法理の射程
――債権者による履行としての目的到達への展開――

北 居 功

I　はじめに
II　本来の給付義務の履行不能
III　契約不適合の追完義務の履行不能
IV　おわりに

I　はじめに

　双務契約において、両当事者の責めに帰すべき事由によって債務の履行が
不能となる場合に、契約全体に生じた不利益を債務者と債権者双方のそれぞ
れの帰責性の程度に応じて配分する法理を、本稿では、「双方有責不能法
理」と呼んでいる[1]。

　ドイツ法で適用が問題とされるのは、一方で、債務者に不能の責めが帰さ
れる場合に債権者に給付に代わる損害賠償請求権を代金債務との差額の範囲
で認めるドイツ民法典（以下、「BGB」と表記する。）旧第325条（2002年の
債務法の現代化法による現行第280条第 1 項、第 3 項、第283条、第326条第
1 項、第325条：本稿では、以下、2002年の債務法の現代化法による BGB

---

1 この問題の詳細は、采女博文「双務契約における当事者双方の責に帰すべき事由による履行不
能」九大法学42号（1981年）75頁以下および坂口甲「双務契約における両当事者の責めに帰すべき
事由による履行不能」神戸市外国語大学外国学研究所研究年報48号（2012年）137頁以下。とりわ
け、解決案として反対給付請求権脱落説（調整請求権説）と反対給付請求権存続説（契約解除制限
説）の対比を指摘するのは、坂口甲「両当事者の責めに帰すべき事由による履行不能の効果論に関
する一考察」私法75号（2013年）160頁以下。

改正前の条文を「旧」、改正後の条文を「現行」と表記する。）と、他方で、債権者に不能の責めが帰される場合に債務者に反対給付の請求を認めるBGB旧第324条（現行第326条第2項）の規定である。債権者に損害賠償請求権・解除権を認める規定と債務者に反対給付請求権を認めるこれらの規定のうち、いずれの規定を選択的に（alternativ）適用すべきかという問題設定が起点とされたが、両当事者の帰責性の割合に応じて、買主の損害賠償・解除権に関する規定と売主の代金支払請求権に関する規定とを重畳的に（kumurativ）適用する事案解決を図るべきとするのが、現在の実務と学説の趨勢と評価できるであろう[2]。

　この趨勢に沿った解決方法によれば、我が国でも、債権者は、債務者に対して不能となった債務の履行に代わる損害賠償を請求できるが（第415条第2項第1号）、債権者にも責めに帰すべき事由があるため、過失相殺によって損害賠償額が減額される（第418条）。反面で、債務者は債権者に対して反対給付の履行をなお請求できるため、債権者の損害賠償請求権と債務者の反対給付請求権が損益相殺されることで、この問題の基本的な解決ルールが導かれる（代償賠償理論）。他方で、債権者が解除を選択する場合、債権者の帰責性の程度に応じて債権者の契約解除を制限することで、債務者に債権者の帰責性の程度に応じた反対給付請求権を認める解決も提案される（差額賠償理論）[3]。

　本稿は、以上の検討結果を、具体的な事例を想定して、双方有責不能法理が有効に機能する理論的な射程を見極めることを目的とする。もっとも、双方有責不能事例は極めて特殊であり、双方有責不能法理が実際に適用され得る場面はごく限られている[4]。そのため、本稿は、理論検証のモデル事例として売買契約を措定した上で、まずは、売主の本来の給付義務が双方有責不能となる事例を取り上げる（以下、「Ⅱ」を参照）。その次に、契約不適合物

2　詳細は、北居功「債権者の責めに帰すべき事由による解除制限」慶応ロー44号（金山直樹教授退職記念号）（2020年）57頁以下を参照。

3　代償賠償理論と差額賠償理論の差異については、北居・前掲注2）67頁以下を参照。

4　ドイツでの債権法の現代化法の立法過程でも、双方有責不能法理の「実際的な意義は大きくない」ことは指摘されている。BT-Drucks., 14/6040, S.187.

332　契約

が引き渡された場合に、買主の責めに帰すべき事由によって売主の追完義務
が履行不能となる事例を取り上げることとして（以下、「Ⅲ」を参照）、双方
有責不能法理の理論的射程について、一応の結論を導くことにしよう（以下、
「Ⅳ」を参照）。

Ⅱ　本来の給付義務の履行不能

1　履行前の目的物滅失による履行不能（事例1）

　双方有責不能の典型的な講学事例は、未だ売主の給付義務が履行されてい
ない段階で、売主と買主の双方の責めに帰すべき事由によって売主の給付義
務が履行不能となる事例である。たとえば、中古車の売買で、自動車にブレ
ーキに欠陥がありまたはタイヤが摩耗しているものの買主が試乗したところ、
上記契約不適合に買主の運転ミスも相まって交通事故が発生し、当該自動車
が滅失したという事例である[5]。あるいは、債権者の荷物の梱包の不手際と
債務者の運送自体の不手際の結果、荷物が壊れた事例では、債務者の不手際
で荷物が壊れる以上は債務者が全部の責任を負うことが説かれる一方で[6]、
双方有責不能事例として扱うべきとの指摘もある[7]。

　実際の判例でも、売買で双方有責不能事例が現れる。たとえば、ドイツで
のリーディングケースと目されるライヒ裁判所1909年5月21日判決では[8]、
所有権留保付きで売却された設備付き印刷所の残代金支払を売主Xが買主Y
に対して請求したが、印刷所の敷地の賃貸人Aが賃借人である印刷所売主X
の地代未払いのため、印刷所を設備と共に差し押さえて競売した事案である。

---

[5] たとえば、Jörg-Martin SCHULTZE, Die Problematik beiderseits zu vertretender Unmöglichkeit, in JA., 1987, S.177; Florian FAUST, Von beiden Teilen zu vertretende Unmöglichkeit, in JuS., 2001, S.134; Daniel ULBER, Erman BGB., Bd.1, 16.Aufl., Köln, 2020, §326, Rn.30. などを参照。
[6] Ole LANDO/ Hugh BEALE (eds.), Principles of European Contract Law, Part I and Part II, The Hague/ London/ New York, 2000, p. 361; Christian von BAR/ Eric CLIVE (eds.), Principles, Definitions and Model Rules of European Private Law, Draft Common Frame of Reference, Vol.1, Munich, 2008, p. 774.
[7] Stefan LEIBLE/ Matthias LEHMANN (eds.) / Beate GSELL, European Contract Law and German Law, Alphen aan Rijn, 2014, pp. 377-378.
[8] RGZ., Bd.66, S.344の再上告審である RGZ., Bd.71, S.187.

ライヒ裁判所は、YがXとの関係で地代を支払う義務を怠ったことと、強制競売が予想されるにもかかわらずXが所有権留保を放棄しなかったことを双方有責とした上で、「Xの当該給付の不能が、一部で彼自身に、一部でYの責めに帰される所与の事例でも、誰の帰責性が、法律の適用を定める帰責性とみなされるべきか、そして、それにより、〔BGB 旧〕第325条または〔BGB 旧〕第324条の規定の全部または一部の適用が正当化されるのかという問いが、第254条〔共働過失〕から明らかとなる一般的な法の基本原則に沿って判断される」（文中の〔 〕は筆者が挿入）と説いている[9]。

2　受領遅滞後の目的物滅失による履行不能（事例2）

売主が債務の本旨に適って弁済を提供したにもかかわらず買主がその受領に応じない場合、いわゆる受領遅滞の問題となる（BGB 第293条：我が国の第413条参照）。買主に受領遅滞が認められると、売主は、故意または重過失についてしか責任を負う必要がない（BGB 第300条第1項：我が国では自己の財産に対するのと同一の注意義務で足りる：第413条第1項）。したがって、債権者が受領遅滞にある間に、債務者が上記注意を払っていたにもかかわらず履行が不能となる場合に、債務者は債権者に対してなお反対給付を請求できる（BGB 旧第324条第2項・現行第326条第2項第1文第2選択肢）。

ここで売主が故意または重過失で目的物を滅失させた場合、もはや売主の給付義務は履行不能となり（BGB 第275条第1項：我が国の第412条の2第1項参照）、しかも、売主は自身が果たすべき保存のための注意義務を怠ることで目的物を滅失させたのであるから、買主は売主に対して履行に代わる損害賠償を請求し、あるいは、契約を解除できることになる（BGB 第280条、第283条、第323条：我が国の第415条第1項ただし書き・第2項第1号、第542条第1項第1号参照）。しかし、そもそも買主が正当な弁済の提供に応じないことで受領遅滞を生じさせたため、売主は本来解放されるはずの給付義務から解放されず、目的物の保存義務をなお負っていたのであるから、買主

---

9 ドイツの判例については、坂口甲「双務契約における両当事者の責めに帰すべき事由による履行不能」前掲注1）154頁以下を参照。両当事者が最終的に負担すべき支払額の計算方法も含めた具体的解決策については、北居・前掲注2）67頁以下を参照。

334　契約

にも履行不能に対して一定の責めに帰すべき事由があると評価することもできる。確かに買主の受領遅滞は不能の直接的な原因ではないが、受領遅滞後に生じた売主の責めに帰すべき履行不能事例も、双方有責不能事例と位置づける余地がある。

　事実、ドイツの判例および伝統的な学説は、受領遅滞後に債務者の責めに帰すべき事由によって債務者の給付義務が不能となる事例を、双方有責不能法理の射程に取り込んできた。ライヒ裁判所1918年11月22日判決は、運送営業の売買で買主の受領遅滞とその後に発生した売主の責めに帰すべき違法な自助売却の事例で、双方有責事由を考慮する共働過失（BGB 第254条）の原則に基づいて、買主による全部解除または一部解除の正当性を判断すべきとした[10]。また、ライヒ裁判所1926年3月19日判決は、買主が木板の引取りを拒絶して港に放置して後、売主が木板の保存に配慮を払わなかった間に木材が傷んだ状態で競売された事例で、BGB 第254条を援用して両当事者の不能への影響を考慮すべきとした[11]。ここに明らかなとおり、実務は受領遅滞後の履行不能事例を双方有責不能事例として扱ってきた[12]。

　もちろん、受領遅滞は債権者の帰責事由を要件としないため、債権者に固有の意味での帰責事由がなくても受領遅滞が認められる。したがって、オルデンブルク上級ラント裁判所は、「被告が不能に責めを負わなければならないのは、彼が受領遅滞にあるときに、不能が生じたためである」として、買主が受領遅滞に陥っていること自体を債権者の責めに帰すべき事由と評価し[13]、学説にも受領遅滞だけで債権者の責めに帰すべき事由として十分とす

---

10 RGZ., Bd.94, S.140.「BGB 第254条に体現される一般的な法思考が、一方当事者の行動と他方当事者の行動がまさに考慮する給付の主観的不能にもたらした影響を適切に比較考慮して、帰責性義務を事案の全体事情と取引の要請および需要によって規律する可能性を提示するためである」。この判決が援用するライヒ裁判所1909年判決（前掲注8））を参照。

11 RG WarnR, 1926, Nr.180, S.265. 本判決は、ライヒ裁判所1909年判決（前掲注8）および1918年判決（前掲注10）を援用しつつ、買主の帰責割合に見合う6分の1だけ売主の代金支払請求を認容した。

12 債務者が受領遅滞中の不能に責めを負わなければ反対給付請求権を持つが（BGB 旧第324条第2項）、責めを負う場合はそうではないとするライヒ裁判所1928年3月27日判決（RG WarnR 1928, Nr.79, S.157）もあるため、判例の態度は明確でないとするのは、Thorsten REINHARD, Die beiderseits zu vertretende Unmöglichket im Synallagma, Diss., Berlin, 1998, S.38, Fn.50 u. S.39.

る見解もある[14]。これに対して、近時の学説は、むしろ債権者が受領遅滞に陥るというだけでは足りず、債権者に受領遅滞に陥ったことの責めが帰された上で、その受領遅滞の間に債務者が故意または重過失によって履行を不能として、初めて両当事者の責めに帰すべき履行不能が生じるとする[15]。債権者に唯一または圧倒的に責めが帰すべき事由による不能でも債務者は反対給付請求権を失わないことが規定されるが（BGB第326条第2項第1文第1選択肢）、同時に、債権者の受領遅滞の間の債務者の責めに帰されない不能でも債務者は反対給付請求権を失わないことが規定されているため（BGB第326条第2項第1文第2選択肢）、債権者の責めに帰すべき事由と債権者の受領遅滞とは同視されない[16]。したがって、債権者が受領遅滞に責めを負わなければ双方有責不能ではなく、債権者に唯一または圧倒的に責めも帰され得ないため、債務者の債務の履行不能によって債権者の反対給付債務も消滅する（BGB第326条第1項）[17]。もちろん、債権者は債務者に対して、契約全部の解除はもちろん（BGB第323条第1項）、給付に代わる損害賠償を請求できる（BGB第280条1項、第3項、第283条）。

　しかし、こうした伝統的な判例・学説に対して、受領遅滞後の債務者の故意または重過失による目的物の滅失事例をもっぱら債務者の責めにだけ帰すべき不能事例として扱い、売主は代金債権を失い（BGB第326条第1項）、買主は契約全部を解除し（BGB第323条第1項）または給付に代わる損害賠償を請求できる（BGB第280条第1項、第3項、第283条）とする有力な批判もある[18]。すなわち、債権者の受領遅滞に対応して設けられている規律は、「完結的」と評価されなければならないためである[19]。債務者に求められる

13　NJW., 1975, S.1788.

14　Walther HADDING, Die Rechtswirkungen beiderseits zu vertretender Unmöglichkeit der Leistung, in AcP., Bd.168, 1968, S.151; Klaus SCHREIBER, Die Unmöglichkeit der Leistung, in JURA., 1995, S.535, Fn.74.

15　Horst BAUMANN/ Wolfram HAUTH, Die rechtliche Problematik beiderseits zu vertretender Unmöglichkeit, in JuS., 1983, S.274; Harm Peter WESTERMANN, Erman BGB., Bd.1, 16.Aufl., Köln, 2020, §326, Rn.14.

16　REINHARD, a.a.O., Fn.12, S.42.

17　Hansjörg OTTO, Staudingers Kommentar zum BGB., Berlin, 2004, §326, Rn.C69; Roland SCHWARZE, Staudingers Kommentar zum BGB., Berlin, 2020, §326, Rn.C108.

最低限の要請（故意または重過失への注意義務の軽減）を充足しない債務者
は、債権者の受領遅滞を援用することができず、売買法または請負法上の引
取義務（BGB 第433条第 2 項、第640条第 1 項）違反も援用できないという[20]。
また、法律はより多くの解決策を提示できる中で、敢えて債務者の注意義務
の軽減を図っているため、この軽減された注意義務に反した債務者は、もは
や債権者の受領遅滞を考慮して大目に見られる必要はないという[21]。

　しかし、受領遅滞の規律を「完結的」と評価することに対して批判も向け
られている。確かに、債権者の受領遅滞によって債務者の注意義務の軽減と
債権者への危険の移転が定められているが、それらの規律が「完結的」であ
ることは証明されないという[22]。しかも、受領遅滞がたとえ債権者の責めに
帰すべき事由を要件としないとしても、債権者の受領遅滞の態様には、故意
からやむを得ない事由に至るまで多様な濃淡があり得る。この濃淡を捨象し
て、債務者の責めにだけ帰する債務不履行とする解決は、受領遅滞の債権者
側の対応を完全に無視することとなる[23]。たとえば、買主が病気などやむを
得ない事由によって受領遅滞に陥った場合と買主が商品価格の下落を理由に
受領遅滞に陥った場合とで、その後の売主の注意義務違反により商品が滅失
しても、買主の受領遅滞はすべて捨象して、売主の商品価格の全額の賠償義
務を認めることは、正当であろうか。

　我が国では、この問題はほとんど議論されてこなかったが、おそらく、買
主の受領遅滞によって売主が軽減された注意義務を怠って目的物が滅失する
場合、これをもっぱら売主の債務不履行の問題として捉えてきたと推測され
る。しかし、我が国の立法者は、受領遅滞に関する問題をすべて受領遅滞規

---

18 Hubert SCHMIDT, Beck'sche Online Kommentar zum BGB., 68. Aufl., München, 2023, §326, Rn.24. Mathias EFFENBERGER, in JuS., 2000, S.935は、この見解を多数説とする。

19 Thomas HONSELL, Die beiderseits zu vertretende Unmöglichkeit im gegenseitigen Vertrag, in JuS., 1979, S.81f.; Theodor SOERGEL（hrsg.）/ Herbert WIEDEMANN, BGB., Bd.2, Stuttgart/ Berlin/ Köln, 1990, Vor §323, Rn.150.

20 Ulrich HUBER, Leistungsstörungen, Bd.1, Tübingen, 1999, S.764.

21 Volker EMMERICH, Münchener Kommentar zum BGB., Bd.2, 4.Aufl., München, 2001, §326, Rn.36.

22 BAUMANN/ HAUTH, a.a.O., Fn.15, S.274.

23 OTTO, a.a.O., Fn.17, §326, Rn.C69.

定で解決すべく規律を整備しているとまで評価できるであろうか。第413条に定められた受領遅滞の法的性質を起点として、要件と効果についてまで争われていることからみても、およそ我が国の受領遅滞規律の「完結性」を理由に、双方有責不能法理をこの場面で排除できるとは考え難い。

Ⅲ　契約不適合の追完義務の履行不能

1　契約不適合物の買主の責めに帰すべき滅失（事例3）

(1)　双方有責不能論の応用可能性

　売主が契約不適合物を引き渡した後、買主が当該目的物を責めに帰すべき事由で滅失させた場合に、なお買主は契約を解除できるであろうか。代物給付の追完が可能な場合には、引き渡された目的物が滅失しても代物給付はなお可能で履行不能が観念されないため、ここでは、代物給付はできないが修補のみが可能な特定物売買が想定される。買主が売主に対して相当な期間を定めて修補を請求し、相当期間が経過した後であれば、すでに解除権が生じているため、たとえ目的物が滅失しても買主はなお解除することができる[24]。したがって、問題となるのは、買主が修補を請求する前または相当期間を定めて修補を請求したが、いまだ相当期間が経過していない間に、目的物が滅失する場合である。

　2002年の債務法の現代化法による BGB の改正前には、滅失原因に応じて

---

24 Barbara DAUNER-LIEB/ Arnd ARNOLD, Kein Rücktrittsrecht des Käufers bei von ihm verschuldeter Unmöglichkeit der Nacherfüllung? in Festschrift für Walther Hadding zum 70. Geburtstag am 8. Mai 2004, Berlin, 2004, S.27; Stephan LORENZ, Rücktritt, Minderung und Schadensersatz wegen Sachmängeln im neuen Kaufrecht: Was hat der Verkäufer zu vertreten? in NJW., 2002, S.2499, Fn.20; Ulrich SCHROETER, Das Recht zur zweiten Andienung im System des Schuldrechts, in AcP., Bd.27, 2007, S.43ff.; Florian FAUST, Beck'sche OnlineKommentar zum BGB., 68.Aufl., 2023, §437, Rn.43. ders, Die Rechtslage nach Ablauf der Nachfrist, in Festschrift für Ulrich Huber zum 70. Geburtstag, Tübingen, 2006, S.256ff. は、相当期間経過後の買主の自力追完により追完不能が生じる事例を両当事者の責めに帰すべき不能事例として扱う可能性を示唆しつつ、相当期間経過後の追完＝不能によって、買主は代金支払債務から解放され、売主に帰責性があれば損害賠償も妨げられないとする。その反面で、買主が不適合に基づいて修補に代わる損害賠償を求めあるいは解除する時点までは、売主に修補の権利が認められる。

338　契約

契約解除自体を許容または制限する体制が採られ、売買目的物が買主の責め
に帰すべき事由で滅失した場合には、もはや買主は契約を解除できなかった
（BGB 旧第351条：我が国の第548条本文参照）。ところが、2002年の改正に
よって、BGB は滅失原因によらずに原則として債権者に解除を許容した上
で、価値償還義務で当事者間の利益調整を図る体制へと移行した[25]。それに
よれば、買主が「自身が自己の事務に払いがちな注意（die Sorgfalt ... die er
[Berechtigten] in eigenen Angelegenheit anzuwenden pflegt）」を払ってい
たにもかからず目的物が滅失した場合には、買主はもちろん契約を解除した
上で、もはや価値償還義務を負わない（BGB 第346条第3項第1文第3号）[26]。
したがって、買主の許で目的物が滅失した場合に、買主が払うべき上記注意
義務を尽くしたかどうかが、価値償還義務の調整の基準となる。

　買主が上記注意を怠って目的物を滅失させた場合、修補はもはや不能であ
るから、売主が不能に基づいて修補義務を負わなければ、買主は追完のため
の相当期間を設定することなく契約を解除できるかに映る（BGB 第326条第
5項）。しかし、2002年の債務法の現代化法による BGB の改正により、解
除原因に買主が唯一または圧倒的に責任を負う場合には、買主は契約を解除
することができない（BGB 第323条第6項、第326条第5項）。そのため、買
主が必要な注意を欠いて目的物を滅失させれば、契約不適合の追完の不能に
唯一または圧倒的に責めを負うのであるから、買主はもはや契約不適合に基
づいて契約を解除することができないとする見解がある[27]。

　これに対して、売主が契約不適合物を引き渡したこともまた修補不能への
1つの寄与であるから、買主に唯一あるいは圧倒的に責めを帰すことはでき
ないため、買主はなお解除することができ、買主が自己の事務に払いがちな
注意を払っていなければ価値償還義務を負うべきとする見解もある[28]。とこ

25　野中貴弘「契約不適合物の危険移転法理」日法82巻4号（2017年）1886頁以下を参照。
26　DAUNER-LIEB/ ARNOLD, a.a.O., Fn.24, S.25.「自己の事務に払いがちな注意の」意義について
は、野中貴弘「ドイツ法における買主による解除前の使用行為」日法84巻1号（2018年）128頁以
下を参照。
27　LORENZ, a.a.O., Fn.24, S.2499; Jürgen KOHLER, Rücktrittsausschluss im Gewährleistungsrecht
bei nachträglicher Nacherfüllungsunmöglichkeit --- Wiederkehr der §§350, 351 BGB a.F.? in AcP.,
Bd.203, 2003, S.554f.; FAUST, Beck'sche OnlineKommentar zum BGB., a.a.O., Fn.24, §437, Rn.42.

ろが多数説は、ここで唯一または圧倒的に責任を負わないとしても、自ら目的物を滅失させた買主の解除権を否定するため[29]、売買に基づく売主本来の代金支払請求を認めることになる。しかし、売主が契約に適合しない目的物を引き渡したことが修補の原因を生み出していた事情をなお考慮するなら、買主が目的物を滅失させた事情も合わせて、修補の最終的な不能をもたらす双方有責不能事例と評価すべき余地も指摘される[30]。

もちろん、買主が自らに修補請求権があることを知らずに目的物を滅失させた場合、契約によって買主には何か特別な行為を求められないため、契約不適合に基づいて契約を解除できる。これに対して、買主が修補請求権があることを知っているにもかかわらず、目的物を故意に滅失させるときなどで、買主の解除権は排除される[31]。もっとも、修補が可能である以上、売主は契約の適正な履行の遅延についてしか責めを負っていないため、買主が契約不適合を知っていて目的物を破壊したような場合には、売主の寄与はほとんど無視できる程度にすぎない。それでも、事柄は具体的な事情に大きく左右され、たとえば、売主が契約不適合物の保管方法について買主に間違った指図をしていた場合などには、売主の寄与も無視できない[32]。そうした場合には、

28 DAUNER-LIEB/ ARNOLD, a.a.O., Fn.24, S.31; Dagmar KAISER/ Stephanie SITTMANN-HAURY, Staudingers Kommentar zum BGB., Berlin, 2022, §346, Rn.216.

29 DAUNER-LIEB/ ARNOLD, a.a.O., Fn.24, S.27f.; Heinz Georg BAMBERGER/ Herbert ROTH (hrsg.) / Helmut GROTHE, Kommentar zum BGB., Bd.1, 3.Aufl., München, 2012, §326, Rn.34; KAISER/ SITTMANN-HAURY, a.a.O., Fn.28, §346, Rn.217; Hubert SCHMIDT, Beck'sche Online Kommentar zum BGB., 68. Aufl., München, 2023, §326, Rn.34. 買主の解除制限の根拠を矛盾行為に基づく信義則と権利濫用に求めるのは、Helmut HEINRICHS, Schadensersatzansprüche wegen Pflichtverletzung gegen den nach §346 BGB zur Rückgewähr verpflichteten Schuldner, in Liber Amicorum Eike Schmidt, Zum 65. Geburtstag am 26. 11. 2004, Heidelberg, 2005, S.163f.; Timo FEST, Der Einfluss der rücktrittsrechtlichen Wertungen auf die bereicherungsrechtliche Rückabwicklung nichtiger Verträge, Diss., München, 2006, S.85; ders, Der Umfang des Ausschlusses des Rücktrittsrechts gem. §§323 Abs.6 Alt.1, 326 Abs.5 BGB, in ZGS., 2006, S.175f.

30 Theodor SOERGEL (hrsg.) / Beate GSELL, BGB., Bd.5/2, 13.Aufl., Stuttgart, 2005, §326, Rn.129, S.257f.: Florian FAUST, Beck'sche OnlineKommentar zum BGB., a.a.O., Fn.24, §437, Rn.42; ders, Die Rechtslage nach Ablauf der Nachfrist, a.a.O., Fn.24, S.256ff.; Wolfgang ERNST, Münchener Kommentar zum BGB., 9.Aufl., 2022, München, §326, Rn.113.

31 Wolfgang ERNST, Sachmängelhaftung und Gefahrtragung, Abgrenzungen und Wechselwirkungen in der Dynamik des Vertragsvollzugs, in Festschrift für Ulrich Huber zum 70. Geburtstag, Tübingen, 2006, S.231; ders, a.a.O., Fn.30, §326, Rn.113.

340 契約

買主は契約を解除できるが、買主自身が修補不能に寄与した割合については
解除は認められず、反対給付がなお存続することになろう。

(2) 日本法での議論の可能性

　我が国でも同様に、種類・品質または数量について契約に適合しない売買
目的物が買主に引き渡された場合に、買主は契約不適合に基づいて契約解除
をはじめとして各種の権利を行使することができる（第562条以下）。したが
って、買主が契約を解除するなら（第564条・第541条）、買主は当該契約不
適合物を売主に返還するのと引き換えに、売主に支払った売買代金の返還を
求めることができ（第545条第1項・第546条）、損害賠償の請求も妨げられ
ない（第545条第4項）。

　もっとも、契約に適合しない売買目的物が買主に引き渡されて、その契約
不適合が軽微ではなく、買主がその契約不適合を知らずに当該物を利用して
滅失させた場合、買主は契約をなお解除できる（第548条ただし書）。これ
に対して、買主が契約不適合を認識した後で目的物を故意または過失で滅失
させた場合には、買主はもはや契約を解除できない（第548条本文）。ここで
典型的に想定されているのは、当該条文の沿革から見ても明らかなとおり、
契約不適合物の引渡し場面である[33]。したがって、売主が契約に適合しない
目的物を引き渡したという責めに帰すべき事由は、すでに買主の解除権排除
の前提要件として、当該条文に取り込まれている価値判断とも評価できる。
このように考える場合には、買主はそもそも契約を解除できず、それに匹敵
する履行に代わる損害賠償も請求できないとも考えられよう。

　しかし、売主が契約不適合物を引き渡す事情も買主が目的物を滅失させる
事情も多様であり、とりわけ買主の注意義務が軽減されない我が国では[34]、
買主が目的物を滅失させたのが故意によるのか過失によるのかで評価を分け

---

32 SOERGEL/ GSELL, a.a.O., Fn.30, §326, Rn.129, S.258. DAUNER-LIEB/ ARNOLD, a.a.O., Fn.24, S.28, Fn.14 und S.31. は、双方有責不能論をこの契約不適合物の買主による滅失事例に移行するには、すでに両当事者の責任割合の決定が困難な事情があり、さらに、そもそも解除の割合的制限も理論的に難しいことから、最終的に買主に全面的な解除権を認める。

33 Susanne ZWIRLEIN, "Mortuus redhibetur" permansit, Historisch-rechtsvergleichende Anmerkungen zur Gefahrtragung vor Rücktritt vom Kaufvertrag, in ZEuP, 2018, S.564ff.

る余地もあろう。したがって、目的物の滅失による解除を全面的に許容または排除する二者択一解決を相対化して、この場面に双方有責不能論を応用するなら、買主の解除権は買主が追完不能に責めを負う割合分だけ制限されることになる[35]。

2　契約不適合物の買主による自力追完（事例4）

(1)　目的到達法理

　引き渡された売買目的物が種類・品質または数量について契約に適合しない場合、買主は、原則として、売主に対してまずは追完を請求しなければならない（第563条第1項・第564条・第541条参照）。追完に代わる損害賠償について争いはあるが、ここでも原則として買主は売主に対してまずは追完を請求しなければならないとするのが多数説である（第564条・第415条第2項または第415条第1項・第563条類推適用）。いわゆる追完請求権優位の原則である。しかし、買主が相当期間を定めた追完を請求せず、あるいは、相当期間の経過を待たずに自らの側で追完した場合、すなわち、買主の性急な自力追完の場合、このような買主の追完行為は、売主から追完の機会を奪い、ひいては、売主が追完で獲得できるはずの反対給付全額の取得機会（二度目の提供の権利）を奪うこととなる[36]。

　我が国では、売主が追完義務を免れて反対給付の全額を手にするのは不当であるとして、売主が追完をしたなら要したはずの追完費用の賠償ないし償還を買主に認める見解が有力である。しかし、売主の二度目の提供の権利は尊重されるべきであり、契約不適合を自ら確認する売主の利益も保障されるべきことから、ドイツの判例・通説は、売主が節約した追完費用の償還義務

34　買主の注意義務の程度については、北居功「買主の正当な履行認容」法研91巻2号（2018年）187頁以下を参照。

35　欠陥のある自動車の引渡しを受けた買主の運転ミスで自動車が大破した場合には、買主はもはや契約を解除できない「おそれ」から第548条を削除すべきとするのは、潮見佳男『新債権総論I』（信山社、2017年）593頁注84。この見解を敷衍すれば、本文のような第548条の制限的な解釈の余地もあろう。これに対して、結果の妥当性に疑念を提示しつつも、第548条による買主の解除制限を認めるのは、山本豊ほか『民法5 契約』（有斐閣、2018年）104頁［山本］。

36　買主による性急な自力追完についての詳細は、北居功「買主の性急な自力追完」慶応ロー52号（2024年）51頁以下を参照。

を否定する。この償還義務を肯定するなら、買主の不当な自力追完によって
売主の二度目の提供の権利は、事実上空洞化することとなるためである。し
たがって、買主が契約不適合に基づいて解除などの二次的な救済権を行使す
るためには、まずは相当期間を定めて追完を請求しなければならないが、買
主がこの最初の追完手続きを怠る場合には、解除権など二次的な救済権を行
使できないのはもとより、売主の節約費用の償還または賠償も請求できない。
しかし、売主の追完義務がどうなるのかは判然としない。連邦通常裁判所
2005年2月23日判決は、「買主による瑕疵除去の自力追完が、追完の不能と
なるのかどうかのいかなる判断も必要ない」とする[37]。

　これに対して、ドイツでは、買主が追完を請求せず、あるいは、追完のた
めの相当期間の経過前に自力で性急に追完することは、買主に唯一または圧
倒的に責めが帰されるべき追完義務の不能事由である。あるいは、売主の契
約不適合物の給付も相まって不能が生じているため、買主に唯一または圧倒
的に責めが帰されるわけではないが、それでも不能をもたらした買主は、解
除など契約不適合に基づく一連の権利を行使できず、かえって売主は反対給
付を請求できるが（BGB第326条第2項第1文）、売主は自らの給付を免れ
たことによって得た利益を償還しなければならない（BGB第326条第2項第
2文）。したがって、売主は自らが追完をしていれば出費したはずの追完費
用を買主に償還する義務を負うとする見解が有力である[38]。

　確かに、代替できない特定物の契約不適合を買主が修補する自力追完は、
売主の追完義務を履行不能とする。そこで、修補だけが可能な契約不適合物
が給付された場合に、買主の性急な自力追完により売主の追完義務の履行不
能がもたらされているとみるとき、先の事例3と同じく、買主の唯一または
圧倒的な帰責事由による履行不能を批判する見解が多数となる[39]。もちろん、
買主の自力追完と売主の契約不適合物の引渡しが競合するため、双方有責不

---

37 BGHZ., Bd.162, S.219ff. = NJW., 2005, S.1348ff.
38 前掲注27) ないし29) を参照。KOHLER, a.a.O., Fn.27, S.572. は、買主に唯一または圧倒的に責
めが帰されることで買主の解除権が制限される場合でも、買主には代金減額請求を認めることで当
事者間の追完費用をめぐる調整を図ろうとする。
39 前掲注27) ないし29) および対応本文を参照。

能事例とも評価できる[40]。もっとも、ここで考慮されるべき売主の責めに帰すべき事由の不能への寄与は限定的であり、買主が追完を請求するのに短すぎる期間を設定し、売主が追完を遅滞する場合には、買主だけに追完不能の責めを帰すべきではなく、両当事者の責めに帰すべき追完不能として、代金請求権を調整すべきとする見解がある[41]。

　しかし、代物給付が可能な場合には、買主の修補または代物調達による自力追完は、売主の追完義務を物理的に履行不能としない。事例3とは異なって、買主の性急な自力追完での問題の本質は、履行不能論ではなく目的到達論にある。すなわち、買主の自力追完によって、売主の追完が物理的に不能となるかどうかに関わりなく、買主は給付結果を手にすることができる。確かに、買主の自力追完によって、債務者の給付行為のない給付結果の達成による目的到達が認められ、伝統的に目的到達は履行不能と扱われてきた[42]。しかし、給付行為は、債務者だけでなく（第473条：BGB第362条参照）、第三者はもちろん（第474条：BGB第267条参照）、債権者によっても行われ得るとすれば、買主の自力追完は不能ではなく履行をもたらすと評価できる。債権者が給付目的を意識して給付行為を行い、それによって給付結果が達成されるなら、履行と評価すべきである[43]。したがって、売主は売買代金の全額の支払を請求できる。

(2)　消費者買主の処遇

　以上のように、買主の性急な自力追完を目的到達＝履行と評価するとして

---

40 ERNST, a.a.O., Fn.30, §326, Rn.112; KAISER/ SITTMANN-HAURY, a.a.O., Fn.28, §346, Rn.215; FAUST, Beck'sche OnlineKommentar zum BGB., a.a.O., Fn.24, §437, Rn.41.

41 Claus-Wilhelm CANARIS, Der Fortbestand des Anspruchs auf die Gegenleistung nach §326 Abs.2 BGB wegen Verantwortlichkeit des Gläubigers, in Festschrift für Eduard Picker zum 70. Geburtstag, 2010, Tübingen, S.131f.

42 Franz WIEACKER, Leistungshandlung und Leistungserfolg im bürgerlichen Schuldrecht, in Festschrift für Hans Karl Nipperdey zum 70. Geburtstag, Bd.1, München/ Berlin, 1965, S.806ff.; Volker BEUTHIEN, Zweckerreichung und Zweckstörung im Schuldverhältnis, Tübingen, 1969, S.65ff.; Helmut KÖHLER, Unmöglichkeit und Geschäftsgrundlage bei Zweckstörungen im Schuldverhältnis, München, 1971, S.67ff.; Ivo BACH, Leistungshidernisse, Tübingen, 2017, S.730f.

43 BACH, a.a.O., Fn.42, S.744ff.

も、売主は本来自身が為すべき追完を免れる利益（節約利益）を享受するため、その節約費用を買主に償還すべきかどうかが問題となる（不当利得に基づく返還請求権など）。第三者弁済では債務者への求償が認められるため、それと平仄を合わせれば、債権者にも節約費用の償還請求権を認めるべきとすることにも一理ある[44]。しかし、債務関係の当事者である債権者が債務者の二度目の提供の権利を積極的に侵害しているのであるから、債務者の意思に反した弁済を無効とする制裁（第474条参照）とは別に、債権者の償還請求権を否定する制裁も考慮する余地があろう。もちろん、債権者に債務免除の意思はないが、敢えて売主の二度目の提供の権利を奪う行為が債務免除に近い結果をもたらすとする余地はなかろうか。

　もとより、売主の二度目の提供の権利は強く保護されるべきである。しかも、ドイツ法とは違って、我が国では、契約不適合物が引き渡された場合に、買主は契約不適合を売主に通知しなければならないだけに（第566条）、なおさら、買主と売主との間での契約不適合をめぐる交渉機会が強く保障されている。したがって、買主の性急な自力追完の場合、買主は売主に対して、契約不適合に基づく権利を失い、追完費用の賠償または償還を求めることはできないと解すべきである[45]。

　しかし、買主が消費者である場合にも、このような解決が妥当すべきであろうか。危惧されるのは、消費者買主が追完請求権の優位を知らず、手っ取り早く契約不適合を自らの側で追完する事態である。つとに指摘されてきたのは、日用品をすぐに利用したい消費者買主が売主に追完を求めるのが不便なことである[46]。また、消費者買主よりは事業者売主の方が、契約に適合しない物の処分によりうまく対応できる立場にあるため、消費者買主に即座に解除を認めることも不合理ではないともされる[47]。こうした異論もある中で、ヨーロッパ法は、たとえ消費者買主であっても即座の解除権を認めずに、追

---

44 BACH, a.a.O., Fn.42, S.741ff.

45 詳細は、北居・前掲注36）62頁以下、75頁を参照。

46 Hector L. MACQUEEN/ Barbara DAUNER-LIEB/ Peter W. TETTINGER, Specific Performance and Right to Cure, in Gerhard DANNEMANN/ Stefan VOGENAUER（eds.）, The Common European Sales Law in Context, Interactions with English and German Law, Oxford, 2013, p. 645.

完請求権の優位を認めてきた。同様に、ドイツ法も、追完請求権の優位を尊重することで買主の性急な自力追完で、売主が節約した追完費用の償還請求を否定しており、このことは、その事例を何ら規律していないヨーロッパ法に対する明白な違背とも受け取られていない[48]。

それでも、我が国では、たとえ消費者買主であっても契約不適合を売主に通知しなければならない（第566条）。その際には、通知を受けた売主が買主に自力追完をしないように警告する義務を負わせることも想定できる。しかし、そもそも買主が、売主に通知義務を負うこと自体も知らないことが想定される。したがって、目的物の引渡しに際して、少なくとも事業者売主は、消費者買主に、契約不適合が見つかった場合に売主に通知すること、まずは売主に追完機会を与えるべきことを説明する義務を負うとすべきである。事業者売主がこの説明義務に違反した場合に、消費者買主が性急に自力追完をしたなら、買主は売主に対して自力追完費用の償還または賠償を請求できよう。

IV おわりに

双方有責不能論は、以上の通り、受領遅滞後の売主の責めに帰すべき目的物の滅失事例と、契約不適合物の引渡後の買主の責めに帰すべき目的物の滅失事例に応用可能である。それぞれ、受領遅滞による売主の注意義務の軽減規定（第413条第1項）と故意・過失により目的物を滅失させた買主の解除制限規定（第548条）が、双方有責不能論と重畳するのか競合するのかが、なお議論されるべきであろう。しかし、売主と買主のそれぞれの事情を取り込んだ柔軟な解決を志向するなら、双方有責不能論を適用することが支持されよう。

これに対して、契約不適合物を買主が相当期間を定めた追完請求の要件充

---

47 Gerhard WAGNER, Ökonomische Analyse des CESL: Das Recht zur zweiten Andienung, in ZEuP., 2012, S.809.
48 Stefan LEIBLE／Felix WILKE, in Martin GEBAUER／Thomas WIEDMANN（hrsg.）, Europäisches Zivilrecht, 3.Aufl., München, 2021, Kaufrecht 11, Rn.101ff.

足を待たずに性急に自力で追完する場合には、双方有責不能論ではなく、目的到達による履行論で解決を図るべきである。債権者による履行という構成が、債権者の行為を通じた目的到達の事象に適合するように思われる。ここで、契約不適合を通知すべき買主は、この通知を介して売主と追完等をめぐって交渉し、買主の性急な自力追完に対する一定の歯止めとなることが期待されよう。しかし、消費者買主には、そもそもこの通知すらも期待できないとするなら、少なくとも事業者売主は引渡しに際して、消費者買主に契約不適合の通知、さらには自力追完による権利喪失について説明する義務を負うとすべきである。

消費貸借契約のコーズについて

森 田 宏 樹

Ⅰ　序　論
Ⅱ　判例におけるコーズの捉え方——要物契約と諾成契約の二元的理解
Ⅲ　近時の学説によるコーズの分析
Ⅳ　結　論

Ⅰ　序　論

1　課題の設定

　日本の民法典は、「貸借」の名称が付された契約として、消費貸借、使用貸借および賃貸借の3種の契約を定めている。そして、貸借型の契約は、「財貨ないし価値を限定された期間だけ相手方に移転して利用させることを特色とする」とされるが[1]、これらの契約は、法的にも共通する内的構造を有することについて、別稿において詳しく論じたところである[2]。

　使用貸借および賃貸借は、貸主は借主に対して一定期間にわたり目的物を使用収益させる債務を負う継続的契約であることについては異論はないのに対し、消費貸借は、要物契約と諾成契約のいずれの場合においても、貸主が借主に目的物を交付した後は、借主のみが返還債務を負う片務契約であると捉えるときは、一見すると両者には共通性がないようにみえる。したがって、

1　我妻栄『債権各論中巻一（民法講義 V₂)』（岩波書店、1957年）220頁。
2　森田宏樹「貸借型契約の内的構造について」沖野眞已ほか編『これからの民法・消費者法（Ⅰ）（河上正二先生古稀記念)』（信山社、2023年）373-400頁、同「貸借型契約総論」森田宏樹編『新注釈民法（13）Ⅰ債権（6)』（有斐閣、2024年）1-28頁。

348　契約

それらに共通性を見出すことができるか否かは、消費貸借における貸主および借主の債権債務がどのような内的構造を有していると捉えることができるかにかかっているということができる。

　この問題については、別稿における日本法の検討では、近時のフランス法における議論を分析の参照軸として用いているが、その詳細な内容については、紙幅の関係で稿を改めて論ずることを予示していたところである。本稿は、この点について論ずるものである。

2　消費貸借契約のコーズ

　上記の課題を検討するために、本稿では、フランス法において消費貸借契約における「コーズ（cause）」がどのように捉えられるのかをめぐる論議を分析する。

　債務のコーズとは、契約において当事者はなぜ債務を負担するのか、を正当化する理由（raison）である。すなわち、契約当事者が債務を負担する「目的（but）」は何か、それにいかなる「利益（intérêt）」を有するかを問うものである[3]。そして、契約の各当事者が負う債務のコーズ相互の関係を契約全体の目的の観点から検討することは、「契約の内的構造（economie du contrat）」を分析することでもある[4]。

　フランス民法典は、2016年2月10日のオルドナンス第131号[5]により契約および債権債務法の改正がされたが、この改正により、民法典からはコーズの

---

[3]「コーズ」概念については、Carbonnier（Jean）, *Droit civil*, Vol. II, *Les biens, Les obligations*, 2004, n° 973, p. 2018；Malaurie（Philippe）, Aynès（Laurent）et Stoffel-Munck（Philippe）, *Droit des obligations*, 12ᵉ éd., 2022, n° 380. pp. 349-350；Terré（François）, Simler（Philippe）, Lequette（Yves）et Chénedé（François）, *Droit civil, Les obligations*, 13ᵉ éd., 2022, nᵒˢ 397-400, pp. 444-448 のほか、より詳しくは、Rochfeld（Judith）, *Rép. droit civil*, Vᵒ Cause, 2012, nᵒˢ 8-19などを参照。なお、日本民法典の起草者である梅博士は、コーズを「当事者カ法律行為ヲ為スニ至レル法律上ノ理由」と定義する（梅謙次郎『民法要義巻之一総則編〔訂正増補第33版〕』（有斐閣、1911年）222頁）。

[4]「債務のコーズ（cause des obligations）」および「契約のコーズ（cause du contrat）」と「契約の内的構造」との関係については、Rochfeld, *supra note* 3）, n° 12を参照。

[5] 契約、債権債務関係の一般的制度および証明の法を改正する2016年2月10日オルドナンス第131号（Ordonnance n° 2016-131 du 10 février 2016 portant réforme du droit des contrats, du régime général et de la preuve des obligations）。

用語は消えている[6]。これは、判例法の展開によってコーズが多様な機能を担うようになったため、その多義性によりその定義を困難にし、法的安定性を損なうものとなっているとの理由から、上記改正においては、コーズ概念に準拠することなく、コーズが果たしてきた多様な機能ごとに明確な規律を定めるとの方針が採られたためである[7]。その結果、コーズの用語は民法典から消滅したが、コーズの果たしてきた機能はそれぞれに分節化して規定されており、それらの各規律を正当化するものとしての「コーズ理論（théorie de la cause）」はなお存続しているとみることができる[8]。

　本稿において、消費貸借契約におけるコーズとして主に検討するのは、2016年オルドナンスによる改正前のフランス民法旧1131条[9]に規定される「コーズの不存在（absence de cause）」であるが、現行法ではこれに対応する規律は同1169条[10]に定められている。

---

6 2016年オルドナンスによる改正については、Deshayes（Olivier）, Genicon（Thomas）et Laithier（Yves-Marie）, *Réforme du droit des contrats, du régime général et de la preuve des obligations*, 2ᵉ éd., 2018, pp. 200-202 et 327-331 ; Terré, Simler, Lequette et Chénedé, *supra note* 3）, nᵒ 404, pp. 454-456などを参照。さらに、森田修「契約法──フランスにおけるコーズ論の現段階」岩村正彦ほか編『現代フランス法の論点』（東京大学出版会、2021年）173-181頁、フランソワ・アンセル＝ベネディクト・フォヴァルク-コソン（齋藤哲志・中原太郎訳）『フランス新契約法』（有斐閣、2021年）192-198頁なども参照。

7 司法大臣報告における趣旨説明（Ministère de la justice, Rapport au Président de la République relatif à l'ordonnance nᵒ 2016-131 du 10 février 2016 portant réforme du droit des contrats, du régime général et de la preuve des obligations, *JORF*, 11 févr. 2016, texte nᵒ 25, Tit. I, Chap. II, Sect. 2）。

8 2016年オルドナンスによる改正後におけるコーズ概念の意義については、Wicker（Guillaume）, La suppression de la cause par le projet d'ordonnance : la chose sans le mot ?, *D.*, 2015, p. 1557 ; *Id.*, De la suivie des fonctions de la cause, Ébauche d'une théorie des motifs, *D.*, 2020, p. 1906 ; Chénedé（François）, La cause est morte... vivre la cause ?, *CCC*, 2016, Dossier 4 ; Deshayes（Olivier）, Genicon（Thomas）et Laithier（Yves-Marie）, La cause a-t-elle réellement disparu du droit français des contrats, *ERCL*, 2017/4, pp. 418-430 ; Deshayes, Genicon et Laithier, *supra note* 6）, pp. 199-202 et 327-332 などを参照。

9 フランス民法典旧1131条は、「コーズがない債務もしくは誤ったコーズに基づく債務、または不法なコーズに基づく債務は、いかなる効果も有することができない」と規定する。

10 フランス民法典1169条は、「有償契約は、その成立時において、債務を負担する者のために約された反対給付が、見かけ上の（illusoire）または取るに足らないもの（dérisoire）であるときは、無効である」と規定する。

350 契約

II　判例におけるコーズの捉え方——要物契約と諾成契約の二元的理解

1　序説

　フランス民法1892条は、消費貸借は目的物の引渡しを契約の成立要件とする要物契約であると規定しており[11]、判例も、消費貸借は要物契約であるとの立場を採ってきた[12,13]。しかし、1990年代に入ると、消費者法典によって規律される「消費信用契約（crédit à la consommation）」は、その例外として諾成契約であると解する立場を示すようになる[14]。そして、破毀院第 1 民事部の2000年 3 月28日判決は、「与信事業者（professionnel du crédit）が承諾した〔消費〕貸借は、要物契約ではない」と判示して、かかる例外を与信事業者が貸主となる消費貸借に一般化することによって、判例変更を行った[15]。この準則は、その後の破毀院判決でも繰り返し判示され、確立した判例法となっている[16]。他方で、貸主が与信事業者ではない消費貸借については、要物契約とする従来の判例の立場を維持している[17,18]。

　判例が与信事業者が貸主である消費貸借を諾成契約とする理由については、

---

11 フランス民法典1892条は、「消費貸借は、当事者の一方が他方に、使用によって消費される一定数量の物を引き渡し、他方が一方に同一の種類および数量の物を返還する義務を負わせる契約である」と規定する。

12 消費貸借契約の要物性に関する判例の展開については、Pignarre (Geneviève), *Rep. droit civil*, Vº Prêt, 2016, nᵒˢ 7-9；Grua (François) et Cayrol (Nicolas), *J-Cl. Civil Code*, Art. 1892 à 1904, Fasc. unique：Prêt de consommation, ou prêt simple, 2019, § 30-32などを参照。

13 Cass. civ. 1ʳᵉ, 20 juill. 1981, nᵒ 80-12.529；*Bull. civ.* I, nᵒ 267, p. 220；*RTD civ.*, 1982, p. 427 , obs. Rémy (Philippe)；*Defrénois* 1982, p. 1085, obs. Aubert (Jean-Luc) は、「消費貸借は要物契約であり、貸与の目的物を借主または借主の計算でこれを受け取る第三者に対して引き渡すことによってのみ実現する」と判示する。

14 破毀院は、まず、消費法典（旧）L.311- 1 条以下によって規律される消費与信契約（crédit à la consommation）は、借主の事前の申込みに対して貸主が承諾することで成立する諾成契約であるとの見解を示し（Cass., avis, 9 oct. 1992；nᵒ 92-06.000；*Bull. civ.* V, nᵒ 4, p. 2；*D.*, 1993, somm. p. 188, obs. Julien (Pierre))、次いで、「消費法典〔旧〕L.312- 7 条以下によって規律される貸借〔不動産与信契約（credit immobilier）〕は、要物契約の性質を有しない」と判示している（Cass. civ. 1ʳᵉ, 27 mai 1998；nᵒ 96-16.312；*Bull. civ.* I, nᵒ 186, p. 125；*D.*, 1999, p. 194, note Bruschi (Marc)；*D.*, 1999, somm. p. 28, obs. Jobard-Bachellier (Marie-Noëlle)；*D.*, 2000, somm. p. 50, obs. Pizzio (Jean-Pierre)；*Defrénois*, 1998, art. 36860, nᵒ 114, p. 1054, obs. Delebecque (Philippe)；*Defrénois*, 1999, art. 36921, p. 21, note Piédelièvre (Stéphane))。

フランス民法1892条が消費貸借を要物契約としたのは、目的物を引き渡すまでは契約が成立しないとすることによって、貸主の慎重な意思決定を確保するという貸主の保護にあるが、貸主が与信事業者である場合は、このような理由により貸主を保護する必要は認められないことにあると説明される[19]。

15　Cass. civ. 1re, 28 mars 2000, n° 97-21.422 ; *Bull. civ.* I, n° 105, p. 70 ; *JCP*, éd. G., 2000, II, 10296, concl. Saint-Rose（Jerry）; *JCP*, éd., N., 2000, p. 1270, note Lochouarn（Denis）; *CCC*, 2000, comm. 106, obs. Leveneur（Laurent）; *Defrénois*, 2000, art. 37188, n° 41, p. 720, obs. Aubert（Jean-Luc）; *D.*, 2000, p. 239, obs. Faddoul（Joseph）; *D.*, 2000, p. 482, note Piédelièvre（Stéphane）; *D.*, 2000, somm. p. 358, obs. Delebecque（Philippe）; *D.*, 2001, p. 1615, obs. Jobard-Bachelier（Marie-Noelle）; *D.*, 2002, p. 640, obs. Martin（Didier R.）; *RTDCom.*, 2000, p. 991, obs. Cabrillac（Michelle）.
　2000年判決による判例変更の要因として、それ以前の20年間にわたる消費与信契約に関する立法および判例の展開があったことについては、Saint-Rose, *ibid.*, pp. 755-756を参照。
16　Cass. civ. 1re, 27 nov. 2001, n° 99-10.633 ; *Bull. civ.* I, n° 297, p. 188 ; Cass. civ. 1re, 5 juill. 2006, *infra note* 22）; Cass. civ. 1re, 19 juin 2008, *infra note* 23）; Cass. com., 7 avril 2009, no 08-12.192 ; *Bull. civ.* IV, n° 54 ; Cass. civ. 1re, 14 janv. 2010, n° 08-13.160 ; *Bull. civ.* I, n° 6など。
17　Cass. civ. 1re, 7 mars 2006, n° 02-20.374 ; *Bull. civ.* I, n° 138, p. 128 ; *JCP*, éd. É., 2006, II, 10109, note Piedelièvre（Stéphane）; *CCC*, 2006, n° 128, note Leveneur（Laurent）; *RDC*, 2006, p. 778, obs. Puig（Pascal）; *RTDCom.*, 2006, p. 460, obs. Legeais（Dominique）; *D.*, 2007, p. 759, obs. Martin（Didier R.）.　本判決は、「与信機関が同意したのでない〔消費〕貸借は、目的物の引渡しを前提とする要物契約である」と判示して、貸主が与信事業者ではない消費貸借については判例変更の射程が及ばないことを明らかにしている。その後に同旨を判示するものとして、Cass. civ. 1re, 8 oct. 2009, n° 08-14.625 ; *Bull. civ.* I, n° 203 ; Cass. civ. 1re, 14 janv. 2010, n° 08-18.581 ; *Bull. civ.* I, n° 7 ; *D.*, 2010, p. 620, obs. François（Jérôme）; *ibid.*, p. 2092, obs. Creton（Claude）; *D.*, 2011, p. 1643, obs. Martin（Didier R.）; *RTDCom.*, 2010, p. 763, obs. Legeais（Dominique）など。
18　なお、フランス民法典の各種契約法の改正が現在進行中であり、2022年7月に司法省によりストフェル - マンク教授を長とする検討委員会により作成された「各種契約法の改正草案」（Avant-Projet de réforme du droit des contrats spéciaux, Commission présidée par le professeur Philippe Stoffel-Munck, 2022）が公表され、同年7月から翌年1月までパブリック・コメントに付された後、2023年4月11日に上記作業グループから司法大臣に対して公式に報告書が提出された。
　同草案1893条は、「有償の消費貸借は諾成契約である」（同1項）、「無償の消費貸借は要物契約である。その成立は、当事者の合意に加えて、借主に対する物の引渡しを要件とする」（同2項）と規定する。これは、使用貸借契約の成立に関する1877条とパラレルな規律を定めるものである。その趣旨は、貸借契約の要物性の主たる正当化理由はその無償性にあるとの見地から、与信事業者を貸主とする消費貸借を諾成契約とする判例法を、すべての有償の消費貸借に拡張するものである。これによると、利息付き消費貸借のみが諾成契約であり、無利息などの無償の消費貸借は要物契約であることが維持される（*ibid.*, p. 118）。この点につき、Cattalano（Garance）, Le prêt, *RDC* 2023/1, pp. 216-217なども参照。

352　契約

2　判例における消費貸借契約のコーズ

　それでは、判例において、消費貸借契約のコーズはどのように捉えられているのか。

(1)　要物契約としての消費貸借

　一方で、要物契約としての消費貸借においては、判例は、伝統的な通説に従い、借主の債務のコーズは、貸主による貸金の引渡しに存すると解する立場を採っている[20]。

　これに対しては、後にみるようにアンチ・コーザリスト（anti-causalist）による批判がある。目的物の引渡しは消費貸借の成立要件であるから、目的物の引渡しがなければ契約は成立せず、コーズの不存在により契約が無効になることはなく、コーズ理論は意味がないとされる。しかし、破毀院第一民事部2008年6月17日の第2判決[21]は、これに応えて、目的物の引渡しは、借主の債務のコーズであると同時に、消費貸借契約の成立要件でもあると判示することで、従来の立場を再検討する意図がないことを示している。

　このような要物契約におけるコーズについての判例の立場は、2016年オルドナンスによる債務法改正によって影響を受けるものではないと解されてい

---

19 破毀院民事第一部2000年3月28日判決における論告検事サン・ロゼの意見書（Saint-Rose, *supra note* 15), p. 755）を参照。同旨を説くものとして、Aubert, *supra note* 15), p. 720；Piedelièvre, *supra note* 14）；Jobard-Bachellier, supra note 14）など。
　もっとも、消費貸借が要物契約とされる理由を貸主の保護に求める考え方は、フランス民法典の制定当初から存したものではない。要物契約の理論的正当化についての史的変遷を時代区分により跡づけたジャマンは、19世紀末以降、要物契約を批判して諾成化を広く認める学説が通説化した後に、1970年代以降になって、法の道具主義化の潮流のもとで要物契約の再評価として生じた考え方であると論じている（Jamain (Christophe), Éléments d'une théorie réaliste des contrats réels, in *Droit et actualité : Études offertes à Jacques Béguin*, 2005, n°s 26-32, pp. 400-406）。
20 この点につき、Cass. civ. 1re, 20 nov. 1974, n° 72-13.117；*Bull. civ.* I, n° 311, p. 267；*JCP*, éd. G., 1975, II, 18109, note Calais-Auloy (Jean) は、「借主の債務のコーズは、借主が行った購入に必要な資金を借主の利用に供すること（la mise à sa disposition）にあった」と判示する。同旨として、Cass. civ. 1re, 16 févr. 1999, no 96-16.093；*Bull. civ.* I, n° 55, p. 36など。
21 Cass. civ. 1re, 19 juin 2008, n° 06-19.056；*Bull. civ.* I, n° 175；*D.*, 2008, p. 1827, obs. Delpech (Xavier)；*D.*, 2008, p. 2363, n° 5, obs. Chauvin (Pascal) et Creton (Claude) は、「〔消費〕貸借契約のコーズは、物の引渡しによって構成されるが、物の引渡しは、本件のように個人によって承諾された場合には要物契約のままである貸借契約の成立要件でもある」と判示する。

る[22]。

(2) 諾成的消費貸借

　他方で、与信事業者が貸主となる消費貸借は諾成契約であると解する判例を前提とするときは、その帰結として、借主の債務のコーズはどのように捉えられるのかが問題となる。

　この点について、当初はコーズを広く理解するとみられるものもあったが[23]、破毀院第一民事部2008年6月17日の第1判決[24]は、次のように判示してその立場を明確にしている。すなわち、「与信事業者によって同意された〔消費〕貸借は要物契約ではないから、借主の債務のコーズは貸主が約した債務にあり、コーズの存在は、その正しさと同様に、契約の締結時において評価されるべきである」[25]とされる。このようなコーズの捉え方は、諾成的消費貸借を認めた破毀院第1民事部2000年3月28日判決から導かれる帰結と

---

22 Terré, Simler, Lequette et Chénedé, *supra note* 3), n° 414, p. 471など。
23 Civ. 1re, 5 juill. 2006, n° 04-12.588；*Bull. civ.* I, n° 358, p. 307；*D.*, 2007, p. 50, note Ghestin (Jacques)；*D.*, 2007, p. 759, obs. Martin (Didier R.)；*RTDCom.*, 2006, p. 887, obs. Legeais (Dominique)；*RTDCiv.*, 2007, p. 105, obs. Mestre (Jacques) et Fages (Bertrand). 本判決は、「借主の債務のコーズは、貸金の引渡し（または貸金の引渡債務）に存するのではなく、唯一の債権者である借主がこの取引から得た利得または利益にある」と判示して、借主が取引から得られると期待した有用性が借主の債務のコーズであるとする。しかし、これによると、借主が企図した使途に貸金が割り当てられなかったなど、消費貸借が貸主の期待に応えるものでなかったというだけで債務のコーズの不存在を主張しうることになり、与信取引の安全を害するとの批判を受けたことから（Legeais, *ibid.*）、破毀院は後続の判決でこれを修正して、従前の立場に回帰する（Laithier, *infra note* 23), p. 1130)。
24 Cass. civ. 1re, 19 juin 2008, n° 06-19.753；*Bull. civ.* I, n° 174；*D.*, 2008, p. 1825, obs. Delpech (Xavier)；*D.*, 2008, p. 2363, n° 6, obs. Chauvin (Pascal) et Creton (Claude)；*JCP*, éd. G., 2008, II, 10150, note Constantin (Alexis)；*JCP*, éd. É., 2008, 1964, note Legeais (Dominique)；*RTDCom.*, 2008, p. 602, obs. Legeais (Dominique)；*RDC*, 2008/4, p. 1129, obs. Laithier (Yves-Marie)；*Defrénois*, 2008, art. 38838, p. 1967, note, Savaux (Éric).
25 本判決後に同旨の一般論を判示するものとして、Cass. com., 7 avr. 2009, n° 08-12.192；*D.*, 2009, p. 2080, Ghestin (Jacques)；*Défrenois*, 2009, art. 39014, p. 1942, note François (Jérôme)；*RTDCom.*, 2009, p. 598, obs. Legeais (Dominique)；Cass. com., 26 mai 2010, n° 09-14.055；Civ. 1re, 29 juin 2022, n° 21-15.082；*D.*, 2022, p. 1584, note François (Jérôme)；*JCP*, éd. É., 2022, 1298, note Pellier (Jean-Denis)；*RDC*, 2023/1, p. 36, obs. Hontebeyrie (Antoine)；*RDI*, 2022, p. 649, obs. Bruttin (Jean)；*D. act.*, 7 juill. 2022, note Hélaine (Cédric).

して、多くの学説が説いていたところと一致するものである[26]。

　これによると、諾成的消費貸借は、貸主の目的物の引渡債務と借主の返還債務からなる双務契約であると捉えられ、借主の返還債務のコーズは、約定された反対給付（contrepartie）である貸主の引渡債務に存すると解されることになる[27]。

Ⅲ　近時の学説によるコーズの分析

　以上のように、判例の立場を前提とするときは、消費貸借契約におけるコーズは、要物契約としての消費貸借では目的物の引渡しにあるのに対し、諾成的消費貸借では目的物の引渡債務にあるとされる。ここでは、要物契約と諾成契約とでは、コーズの捉え方が異なっており、二元的に構成されていることになる。

　しかし、このような消費貸借契約のコーズの捉え方については、近時の学説において、これを批判してコーズを再構成する見解が主張され、有力になっている[28]。そこで、以下では、この見解について詳しく検討しよう。

1　消費貸借契約のコーズの一元的理解

(1)　要物契約としての消費貸借契約のコーズ

(a)　古典的学説の論理

　古典的学説は、消費貸借を次のように捉える。要物契約としての消費貸借では、当事者の合意に加えて、目的物の引渡しによって契約が成立する。目的物の引渡しは貸主の債務の履行ではないから、契約の成立によって発生す

---

26 Leveneur, *supra note* 15）；Piedelièvre, *supra note* 15）；Jobard-Bachellier, *supra note* 15）など。
27 Delpech, *supra note* 24）；Chauvin et Creton, *supra note* 24）；Constantin, *supra note* 24）；Legeais, *supra note* 23）；*Id. supra note* 25）, p. 598；François, *supra note* 17）, n° 8；Savaux, *supra note* 24）, p. 1971など。
28 この点について検討する近時の学説において先駆をなすものとして、Libchaber（Rémy）, obs. sous Cass. civ. 1re, 27 nov. 2001, *Defrénois*, 2002, art. 37486, n° 10, p. 259；Grua（François）, Le prêt d'argent consensuel, *D.*, 2003, chron., p. 1492；Chénedé（François）, La cause de l'obligation dans le contrat de prêt réel et dans le contrat de prêt consensuel（à propos de 2 arrêts de la 1re chambre civile du 19 juin 2008）, *D.*, 2008, chron., p. 2555など。

る債務は、目的物を返還するという借主の債務のみである。

このことから、当事者の一方が相手方から引き渡された目的物を契約の終了時に返還する債務のみを負う契約は、伝統的には、「返還契約（contrats de restitution）」と称されている。フランス民法典が「貸借（prêt）」と称する使用貸借（同1875条以下）および消費貸借（同1892条以下）に加えて、寄託（同1915条以下）が、これに分類される[29]。要物契約である「返還契約」は、当事者の一方のみが債務を負う片務契約である。

当事者の一方のみが債務を負う片務契約では、反対給付は存しないから、契約の中に債務のコーズを見出すのは困難であり、一般的には契約に先立つ事実にコーズを求める必要が生ずる[30]。そうすると、返還契約である貸借契約では、契約に先行する目的物の引渡しが借主の負う返還債務のコーズと捉えられることになる。

（ｂ）　アンチ・コーザリストによる批判とその評価

このような貸借契約におけるコーズの古典的な理解に対しては、アンチ・コーザリストの代表的論者であるプラニオルの批判がある[31]。第１に、要物契約では受けた給付が債務のコーズとされるが、ここでコーズと呼ばれるものは、債務の発生原因に外ならず、コーズ理論がいうそれとは異なる意味で用いるものであって、コーズを誤っている（fausse）。第２に、物の引渡しがなければ契約は成立せず、借主の債務も発生していないのであるから、借主の債務にはコーズが存しないから契約が無効であるということはありえず、コーズは無益である（inutile）。

このような指摘に応えて、先にみた破毀院判決は、目的物の引渡しは、借主の返還債務のコーズであると同時に、消費貸借契約の成立要件でもあると

29　Carbonnier, *supra note 3*), n° 930, p. 942 et n° 1006, p. 2073.「返還契約」の分類に基づいて、使用貸借、消費貸借および寄託を扱うものとして、Malaurie（Philippe）, Aynès（Laurent）et Gautier（Pierre-Yves）, *Droits des contrats spéciaux*, 12ᵉ éd., 2022, nᵒˢ 591 et s., pp. 593 et s.

30　Carbonnier, *supra note 3*), n° 974, p. 2020 et n° 1006, pp. 2073-2074.　これと同じく、ロシュフェルドも、片務契約の構造の中には債務を負担する者にとって反対給付は存しないから、反対給付の用語で表現されるものは、契約の枠組みを超えて、それ以前または将来の給付または価値の移転などの利益の中から特定されることになると述べる（Rochfeld, *supra note 3*), nᵒˢ 33-34）。

31　Planiol（Marcel）, *Traité élémentaire de droit civil*, t. 2, 5ᵉ éd., 1909, nᵒˢ 1038-1039, pp. 353-354.

356 契約

判示するが、近時の学説によれば、このことは、かえって上記の批判が正当であることを示すものということができると評価される[32]。

　目的物の引渡しが借主の返還債務のコーズであるというのは、そこでいうコーズとは、債務の発生原因の意味での「動力因（cause efficient）」であることを意味しており、借主がいかなる理由で返還債務を負うのかを説明する「目的因（cause finale）」を明らかにするものではないことを意味するものである[33]。

2 諾成的消費貸借におけるコーズ

(1) 目的物の引渡債務と返還債務の双務契約とする構成に対する批判

　諾成的消費貸借については、判例および古典的通説は、借主の返還債務のコーズはその反対給付である貸主の目的物の引渡債務であると解しているが、これに対して、近時の学説は、次のように批判する。

　すなわち、貸主は、取り戻すことのみを目的として目的物を貸し付けるわけではない。それが貸主の唯一の関心事であるならば、確実に取り戻すためには貸さなければ十分であろう。貸主が目的物を引き渡すのは、その返還を受けることのみを目的とするものであると捉えるのは、「理に反するもの（absurde）」[34]であり、消費貸借の「トートロジカルな見方（vue tautologique）」[35]

---

[32] Chenedé, *supra note* 27), n° 7 ; Savaux (Éric) et Schütz (Rose-Noëlle), Quelques enseignements sur le contrat de prêt fournis par la restitution de la chose empruntée, in *Au-delà des Codes, Mélanges en l'honneur de Marie-Stéphane Payet*, 2011, pp. 501-502. このほか、Ghestin (Jacques), *Cause de l'engagement et validité du contrat*, 2006, n° 538, p. 347 も、返還債務のコーズの存在は同時に契約の成立要件であり、大抵の場合、契約自身のコーズと混同すると指摘する。

[33] この点につき、ロシュフェルドは、片務要物契約のコーズは目的物の引渡しにあると捉える多数説の理解は、当事者の動機を審理する裁判官の権限を制限する古典的システムの中に位置づけられるものであり、沿革的には無償性の痕跡を示すものであるが、各当事者の債務負担を何ら正当化するものではなく、「目的因としてのコーズ」が有すべき説明機能を回避するものであると指摘する（Rochfeld, *supra note* 3), n° 34)。

　このほか、要物契約としての貸借契約における目的物の引渡しは、債務の発生原因である「動力因としてのコーズ」であって、借主が返還債務を負担することでその実現を望んだ「目的因としてのコーズ」ではないことを指摘するものとして、François (Jêrome), note sous Cass. com., 7 avr. 2009, *Défrenois*, 2009, art. 39014, n° 6, p. 1947 ; Cattalano-Cloarec (Garance), *Le contrat de prêt*, 2015, n°s 91-92, pp. 63-64のほか、前掲注79）に掲げた学説も参照。

[34] Grua, *supra note* 28), n° 13.

である[36]。貸主の引渡債務と借主の返還債務が互いにコーズの役割を果たすと捉えるのは、消費貸借契約に固有の「内的構造（economie）」を考慮しないものであると批判する。

消費貸借の「目的（finalité）」は、貸主と借主の間における「目的物の往復（aller-retour）」のみにあるわけではない。貸主が目的物を貸すのは、目的物を使用を借主に享受させるためであり、これが消費貸借契約の目的である。したがって、消費貸借における「特徴的給付（prestation caractéristique）」は、目的物を借主の利用に供するという貸主の債務である。したがって、目的物の引渡債務も、その返還債務も、消費貸借の「目的因としてのコーズ」を構成するものではない[37]。

(2) 目的物の引渡債務と目的物を借主の使用に供する債務の峻別

そのうえで、近時の学説は、消費貸借における古典的なコーズ理解の問題点は、消費貸借の内容の分析が適切ではないことにあると指摘する。

すなわち、判例および古典的通説においては、要物契約としての消費貸借は、貸主による目的物の引渡しが契約の成立要件であるから、消費貸借は、借主のみに返還債務を負わせる片務契約であって、貸主はおよそ債務を負わないと捉えられる。このような見地からすると、借主の返還債務が消費貸借における特徴的給付であり、そのコーズは何かが問われることになる。

しかし、シェヌデによれば、このような問題の捉え方は、一時点で完了する目的物の「引渡し（remise）」と、継続性を有する目的物を「使用に供すること（mise à dispositon）」を混同するものであって、この点に誤りがあると批判される[38]。消費貸借を特徴づける本質的な債務は、後者の債務であ

---

35 Libchaber, *supra note* 28), p. 262.

36 同旨の批判をするものとして、François, *supra note* 33), n° 10, p. 1950；Savaux, *supra note* 24), p. 1974；Savaux et Schütz, *supra note* 32), p. 502；Laithier, *supra note* 25), p. 1131など。

37 Libchaber, supra note 28), pp. 261-262. 同旨の批判をするものとして、Chénedé, supra note 28), no 12；Cattalano-Cloarec, *supra note* 33), n°s 90-91, pp. 62-63など。

38 同旨の批判をするものとして、Terré, Simler, Lequette et Chénedé, *supra note* 3), n° 414, p. 470；Sériaux（Alain）, Le prêt sans la cause：un prêt sans cause ?, in *Le droit spécial des contrats à l'épreuve du nouveau droit commun*, 2017, p. 46.

358 契約

る。貸主は目的物を引き渡した後もなお債務を負っている。目的物の引渡しによって貸主の契約上の義務が完了するわけではなく、貸主に課された目的物を「使用に供する債務（obligation de mise à dispositon）」は、目的物を引き渡した時から開始されると捉えることができる[39]。

3　消費貸借の特徴的給付としての目的物を使用に供する債務

　以上から、近時の学説によれば、消費貸借における特徴的給付は、借主の返還債務ではなく、一定期間にわたり目的物を借主の「使用に供する債務（obligation de mise à dispositon）」であると捉えるべきであると説かれる[40]。そして、このように捉えることによって、消費貸借契約におけるコーズ理論について、論理的な一貫性を回復することができるとされる[41]。

　すなわち、消費貸借契約における特徴的な給付は、一定期間にわたり目的物を借主の使用に供する債務である。この債務のコーズは、一方で、消費貸借が有償契約である場合（利息付き消費貸借）には、借主から財産的利益である反対給付（利息）を受けることである。他方で、消費貸借が無償契約である場合は、借主に利益を与えることにより精神的満足を得ることである[42]。

　このような消費貸借におけるコーズは、要物契約である場合と諾成契約である場合とで異なるものではなく、両者を通じて一元的に捉えることができる[43]。消費貸借契約のコーズは、要物契約の諾成契約化によって何ら影響を受けるものではない。両者において異なるのは、要物契約の場合には、目的

---

[39] Chénedé, *supra note* 28), n° 14 ; Chénedé（François）, *Les commutations en droit privé : Contribution à la théorie générale des obligations*, 2008, n° 172, p. 155.

[40] Chénedé, *supra note* 28), n°s 14-15 ; *Id., supra note* 39）n° 172, pp. 155-156 ; Grua, *supra note* 28), n° 10 ; Lucas-Puget, n° 577, p. 334 ; François, *supra note* 33), n° 10, pp. 1950-1951 ; *Id., supra note* 17), n°s 11-12 ; Savaux, *supra note* 24), p. 1973 ; Savaux et Schütz, *supra note* 32), p. 502 ; Puig（Pascal）, Prêt consensuel : cause encore et toujours..., *RDC*, 2009/1, p. 193 ; Cattalano-Cloarec, *supra note* 33), n°s 185-186, pp. 132-133 et n°s 199-200, pp. 140-141 ; Sériaux（Alain）, *Contrats civils*, 2001, n° 5, p. 46 ; Terré, Simler, Lequette et Chénedé, *supra note* 3), n° 414, p. 470 など。

[41] Chénedé, *supra note* 28), n° 15 ; *Id., supra note* 39), n° 172, pp. 155-156 et n° 193, pp. 175-176.

[42] 同旨を述べるものとして、François, *supra note* 33), n° 10, p. 1950 ; Savaux, *supra note* 24), p. 1973 ; Savaux et Schütz, *supra note* 32), p. 503 ; Puig, *supra note* 40), p. 193 ; Rochfeld, *supra note* 3), n° 34 ; Terré, Simler, Lequette et Chénedé, *supra note* 3), n° 414, pp. 470-471など。

物の引渡しは契約の成立要件であるのに対し、諾成契約の場合には、貸主の負う引渡債務の履行として目的物の引渡しがされるという点にあるにすぎない。

そして、目的物を借主の使用に供する債務をその特徴的給付とするものであることは、賃貸借と使用貸借および消費貸借とに共通する契約の内的構造であると捉えることができる[44]。

4 「用に供する債務（*praestare*）」の意義

(1) 「用に供する債務」の再定位

以上にみたように、近時の学説では、消費貸借契約において貸主が負う債務は、一定期間にわたり目的物を借主の使用に供するという継続的給付を目的とするものであると捉えられる。近時の学説は、このような貸主の債務を、債務の分類上、「用に供する債務」として位置づけている[45]。

債務の分類について、ローマ法では、「与える債務（*dare*）」および「なす債務〔なす債務またはなさない債務（*facere, non facere*）〕」に「用に供する債務（*praestare*）」を加えた三幅対による分類が説かれていた。フランス民法典の起草者は、ポティエの見解[46]に拠って、これを採用しなかったが（旧1126条）[47]、「用に供する債務」概念は、近時に至り、学説によって「再発見」されたものである[48,49]。

2016年オルドナンスによる債務法改正に至る検討の過程では、カタラ草案

43　同旨を述べるものとして、Grua, *supra* note 28), n° 14 ; Lucas-Puget（Anne-Sophie）, *Essai sur la notion d'objet du contrat*, 2005, n° 577, p. 334 ; Cattalano-Cloarec, *supra* note 33), n°s 185-186, pp. 132-133など。

44　Chénedé, *supra* note 39), n° 171, pp. 154-155など。賃貸借と使用貸借および消費貸借との共通性について詳しく検討するものとして、Cattalano-Cloarec, *supra* note 33), n°s 183-186, pp. 131-133 et n°s 446-465, pp. 277-293を参照。

45　近時の学説では、*praestare* の用語は、フランス語で mise à dispositon と訳出されるものであって、両者は同義であるが、本稿では、*praestare* に「用に供する」、mise à dispositon に「使用に供する」の訳語を充てて原語を区別することとする。なお、山城一真「フランス契約法における『与える給付』概念」慶応法学44号（2020年）184頁は、*praestare* に「使用に供する」の訳語を充てている。

46　Pothier（Robert-Joseph）, *Traité des obligations*, n° 178, p. 86, in *Œuvres de Pothier : annotées et mises en corrélation avec le code civil et la législation actuelle*, par M. Bugnet, t. II, 1848.

360　契約

1146条が、用語法は異なるが、「使用を与える債務」を規定して、このような近時の学説を明文化する提案を行っていたところである[50]。

(2)　「用に供する債務」の特質

　近時の学説によれば、「用に供する債務」は、次の点において、与える債務およびなす債務とは区別されると説かれる。

(a)　与える債務との区別

　一方で、与える債務は、目的物の所有権を移転することを目的とするもの

47　フランス民法旧1126条は、「いかなる契約も、当事者が物を与えることに義務づけられ、または当事者がなすもしくはなさざることに義務づけられることを目的（objet）とする」と規定して、与える債務となす債務を基本分類としていた。同条は、2016年オルドナンスによる改正によって削除されている。

48　債務の分類として、与える債務、なす債務（またはなさざる債務）、および用に供する債務の「三幅対（trilogie）」を説くものとして、Favre-Magnan（Marie），Le mythe de l'obligation de donner, *RTDCiv.*, 1996, n°s 3 et 26；Pignarre（Geneviève），À la redécouverte de l'obligation de praestare, *RTDCiv.*, 2001, pp. 41 et s.；Sériaux, *supra note* 39），n° 5, pp. 19-22；Huet（Jérôme），Des différentes sortes d'obligations et, plus particulièrement, de l'obligation de donner, la mal nomée, la mal aimée, in *Études offertes à Jacques Ghestin：le contrat au début du XXIe siècle*, 2001, n° 4, pp. 428-429 et n° 13, p. 439；Lucas-Puget, *supra note* 43），n°s 64-73, pp. 48-55；Chénedé, *supra note* 39），n° 171, p. 154 et n° 176, pp. 158-160；Cattalano-Cloarec, *supra note* 33），n°s 191-199, pp. 136-140など。

49　日本法では、ローマ法における praestare から示唆を得て、保証契約や保険契約などにおける損害の填補を確保する状態を給付することを意味するものとして、於保博士によって「担保する給付」の概念が提案されている（於保不二雄『債権総論〔新版〕』（有斐閣、1972年）25-27頁）。これを受けて、金山教授は、基本たる保証給付と潜在的な支払給付を含むものとして「担保する給付」を理解し、これに相応するものとして praestare を用いている（金山直樹『現代における契約と給付』（有斐閣、2013年）203-225頁。Kanayama（Naoki），De l'obligation de « couverture » à la prestation de « garantir » —Donner, faire, ne pas faire... et garantir？in *Mélanges Christian Mouly*, t. 2, 1998, pp. 375 et s.；*Id.*, Donner et garantir — une siècle après ou une autre histoire, in *Étude offertes à Jacques Ghestin：Le contrat au début du XXe siècle*, 2001, pp. 473 et s.）。
　ローマ法における *praestare* はその多義性から種々の理解が成立しうるが（この点について詳しくは、Lucas-Puget, *supra note* 43），n°s 69-71, pp. 50-53などを参照）、「担保する給付」の概念は、*praestare* 概念から、「用に供する債務」とは別の着想を得て主張されたものであり、その評価については、フランスの近時の学説が論ずる「用に供する債務」の意味での *praestare* とは区別して、別に論ずる必要がある。この点につき、Pignarre, *supra note* 48），n° 18は、金山教授が主張される「担保する債務（obligation de garantir）」は、*praestare* 債務のもう１つの面を構成しうるものであると指摘する。*praestare* の二元的な理解の可能性について論じるものとして、Lucas-Puget, *supra note* 43），n° 71, pp. 52-53；Cattalano-Cloarec, *supra note* 33），n° 194, pp. 136-137など。

であるのに対し、「用に供する債務」は、目的物の「使用（usage）」を移転
することを目的とするものであることである。

　もっとも、「用に供する債務」の範囲については、目的物をその所有権を
相手方に移転することなく引き渡すことにより使用に供する場合に限定する
のか、売買や贈与などのように所有権の移転に伴って目的物を引き渡す場合
も含めるかについて、見解が分かれる。この点につき、後者のように広く捉
える見解もあるが[51]、多数説は、前者のように所有権を移転しない場合に限
定して捉えている[52]。「用に供する債務」とは、目的物を引き渡して「一定
期間にわたり（temporaire）」相手方の使用に供するものであって、使用が
終了した後は、目的物の返還義務を負うことを前提とするものであることを
理由とする。

　このように捉えると、賃貸借や使用貸借においては、貸主は「用に供する
債務」を負うことは問題ないが、目的物の所有権が借主に移転する消費貸借
についても、これらと同列に論ずることができるのかが問題となる。この点
については、後に検討するように、消費貸借では、目的物を使用するには処
分することを要するという「消費物」の特性から、それを借主の使用権限を

50　カタラ草案1146条は、「使用を与える債務（l'obligation de donner à usage）は、賃貸借または
　使用貸借におけるように、返還を義務づけて物の使用を委ねることを目的とする。質権または寄託
　のように、使用権（droit d'usage）を付与せずに所持を委ねる合意においては、使用を委ねる債務
　は発生しない」と規定して、与える債務（同草案1145条）、使用を与える債務、なす債務（同草案
　1144条）の三幅対による債務の分類を民法典に導入する提案をしていたが（Catala（Pierre），
　Avant-projet de réforme du droit des obligations et de la prescription, 2006, p. 102）、最終的には債
　務の分類について規定するフランス民法旧1126条は削除され、上記の提案は実現しなかった。上記
　草案の説明では、返還義務には物の等価物の返還を含むと説明されるが（Martin（Didier），Divers
　espèces d'obligations（art. 1141 à 1151），*ibid.*, p. 50）、目的物の所有権が移転する消費貸借が含ま
　れるかについて疑義があるとの批判もあったところである（Pignarre（Geneviève），L'obligation
　de donner à usage dans l'avant-projet Catala, *D.*, 2007, n° 13）。

51　Pignarre, *supra note* 48), n°s 10-14.

52　Sériaux, *supra note* 40), n° 5, pp. 20-21；Fabre-Magnan（Muriel），*Droit des obligations*, t. 1,
　Contrat et engagement unilatéral, 6ᵉ éd., 2021, n° 300, p. 242；Danos（Fréderic），*Propriété,
　possession et opposabilité*, 2007, n° 386, pp. 428-430；Cattalano-Cloarec, *supra note* 33), n° 195, pp.
　137-138；Lucas-Puget, *supra note* 43), n°s 191-192, pp. 111-112 et n° 298, p. 162 など。先にみたカ
　タラ草案1146条（前掲注50））も、「返還を義務づけて物の使用を委ねる」と規定して、後者の限定
　的な理解を採用するものである。

基礎づけるために所有権を移転するにすぎないと説明されている。借主は、種類および数量が同一の等価物を返還する義務を負っており、債務の目的は、所有権の確定的な移転ではなく、一定期間にわたり目的物を借主の使用に供することである点では異なるところはなく、「用に供する債務」に含まれるとされる[53]。

以上を踏まえると、与える債務は、目的物の「所有権を確定的に移転すること（transfert définitif de la propriété）を目的とするのに対し、「用に供する債務」は、「一定期間にわたり使用を移転すること（transfert momentané de l'usage）」を債務の目的とするものと定式化されることになる[54]。

（ｂ）　なす債務との区別

他方で、なす債務は、債権者のために一定の「活動（activité）」を実現するものであり、債務者による役務の提供を債務の目的とする。これに対し、「用に供する債務」は、目的物を占有を債権者に移転したうえで、一定期間にわたり借主にその使用を委ねることを債務の目的とするものである[55]。目的物の占有の移転を前提としない役務の提供は、なす債務である。

（3）　目的物を使用に供する債務の特質

以上のような債務の分類の観点からの分析が示すように、目的物を借主の使用に供する債務には、次のような特質が認められる。

（ａ）　目的物を使用に供する債務と期間

目的物の使用収益（jouissance）には必然的に一定の期間を要するから、目的物を使用に供する債務は、「期間（durée）」をその本質的な要素として含んでおり、継続的履行の債務である[56]。「継続的かつ一定期間にわたり

53　Chénedé, *supra note* 39), n° 171, pp. 154-155 ; Cattalano-Cloarec, *supra note* 33), n°ˢ 197-198, pp. 135-140のほか、Sériaux, *supra note* 40), n° 5, pp. 21-22 ; Huet（Jérôme）, Decrocq（Georges）, Grimaldi（Cyril）et Lécuyer（Hervé）, avec la collaboration de Morel-Maroger（Juliette）, *Les principaux contrats spéciaux*, 3ᵉ éd., 2012, no 15, p. 31 ; Savaux et Schütz, *supra note* 32), pp. 494-495など。

54　Chénedé, *supra note* 39), n° 171, p. 154.

55　Chénedé, *supra note* 39), n° 171, p. 154 et n° 176, p. 159 ; Cattalano-Cloarec, *supra note* 33), n° 195, pp 139-140 ; Sériaux, *supra note* 40), n° 5, pp. 21-22 ; Pignarre, *supra note* 48), n°ˢ 7-8など。

（continue et temporaire）使用に供する債務」[57]と定式化される所以である。給付により借主にもたらされる利益は、期間に応じて定まるものであり、ここでの期間は、「満足的期間（durée satisfactoire）」としての性質を有する。したがって、期間は、約束された給付結果として債務の内容に組み込まれたものである[58]。

（b）　継続的給付

また、目的物の使用収益それ自体は、借主が行う活動であって、借主の使用に供する——あるいは、「使用させておく（laisser user）」債務という表現は、債務者である貸主の受動性を暗示的に含むものである。貸主は、目的物を借主に引き渡した後はすべきことはないとしても、借主が目的物を使用することが可能な状態を維持することによって、法的にはその債務を継続的に履行していると捉えられるものであるとされる[59]。そして、「用に供する債務」は、物を対象とする点で、通常のなす債務とは異なる面を有している。

5　借主の使用権能を基礎づける目的物の所有権の移転

(1)　消費貸借の特殊性

賃貸借や使用貸借では、貸主は目的物の所有権を保持しているのに対し、消費貸借では、貸主が目的物を引き渡すことによってその所有権が借主に移転する点で異なっている。消費貸借は、借主は目的物の所有権に基づいてその使用収益をすることからすれば、貸主が負う債務の内容は、賃貸借および使用貸借と消費貸借とで共通するものと捉えることはできないのではないかが問題となる。消費貸借において、貸借契約の１つであるにもかかわらず、消費貸借において、目的物の所有権が借主に移転することは、理論的にはどのように説明されるのか。

この点については、消費貸借の目的物が「消費性（consomptibilité）」か

---

[56] Etienney（Anne）, *La durée de la prestation : Essai sur le temps dans l'obligation*, 2008, n° 278, pp. 202-203, n° 364, pp. 267-268 et n° 367, pp. 269-270 ; Huet, Decrocq, Grimaldi et Lécuyer, *supra note* 53）, n° 21110, p. 614 ; Cattalano-Cloarec, *supra note* 33）, n°s 184-185, pp. 132-133 .

[57] Cattalano-Cloarec, *supra note* 33）, n° 186, p. 133.

[58] Etienney, *supra note* 56）, n° 278, pp. 202-203 et n° 368, p. 371.

[59] Etienney, *supra note* 56）, n°s 364-367, pp. 267-270.

つ「代替性（fongibilité）」を有するという目的物の特殊性によって説明されるのが一般的である。

(2) 目的物の消費性

第1に、消費貸借の目的物は、それを使用するためには必然的に消費を伴う「消費物」であるという特性がある。消費物とは、「費消または譲渡しなくては利用しえない物」と定義されるものである[60]。そこでの「消費」には、一回的な使用によって目的物の効用を使い尽くすという「物理的処分（disposition matérielle）」によるものと、金銭（支払単位としての金銭[61]）のように「法的処分（disposition juriduque）」によるものとが含まれる[62]。

もっとも、目的物が消費物であるかという目的物の特性から直ちに消費貸借と通常の貸借の区別が帰結されるわけではなく[63]、契約によって借主にどのような権能が付与されるのかという当事者の意思によって、両者の相違が説明されている。

すなわち、消費貸借においても、借主による目的物の使用をその目的とするが、消費物については、それを使用するためには消費する必要があることから、借主の「使用権能（faculté d'user）」として目的物の物理的または法的な処分権能を付与する必要がある。そのために、目的物の所有権が借主に移転することが契約の趣旨から導かれるというわけである[64]。

60　山口俊夫編『フランス法辞典』（東京大学出版会、2002年）77頁。Cornu（Gérard）（sous la direction de），*Vocabulaire juridique de l'Association Henri Capitant*, 11ᵉ éd. 2016, Vᵒ Choses consomptibles, p. 173も参照。

61　「支払単位（unité de paiement）」とは、それを移転することによって、価値単位によって表示された一定数額の金銭債務を消滅させる「債務免責力」という価値的な権能であるが、金銭消費貸借契約は、支払単位それ自体を借主に移転することを目的とするものである。この点につき、森田宏樹「電子マネーの法的構成（2）――私法上の金銭の一般理論による法的分析」NBL617号（1997年）25頁・27頁を参照。

62　Cattalano-Cloarec, *supra note* 33), nᵒˢ 227-229, pp. 151-152 ; Sériaux, *supra note* 40), nᵒ 82, p. 205など。

63　フランス民法典1874条は、「費消（détruire）しないで使用することができる物の貸借と、使用することにより消費される物の貸借の2種類の貸借がある。前者を『使用貸借』と称し、後者を『消費貸借』または単に『貸借』と称する」と規定しており、条文上は目的物の性質によって区別しているようにみえる。

したがって、消費貸借は、目的物の所有権が借主に移転するといっても、売買や贈与などの確定的に所有権を取得させることを目的とする財産権移転型契約とは異なり、あくまでも、一定期間にわたり借主にそれを使用させることを目的とする貸借型契約であって、借主が目的物を使用に供する方法が消費によることから目的物の所有権を移転するという点で、通常の貸借との相違があるにすぎない[65]。

(3) 目的物の代替性

第2に、消費貸借は、借主は借り受けた物を消費したうえで、それと数量および性質の同じ物を「再構成（reconstitution）」して返還することが可能であることを前提とするから[66]、そのためには、目的物は「代替物」であることを要する[67]。

学説には、消費貸借では目的物の所有権が借主に移転することを、目的物の消費性に加えて、「代替性」を有することにより説明する見解がある。これによると、目的物が代替物である場合には、それを借主に引き渡すことによって特定性を喪失し、借主の総財産と混同することにより、その所有権が移転するとされる[68]。これに対しては、目的物が代替物であることから直ちにその所有権の移転が導かれるとはいえないとの批判がある[69]。そして、こ

---

64 Cattalano-Cloarec, *supra note* 33), n° 229, pp. 229-230；Carbonnier, *supra note* 3), n° 714, p. 1608；Huet, Decrocq, Grimaldi et Lécuyer, *supra note* 53), n° 22113, pp. 847-848；Bénabent (Alain), *Droit civil, Les contrats spéciaux civils et commerciaux*, 15ᵉ éd., 202, n° 457, p. 345.

目的物の性質のみならず、借主に消費による使用権能が付与されているか否かが重要であることは、貸借の目的物が消費物であっても、借主が消費によって使用することを目的としない契約（ローマ法にいう prêt *ad pompam et ostentationem*。例えば、貴重なヴィンテージ・ワインのボトルを展示目的で貸与する場合など）は、消費貸借ではなく、通常の貸借であることからも理解される（この点につき、Avant-Projet de réforme du droit des contrats spéciaux, *supra note* 18), p. 112；Huet, Decrocq, Grimaldi et Lécuyer, *supra note* 53), n° 22113, p. 848なども参照）。

65 Cattalano-Cloarec, *supra note* 33), nᵒˢ 197-198, pp. 138-140 et n° 244, p. 160；Chénedé, *supra note* 39), n° 171, pp. 154-155；Lucas-Puget, *supra note* 43), n° 239, p. 133；Savaux et Schütz, *supra note* 32), pp. 494-495；Huet, Decrocq, Grimaldi et Lécuyer, *supra note* 53), n° 22001, p. 837など。

66 フランス民法典1902条は、「借主は、借り受けた物を、それと数量および性質の同じ物で、かつ、約定された期限に返還する義務を負う」と規定する。

67 Cattalano-Cloarec, *supra note* 33), n° 325, pp. 200-201.

68 Huet, Decrocq, Grimaldi et Lécuyer, *supra note* 53), n° 22001, p. 837など。

こでも所有権の移転を正当化するためには、借主に消費により使用する権能が付与されていることが必要であるとされる[70]。

(4) 小活

以上を要するに、消費貸借は、目的物の所有権が借主に移転する点で特殊性を有するが、それは目的物が「消費物」であることから、目的物の物理的ないし法的な処分という借主の使用権限を基礎づけるために所有権を移転するにすぎない。消費貸借が一定期間にわたり目的物を借主の使用に供することを目的とするものである点では、賃貸借や使用貸借と共通するものである。

6 目的物の引渡しおよび返還債務の理論的位相

(1) 序説

以上にみた近時の学説によれば、貸借契約の特徴的給付は、借主の返還債務ではなく、貸主が負う目的物を一定期間にわたり借主の使用に供する債務であるとされる。貸主の目的は、一定期間にわたり借主に目的物を使用収益させることであり、有償契約である場合には借主からその対価（利息）を得ることである。貸借契約は、目的物の引渡しとその返還という目的物の「往復」を目的としたものではない。目的物の引渡し（要物契約）ないし引渡債務（諾成契約）、および目的物の返還債務は、目的物を借主の使用に供する債務の履行に必然的に伴うものとして前提とされているという意味では、消費貸借契約の本質的要素ではあるが、いずれも貸借契約における「目的因としてのコーズ（cause finale）」を構成するものではないとされる[71]。

---

69 この点につき、第1に、実定法上、代替物について所有権に基づく返還請求権が認められている場合があり（フランス民法典2369条・フランス商法典 L.624-16条は、代替物の留保所有権に基づいて、債務者が占有する同一の性質・品質の物について返還請求権を行使することができることを認めている）、第2に、目的物が特定性を失うことにより借主の総財産に財産に混同したとしても、それが借主の所有に帰すると解することは論理必然ではないと批判される。Cattalano-Cloarec, *supra note 33*), n°s 235-236, pp. 155-156.

70 Cattalano-Cloarec, *supra note 33*), n° 237, p. 156.

71 この点につき、Libchaber, *supra note 28*), p. 262 ; Savaux et Schütz, *supra note 32*), p. 502などを参照。

(2)　目的物の引渡しの意義

　このような見方に立つときは、貸借契約において当事者が合意するのは、一定期間にわたり目的物を借主の使用に供する債務を負うことであって、目的物の引渡しは、借主による平穏な使用収益を実現するための「前置手続（formalité préalable）」ないし「法的条件」にすぎないとされる[72]。消費貸借契約の特徴的給付は、目的物の引渡しそれ自体ではなく、一定期間にわたり目的物を借主の使用に供する債務であって、目的物の引渡しは、当該債務の内容を実現するための手段として位置づけられる。そして、目的物の引渡しによって、借主が目的物を使用収益することができる状態が実現され、目的物を使用に供するという継続的給付が開始されるわけである。このことは、貸借契約が要物契約であると諾成契約であるとを問わず、共通に妥当するものである。

(3)　目的物の返還債務の意義

（a）　返還債務と期限

　貸借契約では、貸主は目的物を一定期間にわたり借主の使用に供する債務を負うが、この債務は「期間」を含んだ継続的給付であり、契約の終了時には借主は目的物の返還債務を負うことを当然の前提としている。期間の観点からみれば、目的物を使用に供する債務の「消滅期限（terme extinctif）」がその返還債務の「停止期限（terme suspensif）」であると捉えられる。前者の期限が「満足的期間」に対応するのに対し、後者の期限は、その到来までの返還債務の効力発生を停止する「延期的期間（temps dilatoire）」としての性質を有するものである[73]。

（b）　返還債務の発生原因

　消費貸借においては、当事者が合意するのは、目的物を一定期間にわたり借主の使用に供する債務についてであって、返還債務それ自体について合意するわけではない。このようにみると、返還債務の発生について、当事者の

---

[72] Libchaber, *supra note* 28), p. 262.　同旨を説くものとして、Savaux et Schütz, *supra note* 32), pp. 502-503；Lucas-Puget, *supra note* 43), n° 577, p. 334など。

[73] Etienney, *supra note* 56), n°ˢ 277-279, pp. 200-204.

368　契約

合意の射程がどこまで及んでいるのか、返還債務の発生を基礎づけるのはむ
しろ目的物の引渡しではないか、との問いが定立される。

　この点について、リブシャベールは、目的物の返還は、「両当事者が実体
的に意図した債務というよりも、契約上それに対する権利をもはや有しない
当事者が物を所持することから機械的に導かれる帰結（conséquence
mécanique）とみるべきなのではないか」と述べる。このような見方によれ
ば、目的物の返還債務は、所有権に基づく返還請求に見合うものを契約上の
義務として認めるものとされる[74,75]。そして、このことは、賃貸借を含めた
貸借型契約について共通に妥当するものである[76]。

　また、消費貸借契約が無効である場合にも、借主の返還債務は残存するこ
とから、カルボニエは、「貸金の返還債務は、それが借主の占有のもとに実
体として存在することのみで生ずるものであって、当事者の意思に基づく貸
借契約からは区別されるのであり、当事者の意思は、目的物（res）の外的
要素（弁済期限、利率）を規律するのみである」と述べる[77]。これは、消費
貸借が有効である場合と無効である場合とを比較すると、当事者の合意によ
って生ずる固有の効果は、目的物の返還義務に期限が付与されることと、利
息の支払義務があることだけであることから、返還債務の発生原因としての
物の引渡し（要物性）の意義を指摘するものといえよう[78]。

74　Libchaber, *supra note* 28), p. 262.　これと同旨を説くものとして、Chénedé, *supra note* 39), n°
173, pp. 156-158；Savaux et Schütz, *supra note* 32), p. 503；Terré, Simler, Lequette et Chénedé,
supra note 3), n° 414, p. 470など。

75　この点に関して、Cattalano-Cloarec, *supra note* 33), n°ˢ 315-318, pp. 196-197は、目的物が代替
物である消費貸借契約では、貸主は所有権に基づく返還訴権によってその権利を回復することがで
きないため、それに代わるものとして契約上の返還債務を認める必要があるとする。そして、貸借
契約が一定期間にわたり目的物を使用に供する契約であることから、その当然の帰結として終了後
に借主に返還債務が生ずることは、契約に内在的な性質として認められるとする。

76　この点を指摘するものとして、François, *supra note* 17), n° 9；Savaux et Schütz, *supra note*
32), pp. 502-503など。

77　Carbonnier, *supra note* 3), n° 1008, p. 2078.

78　François, *supra note* 33), n° 9, p. 1949は、貸金の引渡しが借主の返還債務の発生原因——すなわ
ち、「動力因としてのコーズ」——であることは、契約が遡及的に無効となっても影響を受けない
ことを意味すると指摘する。これと同旨の指摘をするものとして、Grua, *supra note* 28), n° 12；
Chénedé, *supra note* 39), n° 173, p. 157；Puig, *supra note* 40), p. 193など。

消費貸借契約のコーズについて　369

　借主の返還債務において、目的物の引渡しという物的要素と当事者の合意とがどのように作用しているかについての上記のような見方[79]は、貸借契約における諾成主義の限界を画するものでもあるとされる。判例は、諾成的消費貸借は、その成立によって貸主の目的物の引渡債務と借主の返還債務が発生する双務契約であると捉えているが、目的物の返還債務の発生原因は目的物の引渡しであることは、要物契約と諾成契約のいずれであるかによって異なるものではない。したがって、諾成的消費貸借であっても、当事者の合意によって、目的物の引渡しを受ける前に借主にそれを返還する債務を負わせることはできないと説かれる[80]。

（ｃ）　返還債務の発生時期

　消費貸借契約において、要物契約と諾成契約のいずれであるかにかかわらず、目的物の引渡しは、借主の返還債務の「目的因としてのコーズ」ではなく、借主の返還義務の発生原因、すなわち、「動力因としてのコーズ（cause efficient）」を構成する[81]。このことから、消費貸借の成立および履行のプロセスについては、次のように捉えられる[82]。

　すなわち、一方で、要物契約としての消費貸借では、2つの段階に区別される。第1段階として、貸主が借主に対して目的物を引き渡すことにより契約が成立し、貸主は目的物を一定期間にわたり借主の使用に供する債務を負

79　この点に関して、Cattalano-Cloarec, *supra note 33*), n° 94, pp. 65-66は、貸借契約における借主の返還債務が目的物の引渡しを発生原因とするといっても、このことは、返還債務が契約上の債務であることを否定するものではなく、当事者の合意と目的物の引渡しが二重の発生原因（double origine）であると説明する。

80　この点について、François, *supra note 17*), n° 11は、諾成的消費貸借においても、目的物の引渡しは借主の返還債務の発生原因であり、かかる「動力因としてのコーズ」は、諾成的消費貸借の「還元不可能な物的核（noyau irréductiblement réel）」に相当すると述べる。これと同旨を説くものとして、Ghestin, *supra note 32*), n° 589, p. 379；Cattalano-Cloarec, *supra note 33*), n° 94, p. 65のほか、Grua, *supra note 28*), n° 13；Savaux et Schütz, *supra note 32*), pp. 502-503など。

81　消費貸借において、「目的因としてのコーズ」と「動力因としてのコーズ」を混同すべきでないことを指摘するものとして、Chénedé, *supra note 28*), n° 14；*Id., supra note 39*), n° 193, p. 175；Laithier, *supra note 25*), p. 1131；François, *supra note 33*), n° 6, p. 1947 et n° 8, pp. 1948-1949；Savaux et Schütz, *supra note 32*), p. 502；Cattalano-Cloarec, *supra note 33*), n°s 89-92, pp. 62-64；Sériaux, *supra note 40*), n° 5, p. 46；Terré, Simler, Lequette et Chénedé, *supra note 3*), n° 414, p. 470など。

82　この点について詳論するものとして、François, *supra note 33*), n°s 6-7, pp. 1947-1948など。

うとともに、借主の目的物の返還債務が発生する。第2段階として、貸主の上記債務について消滅期限が到来することにより、借主の返還債務はその停止期限が到来し、「請求力（exigibilité）」を備えたものとなる。

他方で、諾成的消費貸借では、3つの段階に区別される。第1段階として、契約の成立により、貸主は借主に目的物を引き渡す債務を負う。そして、第2段階として、貸主が借主に対して目的物を引き渡すことにより、貸主は目的物を一定期間にわたり借主の使用に供する債務を負うとともに、借主の目的物の返還債務が発生する。第3段階として、貸主の上記債務について消滅期限が到来することにより、借主の返還債務はその停止期限が到来し、「請求力」を備えたものとなる。

両者において異なるのは、要物契約では、目的物の引渡しが契約の成立要件であるのに対し、諾成契約では、目的物の引渡しは契約の成立によって発生した貸主の債務の履行としてされることである。しかし、目的物の引渡しによって借主の返還債務が発生すること、そして、貸主の目的物を借主の使用に供する債務が期限の到来により消滅することにより、借主の返還債務が「請求力」を備えることは、要物契約と諾成契約とで共通するものである。

Ⅳ　結　論

フランス法における近時の学説によれば、消費貸借契約は、貸主が借主に目的物を引き渡した後は、借主のみが返還債務を負うものではなく、貸主は一定期間にわたり目的物を借主の使用に供する債務を負うものと捉えられており、これが消費貸借契約の特徴的給付である。目的物の引渡し——要物契約の場合は契約の成立要件であり、諾成契約の場合は貸主の引渡債務の履行である——は、上記債務の内容を実現するための手段として位置づけられ、目的物の引渡し時から貸主の上記債務の履行が開始され、一定期間にわたり継続する。他方で、要物契約と諾成契約とを問わず、目的物の引渡しは、借主の返還債務の発生原因であり、これにより借主の返還債務が発生する。そして、貸主の上記債務は約定された期限が到来して消滅することにより、借主の返還債務は請求力を備えたものとなる。

このように捉えるときは、消費貸借は、賃貸借および使用貸借と共通する構造を有する契約として位置づけることができる。もっとも、消費貸借は、目的物の引渡しによりその所有権が借主に移転する点で特殊性を有するが、これは、目的物が消費物であることから、物理的または法的な処分による借主の使用権限を基礎づけるために所有権を移転するにすぎない。借主は、約定された期限に数量および性質の同一の物を返還する債務を負っており、消費貸借の目的が、貸主が一定期間にわたり目的物を借主の使用に供することにあることにおいて異なるところはない。

　以上のようなフランス法における議論は、わが国における貸借型契約の内的構造について検討するうえで、有益な知見をもたらすものといえよう。これを踏まえた検討については、既に別稿において詳しく論じたところである[83]。

---

83 前掲注2）を参照。

372　契約

使用貸借における無償性と利他性
——フランス契約各則改正草案における prêt intéressé を素材として——

森 山 浩 江

Ⅰ　はじめに
Ⅱ　契約各則改正草案における使用貸借の規律
Ⅲ　若干の分析
Ⅳ　結びにかえて

Ⅰ　はじめに

　フランス民法典については、周知のとおり、領域ごとの改正作業が近時相次いでいる。契約各則領域の改正プロジェクトも、現在進行している改正作業の一つである。まず、アンリ・カピタン協会が2017年に示した改正提案について、これを改訂したものが2020年に公表されており[1]、2022年7月には、これとは別に、司法省の委託に基づき Stoffel-Munck 教授率いる委員会が新たな契約各則改正草案（Avant-projet de réforme du droit des contrats spéciaux）[2]を解説を付して発表している。

　これら両方の草案には、無償貸与の契約として、従来どおり使用貸借

---

[1] Association Henri Capitant, *Offre de réforme du droit des contrats spéciaux*, Dalloz, 2020.

[2] Diane Galbois-Lehalle et Philippe Stoffel-Munck（dir.）, *L'avant-projet de réforme du droit des contrats spéciaux*, LGDJ, 2024, pp. 233 et s. フランス司法省のウェブサイトでは、2022年7月に同改正案の全体（Commission présidée par le Professeur Philippe Stoffel-Munck, « Avant-projet de réforme du droit des contrats », https://www.justice.gouv.fr/sites/default/files/migrations/textes/art_pix/avant_projet_commente_juillet2022.pdf（2024年10月6日確認））が公表されており、同じものが Vanessa Monteillet et Gustavo Cerqueira（dir.）, *L'avant-projet de réforme du droit des contrats spéciaux*, Société de Législation Comparée, 2023の Annexe にも掲載されている。以下では、« Avant-projet » として引用する。

（prêt à usage）が規定されている。後者の草案（以下、「本改正草案」と称する。）には、いくつか革新的な内容が含まれると説明され、使用貸借（prêt à usage）の下位分類もその一つに数えられる[3]。すなわち、使用貸借には、貸主が自らの利益を図る意図を有する使用貸借（prêt intéressé）とそうではない使用貸借（prêt désintéressé）の2類型があることが規定され（以下では prêt intéressé に「自利的使用貸借」、prêt désintéressé に「利他的使用貸借」の訳語を当てる[4]。）、この分類に即して内容を異にする規定が存在する（なお、前者の草案には同種の分類は存しない）。

　使用貸借は日本でもフランスでも、代表的な無償契約の一つである。これは本改正草案においても同様であり、上記の2類型のいずれかを問わず、使用貸借は無償契約とされている。つまり、本改正草案には、貸主が自身の利益を図って行う無償契約という、少なくとも一見して矛盾を孕む概念が登場したことになる。

　ここで自利的使用貸借として念頭に置かれているのは、経済的な取引関係を背景として行われる無償の利用契約である。日本の債権法改正の議論においても、同様の利用契約の存在が指摘されていた[5]。もっとも、日本の改正時の議論では、取引関係を背景とする場合とそうでない場合とで、規律を分

3　Philippe Stoffel-Munck, « La préparation de l'avant-projet de réforme du droit des contrats spéciaux », RDC 2022, n°3, p. 103. この他、たとえば Dimitri Houtcieff のコメント（« Les prêts », in Charles-Édouard Bucher et Marie-Anne Daillant（dir.）, *La réforme du droit des contrats spéciaux*, Dalloz, 2023, pp. 134 et s. 同書は、2022年6月14日にナントで行われた本改正草案を対象とするシンポジウムの記録である。）は、この使用貸借の区別は、本改正草案の使用貸借に関する規定の中で最も際だった（frappant）改革とする（p. 134）。また、Garance Cattalano のコメント（« Le prêt » in le Dossier « Libres réflexions autour de la réforme des contrats spéciaux », RDC n° 1, 2023, pp. 218 et s. 2022年10月21日にエクスマルセイユで行われた本改正草案を対象とするシンポジウムの記録である。）も、この区別を主要な変更点として挙げる（p. 220）。

4　これらの語の訳出は困難であるが、伝統的な使用貸借が利他性（altruisme）により特徴付けられることから、désintéressé を「利他的」とし、intéressé については、本来は仏教用語であるが「利他」の対語として用いられることのある「自利」の語を用い、「自利的」の語を当てることにした。

5　たとえば、法制審議会における議論の中で挙げられていたものとしては、企業が下請に金型を無償で貸与する場合、特約店に販売促進用の設備を貸与する場合、石油会社がサービスステーションに施設を無償で貸す場合がある。法制審議会民法（債権関係）部会第81回会議議事録9頁〔中田裕康委員発言〕。

374　契約

けることが提案されたのではない[6]。経済的取引の一環として行われる無償
利用契約も使用貸借に含まれることは強調されたが、それは使用貸借を諾成
化する規律（現行民法593条および593条の2）の議論においてであって[7]、
従前の内容を基本的に踏襲するその他の使用貸借の規律が、取引の一環とし
て行われる無償利用契約にどのように適用されるかについては、検討はなさ
れていない。

　フランスにおいては従来、取引関係の一環として行われる無償利用契約を
使用貸借に含めて捉えるべきか否かについて、見解は分かれており、本改正
草案による上記の使用貸借の分類が、来たるべき法改正において実現に至る
のかどうか、現時点ではなお不明である。とはいえ、本改正草案がどのよう
な考え方に立って自利的使用貸借をどのように扱おうとしているのか、また
そもそもそのような契約を使用貸借に取り込むことをどう考えるべきか──
後者は、使用貸借の無償性または利他性の理解にも関わる──等、特に議論
の乏しい日本の民法学にとっては、示唆に富む点があるように思われる。本
稿はこのような視点から、本改正草案における使用貸借の下位分類に関する
規律を紹介し、若干の検討を加えることを目的とする。

II　契約各則改正草案における使用貸借の規律

1　契約各則改正草案について

　2022年に本改正草案に付された説明[8]から、以下にその概略のみを示して
おく。本改正草案は、司法省が Philippe Stoffel-Munck 教授の率いる委員会
に委託した改正検討作業の成果である。1804年の立法にかかるフランス民法

6　民法（債権法）改正検討委員会『詳解・債権法改正の基本方針IV──各種の契約（1）』（商事
法務、2010年）326頁においては、経済的関係を背景として無償の目的物利用契約が締結されるこ
ともあることが指摘されたうえで、現在の使用貸借をさらに細分化し類型化して規定を用意するこ
との困難を述べ、他方で、使用貸借が多様な場面を対象とすることは確認しておくべきである、と
された。

7　債権法改正における、民法593条および593条の2に関する議論の詳細については、拙稿「債権法
改正における使用貸借の諾成化をめぐって」法雑66巻1＝2号41頁（2020年）を参照。

8　Philippe Stoffel-Munck, « Présentation générale de l'avant-projet » in « Avant-projet », pp. 4 et s.

典の条文は、しばしば現実に適しない場合があり、また2016年の契約の一般法の改正により、各契約類型についても改正が望ましい状況になっていると考えられていたことがうかがわれる。

この検討作業の理念としては、必要である場合には明確化（clarifier）すること、可能である場合には単純化（simplifier）すること、そして現代化（moderniser）することが挙げられる。現代化とは、従前はあまり考慮されてこなかった現実を受け入れ、多くの特則が時代遅れなものになっていることを考慮に入れることであるとされている。

また、改正草案を導く方針としては、第一に自由（liberté）への指向、第二に現実主義（réalisme）、第三に実践的な所産（œuvre pratique）であること、第四に深慮の所産（œuvre de sagesse）であることが挙げられている。

2　使用貸借の規律について

(1)　概要

フランス民法典においては、貸借（prêt）の契約に、使用貸借（prêt à usage）および消費貸借（prêt de consommation）の２種があると捉えられており（現行民法典（以下、CC と記載する。）1874条)[9]、本改正草案においても同様である（本改正草案（以下、AP と記載する。）1874条)。

使用貸借の用語については、使用貸借の規定が置かれている節（Chapitre）のタイトル « Du prêt à usage ou commodat » において、現行法と同様、ローマ法の commodatum に由来する « commodat » の語が « prêt à usage » と並置され[10]、解説等においても２つの語が同義のものとして用いられている。

本改正草案に付された、貸借（prêt）の部分の解説においては、使用貸借について、この契約があらゆる種類の物（chose）を対象とすること、本質

9　このような prêt の二分法に関しては、D. Houtcieff, *op.cit.*, p. 130.

10　« commodat » の語はよく用いられるようであり、実務家の便宜のためにもこの呼称を維持する理由があると説明される（« Avant-projet », p. 101)。なお、本改正草案における1874条の解説（« Avant-projet », p. 105）も参照。これを維持したことへの批判として、Blandine Mallet-Bricout, « Critique », *in* D. Galbois-Lehalle et Ph. Stoffel-Munck（dir.), *op.cit.*, pp.177 et 191.

的に無償（gratuit）であり、通常は好意 bienfaisance によるものであること、他方で無償性が自利的な趣旨のもの（intéressé）である場合があり、取引界ではそのような特殊な使用貸借の利用が増えていること、本改正草案はこれを考慮に入れ、使用貸借の制度を現代化するとともに、制度のそのような側面を明確にしたことを述べている[11]。

　現代化については、自利的使用貸借（prêt intéressé、以下 Pr. I. と略記する。）と、利他的使用貸借（prêt désintéressé、以下 Pr. D. と略記する。）、すなわち従来型の使用貸借とを対置したことが説明される。商業活動においては、使用貸借は、貸主にとって見返りとなる契約の締結を促進するために利用されており、試用版のソフトを使用に供することや、自動車販売業者による代車の提供が例として挙げられている。また、ガソリンスタンドのオイルタンク、スーパーマーケットのカートまたは社用車の貸与も例として挙げられている。これらの貸与は、賃料が存在しないため賃貸借ではないが、民法典が本来念頭に置いていた好意契約でもない。改正検討委員会は、このような実態を考慮に入れることが望ましいと判断し、その理由として以下の2点を挙げる。

　1つは、貸主にこのような使用貸借を行う利益があることは、債権者と同様の期待を借主に生じさせるが、伝統的な使用貸借の枠内では、使用貸借は単に無償であるだけでなく恩恵的なものであり、借主は自分の利益を、恩恵を授けてくれる者の利益と対置しがたいということである。もう1つは、好意性は厳格法（droit strict）の厳しさを緩和し、そのことは利他的な貸主の責任軽減として現れ、また他の平面でも現れうるということである[12]。

　もっとも、改正検討委員会においては、特に、自利的か利他的かの区別の基準を明確にすることが困難であるために、議論となったようである。この点については、貸主が経済的な利益――金銭的利益では狭すぎると考えられた――を得ることを考えて行動し、それを借主が知っていることを要するとされている。証明が問題となるが、証明の負担は、使用貸借が自利的なもの

---

11 « Avant-projet », p. 101.

12 « Avant-projet », pp. 101-102.

であることから利益を受ける者（通常は借主）が負い、多くの場合は外観、特に、より広範囲の取引関係（opération）の中に使用貸借が組み込まれているという外観から、証明されるであろうとされる。また、この証明を客観化するため、AP1876条は、貸主の事業者としての活動と直接の関係のある使用貸借は Pr. I. と推定される旨を定めたことも、説明されている[13]。

そして、自利的か利他的かの区別は、この契約の制度の様々な側面に及ぶ。これについては、以下のように概要が示されている。

まず、Pr. D. は従来どおり要物契約であるが、Pr. I. は諾成契約とされる。後者については、この債務負担が正当に生じさせる特別な期待の反映であり、物の交付は貸主の債務となる。とはいえ、借主は、物を受け取る義務もそれを使用する義務もない。契約は借主の利益のためのものであって、（スポーツ選手等の）スポンサー契約や展覧会のための作品の貸借とは異なる。借主が物への関心を失い受け取りに来ない場合には、貸主は一方的に契約から解放されうる（AP1877-2条）。

次に、自利的に行動する貸主については、契約による拘束はより強くなる。物について、急迫でありかつ予見不可能であった必要が貸主に生じたとしても、貸主は定められた終期を遵守しなければならない（AP1879-1条）。利他的な貸主は、CC1885条が現在定めているのと同様、借主の留置権から解放されているが、自利的な貸主に対しては留置権が存する。自利的な貸主の責任はより厳格に評価され（AP1891条）、それは特に、物の瑕疵を知っているとよりみなされやすいことを意味するものである（AP1890条）。

このこととのバランスとして、借主の物の保存についての責任は、Pr. D. の場合にはより容易に生じることになる。不可抗力による物の滅失の場合において、自分の利益より貸主の利益を優先させるべきことも、Pr. D. の場合には、公平の観点から求められる（AP1886-3条。CC1882条参照）[14]。

改正検討委員会は、自利的か利他的かに関わらない使用貸借一般に共通する制度についても、様々な観点からの明確化に専心したことも、解説におい

---

13 « Avant-projet », p. 102.

14 « Avant-projet », p. 102.

378　契約

て示されている[15]。

(2)　本改正草案の規定における Pr. I. と Pr. D. の異同

　以下ではまず、本改正草案が具体的に Pr. I. と Pr. D. を分けて規定する条文について、概観しておきたい。

(a)　使用貸借の成立に関する規定

　AP1876条1項は、使用貸借は自利的または利他的でありうることを定める。使用貸借が自利的なものと判断されるのは、貸主が経済的利益を望んで行動しており、かつそれが借主に知られている場合である（AP1876条2項）。貸主が自身の事業者としての活動の範囲内で使用貸借をする場合には、その使用貸借は自利的なものと推定される（AP1876条3項）。

　契約の成立要件も、Pr. I. と Pr. D. で異なる。Pr. I. は諾成契約であり（AP1877条1項）、Pr. D. は要物契約である（AP1877条2項）。使用貸借の予約に関して、Pr. D. は予約の不履行の効果として損害賠償のみが定められるが（AP1877-1条）、Pr. I. については、予約完結権が行使された場合には履行の義務が存すること等が定められる（AP1877-2条）。

(b)　使用貸借の終了に関する規定

　AP1879条は、共通の終了原因として、定められた終期に使用貸借が終了すること（1項）、終期の定めがない場合において限定的かつ特定された必要性に応じるために物が貸与されたときは、その必要性が満足されるのに通常必要な期間の満了をもって終期とすること（2項）に加えて、新たに、相当の期間を定めた予告があれば、当事者のいずれか一方からの解約によって使用貸借は終了する旨を定めた（3項）。3項が加えられたことによって、

15　« Avant-projet », p. 102. Pr. I. と Pr. D. の区別に関係しない規定について、本改正草案が使用貸借について新たに設けた次のような規定が特に興味深いが、本稿では対象外とする。使用貸借が無体物をも対象とすることを明示した AP1878条、終期が定められておらず、かつ特定の必要性のために貸与されたのではない場合において、相当の期間を定めた予告があれば、当事者のいずれか一方からの解約によって使用貸借は終了する旨を定めた AP1879条3項、借主の死亡による使用貸借の終了に関して、借主が法人である場合にも、その解散によって終了する旨を定めた AP1879-2条2項、使用貸借の目的物の譲渡により使用貸借関係が移転しうる場合を定めた AP1879-3条等である。

16　なお、CC1211条および Cass. 1ʳᵉ civ., 3 févr. 2004, n° 01-00. 004, Bull. civ. I, n° 34も参照。

CC1888条よりも容易に終了を認めうることになる[16]。この点については、Pr. I. と Pr. D. の間に違いは設けられていない。

また、借主の死亡による終了について[17]、Pr. I. と Pr. D. の間に違いは設けられていない。借主が法人である場合にその解散による終了を認める規定も新たに置かれているが、この点についても同様である（1879-2条）。

Pr. D. に限って認められる終了原因は、AP1879-1条のみである。同条1項は、貸主に急迫かつ予見できなかった目的物の必要性が契約後に生じた場合、終期が未到来であっても、またあらゆる異なる合意にもかかわらず、正当な理由のある通知によって終了する旨を定めている。裁判官は状況に応じて猶予期間を付与することができるとされているが（同条2項）、CC1889条とは異なり、終了が認められること自体については、裁判官の判断は必要とされない。

この他、目的物が譲渡されても使用貸借が維持される場合について定めたAP1879-3条、また転貸（有償・無償ともに）の原則的禁止を明示的に定めたAP1880条も、Pr. I. と Pr. D. の違いは設けていない。

(c)　責任における違い

借主側に生じる効果に関して Pr. I. と Pr. D. の違いを示すのは、借主の責任を Pr. I. の場合よりも厳格に評価する旨を定める AP1886-3条1項である。これに加え、貸主が借主に対して負う債務に関しては、Pr. D. のみに借主の留置権が認められているという違いがある（AP1885条）。

また、貸主側に生じる効果に関しても、Pr. I. の場合には貸主の責任がより厳格に評価されることが、AP1891条により定められている。

(3)　Pr. I. と Pr. D. の違いに関する説明

(a)　使用貸借の定義および成立に関して

(i)　無償契約であることとの関係について

AP1875条1項は、使用貸借が無償でなされる契約であることを示してい

---

17 CC1879条は、借主についても貸主についても、当事者が死亡した場合に相続人により義務が承継されるのを原則とするが、AP1879-2は借主死亡の場合のみ使用貸借が終了すると定め、現行の規律を変更している。

380　契約

る。本改正草案における同条の説明では、無償性は使用貸借の本質であり、賃貸借との区別の基準であること、また、CC1107条2項に従い対価が存在しないこととの関係が示される。そして、無償か有償かという区別は、使用貸借の自利的か利他的かという区別とは混同されず、後者の区別は無償契約のもとでの下位区分であることが示される。自利的使用貸借において貸主が望む利益はこの契約の法的効果ではなく、契約は依然として無償であることが説明されている[18]。

（ⅱ）　Pr. I.・Pr. D. という下位区分について

Pr. I. および Pr. D. という2種類の使用貸借の存在を明示する AP1876条1項について、本条の説明は、現代においてこの下位区分が生じていることはごくありふれた事実であり、Pr. I. においては、貸主が将来の利益の取得を望むが、この利益は借主自身からもたらされる場合も、第三者からもたらされる場合もあることが説明される。後者の例としては、あるブランドの売上げを増やすことを目的として、広く報道されるイベントの際に有名な人物に宝石を貸与する場合が挙げられる。

Pr. I. と Pr. D. とでは、当事者に生じさせる期待は異なっており、非法に関する言説で知られる Jean Carbonnier は、好意の精神が存在する場合、法的な圧力は多かれ少なかれ相当に低下することを指摘したことが挙げられる。しかしながら、本質的には同一の2つの行為を無償の貸借という1つの見出しのもとに結びつけることは正当化されるとされている。

好意による無償性とは別に、取引関係における無償性というものが存在し、学説においてはこの区別は目新しいものではないことが、様々な文献を挙げて述べられている[19]。さらに、Domat の著作において、無償・有償の区別よ

18　« Avant-projet », p. 105.

19　« Avant-projet », p. 106. 次の文献が挙げられている。François Grua, *L'acte gratuit en droit commercial*, thèse Paris 1, 1978 ; François Collart-Dutilleul et Philippe Delebecque, *Contrats civils et commerciaux*, Précis Dalloz, n° 616 ; Didier Guével, « La gratuité intéressée : oxymore d'avenir? », *Mélanges Goubeaux*, 2009, coéd. LGDJ, Lextenso et Dalloz, p. 229 ; Céline Bénos, « L'altruisme dans le contrat de prêt à usage », D. 2013. 2358 ; Garance Cattalano-Cloarec, *Le contrat de prêt*, LGDJ, 2015.

20　Franoçois Chénedé, *Les commutations en droit privé, Contribution à la théorie générale des obligations*, Economica, 2008, n° 209

りもむしろ自利的な契約と利他的な契約の対置がみられたことや、現代においても、François Chénedé のように[20]、これをなお評価する者があることも、示されている[21]。

区別を明確なものにするため、改正検討委員会は、貸主の利益は経済的なものであるべきとする。委員会の議論においては、そのような使用貸借は契約の集合体の付属的な契約として分析される可能性があり、使用貸借とは異なる法的性質決定が可能であることを指摘する見解もあったが、Pr. I. は常に包括的な取引の一部であるわけではなく、そのような取引が実現するという保証もないことから、自律的な性質決定を維持することに有用性が認められると説明されている。

そして、自利的な性質を借主が知っていることが性質付けにおいて決定的であることが示される。Pr. I. という性質決定には、貸主が経済的な企図を有し、その中に使用貸借を位置づけていること、そして借主がそれを認識していることが必要であり、それがなければ Pr. D. と性質決定され、利他的な精神を貸主の内心において探る必要は、これまでと同様に存在しないことが示される。Pr. I. の場合の大部分は、本条第 3 項が定める推定によりカバーされるが、これは、貸主によって覆されうる単純な推定であることも、説明されている[22]。

(iii) 諾成契約か要物契約かの違いについて

AP1877条は、Pr. I. は諾成契約であり、Pr. D. は要物契約とする。これについて、自利的な契約においては、その確実性を信頼すること、そして、好意による契約の場合よりも強い法的保護を期待することには根拠があり、職業的な領域においては特に、借主は約束を信頼できることが述べられている[23]。

その他、AP1877-1条および AP1877-2条が、使用貸借の予約について、Pr. D. と Pr. I. のそれぞれにつき定めるが、諾成契約か要物契約かという性

---

21 « Avant-projet », p. 106.

22 « Avant-projet », pp. 106-107.

23 « Avant-projet », p. 107.

24 D. Houtcieff, *op. cit.*, pp. 135 et s.

382 契約

質に沿って導かれうる内容ともいえ[24]、ここでは詳しくは取り扱わない。

(b) 使用貸借の終了原因について

AP1879-1条では、急迫かつ予見できなかった目的物の必要性が生じたことにより、貸主が物を取り戻すことが認められるべきであるのは、使用貸借が利他的な場合に限られることが示されている。この規定の解説においては、この区別の根拠についてそれ以上の説明がなされているわけではない。CC1889条をPr. D.について維持するものであるが、終了につき裁判官の判断を要しないのは新しい点である[25]。

(c) 責任における違いについて

(i) 借主側に生じる効果について

1886-3条1項は、借主の責任がPr. D.の場合にはPr. I.よりも厳格に評価されることを定めており、解説においては、その区別は借主のフォートの評価について現れることが示されている。好意の無償性および利他的な性質によって、借主は、目的物について特別に注意を払うべきことが帰結されている。第2項も同じ考え方に立つものであるとされている。不可抗力による物の滅失に関する第2項はCC1882条と同旨で、講学的な事例であるが、Pr. I.であっても無償で物を借り受けた者は、その恩恵を与えた者に特別に配慮しなければならないという考え方を示していると説明される。この条文が示す考え方は、フォートの程度について、類推により判断すること、そして裁判官の評価を方向付けることを可能にするものとされている[26]。

目的物に対する借主の注意義務に関しては、AP1886条1項が、フォートの不存在を証明しないかぎり、物の滅失または毀損につき責任を負う旨を定めている。これは、推定されたフォートによる責任に関する判例（Cass. 1re civ., 6 février 1996, n° 94-13.388）に従った規定として説明される。改正検討委員会は、この規定について、Pr. I.とPr. D.の区別をすべきかどうかを検討したが、区別は望ましいものとは思われなかった、と説明されている。Pr. D.の場合について、借主は不可抗力の場合にのみ責任を負わないものと

---

25 « Avant-projet », p. 110.

26 « Avant-projet », pp. 114-115.

する規律も検討されたが、借主に対して厳しすぎると考えられ、そのような規定は採用されなかったということである。他方、上記のように、1886-3条が、Pr. D. の場合は借主の責任をより厳格に評価することを定めているため、フォートの不存在による免責を得ることは、それほど容易なものではないと考えられている[27]。

AP1885条は、Pr. D. の場合にのみ、貸主が借主に対して負う債務について、借主が留置権を有しないことを定める。このように、留置権の規定であるCC2286条に従わずに借主が留置権を有しない旨を定めて貸主を有利に扱うことは、無償の性質のみにより正当化されるものではなく、1804年の民法典が重んじた好意契約の概念の延長線上において、利他的な性質によって正当化されるものであると説明されている。貸主が自利的である場合には、この根拠は崩れ、借主は CC2286条の定める条件において、目的物上に留置権を有することになる[28]。

(ii) 貸主側に生じる効果について

Pr. I. の場合に、貸主の責任をより厳格に認めることとする1891条については、貸主が経済的利益を得ることを望んで貸す場合には、その利益が、好意による貸主よりも厳格に契約を守るべきことを正当化する旨が示される。とりわけ、物の瑕疵を発見するために払うべき注意の評価は、より厳格になされるべきであると考えられている[29]。

AP1889条は、貸主は、借主に目的物を使用させる義務を負うのみで、その平穏な使用収益をさせる義務は負わない旨を定めている。賃貸人が負わされる、平穏な使用収益をさせる義務は、賃貸人が受け取る金銭的な反対給付によって正当化されるものであり、本改正草案の検討においても、Pr. I. の貸主には同様の義務を負わせることが検討されていたが、最終的には採用されなかったことが説明される。自利的な場合であっても、使用貸借の無償性は、平穏な使用収益を一般に義務として貸主に負わせることの妨げとなると

---

27 « Avant-projet », pp. 113–114.

28 « Avant-projet », p. 113.

29 « Avant-projet », p. 116.

30 « Avant-projet », pp. 115–116.

考えられている[30]。

AP1890条は、目的物が、これを使用した者に損害を生じさせうる瑕疵の
あるものであった場合、貸主は、隠れた瑕疵であっても、貸主がそれを知っ
ていたかあるいは知るべきであった場合であり、かつ瑕疵を借主に告げなか
った場合には、責任を負うことが定められている。これについて、Pr. D. の
貸主の責任を減免するような区別は設けられていない。この規定の解説によ
れば、Pr. D. の貸主は、責任を負わされるリスクによって契約する気を失う
ことがあってはならず、Pr. I. の貸主は AP1891条が定めるとおり、より高
い注意義務を負っているが、Pr. D. においても、貸主は彼の物に存する欠陥
を知っているべきであり、借主に注意を与えるべきであるため、この点にお
いて Pr. I. と Pr. D. の間に区別を設けることは望ましいこととは思われなか
った、とされている[31]。

(4) Pr. I. と Pr. D. の区別に関する議論

Pr. I. と Pr. D. については、解説において以上のような説明がなされてい
るが、本改正草案に対しては様々な見解が示されている。Pr. I. と Pr. D. の
区別に関しては、区別自体または基準の適切性が議論の中心となった。以下
では、この点について、本改正草案に対するいくつかの見解を挙げて議論の
概要を示したい。

この区別に関しては、基準が説得的なものとはいえないとの批判がなされ
ている。自利的な性質や、AP1876条による推定も、明確なものとはいえず、
CC1107条が定める有償性との区別ができないとの見解がある[32]。

また、区別自体に対しても、有償か無償かの中間的なカテゴリーではない
としつつも、結局それに当たるのではないかということや、Pr. I. を無償契
約と位置づけることについて、取引の中に解消されるものであり逆説的であ
って、無償性の法的な定義に反するのではないか、むしろ伝統的な有償／無

---

31 « Avant-projet », p. 116. この区別を設けなかったことへの批判として、Malvina Mille
Delattre, « La durée du prêt à usage », Dalloz Actualité, 1er juillet 2022, p. 3.

32 D. Houtcieff, *op. cit.*, p. 137.

33 B. Mallet-Bricout, *op. cit.*, pp. 186 et s.

償の区別のほうがよいのではないか、といった根本的な批判もなされた[33]。

これに対して、区別自体には好意的な論者からは、次のような指摘がなされている[34]。まず、AP1876条の示す基準について、これが解釈の問題となることは避けられないとするが、一方、このような区別はそれほど度を外れたようなものではなく、精確な実務の反映であって、判例はPr. I.の場合には使用貸借の規律を修正してきたことが示される。判例がこの規定によって根拠を与えられることになると考えられている。

また、この区別は、民法典自体においてまったく未知のものだったわけではないという。対価のない利他的な行為ととらえられる事務管理については、CC1301-4条が、事務管理者が他人の事務の負担を負うことについて個人的な利益を有する場合も、事務管理の規定の適用は排除されないことを定めていることが挙げられる。そして、同条2項が、義務負担、費用および損害について、それぞれの利益の割合に応じて帰属すると定めることも付け加えて、使用貸借についての本改正草案の提案は、事務管理というこの準契約への規定の作用を明らかにすることになるだろうと述べ、両者の類似性を強調している。

Ⅲ　若干の分析

1　フランスにおける従前の議論との関係

フランスにおいては、経済的な取引を背景に行われる使用貸借については、以前からその存在が認識され、議論がなされてきた。特に、目的物の欠陥から借主に生じた損害の賠償について、CC1891条は、使用貸借の目的物の欠陥につき悪意でありかつそれを借主に告げなかった貸主のみが責任を問われる旨を定めるところ、取引を背景として行われるような使用貸借においてもこの規定が適用されて善意の貸主の責任が免じられるか否かが、裁判例をめぐって議論されてきた[35]。たとえば、自動車修理販売業者が、新車を購入し

34　G. Cattalano, *op. cit.*, pp. 220 et s.
35　いわゆる拡大損害の事例であるが、フランス民法は損害賠償責任につき不競合（non-cumul）の原則を採っているため、ここでは不法行為責任は問題とならず契約責任のみが取り上げられる。

た顧客に目的物を引き渡すまでの間、代車として使用させていた自動車に欠
陥があったことから事故が起き、顧客に損害が生じた事案や[36]、スーパーマ
ーケットの駐車場でカートを顧客が使用していたところ、カートの車輪に問
題が生じたために足を負傷した事案[37]、ブドウ農家が、ワイン醸造用タンク
を製造している会社からタンクを（試用に近い形で）無償で借りたが、タン
クの欠陥によりワインをすべて失ってしまった事案[38]等である。

　このような無償の貸与の扱いについて、使用貸借か、売買契約の付随的債
務か、または無名契約かが問われてきたものとして学説を整理する見解が存
在した[39]。すなわち、①使用貸借という性質決定は維持しつつも、貸主の責
任を厳格に捉えようとするもの[40]、②取引を背景とする場合には、恵与の意
図（intention libérale）が存しないため、無名契約として論じるべきとする
もの[41]、あるいは③主契約の付随的債務と捉え、無償で物を使用させる行為
を、それを含む有償の背景から切り離すことを拒絶するもの[42]、という分類
である。

　他方で、この分類を示した Puig は、上記のいずれの見解を採っても、採
るべきとされる解決は同じであることを指摘する。すなわち、上記のような
事例において、使用貸主を保護する諸規定がそのまま適用されることは肯定
されておらず、使用貸借の制度は、経済的な背景に応じて、分解されて適用

---

36 TGI Paris, 26 mai 1983, G.P. 9-10 nov.1983, p. 16 ; RTDCiv., 1984.121, obs. Philippe Rémy ;
Cass. civ. 1re, 25 novembre 2003, Bull. civ. I, n° 235 ; RDC 2004.718, obs. Alain Bénabent.

37 Cour de Rennes, 19 décembre 1972, G.P. 30-31 mai 1973 ; RTDCiv., 1973.587, obs. Gérard
Cornu.

38 Cass. com. 24 novembre 1980, n° 79-10.233 ; RTDCiv. 1981. 650, obs. Gérard Cornu.

39 Pascal Puig, *Qualification du prêt à usage « intéressé »*, RDC 2010.141.

40 Ph. Rémy, *loc. cit.* なお、Rémy は、ローマ法文に由来する注釈学派等の古典的な概説書に当た
り、貸主側に利益のある場合であっても、使用貸借であり、しかしその規範をそのまま適用するの
ではない、との見解を示す。

41 Philippe Malaurie, Laurent Aynès, Pierre-Yves Gautier, *Droit des contrats spéciaux*, 13e éd.,
LGDJ, 2024, n° 638, p. 582. なお、Puig による引用は2007年の第3版である。
　同様の見解については、シリル・グリマルディ（齋藤哲志訳）「典型契約法の再法典化に挑む
──フランスの経験からの考察」新世代法政学研究18号（2012年）、特に223頁以下を参照。破毀
院商事部2009年9月15日判決（pourvoi no 08-16504）の事案等に言及する。

42 Alain Bénabent, *Droit des contrats spéciaux civils et commerciaux*, LGDJ, 15e éd., 2024, n° 423.
なお、Puig が当時引用したのは2008年の第8版である。

されなければならないことが指摘されている[43]。

　以上のように、フランスの学説は一様ではない。とはいえ、取引関係を背景として行われる無償の物の利用契約については、本改正草案の解説あるいはそこで引用される諸文献にも見られたように、これを使用貸借の新たな類型とみたうえでこれに対応しようとする動向も存在していた。本改正草案はその視点に立って、明示的な規律を設けるという方向性を選択したものといえるだろう。

2　本改正草案の視点がもたらすもの

　本改正草案が行った、自利的使用貸借という概念、あるいは Pr. I. と Pr. D. の区分の創出は、日本の今後の議論にどのような示唆をもたらしうるであろうか。

(1)　日本の債権法改正との比較

　まず、日本の債権法改正における使用貸借契約の変化との対照において、本改正草案の Pr. I. と Pr. D. の分類とその規律が示唆するところは少なくない。

　債権法改正過程における議論でも、取引を背景とする無償利用契約の存在は、しばしば引き合いに出された。しかし、本改正草案が、Pr. I. と Pr. D. の区別を取り込み、適用されるべき規律が異なることを明確にしようとしたのに対し、日本では、使用貸借の諾成契約化の変化の理由として Pr. I. の存在が挙げられたのみであり、むしろ Pr. I. と Pr. D. が同一の規範のもとで扱われるべきであるかのような論じられ方にとどまった[44]。

---

43 P. Puig, *loc. cit.* Puig 自身は、前掲・破毀院商事部2009年9月15日判決について、使用貸借に関する規定は、専ら借主の利益において役務がなされるという性質を失うと、もはや正当化されないとし、当該事案に関しては使用貸借ではなく一連の複合的行為として捉えるべきことを述べている。同判決は、GAEC（農業共同経営集団）は、自身の乳製品の消費者への販売を促進するため、冷蔵ショーケースの設置を Fergui 社（スーパーマーケット）の店内に設置して使用させていたところ（なお、ショーケースの修繕・清掃をする企業とはメンテナンス契約を締結していた。）、ショーケースが発火して火災を引き起こしたという事案である。この事案については、グリマルディ（齋藤訳）・前掲文献も参照。

388　契約

　実際、諾成契約化に伴い新設された民法593条の２は、従来型の使用貸借において貸主が過剰に拘束されかねない懸念を生じさせてもいる[45]。また、債権法改正過程における議論が参照されることにより、使用貸借には Pr. I. も含まれるとの理解が一般化すれば、他の使用貸借の条文が修正なく Pr. I. にも及ぶという解釈を生じさせかねない[46]。フランスが、Pr. I. を使用貸借に取り込み、これと Pr. D. との規律を区別して設定したことは、その是非は措くとしても、両者が別異に扱われる必要性があることを示唆するものといえる。また、具体的な区別も、その取扱いにおいて参考となりえよう。

(2)　無償性と好意性（利他性）の区別

　使用貸借は、伝統的に、好意契約（contrat de bienfaisance）のいわば代表格であった。好意性と無償性は、使用貸借に特徴的な規範を説明する際に、その根拠として必ず言及される概念であり、そのような場面においては両者は特に区別なく用いられることが多い。フランス民法典においては、旧1105条が、「好意契約（contrat de bienfaisance）は、当事者の一方が他方に純粋に無償の利益を得させる契約である。」と定義していたが、2018年の改正により、CC1107条２項の無償（gratuit）という言葉に置き換えられたという経緯がある[47]。その際、有償契約（contrat à titre onéreux）との対比において、反対給付の存在・不存在による区別がなされることにより、無償契約（contrat à titre gratuit）の語のほうが適切であり客観性を有するものとして選択されたといえる[48]。

　他方、このような反対給付の存在・不存在という客観的な区別は、無償性

44　前掲拙稿、森田宏樹編『新注釈民法（13）Ⅰ・債権（6）』（有斐閣、2024年）139頁［森山浩江執筆］参照。

45　前掲拙稿64頁以下を参照。

46　前掲・森田編『新注釈民法（13）Ⅰ・債権（6）』152頁、159頁、160頁、163頁、164頁、165頁、167頁、189頁、192頁、203頁、209頁［森山浩江執筆］では、このような懸念から、取引の一環としての使用貸借に関しての扱いに言及している。

47　contrat à titre gratuit と contrat de bienfaisance の用いられ方の変遷につき、Juanrong Wang, *Le droit de mettre fin à la relation contractuelle de distribution,* Lille, 2018, pp. 72 et s. を参照。

48　このような契約の無償性概念の客観化につき、Floriane Pansu, *Le contrat à titre gratuit,* thèse Paris I, 2023, n°s 53 et s. を参照。

と好意性（利他性）の違いを際立たせることになる。本改正草案において、使用貸借の無償契約という性質付けを維持しつつ、その中に Pr. I. と Pr. D. の下位区分が設定されたこと自体が、まさにそのような違いを明確にしたといえる。単なる反対給付の不存在により無償性が定義されるがゆえに、Pr. I. であっても無償契約であるという分類が成り立ちえたともいえる。Pr. I. および Pr. D. はいずれも無償契約であるが、好意契約であるのは Pr. D. のみである。

　日本でも、無償契約の性質を説明する際に、無償性と好意性は同義のように用いられることは多かったが、無償契約とされる契約の本質、あるいはそこから導かれる各種の規範の根拠が、無償性にあるのか、好意性にあるのか、検討する必要があるのかもしれない[49]。無償性または好意性から説明されてきた使用貸借の規律については、これと類似するフランス民法典の規定に関して、本改正草案が、Pr. I. と Pr. D. で扱いを異にした規律（たとえば、諾成性と要物性）と、共通のままとした規律がある（たとえば、借主死亡時の終了）。日本民法における使用貸借の諸規定の趣旨をより細やかに検討し、様々な事案への適用を考えていくに当たっては、本改正草案における扱いの違いが、その妥当性の検討も含めて、1つの参照対象となりえよう。

(3)　自利的使用貸借の性質決定

　本改正草案は、少なくとも伝統的な使用貸借の概念自体を変えるものであるが、使用貸借に含めるか否かは措くとしても、Pr. I. 自体を1つの契約類型として定めるという意味をも有しうる。これは果たして適切に機能するのであろうか。

　Pr. I. の事案として掲げられているものは、非常に多様性が大きいが、これらを Pr. I. と位置づけることによって、当然ながら、Pr. I. の規範の適用

---

[49] この点に関して、平野裕之「無償契約についての新たな試みとしての改正債権法——有償契約と無償契約の棲み分けの必要性」道垣内弘人ほか編集・近江幸治先生古稀記念論文集『社会の発展と民法学・下巻』（成文堂、2019年）387頁以下を参照。Pansu の前掲論文も、契約の好意性を強調し、無償契約から「自利的な無償性（« gratuité » intéressée）」を排除する方向性を主張する（特に、n° 98, n° 244, n° 299, n° 359を参照）。

390 契約

による解決を図ることになる。しかし、負担付使用貸借のように、有償 - 無償の量的なグラデーションの間にあるものとは異なり、Pr. I. の多様性への対応は結局、関連する一連の取引関係の中で当該無償利用契約がどのような位置づけを有するかによって、検討していくほかはないであろう。

　そのような意味において、本改正草案が、Pr. I. を一つの類型として捉えたこと、そしてそれを使用貸借の中に置いたことは、果たして適切であったのか、疑問を禁じ得ない。一連の関連する様々な取引関係の中に位置づけられる契約は、無償の使用関係だけではなく、フランスでも日本でも、様々な複合的契約の形態を捉える議論が発展している中、Pr. I. の場合のみをこのように扱うことは適切であるのか、また、そもそも機能しうるのであろうか。日本ではいずれにせよ契約の解釈の問題として扱われることになるが、その議論の中で、Pr. I. に当たる概念を特別に設定する必要があるのかどうか、その点に関しても、本改正草案の今後を参照していく意味があるであろう。

Ⅳ　結びにかえて

　本稿では、本改正草案で示された使用貸借契約の新たな動向について概観し、簡略ながら分析を行った。本改正草案、そして今回扱った自利的使用貸借の概念も、今後フランスにおいて成功を収めていくのかどうか、なお未知数である。

　しかし、本改正草案における prêt intéressé の規律の登場は、有償・無償の概念、使用貸借の概念、複合的契約の概念、そして現代的事象の法典化等、様々な観点から興味深いものであり、無償契約の研究においては、とりわけ現代的な事実類型をも含めて検討する好機となった。無償契約の本質、そして好意性との関係をどのように捉えるべきかといった根本的な問題はなお、多くの検討課題を残したままであるが、本改正草案についても、その行方を見守りつつ、これを手掛かりの1つとして検討を続けたい。

フランス法における自己執行義務と
役務提供契約のカテゴリー

都 筑 満 雄

I　はじめに
II　役務提供型契約の分類と自己執行義務
III　各種契約の法の改正案に見る役務提供型契約の受け皿と自己執行義務
IV　結びに代えて

I　はじめに

1　自己執行義務の新設と役務提供型契約の受け皿としての委任

　2017年の民法（債権関係）改正において、644条の2第1項に、「受任者は、委任者の許諾を得たとき、又はやむを得ない事由があるときでなければ、復受任者を選任することができない。」との委任契約における受任者の自己執行義務の規定が新設された。民法改正の中間試案【41-1】の解説によれば、その提案理由は次のようである。委任関係は当事者間の信頼関係を基礎とするから、委任事務は自ら処理しなければならず、原則として第三者に委任事務を処理させることはできないとされてきた。復受任者の選任については、復代理人が第三者との間でした法律行為の効果が委任者に及ぶかという外部関係の規定である104条が存在したのに対して、受任者が自分以外の者に委任事務を処理させることが委任者に対する債務不履行となるかという内部関係の規定は存在しなかった。そのため、通説は、この委任の内部関係にも同条を類推適用し、同じ要件で復受任者を選任しうると解してきた。そして、中間試案はこの通説の考え方に基づいて受任者は原則として自己執行義務を負う旨の委任の内部関係についての提案をし、この中間試案通りの上記条文

が改正により新設されたのである[1]。

他方で、我が国において委任は広く役務提供型の契約の受け皿となっており、実際にも医療や不動産仲介、フランチャイズ、預金、保育、介護のほか弁護士のような士業に関する契約などが同契約との性質決定を受けてきた。委任は、法律行為だけでなく事務の委託も準委任としてその内容とし、有償・無償を問わず、また、請負のように結果債務を目的とせず、雇用のように使用従属性を要素としないからである。それでは、新種の役務提供型契約はその受け皿とされている委任と性質決定されるや、任意規定ではあるものの、同条が適用され、受任者は原則として自己執行義務を負うことになるのであろうか。しかし、分業が進んだ今日の複雑な取引社会においては、適宜第三者に事務の遂行を委託することができるとするのが適した契約が役務提供型契約にも少なからず存在する。民法改正後も委任はこうした契約を含む役務提供型契約の受け皿であり続けているところ、今日においては委任に包摂されるこのような役務提供型の契約には、信頼関係を基礎とする委任契約を念頭に置くこの自己執行義務は適切ではないであろう。これが本稿の出発点となる問題意識である[2]。

2　学説による644条の2に対する批判

この本稿の問題意識と同様の認識は既に米村滋人教授により示されている。米村教授は、基本的には通説に基づいて新設されたこの644条の2について、自己執行義務を任意規定として承認すること自体が適切ではなかったと批判し、その根拠の1つとして次のように言う[3]。すなわち、通説が形成された大正期においてはともかく、今日では委任・準委任はきわめて多様な役務提供契約を包含する契約類型と想定されており、これらをすべて射程に入れ

1　商事法務編『民法（債権関係）の改正に関する中間試案の補足説明』（商事法務、2013年）487頁以下。

2　拙稿「委任の任意解除と役務提供契約の類型」後藤巻則先生古稀祝賀『民法・消費者法理論の展開』（弘文堂、2022年）283頁以下においては、民法改正により厳格化された委任の任意解除について同様の問題意識から検討を行った。

3　米村滋人「受任者の自己執行義務と複委任の規制」中田裕康先生古稀記念『民法学の継承と展開』（有斐閣、2021年）652頁以下。

るのであれば、人的信頼を契約の基礎として承認することは困難と考えられる。任意規定としての自己執行義務を導入した場合、新たに出現した役務提供型契約に対しても、これが準委任と性質決定される限り原則的に自己執行義務が適用されることになるが、必ずしも従来的な委任契約と同視できない多様な背景を有する新規類型の契約に一律に自己執行義務を適用することの弊害の方が重視されるべきである。

3　役務提供型契約の再編が挫折する中で残った自己執行義務

　米村教授の指摘するように、改正の問題は、もともと自己執行義務が人的信頼を基礎とする本来的な委任を対象としていたにもかかわらず、多様な役務提供型の契約を包含する今日の委任の任意規定としてしまったところにあった。しかし、このミスマッチは、改正の初めから存在していたものではなく、改正の終盤において役務提供型契約の新たな受け皿となる契約類型を設けるという役務提供型契約の再編の試みが挫折したことにより生じたものである[4]。

　まず、債権法改正の基本方針は役務提供型契約の受け皿とするべく役務提供契約の典型契約を【3.2.8.01】以下において設けることを提案した[5]。委任は役務提供型の契約の受け皿となってきたが、任意解除（651条）のように信頼関係を基礎とする本来の委任に特有の規律であって、役務提供型の契約一般に適用することが適当でないものもある。本問の自己執行義務に関する規定もそのような規律といえよう。とはいえ、こうした契約を無名契約として、契約の一般理論や当事者の合意のみに委ねてしまうことも適切ではない。このような問題意識から、基本方針は、雇用・請負・委任・寄託を包摂する上位のカテゴリーである役務提供契約との典型契約を設けることを提案するのである。そして、もちろん自己執行義務をはじめとする本来の委任に固有の規律はこの典型契約には置かれていない。他方で、基本方針は、656

4　この改正過程については、拙稿「役務提供契約共通法の序論的考察」法論93巻6号（2021年）151頁以下において検討した。

5　その提案理由について、民法（債権法）改正検討委員会編『詳解・債権法改正の基本方針Ⅴ』（商事法務、2010年）6頁以下参照。

条の準委任を受任者が委任者に代わって第三者との間に立って事務処理を行う場合に限定し、これを再定義している。役務提供契約の典型契約を設ける以上は、準委任をこの受け皿から排除するため、このような契約関係に限定するのである。しかし、役務提供型契約の受け皿とするため一段抽象的な典型契約を設けるとのこの野心的な提案は、法制審議会において、他の提案とともに審議されたが、これらは支持を得ることはできなかった。

次いで、中間試案【41−6】（1）は、役務提供型契約への最低限の対応として、準委任を当事者間の信頼関係を基礎とするとの委任の特徴を有する類型（受任者の選択に当たって、知識、経験、技能その他の当該受任者の属性が主要な考慮要素となっていると認められるもの）とこのような特徴を有しない類型とに区別するとの提案をした。そして、信頼関係に由来した規定である644条の2第1項や651条、653条（委任者が破産手続開始の決定を受けた場合に関する部分を除く）を後者には準用しないのである。そもそもの出発点は準委任に関する規定が役務提供型契約一般に妥当する内容となっていないところにあったのだから、準委任を分類し、後者に関して準委任の規定をこれにふさわしいものに改めるのである。その後の要綱案のたたき台の審議においても、こうした準委任を区別する提案はなされている[6]。そして、ここでは、信頼関係が重視されているか否かの基準を具体化するものとして、受任者が自らその事務の処理を履行しなければ契約をした目的を達成することができないものか否かという基準が提案されていた。しかしながら、準委任を区別するとの提案は次の要綱仮案の原案においては成案を得られる見込みがないとして取り上げられず、改正には至らなかった[7]。結局、民法典に役務提供型契約の受け皿となる新たな類型を設ける試みは成功しなかった。そのため、今後も、これら契約は適切な受け皿となる契約類型がない以上は準委任との性質決定を受けることになるのである。

ところで、自己執行義務の規定の新設は基本方針（【3.2.10.05】〈1〉）においても中間試案（【41−1】（1））においても提案されていた。他方で、い

---

6 法制審議会民法（債権関係）部会第82回会議（平成26年1月14日）部会資料73B・4頁以下。
7 法制審議会民法（債権関係）部会第93回会議（平成26年7月8日）部会資料81-3・22頁。

ずれにおいても役務提供型契約の受け皿として本来の委任・準委任とは別の契約類型が設けられ、自己執行義務をはじめとする信頼関係を基礎とする本来の委任に特有の規定は同契約類型には適用されないものとされていた。ところが、本来の委任・準委任とは別の契約類型を設けるとの提案は要綱仮案の原案においては取り上げられなかった一方で、自己執行義務については提案が維持され、これが644条の2第1項となった。これにより自己執行義務は、信頼関係を基礎とする本来の委任・準委任に加えて受け皿となる契約類型がカバーするはずであった多様な役務提供型契約にも適用されることになった。このように、ここでは自己執行義務の適用対象について、これ以前の本来の委任・準委任から多様な役務提供型契約の受け皿となる広い委任・準委任へと提案の変更がなされていたのであり、この提案は静かに特段の議論もなく改正へと至ったのである。

4　厳格な自己執行原則

他方で、644条の2第1項は、複委任が許容される場合を委任者の許諾ある場合とやむをえない場合とに限定しており、厳格な自己執行原則を採用している。既述のように本条は伝統的な通説の見解によったものであるが、改正前においては、次のような考え方も現れていた[8]。すなわち、委任は個人的な信用に基づくゆえに受任者は自己執行義務を負うという考え方は事業として行われる事務処理には妥当せず、この場合は、他人の利用をむしろ原則として認める必要がある。受任者がどこまでの責任を負うかは委任契約において受任者がどこまでの事務処理を引き受けたかによって決まるべき事柄である。このように自己執行義務を含む受任者の義務が委任契約の解釈によって定まるべきであるとの見解も現れていたのである[9]。そして、自己執行義務の規定を新設する基本方針（【3.2.10.05】〈1〉）も、自己執行原則の例外を、やむを得ない事由に代えて、受任者に自ら委任事務を処理することを期待するのが相当でないときとする提案をしていた[10]。

8　山本敬三『民法講義Ⅳ-1』（有斐閣、2005年）726頁。
9　米村・前掲注3）646頁の評価である。

396　契約

5　本稿の目的と構成

　以上のように、民法改正において役務提供型契約の再編の試みが挫折した結果、644条の2第1項が委任・準委任に包摂される多様な役務提供型契約を適用対象とする規定として残され、そのうえ、伝統的な通説の厳格な自己執行原則が採用されていた。ゆえに、自己執行義務の規定を新設した改正民法は、同義務の適用対象を広すぎるものとしただけでなく、複委任規制自体についても厳格なそれを選択してしまったのである。

　このことを踏まえて、米村教授は、自己執行義務を委任契約・準委任契約全般に適用しないための644条の2第1項の解釈として、委任者の許諾を広く認めるという条文解釈により調整するという方向性と、同条の適用範囲を自己執行義務が措定できる契約類型に限定するという方向性を示している[11]。この自己執行義務を課すべきでない契約類型を想定する後者の方向性は、自己執行義務をはじめとする信頼関係を基礎とする本来の委任に特有の規律が妥当しない役務提供型契約の受け皿となる契約類型を構想した民法改正過程の諸提案に連なるものとみることもできよう。

　本稿は、役務提供型契約の再編が民法改正の残した大きな課題であり、どのような役務提供型契約の受け皿となる契約類型が構想されるべきかというこれまでの問題関心から、この自己執行義務の適用範囲の問題について米村教授の示した2つ目の方向性を比較法の観点から掘り下げるための考察をする。そのために、現在改正に向けた議論が活発に行われているフランス民法典の各種契約の法についての2つの改正案、すなわち、アンリ・カピタン協会による改正提案と P. Stoffel-Munck が主催する委員会が作成した改正草案を本問の検討の素材とする。同改正においては役務提供型契約の受け皿としてどのような契約類型を構想するかが重要な課題とされているからである。これら改正案は、役務提供型契約の受け皿そして自己執行義務の適用範囲と

10　米村・前掲注3）655頁以下は、伝統的な通説自体においても、複委任と履行補助者の利用とが区別され、履行補助者の利用が全面的に許容されていたことを指摘する。

11　米村・前掲注3）659頁以下。なお、椿久美子「任意復代理・複委任と多角的取引」椿寿夫編『三角・多角取引と民法法理の深化』別冊 NBL161号（商事法務、2016年）181頁は、黙示の許諾による復任権の拡張を認めて、前者の方向性を示していた。

いう我が国の民法改正の残した課題の考察にとって参考となる最新の比較法の素材であろう。本稿は、自己執行義務の規律のあり方、とりわけ、同義務が措定される契約類型とは何かを検討する。さらに、このフランス法の検討から、役務提供型契約の受け皿となる契約類型の姿についても示唆を得たい。そのために、現行フランス法における役務提供型契約（委任と請負）の分類と自己執行義務について確認をしたうえで（Ⅱ）、2つの改正案における役務提供型契約の受け皿と自己執行義務の規律を検討する（Ⅲ）。

Ⅱ　役務提供型契約の分類と自己執行義務

1　委任契約と自己執行義務

(1)　フランスにおける委任契約

　フランスにおいて委任は、ある者（委任者）が他の者（受任者）に対してその者（委任者）の名前と計算において第三者と法律行為を締結する権限を与える契約であると定義される（フランス民法典1984条）。そして、この委任契約においては委任者から受任者に対する代理権の授与が本質とされている。なお、ローマ法において委任は無償であるとされていたのに対し、1986条に、委任は反対の合意のない限り無償であるとされているように、無償性は推定されるだけであり、もはや委任の本質ではなくなっている[12]。

　フランスにおいても今日の委任は単独の法律行為を行うことから資産管理さらには一定の自由職の職務まで様々な活動を担い、多くの専門職が委任を利用している。また、委任は法律行為を締結する権限を与えるものであるが、これとともに当該の契約が事実行為を行うものであっても、少なくとも同部分が従たるものである場合には、委任との性質決定は妨げられない（例、不動産開発契約）[13]。とはいえ、フランスにおいて委任は、委任者の名と計算において法律行為を締結する権限を与え、代理権の授与を本質とし、我が国の準委任にあたる部分を欠くことから、我が国のように役務提供型の契約の

12　P. Puig, *Contrats spéciaux*, Dalloz, 8éd., 2019, p. 758.

13　P. Puig, op. cit.（12）, p. 760.

398 契約

受け皿とはなりえない。また、委任はすべからく仲介であるが、全ての仲介が委任というわけでない[14]。例えば、契約の締結を望む者を結び付けるにすぎない仲立は、仲立人に委託者の名前と計算で法律行為を締結する権限を与えるものではないため、委任とはされない。なお、我が国同様フランスにおいても、受任者が独立して労務を提供するのに対し、労働者が従属して労働に従事する点で、委任は雇用と区別される。

(2) 委任契約の特質の１つとしての人的考慮 (*intuitus personae*)

フランスにおいて委任契約は人的要素を考慮する契約であるとされる[15]。伝統的に委任は委任者が受任者に与える個人的な信頼に基づくことによって特徴づけられてきた。委任は受任者に代理権を与えるものであり、委任者はそれを真に望まなかったとしても行為により拘束されることになる。それゆえに、委任は信頼関係を基礎とし、人的考慮に基づく契約なのである。代理人のこの人的考慮は、当事者が人的考慮のない委任とすることもできるため委任の本質ではないが、少なくとも本性ではある[16]。

この人的要素の考慮の帰結の１つとして、受任者は委任者の承諾なく労務の提供を自身に代わって第三者に行わせることができないとされる。つまり、受任者は自己執行義務を負うのである。委任は信頼関係に基づく労務の提供であり、この信頼関係は個人的なものであるがゆえに、第三者による代行が禁じられるのである。教科書等においては一般にこのように委任の自己執行原則が説かれているものの、現行民法典にはこの自己執行義務自体についての明文の規定はない。1994条１項は、委任者の承諾がない場合等において受任者が事務処理において自己に置き代わった者の所為について責任を負う旨を規定するだけである。このように条文の文言からはその責任はともかく委任者の承諾なき代行も可能ではあるように見える。そして、実務において代

---

14 P. Malaurie = L. Aynés = P.-Y. Gautier, *Droit civil, Les contrats spéciaux*, LGDJ, 12éd., 2022, p. 301.

15 フランス契約法における *intuitus personae* について紹介をなす邦語文献として、上井長十「フランス契約法における *intuitus personae*（人的要素の考慮）について」明治大学大学院法学研究論集17号77頁以下を参照した。

16 P. Malaurie = L. Aynés = P.-Y. Gautier, op. cit. (14), p. 299, 323.

行は広く行われており、むしろ破毀院判例においては合意等に反対の定めの
ない限り受任者が第三者に代行をさせるのは自由であるのが原則であるとの
見方もあり、実際にはこの原則は相当に緩和されているのである[17]。

　ところで、委任における人的要素の考慮はこの受任者の自己執行義務だけ
ではない。人的要素の考慮の制度上の表れとして、例えば、次のものも挙げ
られている[18]。たとえ期限の定めのある委任においても委任者の死亡により
原則として委任は終了する。受任者の死亡も同様である（2003条）。また、
委任者は原則としていつでも受任者を解任することができる（2004条）。委
任者の受任者に対する信頼あっての委任だとすると、契約締結時だけでなく
その後も信頼が継続しなければ、委任は終了するのである。反対に、受任者
もまた委任を放棄することで委任を終了させることができる（2003条）。

2　役務提供型契約の受け皿としての請負契約

(1)　フランスにおける請負契約

　フランス民法典は、1710条において、仕事および勤労の賃約との呼称で、
「……当事者の一方が、当事者間で合意される対価と引換えに、他方のため
にあることを行うことを約する契約である」との広範な定義を請負契約に与
えている[19]。この定義に素直に従えば、結果債務を負う契約とされる我が国
とは異なり、有償で為す債務を生じさせる契約は全てこれに含まれうること
になる。それゆえ、フランスにおいて多様な役務提供型契約の受け皿となっ
てきた民法典の典型契約は、日本とは異なり、請負契約である[20]。

17　A. Bénabent, *Droit des contrats spéciaux civils et commerciaux*, LGDJ, éd.14., 2019, p. 459.

18　P. Malaurie = L. Aynès = P.-Y. Gautier, op. cit. (14), p. 323 ets.

19　フランス民法典は、賃貸借、請負、雇用をそれぞれ物の賃約、仕事の賃約、労務の賃約とし、
これら契約類型を賃約の概念のもとに一括している。同概念については、ローマ法からフランス民
法典起草過程までの経緯の詳細な考察をなす、森田修「ローマ法における『賃約』(locatio
conductio) とその現代的意義」中田裕康先生古稀記念『民法学の継承と展開』(有斐閣、2021年)
591頁以下および同「フランス民法典における「賃約」概念」河上正二先生古稀記念『これからの
民法・消費者法（Ⅰ）』(信山社、2023年) 423頁以下を参照した。

20　以下のフランスの請負契約の意義に関する記述は、拙稿「役務提供契約共通法の序論的考察」
法論93巻6号158頁以下および同「フランスにおける請負契約の性質決定と再定位の議論に見る各
種契約の一般理論 (1)」南山37巻3・4号156頁以下の記述と部分的に重なる。

400 契約

　この請負契約は他の役務提供型の契約から次のように区別されている。上記のようにフランスにおいて委任契約は代理権授与を行う契約に限定されているため、委任と請負は代理権授与の有無によって区別される[21]。そうすると、この委任とは性質決定されない（日本では特に準委任とされるような）契約はその多くが有償であれば請負契約と性質決定されることになる[22]。また、請負契約は請負人の独立性を要素とすることで労働契約から区別される。なお、一般に有償性が請負の要素とされているところ、これによると無償の役務提供型の契約の多くが無名契約となってしまうことなどから、無償請負も請負契約と性質決定する見解も有力である[23]。このように、フランスにおいて請負契約は多種多様な役務提供型の契約を受け入れうる契約類型なのである。

　そして、請負研究において著名な P. Puig は請負契約を次のように位置づけている[24]。請負は為す債務を契約目的としているが、これによる労務が財産に組み込まれて譲渡される場合には財産の移転を目的とするのに対し、労務が受益者を直接的に利しその取引の目的を構成する場合には役務の提供を目的とする。この請負は、為す債務を生じさせる有償の契約を全て含みうる非常に広範なカテゴリーであり、他の契約が種（espèse）に位置するのに対し、その上位にある属（genre）に位置し、これらとは同じ次元にはない。そのため、他の役務提供型の契約とは特定性の程度を異にし、これらを包摂する総称的なカテゴリーである。そして、請負が役務の提供を目的とする場合には、この総称的な契約との特質はより明らかなものとなる。すなわち、請負はそれのみで役務の提供を目的とする契約の系類を代表し、これに属する有名無名の様々な取引を包摂する。運送をはじめ、委任や寄託、雇用、そ

---

21 他にも、例えば、P. Malaurie = L. Aynés = P.-Y. Gautier, op. cit. (14), p. 462 ets. は、もう１つの区別の要素として、委任が法律行為を目的とするのに対して、請負が事実行為を対象とすることを挙げる。

22 例えば、日本では準委任とされることの多い仲立はフランスにおいては請負契約とされる。P. Puig, op. cit. (12), p. 693.

23 例えば、P. Puig, op. cit. (12), p. 687 ets.

24 以下について、P. Puig, *La qualification du contrat d'entreprise*, Éditions Panthéon-Assas, Droit privé, 2002, p. 23 ets. を主として参照した。

の他の有名無名の役務の提供は請負の特別な種であり、役務の特別な性質や給付の特別な態様によってこれから区別される。そして、請負の性質決定はこれらに該当しない契約を受け入れるといういわば消去法により行われることになる。したがって、フランスにおいて請負契約は我が国の請負と有償の準委任そして有償の委任の一部を含む役務提供型契約を代表する広範な契約カテゴリーであり、まさに役務提供契約という同系類の契約に当たる[25]。

(2) 下請負を行いうる請負

委任において人的考慮が本性とされるのとは異なり、請負においては請負人は自らの仕事の一部または全部を下請負人に代わって行わせることができる[26]。注文者の承諾がなくとも下請負の有効性は左右されないのである[27]。下請負を行いうることについて民法典に明文の規定はない。他方で、下請負を禁じる特約をすることはできる。また、フランスにおいて請負には多種多様な役務提供型の契約が包摂され、人的考慮の強い契約類型も少なからずこれに含まれている。例えば、絵画などのアート作品の制作や弁護士への依頼のようにその人の個人的な能力を考慮して依頼がなされる契約においては、当然に請負人自身が仕事を行うことが予定されている。こうした人的考慮の強い契約では他者に履行を代わって行わせることはできないのである。そして、下請負において、元請負人は注文者に対して下請負人の所為に基づく責任を契約責任として負うことになる（1797条）。

3 小 括

以上によれば、今日の各種契約の法改正前夜のフランスにおいて役務提供型契約の受け皿となっているのは我が国の請負に加えて有償の準委任そして有償の委任の一部を含む請負契約であった。対して、委任は様々な契約を含みうるものの代理権を授与する契約に限られ、我が国とは異なり受け皿とはなりえなかった。

---

25 P. Puig, op. cit. (12), p. 685 ets.

26 P. Puig, op. cit. (12), p. 713.

27 P. Malaurie = L. Aynés = P.-Y. Gautier, op. cit. (14), p. 487 ets.

402 契約

　そして、フランスにおいて委任契約の自己執行義務は講学上は人的考慮の帰結の１つとして委任の原則とされながら、我が国ほどではないにせよ委任の多様性から実際には当該合意の性質や特約によりむしろ例外的に代行が禁止されるとの扱いがなされているのが実情であった。他方で、多種多様な契約を包摂する請負には人的考慮の強い契約類型も少なからず含まれているものの、請負契約においては原則として請負人は注文者の承諾なく下請負に出すことができた。

　したがって、フランスにおいては一応自己執行義務が課せられる委任は我が国のそれに比して狭い契約類型であるうえに、委任者の承諾のない代行も非常に緩やかに認められていたのである。

Ⅲ　各種契約の法の改正案に見る役務提供型契約の受け皿と自己執行義務

1　アンリ・カピタン協会による改正提案

(1)　各種契約の法の改正における役務提供契約に関わる課題

　それでは、近時相次いで現れている各種契約の法の改正草案においては、役務提供型契約の受け皿としてどのような典型契約類型が構想されているのか。また、自己執行義務は役務提供契約の典型的な規律とされているのか[28]。

　ところで、フランスにおいては各種契約の法の改正に先行して2016年にこの各種契約の法の部分を除いた債務法の改正が行われた。このフランス民法典の改正は契約法について契約の一般理論を対象とするものであるが、役務提供契約に関する規律も設けていた。すなわち、1165条に、役務提供契約では、その履行に先立つ当事者の合意がない場合に債権者が報酬を決定することができること、異議があるときは債権者は理由を付さなければならないこと、報酬の決定が濫用的になされた場合には損害賠償を求めることができることが規定されている。これにより民法典に役務提供契約との契約類型が導入されたのである。しかしながら、この改正ではなされるべき役務提供契約

28　以下のアンリ・カピタン協会の改正提案に関する記述は、拙稿「役務提供契約共通法の序論的考察」前掲注20）162頁以下の記述と部分的に重なる。

の定義が民法典に定められておらず、また、同契約類型に関する規律もこの報酬に関する規定のほかには原状回復に関する規定（1352-8条）が設けられたにとどまる。そこで、来るべき各種契約の法の改正においては、役務提供型契約の受け皿としてこの役務提供契約の典型契約を設けるかが重要な課題となっているのである。

(2) 役務提供契約の典型契約

　こうした状況の下で、アンリ・カピタン協会による各種契約の法の改正提案（以下、提案とする）は、第10章第1節に69条から77条からなる役務提供契約の共通法の規定を設けることを提案している[29]。同協会において A. Bénabent を長とする委員会が民法典の各種契約の法の改正の検討を行い、2017年6月に改正提案を司法省に提出し、2020年4月にその改訂版を司法省に提出した[30]。そして、この提案の重要な特色の1つが、各種契約の一般理論と見うる契約の一般理論と各種契約の法との間に位置づけられる規律の顧慮である。提案は、5章以下の各種契約の法に関する章の前に一定の債務に共通のルールである各種債務の法に関する4章の3を設けていることに加えて、10章1節に一段抽象的な役務提供契約の典型契約を設けている。ここでは、役務提供型の契約の同係類の契約類型として役務提供契約という典型契約類型を設けて、役務提供型契約に共通する規律を抽出して配置しているのである[31]。

　その冒頭規定である69条においては、役務提供契約は役務提供者が顧客のために独立して労務を提供する義務を負う契約であるとの定義がなされてい

29　役務提供契約の典型契約を設けるこの提案については、J. Laurent et M. Poumarède, Le contrat de prestation de service dans l'offre de réforme du droit des contrats spéciaux proposée par l'Association Henri Capitant, in H. Kassoul et D. Gantschnig (dir.), *L'offre de réforme des contrats spéciaux. Réflexions libres à partir du projet de l'Association Henri Capitant*, Dalloz, 2021, p. 161 ets. を参照した。

30　Association Henri Capitant, *Offre de Réforme du Droit des Contrats Spéciaux*, Dalloz, 2020. 以下では、この改訂版に基づいて検討を行う。

31　P. Puig, Les droits et obligations spéciaux dans l'avant-projet de réforme du droit des contrats spéciaux (Association Capitant), in *Un droit en perpétuel mouvement Mélanges offerts à G. Pignarre*, LGDJ, 2019, p. 724.

404　契約

る。この定義について、提案の解説によれば、役務提供は仕事の賃約や請負契約に代わるものであり、広義に解釈されなければならない。また、この役務提供契約の性質決定的要素は独立して労務を提供することであり、これにより雇用契約との区別がなされる[32]。なお、4章の3にある3条1項では、役務提供について独立して労務を遂行することであるとの定義がされている。これらの定義からは、この役務提供契約が請負契約におおよそ対応するものであることが分かる。また、提案71条によれば、役務提供契約は有償はもちろん無償でもよいとされている。一般に請負契約は有償契約とされていたのに対し、役務提供契約には無償契約も含まれるため、請負契約よりもさらに広範な契約類型となっている。労務の提供、すなわち、価値を作り出すまたは価値を保存する人の活動を目的とする契約は、この労務が独立して行われることを条件に、原則としてすべてこの契約の領域に入りうるのである[33]。こうして、役務提供型の契約の受け皿という請負契約が担ってきた機能はこの包括的な役務提供契約の類型が担うことになる。これに伴い、提案において請負契約は動産の製作と不動産建築という物請負に純化されている。これまで、請負契約はその広範な定義ゆえに役務提供型の契約の受け皿とされながら、請負一般に妥当する民法典の規定は十分ではなかったところ、一通りの規律を備えたより広範な役務提供契約との典型契約を設けて、この受け皿の機能を受け継ぐのである。

　ところで、10章の構造について、すべての役務提供契約に適用される第1節に続いて、いくつかの役務提供型の契約に固有の規定が第2節以下に置かれている。すなわち、第2節に運送契約、第3節に仲立契約、第4節に物請負にあたる物の製作に関する契約（これはさらに動産の製作契約（第1款）と不動産の建築契約（第2款）に分類される）それぞれに関する規定であり、規定の大部分は第4節2款に関するものである。そして、この第1節は、役務提供契約の定義が雇用契約を除く役務提供型の契約を広く受け入れうるものであるため、いずれの契約とも性質決定されない役務提供型の無名契約に

---

[32]　Association Henri Capitant, op. cit.（30）, p. 36.

[33]　J. Laurent et M. Poumarède, op. cit.（29）, p. 169.

規律を提供しうる。また、第1節は総則的規定として第2節以下の3つの契約にも適用される。他方で、役務提供型の典型契約のうち、寄託は第12章に、また、委任は代理を生ずる諸契約と題する第13章の第1節に配置されており、役務提供契約とは別の章において規律されている。とはいえ、もちろんこれら契約も広範な役務提供契約に含まれ[34]、報酬をはじめとする役務提供契約の一般的なルールもこれらに及ぶはずである。そして、各種契約の一般理論に目配りをする本提案には、これと同根の思想に由来する、総則的規定の設置と各種契約の階層的分類という特徴をこの第10章をはじめ各所に見出すことができる。例えば、第6章の売買と第7章の賃貸借さらに第12章の寄託も、それぞれにおいて第1節に共通の規定を置いたうえで、第2節に特定の契約についての規定を置いている。このように、本提案は、役務提供契約の総則的規定をはじめとして、各種契約の階層的分類と階層的規律を試み、各種契約の新しい体系的規律のあり方を示すものとして興味深い。役務提供契約の一段抽象的な典型契約はこの各種契約の階層的分類の1つの成果としての側面も有しているのである。

(3) 下請負に関する規定

この役務提供契約の典型契約には下請負の規定も置かれている。すなわち、提案75条1項は、「役務の提供を請け負った者は下請負に出すことができる。ただし、契約が役務提供者その人を考慮して結ばれた場合はこの限りでない。」と規定する。これは、役務提供者が下請負に出す権利を有するのが原則であるとしたうえで、例外として契約が役務提供者その人を考慮して締結された場合はこの限りでないとし、下請負に関する原則と例外とを明文化するものである。本規定は建築請負の分野において認められてきたことを一般化し、原則として、注文者による承諾を必要とせずに下請負に出すことを請負人の自由としている[35]。また、2項は、役務提供者は下請負人の行為につ

---

34 P. Puig, op. cit. (31), p. 733. また、J. Laurent et M. Poumarède, op. cit. (29), p. 170は、特に委任について、役務提供の概念に受任者の活動も包摂されえ、委任は役務提供の下位カテゴリーを構成しうるとしている。

35 J. Laurent et M. Poumarède, op. cit. (29), p. 180.

406　契約

いて責任を負うとする。もともと請負契約に関する現行1797条で請負人が使用する者の行為の責任を負う旨が規定されているところ、同項は、下請負に出しても元請負人は免責されず、顧客に対し下請負人の所為について義務を負い続けるとの請負契約の規律を明文化し、役務提供契約に拡張するのである[36]。

　役務提供契約の典型契約にはこの下請負の規定以外にも、諾成契約である旨の規定（提案70条）や報酬に関する現行1165条が規定しない事柄（ノーワーク・ノーペイの原則など）についての規定（同72条）、役務提供者の負う義務の程度についての規定（同73条）、無償の役務提供者の責任を軽減する規定（同74条）、共同請負に関する規定（同76条）、役務提供契約の終了に関する規定（同77条）がある。そして、下請負の規定をはじめとしてこれらの規定の多くは、請負契約に妥当しているルールに由来し、これらを一定の修正を加えて役務提供契約に拡張するものである。

(4)　委任契約の定義と自己執行義務

　では、提案は委任契約をどのように規定しているか。提案は、代理を生ずる諸契約の第13章に、第1節委任、第2節取次、第3節名義貸しを規定して、これら代理を生ずる契約を1つの章にまとめており、ここにも各種契約の階層的分類を見出すことができる。また、委任の規定についても共通利益委任と委任状についての特則を設けて委任を分類するなど既存の規定の現代化を行っている。しかし、委任の定義について現行の規律からの変更は行われていない。提案143条1項は、「委任契約は委任者が受任者に委任者の名前と計算で法律行為を締結する権限を与えるものである。」としてこれを現行1984条1項よりも明確化するにすぎない[37]。

　他方で、自己執行義務について提案は明文の規定を設けていない。これに関わっては提案149条1項が、「受任者は事務処理において自己に置き代わっ

36　Association Henri Capitant, op. cit.（30), p. 38.

37　A. Danis-Fatôme, Les règles applicables au mandat « classic » -Premiers regards sur l'avant-projet de réforme du droit des contrats spéciaux, *RDC* sept. 2020, p. 203 ets.

38　A. Danis-Fatôme, op. cit.（37), p. 205 ets.

た者について責任を負う。」と定めており、これは現行1994条１項柱書と同一文言の規定である。そして、これは現在のルールを継続するものに過ぎないとされている[38]。実際には判例において合意の性質や特約による例外を除いて受任者が自由に代行をさせることが認められているほどに自己執行原則が緩和されている現状を現在のルールと見て、これを継続するものと考えられる。なお、提案には、その他の人的考慮の表れとされる規定も引き続き委任契約に置かれている。すなわち、委任者による解任と受任者による放棄を定める154条と、委任者または受任者の死亡等による委任の終了を定める155条である。

2　P. Stoffel-Munck 主催の委員会が作成した改正草案

(1)　草案の特質

　次いで、2022年には、司法省の主導のもとパリ第１大学教授の P. Stoffel-Munck が主催する委員会が作成した各種契約の法の改正草案（以下、草案とする）が公表された。1804年当時の規定が残存する各種契約の法は現代化を要し、また2016年に行われた契約の一般法の改正に対応する必要があるため、各種契約の法の部分の刷新が求められているとの認識による[39]。各種契約の法を明確化し、単純化し、現代化する草案は、これを４つの方針のもとで行うところにその特質が見いだされる[40]。その第１が契約の自由の尊重であり、この考え方のもと法文は自由かつ合理的な人間を念頭に置いて起草され、またその多くが任意規定である。第２に継続性が挙げられる。「破壊する必要がないものはこれを保存しておくことが有利である」[41]との考え方にもと、必要のない法文の内容の変更を排除するとともに、その形式においても、特に象徴的な条文番号については可能な限りこれを維持するのである。第３に法の現代化である。草案が最も行っているのが、制定以来発展してき

---

39 P. Stoffel-Munck, Présentation générale de l'avant-projet, in *Avant-projet de réforme du droit des contrats spéciaux – Commission présidée par le professeur Philippe Stoffel-Munck*, juill. 2022, p. 4.

40 改正の方針については、P. Stoffel-Munck, La préparation de l'avant-projet de réforme du droit des contrats spéciaux, *RDC* sep.2022, p. 99 ets. を参照。

41 ポルタリス［野田良之訳］『民法典序論』（有斐閣、1947年）31頁。

た判例法理を法典に組み入れることである。また、そのための制度変更も少なからず行っている。

そして、最も注目されるのが第4の現実的なアプローチの採用である。Stoffel-Munck は次のように言う。法を実際の現象に基づいて作ることに意を用いなければならない。契約とはなにより経済的取引の衣装であり、主たる各種契約は経済的関係から見いだされる主な取引の目録をなすものである[42]。こうした考え方のもとで、草案は、組織型契約を除く交換型契約を対象に、3つの主要な契約カテゴリーとその中での下位分類という契約の分類を行っている[43]。第1が物の効用を提供する契約すなわち物に関する契約であり、これは、物の移転が確定的で有償である売買、交換と、一時的で有償である賃貸借、利息付消費貸借と、一時的で無償である使用貸借、無利息の消費貸借とに分類される。第2が人により提供される効用すなわち役務の提供に関する契約であり、寄託、委任そして請負がこれに含まれる。第3が射幸契約である。そのうえで、例えば、第6章売買では第1節のすべての売買に共通の規定に第2節の不動産売買など特定の売買に関する規定が続くというように、これら契約類型において、さらに階層的な規律が行われている。このように、草案においては交換型契約の分類の基礎として財産権移転型契約と財産権利用型契約をあわせて役務提供型契約と対比しており、ここには近時 P. Puig らによる他人に物をその処分に委ねることを目的とする *praestare* と為す（faire）とを最も基本的な分類（*summa divisio*）とする考え方の影響を見出すことができる[44]。これによれば、この物に関する *praestare* と人に関する為すという債務の分類に基づいて、既存の価値の移転・流通に係る契約（財産権移転型・財産権利用型）と新しい価値の創出に係る契約（役務提供型）という経済的な機能による契約の最も基礎的な分類が導き出されるのである。こうして、提案とは異なる点はあるけれども草案にも契約の階層的分類という体系的な志向を見出すことができる。他方で、

---

42 P. Stoffel-Munck, op. cit. (39), p. 4 ets.

43 草案が採用する契約の分類の特質について、P. Stoffel-Munck, op. cit. (40), p. 100を参照。

44 その骨子については、P. Puig, Pour un droit commun spécial des contrats, in *Le monde du droit ; écrits rédigés en l'honneur de Jacques Foyer*, Economica, 2008, p. 854 ets. を参照。

提案の特質である各種債務の法という契約をまたいだ規律は、これが実務家に戸惑いと疑問を生じさせたことから、草案においては採用されていない。それでも、草案も複数の性質決定的な給付が組み合わさった混合的な契約への対応を試みている。複雑な契約に対して、引渡債務など特定の債務を抽出し、こうした債務の規律の組合せによって対応しようとするのではなく、給付・債務が属する契約の規律を組み合わせることで対応しようとするのである。例えば、賃貸借に関する草案1710条は、賃料は金銭で支払われるが、財産または役務の提供によって補完されることができ、この場合、売買または請負に置かれている規定が理由がある限り適用される旨を規定している。同様の規定は、売買に関する1582条や請負に関する1757条など草案の各所に置かれている。

(2) 役務提供型契約の受け皿としての請負契約

草案は役務提供型契約の受け皿として請負契約を選択している。請負契約については請負および各種契約の一般理論の研究で著名なレユニオン大学教授のP. Puigも起草者の一人であるところ、その起草理由と同教授の解説によれば、請負契約との選択は次の理由による。現行民法典は、仕事の賃約という廃れた呼称を用い、また、決して十分でない規定もそのほとんどは不動産建築のためのものであり、動産請負や請負がカバーするに至った知的な役務の提供という広範な領域について民法典の規定はほとんどないと言ってよい。そこで、草案は、今日定着している請負契約との呼称を採用し、はるかに多くの規定を設けるのである。では、なぜ役務提供契約の典型契約を選択しなかったのか。既述のように、提案が採用した役務提供契約には広範な定義がなされていたところ、これは判例が徐々に形成したフランス法の請負契約の概念を超えるものである。役務提供契約はその特殊性から別用に扱うことが正当である委任や寄託を包摂することになる[45]。この広範な概念は概念と制度の過度な希釈化をもたらす、つまり規律内容が有用性を欠く恐れがあ

45　以上、P. Stoffel-Munck, P. Puig et Y. Maunand, Le contrat d'entreprise, in *Avant-projet de réforme du droit des contrats spéciaux – Commission présidée par le professeur Philippe Stoffel-Munck*, juill. 2022, p. 73.

410　契約

り、このリスクから請負契約を守るため、請負契約との概念を維持したのである[46]。

　草案は、1755条1項において、請負契約は請負人が独立して顧客つまり注文者のために仕事を実現する契約であるとの定義をしている。人により効用が提供される契約の一類型であり、その中でも同契約の核心は仕事の実現すなわち成果に向けて為される請負人の労務に存する。労務の提供とそれが目指す成果はこの請負を特徴づける2つの目的である。草案が仕事の実現を基礎としている点については、現行1710条が為す債務を採用しているのに比して、草案はこれを限定しており、これにより同契約の対象が狭まるとの指摘もある[47]。そして、この労務に由来する仕事は物となるものであっても知的なものであってもよい（草案1755条2項）。仕事はあるいは財となり、あるいは役務となる（同条3項）。この分類により請負契約は二分される。成果に向けられた請負人の労務により生み出された価値はあるいは所有可能であり、あるいは不能である。これにより契約の目的は財の移転と役務の提供とに分岐する。そのいずれであっても請負契約という性質決定がなされるが、この相違は制度に影響することになる。新しい財を生み出すことは当然に注文者へのその移転を伴うのに対し、役務の提供は所有権移転を必ずしも含むわけではないのである。また、草案は請負契約に有償契約のみならず無償契約も含めている（1756条1項）。無償の請負契約においては請負人の責任は軽減されている（草案1765条）。なお、請負人が独立して労務を提供することは請負契約の要素とされており、この独立性から請負契約は従属関係を要素とする雇用契約と区別されることになる[48]。そして、以上のように請負契約を定義したうえで、草案は、全ての請負契約に共通する規定を置き、次いで、特定の請負すなわち動産請負と不動産建築のそれぞれに特有の規定を置いている。

---

46 P. Puig, Le contrat d'entreprise, *RDC* sep. 2022, p. 135.

47 F. Garcia, Le contrat d'entreprise, in C.-É. Bucher et M.-A. Daillant（dir.）, *La réforme du droit des contrats spéciaux*, Dalloz, 2023, p. 144.

48 以上の請負契約の定義について、P. Stoffel-Munck, P. Puig et Y. Maunand, op. cit.（45）, p. 73 ets. および P. Puig, op. cit.（46）, p. 136を参照した。

49 P. Puig, op. cit.（46）, p. 136 ets.

この請負契約のカテゴリーについて、P. Puig は次のように述べている[49]。フランスにおける請負契約は人の労務すなわち新しい効用の創出に関する契約の受け皿となるカテゴリーをなしており、他の役務型の契約と対立するのではなくそれらを吸収する関係にある。この総称的なカテゴリーには、建築、委任、寄託、運送に加えてレストラン業、ホテル業、医療、理髪、仲介、修繕、保守、旅行などの各種役務を規律する下位カテゴリーが現れる。こうした中で、提案は役務提供契約の典型契約を採用していたところ、これによると、委任契約や寄託契約も同契約の下位カテゴリーとなり、その規律が適用されることになるはずである。これに対し、草案は、独立して仕事を実現する請負契約として、少なくとも役務提供契約よりもさらに見方によっては現行民法典よりもより凝縮された概念を選択している。総称的なカテゴリーとの資質を否定はしないものの、動産請負と不動産建築の周りに請負契約の下位カテゴリーが集まるのである。観念的には多くの有名無名の契約が請負のもとに位置付けられうるとしても、運送や委任などはその独立性からこの受け皿カテゴリーから切り離され、他方で、仲介や引越し、修繕などは請負契約に吸収されることになる。このようにカテゴリーを狭めることで草案は請負契約の特徴を明らかにしている。

(3) 下請負に関する規定

現行民法典の請負契約の規定は不十分なうえに不動産建築に偏っており、判例法理の補完によってきた。草案はすべてではないにしてもこれら判例法理を法典化して、特に請負に共通する規定や動産請負に関する規定を豊富にしている。このうち第8章請負契約第1節の全ての請負に共通する規定については、第1款（草案1758条以下）において報酬など請負契約の内容が、第2款（同1763条以下）において下請負の規律を含む請負契約の効果が、第3款（同1779条以下）において請負契約の消滅がそれぞれ定められている。下請負には草案1767条から1771条が当てられ、1767条を除く規定が注文者と下請負人（あるいは材料供給者）との間の直接訴権を規律している。ここでは判例法理の明文化がなされるとともに、下請負人の注文者に対する責任を不法行為責任とした破毀院大法廷1991年7月12日判決（Besse 判決）に反して

412 契約

契約責任の直接訴権を認める草案1768条など、判例とは異なる規律も設けられている[50]。

そして、草案1767条は提案の役務提供契約における下請負と同様の規定を置いている。すなわち、1項は、反対の特約のない限り、請負人は下請負を行うことができると定める。契約で禁じられている場合を除いて請負契約においては原則として下請負が認められることは、今日一般に認められている不文の原則であり、これを明文化するものである。請負人は原則として注文者の承諾を得ることなく下請負を行うことができるのである。そのうえで、2項は、請負人が下請負人について顧客に対して責任を負うことを規定する。判例に従い、下請負人に帰せられる損害について請負人が注文者に対して他人の所為による契約責任を負う旨を定めるものである[51]。したがって、草案においても、請負契約はより明確な定義を与えられながら引き続き役務提供型契約の受け皿であり続けているため、役務提供者が自己執行義務を負わないことはこれら契約類型の原則とされていることが分かる。

(4) 委任契約の定義と自己執行義務の規定

草案は第13章において委任契約を規定し、その定義について、1984条1項が、「委任は、代理授与とも呼称され、ある者委任者が他の者受任者に委任者の名前でかつ委任者の計算で1つまたは複数の法律行為に同意する権限を与える契約である。」とする。草案もまた委任の規律を現代化しており、その専門化を踏まえて共通利益委任と支払保証委任について特則を設け、概念分類を行っている[52]。とはいえ、委任一般の定義について、現行1984条1項のそれを基本的には踏襲しており、ここでも委任は代理権を与える契約とされている。ところで、現行1984条1項は、委任をなんらかのことがらを行う権限を付与する行為としており、これには長い間曖昧であるまた請負との区別をよく成しえないといった批判がなされてきた。判例は、ある者が他の者

---

50 同判決については、拙著『複合取引の法的構造』(成文堂、2007年) 106頁以下において検討した。

51 以上、P. Stoffel-Munck, P. Puig et Y. Maunand, op. cit. (45), p. 85参照。

52 T. Gérard, Le mandat dans l'avant-projet de réforme du droit des contrats spéciaux, D. 2022, p. 1982 ets.

に単なる事実行為ではなく法律行為をその計算で行うことを委託するのは委任に他ならないとして、同条の定義を明確化していたところ、草案の定義はこの判例を明文化するものである[53]。

　では、草案は自己執行義務についてどのような規定を置いているか。まず、草案1990条１項は、「委任は通常は人を考慮して同意される。」と規定している。その起草理由によれば、委任は信頼関係に基づく契約の典型であり、それゆえ、人的考慮の側面を強く有してきたことがこれまで認識されてきた。本規定はこれを確認するものである[54]。このように、委任が人的要素の考慮を原則とすることを確認したうえで、その個別ルールの１つである自己執行義務の原則を次のように明文化している。草案2002条１項は、「受任者は、委任者の承諾を得た場合には、委任事務の履行を第三者に代行させることができる。」とした上で、２項が、「受任者は自己に置き代わった者について責任を負う。」としている。加えて、３項と４項は、委任者とこの第三者との間の相互の直接訴権について規定する。その理由によれば、委任は人的考慮との特徴を強く有するため、受任者は委任者に対して原則として自ら履行をする義務を負っている。ただし、受任者は委任者の承諾を得たならば委任事務を第三者に委ねることもできる[55]。また、２項は現行1994条１項の規律を再掲するものである。

　このように、草案は、人的考慮が委任の本性であるとの抽象的な原則を明らかにしたうえで（1990条１項）、その１つの具体化として自己執行義務の原則を定めている（2002条１項）。提案が明文では同原則を定めない現行法を踏襲していたのに対し、草案は同原則を明文化しているのである。現行法においては自己執行義務の原則の存在自体は認められながらも、広く例外を許容する緩やかな原則であるとの理解がされていた。草案は必要のない限り現行法を変更せず継続するのを方針の１つとし、この明文化ももちろん現行法の変更を意図するものではない。そうであれば、同原則の緩やかな運用が

53　P.-Y. Gautier et J.-D. Bretzner, Le mandat, in *Avant-projet de réforme du droit des contrats spéciaux – Commission présidée par le professeur Philippe Stoffel-Munck, juill.* 2022, p. 158.

54　P.-Y. Gautier et J.-D. Bretzner, op. cit.（53）, p. 161.

55　P.-Y. Gautier et J.-D. Bretzner, op. cit.（53）, p. 165.

現行法であるとすれば、これは同原則を明文化した草案においても例えば委任者の承諾を緩やかに認めることなどにより継続されることになるのではないだろうか。なお、草案においても委任者の解任や受任者の放棄、委任者または受任者の死亡等による契約の終了の規定が引き続き委任契約に置かれている（2015条）。

IV　結びに代えて

　以上、本稿においては役務提供型契約の受け皿と自己執行義務について各種契約の法の2つの改正案を中心にフランス法を検討した。我が国の民法改正においては役務提供型契約の再編の試みが失敗に終わっていたところ、フランスにおいては民法典にこの受け皿を設けることを目指して2つの改正案がそれぞれそのあり方を示していた。本稿では自己執行義務を中心にその内容を簡単に検討したところ、これにより次のような示唆が導かれるであろう。

　まず、フランスにおいて自己執行義務は委任の本性たる人的考慮の表れの1つであり、代行には委任者の承諾を要するとしてその原則性が認められてきた。しかし、抽象的な原則性の一方で、不文であることも手伝って判例において同原則は緩和されてきた。他方で、草案においては同原則が明文化されているが、現行法の継続を方針とするゆえに、緩やかな運用を変更する趣旨のものではないと見うる。

　次に、自己執行義務を原則とする委任契約について、フランスにおいて委任は代理権授与を本質とし、我が国の委任・準委任に比して相当に狭い契約類型であった。委任は受任者に代理権を与え、委任者は受任者の結ぶ契約に拘束されることになるため、委任は信頼関係を基礎とし、それゆえに、人的考慮を本性とした。このことから、我が国においても、自己執行義務の原則は信頼関係を基礎とする委任・準委任にのみ妥当し、同原則自体についても厳格に解するべきではないと考えられる。

　ところで、フランスの2つの改正案はそれぞれ役務提供契約と請負契約を役務提供型契約の受け皿として位置づけ、いずれも人的考慮を本性とはせず、むしろ承諾を得ずに下請負に出しうることを原則としていた。このうち草案

は現行法を引き継いで典型契約の1つである請負（我が国の準委任に加えて委任の一部も含む有償無償の契約類型）を役務提供型契約の受け皿に位置付けており、対して我が国においては典型契約の1つである委任・準委任がこの受け皿となっていた。もちろん請負と委任というように受け皿となる契約類型が異なる以上は加我の規律が異なることは言うまでもないが、自己執行義務をはじめとする人的考慮に関わる規律についていえば、受け皿類型は信頼関係を基礎とせず、これら規律を任意規定とはしないといいうる。したがって、少なくとも準委任とされてきた契約類型のうち信頼関係を基礎としない契約類型については同原則を任意規定とすべきではないと考えられる。

　そのうえで、フランスの2つの改正案は役務提供型契約の受け皿としてありうる2つの類型を示し、また、人的考慮は受け皿の規律となりえないこと、それゆえこれを本性とする委任は受け皿とはなりえないことを明らかにしていた。そこで、受け皿としての請負に対応するのが、我が国においては信頼関係を基礎とする本来の委任・準委任ではない準委任とされてきた契約類型であり、これは多様な役務提供型契約を受け入れうるゆえに一段抽象的な事務処理委託型契約ともいうべき契約類型であろう。そして、この契約類型は我が国の民法改正において中間試案以降の提案が示唆したものでもある。事務処理委託型契約には自己執行義務の他、任意解除（651条）や委任の終了事由（653条）という人的考慮の規定を除く委任の規律が妥当するが、委任の規律には他にも善管注意義務（644条）や報告義務（645条）、受取物の引渡義務（646条）など必ずしも役務提供型契約に一般化するには適さない規律もある。それゆえ、これらを除く委任の規律に加えて役務提供型契約に一般化しうる雇用・請負・寄託の規律からなり、より広い範囲の役務提供型契約の受け皿となりうる事務処理委託型契約よりもさらに一段抽象的な契約類型も必要となる。そして、これに対応するのが提案の役務提供契約であり、我が国の民法改正における基本方針の提案は（独立性を要素としない点で異なるものの）比較的これに近いものである。

　そして、以上のフランス法から示唆されるありうる2つの役務提供型契約の受け皿類型について次のようにまとめることができる。一方で、典型契約の上位につまり中二階に位置づけられる役務提供契約を観念することができ

る。これは為す債務を核とし、人の労務による新しい価値の創出に関する契約類型の係類を代表するものであり、その規律として役務提供型契約に一般化しうる委任をはじめ雇用・請負・寄託の規定が抽出されることになる。他方で、事務処理委託型契約は（受け皿であるゆえにやや抽象度は高いものの）典型契約と同じレベルに位置づけられ、この役務提供契約の下位カテゴリーの1つである。我が国では委任・準委任が役務提供型契約の受け皿となってきたところ、これを信頼関係に基づく本来の委任・準委任と事務処理委託型契約とに分類し、後者は人的考慮の規定を除く委任の規定により規律されることになる。それでもこの事務処理委託型契約は人的考慮の規定を除くおおよその委任の規律が適切である事務処理委託関係の受け皿とはなりうるが、あらゆる役務提供型契約を包摂しうるものではない。

　最後に、本稿での検討から644条の2第1項（自己執行義務）の適用対象から事務処理委託型契約が除かれるとの解釈が示されたが、そもそも適用対象である肝心の信頼関係を基礎とする本来の委任とは何かについての検討にまで考察は及び得なかった。本稿に残された最も重要な課題である。また、役務提供型契約の受け皿となる2つの契約類型とその規律内容についてフランス法を通じてさらなる考察を行っていきたい。

労務を目的とする給付

――役務提供型契約に関する試論として――

山 城 一 真

Ⅰ　はじめに
Ⅱ　定　義
Ⅲ　構　造
Ⅳ　おわりに

Ⅰ　はじめに

　いわゆる役務提供契約の取扱いは、民法（債権関係）改正（2017年）をめぐる立法論議における最大の焦点の１つであった。その背景には、準委任が「受け皿」として機能している現状を前提としつつ[1]、しかし、取引の対象とされる役務は多様であるため、準委任とは整合しないものが少なくないとの認識があった[2]。

　ところで、このような議論は、役務提供型契約の要素である「役務」について何らかの表象を共有していたはずである。この点に踏み込む従来の議論は、図式的にいえば、次のいずれかの理解を示してきたといえよう。

　１つは、民法から出発し、雇用・請負・委任・寄託の共通項に着目するものである。ただ、その結果は、「役務提供型では、中心的債務は『何かをすること』であり、これが、貸借型、財産権移転型ではより特定された形の債務となっている[3]」との叙述が示すとおり、役務そのものの積極的な定義で

1　山本豊編『新注釈民法（14）債権（7）』（有斐閣、2018年）13頁以下（同）を参照。
2　民法（債権法）改正検討委員会編『詳解債権法改正の基本方針Ⅴ　各種の契約（2）』（商事法務、2010年）6頁。

はなく、財産権の移転と物の利用供与とを控除した人の作為・不作為という消極的な定義に行き着きがちであった[4]。

もう1つは、役務の実質をより積極的に定義しようとするものである。とはいえ、民法の規定からは控除的な定義しか得られないとすれば、検討の手がかりは民法の外に求めざるを得ない。そこで、この見解は、取引実態としてのサービスに着目し、特定商取引法等の特別法からの示唆をも得つつ役務の特徴を把握することを目指す[5]。

もちろん、両者は相互排斥的な見方ではなく、「サービスないしサービス取引の特徴としては、伝統的にその本質的な特徴とされてきたものと現代的な特徴とがある[6]」と考えればよい。ただ、民法において重要なのは、第一次的には「伝統的にその本質的な特徴とされてきたもの」、つまり役務提供という給付（以下、「役務給付」という）の本質であろう[7]。その点が明らかにされるならば、役務提供型契約の輪郭も自ずから明確になるはずである。

ところが、役務給付が控除的に定義されることによって示されるとおり、役務給付の本質的な特徴が何かは、必ずしも明言されてこなかった。「他人の労務ないし労働力を利用する[8]」「役務を提供する[9]」といった特徴づけは、その説明としては同語反復的である。控除的な定義は、日本法だけにみられるものではなく、歴史的な正当性を備えた理解でもある[10]。しかし、役務給

---

3 沖野眞已「契約類型としての『役務提供契約』概念（下）」NBL 585号（1996年）43頁。

4 中田裕康「現代における役務提供契約の特徴」同『継続的取引の研究』（有斐閣、2000年）165頁は、暫定的に「取引の対象となりうる人の行為」とする。山本編・前掲注1）2頁（同）をも参照。

5 松本恒雄「サービス契約」山本敬三ほか『債権法改正の課題と方向——民法100周年を契機として』別冊 NBL 51号（1998年）202頁を参照。

6 中田・前掲注4）164頁。

7 給付に着目することの意義につき、奥田昌道編『新版注釈民法(10)-1 債権(1)』（有斐閣、2003年）52頁以下［金山直樹］を参照。

8 我妻榮『債権各論 中巻二（民法講義 V₃）』（岩波書店、1962年）531頁。

9 中田裕康『契約法』（有斐閣、新版、2021年）69頁、潮見佳男『新契約各論Ⅱ』（信山社、2021年）157頁。

10 Fr. CHÉNEDÉ, *Les commutations en droit privé*, Economica, 2008, préf. A. GHOZI, n° 168, p. 152は、なす債務（obligation de faire）を「控除的カテゴリー（catégorie résiduelle）」と形容する。根本的には、« dare » と « facere » との区別に由来するものであろう（船田享二『ローマ法 第三巻』（岩波書店、1970年）469頁を参照）。

付とは何かを不問に付したままでは、「役務提供型」というカテゴリーを措定した議論はできないはずであろう。

こうした疑問を携えて、本稿では、民法が定める各種の契約類型を想定しつつ、しかもなお、役務給付を非控除的に基礎づける可能性を考察したい。そのために、役務給付の定義（Ⅱ）と構造（Ⅲ）を、順次、検討する。

なお、本論に先立ち、「役務」と「労務」との用語法上の区別に触れておく[11]。「役務」は、役務提供型契約というカテゴリーの要素であるから、以下では、契約の内容としての役務給付の目的を指示する際に用いる。これに対して、民法は、後にみるとおり、給付による当事者の利得という文脈では「労務」の語を用いている（703条。特に記載のない限り、以下で掲記する条文番号は日本民法のものである）。以下でも、この用法に従う。

Ⅱ　定　義

検討の出発点として、民法の規定に即して役務給付の定義を確認しておく。

債権は、「債務者が債権者に対して債務の弁済をしたとき」に消滅する（473条）。弁済とは、債務の「本旨に従った履行」がされることをいう（415条1項本文。旧民法財産編451条1項をも参照）。そして、履行は、債務の目的である給付を通じて実現される。

給付は、経済的にみれば、「他人の財産又は労務によって利益を受け、そのために他人に損失を及ぼ」す（703条）という利得移動を生じさせる。ここにいう「利益」「損失」は、「利得移動（給付）という単一の現象の表裏」である[12]。役務給付とは、この利得移動が「労務」の給付に基づいて生じる場合をいう[13]。

以上を踏まえて、Ⅱでは、利得移動の原因としての労務の特徴を考察する。この点については、フランス法に注目すべき学説の展開がみられるが、序論に述べたような問題を設定する限りでは、日仏両法の構造は基本的に同様だ

11　一般的には、両者は、特に区別されることなく用いられてきたといえる。山本編・前掲注1）2-3頁（同）を参照。

12　窪田充見編『新注釈民法⒂債権(8)』（有斐閣、2017年）92頁［藤原正則］。

420　契約

といってよいであろう。したがって、以下での検討は、フランス法における
議論を参照しつつ進めたい。

1　価値の移転

　労務がもたらす利益とは何か。この点が特に問題となるのは、労務につい
ては、財産とは異なり、取引客体たり得べき融通性があるか（(1)）、総財産
（patrimoine）への帰属を観念し得るか（(2)）が自明ではないからである。

(1)　融通性

　労務を通じた価値の移転がどのように行われるかについては、シェヌデに
よる分析が要を得ている[14]。

　まず、「価値」とは何か。これは、「取引、つまり広い意味での交換
（échange）の対象となり得る『物（chose）』とは何か」という問いであるが、
これを「効用（utilité）」ないし「価値（valeur）」として捉えるならば、そ
こには、財産のほか、人の活動をも含めることができる。「一方の当事者が
与える義務を負い、又は一方の当事者がなし若しくはなさない義務を負う
物」という仏民旧1126条の定式も、財産のみならず、労務も移転の客体とな
り得ることを示唆する[15]。つまり、労務には融通性がある。

　次に、その「移転」は、どのようにして実現されるのか。シェヌデは、物
を与えること（*datio*）となすこと（*factum*）がともに価値の移転を実現す
ることを認めたうえで、その仕組みに違いを見出す。すなわち、財産による
移転は、既存の価値を債務者の総財産から債権者の総財産へと移すことで行

13　703条における「労務」の文言は、帝国議会で示された民法中修正案において初めて現れる（衆
議院議事速記録第25号明治29年2月26日民法中修正案第一読会396丁）。法典調査会整理会の草案で
は「他人ノ給付其他ノ方法ニ依リ」との文言が用いられていた（法務大臣官房司法法制調査部監修
『法典調査会民法整理会議事速記録』（商事法務研究会、1988年）308頁）。修正案の趣旨は、「単ニ
財産ナル文字ノミヲ用ユルトキハ他人ノ労務ニ因リテ不当ニ利得ヲ受ケタルトキハ如何ニスヘキヤ
ノ疑ヲ生セシムル」が、労務による利得を排除しないことは旧民法以来の共通理解だから、その点
を明示したものだと説かれる（廣中俊雄編著『民法修正案（前三編）の理由書』（有斐閣、1987
年）663頁を参照）。なお、後掲注29）をも参照。

14　CHÉNEDÉ, *supra* note 10, n° 23-24, p. 29-31.

15　*V.* CHÉNEDÉ, *supra* note 10, n° 24, p. 31 ; n° 33, p. 41.

われる。これに対して、労務による移転は、既存の価値ではなく、給付の実現過程で創造される価値を移転する。つまり、労務による価値の移転は、債務者の総財産を減じない[16]。移転の客体としての財産と労務の違いはここにあると、シェヌデはいう[17]。

以上を要するに、「給付は、移転すべき財産（与える債務）、または提供すべき労務（なす債務もしくはなさない債務）を目的とする。つまり、債権関係は、2つの総財産の間における移動の拠点である[18]」。そして、「与える給付（*dare*）は、法的には物質の媒体であり」、「なす給付（*facere*）は、人の活動というかたちをとるエネルギーの法的媒体である[19]」。

(2) 財産性

ところで、「2つの総財産の間における移動」という上の説明は、労務が給付された結果、債権者の総財産が増加することを当然の前提とする。しかし、常にそうだといえるのか。

この点に関わって注目されるのが、労働力（force de travail）の取扱いである。労働力が取引客体となり得るとしても[20]、給付された労働力が総財産に組み入れられるかについては、肯否両様の見方があるかにみえる。たとえば、カタラは、「労働力は、法律用語としてはともかく、少なくとも経済用語としては元本価値である」といい[21]、カルボニエは、「労働力は、総財産のなかに含めるにはあまりに人格的である」と述べる[22]。

カルボニエは、労働力が総財産へと組み入れられない理由を、人格は財産

---

16 さらに、事務管理の文脈においては、管理によって生じる利益は精神的なものであってもよいと説かれる。*V.* M. DOUCHY, *La notion de quasi-contrat en droit positif français*, Economica, 1997, préf. A. SÉRIAUX, n° 17, p. 38-39.

17 CHÉNEDÉ, *supra* note 10, n° 25, p. 31-32.

18 A. SÉRIAUX, *Droit des obligations*, 2ᵉ éd., PUF, 1998, n° 1, p. 13.

19 P. CATALA, *La matière et l'énergie, in*：*Mélanges François TERRÉ, Dalloz*, 1999, n° 5 et 6, p. 559. *V.* aussi R. SAVATIER, *Les métamorphoses économiques et sociales du droit privé d'aujourd'hui*, 3ᵉ série, Dalloz, 1959, n° 466, p. 143-144.

20 ただし、Fr. COLLART-DUTILLEUL, Ph. DELEBECQUE et Ch.-É. BUCHER, *Contrats civils et commerciaux*, Dalloz, 12ᵉ éd., 2024, n° 698, p. 716は、「身体の尊重は、労働力が賃貸借契約の目的となることに反発する」と述べる。

422 契約

的な帰属の対象とならないから、人格に由来する労働力もまた帰属とは相容れないと説く。そのような意味での財産性を欠くにもかかわらず、労務それ自体を取引の対象とすることができるのは、それが労働の自由の展開だからである[23]。つまり、労働の自由は、労働に従事してその代価を得ることを当然に含む。このように、「労務には融通性がある」との命題から「労務には財産性がある」との命題を導くことは、少なくとも当然にはできないと考えられる[24]（399条をも参照）。

2　財産と労務

以上を踏まえて、財産・労務による利得移動がどのように生じるかを考察する。

(1)　正対関係

まず、給付による価値の移転が生じる機序を、2つの例に即して考察したい。

　[例1]　Xは、Yに対して、自己が所有する動産甲を譲渡した。

　[例2]　Xは、Yの指揮命令のもとで、1か月間、労働に従事した。

以上の2例におけるXの損失＝Yの利得は、それぞれ「甲」「労働」である。その結果として、X・Yの財産状態は、次のように変動する。**[例1]**では、Xに帰属する総財産から甲が逸出し、Yに帰属する総財産に組み入れ

21　P. CATALA, *La transformation du patrimoine dans le droit civil moderne*, RTD civ. 1966, n° 16, p. 197. 役務提供に目を向けると、サヴァティエによる役務の売買論（R. SAVATIER, *La vente de services*, D. 1971, chron. p. 223）が知られる。

22　J. CARBONNIER, *Droit civil, Les biens, les obligations*, PUF, 2004, n° 670, p. 1525.

23　*V.* Th. REVET, *La force de travail (étude juridique)*, Litec, 1992, préf. Fr. ZENATI, n° 76, p. 88.

24　債権者代位権につき、「債権者之ヲ行フモ為メニ自己ノ債権ヲ保全スルノ目的ヲ達スルコト能ハサル」との理由から、「債務者カ其雇人ニ対シ自己ノ為メニ役務ヲ執ラシムルノ債権ヲ有スル場合ニ於テ債権者ハ之ニ代ハリテ其雇人ヲ使役スルコトヲ得ス」と説かれる（梅謙次郎『民法要義 巻之三 債権編』（有斐閣書房、1912年（1984年復刊））79頁）のも、畢竟、第三債務者に「役務ヲ執ラシ」めても、債務者の総財産の増加に寄与しないからであろう。

られる。これに対して、[例2] におけるXの労働は、Xの活動であって、その総財産には属しないし、これをYに提供したからといって、その総財産は増加しない。

　以上の違いは、給付を通じた利益の実現方法にも差異を生じる。すなわち、財産は、物に対する権限——使用・収益・処分権——の行使を通じて保有者に利益をもたらす（206条を参照）。これに対して、労務は、人の自由な活動を通じて行為者に利益をもたらす。この場合には、利得は、債権者に帰属する総財産の増加ではなく、債務者の意思に基づく活動がいわば債権者自身のものと評価されることによって生じる。比喩的にいえば、労務の給付は、債務者が、債権者のために、自らの活動の自由を譲り渡すことを内容とする[25]。

　このことを反映して、上記の例における利得移動は、[例1] では、債務者の財産による債権者の総財産の増加として、[例2] では、債務者の労務による債権者の活動の展開として、それぞれ具体化する。

(2)　斜対関係

　もっとも、以上のことから、債権者の総財産を増加させるのは、債務者の財産であって労務ではないとか、逆に、債権者の活動を展開するのは、債務者の労務であって財産ではないということはできない。2つの例を考える。

　[例3] Xは、Yからの注文に応じて、動産乙を製作した。

　[例4] Xは、Yに対して、自己が所有する動産丙を貸した。

　[例3] におけるXの損失＝Yの利得は、乙の製作という労務である。その結果としてXが乙を創造し、これがYに帰属すると、Yは、総財産の増加という利益を得る。このように、労務の結果として加工（246条）が生じるときは、労務から財産が生み出される。その場合には、労務そのものの給付に加えて、労務の結果である財産の獲得もまた契約の目的に含まれる。そして、こうした目的に即して、財産権移転型契約と同じ取扱いが部分的に適用

---

25 こうした現象について、SAVATIER, *supra* note 21, p. 225は、「活動（activités）」を目的とする売買という見地を示し、これに財貨（biens）性を認める。

される（たとえば、633条本文を参照）。

[例4] におけるXの損失＝Yの利得は、丙の使用利益である。使用利益は、使用・収益権能が設定され、あるいは目的物を占有することで直ちに生じるのではなく、丙を使用するというYの行為を通じて獲得される。つまり、ここでは、債権者は、債務者の財産を使用するという自らの活動を通じて利益を得る[26]。このように、他人の物を利用して活動を行うときには、その物によって補助された活動の展開という利益が生み出される[27]。

3 小括

以上を要約すると、「利得移動（給付）」の構造は、債務者の損失が生じる「財産」「労務」と、債権者の利益が帰する「総財産」「活動」の組合せに応じて四分されよう。

第1に、債務者の財産によって、債権者の総財産が増加する場合がある。これは、財産権移転給付（549条、555条、586条1項）に対応する（[表] Ⅰ A）。

第2に、債務者の財産をもって、債権者が活動を展開する場合がある。これは、利用に供する給付（587条、593条、601条）に対応する（[表] Ⅱ A）。

第3に、債務者の労働によって、債権者の総財産が増加する場合がある。これは、役務給付のうち、その結果として加工が生じる場合に対応する（[表] Ⅰ B）。

第4に、債務者の労働をもって、債権者が活動を展開する場合がある。これは、役務給付のうち、第3に掲げた以外の場合を包含する（[表] Ⅱ B）。

---

[26] 物の使用を怠ったときは、利益は生じない（190条1項を参照）。ただ、「立証責任を考えるなら、損失者は通常の用法によれば収取できる果実（・使用利益）の返還を請求し、利得者は現実には果実（・使用利益）を取得しなかったことを利得消滅の抗弁として主張することになる」（窪田編・前掲注12）105頁［藤原］）。逆に、利得者が才覚を発揮して、通常では得られないような効用を物から引き出すこともある。その場合に利得（＝損失）をどのように捉えるかは、別途に問題となる（谷口知平ほか編『新版注釈民法（18）債権（9）』（有斐閣、1991年）318頁以下［平田春二］）。

[27] このように、目的物の使用・収益という債権者の活動が給付の過程に必然的に介在するから、特定物を目的とする貸借型契約においては、役務提供型契約とは対照的に、債権者である借主の人的属性が重視されることとなる。

労務を目的とする給付　425

[表]　給付に基づく財産的利益

損失＼利益	Ⅰ　総財産の増加	Ⅱ　活動の展開
A　財　産	財産権移転給付	利用に供する給付
B　労　務	役務給付（加工型）	役務給付（純粋労務型）

　これを表に示すならば、上のとおりである。表頭・表側には、次のような問題系が対応する。表頭Ⅰは、総財産の増加を生じさせる態様である承継取得（A）、原始取得（B）に対応する。表頭Ⅱは、他人の財産や労務を一時的に利用に供する権利を取得する形態であり、物の賃約（*locatio conductio rei*）（A）、労務の賃約（*locatio conductio operarum*）（B）に対応する[28]。表側Aは、物に対する権限の行使が、物自体に対する権利（Ⅰ）、物を目的とする給付（Ⅱ）のいずれによって実現されるかに対応する[29]。

　本稿の課題は、表側Bに対応する問題系にある。役務提供型契約の共通の特徴は、労務を価値の源泉とする点にある。しかし、Ⅰ・Ⅱの区別は、民法が定める契約類型と対応しないし、役務給付の特徴を最も端的に示すⅡBにおいて「活動の展開」という利益取得がどのように生じるかも明らかでない。これらの点につき、項を改めて検討する。

Ⅲ　構　造

　役務給付の目的は、債務者の活動であり、それが債権者自身の活動と同視

28　森田修「ローマ法における『賃約』（locatio conductio）とその現代的意義──『役務提供契約』の基礎理論のために」中田裕康先生古稀記念『民法学の継承と展開』（有斐閣、2021年）591頁を参照。

29　なお、旧民法財産編361条は、不当利得が生じる場面として、①「他人ノ事務ノ管理」、②「負担ナクシテ弁済シタル物若クハ虚妄若クハ不法ノ原因ノ為メ又ハ成就セス若クハ消滅シタル原因ノ為メニ供与シタル物ノ領受」、③「遺贈其他遺言ノ負担ヲ付シタル相続ノ受諾」、④「他人ノ物ノ添附ヨリ又ハ他人ノ労力ヨリ生スル所有物ノ増加」、⑤「他人ノ物ノ占有者カ不法ニ収取シタル果実、産出物其他ノ利益及ヒ之ニ反シテ占有者カ其占有物ニ加ヘタル改良」を掲げる。特殊な場面を扱う③を別してみれば、これらと [表] との間には、①＝ⅡB、②＝ⅠA、④＝ⅠB、⑤＝ⅡAという対応を見出すことができるであろう。

426　契約

されるという法的効果をもたらす。Ⅲでは、役務給付の構造を、他の給付
——財産権移転給付、利用に供する給付——との区別（1）、役務給付相互
の区別（2）という観点から、それぞれ検討する。

1　他の給付からの識別

　役務給付の目的である労務は、融通性のある人の活動である。ただ、それ
を取引客体とするためには、2つの過程を経る必要がある。すなわち、まず、
債務者の活動を人格から切り離していわば物とすること（réification）で、
取引可能な価値が生み出される（(1)）。次に、その価値をいわば譲渡するこ
と（aliénation）で、債権者に対する給付が実現される（(2)）。

(1)　物　化

　まず、給付されるべき価値がどのように生み出されるかが問題となる。

（a）　給付の内容

　役務給付は、価値の源泉が労務である点で、与える給付（**[表]**　ⅠA）と、
物を利用に供する（mettre à disposition）給付（**[表]**　ⅡA）とから区別さ
れる。役務給付は、そのようなものとして、なす債務（obligation de faire）
に相当する。なす債務の位置づけにつき、2点に触れておきたい。

　第1に、なす債務となさない債務とは、どのような関係にあるか。仏民旧
1126条は両者を区別したが、現代の学説には、それらは、給付行為の積極面
と消極面であるにすぎず、債務の目的として両者を区別する意味はないとす
るものがむしろ多い[30]。たとえば、なさないとは、一定の事態が生じないと
いう給付結果を想定するものであり、それを達するためには種々の作為が必
要とされるから、なさない債務とは、具体的に期待される作為義務を強化す
るために用いられる表現にすぎないなどと説かれる[31]。

　しかし、そうであればこそ、なす債務となさない債務とは、想定される給

30　*V. not.* J.-Fr. OVERSTAKE, *Essai de classification des contrats spéciaux*, LGDJ, 1969, préf. J.
BRÈTHE DE LA GRESSAYE, p. 78 et 86 ; CHÉNEDÉ, *supra* note 10, n° 167, p. 151-152.

31　*V.* P. PUIG, *La qualification du contrat d'entreprise*, Éditions Panthéon-Assas, 2002, préf. B.
TEYSSIÉ, n° 26, p. 54-55.

付結果が「何かを実現すること」「何かを差し控えること」のいずれであるかによって区別されるとの指摘がある[32]。リュカーピュジェは、「債務の目的としての給付とは、厳密にいえば、債務者が具体的にすべきこと——債務の直接の目的を実現する手段としての物理的な作為・不作為——ではなく、直接の目的そのものである」という[33]。

　この指摘は、それ自体としては正当であろう。しかし、利得移動の構造に着目する限り、債務者の自由の制限によって債権者の利益が生み出される点において、両者を区別すべき理由はない。以下でも、なす債務となさない債務とは区別せずに捉えておきたい。

　第2に、なす債務と利用に供する債務との関係については、利用に供する債務をなす給付に含める見解がある。たとえば、オヴェルスタクは、各種の契約を、与える債務を主たる給付とする移転型（translatif）契約と、なす債務を主たる給付とする非移転型（non translatif）契約とに区別したうえで、なす債務は、労働（travail）または役務（service）の給付を目的とすると説く。労働と役務とを区別する指標は、努力（effort）・苦痛（peine）・疲労（fatigue）を伴うか否かにある。具体的には、労働者、医師、教師の活動はいずれも労働であり、賃貸借や使用貸借の貸主は役務を提供するのだとされる[34]。

　この議論は、非移転型契約という類のなかに労働と役務という種を含めることで、労務と財産との区別を実質的に吸収している[35]。ただ、努力・苦痛・疲労を伴うか否かは、契約を類型化するための指標としては比喩的である。他の論者によっても指摘されるとおり、オヴェルスタクのいう労働と役務との区別も、利益の源泉が労務・財産のいずれによるかに対応すると理解

---

32 A.-S. LUCAS-PUGET, *Essai sur la notion d'objet du contrat*, LGDJ, 2005, préf. M. FABRE-MAGNAN, n° 231, p. 128. 仏民旧1145条が、なさない債務の不履行について付遅滞を要件とせずに損害賠償請求を認めるのは、何かを差し控えるという結果は、義務違反行為が生じれば直ちに不能になる——その点で、何かを実現するという結果とは異なる——からだという。

33 LUCAS-PUGET, *supra* note 32, n° 234, p. 129.

34 OVERSTAKE, *supra* note 30, p. 83 et s., not. p. 85.

35 一般的な見解との相違は、たとえば、「物の保管を目的とする契約」である寄託が、貸借型契約とともに、苦痛・疲労を伴わない「役務」の給付を目的とする契約に類別される点にある（OVERSTAKE, *supra* note 30, p. 107）。

428　契約

するほうが簡明であろう[36]（なお、(2)(b) をも参照）。

（b）　履行の態様

　以上のほか、与える債務となす債務とは、強制履行の可否・方法という観点から区別されてきた。とはいえ、なす債務の履行も、代替執行等によって強制することはできるから（仏民旧1144条）、強制の可否によって両者を区別することは正確ではない[37]。このことを踏まえて、オヴェルスタクは、むしろ通常の履行の態様に即して両者を区別すべきだという[38]。

　オヴェルスタクによれば、与える債務は、原則として、契約の締結に伴って即時的・自動的に履行されるのに対して[39]、なす債務は、債務者による具体的な行為を介して履行される。すなわち、「なす債務は、与える債務の特権領域ともいうべき権利の譲渡を生じさせず、単に何らかの行為、つまり、より有形的・物理的な何かを給付することに尽きる。この行為の実行は、義務づけられる行為に応じて、債務者の人格そのものに直接に関わることもあれば、間接的にしか関わらないこともある。……このように、なす債務の履行には人的なファクターが直接に介在するため、その実現は、程度の差こそあれ、不確実なものとなる。これに対して、与える債務にはそのような不確実性はない[40]」。

　ところで、履行の実現が人的なファクターに依存するならば、なす債務とひとくちにいっても、その具体的な取扱いは、人的なファクターの意味合いに応じて異ならざるを得ない。たとえば、なす債務であって、その履行が人格に直接に関わるものの実現は、間接強制によってしか担保されない[41]。こうしてみると、強制履行に関する相違は、通常の履行の態様と、債務が含む人的要素（*intuitus personæ*）との２点から派生する特徴だといえるであろう。

36　*V.* PUIG, *supra* note 31, n° 21, p. 49 ; n° 25, p. 53.

37　*V. aussi,* G. PIGNARRE, *À la redécouverte de l'obligation de praestare,* RTD civ. 2001, n° 3, p. 44 et s.

38　OVERSTAKE, *supra* note 30, p. 78 et s.

39　この問題につき、さしあたり、山城一真「フランス契約法における『与える給付』概念」慶應法学44号（2020年）175頁を参照。

40　OVERSTAKE, *supra* note 30, p. 81.

41　OVERSTAKE, *supra* note 30, p. 82 texte et note 11.

(2) 外 化

給付の第2段階として、物化された労務が、いかにして債権者のものとなるかが問題となる。

(a) 支配の可能性

先にみたとおり、労務には財産性はなく、それが給付されただけで債権者の総財産が当然に増加するわけではない。それでは、労務の給付を受けることができる地位とは、どのような財産状態なのか。

この点につき、ルヴェは、労働力を所有権の客体とすることができるかとの問題を提起し、物化された労働力につき、可及的に財産に準じた支配関係を成立させる立場を示す。すなわち、労働力が所有権の客体となるとすれば、労働力には譲渡性がなければならないはずである。しかし、それは自らを奴隷化することにほかならず、労働力の人格性（nature personnelle）のゆえに認められない。ただ、所有を観念し得ない理由が不可譲性にしかないのであれば、譲渡可能性を含まない限りの支配——「準所有（quasi-propriété）」というべきもの——を認めることはできるはずである[42]。

この準所有を説くにあたり、ルヴェは、財産の支配は所有によって、労働力の支配は労働の自由によって、それぞれ基礎づけられるとの対比を用いる。両者の相違は、労働の自由については処分を観念し得ないことに現れるが、裏を返せば、それは、労働の自由についても使用・収益は観念され得ることを意味する[43]。

労働力の準所有を説くルヴェの見解は、その所有権論とも深く関わるものであろうから、いま直ちにこれに評価を下す用意はない。ただ、その分析は、労務を目的とする給付の本質が、他人の労働の自由を自らの活動のために利用する点と、財産的な帰属を観念することができないものである点とにあることを明瞭に示しているとはいえよう[44]。

---

[42] REVET, *supra* note 23, n° 347 et s., p. 389 et s., not. n° 349, p. 392-393.

[43] REVET, *supra* note 23, n° 350-352, p. 393-394.

[44] なお、ルヴェの議論が、所有権を帰属関係と捉える見地（*v.* not. Fr. ZENATI-CASTAING et Th. REVET, *Les biens*, 3ᵉ éd., PUF, 2008, n° 164, p. 259-260）を踏まえたものであることも、想起されてよいであろう。

430　契約

（b）　支配の効果

　それでは、労働力の使用・収益権能を債権者に取得させることは、いかなる給付の作用に基づくのか。この点については、財産と役務という客体の相違に応じて給付は異質であるとみるか、それとも、使用・収益権能の取得という共通点に着目して給付は同質であるとみるかが考えられる（**[表]** 中、表頭 II の問題系）。

　この問題につき、労働力の使用・収益を観念するルヴェは、労務の給付の本質を、労働力を利用に供する点、つまり、従属を求める権能を通じて実現される法的支配（maîtrise juridique）に見出す[45]。しかし、労働力をあたかも物であるかのようにみるこの立場に対して、多数とみられる見解は、労働契約が「役務の賃貸借」（仏民1711条4項）の現代的呼称であり、民法典上、請負契約、運送契約とともに、労務の賃貸借（louage d'ouvrage）の一種として規律される（仏民1779条）ことからすれば、これに基く給付も、利用に供する給付ではなく、なす給付とみることが適切であるとする[46]。

　以上にみたルヴェの分析は雇用に関するものであるが、役務提供型契約が雇用をも含む1つのカテゴリーであるためには、役務給付に共通する固有の特徴があり、かつ、雇用がその要素を含むのでなければならない。上述の多数説は、こうした見方に立つ。それによると、請負や委任をも含めた役務提供型契約は、役務受領者が──従属労働性とは異なる意味で──労務を「支配」するという要素を含むと理解されるであろう。

2　役務給付間の分類

　役務給付は、債務者の活動が債権者自身の活動と同視されるという効果をもたらすが、これを内容とする契約は、様々な観点から分類される（(1)）。ただ、利得移動の構造を把握するためには、労務によって財産が生み出されるか否かが重要である（(2)）。

---

45 REVET, *supra* note 23, n° 133 et s., p. 147 et s. ; n° 223 et s., p. 237 et s.

46 *V.* not. Fr. LABARTHE, *Du louage d'ouvrage au contrat d'entreprise, la dilution d'une notion*, in : *Mélanges Jacques GHESTIN*, LGDJ, 2001, n° 7, p. 492-493.

(1)　類型化の根拠

役務給付を分類する視点としては、役務提供の態様に独立性があるか（（a））、役務そのものと結果のいずれに力点を置くか（（b））が論じられてきた。ただ、いずれの側面に焦点を当てるとしても、「債務者の活動が債権者の活動と同視される」という役務給付の基本的な効果に違いはない。

（a）　独立—従属

役務提供の態様については、日仏両法において、債務者が債権者に従属するか否かに応じて雇用の独自性が論じられてきた[47]。とはいえ、債権者のために事務を処理するという性質上、役務給付は、雇用に限らず、債務者の行為を債権者の利益に従属させる側面を必然的に伴う。

この側面は、委任においては、指図の問題として顕在化する[48]。指図には種々のものがあるが、ペテルは、委任事務の内容を特定するための指図と、委任事務の履行に関する指図とを区別し、さらに後者を命令的なもの（impératif）と説明的なもの（indicatif）とに分ける[49]。そのうえで、履行に関する指図は、委任者のために事務を遂行するという契約の趣旨からして、内容が明確である限りは命令的なものとみるべきであり[50]、その遵守は結果債務であり[51]、かつ、違反があったときは委任者への効果帰属が否定され得るとみる[52]。

また、請負についても、従属性に着目することで、労働契約との区別が明瞭になるわけではない。フランス法に即してみれば、ピュイグは、請負と労

---

[47]　日本法における学説の展開につき、鎌田耕一「雇用・請負・委任と労働契約」横井芳弘ほか編『市民社会の変容と労働法』（信山社、2005年）151頁を参照。

[48]　この問題につき、大塚智見「委任者の指図と受任者の権限(2)」法協134巻11号（2017年）1頁、特に47頁以下を参照。

[49]　Ph. PÉTEL, *Les obligations du mandataire*, Litec, 1988, préf. M. CABILLAC, n° 14 et s., p. 28 et s.

[50]　PÉTEL, *supra* note 49, n° 51-54, p. 48-49.

[51]　PÉTEL, *supra* note 49, n° 100, p. 72.

[52]　PÉTEL, *supra* note 49, n° 80, p. 61 ; n° 95, p. 70. 委任者は、受任者が権限に従ってした契約によって拘束されるが（仏民1998条1項）、ペテルは、ここにいう権限への適合性には履行に関する指図の遵守も含まれるとして、指図が遵守されなかったときは、委任者に有益である限りでのみその効果が帰属するという。この点につき、大塚・前掲注48）35頁以下、56頁以下をも参照。

432 契約

働契約とが相互排斥的に区別されるものではなく、むしろ請負（「労務の賃貸借」（仏民1779条））が類をなすと説くとともに、従属性には広汎な評価の余地があり、2つの契約を截然と区別することができないこと、より根本的には、従属性は労働者保護を基礎づけるための正当化要素にほかならないことを指摘する[53]。

（b）　行為—結果

役務提供の結果については、日本法のもとでは、役務そのものと結果のいずれに力点を置くかが、委任と請負とを区別する指標とされる[54]。

請負は「仕事の完成」を目的とするが（632条）、そのことのもつ意味は、(2)にみる区別に応じて異なる。すなわち、物の製作を目的とする請負においては、仕事の完成とは、総財産の増加という結果を生じさせること（(2)(a)）を当然に含む。これに対して、総財産の増加を伴わない場合における役務給付の結果とは、何を意味するのか。

請負と委任との区別として論じられてきたのは、たとえば、病気の治癒や勝訴といった結果の実現が債務内容に含まれるか否かである。もっとも、準委任が結果の実現を目的としないというときにも、治癒に必要な処置をする、勝訴に向けた訴訟活動をするといった「行為の完了」という次元での結果を観念することはできる。請負との相違は、「行為の完了」が「仕事の完成」を意味しないところにある。いいかえれば、準委任の場合には、実現すべき「結果」は成否不確実な事象と捉えられるのに対して、請負の場合には、実現すべき「結果」は行為の完了——つまり、「仕事の完成」——によって直ちに生じるのだと、一応は整理することができるであろう。

---

53 PUIG, *supra* note 31, n° 164, p. 254-255. 観点を異にする議論であるが、M. FABRE-MAGNAN, *Le contrat de travail défini par son objet, in*：A. SUPIOT（dir.）, *Le travail en perspectives*, LGDJ, 1998, p. 122は、労務の履行条件としての従属性は、多くの雇用に必然的に伴う帰結ではあっても、法性決定の基準となる本質的要素（essence）ではないと説く。

54 フランス法においては、委任事務が法律行為の実施という内容面から定義される結果、事実行為の処理を目的とする契約はすべて請負（entreprise）と法性決定される。その反面、いずれの契約も、手段債務・結果債務を発生させることがある。その意味では、« entreprise »を「請負」と訳すことにも議論の余地があろう。以上の点につき、後藤元伸「役務提供契約における典型契約としての請負契約・委任契約」國井和郎先生還暦記念『民法学の軌跡と展望』（日本評論社、2002年）233頁、特に242頁以下をも参照。

（2）　横断的な区別

　既に述べたとおり、役務給付には、労務による総財産の増加を目的とする
もの（（a））と、そうではないもの（（b））――労務そのものを目的とする
もの――とがある[55]。前者の場合には、労務の物化・外化（1(1)、(2)）は、
債権者の総財産に帰属する財産の創造をもたらす。いいかえれば、その場合
には、「契約をした目的」は、役務だけでなく、それによって創造される財
産の取得にまで当然に及ぶ。「債務者の活動が債権者の活動と同視される」
ことの意味は、こうして二分される。

（a）　総財産の増加

　役務給付によってもたらされる総財産の増加は、財産権移転給付によって
もたらされるそれとどのように区別されるのか[56]（[表]中、表頭Ⅰの問題
系）。出発点となるのは、労務による価値の創造に関する一般法である加工
（spécification）法理である。

　一般法によると、加工によって生じた所有権は、原則として材料所有者に
帰属するが（仏民570条。民法246条1項本文をも参照）、工作の価値が材料
の価値を著しく超えるときは加工者に帰属する（仏民571条。民法246条1項
ただし書をも参照）。しかし、これらの規定にかかわらず、役務給付の履行
として加工が生じたときは、完成物の所有権は、最終的には債権者に帰属す
ることとなる。

　動産が製作された場合を考えると[57]、加工法理を適用する限り、所有権は
材料提供者に帰属するから、加工者が材料を提供する場合における相手方の
所有権取得は、承継取得だとみざるを得ない。古典的な議論は、請負には財
産権移転の要素は伴わないという理由により、この場合を将来物の売買だと

---

[55] Ph. STOFFEL-MUNCK (dir.), *L'avant-projet de réforme du droit des contrats spéciaux*, 2022, p. 78（consultable au : https://www.justice.gouv.fr/sites/default/files/migrations/textes/art_pix/avant_projet_commente_juillet2022.pdf）は、これを « summa divisio » だという。日本法の文脈に即していえば、やや観点を異にするが、山本敬三「契約法の改正と典型契約の役割」山本ほか・前掲注5）14頁が、「物中心型請負」と「役務中心型請負」とを区別する。

[56] 以下にみる問題につき、都筑満雄「フランスにおける請負契約の性質決定と再定位の議論に見る各種契約の一般理論と新たな契約の分類(1)」南山37巻3・4号（2014）163頁以下を参照。

[57] なお、注文者が所有する土地上に請負人が建物を建てたときは、注文者への所有権の帰属は、加工ではなく、建物の土地への付合によって基礎づけられる（仏民555条）。

みた[58]。しかし、この見方は、価値の創造が履行過程の一環をなすという契約の実質を顧みない。そこで、学説においては、加工者が材料を提供したか否かにかかわらず、労務に加工性（spécificité）がある限りは請負と法性決定されるとみたうえで、請負には、加工者が物の創作（production）に基づいて物の所有権を原始取得した後、注文者がこれを承継取得するという一連の効果が含まれるとする見解が唱えられている[59]。

　けれども、注文者による権利取得を承継取得とみることは、事態適合的なのか。先にみたルヴェのように、労働力の支配に基づく収益権能が注文者に移転することを認めるならば、勤労の展開（déploiement d'industrie）を旨とする請負契約においては、まさにそのゆえに、完成物の所有権は注文者が原始取得するとみることが端的であろう[60]。創作の成果は、「労働力の果実[61]」にほかならないからである[62]。

（ｂ）　活動の展開

　これに対して、物の創作を伴わない役務給付を通じた活動の展開は、給付行為が債権者自身の行為と同視されることで生じる。このことは、代理における法律効果の転帰に顕著であるが[63]、事実行為の場合にも、債務者がした行為は、債権者自身による事務処理としての法的効力を生じる[64]。

58　V. Fr. TERRÉ, L'influence de la volonté individuelle sur les qualifications, LGDJ, 1957, préf. R. LE BALLE, n° 404 et s., p. 336 et s.

59　V. not. P. PUIG, Le contrat d'entreprise translatif de propriété, in : Mélanges Jacques DUPICHOT, Bruylant, 2004, p. 393.

60　V. S. BECQUET, Le bien industriel, LGDJ, 2005, préf. Th. REVET, n° 158, p. 382-385.

61　REVET, supra note 23, n° 352, p. 394.

62　請負については、完成物の所有権は、いったんは加工者へと帰属することが当然の前提とされているかにみえる（PUIG, supra note 31, n° 36 et s., p. 65 et s. V. aussi A. CAYOL, Le contrat d'ouvrage, IRJS Éditions, 2012, préf. Th. REVET, n° 162, p. 335-336）。請負の場合には、役務の提供方法に独立性があるため、注文者は労働力に対する支配を有しないとする趣旨であろうか（v. B. CHAFFOIS, La plus-value. Étude juridique, LGDJ, 2020, préf. Th. REVET, n° 260, p. 194）。しかし、請負もまた役務給付を目的とする以上、その成果たる物の所有権が役務受領者たる注文者に原始的に帰属するとみることは、理由のないことではないであろう。なお、日本法との関係では、後掲注67を参照。

63　R.-J. POTHIER, Œuvres de Pothier (édition Bugnet), tome V, Traité du contrat de mandat, Paris, 1847, n° 87, p. 207においては、委任者は、受任者を通じて契約を締結したものとみなされるとの基礎づけが説かれた。

3 小 括

役務提供型契約というカテゴリーが統一性をもつのであれば、労務の結果を債権者が取得する根拠は、すべての場合を通じて、役務給付の履行であることに求められなければならない。この観点からは、役務給付の構造的な特徴は、以下の点に見出されよう[65]。

第1に、給付の実現が債務者の活動に依存することから、その強制的実現は債務者の責任財産（に属する財産）による裏づけを伴わない。また、そのことのゆえに、債務者の人的要素が一般に重視される。

第2に、役務給付は、労務に対する使用・収益権能の取得であるとする説明がある。しかし、役務提供型契約というカテゴリーを観念し、価値の源泉が労務であることにその特徴を求める以上、これを法的な意味において使用・収益（206条を参照）と同視することはできない。

第3に、役務提供契約相互の関係は、給付の目的（労務そのものか、その結果か）、給付の態様（独立的か、従属的か）によって区別されてきたが、利得移動に着目するときには、労務によって新たな価値が創造されるか否かに着目することが有意義である。債務者の活動の成果は、債権者による活動の成果と同視されるが、その結果として物の創作を伴うときは、役務受領者がその所有権を原始取得する。この効果は、請負に限らず[66]、基本的には役務給付に共通して生じる[67]。

---

64 日本法における議論として、於保不二雄『財産管理権論序説』（有信堂、1954年）8頁以下を参照。

65 なお、いわゆるサービス契約の特徴としては、その無形性が指摘されることがある。役務給付そのものに有形性がないという当然の理を意味する限りでは、それは正しい。しかし、有体物の製作を目的とする役務給付については、その限りでは有形性に由来する規律が適用される。その一方で、移転型契約においても、既存のノウハウを提供する契約のように、財産権の客体が無体物である場合もある（v. PUIG, *supra* note 31, nᵒ 53, p. 82 et s.）。無形性は、役務給付の特徴とは考えないほうがよいであろう。

66 雇用において、使用者が工作物の所有権を原始取得することにつき、川島武宜ほか編『新版注釈民法（7）物権（2）』（有斐閣、2007年）419頁以下［五十嵐清＝瀬川信久］。（準）委任につき、648条の2第1項をも参照。

IV おわりに

役務給付において「本質的な特徴とされてきたもの」は何か。以上の検討から得られた暫定的な結論は、ひとことでいえば、「人の活動の自由が取引客体化され、価値の源泉となること」である。

こうした結論は、目新しくないばかりか、陳腐でさえある[68]。「労務ないし労働を実現するためには、同時に人格そのものが債務の拘束を受けることを避けえない」ことが、「ある程度まですべての労務供給契約に共通である」との言は、この趣旨を既に余すところなく示している[69]。しかし、そのことは、上の結論を再確認することが解釈論において無意味であることを直ちに意味しない。

一方で、役務給付の本質論が役務提供型契約の個々の規律に対してどのような影響を及ぼすかが問われることは、ほとんどなかった。しかるに、「役務提供契約」が1つのカテゴリーたり得るとすれば、典型契約ごとに論じられてきた古典的な問題だけでなく、サービス取引の特徴として論じられてきた現代的な問題も、役務提供型契約の本質との関わりにおいて論じられ得るのでなければならないであろう。

他方で、役務給付を控除的に定義する限り、財産権移転給付も利用に供する給付も伴わない契約は、すべて役務提供型契約と法性決定されかねない。しかし、そのような取扱いが実態に即したものであるかについては、疑問の余地がある[70]。役務給付に積極的な定義を与えることは、新たに生起する契

---

67 雇用における使用者の原始取得については、従属労働性にその根拠を見出す見解がある。しかし、請負についても注文者帰属説が有力に示されることからすれば、原始取得の根拠は、従属労働性に尽きるわけではない。その一方で、職務発明・職務著作のように、役務の結果の帰属を決定するにあたり、給付の態様にとどまらない考慮が求められる場合があることにも留意する必要がある（特許法35条、著作権法15条を参照）。このことは、「外化」の機序が、役務の結果と人格との結びつきによって異なり得ることを示している。一般論としていえば、その結びつきが強いことは、役務の結果が使用者によって原始取得されることを否定する要素となろう。

68 労働力の所有につき、川村泰啓『増補商品交換法の体系I』（勁草書房、1982年）54頁以下を参照。

69 我妻・前掲注8）534頁。

約取引につき、既存のカテゴリーには収まらないという判断を下す余地を残すことを含意するが、そうしてこそ契約法理の伸展性が担保されるというのも、あり得べき1つの方向性であろう。

　本稿は、給付論への関心を共有しつつ、そのような検討の端緒を示すことを試みたものである。役務給付と他の給付との関係[71]、あるいは、役務給付を組成する種々の要素の取扱いをさらに考察することをもって、今後の課題としたい。

---

70 たとえば、髙秀成「データの帰属について——データ取引をめぐる諸規律と帰属保護の現状を踏まえた若干の考察」千葉恵美子編著『デジタル化社会の進展と法のデザイン』（商事法務、2023年）516頁以下は、データ取引が法性決定の問題に対して開かれたものであることを指摘する。
71 以上の関心からは、「担保する給付」の位置づけが1つの問題となる。V. N. KANAYAMA, *De l'obligation de « couverture » à la prestation de « garantir »*, in : *Mélanges Christian MOULY*, tome II, Litec, 1998, p. 375. なお、控除的な定義に基づく考察として、*v.* CHÉNEDÉ, *supra* note 10, n° 177, p. 162.

現 代

担保の暗号化
──フランスにおけるその一断面の観察──

大 澤 慎 太 郎

　I　はじめに
　II　「財」としての定義
　III　「担保」としての性質
　IV　おわりに

I　はじめに

1　問題設定

　「暗号資産（Bitcoin、Ether 等）」やそのプラットフォーム、それを支える技術的要素（トークン、ブロックチェーン）をめぐる用語を目にしない日はない。これは高度な「暗号（技術）」が社会の基盤として定着していることを意味しており、結果として、社会の設計図である法（学）も必須的にこの定着を意識することになる。意識の仕方は、技術が捉える「平面」の範囲による。観察の基軸として「暗号資産」に着目すると、こうである。

　そもそも「暗号資産」とは何かを定義すること自体が難しい。完全な定義を持つ言葉ではなく、使用される場面や学問の分野によって多少の差異があるといって良い。法について論じようとする本稿では、さしあたり「資金決済に関する法律（資金決済法）」2条14項[1]の定義にいうものが参考となる。

　このような「暗号資産」は、「暗号技術（ブロックチェーン等）」に支えられた「プラットフォーム（Ethereum 等）」上に生成された"何か（データ）"である。先に述べた「平面」のいわば"（最）下層域"にある「暗号資産」に着目することは、法の側面から観れば財の法的性質を問うことになり

（有体物か、無体物かなど）、その結果として、法的には権利の対象物としてのあり方を問うことに繋がる。例えば、通貨との代替性（決済方法）、財産の構成（刑事法でも没収〔刑法19条〕の対象性などが問われる）といった具合である。"中層域"の「プラットフォーム」に着目すれば、スマートコントラクトに代表される取引（アプリケーション）のあり方を問うことになるし、"（最）上層域"の「暗号技術」にまで拡大すれば、要は社会の構成要素それ自体の代替性を問うことになるから、観察の範囲は無限定に広がることになる。とはいえ、NFT によるデジタルアートの価値付けや債券発行（セキュリティトークンによる）などは、法的に観ると、結果としては（広く）「暗号資産」（下層域）の側面を観ることになるけれども、その本質はプラットフォーム（中層域）、ひいては、「暗号技術」（上層域）」の応用可能性を問うていることに他ならない。

　かように展開される、暗号技術の定着は金融取引のあり方を変え（かつては FinTech、現代では web3.0……）、必然的に担保のあり方も問うことになる。すなわち、「暗号資産」の側面で観れば、"担保"の"対象性"ということになるし、「暗号技術」の側面で捉えれば、"何を暗号化できるか"ということにもなる。例えば、債券（証券）をブロックチェーンの技術を通じて発行するという近時の手法（「デジタル債[2]」「ブロックチェーン債[3]」などと

---

1 【資金決済法 2 条14項】
　この法律において「暗号資産」とは、次に掲げるものをいう。ただし、金融商品取引法第二十九条の二第一項第八号に規定する権利を表示するものを除く。
一　物品等を購入し、若しくは借り受け、又は役務の提供を受ける場合に、これらの代価の弁済のために不特定の者に対して使用することができ、かつ、不特定の者を相手方として購入及び売却を行うことができる財産的価値（電子機器その他の物に電子的方法により記録されているものに限り、本邦通貨及び外国通貨、通貨建資産並びに電子決済手段（通貨建資産に該当するものを除く。）を除く。次号において同じ。）であって、電子情報処理組織を用いて移転することができるもの
二　不特定の者を相手方として前号に掲げるものと相互に交換を行うことができる財産的価値であって、電子情報処理組織を用いて移転することができるもの
2 日本証券取引所グループ「ESG 投資におけるデジタル債の活用に関する研究会」（https://www.jpx.co.jp/corporate/research-study/digitalbond/index.html〔2024年11月 1 日最終閲覧〕）。
3 野村證券「ブロックチェーン債（証券用語解説集）」（https://www.nomura.co.jp/terms/japan/hu/A03288.html〔2024年11月 1 日最終閲覧〕）。

いう）は、資産担保証券の側面で捉えると、従来財の暗号化・技術化（に過ぎない）という色彩を帯びつつ、その対象となる財自体も「暗号資産」とする場合には、「暗号資産」（下層域）と「暗号技術」（上層域）との両面にて評価する問題になる（媒介となる“中層域”も必然的に含まれる）といった具合である。

　どの層で捉えるかは別にして、技術の高度化・複雑化は“法の透過”（脱法という意味だけで無く、対応それ自体ができないという意味を含む）を許すことになる。この結果、例えば、マネーロンダリングの容易化は予てから懸念されている[4]ことではあるけれども、より日常に着目すれば、従来財（取引）に暗号技術が浸透することにより、取引の仕組み自体を規律するあり方、財の評価方法や取引対象者（融資者／広い意味で投資家）の保護のあり方が、必然に問われることになる。これは、単に従前の規律に係る内容（取引対象者の保護という点では、情報提供義務の内容とか）のあり方に過ぎないのかもしれないものの、規律のあり方自体も問題となりうるかもしれないという意味も含む趣旨で、“あり方”というわけである。

　このように「暗号資産」をめぐる議論は、法の側面に限ってみても、「財の性質」から「取引対象者の保護」といったことまで実に多様に考えられる。特に「財の性質」は議論の最も基軸ともいうべきものであって、いずれの議論をするにも、まずはここから検討を始めるのが筋なのかもしれない。しかし、かかる概念的な議論は、現実に起きている現象を捉えることで、むしろ正当化され、明確となる部分もあろう。そこで、本稿では「暗号資産」をめぐる議論を、特に「（金融）担保」の側面で切り取ってその一部を観察することにより、今後、さらに進展することになるであろう「暗号資産」と「金融取引（金融担保）」とをめぐる法的議論（問題）に、1つの資料を提供することを目的としてみたい。ここには、「暗号資産」という筆者にとっては難解極まりないものを素材とすることで、既存の概念に捉われることなく常に新たな学問のあり方を模索し続ける姿勢を欠かさない、金山直樹先生への

4　金融庁（三菱総合研究所）「ブロックチェーンを用いた金融取引のプライバシー保護と追跡可能性に関する調査研究」8頁（https://www.fsa.go.jp/policy/bgin/ResearchPaper_MRI_ja.pdf〔2024年11月1日最終閲覧〕）。

高い敬意を表す意図が含まれている。学生時代より長年にわたりご指導いただき、筆舌に尽くし難いほどの御恩のある金山直樹先生の古稀を、心よりお祝い申し上げる。

2　検討方法

本稿では、すでに多くの議論がある暗号資産等の法的性質自体を問うというよりも、いかなる場面で暗号技術が用いられているのかという現象を担保を意識しつつ観察し、これに対して、フランスがどのような法的規律を設けているのか（どのような議論をしているのか）を検討するということに力点をおく（"暗号資産の担保化"ではなく、"担保"の"暗号化"としたのはその趣旨である）。それでも、検討の対象は成立レベルから実行レベルまで多様に展開することになり、あるいは、概観を意図するか、あるいは、特定の現象（レベル）で切り取るかは悩ましいし、筆者にはこれを考える能力がない。それゆえ、さしあたり「序論（覚書）」として、ありふれてはいるけれども「暗号資産の法的性質」につき、暗号資産それ自体を担保化できるのか否か、および、何を暗号化できるのかといった両視点で切り取りつつ「担保の暗号化」といった名を与えて観察することを通じ、先に述べた本稿の目的に対応するものとして「暗号資産」と「金融担保」との関係をめぐる法的議論[5]に1つの観察結果を提示できればと考える。

比較先の法学としてもまた様々ありうるけれども、本稿ではフランス法を参照地とする。端的にいえばそれは、EU（指令等）が最上位にあることは留意すべきであるけれども、フランスは暗号資産の利用と規制とが世界で最も進んでいる国の1つであり、それゆえに暗号資産をめぐる法学上の議論も進んでいる（豊富である）ということによって正当化されよう。例えば、

5　先行研究として、道垣内弘人「仮想通貨の法的性質——担保物としての適格性」同ほか編『社会の発展と民法学（近江幸治先生古稀記念）（上巻）』（成文堂、2019年）489頁、小出篤「フィンテックと担保」角紀代恵ほか編『現代の担保法（米倉明先生米寿記念）』（有斐閣、2022年）187頁、森下哲朗「暗号資産の担保」同287頁などがある。また、原謙一「日仏の比較における暗号資産の法的位置づけに関する今後の方向性」横浜法学30巻1号（2021年）153頁は、本稿が比較法の対象とするフランス法を観察しつつ、暗号資産と担保（法）との関係を詳細に検討するほぼ唯一のものとして、特に重要な先行研究となる。

2019年にはソシエテ・ジェネラルがEthereum上で資産担保証券（カバード
ボンド）を発行したり[6]、近時では独自のステーブルコインを発行したりし
ていること[7]、後の述べるように、暗号資産をめぐる新たな法改正もさかん
に行われていることなどを挙げることができる。芸術のデジタル化も様々な
分野で多様な方法により進んでおり、現在ではある種NFTアートの中心地
となっている[8]ことも注目されて良い。フランス法を参照地とすることの意
義は大きい。

　具体的な検討の方法としては、まず、関係する財の範囲を特定するべく、
フランスにおいて、冒頭に述べたような「暗号資産」を含む"デジタル"に
係る資産につき、いかなる定義が与えられているのかを観察する（Ⅱ）。続
いて、この観察結果を踏まえつつ、かかる財が担保となり得るのか（または、
担保が暗号化され得るのか）、なるとすればいかなる法技術により実現され
るのかを概観する（Ⅲ）。最後に、以上の観察結果をもとに、残された課題
を示しつつ、論を結ぶ。

　なお、本稿においては、特段の指摘がない限り「民法典」はフランス民法
典を指す。

Ⅱ　「財」としての定義

1　はじめに

　フランスにおいて"デジタル"に係る資産の法的性質をめぐる議論は多様
に展開されている[9]。日本における議論との大きな違いは、フランスでは、
民法典544条が所有権につき「所有権は、物（choses）について、法律また

6　CoinDeskJAPAN「欧州の金融ブロックチェーンを加速させる仏ソシエテ・ジェネラル：イーサ
リアム上で125億円相当の債券発行」（https://www.coindeskjapan.com/9013/〔2024年11月1日最
終閲覧〕）。

7　CoinDeskJAPAN「仏銀大手ソシエテ・ジェネラルの暗号資産部門、ユーロのステーブルコイン
をXRP Ledgerに導入へ──マルチチェーン移行計画を発表」（https://www.coindeskjapan.
com/262121/〔2024年11月1日最終閲覧〕）。

8　artscape（DNP Museum Information Japan）「【パリ】フランスの新しい潮流　ギャラリーが狂
奔するNFTアートのリアリティ」（https://artscape.jp/focus/10177369_1635.html〔2024年11月30
日最終閲覧〕）。

は規則が禁じる使用を行わない限り、それを最も絶対的な方法で使用収益し、処分する権利である」と定義し、所有権の対象を広く「物（choses）」としている関係で、有体物にいう所有権と同一のものであるか否かは別としても、ここにいう「物」に"あらたな"無体物も含め財産権を措定するといった環境が、法典のレベルで整っている[10]ということを指摘できる。したがって、フランスにおける"デジタル"に係る資産の法的性質をめぐる議論は、当初は、わが国と同様[11]にそれが「財」となること（「財産権」の対象となるか）の可否自体をめぐるものでありながらも、現在では、これを「可」とした上で、技術的に"どう扱うか"という方法の問題に、既に力点が移行しているように見えるのは、EU（指令／規則）という存在も然る事ながら、このような「財」をめぐる基盤の違いも無関係ではないだろう[12]。

　以下では、基礎理論的な議論は先行研究[13]に委ねつつ、"デジタル"に係る資産の法律上の定義に着目した観察を行う。フランス法においてこの定義を考えるには、EU のレベルと国内のレベルとの 2 つの次元で観ることが求められる。

2　EU のレベルにおいて

　EU レベルで観た場合はこうである。2023年 5 月16日、欧州連合理事会および欧州議会は、EU 域内の暗号資産に係る包括的な規制となる「暗号資産市場（markets in crypto-assets：MiCA）規則」（以下「MiCA」という）の法案を承認した[14]。同法案は、同月31日に正式に法として成立[15]し、同年 6

9　先行研究として、原・前掲注 5 ）191頁以下、原謙一「日本及びフランスにおける NFT（非代替性トークン）の法的性質」横浜法学31巻 1 号（2022年）273頁以下が有益である。
10　民法典544条の訳出も含め、片山直也「財産――bien および patrimoine」北村一郎編『フランス民法典の200年』（有斐閣、2006年）187頁以下参照。
11　日本における"デジタル"に係る資産についての法的性質をめぐる議論を概観できるものとして、増島雅和＝堀天子編著『暗号資産の法律』（中央経済社、第 2 版、2023年）19頁以下が分かりやすい。
12　原・前掲注 5 ）191頁以下がこれを示唆する。
13　前掲注 9 ）参照。
14　MiCA につき概観できる邦語文献として、倉田直幸「EU 暗号資産規制（MiCA）の概要について」月刊資本市場458号（2023年）83頁を参照。

446 現代

月9日に公布されている[16]。MiCAは、"デジタル"に関する資産につき、最上位の定義を「デジタル資産（actifs numérique）」とし、デジタル資産の下位概念として3つのカテゴリを有している[17]。

第1のものが「電子マネートークン（jetons de monnaie électronique/E-money token：EMT）」と呼ばれるものである[18]。これは「ある単一の公式通貨を参照することによって価値を安定化させることを企図する暗号資産（crypto-actifs）を含むもの」であり、（紙幣や貨幣等のデジタルによる代用品としての[19]）「電子マネー（monnaie électronique）」に類似し、EC指令2009/110[20]における電子マネー（電子マネートークン）の定義と同様となる[21]。実際のところ、これは「ステーブルコイン」に相当するともされる[22]。民間の機関による発行の必要があり、中央銀行が発行する「中央銀行デジタル通貨（Monnaie Numérique de Banque Centrale：MNBC）」は含まれない[23]。

第2のものが「資産参照トークン（jetons références par des actifs / asset reference tokens：ART）」と呼ばれるものである[24]。これは、1つまたは複数の資産を参照するトークンを含む暗号資産を指す。他の価値や権利ないしはこれらを組み合わせたものを参照することによって、価値を安定化

---

15 Règl. 2023/1114/UE du Parlement européen et du Conseil du 31 mai 2023 sur les marchés de crypto-actifs, et modifiant les règlements（UE）n°1093/2010 et（UE）n°1095/2010 et les directives 2013/36/UE et（UE）2019/1937（JOUE n°L 150 du 9. 6. 2023, p. 40）.

16 Arnaud GRÜNTHALER, Présentation juridique des actifs numériques et de la blockchain：aspects de droit bancaire et financier, *Revue des procédure collectives*, n°6, novembre-décembre 2023, n°s 1-2, p. 1. なお、本文献は「Lexis360」により閲覧したものであり、引用頁等もこれに基づいている。

17 JOUE n°L 150（*supra note* 15）, n°18, p. 44.

18 GRÜNTHALER, *supra note* 16, n°35, p. 4.

19 倉田・前掲注14）84頁参照。

20 Directive 2009/110/CE du Parlement européen et du Conseil du 16 septembre 2009 concernant l'accès à l'activité des établissements de monnaie électronique et son exercice ainsi que la surveillance prudentielle de ces établissements, modifiant les directives 2005/60/CE et 2006/48/CE et abrogeant la directive 2000/46/CE（JOUE n°L 267 du 10. 10. 2009, p. 7）

21 JOUE n°L 150（*supra note* 15）, n°18, p. 44.

22 GRÜNTHALER, *supra note* 16, n°35, p. 4. MiCAに関する邦語の紹介文として、増島＝堀・前掲注11）15頁も同様の解釈を示している。

23 GRÜNTHALER, *supra note*16, n°35, p. 4.

24 GRÜNTHALER, *supra note* 16, n°35, p. 4.

することを目指すものであり、ここには、1つまたは複数の公式通貨も含まれる[25]。資産によって価値が裏付けられている電子マネートークン以外の他のすべての暗号資産を含むものであり、"迂回"を回避し、当該規律が将来にわたって有効となるように企図されている[26]。

第3のものは、要するに、電子マネートークンおよび資産参照トークン以外のすべての暗号資産を対象とするものであり、「ユーティリティトークン (jetons utilitaires)」も含まれる[27]（以下、説明の便宜上、第3のものを「その他のトークン」という）。「ユーティリティトークン」を"含む"とはいうものの、実質的には「ユーティリティトークン」となるという趣旨からなのか、この類型自体を「ユーティリティトークン」と指摘するものもある[28]。これは、フランス国内で見ると、MiCA のフランス国内への適用を目的とする「暗号資産市場に関する2024年10月15日のオルドナンス第936号 (Ordonnance n° 2024-936 du 15 octobre 2024 relative aux marchés de crypto-actifs)」（以下「2024年10月15日のオルドナンス第936号」という）19条により改正される前の、通貨・金融法典旧552-2条所定の定義に相当する（具体的な条文の内容は後述する）。

3　フランス国内のレベルにおいて

暗号資産の定義については、通貨・金融法典の中に2つの条文がある。1つが、第5編「サービスの提供者 (Les prestataires de services)」第5章「様々な財の仲介者、公募および暗号資産の譲渡の許可 (Intermédiaires en biens divers et offre au public et admission à la négociation de crypto-actifs)」第2節「資産参照トークンまたは電子マネートークン以外の暗号資産の公募、および、暗号資産取引のプラットフォーム上におけるこれらの暗号資産の取引の許可 (Offre au public de crypto-actifs autres que des jetons se référant à des actifs ou des jetons de monnaie électronique, et admission

---

25 JOUE n° L 150 (*supra* note 15), n° 18, p. 44.

26 JOUE n° L 150 (*supra* note 15), n° 18, p. 44.

27 JOUE n° L 150 (*supra* note 15), n° 18, p. 44.

28 GRÜNTHALER, *supra* note 16, n° 35, p. 4.

de ces crypto-actifs à la négociation sur une plateforme de négociation de crypto-actifs)」における L. 552-1 条であり、もう１つが、同じく第５編の第４章「サービスの他の提供者（Autres prestataires de services）」第10節「デジタル資産に関するサービスの提供者および暗号資産に関するサービスの提供者（Prestataires de services sur actifs numériques et prestataires de services sur crypto-actifs）」における L. 54-10-1 条である。これらの原型は「企業の成長および変革に関する2019年５月22日の法律第486号（Loi n° 2019-486 du 22 mai 2019 relative à la croissance et la transformation des entreprises）」（通称「PACTE[29]法[30]」）を通じて実現されたものであり[31]、2024年10月15日のオルドナンス第936号によりいずれも改変がなされている。

L.552-1 条についてはこうである。繰り返しとなるが、本条の前身はPACTE 法により設けられた旧 L.552-2 条であり、これが、2024年10月15日のオルドナンス第936号を通じて L.552-1 条へと実質的に改変されている。まず、旧 L. 552-2 条は次のように述べる。

■通貨・金融法典旧 L. 552-2 条[32]

「本節においてトークンとは、（筆者注：後掲の）無体財産の所有者を直接的または間接的に特定できる分散型台帳の技術（une technologie des registres distribués）により、発行、登録、保存、移転をすることができる１つまたは複数の権利を、デジタルの形態で表す全ての無体財産（bien incorporel）をいう。」

---

29 « Le plan d'action pour la croissance et la transformation des entreprises » の頭文字を取ったものである（Ministère de l'Économie, des Finance et de l'industrie et Ministère chargé du Budget et des Comptes publics, *La loi PACTE : pour la croissance et la transformation des entreprises*（https://www.economie.gouv.fr/loi-pacte-croissance-transformation-entreprises）〔dernier accès：1ᵉʳ novembre 2024〕）。

30 PACTE 法の詳細については、石川真衣「企業の成長及び変革に関する2019年５月22日の法律第2019-486号（PCTE 法）」比較法学（早大）54巻２号（2020年）91頁、および、同「二〇一九年フランス PACTE 法の影響と今後の課題——二〇二一年ロシェ・レポートの概要」証券レビュー62巻８号（2022年）62頁（https://www.jsri.or.jp/publish/review/pdf/6208/04.pdf〔2024年11月１日最終閲覧〕）を参照。

31 GRÜNTHALER, *supra note* 16, n° 3, p. 1.

これに対して、現行の L. 552-1条では MiCA を受ける形で次のように改変されており、"デジタル"に関する資産の定義を上述の MiCA におけるそれに委ねる体裁となっている。

■通貨・金融法典 L. 552-1条
「第1項：本節の規定は、暗号資産市場に関する2023年5月31日の EU 規則2023/1114の意味における、1つまたは複数の資産を参照するトークンおよび電子マネートークン以外の暗号資産の取引に係る公募または承認申請のあらゆるものに対して適用される。

第2項：本節の目的にあたり、1つまたは複数の資産を参照するトークンおよび電子マネートークン以外の暗号資産とは、本条第1項所定の規則第2章の対象となるものをいう。」

L. 54-10-1条についてはこうである。PACTE 法により制定された当時、本条は次のように規定されていた。

■通貨・金融法典旧 L. 54-10-1条[33]
「本節の適用にあたり、デジタル資産は次のものを含む：

第1号：L. 552-2条所定のトークン。ただし、L. 211-1条所定の金融商品（des instruments financiers）および L. 223-1条所定の貯蓄債券（des bons de caisse）の特徴を含むものを除く。

第2号：中央銀行または公的機関により発行または担保されていない、ある価値をデジタルで表すあらゆるものであって、法定通貨には必ずしも結びついているものではなく、かつ、ある通貨としての法的地位を有していないものではあるけれども、自然人または法人によって、交換手段として受け入れられ、電子的に移転、保存、交換をすることが可能なもの。」

---

32 訳出は原・前掲注5）198頁を参考とした。
33 訳出は原・前掲注5）199頁を参考とした。

450 現代

　これに対して、現行のL. 54-10-1条では、同じくMiCAを受ける形で次のように改変されている。

■通貨・金融法典L. 54-10-1条
「本節の適用にあたり、デジタル資産は次のものを含む：
第1号：無体財産として定義されるトークンであって、当該財産の所有者を直接的または間接的に特定できる分散型台帳の技術（une technologie des registres distribués）により、発行、登録、保存、移転をすることができる1つまたは複数の権利を、デジタルの形態で表すもの。ただし、L. 211-1条所定の金融商品およびL. 223-1条所定の貯蓄債券の特徴を有するものは除く。
第2号：中央銀行または公的機関により発行または担保されていない、ある価値をデジタルで表すあらゆるものであって、法定通貨には必ずしも結びついているものではなく、かつ、ある通貨としての法的地位を有していないものではあるけれども、自然人または法人によって、交換手段として受け入れられ、電子的に移転、保存、交換をすることが可能なもの。
　暗号資産市場に関する2023年5月31日の欧州議会および同理事会のEU規則2023/1114に付される暗号資産を含むデジタル資産。
　本節の適用にあたり、L. 54-10-3条に従い登録されたデジタル資産に係るサービスの提供者で、2024年12月30日以前に、L. 54-10-5条に従い登録され、または、L. 54-10-2条第5号所定のサービスを提供している者のみが、同提供者が暗号資産市場に関する2023年5月31日の欧州議会および同理事会のEU規則2023/1114第59条に従い暗号資産に係るサービスを提供する権限を付与されるまで、あるいは、付与されなければ登録が解除される日まで、L. 54-10-2条、L. 54-10-3条、L. 54-10-5条、および、L. 54-10-6条の規定に服する。」

　"デジタル"に係る資産の定義について関係するのは、1号、2号、および、「暗号資産市場に関する2023年5月31日の欧州議会および同理事会の

EU 規則2023/1114に付される暗号資産を含むデジタル資産」という部分（以下、便宜上「3文」という）となる。1号は要するに、通貨・金融法典（旧）L. 552-2条に相当し（実際、旧規定でも旧 L. 54-10-1条は旧 L. 552-2条を援用する形で定義をしていた）、MiCA によるデジタル資産の定義の1つを構成する「その他のトークン」に当たる[34]。L. 211-1条所定の金融商品およびL. 223-1条所定の貯蓄債券の特徴を有するもの（「セキュリティートークン」にあたる）がここから除外されているのは、かかる債券（証券）は通貨・金融法典による規制とは別に、金融証券に特有の多様な規定により独立の規制を受ける必要があるからとされる[35]。2号に相当するのは、わが国の資金決済法でいうところの暗号資産に相当し、いわゆる「ペイメント・トークン」にあたるものとされる[36]。また、3文については先に EU のレベルにおける定義で観たとおりである。

なお、L. 211-1条所定の金融商品および L. 223-1条所定の貯蓄債券とは次のものである。

■通貨・金融法典 L. 211-1条[37]

Ⅰ．金融商品とは有価証券（les titres financiers）および金融先物契約（les contrats financiers）をいう。

Ⅱ．有価証券とは次のものをいう。

　1．株式会社により発行された資本性証券（les titres de capital）

　2．負債性証券（les titres de créance）

　3．集団的投資スキーム[38]

Ⅲ．"金融先物商品（instruments financiers à terme）"とも呼ばれる金

34　なお、原謙一「日本及びフランスにおける NFT（非代替性トークン）の法的性質」横浜法学31巻1号（2022年）275頁は、旧 L. 54-10-1条との関係で、ここにいうデジタル資産はユーティリティトークンを指すと指摘する。これは、先に述べたとおり MiCA における「その他のトークン」を「ユーティリティトークン」に一致させる考え方（前掲注28）と同様のものと考えられる。

35　GRÜNTHALER, *supra note* 16, nᵒ 10, p. 2.

36　原・前掲注5）199頁。

37　訳出は株式会社大和総研「諸外国における金融制度の概要　報告書」（2017年）363頁（https://www.fsa.go.jp/common/about/research/kaigaiseido.pdf〔2024年11月1日最終閲覧〕）を参考とした。

38　要するに「投資信託」のようなものをいうとされる（株式会社大和総研・前掲注37）363頁参照）。

融先物契約は、デクレにより定められたリスト上に規定された先物契約をいう。

IV. 手形 (les effets de commerce) および貯蓄債券 (les bons de caisse) は金融商品ではない。

■通貨・金融法典 L. 223-1条

第1項：貯蓄債券とは、商人が確定した期日に弁済をすることの合意 (engagement) を含む記名かつ譲渡できない債券であって、貸付の見返りとして交付されるものをいう。これらの、公募による発行および販売または流通の条件は、L. 411-2条第1号所定の適格投資家 (investisseurs qualifiés) を専ら対象とする同条件、または、デクレにより定められた金額以上の貸付を対象とする同条件を除き、本節の規定に従う。

第2項：貯蓄債券は、同一の発行において、同一の券面額 (une même valeur nominale) につき同じ債権を付与することはできない。

Ⅲ　「担保」としての性質

1　「財」としての価値

　以上に観ると、フランスにおいて“デジタル”に係る資産の定義は整理が進んでおり、法典上（法律上）、一定の明確性を持っていると解することができる。しかし、これらの定義ないし規律は、あくまでデジタル資産をめぐる規制のあり方を問題視するものであって、デジタル資産の財としての価値自体を定義するものではない。したがって、あるトークンないし“デジタル”に係る資産が法律上の何らかの定義に当てはまったとしても、それが直ちに価値あるものとして評価される、すなわち、担保の目的物にできるか否か（担保を暗号化できるか否か）は別問題となる。もっとも、かかる定義に当てはまることは必然的に財としての一定の「価値」を認めることになるのかもしれない。しかし、仮に財としての価値を認めることができたとしても、それをどの「財」ないし「物」として評価するかが確定できなければ、いか

なる法技術を利用するのかが確定できない。結局、ここでは、財の法的性質への問いが必然的に再起されることになる。

この財としての価値ないし法的性質という視点から、大きな問題として残されるもの[39]の1つが、非代替性トークン（tokens non-fongibles：NFT）それ自体の性質というものである[40]。

代替性トークン（tokens fongibles：FT）は文字通り他のトークンとの代替性を有するがゆえに、量的な把握も可能となるため、例えば決済手段のように、それ自体に価値を有するものとして把握することが可能となる[41]。ビットコイン（BTC）やイーサ（イーサリアム）（ETH）などの、いわゆる「暗号通貨」がその代表例となる。これらは、それ自体に財としての価値を認められるほか、MiCA では「その他のトークン」として、フランス国内では通貨・金融法典 L. 552-1条および L. 54-10-1条（2号）による定義に含まれるものとして評価することができる[42]。また、法的性質に係る問題についても、ナンテール商事裁判所2020年2月26日[43]が、ビットコインにつき代替可能な消費物であると判示して以来[44]、かかる判断の一般的な拡張性が検討されている[45]ということは注目に値する。

これに対して、NFT は個々に個性を有するトークンであり、他のトークンとの区別が可能となる。それゆえに、使用法としては、例えば、セキュリティートークンや NFT アートでの使用例のように、NFT 自体の価値というよりも NFT により個性が付着される「財」自体に価値があると評価できるものもあれば、コンサートのチケットのようにユーティリティトークンの

---

39 GRÜNTHALER, *supra note* 16, n°s 14 et s., p. 3-4.

40 原・前掲注34）が詳しい。

41 増島＝堀・前掲注11）376頁が参考となる。

42 GRÜNTHALER, *supra note* 16, n° 4, p. 1.

43 T. com. Nanterre, 26 février 2020：*Juris-Data* n° 2020-002798.

44 本判決はビットコインにつきハードフォークが生じたことによりその法的性質をどう捉えるかという問題にもアプローチするものであり興味深い。この詳細を論じる邦語文献として、原・前掲注5）201頁以下参照。

45 Dominique LEGEAIS et Victor CHARPIAT, Sûretés et actifs numériques, *RD bancaire et financier*, n° 4, Juillet-Aôut 2023, n° 31, p. 2-3. なお、本文献は「Lexis360」により閲覧したものであり、引用頁等もこれに基づいている。

1つとして、それ自体に価値を認めることができるものもある[46]。これらは規制のレベルでも、例えば、セキュリティートークンであれば通貨・金融法典（L. 54-10-1条1号参照）から、NFTアートであればMiCA自体[47]からも、定義において外れることもあるし、ユーティリティトークンであれば、むしろ、定義に含め（通貨・金融法典L.54-10-1第2号参照[48]）規律の対象と評価できる[49]場合もありうる。したがって、とりわけNFTについては、個々の利用法や属性に従って、いかなる定義に当てはまるかはいうを俟たず、それ自体が財としての価値や法的性質を有するかを、考察することが求められる[50]。

2 「担保」としての適合性

「担保」に債権の履行を確保する手段としての意味があるとすると、少なくとも、市場価値があり、売却を通じて金銭を取得できる"もの"というのであれば、およそ担保の対象とすることができる[51]。ここにはフランス法における「物」の多様性と「財産権」の広い概念とがあること[52]は重ねて留意されて良い。したがって、先に述べたように目的物につき個々の評価は必要であるという留保は求められるとしても、抽象論としては、譲渡可能な市場価値を有するものであれば、デジタル資産を担保の目的とすること自体は認められるということになり[53]、あとはこれを実現する技術（法技術）の問題[54]ということになる。担保としての機能に着目すると、具体的にこれは

---

46 GRÜNTHALER, *supra note* 16, n°s 20 et s., p. 3 et s.

47 増島＝堀・前掲注11）15-16頁。

48 MiCAにおいても「ユーティリティトークン」という視点からは「その他のトークン」に含まれうるけれども、それ自体が現実の財やサービスを表示するものは定義から外されている（増島＝堀・前掲注11）15-16頁参照）。

49 GRÜNTHALER, *supra note* 16, n° 20, p. 3.

50 GRÜNTHALER, *supra note* 16, n° 38, p. 4.

51 LEGEAIS, *supra note* 45, n° 3. P. 1.

52 前掲注10）および対応する本文を参照。

53 暗号通貨（cryptomonnaie）につき、Dominique LEGEAIS, *Blockchain et actifs numériques*, 2e éd., 2021, LexisNexis, n° 288, p. 203.

54 LEGEAIS, *supra note* 45 n° 3. P. 1.

「執行可能性」「第三者対抗（性)」「集団手続（倒産処理手続）時における優先性」をいかに確保するか、通底する観念を観れば「支配可能性」をいかに確保するか[55]、ということになる。

3　いくつかの例

(1)　概 要

　フランスにおけるデジタル資産の担保化をめぐる議論もまた多様に展開されており、わが国でもすでに詳細な検討がなされている[56]。ここでの議論は、大別して、ビットコイン（BTC）やイーサ（イーサリアム）（ETH）のようにそれ自体に価値を有するデジタル資産（「その他のトークン」に相当する）（以下「第一類型」という）と、電子マネートークンや資産参照トークンのような何らかの「財」を背景とし、それ自体には価値がないと評価しうるデジタル資産（以下「第二類型」という）との2つにつき、担保の設定（担保の暗号化）が可能か否かというものと解することができる。以下では、比較的新しい文献をもとに、この2つについて簡単に観察してみることにする。

(2)　第一類型につき

　第一類型の典型は、ビットコイン（BTC）のような、わが国でいうところのいわゆる「暗号通貨（cryptomonnaie)」である。それゆえ、さしあたり、「暗号通貨」に着目して担保（化）の可能性を観察するとして、これを先の通り「代替可能な消費物」であると仮定するのであれば、使用できる担保の手段は「質権」または「担保目的の信託 « fiducie-sûreté »」ということになる[57]。紙幅と能力の都合上、さしあたり、「質権」について観れば、「担保に関する2006年2月23日のオルドナンス346号（Ordonnance n° 2006-346 du 23 mars 2006 relative aux sûretés)」による改正[58]以来、フランスにおいて「質権」は「不動産」につき « antichrèse »、「有体動産」につき « gage »、

55　LEGEAIS, *supra note* 45がこれを示唆する。

56　原・前掲注5）211頁が詳しい。

57　LEGEAIS, *supra note* 53, n° 288, p. 203-204.

456 現代

「無体動産（無体財産）」につき « nantissement » の語がそれぞれ充てられており、規律の内容も異なる[59]。暗号通貨は代替可能な消費物であるとしても、これは「有体物」でもなく「不動産」でもない。しかし、それでも委ねられるべき規律は「有体動産質権 « gage »」ということになる[60]。すなわち、「暗号資産」はそれ自体、（法的）性質が不明確なものであり、特有の規定もない以上[61]、仮に「無体動産質権」の規律を用いるとしても、それは、同質権の成立要件につき定める民法典2355条5項により「他の無体動産を目的とする質権は、特別の規定がないときは、第2286条第4号を除いて、有体動産質権について定める規律に服する」ことになるため、結局は、「有体動産質権 « gage »」の規律を参照することになる訳である[62]。

　代替可能物（代替可能な消費物）を目的とする有体動産質権は、「占有移転を伴う（avec dépossession）もの」を規律する民法典2341条と、「占有移転を伴わない（sans dépossession）もの」を規律する同2342条とがある。質権は「公示（publicité）」により第三者対抗要件を充足する（民法典2337条）ところ、占有移転を伴わない有体動産質権の場合、これは「登記（inscription）」によりなされる（同2338条）ことになる。占有移転を観念し、また、その具体的手法についても検討することが困難な暗号資産については、この占有移転を伴わない有体動産質権の利用可能性が優先的に検討されて良く、問題の中心は「登記」できるか否かということになる。これについては、「株式を除く無体動産」も有体動産質権の対象として登記できると解されて

---

58 同改正については、平野裕之＝片山直也訳「フランス担保法改正オルドナンス（担保に関する2006年3月23日のオルドナンス2006-346号）による民法典等の改正及びその報告書」慶應法学8号（2007年）163頁参照。

59 平野＝片山・前掲注58）193頁以下ほか、2021年のフランス担保法改正後の規律につき、片山直也＝齋藤由起訳「二〇二一年フランス担保法改正オルドナンスによる民法典の改正——人的担保および物的担保（動産担保）に関する条文の翻訳ならびに共和国大統領に対する報告書による解説」法研95巻11号（2022年）65頁を参照。なお、以下、本稿におけるフランス民法典の担保に関する条文の翻訳は両文献による。

60 Maxim JULIENNE, « Le nantissement de titres financiers inscrits en blockchain », *Blockchain et droit des sociétés*, sous la direction de Véronique MAGNIER et Patrick BARBAN, Dalloz, 2019, n° 2, p. 51-52.

61 JULIENNE, *supra note* 60, n° 2, p. 52.

62 原・前掲注5）213頁参照。

いるため、利用自体は可能であると考えられている[63]。もっとも、ブロックチェーン技術を前提とする暗号資産は、その中央管理的な登記をしないところに技術的ないし利用上の意義（メリット）があるようにも解され、その対抗力を登記により実現するとなれば、果たして利用者（質権者）は逐一、その公示（登記）を確認するのか（しなければならないのか）という疑問がない訳ではない。そうすると、占有移転を伴わない有体動産質権については、利用は可能であるとしても、質権者の保護が充分であるのか否かは検討の余地があろう[64]。

では、有体動産質権の原則的形態ともいうべき「占有移転を伴う」ものはどうか。この場合、「占有移転」自体は質権の成立要件（効力発生要件）ではなく[65]、対抗要件についても「占有移転」（民法典2337条2項）のほか、「占有移転を伴わない」有体動産質権と同じく「登記」による「公示」によっても充足することができる（同条1項、民法典2338条）。しかし、「占有移転」自体は生じることとの関係で、質権者の義務として「占有移転を伴う質権が代替物を目的とするときは、債権者は、それらを自己に属する同一の性質を有する物から分離して保管しなければならない。」（民法典2341条1項）ため、占有移転とこの「分離して保管」とをいかに実現するかが問題となる。これについては、この目的のために作成されたブロックチェーンアドレスを使用し、質権の存続期間中、このアドレスに暗号資産（デジタル資産）が留まるようにすれば足り、さらには、マルチシグネチャを利用することによって（無断での目的物の移転や譲渡といった喪失を避けるための）安全性をさらに強化することができるという旨の指摘がある[66]。

実行方法はどうか。質権の実行方法としては「強制競売（民法典2346条）」「裁判による権利の帰属（attribution judiciaire）（同2347条）」などもあるけれども、「流担保条項（pacte commissoire）（同2348条）」によるのが現実的

---

63 LEGEAIS, *supra note* 45, n°39. p. 4.
64 LEGEAIS, *supra note* 45, n°39. p. 4はこれを示唆する。
65 白石大「フランスにおける動産・債権担保法制の現在──近年の担保法改正・担保信託導入をふまえて」比較法学（早大）46巻2号（2013年）58頁
66 LEGEAIS, *supra note* 45, n°31. p. 3. 原・前掲注5）219頁はかような見解を支持している。

とされる。ここには、そもそも暗号資産を強制的に換価ないし帰属を移転させるにはどうすれば良いのか（特に当該財を生成するプラットフォームに非参加の債権者などが問題となる）というブロックチェーン技術に支えられている資産に特有の問題[67]もありつつ、フランス法上の問題として集団手続（procédure collective）の際の留置権の対抗性という視点から、「流担保条項」（または「裁判による権利の帰属」）が支持されているようである[68]。

なお、占有移転を伴う有体動産質権の場合、「反対の合意」がない限り、目的物から生じる果実（利息）につき質権者に収受権が生じる（民法典2345条）。暗号資産においてこの利息をどのように帰属させるのかもまた問題となりうる[69]。これは例えばハードフォークによるデジタル資産の生成を「果実」と評価するか否か[70]といった議論にも関わるものとなる[71]。

(3) 第二類型につき

第2類型では、「セキュリティートークン」の担保化が一例となる。この場合、そもそも証券口座に設定された担保は、口座自体に設定されたものなのか、当該口座に係る債権につき設定されたものなのかということ自体も問われる[72]けれども、結局のところ、ブロックチェーン上の金融商品に（正確には、金融商品そのものでは無く口座に対して）「無体動産質権 « nantissement »」を設定すること自体は認められる[73]。無体動産質権が設

---

67 増島＝堀・前掲注11）47-59頁。

68 LEGEAIS, *supra note* 45, n° 36. p. 3.

69 LEGEAIS, *supra note* 45, n° 32. p. 3.

70 ハードフォーク後に生じた暗号通貨に対する権利の帰属が争われた、東京地判令和元・12・20金判1590号41頁における原告の主張（ビットコインからハードフォークによって生じた「ビットコインゴールド」は「少なくともビットコインから生じた果実（天然果実であり、かつ法定果実）である」〔民法88条〕というもの）が参考になる。また、フランスにおける「果実性」の評価につき、原・前掲注5）206頁以下も参照。

71 フランスにおいては、AMF 一般規則722-1条4号によりハードフォーク後の暗号資産については、元の暗号資産の権利者の権利が及ぶ場合がある。この点につき、原・前掲注5）200頁参照。

72 JULIENNE, *supra note* 60, n°s 6-9, p. 53-55. また、日本での議論として、中田裕康「『電子化された有価証券』を目的とする担保」角ほか・前掲注5）263頁以下が参考となる。

73 Alice BARBET-MASSIN et al., *Droit des crypto-actifs et de la blockchain*, 2022, LexisNexis, n° 407, p. 168.

定された場合、当初の被担保債権を担保するものとして設定された金融商品のみならず、ここから生じる通貨その他の果実も口座と同一性が確保される限りにおいて、同質権の対象になる。対抗要件としての「登記（公示）」については、証券口座に係る無体動産質権と同様の方法を原則としつつ[74]、ブロックチェーン特有の補正もなされている。すなわち、特別なサービス事業者（prestataire）として「識別情報手続管理者 « gestionnaire de procédé informatique d'identification »」と呼ばれる者が指名され、質権の対象となっている証券（商品）の識別や質権の実行などについて担うことがある[75]（通貨・金融法典 L. 211-20条）。一定の条件のもとで生じる果実等は資格を有する者によって開設された特別な口座に含められ、これを債権者らが分けるということになる[76]。

　このように、フランス法においては一応、デジタル資産につき質権を中心とした担保権の設定方法（担保の暗号化の方法）が"ありうる"と解されている。しかし、それでもなお対抗要件具備の方法や実行方法については不安定な部分も多く、また、すべてのデジタル資産を担保として取ることができるような法制度があるわけでもない。それゆえ、結局は、デジタル資産に係る担保につき（民法典に規律を追加することで足りるか否かは別として）アド・ホック（ad hoc）な制度（オーダーメイドの制度）を設けるべきとの主張も説得的に主張される[77]。ここでは、暗号資産をめぐる対抗要件具備のあり方につき、第一類型も含め、アメリカ法でいうところの「コントロール[78]

74　Alice et al., *supra note* 73, n° 409, p. 169.

75　Alice et al., *supra note* 73, n° 410, p. 169.

76　Alice et al., *supra note* 73, n° 410, p. 169.

77　LEGEAIS, *supra note* 45, n° 46, p. 4.

78　すでに周知のものともいえるがあえて内容を述べると「証券が担保権者の口座の質権欄や保有欄に記録されることがなくても、口座を管理する金融機関が口座名義人の指示がなくても担保権者からの指示に従うことを約することによって担保権者は当該口座に記録された証券について『コントロール』を取得し……このようなコントロールを得た担保権者は、債務者の債務不履行に際して証券を処分して回収に充てることができるし、口座名義人の破綻に際して口座名義人の一般債権者に優先する」（森下哲朗「第3章　間接保有証券法制を巡る欧米の状況と日本法の課題」金融法務研究会『有価証券のペーパーレス化等に伴う担保権など金融取引にかかる法的諸問題（金融法務研究会報告書〔22〕）』〔2013年〕34頁）というものである。

460 現代

（control）」の概念（制度）を導入することが有益であるとの指摘もある[79]こ
とが注目されて良い。

Ⅳ　おわりに

「無体物（無体動産、無体財産）」も「物」に含めることができ、しかも、
日本にいうところの財産権（民法555条参照）とは異なる意味での「財産
権」自体の概念を措定しうるフランス法では、暗号資産をはじめとした"謎
の物体"を受容しやすい環境にあるし、それを前提とする以上、担保を含め
た多様な法制度の場面で、"謎の物体"に対処しうる力がある、といえる。
特に、金融（担保）は（裁判）実務の視点で受容されることが理論として好
ましいと評価しうるところ、（長らく疑問が呈されてはいるものの）物権債
権峻別論に揺るぎない基礎を置くわが国の（裁判）実務に、「財」の視点か
ら示唆を得るのは現時点で難しいのかもしれない。ここには、デジタル資産
が多様な意味を持つことも留意されてよい。

「財」自体をめぐる議論は、わが国でも近時盛んに行われてはいるものの、
従来概念を転換させるほどの次元には未だ達してないといえるだろうし（か
つ、目的論的な解釈の色彩も認められる場合がある）、ましてや、（裁判）実
務に受容されるにはさらに長い年月を要することになり得る。しかし、デジ
タル資産をめぐる不正流出や取引業者の破綻という問題は現実に発生してお
り、デジタル資産の法的性質が不明確なままで対処療法的な解決がなされて
いるのが現状である。したがって、デジタル資産をめぐる法理論の安定化も
含めた法整備は喫緊の課題といえよう。特にデジタル資産は、プラットフォ
ームが国家に依存しないネットワークそのもの（管理者がネットワークそれ
自体）にあるため、海外での法整備が進む中でわが国だけが取り残されると
いう事態は避けなければならない。恐らく、理論的な転換が図られる前に
（そもそも図られないかもしれない）、少なくとも手続法の視点からの問題解
決がなされるだろうし、それが現実的であるように推察する。

---

79 LEGEAIS, *supra note* 45, n°ˢ 21-29, p. 4.

結局、デジタル資産につき広く"受け皿"のあるフランス法ですらも「オーダーメイドの制度」が求められるとするならば、ましてやわが国でも専用の法制度の創設が必要となろう。この際には、技術の複雑性ゆえに、投資家保護に類似するような「融資者保護（担保権者保護）」という視点が、民事責任において求められる場面もあるかもしれない。

　いずれにしても、不十分極まりない検討の後に、些末な感想を述べただけのエッセイになってしまったことは否めない。このエッセイに鏤められているエッセンスを素材に、日仏のデジタル資産をめぐる検討を部分的にでも充実したものとすることが今後の課題となる。

〔付記〕　本稿は JSPS 科研費「基盤研究（C）・課題番号：22K01241」の助成を受けた成果の一部である。

フランスにおける「環境従物債務」の利用例と課題
──生物多様性保全と私法上の道具立て──

荻 野 奈 緒

  I　はじめに
  II　保護目的での利用
  III　補償目的での利用
  IV　おわりに

I　はじめに

　持続可能な社会を実現するうえで、生物多様性の保全が重要な課題であることは論をまたない。そして、昆明・モントリオール生物多様性枠組において示された「30by30」(2030年までに陸・海の30パーセント以上を保全する)目標を達成するためには、国立公園等の保護地域の拡張・管理だけでなく、保護地域以外で生物多様性保全に資する地域(OECM)の設定・管理が重要であることが指摘されている[1]。これを受けて、環境省は、2023年から、民間等の活動によって生物多様性の保全が図られている区域を「自然共生サイト」として認定する取組を開始しており[2]、これをふまえて、「地域における生物の多様性の増進のための活動の促進等に関する法律」[3]が成立した。同法では、「増進活動実施計画」「連携増進活動実施計画」の認定制度(9条以下)のほか、市町村・認定連携活動実施者・土地所有者間の生物多様性維

1　令和5年3月31日閣議決定「生物多様性国家戦略2023-2030」参照。
2　環境省・生物多様性のための30by30アライアンス事務局ホームページ「自然共生サイト」(https://policies.env.go.jp/nature/biodiversity/30by30alliance/kyousei〔2024年9月30日確認〕)。
3　令和6年法律第18号。2024年4月19日公布、2025年4月施行予定。

持協定制度（22条以下）が設けられている。こうした制度は、土地所有者の自発的意思に基づく非規制的な行政手法に位置づけられる。

　これに対し、生物多様性の保全を図るために、専ら私法上の道具立てを活用することも考えられる[4]。アメリカにおける保全地役権の例が有名であるが[5]、フランスでも、生物多様性、自然および景観のための2016年8月8日の法律2016-1087号（以下「生物多様性法」という）[6]によって、「環境従物債務（obligation réelle environnementale）」[7]が創設されており、注目される。同債務について規定する環境法典 L.132-3条の現行規定は、次のとおりである。

　不動産の所有者は、公共団体、公施設、または私法上の法人であって環境保護のために活動するものとの間で、自身およびその財の将来の所有者の負担において、その債務が生物多様性または環境機能に関する要素の維持、保全、管

4　M. PRIEUR et al., *Droit de l'environnement,* Dalloz, 2023, n°ˢ 1020 et s.

5　道垣内弘人ほか『信託を利用した環境保護』公益財団法人トラスト未来フォーラム委託研究報告書（2024年）（https://trust-mf.or.jp/pdf/other/2024_01.pdf〔2024年9月30日確認〕）。

6　生物多様性法の概要については、津田智成「環境法制の新局面——生物多様性、自然及び景観の回復のための2016年8月8日の法律第2016-1087号」日仏30号（2019年）123頁を参照。同法の定める民事的手法を概観するものとして、小野寺倫子「環境保護における民事法の活用——生物多様性、自然及び景観の回復に関する2016年8月8日の法律」日仏法学30号（2019年）154頁がある。環境侵害の賠償については、大塚直＝佐伯誠「フランスにおける生態学的損害の回復——生物多様性、自然及び景観の回復についての2016年8月8日法の検討」環境研究6号（2017年）205頁が詳しい。

7　「obligation réelle」の訳語としては、「物上債務」（七戸克彦「物権法定主義——比較法的・沿革的考察」『慶應義塾大学法学部法律学科開設百年記念論文集〔法律学科篇〕』〔1990年〕600頁、森田宏樹「物権と債権の区別」新世代法政策学研究17号〔2012年〕69頁、ムスタファ・メキ〔齋藤哲志訳〕「環境地役権——アメリカ法における保全地役権」吉田克己＝マチルド・ブトネ編『環境と契約：日仏の視線の交錯』〔成文堂、2014年〕130頁等）、「物的債務」（山野目章夫「物上債務論の検討」私法52号〔1990年〕124頁、吉井啓子「地役権概念の再検討——フランス法からの考察」同法60巻7号〔2009年〕3315頁、ムスタファ・メキ〔山城一真訳〕「『債務関係』、あるいは債務という観念（契約法研究）（2・完）」慶應法学21号〔2011年〕143頁）、「従物債務」（山口俊夫編『フランス法辞典』〔東京大学出版会、2011年〕396頁）等が考えられ、「obligation réelle environnementale」には「環境従物債務」という訳例がある（小野寺倫子「環境保全と契約——フランスにおける環境従物債務 Obligations réells environnementals 制度の創設」松久三四彦先生古稀記念『時効・民事法制度の新展開』〔信山社、2022年〕591頁）。本稿では、環境法典 L.132-3条の定める債務が「réelle」と形容されるのは、その債務が目的不動産の現在の所有者だけでなくその承継人にも課せられるからであることに鑑み、後者の訳例に従った。

理または回復を目的とする限りにおいて、随意の従物債務を生じさせるために、契約を締結することができる。

環境従物債務は、補償（compensation）[8]を目的として用いることができる。

債務の期間、相互の約務ならびに改訂および解約の可能性は、当該契約において定めなければならない。契約で定める期間は、99年を超えることができない。

従物債務を生じさせる契約は、公署証書の形式で締結され、一般租税法典662条の定める登録税を課されず、同法典663条の定める土地公示税の徴収対象とならない。同契約は、同法典879条の定める税金の支払も生じさせない。

自身の土地について農地賃貸借に同意した所有者は、賃借人の事前の同意がある場合で、かつ第三者の権利を害しない限りでしか、環境従物債務を利用することができず、これに反した場合は絶対的無効となる。同意の求めに対して2ヶ月内に返事がないときは、同意があったものとみなされる。拒絶にはすべて、理由が付されなければならない。環境従物債務の利用は、決して、狩猟の実施に関する権利も、禁猟に関する権利も、覆さない。

　フランスにおいて環境従物債務が導入された経緯や制度の概要については、すでに的確な紹介がある[9]。もっとも、環境従物債務の外延は必ずしも明確ではない。というのも、同債務の内容には「生物多様性または環境機能に関する要素の維持、保全、管理または回復を目的とする」という以外には制限がなく、また、契約の相手方（受益者）は「公共団体、公施設、または私法上の法人であって環境保護のために活動するもの」に限られるものの（環境法典L.132-3条1項）、「環境保護のために活動する私法上の法人」の範囲は一義的に定まらない。そうすると、環境従物債務の意義について検討を加える前提として、同債務がどのように利用され、どのような問題点が指摘され

8　環境影響評価法14条1項7号ロにいう「環境の保全のための措置」には、回避、低減、代償措置が含まれるとされているところ、「compensation」を「代償」と訳することも考えられる。もっとも、環境損害の賠償との連続性が意識されていること（v. M. LUCAS, *Etude juridique de la compensation écologique*, LGDJ, 2015）、環境従物債務の補償目的での利用については、環境アセスメントにおける補償措置（代償措置）の一環としてだけでなく、環境損害の現実賠償の手段として用いることも否定されないことから（後掲注30）、本稿では、小野寺・前掲注7）と同様、「補償」と訳することとした。

9　小野寺・前掲注7）。

ているのかを紹介しておくことには、一定の有用性があるだろう。そして、環境従物債務の利用例は、政府が2021年１月に公表した実施報告書[10]のほか、2019年４月26日に開催された環境従物債務に関するしたシンポジウム「Il est L'ORE !」等で紹介されている[11]。本稿は、こうした状況をふまえて、環境従物債務の利用例を紹介したうえで、その課題を整理しようとするものである。

　ところで、環境従物債務は「補償を目的として用いることができる」とされており（環境法典 L.132-3条２項）、その利用には２つの類型がある。すなわち、環境利益を保護するために用いられる場合（保護目的での利用）[12]と、環境利益の侵害に対する補償として用いられる場合（補償目的での利用）である。そこで以下では、これらの類型ごとに検討を加えることとしたい。

Ⅱ　保護目的での利用

　保護目的で利用される環境従物債務の多くは、地方自然区域保護機構（conservatoire régional d'espaces naturels）を受益者とするものだといわれる[13]。

---

10 Rapport du Gouvernement au Parlement sur la mise en oeuvre du mécanisme d'obligations réelles environnementales et sur les moyens d'en renforcer l'attractivité（https://www.vie-publique.fr/files/rapport/pdf/279397.pdf, consulté le 30 septembre 2024）. そこで取り上げられた利用例については、小野寺・前掲注７）601頁以下に紹介がある。

11 同シンポジウムの記録は、*Cahier du CRIDON Lyon*, numéro spécial janvier 2020, L'obligation réelle environnementale, Le passage à l'acte に掲載されている。このほか、締結された環境従物債務契約を分析するものとして、B. GRIMONPREZ, L'obligation réelle environnementale: anatomie d'un contrat, *JCP éd. N*, 2004. 1026がある。

12 政府による実施報告書では、「財産目的の（à visée patrimoniale）」、「財産的（patrimoniale）」と形容されているが、生物多様性の自発的保護を目的とする利用を指しており（Rapport du Gouvernement, *op. cit.* (note 10), p. 3. V. aussi, H. BOSSE-PLATIÈRE, Variation énigmatiques sur un thème controversé : l'obligation réelle environnementale, *Cahier du CRIDON Lyon, op. cit.* (note 11), p. 4)、そこにいう「財産」は、生物多様性など既存の「共通の財産（patrimoine commun）」という広い意味で用いられているものと思われる（v. E. MEILLER, Obligation réelle environnementale et protection du patrimoine, *Cahier du CRIDON Lyon, op. cit.* (note 11), p. 15)。

13 政府報告書の（非網羅的な）一覧によれば、保護目的の環境従物債務の６割（12件中７件）が、地方自然区域保護機構を受益者とするものである（Rapport du Gouvernement, *op. cit.* (note 10), p. 16)。

466 現代

そこで以下では、地方自然区域保護機構について概観したうえで、環境従物債務の利用例を紹介し、どのような課題が指摘されているのかを確認しよう。

1 地方自然区域保護機構

地方自然区域保護機構は私法上のアソシアシオンであるが、2010年から環境法典に同機構に関する規定が置かれ（L.414-11条Ⅰ）、「とくに知識、土地やその利用の統御（maîtrise foncière et d'usage）、当該地方内の自然遺産（patrimoine naturel）の管理および活用（valorisation）に関する活動によって、自然区域および準自然区域の保全（préservation）に寄与する。また、自然遺産のための公的政策を支えて、地方における鑑定業務の任務や当該地方における活動推進の任務を果たす」ものとされている[14]。現在23ある地方自然区域保護機構が管理する用地は4400か所（300,000ha）におよび、所有権を取得することで土地を統御し、あるいは土地所有者と締結した契約または管理協定によって土地の利用を支配することで、用地を保護している[15]。

2 利用例

地方自然区域保護機構が土地所有者との間で締結した環境従物債務契約の多くは、環境保護を目的とするものである[16]。

その最初の例は、2018年5月14日に、サヴォア自然区域保護機構が、イエンヌ市（commune de Yenne）との間で、ラニユー湿地（marais des

---

14 1988年からは全国自然区域保護機構連盟（Fédération des Conservatoires d'espaces naturels）が構成され、地方自然地域保護機構を統合するとともに、全国レベルで代表し技術的な連携を図っている（環境法典 L.414-11条Ⅱ）。

15 自然区域保護機構ホームページ「Nos actions」（https://reseau-cen.org/les-5-missions-des-cons ervatoires/〔2024年9月30日確認〕）。

16 J. BABIN, L'obligation réelle environnementale, retour d'expérience sur un contrat au service de la biodiversité, *Cahier du CRIDON Lyon, op. cit.* (note 11), p. 58.

17 J. BABIN, *ibid.*, pp. 58 et s. ; L.RADISSON, Un conservatoire d'espaces naturels signe la première obligation réelle environnementale patrimoniale, Actu-Environnement.com（https:// www.actu-environnement.com/ae/news/obligation-reelle-environnementale-contrat-signature-CEN-Savoie-commune-Yenne-31270.php4, consulté le 30 septembre 2024).

18 サヴォワでは、これ以外に2件、市町村との間で環境従物債務契約が締結されている（*Ibid.*, p. 59）。

Lagneux）について締結したものである[17,18]。イエンヌ市は、ラニユー湿地の所有権を取得し、生物の貯蔵庫、絶滅危惧種の生息地としての機能を回復させるための作業を実施してきたところ[19]、その用地の恒常的で持続可能な管理を維持するために、従来から協力関係にあったサヴォア自然区域保護機構との間で、環境従物債務契約を締結した。契約期間は30年であり、サヴォア自然区域保護機構の債務は、動物相および植物相の調査を行うことや、当該用地の環境管理を保障することであり、イエンヌ市の債務は、用地上で建築をしないことや、公衆のアクセスが制限されているこのナチュラ2000保護区域[20]が乱される事態を回避することである。

　上記の事例は公共団体の所有する土地に関するものであったが[21]、土地所有者が私人の場合もある。その最初の例は、2019年5月9日に、西ノルマンディー自然区域保護機構が、農業経営者の相続人らとの間で締結したものである[22]。この農業経営者は、その所有する土地について、西ノルマンディー自然区域保護機構との間で管理合意を結び、オージュ地方（pays d'Auge）の石灰土壌上の芝地の保全を約していた。同人が死亡した際、家族内に経営を承継する者がいなかったことから、相続人らは、経営の本拠およびその周

19　イエンヌ市は、ラニユー湿地の再生に取り組むため、1980年代から用地の所有権の取得を進め、2015年にこれを実現した後は、そのエコシステムを復元し再建するための作業を実施してきた。V. «Renaturation écologique du marais de lagneux» (https://www.mairie-yenne.fr/prod/wp-content/uploads/2019/04/article-accueil-marais-FEDER-1.pdf, consulté le 30 septembre 2024).

20　ナチュラ2000は、1992年のいわゆる生息地指令（Council Directive 92/43/EEC on the Conservation of Natural Habitats and of Wild Fauna and Flora）に基づいて設けられた、EU規模の生物多様性保全のための自然保護区域のネットワークである。ナチュラ2000については、亘理格「EU自然保護政策とナチュラ2000——生態域保護指令の実施過程におけるEUとフランス」畠山武道＝柿沢宏昭編著『生物多様性保全と環境政策——先進国の政策と事例に学ぶ』（北海道大学出版会、2006年）133頁を参照。

21　環境従物債務契約の当事者が公法人である場合には、同契約が行政契約と性質決定されないかが問題となる。この問題については、V. MONTEILLET, *La contractualisation du droit de l'environnement*, Dalloz, 2017, n°s 109 et s.; L. JANICOT et J.-C. ROTOULLIE, Les contrats mettant en œuvre l'obligation réelle environnementale conclus par les personnes publiques, *RDI*, 2020, p. 496を参照。

22　J. BABIN, *op. cit.* (note 16), p. 60 ; L. RADISSON, Biodiversité : un premier agriculteur signe une obligation réelle environnementale, Actu-Environnement.com (https://www.actu-environnement.com/ae/news/obligation-reelle-environnementale-ORE-agriculteur-Normandie-33612.php4, consulté le 30 septembre 2024).

468　現代

辺の土地を売却することとしたが、承継者によってその風景および環境目的が保全されることを希望し、環境従物債務契約の締結に至った。契約期間は50年であり、所有者は、殺菌・殺虫剤を使用すること、土地を耕すこと、生垣を引き抜くことを禁止され、草原植物の茂みを維持し、頂上部を選定した樹木を保つ債務を負う。

3　課題

　環境従物債務が保護目的で利用されることは少なく、とりわけ私的所有者が環境従物債務契約を締結した例は極めて少ないとされている。その大きな理由として挙げられるのは、税務上の優遇措置が乏しく、土地所有者へのインセンティヴがないことである[23]。

　環境従物債務に関する税制優遇は、不動産公示にかかる登録税および土地公示税の免除（環境法典 L.132-3条4項）と、非建築固定資産税（taxe foncière sur les propriétés non bâties）の免除可能性[24]である。これに加えて、2020年12月29日の法律2020-1721号により、不動産安定税（contribution de sécurité immobilière）（一般租税法典879条）も免除されることになったが、アメリカにおける税制優遇[25]と比較すると、税制優遇が極めて少ないことは明らかである。

　環境従物債務が保護目的で利用される場合には、金銭的な対価が合意されるとは考えにくいところ、税制優遇がないなかで土地所有者が環境従物債務契約を締結すると、収益喪失を生じることになる。とくに建築可能区域内の土地について人為的改良をしない債務を負う場合にはそうであるし、生垣を植えたり、動物の移動経路を確保したり、沼やレインガーデンを作ったりと

---

23 V. entre autres, P. BENEZECH-SARRON, *La protection contractuelle des sols*, Presses Universitaires Savoie Mont Blanc, 2021, n°s 371 et s. 政府が導入を検討したものの見送られた措置については、Rapport du Gouvernement, *op. cit.* (note 10), pp. 25 et s. 参照。

24 2017年1月1日以降、市町村（commune）は、市町村会（conseil municipal）の議決により、環境従物債務契約を締結した土地所有者について、非建築固定資産税を免除することができる（生物多様性法72条Ⅲ）。また、2020年12月29日の法律2020-1271号により、この免除可能性が市町村間協力公施設（établissements publics de cooperation intercommunale）に拡張されている（一般租税法典1394D条）。

25 道垣内ほか・前掲注5）8頁以下。

いった債務が所有者に課されることも、土地を売却する際に、その価値の著しい下落を生じさせるだろう[26]。

税制上のインセンティヴについては、個人がその財に集団のための負担を設定するときには、国民（Nation）の力を借りるのは当然だとの意見がある一方で[27]、これがないことの背景には、一般利益に寄与する私的な介入が疑念を抱かれないためには、完全に利他的でなければならないというフランス的観念があるともいわれる[28]。また、環境債務の事前の評価を前提とする税制上のインセンティヴは、自然に値段を付けることになるのではないか、そのような財の商品価値をどのように定めるべきかといった根本的な検討課題に直面するとの指摘もある[29]。

Ⅲ　補償目的での利用

補償目的で利用される環境従物債務の多くは、環境アセスメントにおける補償措置の中で利用されている[30]。以下では、この補償措置について概観したうえで、環境従物債務の利用例を紹介し、どのような課題が指摘されているのかを確認しよう。

1　環境アセスメントにおける補償措置

フランスにおいて、環境アセスメントにおける「回避、低減、補償（Éviter, Réduire, Compenser）」の手順を初めて示したのは、自然の保護に関する1976年7月19日の法律76-629号である。同法2条[31]は、影響調査（étude d'impacte）の最小限の内容として、「用地およびその周辺の当初の状態の分

---

26 P. BENEZECH-SARRON, *op. cit.*（note 23）, n° 381.

27 H. BOSSE-PLATIERE, La ruée vers l'ORE?, *Revue Droit Rural*, n° 470, 2019, repère 2, p. 2.

28 P. BENEZECH-SARRON, *op. cit.*（note 23）, n° 382.

29 *Ibid.*, n° 410.

30 このほか、環境損害の現実賠償の手段として用いることができるかという問題も提起されているが（V. MONTEILLET, L'obligation réelle environnementale et préjudice écologique, *Cahier du CRIDON Lyon, op. cit.*（note 11）, p. 19）、本稿では立ち入らない。

31 同条は環境法典 L.122-1条以下に引き継がれた。現在では、同法典 L.122-3条が影響評価の内容について規定している。

析、それに対して計画が与える変化の検討、および環境を害する結果を削除
し、低減し、可能であれば補償するための措置」を規定していた。生物多様
性法は、この手順を環境法典 L.110-1条II2°の定める予防原則の中に明記す
るとともに[32]、同法典第1編（livre）第6章（titre）第3節（chapitre）に
「生物多様性に対する侵害の補償」に関する規定群を置き[33]、補償措置に適
用される準則を明確化した[34]。第1に、L.163-1条Iは次のように規定する。
すなわち、生物多様性に対する侵害の補償措置が L.110-1条II2°の定める措
置であって、土木建設プロジェクトの実施または活動の遂行もしくは計画等
の実施に伴う、予見され、または予見されうる生物多様性への侵害について、
生態学的同等性を尊重しつつ、補償をするために、法律または規則の規定に
より義務づけられたものである。また、補償措置は、生物多様性のノーネッ
トロス、ひいてはゲインを目標とし、結果債務として表れ、侵害期間すべて
にわたって実行されなければならない。それは回避および低減の措置の代わ
りにはなりえず、開発計画による侵害が満足のいく仕方で回避も縮減も補償
もされえないときは、計画はそのままでは認可されない、という。第2に、
同条II第1項（現行規定）は、補償措置の実施について、債務者は自ら実施
することも、契約により補償オペレーター（opérateur de compensation）[35]
にその実施を委託することもできるし、「補償、復元および再自然化のため

---

[32] 環境法典 L.110-1条II2°は、それ以前から、一般原則として、「経済的に許容されうる費用で用
いることができる最善の技術を利用して、環境に対する侵害を、優先的には根源から、予防し矯正
する行動の原則」を規定していたが、生物多様性法により、「この原則は、生物多様性およびそれ
がもたらすサービスに対する侵害を回避すること、それが無理であれば、その射程を低減すること、
そして最後に、回避することも低減することもできなかった侵害について、種、自然的生息地およ
び影響を受ける環境機能を考慮して、補償することを含意する」ことが付け加えられた。また、こ
の原則が、生物多様性のノーネットロスを目標としなければならず、ひいてはそのゲインを目指す
べきことも定められた。

[33] これらの規定群は、現在では、同節第2款（section）に置かれており、第3節の見出しは「生
物多様性の復元、再自然化および生物多様性に対する侵害の補償」となっている。新たに挿入され
た第1款には、補償、復元および最自然化のための自然用地に関する L.163-1-A 条が置かれている。

[34] V. L. ESTEVE DE PALMAS et X. LIEVRE, La compensation des atteintes à la biodiversité:
une obligation renforcée pour les maîtres d'ouvrage, *JCP éd. N*, 2016. 1340.

[35] 補償オペレーターとは、公法人または私人であって、生物多様性に対する侵害の補償措置を実
施する債務を負う者から、同人のために当該措置を実施し、長期間にわたって調整することを委託
されたものをいう（環境法典 L.163-1条III）。

の 自 然 用 地（site naturel de compensation, de restauration et de renaturation）」[36]の枠内で補償単位（unités de compensation）を取得すること[37]によってもできると規定する[38]。ただし、いずれの方法がとられたとしても、補償措置を命じた行政当局との関係で責任を負うのは、開発事業者のみである（同第2項）。

　以上の3つの補償措置の実施方法のうち、前二者は「需要による補償（compensation par demande）」と、後者は「供給による補償（compensation

---

36　グリーン産業に関する2023年10月23日の法律2023-973号（以下、「グリーン産業法」という）による改正前は、「補償のための自然用地（site naturel de compensation）」とされていたが（環境法典旧 L.163-3条）、実際に認可を受けたのは、CDC Biodiversité（フランス預金供託公庫〔Caisse des Dépots et Consignations〕の子会社であり、2008年に設立された〔https://www.cdc-biodiversite.fr/wp-content/uploads/2022/04/PLAQUETTE-PRESENTATION-CDCB-BD.pdf, consulté le 30 septembre 2024〕）が試験的に運用していた Cossure の用地のみであった（認可は、2020年4月24日のアレテ〔https://www.bulletin-officiel.developpement-durable.gouv.fr/documents/Bulletinofficiel-0031301/TREL1936865A.pdf;jsessionid=1755EC1CFFA78CC04E59DF5EE826D6C7, consulté le 30 septembre 2024〕による。Cossure の用地における試験的運用については、M. OBERLINKELS, CDC Biodiversité. Compensation par l'offre. La réserve d'actifs naturels de Cossure, V. MERCIER et S. BRUNENGO-BASSO（dir.）, *Compensation écologique, De l'expérience d'ITER à la recherche d'un modèle*, PUAM, 2016, p. 57（https://books.openedition.org/puam/1977, consulté le 30 septembre 2024）を、その他の計画を含む試験的運用の帰趨については、J. LATUNE et S. AUBRY, Retour d'expérience – Dix ans après le lancement de l'expérimentation française de la compensation par l'offre, quel bilan en tirent les porteurs du projet?, *Sciences Eaux & Territoires*, n° 38, 2002, p. 16を参照）。グリーン産業法は、補償措置が「分散された……仕方で」実施されなければならないとの要件を削除し、開発事業者以外にも補償単位を売却できることとして、制度利用の活性化を狙っている（v. R. LEONETTI et B. RONBINE, Quatre mesures issues de la loi industrie verte à prendre en compte dans les projets immobiliers et les reconversions de friches, *JCP éd. N*, 2024. 1080, n°ˢ 11 et s.）。

　なお、その後、Cros du Mouton の用地（2024年6月3日のアレテ〔https://www.bulletin-officiel.developpement-durable.gouv.fr/documents/Bulletinofficiel-0033523/TREL2409615A.pdf, consulté le 30 septembre 2024〕）、および Abbaye de Valmagne の自然用地（2024年7月4日のアレテ〔https://www.bulletin-officiel.developpement-durable.gouv.fr/documents/Bulletinofficiel-0033612/TREL2419351A.pdf, consulté le 30 septembre 2024〕）が認可を受けている。

37　環境法典 L.163-1-A 条によれば、事前に行政当局により認可された「補償、復元および再自然化のための自然用地」で行われた、生物多様性の要素の復元や発展の作業により得られた環境上のゲインは、補償、復元または再自然化の単位によって識別され、これらの単位は上記作業を実施した者によって売却されうる（同条Ⅰ）。

38　環境法典 L.163-1-A 条Ⅱも、生物多様性に対する侵害の補償措置を実施する債務を負う者はすべて、補償、復元または再自然化の単位を使用しまたは獲得することで、事前にこれを果たすことができると規定している。

472 現代

par offre）」と呼ばれている。

2 利用例

　需要による補償を実施するためには、これを実施する開発事業者または補償オペレーターが土地の統御を有しているのでなければならず、それは、土地の所有権か、土地所有者が補償措置を受け入れる旨の契約によって、獲得される（環境法典 L.163-2条）。いずれの場合にも、補償措置の実施にあたって環境従物債務を利用することができる[39]。

　具体的には、次のように説明されている[40]。まず、開発事業者が土地の所有権を有する場合には、自ら環境従物債務契約を締結して、補償措置を実施することができる。この場合の法律関係は、環境従物債務が保護目的で利用される場合と同様であり、契約締結の動機が異なるだけである。これに対し、開発事業者が土地の所有権を有しない場合には、補償オペレーターを介在させることが考えられ、2つの契約が並行して締結される。一方は、開発事業者と補償オペレーターとの間の補償措置の実施委託契約であり、補償措置の実施方法等が定められる。他方は、補償オペレーターと土地所有者との間の環境従物債務契約であり、たとえば開発計画において湿地からの排水が予定されている場合には、近隣の土地所有者が、計画地の動物相および植物相を擁することができる既存の湿地を拡張する債務を負い、その対価として金銭

---

39 なお、供給による補償措置に関しては、自然用地の管理者が所有者でなければならない旨の規定はなく、管理者による土地の統御が環境従物債務に由来することは妨げられないとされている（Ch. LE GUYADER, Compensation et obligation réelle environnementale, *Cahier du CRIDON Lyon, op. cit.* (note 11), pp. 51 et s.）。

40 B. MALLET-BRICOUT, The 'Obligation réelle environnementale' in French law, S. DEMEYERE and V. SAGAERT (eds.), *Contract and Property with an Environmental Perspective*, Intersentia, 2020, pp. 227ff.

41 前掲注40）の論文では、観光事業者である Pierre et Vacances がイゼール県（Isère）の森林に新たなバカンス村の建設を計画したという具体例に即した説明がされている。この計画は、地元自治体の支持を得たものであったが、環境保護団体の反対に遭い、2020年7月に断念されるに至った（« Après plus de dix ans de guerre d'usure, Center Parcs abandonne son projet à Roybon » Le Monde 8 juillet 2020, https://www.lemonde.fr/planete/article/2020/07/08/enlise-dans-de-multiples-recours-center-parcs-abandonne-son-projet-a-roybon_6045650_3244.html, consulté le 30 septembre 2024）。

の支払を受けることが考えられる[41]。

　なお、公証人が実際に遭遇するのは、風力発電所や太陽光発電所の設置にあたって補償目的で利用される環境従物債務だといわれる[42]。具体的には、発電機を設置するために土地所有者との間で永代不動産賃貸借（bail emphytéotique）が締結されると同時に、同人が所有する隣接土地について環境従物債務契約が締結されるというものである。この場合、土地所有者は、永代不動産賃貸借の賃料を受領する一方で、環境従物債務契約において金銭的な対価は定められないことが多いようである[43]。

3　課　題

　補償目的での環境従物債務の利用に関する大きな論点の1つは、とくに開発事業者が私法上の法人である場合に、環境従物債務の受益者となりうるのかである[44]。

　学説の多くは、開発事業者は、補償措置の実施債務を負っているからといって「環境保護のために活動する」とはいえず、受益者たりえないとする[45]。ジル・マルタン（Gilles MARTIN）によれば、立法者は、補償債務を負うがゆえにごく一時的に環境保護に関わるだけの企業を受益者に含める意図を有していなかったのであるし、当該企業の開発計画が生物多様性に対する侵害を生じさせるものであったにもかかわらず、その侵害を補償するときには

42　E. MEILLER, *op. cit.* (note 12), p. 17; E. MEILLER et al., Servitude environnementale et obligation réelle environnementale, *Construction-Urbanisme*, 2024 Etudes 7, n° 7.

43　この点について、農業分野では、農産物の生産によって生計を立てることが難しい一方で、農業が風景の保全や田園地帯の維持といった機能を果たしていることをふまえ、環境従物債務が「裏返しの地代（rente foncière à l'envers）」、つまり土地を所有する者に実現すべき作業の対価として最低限の報酬を与えうるものとなるのが理想であるとの指摘がある。もっとも、現実はそうなっていないとされる（E. MEILLER et al., *ibidem*）。

44　なお、補償オペレーターについても、その資格に限定はないから（前掲注35）参照）、「環境保護のために活動する」といえなければ、環境従物債務の受益者たりえない（P. BENEZECH-SARRON, *op. cit.* (note 23), n° 445. V. aussi, H. BOSSE-PLATIERE, *op. cit.* (note 27), p. 2)。

45　V. aussi, Ch. LE GUYADER, Compensation et obligation réelle environnementale, *Cahier du CRIDON Lyon, op. cit.* (note 11), p. 51 ; B. GRIMONPREZ, *op. cit.* (note 11), n° 17.

46　G. MARTIN, Les obligations réelles environnementales au service d'une protection des zone humides, *Les Cahiers de droit*, vol. 62, n° 4, 2021, pp.1117 et s.

474　現代

「環境保護のために活動する」というのは奇妙である[46]。マルタンは、開発
事業者は、再生エネルギーなど環境関連の事業を行うものであっても、受益
者たりえないと主張するが[47]、開発事業者が定款変更によって「環境保護の
ための活動」を目的に追加するか、子会社を設立することで受益者となる可
能性は否定されないとの指摘もある[48]。

　なお、受益者の範囲については、一方では、受益者が真に環境の守り手
（garant）であることが必要であるとして、認可環境団体に限定するなど受
益者たりうる私法人についてより厳格な要件を課すべきだとの意見がある[49]。
他方では、補償措置の実施債務を負う開発事業者が受益者となることを認め
るべきだとの意見もある。すなわち、開発事業者が受益者たりえないとする
と、環境従物債務を利用するためには、環境従物債務の受益者たりうる第三
者に補償措置の実行を委託するか[50]、開発事業者がいったん土地所有権を取
得して環境従物債務契約を締結したうえで、たとえば農業経営者に売り戻す
必要があるが、取引が複雑化するうえ、土地所有者が債務を履行しない場合
に開発事業者がどのような手段をとりうるのかが不明確だという[51]。

Ⅳ　おわりに

　環境従物債務は、契約に依拠した柔軟な私法上の道具立てであり、あるい
は環境保全に関する公共政策の実行を助けるために、あるいは私人の自発的
なイニシアチブにより、大いに活用されることが期待されていた[52]。もっと
も、本稿でも確認したとおり、とくに保護目的での利用は低調であり、土地

---

47 *Ibidem.*

48 L. ABGRALL, L'obligation réelle environnementale, *RDC*, 2023. 201.

49 J. BABIN, *op. cit.* （note 16), p. 61; N. REBOUL-MAUPIN et B. GRIMONPREZ, Les obligations réelles environnementales: chronique d'une naissance annoncée D. 2016, p 2078.

50 その場合には、開発事業者が必要な資金を提供し、受益者は技術的な支援を行うとともに補償措置の実施を監督することになる。このような三者関係が生じることには積極的な評価もある（G. J. MARTIN, Les potentialités de l'obligation réelle environnementale, *Dr. env.* 2016. 249, p. 334)。

51 N. REBOUL-MAUPIN et B. GRIMONPREZ, *op. cit.* （note 51); B. GRIMONPREZ, La compensation écologique d'après la loi biodiversité, *Droit & patrimoine*, 2016. 263.

52 V. entre autre, G. J. MARTIN, *op. cit.* （note 50); G. MARTIN, *op. cit.* （note 46).

所有者にとってのインセンティブの乏しさが課題として指摘されている。また、受益者の範囲について争いがあり、「環境保護のために活動する」という限定では広すぎる、あるいは逆に狭すぎるとの批判がある。環境従物債務が適切に利用されるために、また補償目的での利用を促進するために、受益者の範囲を明確化することも、今後解決すべき課題だといえよう。このほか、本稿では紹介することができなかったが、環境従物債務がうまく機能するためには両当事者による債務の適切な履行が必要であるところ、これを確保するための仕組みが必要であるとの指摘もある[53]。フランスがこうした課題にどのように取り組んでいくのか、今後の動きを注視したい。

　なお、環境従物債務のような私法上の道具立ての導入ないし活用を検討する際には、同債務がもたらしうるパラダイム転換についても考えておかなければならないだろう。すなわち、環境従物債務は、土地所有者は環境規範の名宛人ではなく策定者であるという新しい考え方に依拠し、権威的でトップダウンの論理ではなく、ボトムアップで交渉によるアプローチを採用するものだといえよう[54]。そうであるとすれば、環境従物債務をどのように構想し、その活用をどのように促すかという問題は、土地における生物多様性の保全等の一般利益の実現を、これまでどおり専ら国ないし公共団体の責務としておくべきか、それとも私的所有者に委ねる方向に舵を切るべきかという政策判断に関わるものである。フランスでは、アメリカとは異なり、環境従物債務は永続的ではありえず（環境法典 L.132-3条4項[55]）、私的所有者による保護目的での利用について税制上のインセンティヴはほとんどない。こうしたことは、フランスの環境政策において、環境従物債務が、公法人による所有権の取得に取って代わるものとは位置づけられておらず、あくまで副次的なものであることを示すものだといえよう[56]。

※本稿は、JSPS科研費（課題番号21H00668）の助成を受けた研究成果の一部である。

53　P. BENEZECH-SARRON, *op. cit.* (note 23), n[os] 463 et s.

54　N. REBOUL-MAUPIN et B. GRIMONPREZ, *op. cit.* (note 51).

55　2022年2月21日の法律2022-217号により明文化された。

56　V. P. BENEZECH-SARRON, *op. cit.* (note 23), n° 537.

フランス法における
スポーツスポンサーシップ契約の捉え方

隈 元 利 佳

Ⅰ　はじめに
Ⅱ　契約類型としての位置づけ
Ⅲ　当事者の債務の内容
Ⅳ　おわりに

Ⅰ　はじめに

　本稿は、スポーツスポンサーシップ契約を検討の対象とする。日本におけるこのテーマの最近の書籍では、「スポーツスポンサーシップ」は、「スポンサーが、スポーツに関わる個人や団体の活動・イベント等との関連性を商業的に利用して自らのブランド・商品の認知やイメージの向上等を図る権利を取得し、その対価として金銭、物品またはサービスを提供する取引」と定義される[1]。同書は、この定義に集約されるスポーツスポンサーシップの特徴として、「対価を求めない単なる寄付や贈与とは異なる」「双方向的な取引」である点、「スポーツ選手や団体の持つ周知性やポジティブなイメージを、スポンサーのブランド製品に波及させること」をスポンサーが「狙う」点、

---

[1] 加藤志郎『スポーツスポンサーシップの基礎知識と契約実務』（中央経済社、2023年）4‐5頁。なお、この定義にあてはまる取引が「エンドースメント」や「所属選手契約」という呼称の下で行われることもあり得る。同書6頁は、「消費者の消費活動に影響力を持つスポーツ選手や著名人がスポンサー企業の製品・サービスを個人的に推奨する形態をとる販促活動」をエンドースメントと呼び、これを「スポンサーシップの一種」と捉える。また、齋雄一郎「スポーツ選手と広告契約について」スポーツメディスン147号（2013年）42頁は、「スポーツ選手に『○○（企業名）所属』という肩書きがついている」場合を「所属選手契約」と呼び、これを「スポンサー契約の一つの形」であるとする。

等を挙げる[2]。また、スポーツ選手の活躍によって宣伝効果を得ることを内容とした一種の広告契約であると分析されることもある[3]。なお、以下ではスポンサーの契約相手方であるスポーツ選手や団体等を「スポンシー」と呼ぶ。

このような契約の一般的な内容、当事者の権利義務、契約書の例文については、既に検討されている[4]。また、個別の論点では、上記のようなスポンサーの狙いが外れた場合として、イベント中止の場合[5]やスポンシーのスキャンダルの場合[6]に関しても検討が進んでいる。このうち、スポンシーのスキャンダルの場合については、履行不能・債務不履行による解除・損害賠償請求の判断が難しく「民法上のルールに任せるのみでは予測可能性を欠」くため、当事者による契約条項の定めが重要になるとの指摘がある[7]。すなわち、スポンシーのイメージを低下させる不祥事が生じた場合にスポンサーが契約を解除できる旨の条項[8]としての「モラル条項」[9]のことである。

ただ、当事者による契約条項の定めの重要性は確かであるとしても、スポンシーの行為が当該条項違反であるかの判断がつかない際に、どのようにモラル条項を解釈し、スポンシーの負っていた債務の内容を確定するかという問題は残る。また、スポンシーに過度の制約を課すモラル条項の有効性を問題にしなければならない場面があるかもしれない。そうなると、当事者によ

---

2 加藤・前掲注1）5頁。

3 笠井修「スポーツビジネスの発展と取引法の課題」沖野眞已ほか編『比較民法学の将来像』（勁草書房、2020年）396頁。

4 宮田正樹「グローバル企業法研修基礎講座（第31回・第32回）エンドースメント契約（1）・（2）」国際商事法務45巻4号（2017年）598頁、45巻5号（2017年）745頁、加藤・前掲注1）等。

5 稲垣弘則＝小幡真之「スポーツスポンサーシップの類型とコロナ禍における最新実務」ビジネス法務22巻2号（2022年）103頁-106頁、加藤・前掲注1）109頁等。

6 加藤志郎「不測の事態に備える契約条項の検討」ビジネス法務24巻2号（2024年）121頁、矢邊均「企業とアスリートとのエンドースメント契約の今日的展開——スポーツビジネスにおけるエンドースメント契約とモラル条項の実際的機能と可能性に関する具体的ケースによる検討」東日本国際大学経済学部研究紀要15巻1号（2010年）29頁等。

7 加藤・前掲注6）122頁。

8 加藤・前掲注6）123頁による説明。

9 矢邊・前掲注6）32頁は、モラル条項がスポンサー企業にとってのリスクヘッジの機能を有することを詳説する。

る契約条項の定めに任せるのみでは不十分である。そこで、スポンシーが自身のイメージ低下を防ぐために負う債務について、スポーツスポンサーシップ契約という類型におけるあるべき姿を描く必要があると考える。

そのためには、スポーツスポンサーシップ契約における個別の問題であるモラル条項の検討に先立って、同契約の一般的な考察を行う必要がある。実際に、スポーツスポンサーシップ契約について、不履行責任が争われる場合の適用規範のあり方が今後の議論において大きな問題であることが既に指摘されている[10]。この問題は、同契約の法的性質に関わるものといえる。この点につき、笠井修は、同契約が複合契約であること、スポンシーが球団・クラブである場合には企業間提携契約としての性格をもつこと、継続的契約としての性質を有する場合が多いことを指摘する[11]。

そこで、本稿では、スポーツスポンサーシップ契約の法的性質や特徴が、当事者の権利義務内容の理解にどのように反映されるかを、フランス法を参照しながら考察したい。その考察は、同契約における、スポンシーの良いイメージを自身に波及させるというスポンサーの狙いが、法的にどのように位置づけられるかという点の解明の足掛かりとなるはずである。

フランスにおいて、スポーツスポンサーシップ契約は、広告規制[12]、競争法[13]、租税・社会保障制度[14]等の文脈で語られることもある一方で、民法学・契約法学的アプローチによる分析も多い。そこで、フランスの議論において、スポーツスポンサーシップが、どのような契約類型として把握されているかを検討し（Ⅱ）、当事者の負う債務がどのように分析されているかを概観し（Ⅲ）、契約類型としての捉え方と当事者の債務内容の関係について若干の分析を行う（Ⅳ）。

なお、スポンサーシップは、スポーツのみならず、芸術、教育、公益的活動についても行われる[15]。本稿においては、スポーツの特性を考慮しながら

---

10 笠井・前掲注3）397頁。

11 笠井・前掲注3）397頁。

12 Frédéric Buy et al., *Droit du sport*, 7ᵉ éd., LGDJ, 2023, n° 1416-1420, pp. 860-864.

13 Buy et al., *Supra* note 12, n° 1421-1422, pp. 864-865.

14 Contrat de sponsoring, *Dictionnaire permanent droit du sport*, Editions législatives, mise à jour: 2 mai 2022, n° 24-34.

検討を進めることから、スポーツにおけるスポンサーシップのみを検討の対象とする[16]。また、スポーツスポンサーシップには、スポーツ選手個人に対するもの、チームに対するもの、スポーツイベントに対するものがあり得る。本稿における「スポーツスポンサーシップ」とは、これらを包含する概念として用いる。ただ、本稿における考察は、今後の課題としてモラル条項の問題を視野に入れるものであり、この問題は特にスポーツ選手個人の場合において、私生活との関係で難しい問題をはらむと思われるため、考察の動機としては主としてスポーツ選手個人に対するスポーツスポンサーシップが念頭にある。

II 契約類型としての位置づけ

1 定義

　フランスにおいて、スポーツスポンサーシップ契約の法律上の定義は存在しない。もっとも、経済と金融の用語に関する1989年1月6日のアレテ[17]は、スポンサーシップ（parrainage）を、「イベント、人物、製品又は組織に対して、直接的な利益をそこから引き出すために提供される物的・金銭的支援」と定義した上で、この定義に続けて「スポンサーシップの実施は、スポンサーのイメージを宣伝し、スポンサーの名称又はブランドの提示をもたらすことを目的とする」との注釈を付している。

　支援という点に注目すれば、スポンサーシップは、受益者から直接の対価を得ることなく行われる物的・金銭的な支援であるメセナ（mécénat）[18]と共通する。しかし、スポンサーシップは、出費と効果の対価的均衡があり、本

---

15 加藤・前掲注1）2頁。

16 なお、本稿において検討するフランスの資料には、芸術等に関するものも含めて広くスポンサーシップを対象とするものと、スポーツスポンサーシップのみを対象とするものが混在する。もっとも、フランスでのスポンサーシップの議論における中心はスポーツに関するものであるため、前者のタイプの資料も、芸術に特有の理由付けが含まれている論証がないか注意を払った上で、検討対象に加える。

17 Arrêté du 6 janvier 1989 relatif à la terminologie économique et financière.

18 *Ibid.*

480　現代

質的に双務的である点で、メセナとは区別される[19]。

2　法的性質論

　では、スポーツスポンサーシップを行う際に締結される契約は、どのような法的性質を有するものとして理解されているか。

(1)　考えられる法的性質

　スポーツスポンサーシップが該当し得る契約としてフランスの文献で言及されるもののうち、主要なものとして、請負契約と労働契約を挙げることができる。

(a)　請負契約

　フランスの民商事契約に関する体系書においては、請負契約の一種としてコミュニケーションに関する契約があるとされ、その中においてさらに、広告契約、スポンサーシップ契約、メセナ契約という種類が挙げられる[20]。このうち、広告契約とスポンサーシップ契約の関係がしばしば論じられる。

　広告契約は、製品の宣伝をしたい企業（広告主）と、メッセージを拡散することができる広告媒体を有する企業との間で直接締結されることもできるものの、両者の間に広告代理店が入ることもある契約として説明される。また、広告代理店自身が積極的に広告キャンペーンを提供し、その提供自体が請負契約として性質決定されることもあり得るため、広告契約は決まった構造に閉じ込めることが難しい複雑な契約であるとされる[21]。

　スポンサーシップ契約は広告契約の一形態であると指摘する論者もいる[22]。しかし、この指摘は批判も受けている。Lapoyade-Deschamps は、広告は製品の購買を直接的に駆り立てるものであるのに対して、スポンサーシップは

---

19 Jean-Michel MARMAYOU et Fabrice RIZZO, *Les contrats de sponsoring sportif*, LGDJ, 2014, n° 4, p. 11.

20 François COLLART-DUTILLEUL et Philippe DELEBECQUE, *Contrats civils et commerciaux*, 12ᵉ éd, Dalloz, 2019, n° 794-802, pp. 854-865.

21 *Ibid.*, n° 795, p. 856.

22 Chantal HUGUET, A propos du contrat de « sponsoring » : le parrainage publicitaire, *JCPCI*, 1980. I . 8940, p. 221.

スポンサーのブランドイメージを高めるものであること等を理由として、スポンサーシップは単純な広告とは区別されるべきであるとする[23]。また、Collart-Dutilleul = Delebecque は、結論としてはスポンサーシップ契約を広告契約の変種として捉えているようであるが、「伝統的な広告契約と異なり」、「〔スポンサー契約においては〕当事者間の協働がより強度であり、取引による利得と損失が契約当事者間において分配される」と指摘する[24]。

　スポンサーシップ契約と広告契約は異なると考えるとしても、なお請負契約の法的性質が認められるかが問題となる[25]。Collart-Dutilleul = Delebecque は、この問題を次のように考えている。スポンサーシップ契約においては、スポンシーがスポンサーのために広告的な行動に貢献する様々な給付を負う。これを請負人の債務と捉えた場合、注文者として位置づけられるスポンサーが債務として負うのは報酬の支払いとなるはずである。しかし、スポンサーが負う債務は報酬の支払いに限られず、スポンシーへの用具や場所の提供等も含まれ得る。そのため、スポンサーシップ契約は、二面の（à deux faces）請負契約といえる[26]。しかし、このような説明の仕方に対しては、Zearo が、交換契約を二面の売買契約とは言わないのであるから、請負契約と性質決定することはできないと批判する[27]。また、Roskis は、請負という性質決定について、スポンサー契約の本質について全く強調していないものだとして批判する。Roskis によれば、スポンシーが負うスポンサーの地位向上・販売促進活動（promotion）の債務は、スポンサー契約の性質決定的債務（l'obligation caractéristique）である。そして、この債務が全く前面に出ていないことが請負契約という性質決定の批判の理由とされている[28]。

（b）　労働契約

---

[23] Christian LAPOYADE-DESCHAMPS, Un contrat au service de l'entreprise : Le sponsoring, in *Les activités et les biens de l'entreprise, Mélanges offerts à Jean Derrupé*, Litec, 1991, pp. 128-129.

[24] COLLART-DUTILLEUL et DELEBECQUE, *Supra* note 20, n° 799, p. 862.

[25] LAPOYADE-DESCHAMPS, *Supra* note 23, p. 131は請負契約の性質決定を支持する。

[26] COLLART-DUTILLEUL et DELEBECQUE, *Supra* note 20, n° 799, p. 863.

[27] Silvère ZEARO, Un exemple d'application du droit commun des contrats au parrainage (note, CA colmar, 28 juin 2010), *Cah.dr.sport*, n° 21, 2010, n° 1, p. 168.

[28] Dan ROSKIS, Les limites des méthodes traditionnelles de qualifications contractuelle : le parrainage publicitaire, *D*, 1999, p. 445.

482　現代

　スポーツスポンサーシップ契約が労働契約と性質決定されることはあるのかという問題も、フランスでは議論の対象となっている。たとえば、スポーツ選手が自らの雇用者たるクラブではない第三者企業との間で締結したスポンサー契約を念頭においた場合、第1に、労働契約の3要件のひとつである従属性が、スポーツ選手とスポンサーの間の関係において見出されるかが問題となる。両者の関係の性質は、スポーツ活動において（練習・準備方法の決定や試合での技術的・戦略的選択において）、スポーツ選手に与えられる自由と独立の程度に応じて評価される[29]。この点については、1990年代の判例[30]の傾向をもとに、スポーツスポンサーシップ契約において従属性は認められにくいとの旨の説明がなされる[31]。

　もっとも、第2に、労働法典には、労働契約の3要件を充足しない場合であっても労働契約の適用を拡張する規定のひとつであるL.7123-3条（「ある者が報酬と引換えにモデルの参加を確保する契約はすべて、労働契約と推定される」と定める。「モデル」の定義[32]を示す同法典L.7123-2条[33]を前提としている）がある。この規定をスポーツスポンサーシップ契約に適用し、労働契約と性質決定することが、2021年破毀院第2民事部判決[34]に代表される判例法理[35]において定着している。

　しかし、2021年破毀院第2民事部判決には明確な批判が寄せられている[36]。

---

29 Marmayou et Rizzo, *Supra* note 19, n° 81, p. 73.
30 代表的なものである Cass. Ch. soc., 16 janv. 1997, n° 95-12.994 : JurisData n° 1997-000263 は、スポーツ活動において、何に参加するかを選ぶ自由を有しながら活動することができたプロテニス選手について、当該選手がある会社の宣伝活動を義務づけられていたとしてもスポンサー契約における従属性は認められないと判断した。
31 Marmayou et Rizzo, *Supra* note 19, n° 81, p. 75 ; Buy et al., *Supra* note 12,　n° 1408, p. 856.
32 広範なものであるため、職業上のファッションモデル以外にも広くあてはまる。
33 労働法典 L.7123-2条
次に掲げるいずれかのことを負担するすべての者は、その活動が一時的にのみ行われるものであっても、モデル活動を行うものとみなす。
1°　公衆に対し、直接に又は視覚若しくは視聴覚のあらゆる媒体への自己の肖像の複製によって間接に、製品、役務又は広告メッセージを示すこと。
2°　事後的な肖像の使用を伴い又は伴わずに、モデルとしてポーズを取ること。
34 Cass. 2ᵉᵐᵉ Ch. civ., 12 mai 2021, n° 19-24.610 : JurisData n° 2021-006885. 詳細は、学説による批判も含め、隈元利佳「肖像の商業的利用における契約規制のあり方（下）」法時94巻10号（2022年）75頁を参照。

また、同判決以前よりスポーツスポンサーシップ契約に労働法典 L.7123-3 条を適用することに反対の立場を示している[37]Rizzo は、判例法理が定着してもなお、それに反対し続け、スポーツスポンサーシップ契約の当事者は「真のビジネスパートナーシップにおいて対等に関わるゆえに」、同契約は本質的に従属性の概念と相容れないと主張する[38]。また、判例による労働法典 L.7123-3 条の適用範囲の拡大の動きにも関わらず、スポーツ法の体系書においては、スポーツスポンサーシップ契約が同条によって労働法の適用下に置かれることが「特別な場合」と表現されている[39]。

(2) 法的性質決定の困難

これまでに概観したように、スポーツスポンサーシップ契約を単一の有名契約にあてはめて考えることに対しては、いずれの契約への性質決定に対しても批判がついて回る。「物置」（fourre-tout）と例えられることもある[40]ほど守備範囲が広い請負契約の枠に含めることに対しては一定の理解が得られているようであるものの、その場合であっても、請負契約そのものではなく、同契約の変化形として捉えることとなる。また、その捉え方に対する批判も複数見られた（(1)(a) を参照）。

そこで、Marmayou = Rizzo は、スポーツスポンサーシップ契約を混合契約（un contrat complexe）[41]として捉える。その上で、スポーツスポンサーシップ契約はたしかに混合的であるけれども、「すべての債務が経済的取引の実現に割り当てられており必然的に不可分であることを考慮すれば」、「単なる有名・無名の契約のよせ集め（agrégation）に還元することはできない」と述べる[42]。

---

35 Cass. 2ᵉᵐᵉ Ch. civ., 23 juin 2022, n° 21-10.416：JurisData n° 2022-010409 も、2021年破毀院第 2 民事部判決と同様の立場を踏襲する。

36 Grégoire Loiseau, note D. 2021. 1457.

37 Fabrice Rizzo, Les contrats de parrainage sportif et le mannequinat, JCPS, n° 24, 2017, 1198.

38 Fabrice Rizzo, note sous Cass. 2ᵉᵐᵉ Ch. civ., 23 juin 2022, CCE, novembre, 2022, chron. 13, p. 9.

39 Buy et al., Supra note 12, n° 1410, p. 857.

40 Zearo, Supra note 27, p. 168.

41 この概念の説明として Laurent Aynès et al., Droit des contrats spéciaux, 12ᵉ éd., LGDJ, 2022, n° 8, p. 25を参照。

ただ、混合契約といえるとしても、たとえば"売買と請負の混合である"というような統一された分析結果を、あらゆるスポーツスポンサーシップに共通して見出すことは、できないことに注意が必要である。たとえば、Buyは、スポーツ選手がスポンサーから提供される用具が、後の返却を予定している場合を念頭において、物の賃貸借と請負の混合であるとする一方で、用具の提供が後の返却を予定していない場合の分析としては、売買と請負の混合であるとする[43]。そのため、Buy は、ひとつのスポーツスポンサーシップ契約なるものは存在せず、存在するのは様々なスポーツスポンサーシップ契約であることを強調する。その上で、スポーツスポンサーシップ契約に唯一で決定的なひとつの性質決定を与えたがることは幻想であると説く。その結果、それらの様々なスポーツスポンサーシップ契約の法的性質はケースバイケースとなる[44]。同じことを、Marmayou = Rizzo は、スポーツスポンサーシップ契約はひとつの単純化された枠の中に閉じ込められているものではなく、「千の顔を持つ混合契約である」というように表現する[45]。その上で、Marmayou = Rizzo は、スポーツスポンサーシップ契約の対象（objet）は当事者の選択によって決まるとする[46]。要するに、スポーツスポンサーシップ契約において大きな役割を担うのは当事者の意思であり[47]、スポーツスポンサーシップ契約なるもの自体に自律的な法的性質が見い出されるわけではないと理解されている[48]。すなわち、スポーツスポンサーシップ契約における統一的な法的性質決定は困難だと捉えられている。

---

[42] MARMAYOU et RIZZO, *Supra* note 19, n° 89, p. 88.

[43] Frédéric BUY, *L'organisation contractuelle du spectacle sportif*, PUAM, 2002, n° 184, p. 129.

[44] *Ibid.*, n° 185, p. 130.

[45] MARMAYOU et RIZZO, *Supra* note 19, n° 3, p. 10.

[46] MARMAYOU et RIZZO, *Supra* note 19, n° 73, p. 69.

[47] したがって、適用される規範は契約一般法である。ただし、タバコの製造者によるスポンサーシップやアルコール飲料を宣伝するスポンサーシップ等を制限する法律は別途に存在する（Linda ARCELIN, Contrat de parrainage publicitaire, *JCl. Contrats-Distribution*, Fasc. n° 4050, 1 septembre 2023, n° 9）。

[48] ROSKIS, *Supra* note 28, p. 443.

3　経済的取引の特徴からの分析

　しかし、統一的な法的性質決定が困難であることは、スポーツスポンサーシップ契約とはいかなるものかを語ることができないことを意味するわけではない。2 (2)において既に引用した、Marmayou = Rizzo による「すべての債務が経済的取引の実現に割り当てられており必然的に不可分である」[49]という指摘からは、スポーツスポンサーシップ契約において当事者がいかなる経済的取引を目指しているかということを分析し、当事者の目指す取引の特徴を把握するという手法の可能性を読み取ることができると考える。実際に、現在においてもスポンサーシップ契約の法的性質論に関する代表的論文として扱われる Roskis の論文及び同論者によるの百科事典の記載は、スポンサーシップ契約の法的性質決定の困難さを指摘しながら同時に、同契約の射倖性（aléa）と協働（collaboration）という2つの特徴によってスポンサーシップを把握し、それらの特徴を当事者の債務内容と関連付ける分析を行う。以下に、Roskis の主張の骨子を、Rizzo による同様の主張の紹介も交えながら概観する。

　第1に、Roskis[50]は、スポンサーシップ契約の経済的な文脈及び目的が、スポンシーの負うスポーツ面の債務及び芸術面の債務の性質に影響を与えるとする[51]。具体的には、スポーツ面の給付[52]の結果についてのぬぐい難い射倖性ゆえに、かかる債務は手段債務[53]の性質を有し、スポーツ選手はパフォーマンスの成就又は勝利をあらかじめ保証することできない。Roskis によれば、これは、芸術家が傑作を製作することを前もって引き受けることができないことと同様である[54]。

　第2に、スポンシーであるスポーツ選手は、職業生活及び私生活においてスポンサーの製品を推奨することを役割とする。この商業的宣伝は、スポンシーの競技会でのパフォーマンスが公衆に与えるポジティブな印象に支えら

49　Marmayou et Rizzo, *Supra* note 19, n° 89, p. 88.

50　引用元の論文（注28及び注54のもの）は、スポーツへのスポンサーシップと芸術へのスポンサーシップを共に対象としている。

51　Roskis, *Supra* note 28, p. 449.

52　試合へ出場すること等を指す。詳しくは、Ⅲ 3において「スポーツ面の債務」として扱う。

486　現代

れることもある[55]。このことからうかがえるように、Rizzo によれば、スポーツスポンサーシップにおける当事者は、互いのイメージや有名性が結びつくことに基づくパートナー関係にあるという特徴がある[56]。ゆえに Rizzo は、スポンサーシップ取引を特徴づけるのは両当事者間の協働の精神であることを主張する[57]。Rizzo のこの主張は、スポーツスポンサーシップ契約を労働契約と性質決定することに反対するために、同契約の当事者の関係性に着目するという文脈においてなされている。これに対して、Roskis は、スポンサーシップ契約が、「一つの利益共同体を形成する契約」であることにより、「相互の協働」を見出すことができることに着目した上で、このような契約の特徴を、当事者の行動面の債務と結びつける。すなわち、スポンシーがスポンサーのイメージを損ない得る行動を禁じられているように、スポンサーもまた、パートナーであるスポンシーの名声を失わせることを禁じる義務に拘束されるとすることを、スポンサーシップ契約の協働という特徴と関連づけて説明している[58]。

53　日本語論文として、森田宏樹「結果債務・手段債務の区別の意義について——債務不履行における『帰責事由』」同『契約責任の帰責構造』（有斐閣、2002年）1頁以下所収を参照。フランスにおいて、結果債務と手段債務の区別は、その相対性が指摘されながらも多かれ少なかれ受け入れられている（Philippe MALAURIE et al., *Droit des obligations*, 12ᵉ éd., LGDJ, 2022, n°594, p. 540）。ある債務が結果債務であるのは、明確に定められた結果の実現を債務者が約束する場合である。結果が得られなかったことのみをもって、債務の不履行が構成される（*Ibid.*, n°592, p. 539）。他方で、ある債務が手段債務であるのは、債務者が、債権者によって期待された結果に到達するために可能な全ての手段を用いることのみを約する場合である。債権者は、債務者が結果に到達するために可能な全ての手段を用いなかったことを立証しなければ債務不履行責任を問えない（*Ibid.*, n°589, p. 538）。ある債務が結果債務であるか手段債務であるかの区別は、当事者が明示的に定めていなかった場合には射倖性の有無によって判断される。もし、結果が、債務者が支配することのできない要素に依存する（すなわち射倖的である）ならば、結果の欠如のみをもって債務者の責任を問うことはできない。他方、結果につき射倖性が欠けるのであれば、当該債務は結果債務となる（*Ibid.*, n°594, p. 540）。

54　Dan ROSKIS, Parrainage Publicitaire, *Rép. comm.* Dalloz, 2004, n°50, p. 13.

55　RIZZO, *Supra* note 37, n°8, p. 5.

56　*Ibid.*, n°8, p. 4.

57　RIZZO, *Supra* note 37, n°2, p. 2. 同旨の記述として BUY et al., *Supra* note 12, n°1407, pp. 856-856 もある。

58　ROSKIS, *Supra* note 28, p. 449.

Ⅲ 当事者の債務の内容

1 概 要

　Ⅱにおいて示したように、フランスにおいてスポーツスポンサーシップ契約は、統一的な法的性質を見出すことが困難であると捉えられている。そのため、以下においてフランスの文献に依拠して叙述する当事者の債務の内容は、一応は、ある契約類型に該当すると判断されることによって導かれているのではなく、個々の契約において実際によくあるものとして把握されていると思われる。しかし、他方で、スポーツスポンサーシップ契約なるものの特徴から債務の性質が語られることもまた見受けられる。

　まず、スポンシーには様々な債務が課せられ得る。それらは、肖像権や商標権等のスポンシーが有する権利をスポンサーの利用に付すること[59]、広告面の債務、スポーツ面の債務及び行動面の債務の4つに、大きくは分けられる[60]。なお、たとえば他のいかなるスポンサーとも契約しないこと等を内容とする競業避止義務条項が定められることも多い[61]。

　他方で、スポンサーが負う債務は比較的単純である。スポーツスポンサーシップは対価的均衡のある双務的な取引である[62]。そこで、まず基本的な債務として、スポンシーによって約されたロゴ等を掲示する債務やスポンサーの地位向上・販売促進活動の債務の対価としての報酬が挙げられる[63]。当事者の取り決めにより、設備・用具等の現物による支払い、金銭による支払いの双方があり得る[64]。多くのスポーツスポンサーシップ契約の報酬は、定額の報酬と、スポンシーが得たスポーツ面での試合等の結果や商業的成功に応

59　もっとも、肖像権の利用契約の法的構成の理解次第によっては、肖像を利用に付すことが債権的効力ではなく権利移転の問題となる可能性もある。

60　MARMAYOU et RIZZO, *Supra* note 19, pp. 89-90 における目次に依拠している。

61　Dictionnaire permanent droit du sport, *Supra* note 14, n° 20, p. 726-3 ; MARMAYOU et RIZZO, *Supra* note 19, n° 158, p. 136.

62　MARMAYOU et RIZZO, *Supra* note 19, n° 199, p. 171.

63　MARMAYOU et RIZZO, *Supra* note 19, n° 200, p. 171.

64　BUY et al., *Supra* note 12, n° 1411, p. 858.

488 現代

じて金額が変動する特別手当を組み合わせたものである。もっとも、報酬の
全てを後者の可変的な特別手当で構成することも可能であり、その場合には
当該スポーツスポンサーシップ契約は射倖契約の性質を帯びる[65]。また、報
酬という中心的な債務とは別に、スポンシーのために試作品を作ることや、
（イベントへのスポンサーシップの場合には）イベント開催資金を融資する
こと等を引き受けることもある[66]。

　これらのうち、本稿においてはスポンシーが負う債務に着目し、その中で
も基本的な債務であると位置づけられている広告面の債務及びⅡ3にて挙げ
た Roskis の議論において契約の特徴との関連が指摘されているスポーツ面
の債務及び行動面の債務を取り上げる。

2　広告面の債務

(1)　概　要

　スポンシーの債務のうち、スポンサーの広告宣伝に資する類のものを更に
分類すると、ロゴ等の掲示の債務（以下、掲示の債務とする）と、スポンサ
ーの地位向上・販売促進活動をする債務に分けることができる。

　掲示の債務は、スポンサーの名称やロゴ等、スポンサーを識別することが
できる標識といえるもの（signe distinctif）を見えるように掲示することを
引き受けるものである。個人に対するスポーツスポンサーシップの場合の掲
示の例として、様々な用具、競技用又は補助用の車両、スポーツウェア又は
スポーツ用でない衣服等への掲示がある。また、イベントに対するスポーツ
スポンサーシップの場合の掲示の広告媒体は、伝統的な広告における広告媒
体と似ており、壁面パネルやポスター等である[67]。いずれにせよ、この債務
の具体的内容は、契約において定められた媒体に、スポンサーのロゴを付す
る[68]というものである。

---

65 MARMAYOU et RIZZO, *Supra* note 19, n° 202, p. 172. この文献は2016年の債務法改正前のものであ
るため、改正前の民法典1104条を念頭において、同条に該当する旨を説いている。

66 BUY et al., *Supra* note 12, n° 1412, pp. 858-859.

67 以上、ROSKIS, *Supra* note 54, n° 54, pp. 13-14より。

68 BUY et al., *Supra* note 12, n° 1413, p. 859.

この掲示の債務は、結果債務であると理解されている。なぜなら、スポンサーの識別標識を誇示することについては、いかなる射倖性もないからである[69]。ただし、掲示そのものを行う債務（結果債務）とは別に、ロゴ等の読みやすさ・見やすさを確保する債務がスポンシーには課せられる。この読みやすさに関する債務については、手段債務であると理解されている[70]。

　他方で、スポンサーの地位向上・販売促進活動をする債務をスポンシーが負うこともある。つまり、単にスポンサーのロゴを掲示するだけではなく、スポンサーのアンバサダーとなって何らかのイベントに参加する債務を負うということである。たとえば、スポンシーが、契約において、プレスカンファレンスやサインセッション等に参加することを約束することがあり得る。このような債務は、当事者の取り決めに従って、結果債務であることもあれば、手段債務であることもある[71]。

(2)　契約における掲示の債務の位置づけ

　スポーツスポンサーシップ契約における掲示の債務の位置づけに関連する判決として、下記の1991年パリ控訴院判決及び2010年コルマール控訴院判決がある。

　1991年パリ控訴院判決[72]の事案は、スポンサーＹとレーシングドライバーであるＸの間で締結された契約の解除が問題となったものである。本件契約において、Ｘの債務は、全ての自動車サーキット上での練習及び全ての自動車レースにおいて搭乗用スーツ及びジャンパーの上にＹの色のワッペンを着用すること、Ｙのブランド及びロゴをレーシングカーを運搬するトラックに付すること及び写真撮影を提供するセッションを伴う５つのイベントに参加することを内容としていた。これらの債務のうち、特にワッペンを着用す

---

69 Roskis, *Supra* note 54, n°54, p. 14. 同旨の記述として、Marmayou et Rizzo, *Supra* note 19, n° 151, p. 128；Buy et al., *Supra* note 12, n°1413, p. 859.

70 Frédéric Buy,《Contrat de sponsoring》, Les études thématiques, *www.droitdusport.com*, 2011, n°360-185.

71 Marmayou et Rizzo, *Supra* note 19, n°155, p. 133.

72 CA Paris Ch.1, Sec. B, 24 janv. 1991, Juris-Data n°1991-022307, *CCC*, avril, 1991, p. 8, note Laurent Leveneur.

490 　現代

る義務をＸは履行しなかった。

　本件におけるＸによる不履行は部分的なものでしかなかったものの、パリ
控訴院は原審を支持する形で、この不履行を理由とする本件契約全体の解除
を認めた。その際、スポーツスポンサーシップ契約の非常に特殊な性質と、
本件契約の期間がスポーツのワンシーズンに限定されていることを考慮して、
本件において部分的な不履行があった債務は「本質的な性質を呈する」と説
いた。この判決は、古いものでありながらも、スポンサー契約において掲示
の債務が他の債務と比べて主要なものであることを示す代表的な判決として
理解されている[73]。

　2010年コルマール控訴院判決[74]の事案は、スポンサーＸと、パイロット養
成所であるＹとの間で締結された契約に関して、ＸがＹに対して解約及び損
害賠償の支払いを求めたものである。期間２年の本件契約においてＹは、①
Ｙの主翼の一部にＸのロゴをつけること、②Ｙのスタッフのフライトスーツ
にＸのロゴをつけること、③ＹのウェブサイトにＸのウェブサイトへのリン
クを貼ること、④宣伝ビラにＸのロゴを付すること、⑤Ｘのための15回の遊
覧飛行体験を実施すること、という債務を負っていたところ、⑤の債務が履
行されなかった。

　コルマール控訴院は、解約を認めた第１審判決を取り消し、⑤の債務の不
履行は解約を正当化するほどに十分に重大な不履行ではないと判断した。そ
の説示の過程においてコルマール控訴院は、⑤の債務が、広告に関する本件
契約における本質的要素に関わらないことを指摘している。この点につき、
評釈[75]では、本件契約における本質的要素は、スポンサーによる対価の支払
いとスポンシーによるスポンサーロゴの貼付又は着用であるため、⑤の債務
は本質的なものとはいえないとの分析がされている。

　以上の２つの判決は、掲示の債務がスポーツスポンサーシップにおいて本
質的なものであることが、それぞれ表と裏の二方向からうかがえるものであ
る。

---

73 Marmayou et Rizzo, *Supra* note 19, n° 149, p. 127.

74 CA Colmar, 3^{ème}Ch. civ., Sec. A, 28 juin 2010, RG n° 08/06009, Juris-Data n° 2010-012117.

75 Marie Jean-Pierre, note, *Cah. dr. sport*, n° 21, 2010, n° 1, p. 167.

3 スポーツ面の債務

(1) 概 要

スポンシーが負う債務のうち、スポーツ活動にかかわるものは、試合や練習に参加する債務と、パフォーマンスに関する債務に分けることができる。この債務は、スポーツイベントに対するスポンサーシップにおいても想定はすることができるものの、主として、スポーツ選手又はクラブといったスポンシーに課されるものである[76]。

試合や練習に参加する債務について、Marmayou = Rizzo は、一定の試合への参加を果たさなかったり、ナショナルチームに所属しなくなったりした場合に一方的にスポンサーが解約をできる条項の中に、この債務が書かれることが多いと指摘する。その上で、本来は、スポンシーが参加すべき個々のイベント又はシーズン中に出場すべき試合の最低数についての完全で明確なリストを作ることが望ましいと指摘する[77]。この債務は、結果債務であると理解されている[78]。

試合や練習に参加する債務を履行したことを前提として、更にスポンシーは、スポーツでの目標ともいえる勝利の結果や良いパフォーマンスを残す債務を負う。もっとも、このような「パフォーマンスの債務」と呼ばれるものにおいて問題となるのは、スポンシーは、試合でのパフォーマンスにおいて成功（勝利）を収めることを結果債務として引き受けているのか、という問題である。この点については、パフォーマンスの債務は手段債務であると理解されている[79]。

(2) パフォーマンスの債務が手段債務とされる根拠

パフォーマンスの債務が手段債務とされることに関して、複数の主要文

---

[76] MARMAYOU et RIZZO, *Supra* note 19, n° 166, p. 142.

[77] *Ibid.*

[78] *Ibid*；ROSKIS, *Supra* note 54, n° 44, p. 12.；Jean-Marc DELLATORRE, *Le contrat de sponsoring des sportifs ou l'héritage du contrat d'auctoratio*, thèse, Côted'Azur, 2021, n° 618, p. 297. https://theses. hal.science/tel-03600421（2022年3月7日掲載、最終閲覧日2024年5月6日）

[79] MARMAYOU et RIZZO, *Supra* note 19, n° 166, p. 142；DELLATORRE, *Supra* note 78, n° 619, p. 298；ROSKIS, *Supra* note 54, n° 50, p. 13.

492　現代

献[80]は、1977年リール大審裁判所判決[81]を参考に挙げる。事案は、Xが、リールオリンピックスポーツクラブ（以下、Yとする）と締結していた、数年間の期間においてコーチ・インストラクターを務める契約に関するものである。Yは、チームのパフォーマンスが期待外れのものに終わったことを理由として、Xを解雇した。本判決は、YによるXの解雇を違法と判断したところ、その判断の過程において、「コーチは法的には手段債務のみを負っている」と示した。判決文によれば、その手段債務の内容は、「自身が責任を負うチームに対して自身のあらゆる技術的能力及びあらゆるプロフェッショナルの献身をもたらすこと」とされる。また、この点に関連して、「チームの成功は、コーチの人格とメソッドのみによるものではなく、選手個々人の資質や、試合スケジュールの射倖性や、偶然の怪我や、対戦チームの能力のような変数によっている」とも説示する。

　本件におけるXY間の契約は労働契約であり、本判決は、本稿の対象とするスポーツスポンサーシップ契約の裁判例とは言い難い。しかし、スポーツスポンサーシップ契約の主要文献においては、本判決が示したコーチの債務に関する考え方を、スポーツスポンサーシップ契約にもあてはめるべきとの分析がされている。すなわち、Marmayou = Rizzo は、スポーツスポンサーシップにおけるスポンシーの債務も、本判決と同様の論理によって手段債務と考えられるとし、その理由として、「スポーツにおける射倖性は、スポーツ秩序の本質的要素であり、消し去ることはできない」ことを挙げる[82]。他の主要文献もこれと同旨の意見であり[83]、特に Roskis は、スポンシーが負う債務が手段債務であるということは、契約の本質を構成するとする[84]。

　なお、パフォーマンスの債務において期待されている結果が射倖的であることは、スポーツスポンサーシップ契約が射倖契約であることを意味しない。ある契約が射倖契約といえるためには、不確実な出来事が契約上の対価的均

---

80 MARMAYOU et RIZZO, *Supra* note 19, n° 169, p. 145；BUY, *Supra* note 70, n° 360-190.

81 Trib. inst. Lille, 11 avr., 1977, *D.* 1978. 361, note François ALAPHILIPPE et Jean-Pierre KARAQUILLO.

82 MARMAYOU et RIZZO, *Supra* note 19, n° 169, p. 145.

83 BUY, Supra note 70, n° 360-185.

84 ROSKIS, *Supra* note 28, p. 449.

衡を決する軸であることを要する[85]のに対して、スポーツスポンサーシップ契約は対価的均衡を有する契約として理解されているからである[86]。スポーツスポンサーシップ契約が射倖契約であると理解されるのは、スポンシーの報酬が定額報酬を含まない可変的な手当のみで構成される場合に限られる（詳しくは、Ⅲ１を参照）。

4　行動面の債務

　スポーツスポンサーシップ契約を扱う文献においては、広告面の債務、スポーツ面の債務と並んで行動面の債務（les obligations de comportement）と呼ばれる項目が立てられることが多い。この種の債務が導かれる理念について、Marmayou ＝ Rizzo は次のように説明する。スポーツスポンサーシップ契約においては、両当事者のイメージの結びつきが、スポンサーにとって有益なものとなる必要がある。それゆえ、スポンシーのイメージをコントロールする手段として、契約はスポンシーの行動面の義務に関する条項を含むべきである。このような条項には、サポーターに対応することや公衆への礼儀正しさ等の、期待されるポジティブな行動と、ドーピングや暴力問題等の私生活も含めた、禁止されるネガティブな行動が定められ得る[87]。

　なお、行動面の債務は、スポンシーがスポンサーに対して負うものとして説明されることもある[88]一方で、Ⅱ３においてで挙げた Roskis の説明のように、スポンサーとスポンシーの両方が、相互のイメージを維持するために負うとされることもある[89]。

Ⅳ　おわりに

　スポーツスポンサーシップ契約に関するフランスの議論においては、広告

85　Alain Bénabent, *Droit des contrats spéciaux civils et commerciaux*, LGDJ, 14ᵉ éd., 2021, n° 923, p. 628.

86　Marmayou et Rizzo, *Supra* note 19, n° 4, p. 11.

87　Marmayou et Rizzo, *Supra* note 19, n° 170-171, pp. 145-146.

88　*Ibid*；Buy et al., *Supra* note 12, n° 1414, pp. 859-860.

89　Roskis, *Supra* note 28, p. 449.

494 現代

面の債務、とりわけスポンサーロゴの掲示の債務が契約の中心として理解されていた。法的性質論において、請負契約の変種であるとする捉え方もあることは、この「掲示」という契約の中心部に役務提供の性質を見出しているからと思われる。他方で、支配的な見方と評価できるのは、統一的な法的性質決定はできないという捉え方である。この考え方からは、スポーツスポンサーシップ契約とは何なのか、ということは、法的性質決定を通じてではなく、当事者によって目指される経済的取引の特徴を通して把握される。そして、それらの特徴は、契約上の債務の理解に影響を与える。

　第1の特徴として、スポンサーが期待するスポンシーの試合等での活躍には、スポンシー自身には結果をコントロールすることができないという意味における射倖性が本質的に備わっている。この特徴が、スポンシーのパフォーマンスの債務の手段債務性を導く。第2の特徴として、スポーツスポンサーシップ契約は、両当事者の大衆からのイメージを同化させることによって利益共同体を形成するという意味で、協働という特徴を有する。この特徴と、スポンシーの又は両当事者の行動面の債務が結びついていることがRoskisによって指摘されていた。これらの議論状況からは、何らかの紛争が生じた際に、当事者の合意そのものだけではなく、スポーツスポンサーシップ契約なるものの特徴に依拠して当事者が負っていた債務の内容を判断することもあり得ることがわかる。

　上記のうち、行動面の債務については、日本の文献においてモラル条項と呼ばれるものに対応すると思われ、Ⅰで示した問題意識の点から重要であるものの、本稿では詳細な検討に入ることができなかった。ただ、次の点を今後の課題として指摘したい。日仏両方の文献において、当事者のスキャンダルに備えて行動面に関する禁止事項等の明確な契約条項を設けるべきであることが指摘されている。実務上それが望ましいことは間違いないとしても、理念的な問題として、そのような条項がなければ行動面の債務は課されないのかということを検討すべきである。本稿の検討からは、必ずしも当事者が定めた条項がなくとも、協働という契約の特徴から行動面の債務が導かれる可能性も示唆される。もっとも、この点について明確な答えを出すためにはスポーツスポンサーシップ契約における行動面の債務に関するフランス法上

の理念的背景から詳細に検討すべきである[90]。

　また、スポンシーの債務が大きく4つに分類できる中のひとつである、肖像権や商標権等のスポンシーが有する権利をスポンサーの利用に付することについては本稿では取り扱わなかった。スポーツスポンサーシップにとって、肖像の商業的利用はその取引を構成する一部である。他方で、肖像の商業的利用という領域[91]で問題を切り取れば、スポーツ選手の有名性に期待をしたスポーツスポンサーシップにおける肖像利用は、領域全体の中の一類型である。本稿で扱ったスポーツスポンサーシップ契約の特徴が、同契約における肖像商業利用の部分の債務内容の規律に影響することがあるのかも、今後検討したい。

90　また、本稿における協働という特徴の提示が雑駁なものにとどまったため、フランス法研究において、協働という特徴の下で語られる他の契約との異同も含めた検討も今後の課題として求められる。フランスの議論の全体像について、中原太郎「フランスにおける『組織型契約』論の動向」河上正二＝大澤彩編『人間の尊厳と法の役割——民法・消費者法を超えて』（信山社、2018年）73頁。著作権契約が協働型契約としての内実をもつことを論じるものとして、山城一真「比例報酬原則の契約像」著作権研究48号（2023年）102頁。フランチャイズ契約に関するものとして、矢島秀和「フランチャイズ契約における『契約の領域』に関する一考察——スザンヌ・ルケットの共通利益の契約（Contrats d'intérêt commun）論を参考に」日法88巻4号（2023年）464頁、山城一真「契約法を考える（第29回）給付に還元されない利益」法セ823号（2023年）83頁以下。
91　この領域の全体像については、隈元利佳「フランスにおける肖像商業利用の法的規律——契約の規律を中心に」著作権研究47号（2022年）186-187頁を参照。

AI と民事責任法
──フランス法の検討を通じた日本法における課題の描写──

白 石 友 行

はじめに
Ⅰ 民事責任法における課題
Ⅱ 民事責任法を超える課題
おわりに

はじめに

　フランスでは、AI が浸透した社会の到来を見据えて、AI から生ずることが見込まれる損害の賠償又は補償をどのように規律していくべきかという問題が広く論じられている。この議論の中で問われているのは、自律性、学習性、不透明性等の AI の特性と、現在及び将来の社会における AI の存在形式やその使われ方等を踏まえたときに、また、権利の保障とイノベーションの促進との調和という観点からみたときに、場合によっては一定の解釈や改正がされることを前提として、現在の民事責任法でも上記の問題に適切な解決が与えられるか、それとも、現在の民事責任法ではこの問題に対応することができないという認識から出発し、既存の賠償又は補償の特別法との連続性の中で、この問題に即して新たな賠償又は補償の法が創設されるべきかという点である。これらの問いでは、AI の特性と AI を契機とする損害の生じ方等に関する分析を起点として、フランスの民事責任法及び補償法の基本的な枠組みや理念を前提とする形で、AI により生じた損害の賠償又は補償のあり方が探求されている[1]。

　他方で、日本では、自動運転自動車の事故に関わる場面を別とすれば、AI 一般から生じた権利侵害に起因する損害の賠償や補償の問題は十分に議

論されていない[2]。こうした日本の状況に鑑みれば、AI から生ずる損害の賠償又は補償に関わるフランスの議論を検討することには、以下の意義がある。まず、この検討により、上記テーマに関するフランスの議論状況が明確になり、そのことを通じて、フランスの民事責任法や補償法、更には、人の法や財の法の特徴が明らかになる。次に、フランスが日本の不法行為法と類似した契約外責任法を有することを併せて考慮すれば、この検討によって、日本法の文脈でこの問題の規律のあり方を探求していく際に参照されるべき重要な視点が得られる。本稿は、これらのうち後者の側面に焦点を当てる。筆者は、別稿で、AI から生ずる損害の賠償又は補償の問題についてフランスの議論で示されているさまざまな解決のあり方や基本的な考え方を整理した。本稿は、そこでの成果をいくつかの視角から再検討し、これにより得られる視点に基づき、日本法においてどのような形で AI から生じた権利侵害に起因する損害の賠償や補償を規律していけばよいかという問いを考究する際に取り組むべき諸課題及びその見通しを、民事責任法における課題（Ⅰ）と民事責任法を超える課題（Ⅱ）に分けて明らかにする[3]。

Ⅰ　民事責任法における課題

　AI から生ずる損害の賠償を民事責任法の枠組みの中で規律する場合、どのような根拠に基づき誰が賠償の責任を負うか又は負うべきであるかという点が重要な問題となる。一方で、どのような根拠に基づきという点は、現在の法状況を前提とした解釈論の次元では、この場面でフォートや過失に基づく責任はどのように適用されるか、フォートや過失に基づかない責任の適用

1　拙稿「AI とフランスの民事責任法（1）（2・完）」千葉38巻4号（2024年）232頁以下、39巻1号152頁以下。

2　拙稿「AI の時代と不法行為法」千葉37巻3号（2022年）1頁以下。AI を用いた金融取引に即した検討として、同「AI を用いた金融取引から生ずる民法上の諸問題に関する検討 ——SDGs の時代において自己決定と非差別を前提とした包摂を実現するために」千葉38巻1 = 2号（2023年）328頁以下、同「AI を用いた金融取引と民法理論——SDGs の時代における民法学の役割」武蔵野20号（2024年）117頁以下。

3　本稿は、紙幅の制約のため文献の引用を最小限にとどめている。文献の所在については、注1）と注2）で引用した拙稿を参照。

498　現代

はあるか、この場合に免責は認められるか、これらにより適切な解決は実現
されるか等の問いに関係し、現在の法状況から離れた立法論の次元では、どの
ような根拠に基づきいかなる要件のもとで AI に関わる人の責任が構築され
るべきかという問いに関わる。他方で、誰がという点は、損害を生じさせ
た AI には、その使用者、所有者、開発者、作成者等に加えて、AI を含む
製品の製造者、学習データの選択者やその提供者等、さまざまな関係者がい
るところ、誰に対してどのような根拠に基づく責任が課されるか又は課され
るべきであるかという問いに関わる。以下では、責任の基礎（1）と責任の
主体（2）に分けて、フランスの議論を分析し、そこから日本法のもとで検
討されるべき諸課題を抽出する。

1　責任の基礎

　AI が損害を生じさせた場合におけるフォートに基づく責任の適用につい
て、フランスの学説で示されている基本的な考え方は、次のとおりである[4]。
現時点で、ほとんどの AI は、人の判断や行動等に代わる存在ではなく、そ
れらの補助手段として位置づけられる。そのため、AI の判断や動作等を契
機として損害が生じた場合には、AI の利用それ自体ではなく、AI を補助手
段としてされた人の判断や行動等が法的に評価される。また、AI を利用し
なかった人の判断や動作等から損害が生じた場合には、AI の未利用それ自
体ではなく、AI を補助手段として利用せずにされた人の判断や行動等が法
的に評価される。更に、AI については完全に誤りを無くすことは目的とさ
れていないため、AI の誤判断や誤作動等により損害が生じた場合にも、そ
のことだけから直ちに AI の開発者や作成者等のフォートは肯定されず、そ
の開発や作成及び流通後の各段階における人の判断や行動等の適否が法的に
評価される。これらの限りにおいて、AI の存在は、人の判断や動作等の法

4　Mireille Bacache, Intelligence artificielle et droits de la responsabilité et des assurances, in,
Alexandra Bensamoun et Grégoire Loiseau (sous la dir.), Droit de l'intelligence artificielle, 2ème
éd., LDGJ., 2022, nº 130, pp. 86 et s. ; Patrice Jourdain, Intelligence artificielle et médecine :
Rapport de Synthèse, in, Responsabilité civile et intelligence artificielle, Recueil des travaux du
Groupe de Recherche Européen sur la Responsabilité civile et l'Assurance (GRERCA), Bruylant,
2022, p. 23 ; etc.

的評価に影響を与えない。フランスの議論で示されているこうした考え方は、日本の不法行為法のもとでも妥当する。

　もっとも、AIの信頼性や透明性が向上すれば、一定の領域では、AIの判断や動作等が人の判断や行動等に代わることも想定される。このとき、人は直接的に判断や動作等に関わらないため、判断や行動等それ自体との関連で人の義務違反は問題にならず、AIの判断や動作等の前後における人の義務違反だけが問題になる。この点との関連で、フランスの一部の学説では、これまで一定の物の製造者等に対して課されてきた監視義務及びその違反を理由とするフォート等をAIの開発者や作成者等に対して認めるだけでなく、フォートに基づく責任の一般条項性とフォートの柔軟性を前提に、バイ・デザインのアプローチやAI倫理原則等で示された内容を、AIによる判断や動作等の前後におけるその開発者、作成者、使用者等の法的義務に高め、それらの違反によりフォートを基礎づける考え方が説かれている[5]。この考え方は、日本の不法行為法のもとでも、一般的な過失の捉え方によれば十分に受け入れられるほか、AIの特性とその将来的な使われ方を考慮すれば肯定的に受けとめられる。この文脈では、法外のルールとして示されたさまざまな考え方を具体的な法的義務として捉えていくことが課題となる。

　このように、AIが損害を生じさせた場面でも、フォートや過失に基づく責任の適用はある。しかし、AIの不透明性及び技術的な理解の不足に起因する制約等により被害者が各関係者のフォートや過失を立証することに困難が伴うこと、また、AIが損害を生じさせたとしてもその判断や動作等の前後における人のフォートや過失が存在しない場合もあることは容易に想像される[6]。そのため、フランスの学説は、被害者への賠償の確保を重要な課題として設定する19世紀後半以降の伝統に従い、この場面でも、フォートに基づく責任ではなく、フォートに基づかない責任を中心的に論じている。もと

5　Bacache, supra note 4, n° 128, pp. 84 et s.；Olivier Gout, L'adaptation des régimes existants：Rapport de synthèse, in, GRERCA, supra note 4, n° 11, pp. 372 et s.；etc.

6　Hélène Christodoulou, La responsabilité civile extracontractuelle à l'épreuve de l'intelligence artificielle, Lexbase Hebdo édition privé, n° 807, 2019, pp. 4 et s.；Samir Merabet, Vers un droit de l'intelligence artificielle, préf. Hugo Barbier, Dalloz, 2020, n°s 504 et s., pp. 466 et s.；etc.

より、日本法とフランス法では、被害者保護への重心のかけ方が異なる。とはいえ、この場面ではフォートや過失に基づく責任を認めることに一定の限界があり、そのことを踏まえてフォートや過失に基づかない責任の活用が求められるという問題状況は両法で共通する。日本法のもとでも AI から生ずる損害との関連で無過失責任のあり方を検討しておくことは不可欠である。

　現在のフランス法で AI が損害を生じさせた場合にその適用が問題となるフォートなしの責任は、AI 一般との関連で、民法典1242条1項を根拠とする物の所為に基づく管理者の責任及び同1245条以下が規定する欠陥ある製造物から生じた損害についての製造業者等の責任、そして、適用場面は限定されるものの、1985年7月5日の法律1条以下が規定する自動車等の交通事故から生じた損害についての運転者又は管理者の責任である。これらの責任の基礎はフォートから切り離されており、AI が損害を生じさせた場面でこれらの責任が適用されれば、フォートの証明が不要になるという点で被害者救済はより実効的になる。もっとも、これらの責任を AI が損害を生じさせた場面で適用するには、その基礎との関連でいくつかの解釈論上の課題がある。また、新しくフォートに基づかない責任を構想する場合にも、その基礎について立法論上の課題がある。以下の3点が注目される。

　1つは、責任の根拠に関わる。物の所為に基づく管理者の責任及び自動車等の交通事故から生じた損害についての運転者又は管理者の責任は、物の使用や制御等におけるその管理や支配を起点とした責任となっており、いずれもリスクの支配という観点から把握される。また、欠陥ある製造物から生じた損害についての製造業者等の責任も、作られたリスクの観点からその支配に結びつけて把握される。確かに、AI との関連でも、一定の又は多くのケースではこうした説明は可能である。しかし、AI の自律性や学習性を考慮したとき、管理者、運転者、製造業者等といった特定の責任主体について、あらゆる場面でリスクの支配に結びつく責任を正当化することができるかには疑問が残る。これは、AI の自律性を踏まえると、AI の使用者等があらゆる場面で AI の管理や使用を通じてそのリスクを支配しているといえるか、また、AI の学習性を踏まえると、AI の製造業者等があらゆる場面で AI の開発や製造過程を通じてそのリスクを支配しているといえるかという疑問で

ある[7]。この問いを重く受け止めると、立法論として、リスクの支配の観点に基づき AI 責任を一元化する方向性が出てくる。これに対して、一部の学説は、同じく立法論として、AI の判断や動作等は人のために行われるという認識を起点に、リスク＝利益の観点からその利益の帰属者に責任を負担させることを提案する[8]。しかし、なぜ AI との関連でのみそこから利益を受けているというだけで責任の範囲に限定のない当然責任が正当化されるのか、その自律性やリスクの程度等を問わずあらゆる AI から生じた損害をその利益帰属者に負担させることが適切かといった点で、この提案には一定の課題が残る。

　もう１つは、責任の構造に関わる。物の所為に基づく管理者の責任が認められるためには、物が動いており損害の対象と接触していること、又は、物の瑕疵、若しくはその位置、状態、動作等の異常性が立証されることが必要である[9]。また、製造物から生じた損害についての製造業者等の責任でも、製造物の欠陥が要件となる。これらの要件との関連では、３つの問題が指摘される。まず、その内容に関わる問題がある。これは、有体的な物を念頭に置いた基準が AI との関係でも妥当するかという問い、AI の判断や動作等の異常性及び欠陥は何を基準として評価されるべきか、例えば、他の AI が基準とされるべきか、合理的な人が基準とされるべきかという問い、更に、AI の学習性を考慮してその異常性や欠陥が判断されるべきではないかという問いである[10]。次に、その証明に関わる問題がある。これは、自律性、学習性、不透明性等の AI の特性によれば、被害者がその異常性や欠陥を証明することには困難が伴うという問題提起に関わる[11]。この点については、問

7　前者について、注17で引用する文献等。後者について、Gout, supra note 5, n° 22, pp. 378 et s. ; Tanguy Allain et Laurie Friant, L'adaptation des régimes existants : Rapport français, in, GRERCA, supra note 4, n° 54, p. 456 ; etc.

8　Joanna Genovese, Robotique : un encadrement de la législation souhaitable, CCE., mars 2018, études 6, n° 11, p. 3 ; Pierre Berlioz, La personnalité juridique des robots, in, Mélanges en l'honneur du professeur Bernard Teyssié, LexisNexis, 2019, pp. 444 et s. ; etc.

9　Geneviève Viney, Patrice Jourdain et suzanne Carval, Traité de droit civil : Les conditions de la responsabilité, 4ème éd., LGDJ., 2013, n°s 665 et s., pp. 819 et s. ; Mireille Bacache, Traité de droit civil : les obligations, la responsabilité civile extracontractuelle, 4ème éd., Economica, 2021, n°s 249 et s., pp. 294 et s. ; etc.

題への対応として推定の活用が説かれる。最後に、その当否それ自体に関わる問題がある。一部の学説では、AI には自律性や学習性等の特性があり、AI からエラーが生ずることは避けられないため、通常の AI という基準に照らせば、損害を生じさせる AI の所為がその通常の所為と評価される可能性がある結果、異常な所為や欠陥という要件のもとでは被害者に十分な救済が与えられなくなるという認識のもと、AI の通常の判断や動作等から生じた損害についても責任の対象とすべきであるという構想が示されている[12]。しかし、AI の通常の判断や動作等から生ずる損害についての責任をリスクの支配から基礎づけることには困難が伴うため、責任の根拠との整合性が課題となる。

更に別の 1 つは、免責に関わる。物の所為に基づく管理者の責任では不可抗力等による免責が認められ、製造物から生じた損害についての製造業者等の責任では開発危険の抗弁による免責が予定されている。これらの免責事由については、AI には自律性、学習性、不透明性等の特性があるため、特に自律性の強い AI との関連では管理者や製造業者等の免責が広く認められてしまうのではないかとの危惧が示される。そして、多くの見解は、AI の特性を考慮すれば不確実なリスクへの予防の要請が高まるはずであり、この場面では特にそうしたリスクに起因する損害が賠償されるべきであるという観点から、AI の判断や動作等に対する予見不可能性を否定し不可抗力を認めない解釈や開発危険の抗弁の削除を提案する[13]。

こうしたフランスにおける議論の状況を参考にすると、日本法のもとで以

---

10 Laurent Archambault et Léa Zimmermann, La réparation des dommages causés par l'intelligence artificielle : le droit français doit évoluer, Gaz. Pal., 2018, p. 753 ; Céline Mangematin, Droit de la responsabilité civile et l'intelligence artificielle, in, Alexandra Mendoza-Caminade (sous la dir.), L'entreprise et l'intelligence artificielle : Les réponses du droit, Presses de l'Université Toulouse 1 Capitole, 2022, n° 35 ; etc.

11 Jean-Sébastien Borghetti, L'accident généré par l'intelligence artificielle autonome, JCP., déc. 2017, n° 32, p. 27 ; Laurène Mazeau, Intelligence artificielle et responsabilité civile : le cas des logiciels d'aide à la décision en matière médicale, RPPL., avril 2018, dossier 6, n° 10, pp. 41 et s. ; etc.

12 Sarah Dormont, Quel régime de responsabilité pour l'intelligence artificielle ?, CCE., nov. 2018, étude 19, n° 6, pp. 3 et s. ; Merabet, supra note 6, n°ˢ 523 et s., pp. 485 et s. ; etc.

下の検討課題が浮かび上がる。

　第1に、危険の支配を起点とした包括的な AI 責任が必要ではないかという点がある。日本では、フランスにおける物の所為に基づく責任のような物から生じた損害についての一般的な責任は存在せず、AI から生ずる損害との関連で工作物や動物等の物を原因とする個別的な責任の適用又は類推適用を想定することもできないため、AI が損害を生じさせた場面では、全ての AI が製造物に当たると解釈することを前提とした場合の製造物責任と自動運転自動車の事故に関する運行供用者責任の適用だけが想定される。そうすると、AI の特性及び近い将来における AI の社会への浸透状況を踏まえ、また、AI の存在形式が多様であること、生命や身体、財産、人格への侵害等、AI を契機とする権利侵害の形がさまざまであることを想定し、かつ、危険責任、場合によっては、それと報償責任とを組み合わせる発想を起点としたときに、AI の製造業者等と自動運転自動車の運行供用者だけを対象として実質的な無過失責任を課すことが説得的かどうか、そして、これらにより被害者の権利保障が十分に図られるかどうかに疑問が生ずる。このことは、他の製造物に組み込まれていない無体の AI が製造物に当たらないという一般的な理解が今後も維持されるとすれば、他の製造物に組み込まれた AI の欠陥及び自動運転自動車の事故に起因する権利侵害の場面を除き、AI との関連で危険責任の発想に基づく責任が課されなくなるため、より一層深刻な疑問となる。また、この疑問とは反対の方向から、AI の製造業者等があらゆる場面で AI の開発や製造過程を通じその危険を支配しているといえるか、AI の使用者等も一定の範囲に限られるものの使用過程を通じその危険を支配しているのではないかという疑問も残される。これらの疑問の存在は、製造物責任や運行供用者責任との関係をどのように構築するかという点は措くとしても、一般的に危険の支配という観点に基づき AI から生じた権利侵害に起因する損害についての責任が構想されるべきことを示唆している[14]。

　第2に、AI 責任の構造と免責の整理が求められるのではないかという点

---

13 Lydia Morlet-Haïdara, L'utilisation de l'intelligence artificielle en santé : context et focus sur l'engagement des responsabilités, JDSAM., n° 21, 2018, p. 105 ; Amadine Cayol, Le droit de la responsabité civile face au développement de l'IA, Dr. et pat., janv. 2020, p. 38 ; etc.

504　現代

がある。日本法でも、フランス法の文脈で示されていた責任の構造及び免責に関わる諸課題は同じように妥当する。前者は、現在の実定法でいえば製造物責任における欠陥の判断基準と証明に関わる解釈問題であり、立法論でいえば AI ＝特別な危険という対象を反映させるための責任要件の中身と証明に関わる問題である。また、後者は、現在の実定法でいえば製造物責任における開発危険の抗弁の是非やその解釈に関わる問題であり、立法論でいえば不可抗力等の捉え方に関わる問題である。これらの諸課題を考究するに際して、フランスの議論は参考になる。なお、前者との関連で、フランスでは、リスク＝利益を起点として AI の通常の判断や動作等から生ずる損害についてもその利益帰属者に責任を負わせるべきであるという提案がある。しかし、AI から生ずる損害の塡補を責任から切り離した補償の枠組みの中で捉えるのであればともかく、民事責任法の枠組みの中で捉え、かつ、この責任を危険の支配から基礎づけるのであれば、この提案は責任の基礎との整合性に問題を抱える。また、フランス法ほど被害者救済に傾斜していない日本法のもとでは、この提案を不法行為法の中で受け止めることは難しい。

2　責任の主体

誰が AI から生じた損害について責任を負うかという点に関して、フランスの議論では、主に 2 つの観点から検討がされている。1 つは、責任の基礎である。これは、リスクの支配やリスク＝利益等が責任の基礎として措定される場合に、誰がその基礎に照らして AI から生じた損害について責任を負うかという観点である。もう 1 つは、責任の機能である。これは、AI が損害を生じさせた場面で民事責任法が担う賠償機能や規範的機能等をよりよく充足させるためには、誰をその責任主体として予定することが適切かという観点である。

一方で、責任の基礎の観点からは、以下の議論がある。まず、使用過程における管理を通じたリスクの支配という基礎からみると、通常の物について

---

14 無過失責任を施設や機械の稼働に伴う危険に結合するだけでは（橋本佳幸「AI と無過失責任」法時94巻 9 号（2022年）54頁以下）、十分でない。

は、その管理が物理的な意味で把握されることを前提に、その物を使用、指示、制御する者が責任主体として措定される[15]。これは、物の所為に基づく責任に関する管理者、自動車等の交通事故から生じた損害についての責任に関する運転者又は管理者の把握の仕方である。また、物の管理を法的な意味で把握し、その所有者を責任主体とすることも考えられる[16]。しかし、AIに関しては、これらの責任主体の捉え方は適切でない。AIは自律性や学習性等の特性を持ち、有体的な物に組み込まれていないこともあるため、物理的な意味での支配を問題にすることはできないこと[17]、現在及び将来において想定されるさまざまなAIのさまざまな使い方を前提とすると、AIの所有者というだけで管理に基づく重い責任を課すことに疑問が生ずることが[18]、その理由である。そこで、一部の学説は、これらの疑問に対応するため、AIの管理を構造の管理と動作の管理に区別し、損害の発生原因がどこにあるかに応じて、AIの開発者や作成者等に構造の管理者としての責任を、その使用者や所有者等に動作の管理者としての責任を問うことを提案する[19]。この見解の背後には、AIの開発者や作成者等はプログラム等を通じその判断や動作等に一定の影響を及ぼすことができ、AIの使用者等もその使用過程で一定の制御をすることができるという理解がある。次に、作られたリスクという基礎からみると、基本的には、AI製品の最終的な製造業者等を含め、広くAIの開発者や作成者等が責任主体として措定される。これは、欠

---

[15] Cass. réun., 2 déc. 1941, Bull. civ., n° 292 ; etc.

[16] Alexandra Mendoza-Caminade, Le droit confronté à l'intelligence artificielle des robots : vers l'émergence de nouveau concepts juridiques ?, D., 2016, p. 447 ; Eugénie Petitprez, La responsabilité du fait des choses incorporelles : Contribution à l'étude du droit commun, préf. Sophie Pellet, PUAM., 2021, n°s 403 et s., pp. 325 et s. ; etc.

[17] Grégoire Loiseau et Matthieu Bourgeois, Du robot en droit à un droit des robots, JCP., 2014, 1231, n° 13, pp. 2166 et s. ; Nathalie Nevejans, Comment protéger l'homme face aux robots ?, in, Arch. phil. droit, t.59, Vers de nouvelles humanités ? : L'humanisme juridique face aux nouvelles technologies, 2017, n°s 23 et s., pp. 145 et s. ; etc.

[18] Antoine Touzain, Les risques générés par l'intelligence artificielle, RCA., fév. 2023, dossier 3, n° 14, p. 15.

[19] Loiseau et al., supra note 17, n° 13, pp. 2166 et s. ; Iolande Vingiano-Viricel, Véhicule autonome : qui est responsable ? : Impacts de la délégation de conduit sur les régimes de responsabilité, LexisNexis, 2019, n° 58, pp. 63 et s. ; etc.

陥ある製造物から生じた損害についての責任に関する製造業者等の把握の仕方である。ただし、AIの学習性を強く意識すると、AIの使用者や所有者等がその判断や動作等に影響を与えることも想定されるため、この基礎に基づく責任主体を製造業者等だけに限定することに躊躇も生ずる。最後に、リスク＝利益の観点からみると、AIから直接的に利益を得ている者である使用者が責任主体として措定される。

　他方で、責任の機能の観点からは、以下の議論がある。まず、賠償機能との関係では、被害者が責任主体を容易に特定することができるか、及び、リスクの認識が欠如しているためAIから生じた損害が保険の対象になるかどうかに疑問があることはひとまず措き[20]、仮にこの保険が開発されたとして、想定される責任主体による付保の可能性はどうかといった点が問われる。前者の点については、特に構造の管理者と動作の管理者を責任主体とする考え方又は利益帰属者＝AIの使用者を責任主体とする考え方では、場合によってはAIにおける構造と動作の区別が難しいこと又はAIから利益を受ける者が多様であることを踏まえると、被害者が責任主体を特定することに困難が伴う可能性もある[21]。同様に、後者の点についても、リスク負担者が不明確である結果、責任主体による付保の可能性が減少してしまうおそれもある[22]。もっとも、この問題は、AIの開発者や作成者等を責任主体とする考え方でも発生する。この考え方では、責任主体は明確であるものの、潜在的な責任主体は複数、場合によっては相当数いるため、誰が付保するかについて疑問が生ずるからである[23]。次に、規範的機能との関係では、行為規範を実効的に遵守させAIの判断や動作等の正確性の確保を実現するためには誰に責任を負わせることが適切かという点が問われる。この点について、ほと

---

20 Christine Boillot, Les dommages causés par l'objet connecté aux tiers : la responsabilité extracontractuelle, in, Martine Behar-Touchais (sous la dir.), Les objets connectées, IRJS., 2018, n° 62, p. 108 ; Farida Arhab-Girardin et Marie Dugué, Intelligence artificielle et médecine : Rapport français, in, GRERCA, supra note 4, pp. 134 et s. ; etc.

21 Cédric Coulon, Du robot en droit de la responsabilité civile : à propos des dommages causés par les choses intelligentes, RCA., avril 2016, étude 6, n° 10, p. 19 ; Merabet, supra note 6, n°s 533 et s., pp. 495 et s.

22 Boillot, supra note 20, n° 17, p. 87.

23 Borghetti, supra note 11, n° 39, p. 38.

んどの見解は、一次的にAIの開発者や作成者等に責任を負わせることを主張する。AIの開発者や作成者等がその判断や動作等に関する情報を得るのに適した立場にいるため、これらの者に対して賠償を課しリスクを内部化させることが、学習システムにおけるコントロールのプロセスを強化することに繋がるからである[24]。この観点からは、AIの使用者や所有者等だけを責任主体とする考え方は受け入れられない。

　これら2つの観点に基づく議論の検討から、次の見方が得られる。まず、責任の基礎に関わる議論からは、少なくともリスクの支配を責任の基礎として措定する場合、特定の責任主体への帰責だけでは十分でないと認識され、AIの開発者や作成者等に加えて、その使用者等も責任主体にすることが望まれている。そのため、解釈論では、物の所為に基づく責任の管理者を二元的に把握する考え方が相対的に支持され、立法論では、複数の責任主体を想定する方向性が示される。他方で、責任の機能に関わる議論からは、民事責任法の規範的機能を通じたAIの判断や動作等の正確性の実現という視点に基づき、AIの開発者や作成者等に責任を課すことが求められている。ただし、フランスの議論ではあまり強調されていないが、AIの学習性に鑑みれば、場合によってはその使用者や所有者がAIの判断や動作等に一定の影響を及ぼすことも想定され、上記の視点をよりよく実現するためにこれらの者に対して責任を課す方向性もある。また、賠償の実効性の確保のため、被害者が責任主体を容易に特定することができるようにするという要請があることも強調される。これらを総合すると、基本的な制度のあり方として、AIの開発者や作成者等の責任を一次的なものとしつつ、そこにリスクの支配に基づくAIの使用者や所有者の責任を組み合わせていく立場や、被害者による請求の便宜のために一次的な責任主体としてAIの使用者や所有者を措定しつつ、そこにAIの開発者や作成者等の責任を組み合わせていく立場等が浮かび上がる。これに対して、リスク＝利益に基づきその使用者等を責任主体とする考え方は、これをリスク＝支配に基づく責任と結合させて構想する

---

24 Bruno Deffains et Godefroy de Montcuit, Proposition d'un régime de responsabilité objective applicable au dommage causé par une machine auto-apprenante, RTD civ., 2022, n°s 48 et s., pp. 278 et s.

のであればともかく、それだけでは責任の基礎の観点からもその機能の観点からも受け入れがたい。

こうしたフランスにおける議論の状況を参考にすると、日本法のもとで以下の課題が抽出される。現在の法状況では、自動運転自動車に起因する事故の場面を除くと、また、他の製造物に組み込まれていないAIも製造物に当たるという解釈論を前提とすれば、AI一般が損害を生じさせた場面における過失から切り離された責任について、その主体としては製造業者だけが想定される。これは、不法行為法の予防機能の観点からはありうる態度決定である。しかし、AIの使用者等を責任主体から除く形で十分な予防機能が実現されるかには若干の疑問が残るほか、責任主体をAIの製造業者に限定することは特別な危険の支配という責任の基礎からみると十分でない。過失責任には理論上及び事実上の限界があることをも考慮すれば、将来的には、AIの作成者や開発者等に加えてその使用者等にも一定の範囲で過失から切り離された責任が問われてよい。その際には、こうした危険の支配に基づく責任と製造物責任や運行供用者責任との関係をどのように整理するかという点や、各関係者の責任を並列的に構成するか階層的に構想するかという点も重要な課題となる。

II　民事責任法を超える課題

AIが損害を生じさせた場面を法的に把握しその賠償や補償のあり方を考える際には、民事責任法の枠内に収まらない課題が生ずる。一方で、一部の見解のようにAIを原因とする人の責任ではなくAI自体の責任を構想する場合はもとより、多くの見解のようにAIを原因とする人の責任だけを問題にするとしても、現在の法状況ではさまざまな物や人ごとにそれらから生じた損害に関する個別の責任が用意されているため、それらの適用の有無を考えるとすれば、その前提として、AIの法的位置づけを明確にしておかなければならない。これは、AIを人や物のカテゴリとの関連で捉えることを意味する。他方で、立法論としては、AIから生ずる損害について、その賠償を民事責任法の枠組みから切り離し、補償の問題として捉えることも考えら

れる。そして、その当否を明らかにするためには、責任と補償の関係を精査
し、AIが損害を生じさせた場面をどちらの領域に位置づけることが適切か
を検討しなければならない。これは、AIから生じた損害の塡補を責任と補
償の各カテゴリとの関連で捉えることを意味する。以下では、人と物（1）、
責任と補償（2）という2つの視点から、フランスの議論を分析し、そこか
ら日本法のもとで検討されるべき諸課題と一定の見通しを抽出する。

1　人と物

　フランスでは、AIから生じた損害の賠償に関わる問題についても、いく
つかの点でAIの法的位置づけを意識した検討がされている。本稿の問題関
心に即して人と物という視点からみると、以下の3つの議論が目を引く。

　第1に、AIを物又は客体ではなく人又は主体として位置づけることの是
非、民事責任法の文脈でいえば、AIそれ自体の責任を認めたり[25]、被用者
の行為に関する使用者の責任や未成年子の行為に関する父母等の責任に擬え、
AI＝他人の行為に基づくその使用者等の責任を肯定したりすることの是非
に関わる議論がある。しかし、現時点では、否定的な理解が大勢を占める。
その理由は、AIについて法主体性及び責任を承認することは、法的にも、
思想的にも、実際的にも適切でないという点に集約される。すなわち、AI
に法主体性を認める手法としては、動物の法主体性をめぐる議論を参考にす
ると[26]、AIを人に引き寄せAIに対して人と同じような意味での法主体を認
める方法と、法人を参考にしながらAIに対して技術的な意味での法主体を
認める方法とが想定される[27]。しかし、前者の方法は、人と物とを混同し、
人の物化及び物の人化をもたらすほか[28]、法主体の基礎の探求を避けられな

---

[25] Alain Bensoussan, La personne robot, D., 2017, p. 2045 ; Alain Bensoussan et Jérémy Bensoussan, IA, Robots et droit, Bruylant, 2019, n°s 611 et s., pp. 139 et s. ; etc.

[26] David Chauvet, Quelle personnalité juridique est digne des animaux ?, Droits, n° 62, 2015, pp. 217 et s. ; etc.

[27] Merabet, supra note 6, n°s 122 et s., pp. 123 et s.

[28] Jean-René Binet, Personnalité juridique des robots : une voie à ne pas suivre, Dr. fam., juin 2017, repère 6, p. 2 ; Bernard Teyssié, Le transhumanisme, in, Bernard Teyssié (sous la dir.), Les métamorphoses du droit des personnes, LexisNexis, 2023, n° 20, p. 43 ; etc.

510　現代

いものとする結果、その捉え方次第では法主体から脱落する人を生み出すおそれがある[29]。また、後者の方法には、法主体としての AI の財が関係者により支出されるとすれば、AI の責任ではなく AI を原因とする関係者の責任を認めればよく、AI の責任という構想では関係者の非責任化と規範的機能の縮小又は消滅がもたらされる等の批判がある[30]。更に、両者に共通して、この構想が AI への権利承認の契機となりかねないこと[31]、AI には帰責の枠組みが妥当しないことも指摘される[32]。

　このように、AI の責任という構想は、その前提となる AI の法主体性の基礎づけという点でも、責任主体としての把握という点でも、本質的には人を守るために、法技術的には人と物の区別や帰責の枠組みを維持するために、実利的にはその実益の不存在と実際上の不都合の発生を理由に不適合と評価される。こうした理解の仕方は、基本的に日本法でも妥当する。もとより、AI 技術を用いたトランスヒューマニズムやアバター等の法的位置づけは別途検討されければならないとしても、少なくとも AI それ自体に関しては法主体及び責任を認めることなく物として位置づけたうえで、AI が損害を生じさせた場面について、AI の責任ではなく、I で示したような形で物 = AI を原因とする人の責任のあり方を探求していくことが適切である。また、この方向性は人間中心の AI 社会原則にも沿う。

　第 2 に、AI が物のカテゴリに属するとして、現在の法でどのような物として捉えられるか又は将来の法でどのような物として捉えられるべきかという点に関わる議論がある。これは、AI は民法典の中で特殊な物として把握されるか又はそうされるべきかという問い、及び、民事責任法の文脈では、

---

29 Loiseau et al., supra note 17, n° 7, p. 2164 ; Grégoire Loiseau, La personnalité juridique des robots : une monstruosité juridique, JCP., 2018, 597, pp. 1039 et s. ; etc.

30 Mendoza-Caminade, supra note 16, p. 448 ; Alexandre Vial, La qualification juridique de l'intelligence artificielle : Du silicium à la personne, Revue droit et affaires, n° 15, 2018, p. 87 ; etc.

31 Genovese, supra note 8, n° 12, p. 3 ; Grégoire Loiseau, Intelligence artificielle et droit des personnes, in, Bensamoun et al. (sous la dir.), supra note 4, n° 105, pp. 62 et s. ; etc.

32 Borghetti, supra note 11, n° 23, p. 26 ; Motahareh Fathisalout Bollon et Christophe Quézel-Ambrunaz, La nécessité de créer un nouveau régime ? : Vers la reconnaissance d'une nouvelle personnalité juridique : Rapport français, in, GRERCA, supra note 4, p. 616 (Quézel-Ambrunaz) ; etc.

そのこととの関連も含め、AIは責任に関する特別の規律の対象となる物として把握されるか又はそうされるべきかという問いに関わる。一方で、前者の問いについては、これを否定するのが一般的である。ところで、現在の民法典で特殊な物として位置づけられている存在として動物がある。この点については、動物にも法主体性を認めるべきであるという観点からの立論と[33]、動物の法的な位置づけを民法典に組み込むことは無益であるという観点からの批判があるものの[34]、現在の実定法では、動物は、感覚を備えた生きている存在として、法律による保護を受ける特殊な財のカテゴリに属している（民法典515-14条）。これに対して、AIとの関連では、これに類する規定を設けることは要請されない。AIは、感覚を備えた生きている存在でないことに加えて、現状では法律による保護を受ける特殊な財ではなく、多くの見解によれば将来的にもそのような位置づけを与えられるべきではないことがその理由である[35]。

　他方で、後者の問いも、解釈論の次元では消極的に理解される。まず、動物に関してはその所有者又は使用者の責任が特別に用意されているが（民法典1243条）、動物とAIは、それぞれの法的な位置づけのみならず理性による制御の有無でも異なるため、この特別の責任をAIが損害を生じさせた場面に適用又は類推適用することは否定される[36]。次に、多くの見解は、無体のAIも物の所為に基づく責任における物や製造物責任における製造物に当たると解釈しており、AI一般が他の物と同じ責任制度の対象になることを前提とする。とはいえ、これらの理解は、自律性、学習性、不透明性等の特性を持つAIに即した責任ルールが不要であるという態度決定ではない。例えば、現在の実定法の枠組みを前提としてAIにつき製造物における欠陥の推定を特別に規定することを説く見解や[37]、立法論としてAI責任法を構想

---

33 Jean-Pierre Marguénaud, L'animal en droit privé, PUF., 1992 ; etc.

34 Rémy Libchaber, La souffrance et les droits : à propos d'un statut de l'animal, D., 2014, pp. 380 et s. ; etc.

35 Lêmy Godefroy, Les algorithmes : quel statut juridique pour quelles responsabilités ?, CCE., nov. 2017, étude 18, n° 21, pp. 4 et s. ; Céline Castets-Renard, Comment construire une intelligence artificielle responsable et inclusive ?, D., 2020, p. 228 ; etc.

36 Petitprez, supra note 16, n° 303, pp. 250 et s. ; Gout, supra note 5, n° 16, p. 375 ; etc.

する見解は、AIの特性を踏まえた責任ルールを提案するものである。従って、立法論の次元でみると、フランスではAIを責任に関する特別な規律の対象となるべき物として把握する傾向が看取される。

　フランスの議論の中で示されていた物としてのAIの法的な捉え方は、日本法でも基本的に受け入れられるべきである。まず、民法の中でAI一般を特殊な物として位置づけることは不要である。AI一般について法的な保護を受ける特殊な物として把握することそれ自体に疑問があるほか、仮にこれを肯定するとしても、現在の民法にはフランスにおける動物のように特殊な位置づけを与えられた物は存在しないことに鑑みれば、この見解を民法の問題として引き受ける必要はないからである。次に、現在のルールでAIは責任に関する特別の規律の対象となる物ではない。AIが損害を生じさせた場面につき動物占有者等の責任を適用又は類推適用することは不可能である。もとより、将来的には、Ⅰで示したようにAIの特性を踏まえた責任の基礎や主体等の設計が望まれる。AIを法的に特殊な物として位置づけることなく責任に関する特別の規律の対象となる物として捉えることが適切である。

　第3に、物であるAIと人との関係をどのように捉えるべきかという点に関わる議論がある。これは、さまざまな問いに関係するが、本稿の問題関心の枠内では、AIの判断や動作等を人の判断や行動等の補助と代替のいずれとして位置づけるか、民事責任法の文脈でいえば、人がAIによる自律的な判断や動作等にどのように関わることを要請されるかという問いに関わる。フランスでは、現在の法状況とAIの性能等を前提として、AIは人の判断や行動等を補助する手段であり、判断や行動等は人の意思に委ねられなければならないという理解が出発点に据えられている[38]。また、この理解を強化するために、人について最終的な決定への権利を承認すべきことを説く見解や[39]、GDPR22条等を参照しつつ、AIの判断や動作等に対する人の介入への

37　Bacache, supra note 4, n° 151, pp. 97 et s. ; Benjamin Ménard, Intelligence artficielle et transport : les véhicules autonomes : Rapport français, in, GRERCA, supra note 4, pp. 305 et s. ; etc.

38　Mazeau, supra note 11, n°s 2 et s., pp. 38 et s.

39　Bensoussan et al., supra note 25, n°s 2008 et s., pp. 429 et s.

権利を確立すべきことを提唱する見解もある[40]。そして、こうした理解から、補助手段としてAIが用いられたためにその判断や動作等から損害が生じた場合や、客観的に正しい判断や動作等をするAIが用いられなかったために人の判断や行動等から損害が生じた場合では、そのことの当否ではなく、人の判断や行動等の適否が法的な評価の対象になるという帰結が導かれている。AI又はその判断や動作等との関連で人にどのような権利を承認するかという点はともかく、この考え方は日本法でも受け入れられなければならない。そして、このことは人間中心のAI社会原則にも沿う。

2 責任と補償

　フランスの一部の学説は、AIから生ずる損害の塡補を責任から切り離し補償の問題として捉え、特別の補償基金の創設を提案する[41]。本稿の問題関心に即して責任と補償という視点からみると、この提案との関係では、補償基金の仕組みとしてどのようなものが考えられているかという点よりも、この提案がどのように正当化されているか、反対にこの提案に対してどのような批判が向けられているかという点が注目される。

　AIから生ずる損害について補償基金を創設する考え方に関しては、補償基金の基礎研究を参考にすると[42]、次の説明の仕方が考えられる。AIが損害を生じさせた場面では、従前の民事責任法の規律によると、特定の主体に帰責することが難しく、そうでないとしても、AIには自律性や不透明性等の特性があるため、被害者が責任主体を確定することに困難が伴う。また、AIの判断や動作等から生ずる損害は、社会の展開に結びつく諸ファクターから生じており、社会的に条件づけられた損害というべきものである。その

---

40 Morlet-Haïdara, supra note 13, nᵒ 21, 2018, p. 102 ; Benoît Géniaux, Quel type de régulation pour l'intelligence artificielle, ou comment justifier l'irrationnel ?, in, Patrice Adam, Martine Le Friant et Yasimine Tarasewicz (sous la dir.), Intelligence artificielle, gestion algorithmique du personnel et droit du travail, Dalloz, 2020, pp. 112 et s.

41 Dormont, supra note 12, nᵒ 7, p. 5 ; Sabine Abravanel-Jolly et Axelle Astegiano-La Rizza, « La responsabilité, l'assurance et l'intelligence artificielle » : Rapport de synthèse, in, GRERCA, supra note 4, pp. 729 et s. ; etc.

42 Jonas Knetsch, Le droit de la responsabilité et les fonds d'indemnisation, préf. Yves Lequette et Christian Katzenmeier, LGDJ., 2013.

ため、ここでは、補償基金を創設して、特定の使用者及び作成者や開発者等に損害を賠償させるのではなく AI に関わるさまざまなアクターを対象として損害を分担させることが望ましい[43]。

こうした補償基金の提案に対しては、2 つの観点からの批判がある。1 つは、AI の作成者や開発者及びその使用者等が非責任化される結果、民事責任法の規範的機能も消滅し、AI の判断や動作等の正確性の確保に向けた行為規範が遵守されなくなるという批判である[44]。これは、補償基金では補償と帰責が分離されているため、この仕組みには限定的な形でしか予防機能が存在しないという理解に基づく。もとより、補償基金でも代位を用いて関係者を責任化することは可能である。しかし、従前の補償基金の仕組みで代位は現実にあまり用いられていないことが指摘されているほか、代位を義務化する提案に関しても、補償基金には社会的な損害の引受けという発想がある以上、あらゆる場面を対象として代位を義務化することは難しいという反論がある。また、関係者が負う義務の程度等に応じて基金への支出額を変容させることを通じ規範的機能を確保する方法も想定されるが、こうした個別化の手法には限界がある[45]。

もう 1 つは、AI が損害を生じさせた場面で補償基金を創設することが真に正当化されるかという批判である[46]。補償基金は、民事責任法の限界の補完であり、ある損害の全部又は一部につき責任主体が特定されない場合や特定された責任主体を通じた賠償の確保が実現されない場合に、救済を得ることができないまま被害者を放置しないという政策的考慮に由来する。しかし、ほとんどの見解によれば、現在の実定法を通じて、現在の実定法に解釈や修正を施すことで、又は新しい AI 責任法を作ることで、AI から生じた損害の全てについて一定の資力と付保可能性のある責任主体を想定することは理論的にも実際的にも可能である。この見方によれば、AI が損害を生じさせ

---

43 Monot-Fouletier, Véhicule autonome : Vers une autonomie du régime de responsabilité applicable ?, D., 2018, pp. 133 et s.

44 Archambault et al., supra note 10, p. 753 ; Bacache, supra note 4, n° 145, p. 95 ; etc.

45 Knetsch, supra note 42, n°s 516 et s., pp. 373 et s.

46 Véronique Nicolas, L'assurance des objets connetés, in, Behar-Touchais (sous la dir.), supra note 20, p. 113 ; Bacache, supra note 4, n° 145, p. 95 ; etc.

た場面で補償基金の創設を正当化する理由が存在するかどうかに大きな疑問が生ずる。

　こうしたフランスの議論状況を参考にすると、日本法においては、AIが生じさせた損害の塡補について、不法行為法が適切に対応することができるか、また、不法行為法による対応が望ましいかを考えないまま、補償の領域で捉えることには疑問があり、少なくとも現時点では、これを不法行為法の問題として位置づけ、Ⅰで抽出されたAI責任法の構築に向けた諸課題を検討することが適切である。その理由は次のとおりである。

　一方で、AIが損害を生じさせた場面でも、不法行為法によって特定の責任主体にこの損害を帰責すること、被害者においてその責任主体を確定することは十分に可能である。確かに、現在の法状況を前提とすれば、この理解に疑問も生ずる。自動運転自動車の事故から生じた権利侵害に起因する損害については運行供用者責任があるものの、その適用領域は限定されている。製造物責任についても、他の製造物に組み込まれていないAIは製造物に当たらないとするのが一般的な理解であり、これによれば、この責任はAI一般の欠陥から生じた権利侵害に起因する損害の全てを対象とするものではなくなる。また、他の製造物に組み込まれていないAIも製造物に当たるという解釈を採用すれば、製造物責任はAI一般の欠陥から生じた権利侵害に起因する損害の全てをカバーするが、欠陥の証明の困難さ等のために、その損害を製造業者等に転嫁することができない場面も想定される。そうすると、現在の法状況では、実体法的な解釈によるだけでは十分な形で責任の主体を特定することができない可能性もある。しかし、一定の立法的な手当てまで視野に入れると、上記の疑問は解消される。例えば、製造物責任における欠陥の推定等が認められれば、現在の実定法の枠組みでも、責任主体の特定の困難さに関わる問題は軽減される。また、Ⅰで示したように、責任の基礎及びその主体に関わる検討によれば、運行供用者責任や製造物責任との関係をどのように構築するかという点はともかく、特別な危険の支配という観点からAIの開発者や作成者及びその使用者等の責任を基礎づけることは可能であり、これによれば、上記の疑問は成り立たない。加えて、AIから生ずる権利侵害や損害の性質及びAIを制御する者の存在を考慮すれば、まずは、

AI から生じた権利侵害に起因する損害の塡補を不法行為法の問題として捉えていくことが望まれる。

　他方で、AI が損害を生じさせた場面では、不法行為法による特定の責任主体への帰責を通じて権利保障と予防の実現を図ることが適当である。まず、一般論として、不法行為法による権利保障や予防等を私法の領域から切り離すことには疑問がある。次に、AI による権利侵害の場面に限っても、AI が浸透した社会でその判断や動作等の正確性又は安全性をいかに確保するか、及び人間中心の AI 社会原則のもとで人の権利をどのように保障するかはいずれも重要な課題であり、これらについても民法上の課題として引き受けることが求められる。予防に関していえば、制度の作り方によっては、求償等を通じて補償の枠組みの中でこれを実現することも不可能ではないものの、多くの補償の仕組みを持つフランス法の経験を踏まえると、それを現実に機能させることは難しいと思われる。

　以上の検討によれば、AI が生じさせた権利侵害に起因する損害の塡補を不法行為法の中で捉え、その規律のあり方を探求していくことが適切である。仮に損害を生じさせた AI の開発者や作成者及び使用者等だけに損失を負担させるのではなく、これを社会的に分散させることが望ましいという理解が受け入れられたとしても、それは一定の範囲ではあるが保険によっても実現される。

おわりに

　本稿の検討によれば、AI が生じさせた権利侵害に起因する損害について、AI の判断や動作等を人との関連で把握し（Ⅱ１）、人の判断や行動等それ自体に関わる義務及び AI の判断や動作等の前後における人の義務の内容を法的に具体化して、その違反＝過失に基づく責任により賠償を図るだけでなく（Ⅰ１）、運行供用者責任や製造物責任との関係を意識しながら、AI を人でも特殊な物でもなく責任に関する特別な規律の対象となる物として捉えること（Ⅱ１）、及びこの問題を補償の枠組みではなく不法行為法の中で把握することを前提として（Ⅱ２）、危険の支配という観点からその構造と証明に

関するルールを基礎づけ（I1）、かつ、AIの作成者や開発者等に加えてAIの使用者等をもその責任主体として想定した（I2）AI責任法により賠償する方向性が浮かび上がる。その具体的なあり方を示すことが次の課題となる。

フランス知的財産法における
スペアパーツの保護と修理条項の導入

麻 生 典

Ⅰ　はじめに
Ⅱ　フランスにおけるスペアパーツの保護
Ⅲ　修理条項の導入経緯
Ⅳ　修理条項の内容
Ⅴ　若干の検討
Ⅵ　おわりに

Ⅰ　はじめに

　本稿はフランス知的財産法におけるスペアパーツ（pièces détaches[1]）の保護と、その保護除外に関する修理条項（clause de reparation）の導入について検討するものである。

　スペアパーツとは、おおまかに言えば修理用部品のことであり、主に自動車の修理用部品を巡って議論がなされている。

　我が国は、従来から意匠法におけるスペアパーツの修理条項の導入に反対の立場を示してきた。特に欧州共同体意匠規則（以下、単に欧州意匠規則）[2]110条（1）に規定される修理条項、さらには、欧州共同体意匠指令（以

---

1 「Pièces de rechange」とも表現される。

2 Règlement（CE）n° 6 /2002 du Conseil du 12 décembre 2001 sur les dessins ou modèles communautaires.

3 Directive 98/71/CE du Parlement européen et du Conseil du 13 octobre 1998 sur la protection juridique des dessins ou modèles.

下、単に欧州意匠指令）[3]14条の改正提案に伴う修理条項の導入提案には繰り返し明確に反対してきた[4]。そのため、我が国おいて意匠法に修理条項を導入するという方向での改正の可能性は、現時点では高くはない。

他方で、従来から、フランスはスペアパーツの修理条項の導入に反対する国として知られてきた[5]。しかし、ついに2021年に「気候法（loi climat）」と呼ばれる「気候変動との闘いとその影響に対する回復力の強化に関する2021年8月22日の法律第2021-1104号」によって、フランス知的所有法典に自動車等のスペアパーツに限定したものではあるものの、いわゆる修理条項が導入された。こうしたフランスの立場の変化がどのように生じ、どのような修理条項が導入されたのかを検討することは、将来的な我が国のスペアパーツの保護のあり方の方向性を検討する際にも有用なものとなろう。

そこで、本稿はフランス知的財産法におけるスペアパーツの保護と、その保護除外に関する修理条項の導入について検討することを目的とする[6,7]。

4　例えば、欧州意匠指令に修理条項を導入する提案（Proposition de Directive du Parlement européen et du Conseil modifiant la directive 98/71/CE sur la protection juridique des dessins ou modèles ｜SEC（2004）1097｜（COM/2004/0582 final）に対する「平成19年度 日・EU 規制改革対話 日本政府対 EU 提案書」（2007年12月18日）34頁以下。この立場は近時でも変わることはなく、日本は欧州に対して引き続き欧州意匠規則および欧州各国の制度について修理条項の廃止を促している（経済産業省『2024年版不公正貿易報告書』（2024年）141頁）。

5　欧州意匠指令の導入の際も、フランスは修理条項の導入に反対していた（Jean-Christophe Galloux, 'L'histoire extravagante des pièces de rechange automobile en droit français', *Penser le droit de la pensée: mélanges en l'honneur de Michel Vivant*, Dalloz; Lexis Nexis, 2020, p.170）。

6　スペアパーツに関するフランス法の簡単な紹介として、日本国際知的財産保護協会「各国における意匠保護の及ばない範囲の実態調査研究報告書」（2009年）35頁以下、JETRO デュッセルドルフ事務所「フランス政府、自動車のスペアパーツに関する修理条項を意匠法に導入」（2022年）、経済産業省・前掲注4）141頁。

7　スペアパーツに関する欧州意匠規則と欧州意匠指令の状況については既に多くの紹介があることから、本稿では取り上げない。主な参考文献として、今村哲也「修理パーツ（spare parts）の意匠保護に対する権利制限の可能性」渋谷達紀ほか編『知財年報2009』（商事法務、2009年）320頁、佐藤恵太＝毛利峰子「ワークショップ スペアパーツ意匠保護に関する除外条項の適否」日本工業所有権法学会年報33号（2010年）25頁、毛利峰子「欧州における修理用パーツの意匠保護に関する考察」『知的財産権侵害訴訟の今日的課題：村林隆一先生傘寿記念』（青林書院、2011年）535頁、茶園成樹「EU 意匠法におけるスペアパーツの保護を巡る最近の議論」Design protect 30巻1号（2017年）7頁、知的財産研究教育財団『『国際知財制度分析調査』報告書（令和元年度）』（2020年）233頁、橘雄介「Acacia 事件を通して見る EU におけるスペアパーツと意匠権——修理する権利論からの再評価の試み」福岡工業大学研究論集55巻2号（2023年）79頁等。

520　現代

II　フランスにおけるスペアパーツの保護

1　意匠権による保護

　フランスの知的所有法典は、意匠については、製品または製品の部分の外観（apparence d'un produit ou d'une partie de produit）でなければならない（知的所有法典 L.511-1：以下条数のみを示す）と規定する。スペアパーツは製品（produit）の一部であることから、意匠権による保護を受けることが可能である。そして、意匠は製品の外観であることから視認性が要求され、複合製品のパーツ（pièce d'un produit complexe）の場合には、当該パーツが複合製品に組み込まれてもなお通常の使用状態で視認できることが必要である（L.511-5(a)）。通常の使用とは、最終消費者による使用が問題とされる[8]。

　よって、スペアパーツについては、通常の使用状態で視認できるもので、その他の実体的要件（新規性（nouveauté）、固有の特徴（caractésire propre）、技術的形態ではないこと等）および形式的要件を満たせば、意匠権による保護を受けることになる[9]。裁判例でも、スペアパーツについて意匠権による保護が認められている[10]。

2　著作権による保護

　フランスにおいては、美術の一体性（théorie de l'unité de l'art）の理論に基づいて[11]、スペアパーツも著作物性を満たせば著作権による保護を受ける

---

[8] Cass. com, 20 févirer 2007, *Bull. civ.* Ⅳ, n° 53, p.56.

[9] フランスの意匠登録の要件や手続きについては、麻生典「フランスにおけるデザインの保護」デザイン学研究特集号25巻2号（通算98号）（2017年）6頁以下。

[10] 古くは Cass. crim. 6 juin 1991, n° 90-80.755, *D*.1993. 86, obs. C.Colombet.

[11] 満田重昭「著作権と意匠権の累積」半田正夫先生還暦記念『民法と著作権法の諸問題』（法学書院、1993年）616頁以下、より詳しくは駒田泰土「応用美術の著作権保護について──美の一体性の理論に示唆を受けて」渋谷達紀ほか編『知財年報2009』別冊 NBL（商事法務、2009年）222頁以下、麻生典「意匠法の存在意義──著作権法との関係を中心に」麻生典 = Christoph Rademacher 編著『デザイン保護法制の現状と課題──法学と創作の視点から』（日本評論社、2016年）2頁以下。

ことになる[12]。裁判例でも、スペアパーツの著作権による保護は認められている[13]。

Ⅲ　修理条項の導入経緯

1　欧州意匠指令への修理条項の導入提案に対するフランスの立場

　1998年に採択された欧州意匠指令においてはスペアパーツの修理条項は導入されず、各国の既存の法律の維持を可能とし、改正する場合には市場の自由化を図る方向でのみ改正が可能とされていた（指令14条：フリーズプラス）。そのため、当該指令のフランス国内法化の際には、企業のイノベーションへのインセンティブ、需要の少ないスペアパーツの入手可能性、そして、消費者の安全性を脅かすとして[14]、修理条項を導入しなかった。

　この欧州意匠指令については、欧州委員会が2004年に自動車業界を念頭におきつつもその他の複合製品も含めたスペアパーツの修理条項を導入する改正提案[15]を行った。

　こうした提案に対し、フランスの上院（元老院）・下院（国民議会）における欧州連合に関する代表団（Délégation pour l'Union européenne）の立場は、共に反対であった。上院の欧州連合に関する代表団の2004年11月24日の会合においては、欧州連合は研究とイノベーションへの投資を奨励し、その基本的要素である産業所有（権）の適切な保護を確保しなければならないが、スペアパーツの自由化は研究とイノベーションへの投資の回収をより困難とし、また、消費者の安全も損なわれ、侵害品との闘いがより困難となるおそれがある、と反対理由が示されている[16]。また、下院の欧州連合に関す

---

12 Cass. crim. 13 déc 2011, n° 10-80. 623, Paris, 10 juin 2010, n° 08/08197.

13 肯定例として TGI Nantes, 27 mai 2008, n°04/03959, *PIBD* 2008, n°879, III-480, obs. Jean-Pierre Gasnir, *Propr. Ind.*, sept. 2008, comm. 65, Paris, 13 janv. 2015, n° 13/09274。否定例として TGI Grenoble, 22 mai 2008, n° 06/01352, obs. J.-P. Gasinier, *Propr. Ind.*, sept. 2008, comm. 65。

14 J.-C. Galloux, *op.cit.*（n° 5）, p.171.

15 COM/2004/0582 final, *op.cit.*（n° 4）.

16 Sénat, Délégation pour l'Union européenne, Examen dans le cadre de l'article 88-4 de la Constitution（Proposition de directive du Parlement européen et du Conseil modifiant la directive 98/71/CE sur la protection juridique des dessins ou modèles）（Examen: 24/11/2004）.

522 現代

る代表団の2005年2月8日の会合でも、下記のような理由によって、修理条項の提案に対して反対との結論が示されている[17]。まず、スペアパーツの保護を廃止することは、スペアパーツに投資を行った自動車メーカーの投資回収可能性を制限し、その結果、この分野における研究とイノベーションにブレーキをかける。次に、提案されたスペアパーツの自由化の方法では、欧州における雇用に悪影響がある。さらに、この改正はスペアパーツの製品としての安全性を考慮していない。そして、スペアパーツの価格が下がり消費者に利益がもたらされることはなさそうである。

　こうした立場は、上院での質問に対する2007年3月8日の産業省の回答にも表れている[18]。欧州意匠指令に修理条項を導入するという先の提案についてフランス政府に見解を問うという質問に対し、産業省は、両院の欧州連合に関する代表団が示した理由を実質的に繰り返している。そこでは、フランス当局は、製品の形態・機能・安全性を改良するために、あらゆる分野において、特に自動車分野において、ますます重要なものと認められている開発への投資を阻害しないように配慮している。また、知的財産の保護はイノベーションに対する正当な報酬の補償であり、産業に関わる雇用の発展の不可欠な条件である。そして、消費者に経済的な利益があるかは証明されていない、として修理条項の導入に反対としている[19]。

　このようにフランスは、研究およびイノベーションとの関係で投資の回収が必要であること、スペアパーツの安全性が懸念されること、雇用に悪影響があること、スペアパーツの価格低下が生じるとは限らないこと、の4点を主たる理由として修理条項の導入に反対していた。

---

17 Assemblée nationale, Délégation pour l'Union européenne, Compte rendu n° 113, Réunion du mardi 8 février 2005 à 17 heures.

18 Réponse du Ministère délégué à l'industrie à la question écrite de monsieur Repentin, n° 25936, JO. Sénat du 8 mars 2007, p.542. なお、このような立場および理由は、上院での商業・工芸・中小企業・観光・サービス担当局の2008年4月16日の回答でも再度示されている（Réponse du Secrétariat d'État chargé du commerce, de l'artisanat, des petites et moyennes entreprises, du tourisme et des services à la question orale de monsieur Mouly, n° 0192S, JO. Sénat du 16 avril 2008, p.1684）。

19 スペアパーツの安全性については新たな条文を設けることで導入提案に前向きな姿勢を示している。

修理条項の導入に反対するという立場は学説においても見られ、スペアパーツの安全性には懸念があり、欧州の産業を犠牲した競争の歪みをもたらす等とされていた[20]。また、欧州委員会が自動車市場の調査にのみ基づいて他分野も含む複合製品のスペアパーツの修理条項を導入することの適否、ハーモナイゼーションがなされていない著作権法によるスペアパーツの保護への例外規定が存在していないことへの懸念も示されていた[21]。

2　フランス競争局の意見

このような状況から、一般に、フランスはスペアパーツの修理条項の導入に反対する国として知られてきた[22]。

この流れを覆したと考えられるのが、2012年10月8日に公表されたフランスの競争局（Autorité de la concurrence）の206頁にも及ぶ「自動車の修理・整備およびスペアパーツ製造・流通部門の競争的運営に関する意見 n° 12-A-21」である[23]。

フランス競争局は自動車のスペアパーツの価格が上昇していることを理由として、2012年に公表したこの意見において当該分野での競争を最適化するための提案を行った。そこでは、自動車のスペアパーツの保護について、著作権法も含め最終的には完全な修理条項が導入されるべきことを念頭に、段階的な保護の解除（例えば1年目にガラスパーツと光学部品、2年目にミラーとフロントバンパー、4・5年目に全てのスペアパーツ）が提案された。フランス競争局はその理由を、修理条項の導入によりスペアパーツの価格が6～15％程度低下し、メーカーチャンネルと独立メーカーチャンネルの区分けが減少し当該分野の効率的な運営が可能となり[24]、修理条項の導入によっ

---

20 Christine Vilmart, '« Dessine-moi un modèle qu'on ne puisse légalement copier! », Plaidoyer contre la proposition de directive de la Commission sur les dessins & modèles', *Propr. Ind.*, déc. 2004, étude 21, n° 6.

21 Pascal Kamina, 'Protection des pièces de rechange de produits complexes', *Propr. Ind.* nov. 2004, coom.93.

22 日本国際知的財産保護協会・前掲注6）43頁。

23 Autorité de la concurrence, 'Avis n° 12-A-21 du 8 octobre 2012 relatif au fonctionnement concurrentiel des secteurs de la réparation et de l'entretien de véhicules et de la fabrication et de la distribution de pièces de rechange'.

524　現代

てもデザインへの投資に影響を与えず、スペアパーツの品質も利用可能性も
安全性も損なわれず[25]、さらに自動車メーカーの競争力へのリスクも、雇用
の損失へのリスクも過大評価といえるからであるとしている[26]。

　このように、当該意見が、先に見た両院で修理条項を提案する2004年の欧
州意匠指令の改正案に反対する際に示されていた主な理由4つの全てを否定
し、修理条項の導入を働きかけていることは明らかである[27]。

　もちろん、当該意見には、欧州内外でもスペアパーツを保護する国はあり、
実際に価格が低下するかは明らかではない等の批判が見られる[28]。

　しかし、フランスの自動車のスペアパーツに対する修理条項の導入は少な
くとも否定的な方向性からは転換したと言ってよい。実際、その後の上院に
おけるフランス国内法において当該意見を前提に自動車のスペアパーツに関
する修理条項を導入する予定があるかという経済財政大臣への質問において、
2013年5月16日の経済財政省の回答では、従来のような修理条項の導入に反
対するという立場は示されず、現状維持（le statuo quo）と乱暴な自由化を
対立させるアプローチというよりは、自動車のスペアパーツの修理条項の導
入について様々な角度から様々な選択肢の検討を行っているとの回答がされ
ており[29]、その立場が変化したことが見て取れる。

24　Autorité de la concurrence, *op.cit.*（n°23）, n°9, p.6. さらに詳しい内容については n°189、p.87
以下。
25　Autorité de la concurrence, *op.cit.*（n°23）, n°10, p.6. さらに詳しい内容については n°168、p.81
以下。
26　Autorité de la concurrence, *op.cit.*（n°23）, n°10, p.6. さらに詳しい内容については n°212、p.94
以下。
27　実際に、これまでのフランスの立場と修理条項導入への反対意見がまず示された上で（Autorité
de la concurrence, *op.cit.*（n°23）, n°161, p.78, note n°176）、それに対応する形で検討がされている。
28　Marie Malaurie-Vignal, 'Le tsunami provoqué par l'avis de l'ADLC sur les pièces détachées',
CCC. déc. 2012, comm. 277. その他、自動車については、車体価格や使用に伴うサービス価格と切
り離してスペアパーツの価格のみで競争を評価するのはより人為的であるとの批判もある（Didier
Ferrier et Yves Reboul, 'Le régime juridique des pièces détachées « visibles » de véhicules
automobiles: une double méprise', *D.* 2015. p.170）。また、当該競争局の意見に対する Frédéric
Pollaud-Dulian, 'Les constructeurs automobiles français: entre le marteau du droit de la
concurrence et l'enclume de la crise économique ? ', *D.* 2012, chron., p.2815 も参照。
29　Réponse du Ministère de l'économie et des finances à la question écrite de monsieur Pastor n°
03575, *JO.* Sénat du 16 mai 2013, p.1540.

3 2019年のÉdouard Philippe首相の演説と立法の試み

しかし、こうした提案はすぐに立法に繋がったわけではなかった。修理条項の導入という実際の立法提案に繋がったのは、2018年末の燃料税引き上げへの抗議に端を発する「黄色いベスト運動（Gilets jaunes）」を経た[30]、2019年3月5日の競争局10周年記念式典でのÉdouard Philippe首相の演説であった[31]。そこで取り組むべき対象の1つとして、意匠権で保護されている自動車のスペアパーツの価格を引き下げる方向性が示されたのである[32]。その対象として、まず、ヘッドライト（phares）、ガラス（vitres）、ミラー（rétroviseurs）、次にボディ（carrosserie）について修理条項を導入するとされていた。

この意向を受けて、2018年にすでに法案が提出されていたモビリティ基本法（LOI n° 2019-1428 du 24 décembre 2019 d'orientation des mobilités）に、2019年3月18日にスペアパーツへの修理条項を知的財産法典に導入する修正案が提出され[33]、その導入の検討が進められたものの[34]、結局、憲法院（Conseil constitutionnel）によって便乗立法（cavalier législatif）とされ導入には至らなかった[35]。

次の試みが、公共活動の迅速化と簡素化に関する法律（LOI n° 2020-1525 du 7 décembre 2020 d'accélération et de simplification de l'action publique）での試みである。そこでも法案の修正案として修理条項の導入がされたものの、先のモビリティ基本法と同様、憲法院から便乗立法と判断され最終的な導入には至らなかった[36]。

4 気候法での修理条項の導入

こうした2度の導入失敗を経て、最終的に自動車等のスペアパーツの修理条項が導入されることになるのが「気候変動との闘いとその影響に対する回

---

30 J.-C. Galloux, *op.cit.*（n° 5），p.173.

31 演説につき https://www.vie-publique.fr/discours/270226-edouard-philippe-50319-liberalisation-automobile-logement-sante-banque を参照（2024年10月22日最終確認）。

32 価格の引き下げは一般大衆を満足させることにつながるからである（J.-C. Galloux, *op.cit.*（n° 4），p.173.）。

復力の強化に関する2021年8月22日の法律第2021-1104号（LOI n°2021-1104 du 22 août 2021 portant lutte contre le dérèglement climatique et renforcement de la résilience face à ses effets）」[37]である。

そこでも法案の当初から修理条項が存在していたわけではなく、下院での数回の修理条項に関する修正案導入失敗を経て[38]、上院議員らによって2021

33 Amendement n°534 rect. ただし、そこでの提案は、自動車等に限らず複合製品全般が対象とされ、また、オリジナルパーツ製造業者に限定して修理条項の適用を認める経過期間を定めるというものであり、競争局の意見よりもかなり急進的なものであった（Natalia Kapyrina, 'La libéralisation de la protection des pièces détachées fait fausse route', *Propr. Ind.* fév. 2020, comm.11, n°2）。本案は委員会からも政府からも否定的意見が出されたことから、再度、修正案が出された（Amendement n° CD2794）。そこで初めて自動車等の当初の外観を復元するためのパーツの意匠権の存続期間を15年とする法案が登場したが、なぜ存続期間を他の意匠にくらべ短くするのか、そしてなぜ15年なのかの説明はない。他方、そこでは当初あった著作権の制限は削除されていた。当該修正案は採択されたものの、その後存続期間は10年に修正され（sous-amendement n° CD3276 à l'Amendement n° CD2794）、その理由はフランスの自動車保有総数のうち15年以上経過しているのは15%に過ぎず、より多くの自動車利用者が恩恵を受けることが可能となると説明されている（なお、フランスの自動車の平均寿命が13年と指摘するものとして Autorité de la concurrence, *op.cit.*（n°23）, p.102, n°237）。そして、著作権の制限については別の修正案で復活した（Amendement n°2266（Rect）et Amendement n°1934）。

34 立法の詳しい経緯は J.-C. Galloux, *op.cit.*（n°5）, pp.173 et s., Natalia Kapyrina, *op.cit.*（n°33）, n°2を参照。また、最終的に導入予定であった条文の簡単な解説は、Erwan Prely, 'Le Conseil constitutionnel au secours des droits de propriété intellectuelle dans le secteur automobile (Secteur automobile)', *Propr. Ind.* fév. 2020, alerte 10.

35 Cons. const., 20 déc. 2019, n°2019-794 DC, n°62 et s. 導入予定であった条文は（Projet de loi d'orientation des mobilités, Texte Adopté, n°349, Assemblée-nationale, Article 110）、気候法の改正によって導入された条文とほぼ同じであるが、L. 513-6の4° が「a) Portent sur des pièces relatives au vitrage, à l'optique et aux rétroviseurs」（下線筆者）とされ、ガラスパーツだけでなく光学部品やミラーも含まれ、修理条項の対象が広く規定されていたところが異なる。

36 Cons. const., 3 déc 2020, n°2020-807 DC, n°82. なお導入予定であった条文は（Projet de loi d'accélération et de simplification de l'action publique, Texte Adopté, n°491, Assemblée-nationale, Article 136）、モビリティ基本法とは異なり、L. 513-6の4°は「a) Portent sur des pièces relatives au vitrage」とガラスパーツに限定されている。これは、当該法案を導入する際に、研究開発費を負担していない製造業者がスペアパーツを販売することが可能となるのでフランスでのイノベーションを阻害するリスクがあるという委員会での主張を受け入れ、「à l'optique et aux rétroviseurs」という文言が削除されたことによる（Rapport n°3347 de la commission spéciale chargée d'examiner le projet de loi d'accélération et de simplification de l'action publique sur le projet de loi, adopté par le Sénat, après engagement de la procédure accélérée, d'accélération et de simplification de l'action publique（n°2750 rectifié））。

37 *JORF.* n°0196 du 24 août 2021.

年6月14日の修正（No1099 rect.）にて提案されたもの[39]が採択された[40,41]。なお、本条項は便乗立法として憲法院で問題とされることはなかった[42]。

修正案（N°1099 rect.）における主題（objet）においては、「本改正は、段階的かつ適切な方法で、自動車部門の視認可能なスペアパーツ市場を競争へと開放することを目的としている。このような自由化は、当該スペアパーツの総数を増加させ、同様に、当該スペアパーツの特に地域的なより良い利用可能性を向上させ、自動車の修理期間の短縮を可能とするだろう。その結果、自由化は自動車の耐久性を向上させ、新車の製造に伴う気候変動のインパクトを大幅に削減するだろう／……本改正は、フランスにおける自動車のより良い耐久性のために自動車のスペアパーツの利用可能な総数を増加させることを目的として、知的所有法典 L.122-5、L.513-1、L.513-6を修正することを目的としている」と説明されている。

こうした立法については、スペアパーツの提供を気候変動と結びつけ自動車の修理を奨励するために自動車のスペアパーツ市場が自由化されたと理解されるが、本改正の基となった競争局の意見においてもスペアパーツを購入できないことが環境を無視して自動車の乗り換えを助長するとは示されておらず、自動車のスペアパーツの修理条項と気候変動との闘いとの関連性は多分に人為的であるとの批判がある[43]。また、本改正については、その政治的

---

38 Amendement n°3390, n°2020, n°3761, n°6134 et sous-amendement n°7296. 条文としては、「a) Portent sur des pièces relatives au vitrage, à l'optique et aux rétroviseurs」（下線筆者）とされており、モビリティ基本法と同じ対象であった。

39 Amendement n°1099 rect. なお、当該条文は L. 513-6の4°は「a) Portent sur des pièces relatives au vitrage」とされ、モビリティ基本法が対象としていた「à l'optique et aux rétroviseurs」（光学部品とミラー）は対象とされていない。この点は本修正提案が公共活動の迅速化と簡素化に関する法律での修正提案を前提としているためである（Amendement N°1099の主題（objet）参照）。

40 Sénat, Séance du 16 juin 2021. なお、2021年6月13日にはモビリティ基本法を前提として「à l'optique et aux rétroviseurs」（光学部品とミラー）を含む修理条項（Amendement n°1176 rect.）が提案されていたが、委員会（Commission de l'aménagement du territoire et du développement durable）から否定的な評価を受け採用されなかった。この光学部品とミラーの除外について、最終的な政治的交渉の結果であると評価するものもある（Jean-Christophe Galloux, 'Propriété industrielle', RTD.Com., 2022, n°1, p. 40）。

41 施行は2023年1月1日である（art.32 Ⅳ）。

42 Cons. const., 13 août 2021, n°2021-825 DC.

528　現代

意図として、おそらく、将来的な欧州意匠指令の改正[44]において欧州の立法担当者に影響を与えることだったとも指摘されている[45]。

　なお、2012年に意見を公表した競争局は、この改正を歓迎した[46]。

Ⅳ　修理条項の内容

　気候法に基づき知的所有法典に新たに導入された規定は、意匠権と著作権に新たな権利制限を加え、一定のスペアパーツについて意匠権の存続期間を制限するものである。

　まず、知的所有法典 L.122-5の12° として、著作権に新たな制限が加えられた。

L.122-5
「著作物が公表された場合、著作者は下記を禁じることができない：
12° 道路法典（Code de la route）L.110-1 の意味における、自動車（véhicule à moteur）またはトレーラー（remorque）の当初の外観を復元するためのパーツ（pièces）の複製、使用（utilisation）、商業化（commercialisation）」[47]

　次に、知的所有法典 L.513-6において、意匠権に新たな制限が加えられた。

---

43 Camille Maréchal Pollaud-Dulian, 'Introduction de la « clause de réparation » dans le droit français：fin du feuilleton des pièces de rechange ?', *D.* 2021, p.2149. なお、環境の文脈ではないが、競争局の意見において、部品の価格が高すぎることによって車の残存価値を修理費用が上回ると修理不能となる車もあるという指摘はある（Autorité de la concurrence, *op.cit.*（n°23）, p.96, n°221, note n°224）。

44 Proposition de directive du parlement européen et du conseil sur la protection juridique des dessins ou modèles（refonte）, COM/2022/667 final, Article 19.

45 C.M. Pollaud-Dulian, *op.cit.*（n°43）, p.2151. Fréderic Pollaud-Dulian, 'Chronique - Droit d'auteur et droit du marché de l'art', *RTD.*Com., n°4, 2021, p.832も参照。

46 Communiqué du 25 août 2021.

47 道路法典 L.110-1の規定は以下の通りである。
「現法典の適用において、以下の用語は本条において与えられた意味を有する。
1° 「自動車（véhicule à moteur）」という用語は、トロリーバスを含み、推進機関を備えた、自力で道路を走行する、あらゆる陸上の車両を意味するが、レールの上を走行する車両は除かれる。
2° 「トレーラー（remorque）」という用語は、他の車両につながれるためのあらゆる車両を意味する。」

L.513-6
「意匠登録によって与えられた権利は、下記の行為には行使できない：
4°　道路法典 L.110-1の意味における、自動車またはトレーラーの当初の外観を復元するための行為であって：
a)　ガラス（vitrage）に関連するパーツ（pièces）にかかる行為；
b)　または、オリジナルのパーツ（pièce d'origine）を製造した製造業者（équipementier）によって行われた行為」

　最後に、知的所有法典 L.513-1において存続期間の短縮規定が追加された。

L.513-1
「第1項に規定される最大25年の存続期間は、L.513-6の4°で意匠登録によって与えられた権利の実行の例外が規定されていない、L.513-6の4°で言及されたパーツ（pièces）については、10年に短縮される。」

　まずは、自動車のスペアパーツが主として問題となる意匠権に関する規定（L.513-1およびL.513-6）から確認しておこう。改正後の条文が意味するところは、主体からの制限、スペアパーツの対象からの制限、存続期間の制限が複雑に組み合わさり、非常にわかりづらくなっている。

　主体の観点から自動車等の当初の外観を復元するための行為として意匠権侵害とならない行為を整理すれば[48]、まず、自動車等の当初の外観を復元するための自動車等のガラスパーツ（フロントガラス、天窓、サイドガラス等）は誰でも製造等が可能である。自動車等の当初の外観を復元するためのガラス以外の自動車等のパーツ（光学部品、ミラー、ボディ等）については、オリジナルのパーツを製造した製造業者であれば製造等が可能である。最後に、自動車等の当初の外観を復元するための自動車等のパーツについては、その意匠権の10年の存続期間が満了した後は誰でも製造等が可能である[49]。

　次に条文の解釈についてであるが、「当初の外観を復元する（rendre leur apparence initiale）」という文言については、欧州意匠規則110条（1）およ

---

[48] Frédéric Glaize, 'La prortection des pièces détachées: quel bilan et quelles perspectives?', Anne-Emmanuelle Kahn, Mouna Mouncif-Moungache, *Le règlement sur les dessins ou modèles communautaires 20 ans après*, Bruylant, 2023, p.47の図も参照。

[49] こうした権利制限は、TRIPs協定26条2項との関係で問題となるとの指摘もある（J.-C. Galloux, *op.cit.*（n°40）, p. 41）。

び欧州意匠指令14条においても同様の表現が見られる。そのため、欧州司法裁判所の欧州意匠規則110条（1）の解釈に関して Acacia 判決が示した、「パーツは、複合製品が市場に置かれた際に有していた外観を復元するために使用されるものでなければなら」ず[50]、パーツの使用が「特に元のパーツの欠落や元のパーツに生じた損傷の結果として欠陥が生じた複合製品を修理するために必要であり」[51]、「美的理由や複合製品の差別化のような楽しみ（agrément）や単なる個人的都合（convenace）のため」[52]のパーツの使用はできない[53]、との解釈がフランス国内法においても通ずると考えられている[54]。

　そして、自動車等の当初の外観を復元するためのスペアパーツについては意匠権の存続期間が10年に短縮されているが、その対象は不明確である。10年に意匠権の存続期間が短縮されるのは「L.513-6の4°で意匠登録によって与えられた権利の実行の例外が規定されていない、L.513-6の4°で言及されたパーツ（pièces）」である（L.513-1）。ここで、L.513-6の4°a）には「パーツ（pièces）」という文言が存在しているものの、b）には「パーツ（pièces）」という文言は存在しない。そうすると、存続期間が10年となるのはガラス以外のパーツだという解釈がまずありえる[55]。他方で、b）の規定

50　CJEU 20 déc 2017, aff.jtes C-397/16 et C-435/16, Porsche et Audi, pt 74.

51　CJEU 20 déc 2017, aff.jtes C-397/16 et C-435/16, Porsche et Audi, pt 69.

52　CJEU 20 déc 2017, aff.jtes C-397/16 et C-435/16, Porsche et Audi, pt 70.

53　スペアパーツの購入者が修理用にスペアパーツを用いるよう確保するスペアパーツメーカーの義務（CJEU 20 déc 2017, aff.jtes C-397/16 et C-435/16, Porsche et Audi, pts. 85 et s.）については今回の改正では何ら触れられていない（C.M. Pollaud-Dulian, *op.cit.*（n°43）, p.2151）。当該義務のフランス国内法への適用可能性について、Patirce de Candé, 'Cronique: Droits des dessins et modlès', *Propr. intel.*, n°83, avr. 2022, p.65。

54　Natalia Kapyrina, 'Une clause de réparation à la française.- La protection des pièces détachées est morte, vive la protection des pièces détachées !', *Propr. Ind.*, n°11, novembre 2021, comm. 63.

55　Natalia Kapyrina, *op.cit.*（n°54）の示す1つの解釈であり、Kapyrina はこの立場がより正当であるとする。その上で、L.531-1の「L.513-6の4°で意匠登録によって与えられた権利の実行の例外が規定されていない」という文言から、例外が規定されているガラスパーツだけ25年の存続期間となるような解釈（例外の例外は原則だという解釈）は妥当でないだろうとして、ガラスパーツも含めて自動車等の当初の外観を復元するためのあらゆるパーツが10年の存続期間となると考えるべきだとする（même auteur, 'Synthèse, n°60, Acquisition de la protection des dessins et modèles', *JCL. Marque- Dessin et modèles*（Dernière mise à jour : 17 juillet 2024）も参照）。

から、オリジナルのパーツを製造した製造業者が製造するパーツが侵害品とならないことは明らかであり[56]、その意味で権利の実行の例外が規定されているパーツが観念できると捉えると、存続期間が10年となるのは、ガラス以外のパーツと、オリジナルのパーツを製造した製造業者が製造するパーツ以外のパーツ、という解釈がありえる[57]。他方で、文献によっては、自動車等の外観を復元するためのあらゆるパーツの存続期間は10年となるという説明もあり[58]、本条文の解釈には、その条文の規定の複雑さから様々な理解があるように見受けられる[59]。

　他方で、一定のスペアパーツの意匠権の存続期間を10年としたことについては、欧州意匠指令10条が存続期間をハーモナイズしていることから存続期間の短縮という選択肢はなかったはずであるし、ハーグ協定17条（3）[60]が存続期間を15年以上としている点でも問題があるとの指摘がなされている[61]。その点に加え、欧州意匠指令14条は、修理条項を導入するかしないかを定めているものであり、前文19からしても存続期間の短縮のような方策は取れないのではないかとの指摘もなされている[62]。

　そして、本改正では意匠権の制限だけではなく、著作権の制限も同時に規

---

56 修理条項が適用される対象として、ガラスパーツと、オリジナルの製造業者のみが例外規定を受けられるパーツがある、とする整理がフランスでも見られる（F.Pollaud-Dulian, *op.cit.*（n°45）, p.833, N.Kapyrina, *op.cit.*（n°54））。

57 Natalia Kapyrina, *op.cit.*（n°54）が示すもう１つの解釈である。F. Pollaud-Dulian. *op.cit.*（n°45）, p.833, P. de Candé, *op.cit.*（n°53）, p.64の図も同様の理解だと考えられるが、これらの見解では例えばガラスパーツの存続期間は25年のままなのか等には言及していない。

58 Pascal Kamina, 'Le nouveau régime des pièces détachées de véhicules automobiles issu de la loi n°2021-1104 du 22 août 2021（loi « climat »）', *CCE*. n°10, octobre 2021, comm.70, p.39, N.Kapyrina, *op.cit.*（n°55）。

59 ただし、意匠権の侵害とはならない、という意味では存続期間に差異があったとしても違いはない。

60 Arrangement de La Haye concernant l'enregistrement international des dessins et modèles industriels, Acte de Genève（1999）.

61 C.M. Pollaud-Dulian, *op.cit.*（n°43）, p.2151, N.Kapyrina, *op.cit.*（n°54）, J-C. Galloux, *op.cit.*（n°40）, pp.42 et s. ハーグ協定との関係での指摘として、Frédéric Glaize, 'Un an de jurisprudence en droit des dessins et modèles', *Propr. Ind.*, n°7-8, juillet-août 2022, n°16, Nicolas Binctin, *Droit de la propriété intellectuelle*, LGDJ, 8éd., 2024, n°420, p.307.

62 J.-C. Galloux, *op.cit.*（n°40）, pp.41 et s.

定された。フランスは美術の一体性理論を前提とすることから、修理条項を導入する場合の著作権法における規定の導入の必要性が、欧州意匠指令の2004年の改正提案の際から指摘されてきた[63]。そのため、その導入は当然の結果であるが、その権利制限の範囲は、意匠権の場合よりも広く規定されている[64]。すなわち、著作権の制限においては自動車またはトレーラーの当初の外観を復元するためのパーツが対象であり、知的所有法典 L.513-6 の 4° の a)、b) のように対象となるパーツの制限や主体の制限はないのである[65]。その意味で、当初の外観を復元するための自動車等のスペアパーツは全て著作権の制限の対象となることから、存続期間が短縮されているとしても自動車等のスペアパーツについて意匠権を取得しておくことには意味があることになる[66]。こうした意匠権と著作権の制限の範囲が一致していないという点については、立法理由が同一であることを考えると疑問があるという指摘がなされている[67]。

　なお、著作権の権利制限については、情報社会指令（Directive 2001/29/CE du Parlement européen et du Conseil du 22 mai 2001 sur l'harmonisation de certains aspects du droit d'auteur et des droits voisins dans la société de l'information）の 5 条 3 項 (1)) に お い て、「機 器（matériel）の修理のため」の著作物の使用について権利制限を可能としている点とは合致していると評価されているが[68]、ベルヌ条約におけるスリーステップテストとの関係で疑義を示すものもある[69]。

---

63 P.Kamina, *op.cit.* (n° 21).

64 範囲の不一致につき P. Kamina, *op.cit.* (n° 58), p.39.

65 C.M. Pollaud-Dulian, *op.cit.* (n° 43), p.2151.

66 *Ibid.*

67 C.M. Pollaud-Dulian, *op.cit.* (n° 43), p.2151. F. Pollaud-Dulian, *op.cit.* (n° 45), p.833 は、少し不思議だと述べている。この不一致は法的不安定性をもたらすとの指摘（Nicolas Binctin, 'Propriété industrielle – Droit de la propriété industrielle', *JCP E*, n° 50, 16 décembre 2021, affaires 1550)、著作権法における制限がパーツを対象としているのに対し、意匠法における制限が行為を対象としていることから困難を生じるような調和を欠いたものとなっているとの指摘（André Lucas, 'Clause de réparation', *LEPI*, n° 10, nov. 2021) もある。

68 C.M. Pollaud-Dulian, *op.cit.* (n° 43), p.2151.

69 J.-C. Galloux, *op.cit.* (n° 40), p.45, A.Lucas, *op.cit.* (n° 67).

V　若干の検討

　以上のようにフランスにおける自動車等のスペアパーツの修理条項の導入は、それまで修理条項の導入に反対してきたフランス議会や政府等の立場を覆すことになる競争局の2012年の意見に端を発し、2019年と2020年に便乗立法とされながらも、最終的に2021年の気候法によって導入されたものである。

　では、こうした修理条項の導入経緯をどのように評価すべきか。この点、少なくとも、2012年の競争局の意見以降は、自動車等のスペアパーツの修理条項の導入に反対はしていないというのがフランスの立場であった。しかし、当該意見以降、7年後のモビリティ基本法の立法過程での修理条項の導入の提案まで立法の機運はなかったのであり、修理条項の導入に賛成、すなわち立法に積極的であった、ということもできない。導入提案のきっかけとなったのは、燃料税の引き上げによる一般市民の負担増加への抗議に端を発する2018年の黄色いベスト運動を考慮し[70]、スペアパーツの価格低下という一般市民へのアピールを目的とした2019年のÉdouard Philippe首相の演説であり、競争の開放等の産業政策としてというよりは、自動車等のスペアパーツの価格低下を国内政治向けに利用して修理条項の導入が進められたという、フランスの国内政治的な側面を完全には否定できないように思われる[71]。

　そうであるとすると、修理条項の導入に反対していたフランスで自動車等のスペアパーツに対する修理条項が導入されたことを、我が国で修理条項を導入することに対する肯定的な材料として捉えるのは難しいと考えられる。

　他方、自動車の外観を復元するためのパーツの修理条項の内容については、誰でも修理可能な対象がガラスパーツに限定されている点や、オリジナルパーツの製造業者に修理条項を適用することについて、修理条項導入の際の選

---

[70] 黄色いベスト運動の影響を指摘するものとして J.-C. Galloux, *op.cit.*（n°5）, p.173.
[71] なお、本修理条項の導入を近時の欧州意匠指令の改正提案（COM/2022/667 final）に対し一定の影響を与えようとしたものであると評価する向きもあるが（C.M. Pollaud-Dulian, *op.cit.*（n°43）, p.2151）、少なくとも立法過程ではその点を想起させるような議論はなく、欧州意匠指令の改正へ影響を与えようという考慮はあったとしても副次的なものに留まろう。

534 現代

択肢としては参考とし得るとの立場もあるもしれない[72]。しかし、フランスの立法過程で、光学部品やミラーも誰でも修理可能な条項の導入が提案されたものの、結局はガラスパーツという対象に限定された理由は、自動車メーカーのイノベーションを阻害する恐れがあることや[73]、政治的交渉の結果とされるのみで[74]、その理由は十分には明らかにされていない。また、オリジナルパーツの製造業者に修理条項を適用する点についても、競争局の意見では案としては提示されているものの最終的にはパーツの対象に着目した段階的な修理条項の導入が提案されており[75]、立法過程からはなぜオリジナルパーツの製造業者のみを対象とする修理条項が導入されたのかは明確ではない。さらに、この点については、フランスにおいてオリジナルパーツの製造業者は自動車メーカーのために60-70%の視認可能な部品を製造しているという状況が前提にあり[76]、我が国の産業構造を前提とすると比較の前提がそもそも成り立たない可能性もある。そして、スペアパーツにかかる意匠権の存続期間の短縮によって最終的に誰でも自動車の外観を復元するためのスペアパーツを製造できるとする点は、段階的に市場を開放するというアプローチの表れだと思われるが[77]、なぜ段階的な市場開放が存続期間の短縮という選択につながったのかの説明はなく、国際条約を遵守したとしても、安易に我が国でも同様の措置を検討すべきとは言えないだろう。

　このように考えると、立法内容自体も我が国の立法の参考とするのは慎重であるべきだと思われる。

---

72 もちろん、パーツが複合製品に組み込まれてもなお通常の使用状態で視認できるという法制度自体が我が国とは異なることから、法制度からしても比較は困難という考え方もあろう（今村・前掲注7）333頁）。

73 公共活動の迅速化と簡素化に関する法律における Rapport n° 3347, *op.cit.* (n° 36).

74 J.-C. Galloux, *op.cit.* (n° 40), p.40.

75 Autorité de la concurrence, *op.cit.* (n° 23), pp.108 et s., n°s 260 et s.

76 Autorité de la concurrence, *op.cit.* (n° 23), p.6, n° 10.

77 気候法において導入された規定とほぼ同様の規定の修正案がモビリティ基本法の立法過程において提案された際には、提案された規定は、関係者全体の協議に基づき段階性（progressivité）を有しているとだけ説明されている（Amendement n° CD2794, *op.cit.* (n° 33)）。

VI　おわりに

　以上のように、フランスの自動車等のスペアパーツに対する修理条項の導入は、我が国でスペアパーツの修理条項の導入を肯定する方向への材料とは捉えにくい。

　なお、こうしたフランスの自動車等のスペアパーツの修理条項の導入について、フランスでは、いわゆる「修理する権利」[78]に引き付けられて論じられてはいない[79]。フランスにおいて、自動車等のスペアパーツが保護されることで環境を無視して自動車を乗り換えるように自動車等の利用者が促されると主張されたことはなく[80]、立法過程における循環型経済との関係は、気候法の2021年6月16日の上院での審議において、Lavarde氏から「これらのパーツがデザインにかかる知的所有権によって保護されていることから、消費者は相当な修理費用が必要となる可能性がある。修理費用が車の減価償却との関係で過大だと判断されることで、まだ走行可能な車も廃車になってしまう」という循環型経済に関わるとも評価できそうな発言があるのみで[81]、それまでの便乗立法とされた際の立法においても循環型経済の視点は導入の主たる理由としては示されてこなかったのである[82]。よって、修理する権利との関係でフランスの気候法における修理条項の導入をどのように位置付けるかについては、慎重な検討が必要であろう。

---

[78] 修理する権利について、例えば君嶋祐子「修理する権利：知的財産法の視点から」一般財団法人知的財産研究教育財団・知的財産研究所『令和4年度産業財産権制度調和に係る共同研究調査事業調査研究報告書』(2023年)。

[79] 自動車に限らない複合製品全体を対象とする場合と修理する権利との関係については橘・前掲注7）79頁。なお、現在提案されている欧州意匠指令案（COM/2022/667 final）では、提案理由説明（Exposé des motifs）において、この提案は修理と循環型経済の促進を目的とする欧州の取り組みを補足する（compléter）ものとされている（Contexte de la proposition, Cohérence avec les autres politiques de l'Union）。

[80] C.M. Pollaud-Dulian, *op.cit.*（n°43), p.2149.

[81] Sénat, Séance du 16 juin 2021.

[82] むしろ、循環型経済は修理条項の導入に反対する際に主張されることもあった（Amendement n°2083 に関する Assemblée nationale, compte rendu du la séance du 19 juin 2019の議論を参照)。

その他、欧州においては欧州意匠指令において自動車に限られないスペアパーツの修理条項の導入が検討されているところであり[83]、その動向は注視しておく必要があろう。

※本研究は21H03763、22KK0208の助成を受けたものであり、またJSTムーンショット型研究開発事業、JPMJMS2215の支援を受けたものである。

〔付記〕 脱稿後、閣僚理事会が欧州意匠指令の改正案を含むデザイン保護パッケージに最終承認を与えたというプレスリリースに接した（2024年10月10日付（https://www.consilium.europa.eu/en/press/press-releases/2024/10/10/intellectual-property-council-gives-its-final-approval-to-the-designs-protection-package/、2024年10月22日最終確認）。

---

83 COM/2022/667 final, *op.cit.*（n°44）.このまま欧州意匠指令の改正案が採択されれば、フランス法も指令と調和せざるを得なくなる。意匠法が指令と調和した際に、自動車等に限ったスペアパーツの権利制限を規定している著作権法も、それに対応させる形で改正するのかという点も問題となろう。

■執筆者一覧

50音順、※は編者

麻生 典	九州大学准教授
ジャン＝ルイ・アルペラン	
	パリ高等師範学校教授
石尾智久※	金沢大学准教授
色川豪一	京都先端科学大学専任講師
大澤慎太郎	早稲田大学教授
荻野奈緒	同志社大学教授
香川 崇	富山大学教授
片山直也	武蔵野大学教授、慶應義塾大学名誉教授
北居 功	慶應義塾大学教授
隈元利佳	関西大学准教授
高 秀成	慶應義塾大学教授
齋藤由起	北海道大学教授
白石友行	千葉大学教授
杉本和士	法政大学教授
高須順一	法政大学教授・弁護士
都筑満雄	明治大学教授
平野裕之	日本大学教授、慶應義塾大学名誉教授
深谷 格	同志社大学教授
馬場圭太※	関西大学教授
松尾 弘	慶應義塾大学教授
森田宏樹	東京大学教授
森山浩江	大阪公立大学教授
山城一真※	早稲田大学教授
吉井啓子※	明治大学教授
渡邊 貴	岡山大学専任講師

■編 者

吉井啓子（よしい・けいこ）　明治大学教授

馬場圭太（ばば・けいた）　関西大学教授

山城一真（やましろ・かずま）　早稲田大学教授

石尾智久（いしお・ともひさ）　金沢大学准教授

民法学における伝統と変革
――金山直樹先生古稀記念論集

2025年2月25日　第1版第1刷発行

編　者――吉井啓子・馬場圭太・山城一真・石尾智久

発行所――株式会社　日本評論社

　　　　〒170-8474 東京都豊島区南大塚3-12-4

　　　　電話　03-3987-8621（販売）　03-3987-8592（編集）

　　　　FAX　03-3987-8590（販売）　03-3987-8596（編集）

　　　　https://www.nippyo.co.jp/　振替　00100-3-16

印　刷――精文堂印刷

製　本――牧製本印刷

装　丁――レフ・デザイン工房

© 2025　K.Yoshii　K.Baba　K.Yamashiro　T.Ishio　　　検印省略

ISBN978-4-535-52659-4　　　Printed in Japan

JCOPY 〈（社）出版者著作権管理機構　委託出版物〉

本書の無断複写は著作権法上での例外を除き禁じられています。複写される場合は、そのつど事前に、（社）出版者著作権管理機構（電話03-5244-5088、FAX03-5244-5089、e-mail：info@jcopy.or.jp）の許諾を得てください。また、本書を代行業者等の第三者に依頼してスキャニング等の行為によりデジタル化することは、個人の家庭内の利用であっても、一切認められておりません。